本卷撰稿：

孔祥军　何　适　曹明升

蒋少华　陈雪飞　张　剑

国家出版基金项目
NATIONAL PUBLICATION FOUNDATION

"十四五"时期国家重点出版物出版专项规划项目

扬州通史

《扬州通史》编纂委员会 编

王永平 总主编

宋代卷

孔祥军 主编

广陵书社

图书在版编目（ＣＩＰ）数据

扬州通史. 宋代卷 / 《扬州通史》编纂委员会编 ；
王永平总主编 ；孔祥军主编. -- 扬州 ： 广陵书社，
2023.3
ISBN 978-7-5554-2054-5

Ⅰ. ①扬… Ⅱ. ①扬… ②王… ③孔… Ⅲ. ①扬州－
地方史－宋代 Ⅳ. ①K295.33

中国国家版本馆CIP数据核字(2023)第032621号

书　　名	扬州通史：宋代卷
编　　者	《扬州通史》编纂委员会
总 主 编	王永平
本卷主编	孔祥军
出 版 人	曾学文
责任编辑	孙语婧
出版发行	广陵书社

扬州市四望亭路 2-4 号　　　　邮编　225001
（0514）85228081（总编办）　　85228088（发行部）
http：//www.yzglpub.com　　E-mail：yzglss@163.com

印　　刷	常州市金坛古籍印刷厂有限公司
开　　本	720毫米 × 1020毫米　1/16
印　　张	31.375
字　　数	470千字
版　　次	2023年3月第1版
印　　次	2023年3月第1次印刷
标准书号	ISBN 978-7-5554-2054-5
定　　价	140.00元

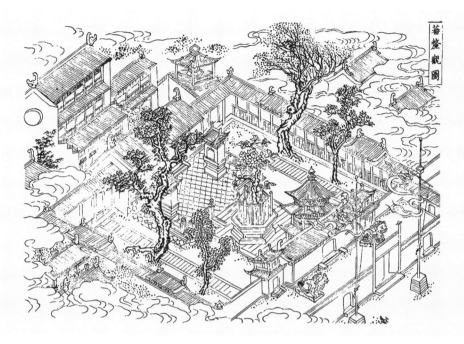

蕃釐观图(选自《〔雍正〕江都县志》)

平山堂图(选自《〔雍正〕江都县志》)

宋文游台图（选自《〔康熙二十四年〕扬州府志》）

欧阳修像

苏轼像（元·赵孟𫖯画）

秦观像

宋大城西门遗址——通泗门

始建于南宋宝庆元年（1225）的仪征东门水门遗址

位于扬州文昌中路莲花街坊的宋代古井

扬州仙鹤寺

扬州普哈丁墓

宋代青白釉香熏　　　　　　　　北宋青白釉瓜楞盒

北宋三层雕花石印盒

南宋罗汉像

北宋白釉褐彩刻花六角枕

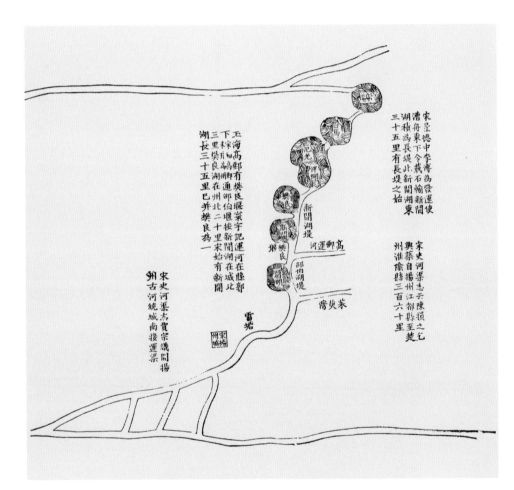

宋湖东接筑长堤图（选自《扬州水道记》）

坚持历史自信　拥抱辉煌未来

——《扬州通史》序

　　《扬州通史》正式出版，这是扬州人民在推进中国式现代化征途上文化建设中的一件大事。可喜可贺！

　　2020 年 11 月，习近平总书记视察扬州时称赞："扬州是个好地方，依水而建、缘水而兴、因水而美，是国家重要历史文化名城。""特别是文明、文化、历史古城，在全国都很有分量。"

　　扬州有着悠久而深厚的历史文化。早在距今约 7000—5000 年间，就有土著先民繁衍生息于其间，新石器时代的龙虬庄文化成为江淮大地的文明之光。夏商周时期，扬州先是作为南北文化交流的走廊和过渡地带，继有干（邗）国活跃于此，虽然至今尚缺少充分的干（邗）国考古资料，但历朝历代众多的遗存器物、制度无不打上"邗"的印记，可见影响之巨。而公元前 486年"吴城邗，沟通江淮"，则成为扬州有文字记载的历史的开篇。由此至中华人民共和国成立前的 2400 余年，综合政治、经济、社会、文化诸因素，扬州历史发展的脉络大致可以分为几个阶段：先秦起步发展期——汉代初步兴盛期——魏晋南北朝融合发展期——隋唐鼎盛发展期——宋元明起伏发展期——清代前中期全面繁盛发展期——晚清民国转型发展期。

　　扬州的历史命运从来都是与国家、民族的命运紧密相联的，正如钱穆《中国近三百年学术史》所言："扬州一地之盛衰，可以觇国运。"扬州对于中国政治、经济、社会、文化等许多方面都有过特殊贡献。

　　以政治而言，广陵人召平矫诏命项梁渡江，为亡秦立下首功；董仲舒为江都相十年,提倡"正谊明道",政风影响后世;谢安以广陵为基地,命谢玄训练北府兵,与苻坚决战于淝水,大获全胜,后移镇广陵,治水安民,筹备北伐,遗爱千秋;杨广经营江都,为隋唐扬州的繁盛奠定了基础;康、乾二帝南巡,推动了扬州经济文化的发达和政治地位的提升。

以经济而言,播在人口的是汉代广陵"才力雄富",唐代扬州"扬一益二",清代两淮盐业"动关国计"。特别是大运河的开通,使扬州成为东南财赋重地;邗沟第一锹的意义,经济大于军事。

以社会而言,"江都俗好商贾",渔盐之利、商贸之利,造就了城市,更造就了人。扬州较早出现商人和士民两大阶层,率先突破坊市分区制度,为其他城市起到了示范作用。

以文化而言,从古到今,从官到民,扬州士农工商各阶层对文化都有着特殊的敬畏与爱好;在学术、艺术、技术的各个领域、各个门类多能自成一派,独树一帜,都有在全国堪称一流的代表人物,有些技艺"扬州工"成为公认的标识。中国文化史上,不少大事都发生在扬州。扬州虽然地处江北,却被视为江南文化的代表性城市之一。更重要的是,两汉、隋唐、清代在扬州周边地区客观存在着一个以河、漕、盐、学为纽带的扬州文化圈。

以对外交往而言,汉唐以来,扬州曾经是陆上丝绸之路和海上丝绸之路的连接点,成为对外交往最广泛、最频繁的地区之一,以波斯、大食人为主的"胡商",日本遣唐使和留学人员,朝鲜半岛在华的文化名人,欧洲传教士、一赐乐业犹太人的定居者及有关活动家,都在扬州留下了历史的印迹。扬州本地人也不畏艰险地走向国外,传播中华文化。扬州无愧为中外交流、文明互鉴的窗口。

以城池而言,扬州城遗址大体分为蜀冈古代城址和蜀冈下城址两部分。扬州虽迭经兴衰成败,但历代城池都未偏离过这块土地。蜀冈古代城址始于春秋,历经两汉、六朝、隋唐至南宋晚期;蜀冈下城池始于唐代,沿用至明、清,这两部分构成了一部完整的扬州城遗址的通史。正因其特有的价值,故被国家列入大遗址保护名录。

在漫长的历史岁月中,扬州涌现出众多彪炳千秋的仁人志士、英雄豪杰,大量脍炙人口的名篇佳作、诗文著述,不少惊心动魄的军事、政治、文化大事与盛事,无数巧夺天工的工艺制品。这些可观、可触、可闻、可用的载体背后,折射出来的是一个城市的深沉的文化力量,是一个城市得以绵延发展、永葆生机活力的遗传基因。特别是鉴真东渡传法的献身精神、史可法舍身护城的浩然正气、朱自清宁可饿死不领美国救济粮的爱国气节等,已成为炎黄子孙民族精神的代表,被列入中华民族的精神谱系,万世景仰。

清代思想家龚自珍在《尊史》一文中说:"出乎史,入乎道。欲知大道,必先为史。"扬州一直有着尊史的传统,官员、学者都力求为扬州一地留下信史。远在汉代,即有王逸撰《广陵郡图经》,三国两晋时有华融的《广陵烈士传》、逸名的《广陵耆旧传》《江都图经》等,可惜多已不存。唐宋时期崔致远的《桂苑笔耕集》、王观的《扬州赋》、陈洪范的《续扬州赋》等,虽以诗文名,而其史料价值更为重要。李善《文选注》征引经史子集图书一千余种,保存了众多已亡佚古籍的重要资料。明代方志勃兴,扬州府及所属州县修成志书三十多种,宋代扬州诸多志书如《扬州图经》《广陵志》《仪征志》《高邮志》等也赖以留下蛛丝马迹。《两淮运司志》是最早的区域性盐业史专著。清代扬州学人以朴学为标识,把清代学术推向高峰,如张舜徽《清代扬州学记》所云:"无扬州之通学,则清学不能大。"他们研究的重点是经学,但"辨章学术,考镜源流",同样体现出他们自觉的史学意识。阮元的《儒林传稿》、江藩的《汉学师承记》《宋学渊源记》等其实皆为学术史专著。他们最值得称道的是对方志学的贡献。乾嘉道时期,扬州学派的一些著名人物,如王念孙、汪中、刘台拱、朱彬、江藩、焦循、阮元、王引之、刘文淇、刘宝楠等,直至刘师培,大多直接从事过地方志书的编修。王念孙的《〔乾隆〕高邮州志》,江藩、焦循等参与的《〔嘉庆〕重修扬州府志》,刘文淇、刘毓崧父子重修《〔道光〕仪征县志》,刘寿曾纂修《〔光绪〕江都县续志》等,都被视为名志。焦循的《北湖小志》、董恂的《甘棠小志》影响也很大。

虽然说,方志可称为"一方之史",但毕竟不同于史。前人有所谓"县志盖一国之书,其视史差易者三",曰"书约则易殚,地狭则易稽,人近则易辩"(清施闰章《安福县志序》)。或曰:"志与史不同,史兼褒诛,重垂戒也;

志则志其佳景奇迹、名人胜事,以彰一邑之盛。"(程大夏《〔康熙〕黎城县志叙例》)故相较而言,历代扬州学人编著地方通史者不多。清代仅汪中一人有《广陵对》,以文学笔调简述扬州贤杰对国家的贡献以及扬州之精神。朱珪称赞:"善乎,子之张广陵也!辞富而事核,可谓有征矣。"江藩云:"《广陵对》三千余言,博征载籍,贯穿史事,天地间有数之文也。"汪中更有《广陵通典》,以编年形式概述扬州史之大纲,始于吴王夫差城邗沟,止于唐昭宗乾宁元年杨行密割据扬州。梁启超《中国近三百年学术史》评价:"此书极佳,实一部有断制之扬州史。"惜其未能完稿。后之人虽欲续之,但有心无力。新中国成立后,百业待举,百废待兴,间有此议,亦终未果。

进入新时期,国力日强,文化日盛,撰修《扬州通史》的条件渐次成熟:《扬州地方文献丛刊》《清宫扬州御档》《扬州文库》等文献资料整理出版,提供了良好的文献基础;考古事业的发展,大量遗址文物的出土,提供了有力的历史实物证据;《唐代扬州史考》《扬州八怪人物传记丛书》《扬州学派人物评传》《扬州文化丛书》《扬州史话丛书》《江苏地方文化史·扬州卷》等成果的涌现,作了较好的前期铺垫;扬州文化研究会和扬州大学中国史学科聚集了一批有志于扬州历史文化研究的学者,实现了扬州地方和高校力量的有效整合,培育了一批专业化的研究骨干力量;更重要的是,党和国家重视弘扬中华优秀传统文化,盛世修典的大气候、大环境已经形成,为区域历史文化研究提供了最可靠的政治保障和学术支撑。可以说,市委、市政府作出编撰《扬州通史》的决定是顺应形势、水到渠成的。

为此,扬州市成立了由市委、市政府主要负责同志为主任、各有关部门和扬州大学负责同志组成的《扬州通史》编委会,聘请了学术顾问和总主编,采用市、校合作形式,编委会负责内容把关和总体把握,委托扬州大学社会发展学院负责项目实施,市委宣传部负责协调,广陵书社负责出版。明确分工,各负其责。经过五年努力,各位学者精心结撰,反复打磨,终于向世人捧出了扬州历史上第一部真正意义上的通史著作《扬州通史》。

《扬州通史》大致以扬州现辖行政区划为地理范围,根据扬州历史特点,分为《先秦秦汉魏晋南北朝卷》《隋唐五代卷(上下册)》《宋代卷》《元明卷》

《清代卷（上下册）》《中华民国卷》等六卷八册，总计400余万字。此书以时代为经，以城池、事件、人物为纬，勾勒扬州自先秦至民国两千多年的历史演进脉络，综合政治、军事、经济、社会、文化等诸多内容，兼及自然地理条件变化，突出扬州各个历史时期的主要特点，努力探求历代治乱兴衰之由，以为镜鉴。总体上看，《扬州通史》体例完整，写作规范，资料丰富，史论结合，编校精严，印制精美，是一部具有一定学术水准与可读性，能够站得住、留得下的史学著作。

《扬州通史》的编辑出版告一段落，如何运用这一部新的史著，充分发挥其应有的作用，为当代的中国式现代化事业服务，是摆在我们面前的一项重要任务。

我们党历来十分重视历史，重视鉴古知今，征往训来。对于历史的学习和认知，有种种态度，我们坚决反对怀疑和否定流传几千年的中华优秀传统文化、否定中国历史发展创造的文明成果、否定中国共产党领导人民取得的丰功伟绩，反对迎合"西方中心论"的历史虚无主义；坚决纠正言必称古、似是而非，甚至错把糟粕当精华的厚古薄今的不良倾向；坚决反对在区域历史文化研究中，束书不观，游谈无根，罔顾历史事实，牵强附会、任意拔高的乡土自恋情结；也注意克服以搜集历史上一鳞半爪的奇闻逸事，以供茶余饭后谈资为旨趣的浅表式、碎片化的史学态度。我们大力提倡立足客观事实，对历史过程、历史事件、历史人物进行"原始察终""由表及里""由浅入深"，把感性认识上升到理性高度，把历史认识变为历史真知，从而增强历史自信。我们之所以强调历史自信，因为它来自于历史，植根于历史，又映照现实，指引未来，对于道路自信、理论自信、制度自信和文化自信，具有历史支撑和精神滋养作用。

在学习中，要通过阅读《扬州通史》，分析扬州在中华文明史上的地位和作用，加深对习近平新时代中国特色社会主义思想和习近平总书记视察扬州重要讲话指示精神的全面、系统、深刻的理解，增强爱国、爱乡的家国情怀；通过对中华文明的突出特征（连续性、创新性、统一性、包容性、和平性）在扬州历史上体现的分析研究，加深对"两个结合"，即把马克思主义基本原理同中国具体实际相结合、同中华优秀传统文化相结合重大意义的理解，增强建设中华民族现代文明的强大动力；通过对扬州历史治乱兴衰，特别是对汉、唐、清三度辉煌史实的剖析，加深对社会发展规律的认识，增强在国家治理大框架下发挥敢于作为的积极性和主动性；通过对在重大历史转折点上扬州种种表现的考察，加深对当前正面临百年未有之大变局的认识，增强危机意识和抗击风险的能力。

总之，要学习历史，尊重历史，总结历史，敬畏历史，树立历史自信，把握历史主动，担负起时代赋予我们的历史使命，运用历史智慧，去创造新的历史，实现中华民族伟大复兴，构建人类文明新形态。我们有理由相信，扬州的明天一定更加灿烂辉煌！

《扬州通史》编纂委员会

2023 年 3 月

导　言

　　"扬州"之名称,最早见于先秦时期的《尚书·禹贡》:"淮、海惟扬州……沿于江、海,达于淮、泗。"传说大禹治水后,按山川形变与土地物产,将天下划分为九州以定贡赋,扬州则居其一。这里的"扬州",所指为北达淮河,东南抵海,涵盖长江下游的广大地区,大体与今江苏、安徽两省淮水以南及浙江、江西、福建三省相当。汉武帝以先秦九州为基础设十三刺史部,以为监察区,汉灵帝增刺史权重,改监察区为高层行政区,迤至南北朝,皆设"扬州"。但无论从地理方位、地域广狭,抑或区域性质等角度而言,隋代以前的"扬州"与当今的扬州都不能简单地直接对应。

　　今扬州得名始于隋代。春秋以来,该地域曾相继附属吴、越;战国一度属楚国;秦统一后,先后属薛郡、东海郡。西汉初先后属荆国、吴国,汉景帝时更名江都国,汉武帝时更名广陵国。东汉以后称广陵郡,隶属徐州。南朝刘宋元嘉中侨置南兖州于广陵郡,北齐改为东广州,后周称吴州。隋开皇九年(589)平陈,改为扬州,作为一级统县政区,自此扬州遂为本地专名——虽然隋炀帝大业年间与唐玄宗天宝年间一度称广陵郡,唐高祖武德年间一度称兖州、邗州,五代杨吴时期一度称江都府,明代初期称为淮海府、维扬府,但千余年来,则以称扬州为常态;除元代置扬州路外,隋以后的扬州皆为统县政区。历代扬州辖境盈缩不定,区划沿革变动较为频繁,但历代幅员基本处于长江北岸、江淮平原南端。今扬州辖广陵、邗江、江都3个区与宝应县,代管仪征、高邮2个县级市。

　　就地形地貌而言,扬州地处江淮下游平原,是长江下游北岸的三角洲区与宁镇扬丘陵区的交接地带,地势西北高、东南低。除了今仪征市的大部分地区为丘冈、丘陵地貌,其余皆为江淮冲积平原,地势平坦。千百年来,扬州

地区的地质地貌没有发生实质性的变化,值得留意的局部变化有两个方面:
(一)约距今7500年以前,由于海面的上升,今扬州、镇江为长江入海口处,
随着长江泥沙的堆积,长江三角洲逐步向东发育,扬州东境不断拓展,江口
东移,扬州经历了由滨海转为内陆地区的过程。(二)扬州地域江中沙洲的
积长,蜀冈以南滩涂地的发育,导致扬州南境的拓展,江面渐狭。

就气候而言,扬州地处北亚热带气候向温带季风性气候的过渡区,东受
海洋气候、西受内陆气候交错影响,温和湿润,四季分明,雨量充沛,光照充
足,雨热同季。盛行风向随季节有明显变化,夏季多为从海洋吹来的湿热东
南风和东风,冬季盛行干冷的偏北风。历史上扬州的气候经历过阶段性的冷
暖交替,与中国历史上的气候变迁基本同步。气候变化,对人类最直接的影
响是农业生产和生活方式的变动。就历史的宏观走向来看,全域性的气候变
化造成社会局势变动,扬州区域历史面貌与进程亦深受影响。

地形地貌的沧海桑田,气候的冷暖升降,短时间内也许难以察觉,但其社
会影响确实潜移默化地发生着。正是在这样的地理环境所提供的空间舞台
上,一代又一代的扬州先民生生不息,不断推衍其人文历史的兴替变革,上演
了丰富多彩的历史话剧,绘就了灿烂辉煌的历史画卷。

一、先秦至魏晋南北朝时期的扬州

至今可以证实扬州地区已有先民聚集、生活的历史始于新石器时代中
期。龙虬庄遗址的发现,表明当时形成了面积广阔、覆盖江淮东部的"龙虬
庄文化",距今约7000—5000年,具有南北过渡地带的文化特征。当时江
淮东部的人类生活,在采集与渔猎经济、原始农业和畜牧业、原始手工业和
商业等方面都有所表现。从社会形态看,"龙虬庄文化"的第二期大约处于
母系氏族社会的繁荣阶段,第三期则处于母系氏族社会的衰落阶段,缓慢地
向父系氏族社会过渡。新石器时代晚期,当各地逐渐步入父系氏族社会时,
江淮东部因海侵处于千年之久的空白期,出现了父系氏族社会的缺环,此后
受到王油坊类型的龙山文化影响,氏族社会逐渐解体,从而跨越文明时代的
门槛。

大约距今4000年前后至西周时期,原居于山东一带的"东夷"不断南下,

占据了江淮东部地区,史称"九夷"。夏朝末年,在江淮东部出现了一个"干辛邦"的方国,与后来的"干国"可能有名号继承的关系。商朝时期,江淮东部形成了"夷方"联合体,周初太伯、仲雍奔吴,在宁镇地区建立吴国,"夷方"二十六邦建立夷系"干国",以对抗西周的"大吴"战略。夏商西周时期,居住在江淮东部的"九夷""夷方""干国"及"徐国",都是独立于中原王朝的"外服"邦国,所呈现的地域特色是夷文化。干国的核心区域当在江淮之间。公元前584年前后,吴(邗)王寿梦占据江淮东部。公元前486年,吴(邗)王夫差"城邗,沟通江、淮",北上争霸。战国初,越灭吴,江淮东部属越国。战国后期,楚败越国,占领江淮东部。秦统一前,江淮东部处于各国相争的前沿地带,受到诸国政策的影响,其社会风尚在保持"东夷"旧习的基础上,呈现出多元杂糅的特点。

秦汉时期是中国历史上社会发展的一个高峰期,扬州地区随之进入第一个兴盛时期。

在区域政治地位与影响方面,秦朝末年,陈胜、吴广领导的第一次全国性大规模民变在大泽乡(今属安徽宿州)暴发,东楚刘邦、项羽和召平、陈婴等纷起响应。陈婴等于盱眙立楚怀王孙心,项羽一度打算建都于江都,凸显扬州南达吴会、北通淮河的地理区位优势,可谓东楚的核心区域。西汉建立后,先后设置荆国、吴国,管控大江南北的3郡53县。"吴楚七国之乱"后,汉景帝采用削藩之策,设江都国,其后该地区或为广陵郡,或为广陵国,至东汉明帝废除广陵王刘荆,改国为郡,直到东汉末年未再变更。两汉时期,扬州始终是郡、国的政治、经济、文化中心。西汉初期,对诸侯国实行相对宽松的政策,吴王刘濞扩张军政势力,开创其"全盛之时";后朝廷对江都国和广陵国加强控制,迭经废立,辖域日蹙,西汉后期的广陵郡仅辖4县。东汉中后期,在广陵太守马棱、张纲、陈登等人治理下,江淮东部呈现出持续发展的态势。整体而言,两汉时期扬州地区政治、社会秩序较为稳定。

秦汉时期扬州经济显著发展。吴王刘濞在位四十余年,充分利用"海盐之饶,章山之铜"等资源优势和王国特权,冶铜煮盐,开运盐河,颁行钱币,国用富饶,百姓无赋,区域经济得到了前所未有的发展,一度成为全国翘楚。汉武帝时强化中央集权,盐铁官营,对扬州经济有所影响。东汉章帝时推行官营政策,广陵太守马棱"奏罢盐官,以利百姓",促使朝廷调整政策,官营、民营并行。铁器、牛耕逐渐推广,农业技术日益更新,水利事业成就卓著,对农业生产与交通运输具有促进作用。当时扬州的冶铁、铸铜、煮盐和漆器、玉器业等都得到了空前的发展;城市商业繁荣,吴王刘濞时的广陵城,"城周十四里半",所属各县城也在汉初"县邑城"的基础上逐渐形成规模。

秦汉时期扬州文化卓有建树。作为汉代新儒学开创者之一的董仲舒曾任江都王国相,传播儒学,推行教化。为维护"大一统",董仲舒倡导"独尊儒术",对中国历史影响深远。董仲舒主张"立学校之官",倡导文化教育,"正谊明道",任江都相期间当有所实践,故扬州"绩传董相"。吴王刘濞招揽文士宾客,枚乘创作《七发》,标志着汉代大赋的正式形成,邹阳、庄忌等也声名远播。江都公主刘细君善诗文,"和亲"乌孙,促进民族文化交流与融合。东汉时,佛教传入江淮东部,楚王刘英"学为浮屠斋戒祭祀",东汉末笮融督广陵、彭城运漕,"大起浮屠祠",民众"来观及就食且万人"。在社会风俗方面,汉宣帝时,朝廷将江水祠徙至江都,使"岳镇海渎"的国家祠祀理念在扬州得以具体落实;"观涛广陵"及其文学佳作应运而生,区域影响不断扩大;当时扬州的社会风俗,既显现出浓郁的楚文化色彩,又融合了新时代的因子,呈现出"大一统"与地域性不断交融的时代特点。

魏晋南北朝时期,扬州地区陷入衰落状态,主要原因在于南北分裂。当时南北诸政权在此不断争夺,本土人口外迁,外来流民聚集,战争与流民成为这一时期扬州历史的显著特征。

东汉末魏、吴隔江对峙,曹操废弃江北,坚壁清野以待孙吴,广陵成为弃地,急遽衰败。虽然魏、吴曾多次想打破南北对峙的僵局而经略广陵,但没有取得实质性的效果。地处南北夹缝之间的广陵无法获得长期的稳定,经济社会也不可能恢复两汉的繁盛局面。由于战乱的波及,大量广陵人士播迁离乡,或仕于孙吴,或仕于曹魏。西晋的短暂统一,没有完成对南北社会的有效整合,在政治取向上,曾仕于孙吴的广陵人士及其子弟与三吴世族趋同,皆被西晋视为吴人,受到晋廷的歧视,广陵华谭为此建言晋武帝,力求打破南北畛域之见,表明自汉末以来侨寓并出仕孙吴的广陵人士及其后裔,其政治境遇和取向与江东本土人士呈现出一体化的倾向。自永嘉南渡至隋灭陈,长期南北分裂，广陵大体归属东晋南朝，当时大批流民沿邗沟南下，集聚在广陵及其周边地域，东晋南朝无法在地处江北的广陵建立起完备的行政体系，形同羁縻，遍置侨州郡县。

广陵地处邗沟与长江交汇处，与京口隔江对峙，当地又多流民武装，这使得东晋南朝时期的广陵逐渐与京口呈现出一体化的格局，维持现状则镇京口，图谋北进则镇广陵。广陵与建康在地理空间上相距不远，然有大江之隔，这就使得广陵成为独立于建康之外，又可就近制衡建康的具有特殊意义的战略要地。谢安在淝水之战后，受晋廷排挤，于是统军于广陵以自保，并图谋北伐；宋武帝临终，以宿将檀道济统军于广陵以备建康缓急之需。北朝南下，常沿邗沟至广陵。南朝北上，渡江至广陵后再沿邗沟入淮水也是常态。因此，广陵实际上是建康的东部门户。由此东晋南朝常以广陵为北伐基地，桓温、谢安、宋武帝、宋文帝北伐皆沿此路线北进。北方政权一旦兵至广陵，建康必定惊惧。萧梁后期，淮南江北被北齐占领，北齐置东广州于广陵，北周又改称吴州，南北隔江对峙。自此广陵非但不能遮蔽京口，拱卫建康，反而成为北朝南伐的前沿基地。隋灭陈之役，晋王杨广坐镇广陵，隋将贺若弼自广陵渡江至京口，进而入建康，正是南北朝后期广陵军事地位最典型的体现。

当时扬州地区屡遭战乱，缺乏发展经济所必需的安定环境。官方主导的诸如疏浚邗沟、兴修水利等工程，主要出于征战运输之需，少有发展经济与保障民生的考虑。持续的战争状态深刻地影响着扬州地区的文化生态与社会结构。魏晋时期的广陵士人，大多尚存汉末士人风习，汉晋之际肇始于洛阳的玄学风尚，对广陵人士影响甚微，广陵学人多恪守汉儒旧学，儒法兼综，尚忠节孝义，其言行与魏晋玄学名士差异明显。永嘉乱后，江淮之间战乱频仍，文化世族难以立足，次等士族、寒族成为广陵社会的上层，统领乡党、囤聚坞壁的豪强则成为地方上具有一定独立性的武装势力。

汉晋之际，出于军政需要，以邗沟为中心的江淮漕运体系，在客观上成为南北文化交流的通道。广陵不仅曾是北方佛教流传至南方的前沿，南北朝至隋唐之际又成为南方佛教传入北方的基地，东晋南北朝时期广陵地域能融通南北，义学、律学兼而有之，成为江淮间弘扬佛法的重镇。

二、隋唐五代时期的扬州

在中国古代历史发展高峰期的隋唐时期,扬州的区域经济、社会发展也臻于全面兴盛状态。

隋文帝开皇九年(589)平陈而统一南北,改吴州为扬州,扬州从此成为本地域的专有名称。隋朝设置扬州大总管府,扬州成为东南地区的军政中心。隋炀帝在江都境内置江都宫,具有陪都性质;唐朝在扬州设置大都督府。安史之乱后,在扬州置淮南节度使,总揽治下诸州的军、政、民、财大权,为当时唐廷最为倚重的方镇。五代十国时,杨吴政权曾定都扬州;南唐迁都金陵,以扬州为东都。后周世宗于显德年间南征,扬州成为北方王朝经略江南的基地。

隋唐五代时期,扬州城市建筑规模宏大。隋炀帝三下江都并长时间留居,扬州一度作为"帝都"加以经营,兴建了包括江都宫、临江宫、成象殿、流珠堂等著名宫殿在内的庞大建筑群,为扬州城建史上的极盛时期。唐代扬州城由子城和罗城两部分构成,衙署区和居民区分设。唐中期以前,沿袭传统的坊市分离制,随着工商业经济的发展与市民生活的变化,唐代后期扬州突破了旧有的坊市制度,城内出现了市井相连的开放性商业街区。

隋唐时期,扬州作为江淮地区的中心城市,经济持续发展,成为带动长江中下游乃至江淮地区经济、社会发展的引擎。尤其是安史之乱以后,随着黄河流域动乱与藩镇割据不断恶化,江淮地区成为维系唐朝经济命脉的核心经济区。当时以扬州为中心的长江下游经济区的农业发展在全国处于领先地位,成为唐朝廷财赋的保障。扬州手工业发达,其中造船业、冶炼铸造业、纺织业等生产规模大,从业人员多,组织化程度高,经济影响显著。扬州也是全国性的商品贸易集散地,商品贸易以盐、茶、药、瓷器等为大宗;淮南地区是全国最重要的海盐产区,扬州则是江淮食盐的集散地和转运中心。安史之乱后,唐朝"盐铁重务,根本在于江淮",朝廷在扬州设置盐铁转运使,负责食盐的专卖事宜,同时兼营铜、铁的开采与冶炼,且多由淮南节度使兼任。唐代扬州商业发达,出现了经营"飞钱""便换"的金融机构,显现出商业发展、变革的信息。

隋唐时期扬州居于交通枢纽地位。当时随着政治统一与经济发展,全国性的航运交通网络逐步形成,长江的内河航运成为商业流通的主干道,大运河的全面通航沟通了全国主要大河流域。以扬州为中心而形成的交通网络,密集程度不亚于长安、洛阳。扬州发展成为汇聚多元文化的国际化大都市,成为中外文化交流的基地或中转站,对东亚的日本以及今朝鲜半岛诸国的影响尤为显著。以鉴真东渡日本传法为代表,中国文化对日本古代文化的发展产生了深刻影响;日本使节来中国,多从扬州登陆,再前往洛阳、长安等地。此外,海外民间人士亦多由扬州入境开展经商交流,扬州成为当时东南地区最为重要的国际交流与贸易中心之一。

隋唐五代时期,扬州人文荟萃,学术兴盛。就文学而言,"《文选》学"诞生于扬州,江都学者曹宪肇其端,其后如李善、许淹、魏模、公孙罗等皆出其门下;原籍江夏而著籍江都的李善构建了"《文选》学"的基本框架。唐诗作为唐代社会文化的灵魂,多有以扬州为吟诵对象的篇什,唐代诗人或游历或仕宦于此,七十余人有吟咏扬州的作品;张若虚的《春江花月夜》,有"孤篇压全唐"之美誉。在史学领域,杜佑在扬州任职淮南节度使期间撰著《通典》,开创了典制史的新体裁。当时扬州是区域性的佛教中心。扬州佛教发展与隋炀帝杨广关系密切,杨广在扬州担任大总管期间,大兴道场,延揽高僧,极力推动南北佛教融合,为唐代扬州佛学的进一步发展奠定了基础。唐代扬州地区佛教宗派众多,主要的佛教宗派如天台宗(法华宗)、真言宗(又称密宗)、唯识宗(法相宗)、禅宗、律宗等,在扬州都有传法布道的寺院,其中影响最大的是律宗,其代表性人物为大明寺僧鉴真。

三、两宋时期的扬州

北宋统一江南后,扬州的转运地位日益凸显。宋室南渡,扬州一度成为宋高宗赵构行在之所。宋高宗后以临安为行在,宋金(蒙)对峙格局成为常态,扬州作为边郡,被视为南宋"国之门户"。两宋时期的地方高层行政机构淮东提刑司、提举常平司、安抚司等常设于扬州;南宋时期,扬州的战略地位更加突出,不但是重兵屯驻之地,而且扬州守臣多带有军衔。

宋代扬州政区多有变动,主要特点是幅员缩小、属县减少,这与唐末以来扬州地区经济实力上升、运河航道变化、南北军事态势等因素密切相关。就区域经济社会发展而言,高邮、真州的分置,表明区域内总体经济实力不断增强,推动了以扬州为中心的区域城市群的兴起。

两宋时期扬州地区经济持续发展。在农业方面,耕作技术有所进步,农作物分布区域不断拓展。在商业方面,北宋时期扬州持续稳定近170年,为商业繁荣创造了良好的环境。真宗天禧年间(1017—1021)重开扬州古运河,为商业发展提供了交通保障,沿水陆交通要道的市镇经济日渐繁荣,乡村与城市的经济互动频繁。宋代扬州有固定的交易琼花、芍药的花市,颇具地方特色。南宋时,扬州由腹地城市转变为边防重镇,对商业经济产生了负面影响。

作为运河沿线的重要城市,扬州的水运交通受到中央和地方的重视。两宋时期,官方十分重视扬州运河的畅通以确保漕运。就两宋食盐的运销来看,无论是专卖制下的"官般官卖",还是钞引盐制下的"官般商卖""商般商卖",都需经由真州转般仓。宋代真州的逐步崛起,分割了扬州的漕运功能,这是宋代扬州经济逊于唐代的一个重要原因。

在城市建设与布局方面,宋朝廷放弃蜀冈旧城,以蜀冈之下的周小城为基础,将其修缮为扬州州城,顺应了中晚唐以降扬州城市经济发展的趋势。北宋时期扬州城池建设变化不大;南宋时期鉴于扬州长期作为淮东制置司治所,不断修缮、扩建城池,尤以孝宗朝最突出,除修缮州城外,另创堡寨城与夹城,宋代扬州的"三城"格局,或称"复式城市",便是出现在这一阶段。

两宋时期扬州知州254名,其中北宋151名,平均任期一年有余,任职三年者甚少,任期一年左右者居多,最短者仅有数月。南宋扬州地方官守总计103名,平均任期一年半,相较北宋略长,这当与战争因素有关。依照宋代地方官员选任制度,一般不选用本籍人士,不少非扬州籍的守臣为两宋时期扬州经济社会发展贡献颇多,如欧阳修、苏轼、韩琦、崔与之、李庭芝等。

两宋时期扬州文化成就卓著。地方官员普遍重视文化事业,一些著名文士参与扬州文化建设,欧阳修创建平山堂,苏轼等人对扬州花卉的文学书写等,对扬州文化名胜的打造与地方风物的宣传,皆具典范意义。当时与扬州关系密切的非本籍文人众多,他们借助扬州的意象与情境,或抒怀,或咏史,或纪实。宋代诗词中多有描述扬州商业经济与市井生活的作品,从中可见扬州经济社会的风貌。在文学创作方面,秦观、孙觉、王令等知名文士,为一代诗词风尚的代表。在学术方面,除众多学人致力于经史著述外,还出现了一些实用技艺方面的著述,如陈旉所撰《农书》等。在社会风尚与信仰等方面,扬州诸多旧俗逐渐完成转型,由"野"入"文",出现了"率渐于礼""好学而文""好谈儒学"等崇文重教的社会风尚。

四、元明时期的扬州

元世祖至元十三年(1276),元军占领扬州后,设江淮行省为一级行政区,管控两淮、江东地区。此后十数年,江淮行省治所在扬州和杭州之间往复迁移,表明元朝在统管南宋故地与保障东南漕运之间反复权衡,直到海运相对完善,江淮行省的治所才固定在杭州,并改称江浙行省。至元二十八年(1291),扬州划入河南江北行省,成为元代的常态。元代设扬州路,上属河南江北行省淮东道宣慰司,下辖高邮府、真州、滁州、通州、泰州、崇明州6个州府,州府各辖属县,较前代扬州辖境为大。元朝统一后,始终在扬州屯驻重兵。及至元末,江淮间民变迭起,元顺帝至正十二年(1352)置淮南江北行中书省,以扬州为治所。至正十三年,张士诚占领泰州、高邮等地,围攻扬州。至正十五年,元朝廷于扬州设淮南江北等处行枢密院,镇遏江北。至正十七年,朱元璋军攻克扬州。

元朝统一后,扬州的经济有所恢复,造船业发达,促进了漕运、海运的发展。元代前期扬州运河不畅,元仁宗时疏浚运河,漕运大都(今北京)的粮食远超宋代。海运逐步兴盛以后,设置两淮都转盐运使司,运河仍然承担着运送食盐、茶叶、各地土产、手工业品、海外贡品及使客往来的功能。

元代"羁留"、寓居扬州及本土文士、学者数量不少,郝经、吴澄和张翥被称为"三贤"。剧作家睢景臣、小说家施耐庵、数学家朱世杰等,都在中国文化史上留下了不朽印记。元代扬州是中西文化交流史上的重要城市,意大利人马可·波罗、鄂多立克都曾到过扬州;马可·波罗在扬州生活三年,《马可·波罗行纪》记录了扬州的风土人情。

明代扬州府承元末朱元璋所置淮海府、维扬府格局,成为统县政区,以辖3州7县为常态,相当于现扬州、泰州、南通3市的地域,还曾管辖今南京市六合区与上海市崇明区。元明鼎革之际，扬州遭受摧残，经过明前期的休养生息，逐步恢复繁华。明中后期，明武宗南巡至扬州，扰乱地方，民不堪命。嘉靖中叶后，内忧外患频仍，万历之后，政局昏暗，扬州受到影响。明末史可法督师扬州，抗击清军，城破人亡。有明一代的重大事件，如洪武开国、靖难之役、武宗亲征、大礼仪之争、严嵩专权、抗击倭寇、输饷辽东、矿使四出、魏阉乱政、抵御清军等，无不关涉扬州。明代扬州属军事重镇，为维护地方稳定和国家安全，扬州府构建了相对完备的水陆防御网络。嘉靖年间，倭患骤剧，扬州抗倭取得了"淮扬大捷"等一系列胜利，成为明朝抗倭战争的典范。

在经济方面，明代扬州在全国地位相对重要。扬州府人口从洪武至嘉靖的百余年间持续增长。扬州官绅注重兴修水利。在交通方面，运河、长江与漫长的海岸线构成了扬州四通八达的水上交通网，大量驿站、铺舍、递运所的建设，保障了陆路交通的顺畅。明代扬州手工业、商业繁盛，漆器制作技艺不断提升，出现了雕漆、百宝嵌、螺钿镶嵌等新工艺。明廷在扬州设有牙行、税课司、河泊所、钞关等税务部门，其中扬州钞关为全国七大钞关之一。

明代两淮盐场产量巨大，两淮盐课在国家财政中的地位举足轻重，明廷在此设置盐法察院、都转运盐使司，并派员巡查，定御史巡盐制度，形成规模庞大、组织严密的管理体系。为保证国家对盐业经营的垄断，明朝制定了繁复的交易程序。盐业蕴含巨大财富，上自王公贵戚，下至盐官胥吏，无不试图从中渔利。明朝中央与扬州地方皆重视对盐业经营的管理。在食盐流通中，明初以来实施的"开中制"，催生出盐商群体。他们交粮报中，边地积储因而丰盈；行销食盐，保证百姓生活所需。明朝对食盐生产者灶户有所赈恤与安抚，注重改善其生产、生活条件。

明代扬州的城市建设，在加强军事防御的功能外，城内行政、生活设施较前代有相当进步。乡村地区也有规划，出现了一些或以军事地位显要，或以工商业繁盛著称的不同类型的名镇。当时扬州园林众多，形成园林鉴赏与品评的风气。在社会生活方面，明代扬州形成了较为完善的地方仓储设施和赈恤制度，地方官员救灾赈济颇为得力。

在教育方面，明代扬州的学校以社学、儒学为主体，以书院为补充。社学属于启蒙教育。儒学以经史、律诰等为主要教学内容，以学田收入为主要运行经费,以培养科举应试生员为目的。分布较广的书院,或由官设,或由民间倡立而官方主导,在教学内容上与儒学基本一致。当时科举是最重要的人才选拔方式,数量众多的扬州生员通过科举步入仕途。此外,地方官学定期向国子监选送优秀生员,有援例入监、纳粟入监、恩贡等不同形式。

明代扬州学术文化颇有建树。经学方面,理学、心学相竞的新学风引人关注,王艮创立的泰州学派影响甚著。史学方面,扬州学人著作颇丰,类型多样,方志编撰成就突出,盐法志尤具特色。文学方面,涌现出如宝应朱氏、如皋冒氏、兴化李氏等文学家族,柳敬亭说书家喻户晓。书画方面,周嘉胄总结中国古代书画装裱技艺,所著《装潢志》别具一格。就技艺实学而言,扬州学人在天文、术数、医学、法律、军事、农业、建筑、园林等领域皆有建树,计成所著《园冶》全面系统地总结造园法则与技艺,开中国古代园林艺术理论之先河;王磐《野菜谱》、王徵《诸器图说》等备受称道,体现了扬州学人重视技艺实学的新学风。

五、清代的扬州

清代是扬州又一次全面兴盛发展的辉煌时期。

清代扬州行政区划间有更易,顺治时扬州府辖泰州、通州、高邮 3 州及江都、仪真、泰兴、兴化、宝应、如皋、海门 7 县;康熙中,海门县废;雍正时通州及泰兴、如皋 2 县析出,新置甘泉县,仪真改称仪征;乾隆时置东台县;宣统中,改仪征县为扬子县,清末扬州实辖 2 州 6 县。

清廷注重两淮盐业的经营管理,扬州倍受重视。清廷多选用具备管理经验、熟悉南方社会的降清汉人充任扬州地方官长。此后扬州知府及其属县主要官员、两淮巡盐御史、两淮盐运使等,大多为来自奉天、直隶等地的汉人,他们与清廷关系较为密切,有助于落实清廷的政策,以致扬州日趋安定,盐商回流,经济复苏。清代前期,两淮盐政、盐运使等盐务官员积极参与扬州城市的基础设施、涉盐公共工程、地方赈灾等事务,影响力远超扬州知府等地方官。

随着政局稳定,特别是盐业的复兴和漕运的发展,皖、晋、陕等多地商人来扬贸易,盐业经济成为扬州发展的核心动力。至康熙中期,扬州显现繁华之势,成为全国重要的商业城市。清前期的两淮盐课收入占全国盐税收入的

40%以上,对清廷的财政收入与军费贡献甚巨。康雍乾时期,扬州凭借产业优势和地理区位优势,社会经济发展再次实现飞跃。康、乾二帝南巡,极大地促进了扬州的城市建设和水利工程修筑。清廷或派亲信掌管盐务,或命地方高官兼管相关事务,可见清廷对扬州的倚重。康乾时期的两淮盐务管理存在一些难以根治的弊端,如私盐贩运和官吏贪赃枉法,乾隆三十三年(1768)的两淮预提盐引案暴露了两淮盐官和两淮盐商之间的利益关联,这也是乾隆朝以后两淮盐业逐渐转衰的重要诱因之一。

鸦片战争后,反帝反封建成为新的历史主题。1851年太平军起义,1853年太平天国定都天京后,天京、镇江、扬州三地呈犄角之势,扬州成为军事争夺的关键,太平军与清军在此长期拉锯。太平军曾三进扬州城,1853年4月1日,太平军首占扬州,于12月26日撤出;1856年和1858年,太平军又两度攻入扬州城。清军与太平军在扬州长达八年的争夺,对地方经济、文化等方面自然造成严重的损害。

清代扬州经济经历了恢复、繁荣与衰落的复杂进程。明清之际扬州人口锐减,经济凋敝。随着统治的逐渐稳定,清廷与地方官府着力加强治理,对运河沿岸水利建设尤为重视,这为漕运与农田灌溉提供了基本保障。康熙年间以来,推动"导淮入江"工程,对解决扬州地域水患影响尤著。漕运对扬州社会经济影响甚著,就关税征收而言,仅乾隆七年(1742)免征米谷麦豆税银即达6万余两。扬州下属诸沿河州县市镇,如高邮、仪征、瓜洲等,皆随漕运而兴。盐商将淮盐行销本盐区各口岸,回程又装载湖广之粮食、木材等分销江南,以盐业行销为中心,形成了相关转运销售的商业链。在扬州城内及周边市镇,由于盐业与诸商业活动繁盛,衍生出一系列休闲消费的社会服务行业。盐商对扬州城市建设和环境治理功不可没,诸如修桥铺路、治理街肆、疏浚水道等,皆有建树。清代扬州的造园理法和技艺臻于完善,公共风景园林和私家园林繁盛,扬州园林臻于成熟。工艺方面,清代扬州官营工艺制造发达,其中最显著的雕版印刷业、玉雕业皆由两淮盐政承办。

清代扬州的教育体系以地方官学和书院为主体。地方官学以扬州府儒学与各县儒学最为重要。晚清以前,扬州构建起官学与私学相互结合、组织完备、分布广泛的教育体系,教育、科举在国内均处于领先地位。安定、梅花书院等名师聚集,成为国内重要的人才培养基地与学术研究重镇。扬州崇文重教,涌现出一些绵延数代的学术世家,其中以高邮王氏、宝应刘氏和仪征刘氏最为著名。鸦片战争后,西方传教士开始在扬州创办新式学校,传授西学。20世纪初,废除科举,扬州原有的教育体系随之发生根本变革,传统教育体系被新式学堂体系所取代。

清初以来,扬州本籍与侨寓学人交流融通,造就了学术文化繁荣的局面,出现了扬州学派、扬州画派、广陵琴派等既融汇多元又具有鲜明地域印记的学术、艺术群体。清代扬州学术成就卓著,清前期学者在经学考订、舆地之学、"江左"文学等研究方面颇有建树;清代中期,扬州学术臻于繁盛,涌现出汪中、焦循、阮元、王念孙等学术巨匠,还有刘台拱、李惇、任大椿、朱彬、王引之、凌廷堪、江藩、刘文淇、刘寿曾、刘宝楠、刘恭冕、刘毓崧、成蓉镜等,可谓群星璀璨,诸人贯通古今,涉猎广泛,形成博通的学风。清代后期,扬州学术继承传统,汲取西学,如太谷学派代表张积中糅合古今,李光炘融佛、道以释儒经,刘岳云、徐凤诰汲取西学以探究传统实学。在文学方面,形成了具有广陵特色的文学流派,文人结社雅集蔚然成风;曲艺方面,扬州汇集了南腔北调和优秀的梨园艺人,成为南方的戏曲中心;书画方面,以石涛和"扬州八怪"为代表的扬州画派,开启了清代绘画新风;广陵琴派名家辈出,乐谱纷呈,尤以"广陵琴派五谱"为著。

清代扬州社会生活受徽商及其文化影响颇深。两淮盐商将"徽派"文化风俗带入扬州。乾嘉时期,扬州一度引领世风,形成所谓的"扬气"。随着时局变动,扬州城市经济过度依赖盐业与盐商的内在缺陷日益彰显,两淮盐业的衰落,扬州民众生活显现出一些"苏式"风采,隐含着苏州风尚渗透的印迹。鸦片战争后,在欧风美雨的侵蚀下,扬州社会生活明显地体现出"洋气"。

六、民国时期的扬州

民国时期扬州军政局势经历了激烈的变革。1911年10月10日,武昌起义结束了清朝的统治。此后,具有革命党背景的孙天生宣布扬州光复,成立军政府,自任都督;徐宝山率军自镇江入扬州,成立扬州军政分府。1912年1月1日,中华民国成立,废除扬州府,设民政长公署,扬州民政长改称江都县民政长,后相继改称县知事、县长。地方自治过程中,扬州各县的县议会为议事机关。1928年,废除淮扬道,江都县直属江苏省。1927年至1931年间,扬州成为拱卫民国首都南京的江北重镇。1933年,江苏省行政区划调整,于省之下、县之上增设行政督察区,第9行政督察区(即江都区)下辖江都、高邮、宝应、仪征、六合、江浦等县;1935年,省府将第9区(江都区)改名为第5区。

　　1937年7月7日,抗日战争全面爆发,扬州地区商民团体积极支持全国抗战,成立抗日救亡团体,一些扬州籍青年奔赴各地参加抗日部队。扬州沦陷前夕,各政府部门、银行、学校等机构撤退。12月14日,扬州沦陷。日军在攻占扬州各地及统治过程中,制造了无数惨案,其中较为重大的惨案发生在天宁寺、万福桥、仙女庙等地。在日伪政权统治下,扬州的经济、社会、教育、文化事业等遭受到严重摧残。1939年4月,新四军挺进纵队渡江北上至江都。1941年4月,苏中军区成立,下辖6个军分区和兴化、东台、泰县特区"联抗"司令部。扬州地区划入苏中一分区范围内。1944年3月5日,新四军发动的车桥战役是苏中战略反攻的重大转折,增强了苏中与苏北、淮南、淮北抗日根据地的联系,揭开了华中地区战略反攻的序幕,宝应由此逐渐成为苏中抗日斗争的政治、军事中心和指挥中枢。扬州地区建有苏北抗战桥头阵地、仪扬抗日根据地、江高宝抗日根据地、江镇抗日根据地等中国共产党领导的根据地。1945年12月,日本宣布无条件投降后数月,占据高邮的日军拒绝向新四军投降。19日,粟裕指挥华中野战军主力第7、第8纵队及地方武装共15个团,向盘踞高邮、邵伯的日军发动进攻,经过一周的战斗,迫使日军投降,收复高邮城,被称为"中国抗日战争的最后一役"。1945年,国民政府陆续恢复对扬州部分城镇的统治。1946年6月全面内战爆发后,国民党军于7月下旬至8月下旬,集结约12万兵力进攻苏中解放区。中共华中野战军奋起迎战,苏中七战七捷后,国民党军再次集结优势兵力反攻,华中野战军于1946年9月主动撤出了苏中解放地区。1949年1月25日,扬州城解放,成立中共扬州市委会、军管会与市政府;1949年4月20日,扬州全境解放。

　　民国时期,扬州经济与社会出现新变化。自1912年恢复两淮盐运使建置始,扬州仍为两淮盐务中心,至1931年2月,两淮盐运使移驻连云港板浦镇,扬州失去了两淮盐务的中心地位。1931 年 5 月,国民政府颁布新盐法,实行自由贸易,十二圩淮盐总栈的作用逐渐式微。1937 年 11 月,日军占领十二圩,淮盐总栈彻底消亡。扬州经济领域出现的新行业和组织主要有新式垦殖业、蚕桑业、近代化的工厂和银行业。北京国民政府时期,扬州境内先后有交通银行、中国银行、江苏省银行、盐业银行、淮海银行、中国实业银行、天津中孚银行 7 家银行入驻。南京国民政府时期,"四行二局"均在扬州设立分支机构。扬州农业有所发展,各县设立农场、农业改良场、农业推广所等。20 世纪二三十年代,扬州境内由政府主导的水利工程建设主要集中在淮河入江水道及圩堤建设、京杭运河扬州段与长江下游扬州段的建设。1947 年,国民政府导淮委员会、江北运河工程局、行总苏宁分署三方联合对运河部分堵口实施复堤工程。1949 年 1 月,人民军队军管会接管国民政府的运河工程处,第二行政区专员公署成立苏北运河南段工程处,在江都、高邮、宝应等县成立运河工程事务所。民国时期扬州初步形成了公路网,出现轮船与汽车运输,开通一些市际、县际公路,组建民营汽车长途客运公司。

民国时期扬州城基本延续了以往的城厢格局,城内埂子街、多子街经教场至彩衣街一带为商业区,各类学校多在西部旧城区域,官署区位于两者之间。钞关至东关街一线为商贾居住区,北门外西北方向为蜀冈 – 瘦西湖风景区。南京国民政府建立后,地方政府规划拓宽城市道路,但阻力重重;沦陷时期,城市遭受破坏。抗战胜利后,1945 年 11 月,江都县政府拟定了《江都县城营建计划大纲》,拆除城墙,建设道路、桥梁,城市照明、用水、清洁卫生等公共设施有所改善。扬州新式学校数量大增,1927 年正式成立的江苏省立扬州中学,办学成效卓著。在学术与文化方面,刘师培、朱自清等在各自研究领域取得了一定的成就;以李涵秋为代表的鸳鸯蝴蝶派扬州作家群体,大多旅居上海,从事新闻报刊、编辑出版行业,创作诸多反映社会生活的通俗文学作品。

通过概略梳理自上古至中华人民共和国成立前扬州地域历史演进的大体脉络,可见距今 7000—5000 年的龙虬庄文化时期,扬州的先民已经生活于江淮东部大地,开启了地域社会历史的进程,奠定了地域文明的基石。自春秋战国以来,扬州逐渐步入地域社会快速发展的历史时期。此后的各个历史阶段,扬州作为区域社会中心在关乎全国的军政格局、国家财政、文脉传承等方面扮演着不可替代的重要角色,发挥了独特的作用,经历了数度盛衰起伏的演变历程。

作为中国历史的一个有机组成部分,要准确把握扬州区域历史发展的特征、规律与贡献,必须将其放置于中华历史的整体格局之中予以观照与体察,其中两方面的感悟尤为深切:

其一,作为一座具有"通史性"特征的历史文化名城,扬州地域历史发展与中国整体历史进程基本同频共振。

众所周知,扬州的文明历史持续发展,春秋战国以降,先后出现了汉代初盛、唐代鼎盛、清代繁盛三个世所公认的"兴盛期",其间地域社会政治昌明,经济繁荣,文教发达,学术卓越,为全国之翘楚,地位显著。而这三个历史时期,正是中华历史上三个大一统王朝,国势鼎盛。显而易见,扬州地域社会的繁荣发展,可谓国家整体兴盛的局部缩影与生动侧面。

在汉、唐、清三个鼎盛期前后的诸间隔历史时段,国家整体处于历史演进的变动更替期,大多表现为分裂动荡状态,如秦汉之前的春秋战国时期,汉唐之间的魏晋南北朝时期,即中国历史上历时长久、程度深重的分裂时期。唐末至清代,其间经历了两宋元明诸朝。在这一历史时段,北宋、明代国势有所局限;至于五代十国、南宋时期,则处于大分裂状态。在这一格局下,扬州或为地域纷争的"中心",或处于南北对抗的"沿边",在经济、社会等方面,或相对"衰落""停滞",或相对"平静""沉寂"。

当然,从长时段或整体性的历史与文化发展的视角看,这些"分裂期"与"衰落期",实际上是中国整体历史发展进程中的积蕴、变革与转型阶段,诸多的社会制度变革与思想文化更替,正是在这些阶段逐步孕育生发而来的,为此后的"兴盛期"聚积了足够催生转型与变革的历史资源,准备了充分发展的历史条件。就扬州地域历史而言,以上诸历史阶段,在或"衰滞"或"沉寂"的表象下,往往积极应对,顺势而为,特别在北宋、明代等国祚较长的王朝统治时期,扬州地方积极作为,储备能量,奠定未来再现辉煌的社会基础。

由此可以说,扬州历史上的数度盛衰兴替,与整个国家的历史发展轨迹基本同频共振,进而言之,在中华历史与文化演进的诸多历史关头,不难感受到来自扬州地域社会的具体作用与影响。

其二,特定的地理区位与交通地位,对扬州历史、文化之衍生与发展影响至深,赋予其鲜明的地域社会特征。

作为区域社会中心,扬州地处江淮之间,临江濒海,特别是凿通运河,其连接南北、沟通东西的地理区位优势日益彰显。早在新石器时期,扬州地域便表现出"南北文化走廊"或"南北文化通道"的区域性特征,这不仅是南北文化的"传输"或"中转",也在此进行南北风尚、异质文化的汇聚、融通与糅合、再造,进而形成具有本地域特征的新文化因素。春秋战国以来特别是隋唐以来,贯通南北的大运河对国家整体的军事、政治、经济与文化发展意义重大,扬州处于运河的中枢区位,在大一统国家中自然成为南北交通的中心与关键;在开放的唐代,扬州一度还成为国际化都市。

扬州地域经济社会繁荣,必然显现"虹吸效应",导致人才聚集,引发文化交融与新变,进而催生学术文化创新——扬州的每一个"兴盛期",都是地域社会文化的高峰期——这是扬州有别于其他偏重政治、军事、经济的地域性中心的鲜明特征——扬州的兴盛,往往具有社会综合性或整体性,尤其学术文化要素凸显。扬州地域的学术文化,包括地域社会生活习尚,具有与生俱来的开放性、包容性、融通性——这正是扬州文化突出的地域性特征。不仅如此,各历史时期,融汇东西南北的扬州文化往往凭借其交通与物流优势而转输各地,对各时代的学术文化与社会风尚产生或轻或重、或显或隐的影响,引领时代风尚。如果用最简洁的词语概括扬州历史文化的特征,那么"融通""汇通""会通""联通""变通"等词语应当是妥帖恰当的。

与此相应,在中国历史上的"分裂动荡"或"变革更替"时期,扬州的地理与交通区位则往往使其处于南北对抗的"前沿",或为南北政权的"过渡地带",有时成为"羁縻"之地,甚至成为"弃地"。随着统一战争的来临,扬州自是南北政权激烈争夺的所在。可见这一地理区位也决定着扬州屡遭兵燹与劫难的历史命运,赋予其悲壮的历史色彩和英雄的历史气息。

因此,准确地把握扬州地域历史文化的特质,应当具备通达的"大历史"眼光,注重强化扬州与中国历史乃至世界历史的关联与"互动"意识,以明其"通",以知其"变"。

　　扬州历史绵延厚重,扬州文化博大精深。对扬州历史与文化的宏观性论述与规律性阐发,是一个无止境的话题,期待博雅有识之士的真切感悟与深刻思考。

　　"雄关漫道真如铁,而今迈步从头越。"1949 年 10 月 1 日中华人民共和国的建立,掀开了中华民族历史的崭新篇章,历史文化名城扬州也焕发出新的生机,迈进了新的历史时期。回顾历史,是为了正视现实,展望未来。在经历了新中国的政治、经济、文化与社会的诸多深刻变革,特别是经过了改革开放的砥砺磨炼,扬州的经济社会步入了高速发展阶段,取得了前所未有的辉煌成就,达到了前所未有的文明高度,这是历史上任何一个"兴盛期"都无可比拟的。我们坚信,在全面建设社会主义现代化国家、全面推进中华民族伟大复兴的新时代征程中,扬州人民一定会用自己辛劳的汗水与无穷的智慧,谱写出无愧于先民的更加波澜壮阔的历史新篇章!

目　录

第一章　两宋时期扬州的政区与人口

五代十国时期，扬州曾隶属吴、南唐、后周等不同的政权，所领县级政区的数目以及政区幅员，时有变动。入宋以后，在相对和平安定的环境里，其所领之县及其政区幅员的变动仍然存在，但基本的格局在北宋太宗时期已经确定下来。整体来说，两宋时期扬州行政区划的变动，主要表现是其西、北、东三面的数个属县先后析出。宋代扬州领县数目的减少导致其政区幅员的缩小，而这些析出政区经过重新组定，成为新的与扬州同级的政区。影响宋代扬州政区变动的因素是多方面的，其中有宏观的军政背景，也有区域的经济水平与交通状况。与此相关，政区变动反过来对宋代扬州经济社会也有直接的影响，在一定程度上削弱了其在宋代的军政地位，成为影响两宋扬州发展的重要内在因素。本章主要考察两宋时期扬州的政区与人口。就政区而言，尝试归纳政区变动的类型与趋势，探究出现这些变动的原因及其产生的影响，在这个基础之上，反思前人关于唐宋扬州经济盛衰转变原因的探讨。就人口而言，主要根据传世地理志书提供的有限信息，试图梳理出两宋时期扬州人口的变动态势。

第一节　两宋时期扬州政区演变的类型与趋势

后周显德七年（960），朝廷命检校太傅、殿前都点检赵匡胤率军抵御北汉与契丹的联合南侵。大军行至陈桥驿处发生兵变，赵匡胤黄袍加身，建立赵宋政权。整体上来说，宋代地方行政区划，大抵包括路、州府军监、县三级（也有县级军监的情况）。在赵宋立国之初，因袭唐制，以道为高层政区单位，至宋太宗至道三年（997），始分全国为京东路、京西路、河东路、河北路、陕西路、淮南路、江南路、荆湖南路、荆湖北路、两浙路、福建路、西川路、峡路、广南东路、广南西路等十五路,其中扬州属淮南路。宋神宗熙宁年间,高层政区调整为二十三路,其中淮南路分为东、西两路,扬州属淮南东路。随着北宋末年靖康之变,宋室南渡,淮南仍分为东、西两路,扬州属淮南东路不变。与高层政区的变动相应,宋代扬州的属县以及政区幅员,在两宋时期同样时有调整。

　　关于两宋时期扬州的行政区划,以《宋史·地理志》中的记载相对最为集中,不过其中也有疏漏之处。经过研究者的进一步梳理,两宋时期扬州政区沿革的基本脉络大体已被勾勒出来。[1]本节从以下两个方面展开:一是结合相关传世文献及前贤的研究,进一步考订讹误、查漏补缺,对史书记载及以往考证之作中的疏漏处,作相应的修正与补充,以期对两宋时期扬州政区变动的基本史实有更加准确的认识;二是在史实考订的基础之上,总结宋代扬州政区变动的基本类型,并将其放到晚唐五代以来的军政局势中去观察,以探究此间扬州政区变动的整体趋势。大体来说,两宋时期扬州的属县可分为变与不变两个类别,所谓"不变"者,在两宋时期始终隶属扬州;"变"者,在两宋时期有时隶属扬州,有时划归他州。

　　在正式讨论宋代扬州政区之前,需要简单追述一下中晚唐至五代十国时期扬州政区变动的基本情况。北宋初期的地理学者乐史(930—1007),在《太平寰宇记》"淮南道一·扬州"条记,扬州"元领县七。今三:江都,广陵,六合。四县割出:高邮,天长,海陵,永贞"[2]。其中割出的四个属县,高邮及天长升为军,海陵与永贞分别划属泰州和建安军。《太平寰宇记》所记,主要体现的是北宋太宗朝太平兴国(976—984)后期的行政区划,当时扬州所领,仅江都、广陵、六合三县。事实上,整个两宋时期,扬州的领县数目基本都保持在两到三个,再未达到七个的规模。《旧唐书·地理三》"淮南道扬州"条记"(扬州)旧领县四:江都、六合、海陵、高邮……天宝领县七……"[3],七县分别为:江都、江阳、六合、海陵、高邮、扬子、天长。其中天长县下又记:"天宝元年(742),割江都、六合、高邮三县地置千秋县,天宝七载,改为天长。"[4]结合以上两条记

　　[1]　周振鹤主编,李昌宪著:《中国行政区划通史·宋西夏卷》,复旦大学出版社2007年版。

　　[2]　〔宋〕乐史:《太平寰宇记》卷一二三《淮南道一·扬州》,中华书局2007年版,第2442页。

　　[3]　〔后晋〕刘昫等:《旧唐书》卷四〇《地理三》,中华书局1975年版,第1572页。

　　[4]　〔后晋〕刘昫等:《旧唐书》卷四〇《地理三》,中华书局1975年版,第1572页。

载,可知乐史所谓"元领县七",是李唐天宝元年以后的事。天宝元年之后,扬州的统县之数至唐代末期,并未发生大的变化。[1]杨吴时期,于武义元年(919,即后梁贞明五年)改称扬州为江都府,翌年析海陵县置兴化县,属江都府,进而析海陵县置海陵制置院,隶江都府。至吴天祚二年(936,即后晋天福元年)以江都府为东都时,江都府领七县一院。天祚三年(937),徐知诰废吴帝,自称帝,后改国号为唐,是为南唐。南唐定都江宁府,同样以江都府为东都。江都府的下辖政区,在南唐时期几经调整,先是昇元元年(937),升海陵制置院为泰州,进而割兴化县属泰州;此后昇元六年(942)闰正月,以扬州天长县置建武军。这两次政区调整,将江都府东部和北部的属县先后析出,组建成新的政区。除此之外,在南唐还有一些更名的举措,例如改江阳县称广陵县、改扬子县称永贞县,都发生在这一时期。[2]待后周显德三年(956,即南唐保大十四年)二月,周世宗攻取江都府后,改称江都府为扬州;同年七月,南唐收复扬州;翌年十二月,南唐于扬州置淮南节度使,时扬州领江都、广陵、六合、高邮、永贞五县。综合以上的梳理,可以看出扬州属县的减少和政区幅员的缩小,至南唐时期已见端倪。

乐史《太平寰宇记》所列江都、广陵、六合、高邮、天长、海陵、永贞七个县级政区,其领地在两宋时期一直隶属扬州而不变者,有江都与广陵两县。其中江都在两宋时期为扬州治所,这是沿袭晚唐五代时期的旧例。[3]广陵的情况稍显复杂,需要多做一些说明。李唐贞观十八年(644),曾将江都县的部分地区划出,另置江阳县,[4]南唐昇元元年(937)改江阳为广陵,[5]皆隶扬州。这一点至宋太宗太平兴国年间仍未变。[6]宋神宗熙宁五年(1072)七月,省广

————————

　[1]　周振鹤主编,郭声波著:《中国行政区划通史·唐代卷》,复旦大学出版社2012年版,第420页。

　[2]　周振鹤主编,李晓杰著:《中国行政区划通史·五代十国卷》,复旦大学出版社2014年版,第262、277页。

　[3]　周振鹤主编,李晓杰著:《中国行政区划通史·五代十国卷》,复旦大学出版社2014年版,第654—656页。

　[4]　〔后晋〕刘昫等:《旧唐书》卷四〇《地理三》,中华书局1975年版,第1572页;〔宋〕欧阳修、宋祁:《新唐书》卷四一《地理五》,中华书局1975年版,第1052页。

　[5]　〔清〕陈鳣:《续唐书》卷一六《地理志》"东都江都府"条,中华书局1985年版,第150页。

　[6]　〔宋〕乐史:《太平寰宇记》卷一二三《江南道一·扬州》,中华书局2007年版,第2447页。

陵县入江都。[1]此举虽造成扬州统县数目的减少,但广陵其地仍属扬州,并未影响扬州的政区幅员。《宋史·地理志四》记南渡后扬州增县二,广陵为其一。据此,南宋初年宋廷又析江都而置广陵县。然而《宋史》所记疏略,实际上在北宋后期,广陵已曾一度从江都析出。欧阳忞《舆地广记》卷二〇"淮南东路"条,记扬州统县有三,广陵居其一。[2]根据南宋陈振孙的说法,《舆地广记》成书于政和年间(1111—1118),[3]则广陵在政和年间或稍前,已经从江都析出。又宣和六年(1124)年许份(1079—1133)知扬州,任上曾有扬州"唯有江都、天长两县"[4]之语,则广陵在北宋末年又被省并。南渡后复置广陵县的具体时间不得其详,但下至南宋后期,广陵已遭省并。王象之《舆地纪胜》卷三七《淮南东路·扬州》记扬州领江都、泰兴二县,[5]《方舆胜览》所记相同。《舆地纪胜》成书在嘉定、宝庆间,《方舆胜览》较之略后,则广陵至南宋嘉定、宝庆间已再度被省并。结合周边政区的变动情况,此次省并当仍是并入江都。所以整体来说,无论省并与否,广陵其地仍属扬州当无疑,这种变动并未影响扬州整体上的政区幅员。而与江都、广陵相比,高邮、天长、永贞、六合等几个县级政区的变动稍显复杂,若简要地归类,大体分为如下四种情形。

1. 从扬州析出而再未回隶。此以海陵为代表。海陵县在唐代是扬州一个比较稳定的属县。[6]吴乾贞年间(927—929)立为制置院[7],南唐昇元元年(937)升为泰州,海陵遂从扬州析出。[8]入宋以后,海陵再未回隶扬州。

---

[1]〔宋〕李焘:《续资治通鉴长编》卷二三五"熙宁五年七月丙午",中华书局2004年版,第5722页。

[2]〔宋〕欧阳忞:《舆地广记》卷二〇"淮南东路"条,四川大学出版社2003年版,第574页。

[3]〔宋〕陈振孙:《直斋书录解题》卷八,上海古籍出版社2015年版,第240页。

[4]〔宋〕李纲:《宋故龙图阁直学士许公神道碑》,《全宋文》第172册,上海辞书出版社、安徽教育出版社2006年版,第264页。据吴廷燮《北宋经抚年表》及李之亮《宋两淮大郡守臣易替考》,许份知扬州在宣和六年至七年。

[5]〔宋〕王象之:《舆地纪胜》卷三七《淮南东路·扬州》,中华书局1992年版,第1558页。

[6]周振鹤主编,郭声波著:《中国行政区划通史·唐代卷》,复旦大学出版社2012年版,第421页。

[7]李晓杰定海陵置制置院在乾贞二年(928)。参见周振鹤主编,李晓杰著:《中国行政区划通史·五代十国卷》,复旦大学出版社2014年版,第655页。

[8]〔宋〕乐史:《太平寰宇记》卷一三〇《淮南道八·泰州》,中华书局2007年版,第2564—2565页。

2. 由县级政区升级为统县政区。此以高邮与天长为代表。高邮县在中晚唐时期，一直为扬州属县。五代十国时期，扬州虽一度改称江都府，但高邮作为属县未变。入宋后，"开宝四年建为军，仍以县隶焉，直属京师"[1]。至神宗、哲宗两朝，随着政局的变动，高邮军的建置颇受影响。神宗熙宁五年（1072）五月，高邮军废，以县隶扬州；哲宗元祐元年（1086），复置高邮军。此后的北宋时期，再未变更。南宋时期，高邮建置变动更为复杂一些。建炎四年（1130）五月二十四日，诏升高邮军为承州，分割泰州兴化县来属。[2]绍兴五年（1135）正月废州为县，隶扬州；同年十月，复县为军。[3]此后一度又降为县。关于这一次降为县的具体时间，传世文献中没有明确的记载，但绍兴十四年（1144）户部言及淮东茶业贸易时，有"扬州高邮县"[4]的说法；《宋绍兴十八年进士题名小记》其"第二甲"之秦渊、"第四甲"之江献可下均有"扬州高邮县"之注文，[5]则显然至绍兴十八年，高邮尚为扬州属县。据此可知，高邮至迟在绍兴十四年已由军降为县，隶扬州。绍兴十一年（1141），宋金议和，江淮局势趋于安稳，高邮由军降为县，或在此后不久。绍兴末年，宋金交恶，又有绍兴三十一年（1161）复升高邮县为军的举措，[6]直至宋亡，再未变更。

与高邮类似者有天长。唐天宝七载（748），改千秋县为天长县，此以天长名县之始。南唐昇元六年（942），升天长县置建武军；中兴元年（958，即后周显德五年）正月，升建武军为雄州；同年二月，后周平定江淮，降雄州为天长军。[7]入宋之后，宋太宗于至道二年（996）废天长军为县，以县隶扬州。[8]

[1]〔宋〕乐史：《太平寰宇记》卷一三〇《淮南道八·高邮军》，中华书局2007年版，第2570页。

[2]〔清〕徐松辑：《宋会要辑稿·方域六》，上海古籍出版社2014年版，第9387页。按，《宋史》卷八八《地理志四》亦作"建炎四年"，第2181页。

[3]〔宋〕李心传：《建炎以来系年要录》卷九四"绍兴五年十月丙午"，中华书局2013年版，第1798页。

[4]〔清〕徐松辑：《宋会要辑稿·食货三》，上海古籍出版社2014年版，第6683页。

[5]〔清〕陆耀通纂：《金石续编》卷一八《王佐榜进士题名碑》，国家图书馆善本金石组编：《宋代石刻文献全编（三）》，北京图书馆出版社2003年版，第699—700页。

[6]〔清〕徐松辑：《宋会要辑稿·方域六》，上海古籍出版社2014年版，第9384页。

[7]〔清〕徐松辑：《宋会要辑稿·方域六》，上海古籍出版社2014年版，第9385页。

[8]〔清〕徐松辑：《宋会要辑稿·方域六》，上海古籍出版社2014年版，第9385页；〔宋〕王存：《元丰九域志》卷五《淮南路·东路》，中华书局1984年版，第192页。

此后的北宋时期,天长一直为扬州属县。待宋室南渡,又起变更。建炎元年(1127)十月升军,四年九月废为县。[1]绍兴十一年(1141)复升军;十二年复为县,[2]隶盱眙军。[3]嘉定十二年(1219)金兵犯边,《续编两朝纲目备要》记"扬州之天长"等淮南民众渡江避敌。[4]据此可知,天长县在宁宗嘉定十二年以前曾一度拨隶扬州;据《永乐大典》所录《吏部条法事类》可知,嘉定八年天长县隶招信军,[5]则天长拨隶扬州系宁宗嘉定八年至十二年间事。成书于理宗朝的《方舆胜览》记招信军属县有天长县,可知天长在理宗时期,又从扬州析出。借助以上的梳理可知,高邮、天长二县之建置虽变动反复,但往往皆直升为军,成为与扬州同级的统县政区。南宋后期天长县的变动情况,则与下面接着要讨论的第三类情况相近。

3. 数个析出之县级政区重组为新的统县政区。此以真州(建安军)的设置为典型。宋太祖乾德二年(964)以扬州永贞县之迎銮镇置建安军。真宗大中祥符六年(1013),进一步以建安军为真州。永贞与六合则先后从扬州析出,成为建安军(真州)的属县。其中永贞在唐名扬子,系唐高宗永淳元年(682)以江都扬子镇置县。[6]五代时南唐改扬子县名为永贞县。[7]太宗雍熙二年(985),割永贞县隶建安军。后以宋仁宗讳,复改永贞名为扬子。随着宋真宗大中祥符六年(1013)建安军升为真州,扬子遂成为真州治所。南宋时期,扬

---

[1] 〔宋〕李心传:《建炎以来系年要录》卷一〇"建炎元年十月壬申",中华书局2013年版,第266页;〔清〕徐松辑:《宋会要辑稿·方域六》,上海古籍出版社2014年版,第9388页。《宋史》卷八八《地理志四》以天长"绍兴元年为县"(中华书局1977年版,第2182页),误。

[2] 〔元〕脱脱等:《宋史》卷八八《地理志四》以为天长军于绍兴"十三年,复为县",当误。李心传《建炎以来系年要录》卷一四五"绍兴十二年五月辛丑"条记"废天长军为县,隶盱眙",《宋会要辑稿·方域六》所记同,当以此为是。三书所记分见各书第2182页、第2732页、第9388页。

[3] 〔清〕徐松辑:《宋会要辑稿·方域六》,上海古籍出版社2014年版,第9385页。

[4] 佚名:《续编两朝纲目备要》卷一五,中华书局1995年版,第287—288页。

[5] 周振鹤主编,李昌宪著:《中国行政区划通史·宋西夏卷》第四编第二章《淮南东路州县沿革》,复旦大学出版社2007年版,第520页。

[6] 〔后晋〕刘昫等:《旧唐书》卷四〇《地理三》,中华书局1975年版,第1572页;〔宋〕欧阳修、宋祁:《新唐书》卷四一《地理五》,中华书局1975年版,第1052页。

[7] 〔宋〕乐史:《太平寰宇记》卷一三〇《淮南道八·建安军》,中华书局2007年版,第2573—2574页。

子建置多有变更，[1]但再未回隶扬州。

　　关于六合，李唐贞观元年（627），省方州，并石梁入六合，属扬州。[2]此为六合属扬州之始。五代十国时期，吴武义元年（919）改扬州为江都府，六合仍隶；南唐一仍其旧。后周平江淮，改江都府名为扬州，六合隶扬州。入宋后，在宋太宗至道二年（996）以前，六合仍隶扬州。至道二年，割六合县隶建安军。[3]随着大中祥符六年建安军升真州，六合遂成为宋代真州的一个属县，此后在宋时似再未变动。[4]

　　4. 分割其他县级政区来属扬州。此可注意者为泰兴。《太平寰宇记》卷一百三十《淮南道八·泰州》，记泰兴"本海陵县济南镇地，伪唐昇元三年析海陵县之南界五乡为泰兴县，属泰州"。[5]可知泰兴在赵宋政权建立之初本是泰州属县。《宋史·地理志》"淮南路·扬州"记："南渡后，增县二：广陵、泰兴。"[6]其中"泰兴"下小注云："旧隶泰州，绍兴五年来属。"《宋史》所记甚为简略，给人印象是泰兴自南宋时期才拨隶扬州，实则不然。北宋宣和年间，知扬州许份曾建言拨泰州之泰兴县隶扬州，其言获准，[7]可知泰兴在北宋末年曾拨隶扬州。这一隶属关系一直维持到南宋建炎四年（1130），因《宋会要辑稿》记建炎四年五月高邮军行政等级变动时，有"其扬州泰兴县旧属泰州，却依旧拨还"[8]之记载。所以综合上面三条记载，可知泰兴县在北宋大部分时期为泰州属县，北宋末年来属扬州，至南宋建炎四年回隶泰州，绍兴五年（1135）再拨隶扬州。《宋史》所记不误，但遗漏了几个重要环节。绍兴五年以后，泰兴之

---

　　[1]〔元〕脱脱等：《宋史》卷八八《地理四》，中华书局 1977 年版，第 2181 页。

　　[2]〔后晋〕刘昫等：《旧唐书》卷四〇《地理三》，中华书局 1975 年版，第 1572 页。

　　[3]〔清〕徐松辑：《宋会要辑稿·方域六》，上海古籍出版社 2014 年版，第 9387 页。

　　[4] 南宋孝宗乾道四年三月二十六日，司农少卿、总领淮东军马钱粮吕擢言地方官兵的后勤钱物时，有"扬州六合县"的说法。据此，则南宋孝宗时期六合县曾一度隶属扬州，但这与其他传世文献所记六合县的隶属情况不合。今先揭示于此，留俟再考。吕擢的言论，参看《宋会要辑稿·食货六四》，上海古籍出版社 2014 年版，第 7777 页。

　　[5]〔宋〕乐史：《太平寰宇记》卷一三〇《淮南道八·泰州》，中华书局 2007 年版，第 2566 页。

　　[6]〔元〕脱脱等：《宋史》卷八八《地理四》，中华书局 1977 年版，第 2178 页。

　　[7]〔宋〕李纲：《宋故龙图阁直学士许公神道碑》，《全宋文》第 172 册，上海辞书出版社、安徽教育出版社 2006 年版，第 264 页。

　　[8]〔清〕徐松辑：《宋会要辑稿·方域六》，上海古籍出版社 2014 年版，第 9387 页。

归属仍多有变动,在泰州与扬州之间反复交换。绍兴十年,归属泰州;十二年,复隶扬州;二十九年,仍旧隶泰州。[1]

两宋时期扬州政区变动的大体情形已梳理如上。兹据以上考述,综合已有研究成果,制成表1-1,然后再对此间扬州政区变动的整体趋势做一总结。

表 1-1　　　　　　　　　　唐宋时期扬州统县表

时间		统县							
唐	长安四年(704)	江都	江阳	扬子	六合	高邮	海陵		
	天宝十三载(754)	江都	江阳	扬子	六合	高邮	海陵	天长	
	元和十五年(820)	江都	江阳	扬子	六合	高邮	海陵	天长	
	咸通十四年(873)	江都	江阳	扬子	六合	高邮	海陵	天长	
五代	天祐四年(907)	江都	江阳	扬子	六合	高邮	海陵	天长	
	显德四年(957)	江都	广陵	永贞	六合	高邮			
北宋	建隆元年(960)	江都	广陵	永贞	六合	高邮			
	开宝四年(971)	江都	广陵	永贞	六合				
	雍熙二年(985)	江都	广陵		六合				
	至道二年(996)	江都	广陵					天长	
	熙宁五年(1072)	江都				高邮		天长	
	元祐元年(1086)	江都						天长	
	政和间(1111—1118)	江都	广陵					天长	
	宣和六年(1124)	江都						天长	泰兴
南宋	建炎元年(1127)	江都							泰兴
	建炎四年(1130)	江都						天长	
	绍兴五年(1135)	江都				高邮		天长	泰兴
	绍兴六年(1136)	江都				高邮		天长	泰兴
	绍兴十年(1140)	江都						天长	
	绍兴十二年(1142)	江都	广陵			高邮			泰兴
	绍兴三十一年(1161)	江都	广陵						泰兴
	嘉定元年(1208)	江都							泰兴

---

[1]　〔元〕脱脱等:《宋史》卷八八《地理四》,中华书局1977年版,第2178页。周振鹤主编,李昌宪著:《中国行政区划通史·宋西夏卷》第四编第二章《淮南东路州县沿革》,复旦大学出版2007年版,第514页。

续表 1-1

时　间		统　县						
南宋	端平元年（1234）	江都						泰兴
	咸淳九年（1273）	江都						泰兴

关于此表，有两点需要稍做说明：其一，唐五代时期，扬州的名称多有变动，除"扬州"外，另有"广陵郡"［天宝元年（742）改扬州为广陵郡］、"江都府"［吴武义元年（919）改扬州为江都府］之称，表之名称统一以扬州代之，以清眉目。其二，此表宋代部分较详细，在借鉴前人研究成果的基础上，亦有所修订。唐五代部分较为简略，系据今人成果而来，大体始于中晚唐时期。前文曾将《太平寰宇记》与《旧唐书》所记扬州统县做一对比，已知自中晚唐至宋初，扬州统县数目减少近一半；此表一方面更直观地反映出唐宋时期扬州统县数目的历史性变动及其基本趋势，另一方面也可见两宋时期扬州统县的整体状况。

基于上面对两宋时期扬州政区沿革的考述，可以进一步对两宋时期扬州政区的变动做如下总结：其一，两宋时期扬州统县数目明显减少的趋势，并非始于赵宋建国之后，实自五代十国时期已经开始，天长县在五代十国时期已升为统县政区，海陵县割隶泰州也发生在南唐时期；赵宋立国之初，扬州只领江都、广陵、六合、永贞、高邮五县。其二，宋代太祖、太宗、真宗三朝，沿袭了五代十国以来政区调整的基本趋向，扬州政区幅员在北宋前期进一步缩小，太祖朝以扬州之高邮建军，直隶京师，以扬州永贞县之迎銮镇置建安军；太宗朝，先后割扬州永贞县、六合县隶建安军；真宗朝以建安军为真州，最终将扬州统县数目减少到两个，即便此后扬州政区仍有变动，却并没有从根本上改变扬州统县数目减少及政区幅员缩小的整体趋势。如上表所示，两宋时期扬州的统县数目一般为三个左右，这一政区规模的大体格局，基本定型于北宋真宗时期。[1]其三，与扬州统县数目减少相对应，以析出政区重组统县政区，使得部分从扬

---

[1] 北宋神宗熙宁五年（1072，日本国延久四年），日僧成寻入宋，于同年九月十三至扬州，其间成寻记："扬州有六县：江都县、天长县、六合县、高邮县、海陵县、扬子县也。"这个说法显然与史实不合，熙宁五年九月，扬州领县三：江都、天长与高邮。参见〔日〕成寻：《新校参天台五台山记》卷第三，上海古籍出版社 2009 年版，第 236 页。

州析出县镇之行政等级提升,高邮、天长分别建军,扬州永贞县之迎銮镇先是建军,之后又改为真州,成为与扬州同类的统县政区,是为最典型的实例。

第二节　影响两宋扬州政区变动的诸因素

以上在考察两宋时期扬州政区沿革的基础上,分析了扬州政区变动类型与趋势。影响政区变动的因素是多方面的,政治、经济、军事、文化以及自然因素,都可以对政区变动造成影响。[1]两宋时期扬州的政区变动,主要表现为属县的析出或属县行政等级的提升,其影响因素同样是多方面的,既包括晚唐五代以来宏观的军政动态,也与当时区域的经济水平与交通状况紧密相关。兹结合相关实例,考察影响两宋时期扬州政区变动的诸因素。

一、宏观背景下地方政区的细化

安史之乱后,地方藩镇势力影响巨大,对中央政权多有威胁,皇权方面遂多有强化中央集权的意向。赵宋政权是在经过晚唐五代以来的混乱局面后建立起来的,为避免重蹈覆辙,采取了不少加强中央集权、削弱地方势力的举措。宋朝开国功臣赵普曾对太祖说过这样一番话:

> 唐季以来,战斗不息,国家不安者,其故非他,节镇太重,君弱臣强而已矣。今所以治之,无他奇巧也,惟稍夺其权,制其钱谷,收其精兵,则天下自安矣。[2]

赵普强调了地方势力坐大的消极影响,研究者多引用这段文字,认为赵宋立国之初针对地方而采取的集权措施,主要从"稍夺其权、制其钱谷、收其精兵"三个方面展开。[3]事实上这三个方面所包含的具体内容是多样的,而且随着

---

[1]　周振鹤:《中国行政区划通史·总论》,复旦大学出版社 2009 年版,第 152—194 页。

[2]　〔宋〕司马光:《涑水记闻》卷一,《全宋笔记》第 1 编第 7 册,大象出版社 2003 年版,第 13 页。

[3]　比较有代表性的论述,可以参看聂崇岐:《论宋太祖收兵权》,《宋史丛考》(上),中华书局 1980 年版,第 263—282 页;邓广铭:《论赵匡胤》,《邓广铭治史丛稿》,北京大学出版社 2010 年版,第 258—268 页。

时间的推移,在不同的时期,又有新的变化。以往的研究注意到宋廷从职官设置、经济政策、军事制度、地方管理等方面展开的收权策略,对当时政区变动的关注稍显不足。虽然罢去藩镇支郡被作为宋廷削弱地方权力的重点举措之一,但这只是宋廷针对所谓"(准)高层政区"的特殊政策,两宋时期像府、州、军、监之类的"统县政区"[1]的变动情况却同样不可忽视。

据统计,两宋时期有近十分之一的州只辖有一县之地;历代每单位统县政区所辖县级政区平均数,北宋为 3.5 个,小于之前的隋唐时期以及此后的元代,是中国古代统县政区辖县数目的第二个波谷时段。[2]根据前文《唐宋时期扬州统县表》,可知两宋时期扬州的统县数目基本保持在 3 个左右,在整体上尚低于上述北宋时期的平均数。这是地方行政区划细化的一种反映,若考虑到行政区划变动中的政治主导性,[3]则宋代统县政区统县减少、幅员缩小的现状,与其时宋廷试图强化中央集权的政治需求应该有直接的关联。因为如此一来,地方作乱的土地、人口(兵甲),乃至于财政资本,都被釜底抽薪式地剥夺了。[4]扬州作为晚唐淮南节度使的根据地,五代十国时期,又先后作为首都(吴)与陪都(南唐),其地位可见一斑;宋初李重进又曾一度据城为乱,所以宋廷定会引以为戒。在宏观背景与现实事例的共同影响下,扬州统县数目减少以及政区面积的缩小是很容易理解的。建安军(真州)、高邮军、天长军的设置以及海陵县的析出,与扬州统县政区的减少,实是一体之两面,且同处在宋廷强化中央集权的政治背景之下。

除政治上的宏观背景外,在经济方面也有一个宏观的背景需要注意。随着中国古代经济重心的南移,南北政区的分布密度,有一个从北密南稀到南密北稀的转变过程。[5]中国古代经济重心的南移,是一个渐进的过程,安史之乱则在其中有重要的推动作用,所以晚唐至北宋时期是经济重心南移的一个

---

[1]　这里的"(准)高层政区"与"统县政区"的说法,借用的是周振鹤的概念界定,见《中国行政区划通史·总论》,复旦大学出版社 2009 年版,第 9—10 页。

[2]　第一个波谷出现在魏晋南北朝时期,但当时并非为消减地方权力,而主要是出于分官设职的需求。参周振鹤:《中国行政区划通史·总论》,复旦大学出版社 2009 年版,第 71—72 页。

[3]　周振鹤:《中国行政区划通史·总论》,复旦大学出版社 2009 年版,第 152—160 页。

[4]　聂崇岐:《论宋太祖收兵权》,《宋史丛考》(上),中华书局 1980 年版,第 275 页。

[5]　周振鹤:《中国地方行政制度史》,上海人民出版社 2014 年版,第 285—292 页。

重要的阶段。唐宋之际扬州政区变动中统县数目的逐渐减少及政区幅员的缩小,正出现在此间;这两者在时间上是大体合拍的。从这个意义上讲,宋代扬州政区变动,一定程度上正反映了经济重心南移背景下政区密度的动态变化。若结合两宋时期扬州区域经济的发展状况,将更好地理解这一点。

二、辖下政区经济的发展与地方财赋转输取便

宏观背景的影响不限于扬州一隅,分析扬州地区的政区变动,必须结合扬州当地的实际情形。只有配合这些地区性的具体特点,才可能对扬州政区变动有更切实的认识。所以接下来两小节,将结合相关政区的实例,进一步考察影响扬州政区变动的其他因素。

首先看经济方面。一般认为宋代真州(前身为建安军,以下若从整体上讲,则径直用真州;涉及政区沿革者,才注意建安军与真州的区分)的发展,对扬州的影响最大。但对真州为何会成为与扬州同等级的统县政区却并没有给出具体分析。其地在唐代本是扬州统县扬子县辖下之白沙镇,五代十国时期,杨吴政权改白沙镇为迎銮镇。[1]入宋以后,该地行政等级进一步提升。宋太祖乾德二年(964),以迎銮镇为建安军,以往扬州辖下之镇,最终演变成为与扬州同等级的地方政区。这一举措在相当程度上奠定了此后宋代真州政区地位的基础;太宗、真宗朝的相关举措,则是进一步巩固这一基础。如太宗朝相继以永贞县(后改名扬子县)、六合县隶建安军,使得政区建置更为稳定;至真宗大中祥符六年(1013),则改建安军为真州,由军到州的转变,愈加表明了对真州地位的重视。真州之地由镇到州的转变,当地经济的发展是一个重要的基础性因素。唐代宗朝刘晏推行盐法时,曾在白沙镇置巡院,为扬州两所巡院之一,负责食盐相关事务。[2]唐穆宗时也有类似的举措,长庆元年(821)三月,盐铁使王播奏:"扬州、白沙两处纳榷场,请依旧为院。"[3]获准。扬州辖下之镇,与本州同时设置一样的经济机构,足见白沙镇在经济上的重要性在

---

[1]《资治通鉴》卷二七三《后唐纪二》记后唐同光二年(924,即吴顺义四年),"吴王如白沙观楼船,更命白沙曰迎銮镇"注引路振《九国志》曰:"杨溥巡白沙,太学博士王毂上书请改白沙为迎銮,其略曰:日月所经,星辰尽为黄道;銮舆所止,井邑皆为赤县。"〔宋〕司马光著,〔元〕胡三省音注:《资治通鉴》,中华书局2013年版,第9164页。

[2]〔宋〕欧阳修、宋祁:《新唐书》卷五四《食货四》,中华书局1975年版,第1378页。

[3]〔后晋〕刘昫等:《旧唐书》卷四八《食货上》,中华书局1975年版,第2108—2109页。

唐代已有凸显。这是赵宋政权建立以后,宋廷于乾德二年(964)"以迎銮镇为建安军"的重要经济背景。

建安军的经济在入宋以后,得到了进一步发展与巩固。宋廷以镇建军后,随即在其地"置场榷茶",这是当时淮南地区唯一的榷场(另外三处分别设在京师、汉阳与蕲口),负责江南茶务。[1]乾德二年,长江以南的地区尚未纳入赵宋政权的版图,针对江南的茶务,主要由官方负责。所谓"置场榷茶",商人需先往京师入纳钱帛,方才允许凭官方提供的茶引,往榷场领茶。[2]按照这个程序,当时建安军必然成为商人出入的重要场域。不但如此,至道元年(995),江淮发运司置局淮南,治所也设在真州。此类经济机构的设置,表明建安军(真州)在赵宋建国之初,就在南北经济流通中占据了重要的位置,这对当地经济的发展,无疑有重要的促进作用。[3]宋廷先后于雍熙二年(985)及至道二年(996),分别析扬州永贞、六合县来属建安军,并最终于大中祥符六年(1013)升建安军为真州,不能忽视其背后的这些经济因素。

与真州相类似的还有扬州东部的海陵县。海陵在南唐时期已从扬州析出,五代宋初的徐铉在《唐故泰州刺史陶公墓志》中,曾谓海陵为"甸服之地,邦赋最优"[4]。徐氏乃扬州本地人,其对邻近地区的认知应该是可信的,可知海陵经济在五代时期,表现已比较突出。而晚唐五代时期,此地又吸收了北方与周边地区的不少移民,[5]开发程度当进一步加深。所以泰州之设,将扬州一重要经济地带割出,同样与经济因素不无关联。

在影响政区变动的经济因素中,地方财赋的转输也是一个重要的方面。《宋史·刘综传》记:

---

[1]　〔宋〕李焘:《续资治通鉴长编》卷五"乾德二年八月辛酉",中华书局2004年版,第131页。

[2]　黄纯艳:《宋代茶法研究》,云南大学出版社2002年版,第14页。

[3]　梁庚尧:《从南北到东西——宋代真州转运地位的转变》,《台大历史学报》2013年第52期,第53—143页。文中对两宋时期真州(建安军)的经济地位有比较深入的考论,从中可见宋代真州经济发展的具体表现及其特点,可以参看。

[4]　〔宋〕徐铉:《徐公文集》卷一五《唐故泰州刺史陶公墓志》,四川大学古籍整理研究所编:《宋集珍本丛刊》第1册,线装书局2004年版,第109页。

[5]　吴松弟:《中国移民史·隋唐五代时期》,福建人民出版社1997年版,第284—290页。

> 先是，天长军及扬州六合县民输赋非便，综奏请降天长军为县，隶扬州，以六合县隶建安军，自是民力均济。[1]

据前文考述，至道二年（996），降天长军为县，属扬州；六合县自扬州析出，隶建安军。所以刘综"奏请"之言当在此间。根据《宋史·刘综传》的记载，可知此间政区变动的一个重要的原因，是宋廷以财赋转输的便利与否为标准，做出了因地制宜的调整。宋代"夏秋人户所纳二税，或在州，或就县，各从其便"[2]，天长与六合分别位于扬州的西北与西南，当时的建安军治所之地扬子，位于六合与扬州州治之间。基于这样的地理方位，六合割隶建安军的举措很明显是合乎情理的。天长在此后的北宋时期一直隶属扬州，除"输赋"因素外，更是六合析出之后的平衡之举，故而应该是一种综合性的考量。无论如何，就建安军而言，雍熙二年（985），永贞县已割隶建安军，此次六合县的划属，更是增强了建安军的政治与经济地位，七年后升建安军为真州。

　　财赋转输与交通因素相关，交通方面影响更大的当是运河漕运系统，所以必须考察漕运交通对宋代扬州政区变动的影响。唐宋时期真州之地成为重要的转运中心，在经济上有显著发展，良好的交通条件是漕运发展的必要基础。胡三省注《资治通鉴》，谓："迎銮镇，本唐之白沙也。吴主杨溥至白沙，阅舟师，徐温自金陵来见，因以白沙为迎銮镇。"[3]此虽是记载更名经过，但杨溥于白沙阅军，会见自金陵而来的徐温，已足见白沙之地在长江一线的交通优势。[4]宋初乐史谓迎銮镇是"扬州大江入京口之岸"[5]，也点明了这一点。事实上，当时此处不但是东西向长江沿线的重要港口，同时也是南北向运河沿线的交通枢纽。这一点只需与当时运河扬州段的状况稍做对比，即可看出。《旧唐书·高骈附秦彦传》记，扬州"自（毕）师铎、秦彦之后，孙儒、（杨）行密

[1]〔元〕脱脱等：《宋史》卷二七七《刘综传》，中华书局 1977 年版，第 9431 页。

[2]〔清〕徐松辑：《宋会要辑稿·食货九》，上海古籍出版社 2014 年版，第 6177 页。

[3]〔宋〕司马光编：《资治通鉴》卷二九四"后周显德五年三月辛卯"，中华书局 2013 年版，第 9836 页。

[4] 五代时期，特别是五代后期，白沙镇的崛起与扬州和建康东、西两都的政治联系密切相关。

[5]〔宋〕乐史：《太平寰宇记》卷一三〇《淮南道八·建安军》，中华书局 2007 年版，第 2573 页。

继踵相攻,四五年间,连兵不息,庐舍焚荡,民户丧亡,广陵之雄富扫地矣"[1]。
这是描述战争因素对扬州经济社会的影响,实际上运河航道状况的恶化,对
宋代扬州的影响更为深远。大体来说,宋代运河扬州段状况的恶化,是由人
为与自然因素共同造成的,人为因素包括战争与城市生活垃圾的排放,自然
因素主要指的是长江下游航道变动导致的扬州运河水位下降。[2]运河扬州瓜
洲段,在宋代已不如隋唐时期畅通。北宋真宗朝江淮发运使贾宗建言重开扬
州古运河,此虽是为解决漕运曲折之流弊问题,[3]却也从一个侧面反映出当时
扬州运河的荒废状况。其时,江南往北的漕船,相当部分行至建安军(真州),
北上至扬楚运河,之后入淮河;建安军成为淮东长江沿线上南北漕运的第一
个重要港口。史载:

> 建安北至淮滋,总五堰,运舟十纲上下,其重载者,皆卸粮而过,舟坏
> 粮失,率常有之,纲卒傍缘为奸,多所侵盗。(乔)维岳乃命创二斗门于西
> 河第三堰,二门相逾五十步,覆以夏屋,设悬门蓄水,俟故沙湖平,乃泄之。
> 建横桥于岸,筑土累石,以固其趾。自是,尽革其弊,而运舟往来无滞矣。[4]

乔维岳治理建安军至淮河之间的运河,在宋太宗雍熙元年(984)以前,此
年二月他便被任命为淮南转运使。透过乔氏治理建安军往北运河的举措,可
以看到其地的水运交通较之扬州,更早受到了宋廷的重视,且航道的整治维
修也及时有效。欧阳修在皇祐三年(1051)所作《真州东园记》中说"真为州,
当东南之水会,故为江淮、两浙、荆湖发运使之治所"[5],即点出水运交通于真
州的重要性。南宋楼钥也说:"真之为州未远也……而实当江淮之要会。大
漕建台,江湖米运,转输京师,岁以千万计。维扬、楚、泗俱称繁盛,而以真为

　　[1]〔后晋〕刘昫等:《旧唐书》卷一八二《高骈附秦彦传》,中华书局1975年版,第4716页。
　　[2]〔日〕西冈弘晃:《宋代扬州的城市水利》,《城市发展研究》1996年第1期,第48—50页。
　　[3]〔宋〕李焘:《续资治通鉴长编》卷九三"天禧三年六月辛卯",中华书局2004年版,第2149页。
　　[4]〔宋〕李焘:《续资治通鉴长编》卷二五"雍熙元年二月壬午",中华书局2004年版,第573—574页。
　　[5]〔宋〕欧阳修著,洪本健校笺:《欧阳修诗文集校笺》卷四〇《真州东园记》,上海古籍出版社2009年版,第1029页。

首。"[1]所谓"大漕建台,江湖米运",正是真州在漕运交通方面优势的具体反映。真州"繁盛之首"的地位,与此是分不开的。运河状况的优良,使得建安军(真州)在地方财赋的转输中起到重要的作用,也为其发展赢得了条件,更为政区设置的稳定性提供了保障。

三、战争背景下的政区调整

与上述诸政区相比,天长军与高邮军的设置更有一层军事因素。入宋后,在扬州西北部有天长军,此地在唐五代时期政区等级颇有提升。但宋太宗至道二年(996)废军为县以后,天长在北宋时期一直为扬州属县。南宋时期有几次变更,分别在建炎元年(1127)和绍兴十一年(1141)升格为统县政区。江淮地区是南宋与金、蒙古对峙的前沿地带,战略地位可想而知。宋廷升天长县为军的两个年份,都是宋金关系紧张时节,所以这种举措,当主要是出于边境军事防御的需求。史载建炎元年十月升天长为军,"以其近行在也"[2]。扬州之所以权为行在,当然是受到宋金军事态势变动的影响,天长升为统县政区意在提高其军政地位,是为拱卫行在的一种手段。随着宋室进一步南迁以及宋金议和的达成,这种需求的程度降低,故而绍兴十二年又降天长军为县。但淮东地区是宋金对峙的前沿,其战略地位并未因宋室驻跸临安而下降,所以建炎四年(1130)虽然有降天长军为县的举措,但同时也升高邮军为承州;两者当是平衡之举。无论如何,天长军的设置与否,都受到军事因素的影响[3]。

高邮军兴废,除北宋神宗、哲宗两朝因政争先后反复以外,宋太祖开宝年间以高邮建军,直隶京师,是为削弱地方势力,以便加强对地方的控制;当是所谓遏制地方扰乱的一类举措。[4]高邮军在南宋时期的兴废状况,与天长军

---

[1]〔宋〕楼钥:《攻媿集》卷五四《真州修城记》,《景印文渊阁四库全书》第1153册,台湾商务印书馆1986年版,第7页。

[2]〔宋〕李心传:《建炎以来系年要录》卷一〇"建炎元年十月壬申",中华书局2013年版,第234页。

[3]由军降县的另外一个重要因素是地方行政成本的考量,升军意味着要多供养一套行政机构,所以一旦政局趋稳,政府往往倾向于降军为县。

[4]聂崇岐:《宋代州府军监之分析》,《宋史丛考》(上),中华书局1980年版,第71页。又,周振鹤说军"置于内地是为绥靖的目的",北宋时期,高邮自然属于"内地",此说与聂崇岐的说法是相通的。详见《中国行政区划通史·总论》第五章第一节附录"宋代的军",复旦大学出版社2009年版,第115页。

的情形类似,都受到南北军事态势的影响。建炎二年(1128),两浙路转运提刑司据江阴县父老胡崇状文,以高邮军人口尚不及江阴户口之半却已复军为例,请复置江阴军。[1]这种类比虽然是以户口为依据,但却从另一个角度突出了户口之外的其他因素对高邮军建置的重要影响。这种因素主要是军事因素。高邮由于地处扬州正北,在宋金对峙中,更处前沿,宋孝宗曾说:"若把定高邮,不放粮船过来,则虏不能久留淮上,自当引去也。"[2]此足见高邮战略地位之重要。建炎四年,宋廷进一步改高邮军为承州,将准州级政区提升为正式州级政区,与当时的军事动态是分不开的。虽然绍兴年间高邮军的兴废又几经反复,但整个南宋时期,乃至通观整个两宋时期,高邮军作为统县政区的存在时间仍长于废罢时间。论者在分析军事因素对行政区划的影响时指出:"在军事因素的作用下,政区的幅员、形状、边界等方面都有特殊的表现。……军事行动和军事征服以后,政区的划分往往与军事行动过程和军事区域密切相关。"[3]就宋代扬州而言,军事因素固然影响到其"幅员、形状、边界",但据上面针对天长与高邮的实例分析,除幅员、形状、边界以外,政区等级也往往受到军事因素的直接影响。

　　以上从多个方面分析了影响宋代扬州政区变动的因素,其中有宏观的政治、经济背景,也有具体的区域性因素。就后者而言,由于不同政区在自然地理方面的特殊性,所以在政区变动中起到作用的因素或各有侧重而不尽相同,但整体而言,可以说是经济、军事、交通等因素共同促进了政区的变动。宋高宗绍兴三十一年(1161)四月升高邮为军时,权发遣淮南路转运副使杨杭言:

　　　　扬州高邮县元系军额,昨缘兵火,一时权宜为县。今来户口在淮东最为盛处,第去扬州辽远,民户输纳不便。兼县界所管运河堤岸接连,湖泺

---

　　[1]〔清〕缪荃孙纂:《江阴县续志》卷二一《金石记》之《建炎(二年)复军指挥》,见国家图书馆善本金石组编:《宋代石刻文献全编(二)》,北京图书馆出版社 2003 年版,第 182—183 页。

　　[2]〔清〕徐松辑:《宋会要辑稿·兵二九》,上海古籍出版社 2014 年版,第 9246 页。

　　[3]　周振鹤:《中国行政区划通史·总论》,复旦大学出版社 2009 年版,第 116 页。

深远,豪右猥通奸利,虑致引惹生事,乞依旧改为高邮军。[1]

杨氏的言论虽然简短,包含的信息却很丰富,从中可以看出:其一,高邮行政等级的升降,受到军事动态的直接影响。其二,军事因素之外,政区变动也受到经济状况的影响。南宋时期高邮的人口与赋税,曾至为繁盛,排在淮东地区前列,这是高邮保留军额的一个重要的基础条件。其三,与经济相关,高邮"运河堤岸接连,湖泺深远",其水运交通也非常便利,所以往往成为豪右作奸犯科的场所。扬州的统县和幅员与高邮的隶属与否有直接的关联,则扬州政区变动同受军事、经济、交通等因素影响是很自然的。此例虽涉及的是南宋时期高邮的状况,但正好将多种影响因素集于一体,故而同样可以与上文以真州、天长、海陵为例的分析相参照。

第三节　政区变动对两宋扬州经济的影响

两宋时期扬州的政区变动,主要表现为政区幅员的缩小及析出政区行政等级的升级。政区幅员的大小与经济紧密相关,而行政等级的高低又是政区地位的直接反映。所以若着眼于历时性的比较,宋代扬州政区的变动,不但影响到其社会经济,一定程度上也削弱了其军政地位。这是赵宋王朝强化中央集权背景下的应有之义。但若着眼于共时性的比较,则扬州的军政地位在淮南(东)路(熙宁五年后分东、西两路)仍然有比较优势,占据最重要的地位。一般来说,宋代统县政区有府、州、军、监四类,府较州的地位为高,州则有辅、雄、望、紧、上、中、下诸种等级。按《宋史·地理志》"淮南东路"所记,扬州为淮南首府,亳州、真州为"望",楚州为"紧",宿州、海州、泰州、泗州、滁州为"上",通州为"中",高邮军"同下州"[2],若暂且放下这种等级针对性的不尽

---

[1]〔清〕徐松辑:《宋会要辑稿·方域六》,上海古籍出版社 2014 年版,第 9384 页。

[2]〔元〕脱脱等:《宋史》卷八八《地理四》,中华书局 1977 年版,第 2178—2182 页。其中真州在《元丰九域志》卷五、北宋末期的《舆地广记》卷二〇中均标记为"中",至南宋《舆地纪胜》卷三八中方标记为"上"。

相同，[1]而从整体上着眼，则这一记载最为直观，还是能够提供一个宏观的比较视角，借此可知扬州在淮东地区军政地位之一斑。

相较于军政方面的影响，政区变动对扬州经济的影响则更为具体。绍兴三十一年（1161）四月杨杭乞升高邮县为军，有"今来（高邮）户口在淮东最为盛处，第去扬州辽远，民户输纳不便"之语，循其意，则高邮建军以后，当地民户的两税输纳等经济活动，便可有更方便的途径。这里涉及宋代地方财政收入与分配问题，前文在讨论天长、六合两县的隶属问题时也有涉及，只不过当时侧重的是影响政区变动的因素，这里则是从相反的方向出发，探讨政区变动对扬州经济的影响。以上关于高邮、天长、六合的讨论，在表面上只是政区等级或隶属关系的变动，在更深层面则已经影响到扬州的财政。以下就政区变动对宋代扬州经济的影响做更进一步的考察，并分析宋代扬州经济较李唐盛时为衰落的一些基本原因。

一、财政收入的整体缩减

宋代统县政区财政收入的主体部分是本地区的赋税，主要由属县负责征收，之后上缴州郡仓库。南宋州郡财政紧张，更是多有额外横征的举措，当时属县民户的赋税课利甚至被要求直接于州郡仓库交纳。另一方面，宋代县级行政单位在地方财政体系中处于最基层，虽具有一定的独立性，但整体上尚未形成一个完整意义上的财政核算单位，其管理在很大程度上依赖于本州。统县政区有权将属县的相关经费收归本部；而且实际上在两税的收纳方面，也有直接输往州军的可能。[2]在这样的背景下，统县政区属县数目的多少，直接关系到其财政收入的多寡。前引绍兴三十一年（1161）杨杭所谓"今来（高邮）户口在淮东最为盛处，第去扬州辽远，民户输纳不便"之语，反映的正是财政上外县往本州的输送现象。一旦高邮置军，这一输送程序自然随之停止，

---

[1]　宋代统县政区的分等是承袭唐制度，周振鹤认为唐代州的分等存在两个系列，其中辅、雄、望、紧属于政治标准，上、中、下是为经济标准。参其《中国地方行政制度史》第十一章，上海人民出版社 2014 年版，第 322—323 页。另，靳生禾、师道刚《中国古地理文献中地方等第刍议》（《历史地理》第 10 辑，上海人民出版社 1992 年版）一文，亦有涉及宋代者，可并参。

[2]　此处关于宋代州县财政制度的叙述，并参汪圣铎：《两宋财政史》第三编第一章《地方财政的地位与作用》，中华书局 1995 年版，第 520—521 页；包伟民：《宋代地方财政史研究》第二章《州军财政制度》，上海古籍出版社 2001 年版，第 46—75 页。

扬州财政收入中的高邮部分也会因此而丧失。无论是商税、酒额还是盐额，高邮所占的比重，在整个淮东地区都相当可观，所以高邮隶属扬州与否，也足以影响扬州各种税额在淮东地区的排名。总而言之，杨杭所谓"今来（高邮）户口在淮东最为盛处"的说法应非虚语，统县减少对扬州财政的影响是着实存在的。

北宋时期也有类似的现象，除《宋史·刘综传》所记六合、天长外，宣和年间知扬州许份曾言：

> 扬为东南一都会，唯有江都、天长两县，不足以给经费，愿以泰之泰兴复为属。[1]

许氏之言获准。以泰兴县的来属，缓解扬州经费供应的紧张状态，这段文字将统县数目与州郡财政之间的直接关系点明得很清楚。稍后宋室南渡，建炎元年（1127）八月，知南外宗正事赵士㒟就宗正司的搬迁，说"近往淮甸措置就粮去处，今来唯有扬州宽广，粗可安集。缘本州路当冲要，又所管止有三县，素号阙乏，窃恐缓急难以应办"[2]。"本州"即扬州，赵士㒟之言与许份所说一致，同样将统县与扬州财政联系起来。其中"素号阙乏"的说法，当是对泰兴来属以前扬州财政状况的描述，值得注意。研究者曾以许份言说为例，认为宋廷更多的是通过直接调整行政辖区，来解决地方州军间财政收支不平衡的现象。[3]其论述的焦点与此不尽相同，但却同样注意到统县数目的多少对州郡财政的影响。

同样涉及泰兴，绍兴五年（1135）三月八日，扬州知州叶焕言：

---

[1]〔宋〕李纲：《宋故龙图阁直学士许公神道碑》，《全宋文》第172册，上海辞书出版社、安徽教育出版社2006年版，第264页。

[2]〔清〕徐松辑：《宋会要辑稿·职官二○》，上海古籍出版社2014年版，第3584页。按，此处言扬州统县为三，当是江都、天长与泰兴。天长县在建炎元年升为军，事当在八月以后，所以前文《唐宋时期扬州统县表》所列建炎元年扬州统县只有江都与泰兴。特此说明之。

[3] 包伟民：《宋代地方财政史研究》第二章《州军财政制度》，上海古籍出版社2001年版，第71页。

前任守臣汤东野、宋孝先在任已得指挥,将泰兴县并柴墟镇、遵化一乡拨隶扬州,因虏人侵犯,权隶泰州。上件县镇乡不经虏人入境,即有税入可助扬州经费,乞还隶扬州。[1]

汤东野、宋孝先守扬州,在绍兴三年、四年间,叶焕之言系重申此前的“指挥”。此段引文一方面为南宋时期的军事动态影响淮东的政区变动又添一例;与此同时,也再次表明统县数目之增加对扬州财政经费的补充作用。结合绍兴五年正月降高邮军为县并隶扬州的举措,可知宋廷在临安站稳脚跟以后,对扬州政区有比较大的调整。一时间扬州统县数目竟然达到四个,对扬州而言,这在整个两宋时期都是比较特殊的现象。此处“泰兴县并柴墟镇、遵化一乡”的并入,可以增加扬州经费;相反,在扬州政区变动的过程中,六合、扬子、高邮、天长、海陵县的析出,同样可以减少扬州的财政收入。

二、港口地位的下降——真州的分割作用

在以上讨论的政区当中,真州比较而言更为特别,原因在于其是港口城市。有研究者认为真州的兴起,“抢夺”了扬州的运输业、国内贸易、金融业及造船业,而这些正是“扬州赖以繁荣之因素”,宋代扬州的衰落“当以真州的兴起为最重要的关键”。[2]宋代真州或扬州的运输业、国内贸易、金融业及造船业的发展,相当程度上仰赖水运交通的顺畅,这些行业以及贸易的转移,实际上是以港口的转移为依托的。扬州港在唐代是长江口的唯一大港,其地因而成为当时境内外商业贸易的重要集散场域;这是李唐时期扬州经济发展突出的保障条件。但随着晚唐以来扬州港本身状况的恶化,入宋以后,扬州的港口优势逐渐被分割了。[3]无论强调真州一港对扬州的影响,还是关注扬州

[1]〔清〕徐松辑:《宋会要辑稿·方域六》,上海古籍出版社2014年版,第9386页。

[2]　全汉昇:《唐宋时代扬州经济景况的繁荣与衰落》,《历史语言研究所集刊》1943年第11本,第149—176页。

[3]　关于唐宋时期扬州及其周边港口状况的分析,相关研究较多,如林承坤:《长江和大运河的演变与扬州港的兴衰》,《海交史研究》1986年第1期;严耕望:《唐代扬州南通大江三渠道》,《新亚学报》1994年第17卷;吴松弟、王列辉:《唐朝至近代长江三角洲港口体系的变迁轨迹》,《复旦学报(社会科学版)》2007年第2期。

周边港口体系兴起与发展的影响,[1]其中真州是与扬州政区变动直接相关者,也是以往研究强调最多的一个港口城市。作为港口城市而逐渐发展的真州,在两宋时期成为南北、东西航运的关键港口所在。关于这一点,已有学者做过比较深入的研究。[2]值得注意的是,对真州在转运方面具体表现的关注,一定程度上可以看成是对宋代扬州研究的直接延伸,故而对认识宋代扬州也可以起到很好的参照作用。

关于真州的分割作用,有两点需要注意。一是真州港口的分割作用有一个历史的过程,这个过程与真州行政等级的提升以及建置的逐步定型大体同步。《宋会要辑稿》"津渡"栏之首,列有京师开封以及地方的主要渡口的旧有名目,其中淮东长江沿线只有"扬州之瓜洲",无真州境内港口。这份"旧总数,后亦有增废"[3],至少能够代表北宋早期的情形。宋代真州的前身建安军之设在太祖乾德二年(964),真州之设更在大中祥符六年(1013),所以真州港口地位的提升必有一个历史的过程,并非一入宋便取代了扬州的漕运地位。前文引欧阳修皇祐三年(1051)所作《真州东园记》,其中"真为州,当东南之水会,故为江淮、两浙、荆湖发运使之治所"这样的话,作为北宋时期相对较早的明确强调真州地位的言说,也只是在赵宋立国近百年以后。司马光在《送吴驾部(处厚)知真州》中对真州"江淮一都会"[4]的评价,是在哲宗元祐初年(吴处厚知真州,在哲宗元祐元年、二年),更是要再晚三十年。

二是以往虽强调真州取代了扬州的港口地位,但至于在何种程度上取代,却并没有做进一步的追究。宋代扬州瓜洲段运河毕竟还有一定的通航能力,真州取代的只是部分而已,并不能完全顶替扬州的漕运地位。这就涉及真、扬两地漕运吞吐的分配问题。安史之乱以后,中原残破,京师经济供给多

[1] 周运中:《港口体系变迁与唐宋扬州盛衰》,《中国社会经济史研究》2010年第1期,第73—78页。

[2] 梁庚尧:《从南北到东西——宋代真州转运地位的转变》,《台大历史学报》2013年第52期,第53—143页。

[3] 〔清〕徐松辑:《宋会要辑稿·方域一三》,上海古籍出版社2014年版,第9534页。

[4] 〔宋〕司马光:《送吴驾部(处厚)知真州》,《全宋诗》第9册,北京大学出版社1998年版,第6158页。

仰仗江南。唐代宗时,刘晏在改善漕运的过程中,有"江南之运积扬州"[1]的整体规划。类似的记载不少,如权德舆记扬州:"控荆衡以沿泛,通夷越之货贿。四会五达,此为咽颐。"[2]王溥则说:"广陵当南北大冲,百货所集。多以军储货贩,列置邸肆。"[3]凡此之类,皆说明中晚唐时期,扬州在物资转运环节的中心位置。然而至于宋代,情况已大有不同。政和二年(1112)三月十三日,发运司奏:

> 六路合发上供额斛,如般发违一限,从本司会算拨过。江湖路自真州并两浙路自扬州,各至泗州上河一节支费阙,本路出备拨还;若已出末限,即出备自真、扬州至京钱米。[4]

同年,淮南路转运判官向子諲奏:

> 转般之法,寓平籴之意,江、湖有米,可籴于真,两浙有米,可籴于扬,宿、亳有麦,可籴于泗。坐视六路丰歉,有不登处,则以钱折斛,发运司得以斡旋之,不独无岁额不足之忧,因可以宽民力。运渠旱干,则有汴口仓。今所患者,向来籴本岁五百万缗,支移殆尽。[5]

扬州虽然仍具备一定漕运功能,但已部分被真州等地分割。内中"江湖路自真州并两浙路自扬州"的说法,正是对北宋末期扬州、真州两地漕运吞吐状况的一种反映。"江湖路"包括江南东路、江南西路、荆湖南路、荆湖北路,"六路"占其四,在政区幅员上较之两浙路更为广阔。这与前引唐代刘晏"江南之运,积扬州"之言,形成了明显的反差。唐宋时期,扬州港口地位的变化以及真州

---

[1]〔宋〕欧阳修、宋祁:《新唐书》卷五三《食货三》,中华书局1975年版,第1368页。

[2]〔唐〕权德舆:《大唐银青光禄大夫检校司徒同中书门下平章事太清宫及度支诸道盐铁转运等使崇文馆大学士上柱国岐国公杜公淮南遗爱碑铭(并序)》,见周绍良主编:《全唐文新编》卷四九六,吉林文史出版社2000年版,第5859页。

[3]〔宋〕王溥:《唐会要》卷八六《市》,上海古籍出版社2006年版,第1874页。

[4]〔清〕徐松辑:《宋会要辑稿·职官四二》,上海古籍出版社2014年版,第4089页。

[5]〔元〕脱脱等:《宋史》卷一七五《食货上三》,中华书局1977年版,第4259页。

在其中扮演的角色,于此可见一斑。

北宋末期的这种说法,当然有相当的凭据。沈括《梦溪笔谈》卷一二记载了嘉祐六年(1061)[1]六榷货务受纳茶额的总数及各榷货务茶额分数,其中真州"受纳潭、袁、池、饶、歙、建、抚、筠、宣、江、吉、洪州、兴国、临江、南康军片散茶共二百八十五万六千二百六斤",而六务总额为"五百七十三万六千七百八十六斤半"[2],真州之额占总数的近一半,足见比重之大。此虽是以茶为例,但茶业的受纳需要通过漕运手段则是可以想见的。所可注意者,《梦溪笔谈》中所记"潭、袁、池、饶、歙、建、抚、筠、宣、江、吉、洪州、兴国、临江、南康军"等地,正属于上引政和二年发运司所谓"江湖路"的范围。所以"江湖路自真州并两浙路自扬州"的说法,不但与事实相符,而且正是对真州分割作用的具体描述。

如果强调两宋时期政区变动对扬州经济的影响,同样也应该从政区变动的角度审视真州港口兴起的影响。宋代真州凭借港口优势的突出发展,削弱了邻近的扬州的经济地位,这是以往的论述所指明了的。但真州与其他港口的不同之处,在于真州之设立是割扬州之地而为之,唯有明了真州是从扬州分割出去的政区,才能更好地解释宋代扬州经济发展的整体状况。因为若无此行政区划上的调整,当真州其地仍隶属扬州时,一方面,就整个扬州行政区域而言,反而表明了该区发展出现新的活力,甚至形成了新的经济中心;或者只能说宋代扬州区域内部发展的不平衡,而不能笼统地说宋代扬州已经衰落。另一方面,真州地区经济社会的发展虽有良好的交通条件,但若无政区上的调整,仍只是扬州属县领域,对于扬州的经济当有一定的反哺作用。就这一点而言,宋代真州经济的发展对扬州的影响至少不会像通常认为的那么大。真州之地作为扬州辖区,对扬州经济有直接影响,从扬州析出的其他政区,虽然经济上的地位各有轻重,但同样也应该注意到这一层面。由此可见,

---

[1] 梁庚尧认为嘉祐六年的"六"或为"元"之误(见《从南北到东西——宋代真州转运地位的转变》注释27,《台大历史学报》2013年第52期,第63—64页),有一定的道理。但两者相去不远,故于此处论旨无大影响。无论如何,这个数字反映出当时真州在区域乃至全域茶业贸易中占有重要的地位,则是可以肯定的。

[2] 〔宋〕沈括撰,胡道静校证:《梦溪笔谈校证》卷一二,上海人民出版社2011年版,第339—340页。

政区因素在讨论唐宋扬州盛衰过程中的重要性。

三、政区因素对宋代扬州发展的影响

　　政区变动对扬州的影响是多方面的,此章特别强调其对经济方面的直接影响。前文一则涉及整体上的财政收入,一则是关于真州的个案分析,通过两方面的结合,大体能够反映出政区变动对扬州经济发展的削弱作用。为更好地理解上面的分析及唐宋时期扬州的盛衰转变,有必要对以往关于宋代扬州衰落的诸种说法做一总结与反思。这种政区变动在唐宋之际具有一定的普遍性,所以这种总结与反思对于认识唐宋时期其他政区的经济或也有一定的启示意义。

　　唐代是扬州发展历史中一个重要的阶段,"扬一益二"之说即反映出其时扬州的突出地位。但唐末五代以后,扬州的经济社会受到相当的冲击。尽管南唐时期,扬州曾有恢复的机会,然而不但时间短暂,而且程度有限。开宝八年(975),南唐归顺赵宋,当时的扬州已是残破不堪。后主李煜曾有"吴苑宫闱今冷落,广陵台殿已荒凉"[1]之句。这虽是亡国之音,但确实也有现实的背景。北宋中期的欧阳修有"扬州无复似当年"[2]之叹,欧公心存对照的"当年",自然是扬州繁盛的中晚唐时期。可见入宋后,经过近百年的发展,扬州的社会经济仍然不及唐时盛况。不但如此,在整个北宋时期相对安静的环境里,扬州的发展似乎一直未曾赶上唐时的繁荣。南宋洪迈针对扬州的盛衰,说"本朝承平百七十年,尚不能及唐之什一,今日真可酸鼻也"[3]。所谓"本朝",即北宋,"今日"则指洪迈所处的南宋时期。显然,在洪迈眼中,扬州的发展,不但北宋不及唐代,南宋更是不及北宋了。

　　两宋时期的扬州不是没有安稳的社会环境,为何在时人及后人眼中,其城市与社会经济竟是衰落的景象呢? 学人对此从多个方面给出了解释,大体可以将其归纳为以下四种说法:一、战争说。这一种说法特别强调战争对扬

---

　　[1]〔宋〕龙衮:《江南野史》卷三"后主",《全宋笔记》第 1 编第 3 册,大象出版社 2003 年版,第 173 页。

　　[2]〔宋〕欧阳修著,洪本健校笺:《欧阳修诗文集校笺》卷一三《和原父扬州六题》之《竹西亭》,上海古籍出版社 2009 年版,第 394 页。

　　[3]〔宋〕洪迈:《容斋随笔》卷九"唐扬州之盛"条,《全宋笔记》第 5 编第 5 册,大象出版社 2012 年版,第 126 页。

州的破坏作用。宋人已经认识到这一点,洪迈就曾注意到唐末五代的战乱对扬州社会经济的破坏。[1]今人则进一步强调宋金、宋元战争对扬州的负面影响。[2]二、真州取代说。该说认为战争虽然对宋代扬州有一定的影响,但却不是宋代扬州衰落的根本原因。宋代扬州衰落,主要是由于以往促进扬州繁荣的有利条件,特别是港口优势不复存在,港口地位被真州所取代。[3]三、港口体系说。与单一强调真州的取代作用不同,该说以为真州一港对宋代扬州的衰落并没有决定性的影响。与唐代扬州一港独大的局面不同,宋代长江口不但旧港如润州、江宁、江阴有新发展,新港如真州、通州、青龙也次第出现,从而分担了扬州原有的贸易职能,所以唐宋之际长江三角洲港口体系的变迁,才是宋代扬州衰落的最关键原因。[4]四、经济重心南移说。该说对强调港口因素的说法提出了反驳,将城市经济的盛衰放到唐宋之际经济重心南移这一经济格局变迁的大背景下进行考察。认为唐代扬州的繁荣与经济重心的南移息息相关;至宋代,经济重心的南移基本完成,南盛北衰的经济地理格局已经形成。随着东南经济区的全面发展,市舶司等机构的据点向南转移,扬州失去了通海的机会。与此相关,扬州的商业流动性也大为降低。在这些因素的共同影响下,扬州随之失去了以往经济中心的地位。[5]

　　以上诸说中,"战争说"由来已久。但一般来说,战争只是历史演进中的变态,整个两宋时期,扬州区域的常态仍然是安静和平的,故此说只能部分回

[1]〔宋〕洪迈:《容斋随笔》卷九"唐扬州之盛"条,《全宋笔记》第5编第5册,大象出版社2012年版,第126页。

[2] 陈晓燕:《宋诗所见扬州经济现象及其成因探析》,《中国城市经济》2011年第27期,第229—230页。

[3] 此说由全汉昇发其端,之后谢元鲁、西岗弘晃等学者又进一步发挥。详见全汉昇:《唐宋时代扬州经济景况的繁荣与衰落》,《历史语言研究所集刊》1943年第11本,第149—176页;谢元鲁:《论"扬一益二"》,《唐史论丛》1987年第3辑,第231—273页;〔日〕西岗弘晃,吕娟译:《宋代扬州的城市水利》,《城市发展研究》1996年第1期,第48—50页。需要注意的是,以上三人虽都强调真州取代扬州的港口地位,但对战争因素的强调程度则不尽相同。相较之下,谢氏最关注战争因素对扬州社会经济的影响,全氏次之,西岗弘晃则未考虑战争因素。

[4] 周运中:《港口体系变迁与唐宋扬州盛衰》,《中国社会经济史研究》2010年第1期,第73—78页。

[5] 韩茂莉:《唐宋之际扬州经济兴衰的地理背景》,《中国历史地理论丛》1987年第1期,第109—117页。

答特定时期扬州的衰落现象,却不足以解释整个两宋时期的扬州相对于唐代鼎盛时期的衰落。"真州取代说"是近人关于宋代扬州衰落的最早论述,开创之功不可没,且有重要影响。[1]然而,一方面真州地位的凸显有一个历史过程,另一方面宋代扬州地位的削弱,真州以外的其他统县政区也有影响作用,不容忽视。所以"港口体系说"跳出区域史研究的某些局限,从更大的地域范围内把握宋代扬州的经济状况,对以往的研究是一次重要的推进。但"港口体系说"与其说是解释了局部区域的衰落,不如说更多的是描述了整体区域的发展;由于对唐宋时期扬州内在的变化关注不够,所以其针对前者的有效性要弱于后者。从经济重心南移的角度进行分析,揭示了经济变迁的宏观背景,但却忽视了具体个案之间的差异性。因为若依此说,则与扬州地理位置相近的城市,在两宋时期也应该呈现经济衰落的景象;这就无法解释与宋代真州类似的突出发展。

毋庸置疑,以上诸说都在不同程度上具有一定的合理性,但都不能完全有效地解释宋代扬州的相对衰落。不过它们有一个相同的特点,即战争、港口、经济重心等因素,都是关注外在因素对宋代扬州经济的影响,相对忽略了晚唐以降扬州自身所发生的内在变化。无论如何,唐人笔下的扬州与宋人言说的扬州,其所指毕竟已多有不同;唐宋时期扬州行政区划的差异即是一项重要的内容。讨论前后不同时期的名称相同而所指已异的实体,不能不注意此间的区分。

政区因素的特殊性还在于它与多个因素相关联,提供了一个整合多方面因素的视角。以往关于宋代扬州转向衰落的研究,在忽视唐宋时期扬州政区的变动的同时,实际上分析的视角也不够全面。例如这些研究往往忽视了宋廷强化中央集权这一政治因素对扬州经济社会的影响,若考虑到这一点,宋代扬州的相对衰落,在一定程度上甚至可以说是在所难免。从战争、港口、经济重心等某一个具体的方面入手,强调在某一因素的影响下,导致了宋代扬州的衰落,如此或可将某些具体问题论述得更深入,但对于认识宋代扬州相对衰落这一点来说,显得颇为不足。唐宋时期,一方面,政治、经济、港口、军

---

[1]　梁庚尧在宋代扬州衰落这一点上,基本观点与全汉昇的一致。详参前揭梁庚尧:《从南北到东西——宋代真州转运地位的转变》,《台大历史学报》2013年第52期,第53—143页。

事等因素会影响到扬州的行政区划,另一方面行政区划的变动又反过来影响到扬州的经济盛衰与地位。从这里可以看出政区因素在分析唐宋时期扬州盛衰过程中的特殊性:它与扬州经济盛衰实际上是互相影响的,而与港口、战争、经济重心等因素,并非处于同一个层次。

除宋朝内部的政区变动外,若将扬州放到两宋时期多个政权并存的背景下进行观察,则地缘政治的变化对扬州的影响也需要给予高度的重视。这个因素实际上与战争因素有一定的关联,只不过前人对于战争的强调,往往指的是具体的战事行动;而此处所说地缘政治的变化,是伴随着两宋之际宋金战争之后所形成的政治地理格局而来的。靖康之变后,宋室南渡,淮水以北的领地尽数丢失。在南宋"背海立国"的态势下,江淮一带成了南宋的"前卫地区"[1],是为宋金以及此后宋蒙对峙的前沿地带。扬州作为江淮重镇,也随之而从以往的"内地"转变为"边郡"。这种政治地理的转变,使得南宋与北宋两个时期,扬州的周边或者说外部环境发生了重大的变化,影响不止于一端。凡区域人口、农田经营、经济运作、商业贸易、城池建设、城市布局等,南宋与北宋都有比较明显的差异。对以上这些因素的考察,将在本卷其他相关章节展开,接下来先讨论两宋时期扬州的人口状况。

第四节　两宋时期扬州人口的变化

在传统的农业社会中,物质资料的生产实际是劳动力与生产资料结合的过程,换言之,即是大量劳动力利用劳动工具,开发自然资源,创造劳动价值并实现自身价值的过程。而在这一过程中,劳动力(即人口)是社会生产最为重要的资源之一。人口数量、人口密度及劳动力素质在很大程度上可以影响特定时期经济发展的水平和速度,特别是在近代工业革命机器大生产之前的农业社会中,人力几乎是当时生产力发展的全部动力来源。因此,当时人口(即劳动力)数量的消长变动是衡量经济发展好坏的重要指标,亦是窥视当时社会状况的重要窗口。本节即以传世史籍中所载两宋扬州人口的相关资料,

---

[1] 刘子健:《背海立国与半壁山河的长期稳定》,收入《两宋史研究汇编》,(台湾)联经出版事业有限公司 1987 年版,第 21—40 页。

结合宋人诗、文所记,对两宋时期扬州人口状况作一考察。

一、北宋扬州人口的持续增长

显德四年(957),周世宗征淮,扬州不可守,"唐人悉焚扬州官府民居,驱其人南渡江,后数日,周兵至,城中余癃病十余人而已"[1]。世宗攻取了包括扬州在内的南唐江北诸州,北宋代周后,扬州亦属宋,而南唐仍保有江南之地。宋太祖很早即留意扬州户口信息,南宋李焘《续资治通鉴长编》乾德元年(963)八月丁亥条载:"先是,上命唐主发遣扬州户口及周显德以来将吏隔在江南者,唐主遣使请缓期。戊子,许之。"[2]可知宋太祖留意扬州户口数据当在乾德元年八月以前,唐主请缓期执行,宋廷既应允,则当时宋廷试图收集扬州户口的旨意并未随即执行。唐、五代扬州乃双城结构,子城是政府机关驻地,罗城是居民生活区和商业区。焚官府民舍,可知此次焚毁涉及子城及罗城,亦可见破坏程度之大、范围之广,在考古发掘中,依然能够找到当年焚烧的痕迹。考古人员在对唐五代扬州罗城进行发掘时,发现罗城范围内普遍都有一层深3.2—3.9米、厚0.2—0.3米的红烧土堆积层,而确定其年代就是晚唐五代时期,考古专家普遍以为即是当时焚扬州的痕迹。[3]扬州焚毁之后,至周军入城时,"城中余癃病十余人而已",这虽是就城市内部情形而言,但战乱的影响毕竟是广泛的,扬州区域人口在显德四年时也应大幅减少。至乾德元年,上距赵宋建立不足三年,加上赵匡胤初肇新朝,李重进即据扬州叛乱,[4]所以自后周显德四年至北宋建隆元年(960),短短三四年间,扬州几遭战燹,人口流散严重。

北宋王朝为了加快恢复江北重镇扬州的社会生产,自然关注人口情况,命令南唐发遣流散南唐的扬州人口,是了解、积聚人口的重要举措之一。此后不久,开宝四年(971)七月,太祖又下诏云:"朕临御已来,忧恤百姓,所通抄人数

[1]〔宋〕司马光编:《资治通鉴》卷二九三"后周显德四年十二月庚午",中华书局2013年版,第9832页。

[2]〔宋〕李焘:《续资治通鉴长编》卷四"乾德元年八月丁亥",中华书局2004年版,第103页。

[3] 中国社会科学院考古研究所等编著:《扬州城:1987—1998年考古发掘报告》,文物出版社2010年版,第238页。

[4] 据《宋史》卷一《太祖纪》(中华书局1977年版,第7页),李重进据扬州叛乱在建隆元年九月己未;十月丁亥太祖亲征扬州;十一月丁未,拔扬州城,重进尽室自焚;十一月戊申,诛重进党,扬州平。自重进叛至平定不过两月,若以太祖亲征算,则不过月余而已。

目,寻常别无差徭,只以春初修河,盖是与民防患。而闻豪要之家多有欺罔,并差贫阙,岂得均平? 特开首举之门,明示赏罚之典。应河南、大名府……扬、泰、楚、泗州、高邮军所抄丁口,宜令逐州判官互相往彼,与逐县令佐子细通检,不计主户、牛客、小客,尽底通抄。差遣之时,所贵共分力役。敢有隐漏,令佐除名,典吏决配。募告者,以犯人家财赏之,仍免三年差役。"[1]此次户口统计涉及全域,且较之乾德元年调查扬州人口时,要求更为具体,"不计主户、牛客、小客,尽底通抄";此外,从"豪要之家多有欺罔,并差贫阙,岂得均平"的记述来看,宋初地方豪强隐匿人口现象普遍,以致徭役不均。而此次户口统计很大程度上就是为了解决这一问题,故而对通检户口的官吏要求严苛,"敢有隐漏,令佐除名,典吏决配",并鼓励百姓检举上报。

无论是乾德元年所欲了解的扬州户口数,抑或是开宝四年全域范围人口普查时扬州的人口数据,今皆已不得见。今可见关于宋代扬州户口信息的统计,以乐史《太平寰宇记》中所载最早,其中有言:"(扬州)户: 唐开元户六万一千四百一十七。皇朝户主一万四千九百一十四,客一万四千七百四十一。"[2]《太平寰宇记》成书并进献于宋太宗太平兴国年间,其中亦间涉雍熙、端拱时期的相关信息。学者以为《太平寰宇记》中户籍数据大体反映的是太平兴国五年(980)至端拱二年(989)之间的情况。[3]此时距北宋建立不过二三十年,且乐史尝入职史馆,有机会翻检当时官方户籍资料,其所记可说是不可多得的反映北宋初年扬州户口的第一手资料。而据乐史所记,当时扬州主户客之和与唐开元时的规模相去甚远,尚不及后者的一半。而唐天宝元年(742),扬州户籍数更是达到了77105 户[4],乐史所记数据仅比此数三分之一稍多。若是从人口的角度来看,考虑到唐代天宝年间每户约六口人,而北宋初年平均每户不及三人的规模,宋初扬州人口与唐天宝时的差距更是悬殊。直至太宗至道年间,王禹偁在扬州任上时(王禹偁至道元年至三年出知扬州),曾言"扬

[1] 〔清〕徐松辑:《宋会要辑稿·食货六九》,上海古籍出版社 2014 年版,第 8092—8093 页。
[2] 〔宋〕乐史:《太平寰宇记》卷一二三《淮南道一·扬州》,中华书局 2007 年版,第 2442—2443 页。
[3] 梁方仲编著:《中国历代户口、田地、田赋统计》,中华书局 2008 年版,第 195—196 页。
[4] 梁方仲编著:《中国历代户口、田地、田赋统计》,中华书局 2008 年版,第 127 页。

州虽号藩方,无多户口"[1],则扬州户口至太宗至道时仍相对有限,此时距赵宋政权的建立已逾三十年矣。

宋初扬州人口减少的原因是多方面的,除上文所述之频繁战燹的破坏及地方豪强隐匿户口两因素外,本章第三节提到的唐宋时期扬州政区的变动,也是一个不可忽视的因素。随着北宋扬州统县数目的减少,其境内人口数自然也随之而有变动。为了更直观地反映宋初扬州户数及唐宋时期扬州人口变动的相关情况,兹将两《唐书》中所记扬州户数及《太平寰宇记》中所记太平兴国末期淮南道主要政区户数汇成下表,再作解说。

表1-2　　　　　　两《唐书》所记唐代中期扬州户数表

政　区	统县数	总户数	总口数	县均户数	县均口数
扬州(开元)	6	61417		10236	
扬州(天宝)	7	77105	467857	11015	66837

表1-3　　《太平寰宇记》所记太平兴国末期淮南道主要政区户数表

政　区	统县数	主户数	客户数	总户数	县均户数	主客户比率
扬州	3	14914	14741	29655	9885	1.01：1
高邮军	1	11628	9137	20765	20765	1.27：1
天长军	1	7148	7632	14780	14780	0.94：1
建安军	1	2055	7800	9855	9855	0.26：1
泰州	4	12188	20283	32471	8118	0.60：1
楚州	4	10578	13839	24417	6104	0.76：1
通州	2	8087	2700	10787	5394	2.99：1
和州	3	4789	4961	9750	3250	0.97：1
舒州	5	12842	19338	32180	6436	0.66：1
庐州	5	18817	26411	45228	9046	0.71：1
蕲州	4	14119	14817	28936	7234	0.95：1
光州	4	5251	13330	18581	4645	0.39：1
滁州	3	10839	9834	20673	6891	1.10：1
濠州	2	7447	10864	18311	9156	0.69：1

---

[1]　王禹偁:《扬州谢上表》,《全宋文》第7册,上海辞书出版社、安徽教育出版社2006年版,第323页。

续表 1-3

政　区	统县数	主户数	客户数	总户数	县均户数	主客户比率
寿州	5	6997	26506	33503	6701	0.26∶1
黄州	3	7342	3609	10951	3650	2.03∶1
汉阳军	2	1439	2280	3719	1860	0.63∶1
安州	6	4276	8312	12588	2098	0.51∶1
信阳军	1	1020	446	1466	1466	2.29∶1

由以上两表可知如下信息：一、宋初时，就整个淮南而言，扬州总户数虽然不是最多，但当时扬州县均户数在淮南却能排在第三。排在前两位的高邮军和天长军，均系自扬州析出的政区。所以单就整体户数而言，当时虽较之唐时大幅缩减，但在淮南仍有举足轻重的地位，不容小觑。二、宋代扬州因政区幅员较唐时大幅缩减，统县数仅为唐时半数，相当程度上导致宋初扬州户口与唐后期的数据悬殊甚大。但因《太平寰宇记》中淮南道各州（军）户数记载详细，包括自扬州割出之高邮、天长等州军，若将这些析出政区的户口数据一并作一统计，共计75055户，实际已超过唐开元时扬州总户数，虽与天宝时77105户有一定差距，但已相去不远。且此75055户中尚未包含自扬州割出的海陵县之户数（《太平寰宇记》仅记泰州四县之总户数，海陵县户数不详），若是加上海陵县所辖户数，这一差距将进一步缩小。三、唐宋两朝扬州户数虽差距较大，但县均户数反映的是一州各县所辖之平均户数，由此可反推这一地区经济发展的状况，仍有一定的参考价值。唐时，扬州县均户数在一万以上；宋初，扬州县均户数虽在淮南道可列为第三，但县均九千余户，较唐时有较大差距；这是宋代扬州相对衰落的一个表征。四、今人在论及北宋扬州经济较唐衰弱的原因时，常以为真州的兴起，取代了唐时扬州在运输、贸易、制造业上的优势地位。但就此表来看，北宋初年，建安军（后改为真州，详见本章第一节）仅辖扬子一县，且户籍仅有2763户，与当时扬州相去甚远。从人口的角度来看，此时真州的地位尚不足以与扬州抗衡，更不用说取代扬州了。

借助《太平寰宇记》的记载，大体可知北宋初年扬州的人口状况。北宋诸地理志书中，除《太平寰宇记》外，王存《元丰九域志》中也载有当时各地主、客户的数据,其中扬州主户 29077,客户 24855[1],主客总数为 53932 户。《元丰九域志》反映的是北宋神宗元丰八年(1085)左右的政区状况,其主、客户数据则是元丰元年的情形。[2]此时扬州辖江都、高邮、天长三县,虽辖县数与《太平寰宇记》中所记相同,但具体属县已发生变化。[3]无论如何,这个数据较《太平寰宇记》所记有较大提升,表明经过大概九十年左右的时间,扬州的人口数量和经济水平有一定程度的提升。此外,除总户数外,县均户数也有参考价值。为便于说明,此处依旧将《元丰九域志》所记列为表格,以资比较。

表 1-4　《元丰九域志》所记元丰元年(1078)淮南东路政区户数表

政　区	统县数	主户数	客户数	总户数	县均户数	主客户比
扬州	3	29077	24855	53932	17977	1.17 : 1
亳州	7	86811	34068	120879	17268	2.55 : 1
宿州	4	57818	48060	105878	26470	1.20 : 1
楚州	5	59727	20018	79745	15949	2.98 : 1
海州	4	26983	20660	47643	11911	1.31 : 1
泰州	4	37339	7102	44441	11110	5.26 : 1
泗州	3	36725	17240	53965	17988	2.13 : 1
滁州	3	29922	10363	40285	13428	2.89 : 1
真州	2	16790	17068	33858	16929	0.98 : 1
通州	3	28629	3247	31876	10625	8.82 : 1

将此表与表 1-3 做一比较,有以下几点值得注意:一、相较于宋初,神宗元丰时扬州人口有了大幅增长,无论是主户数还是客户数增长均在万户以上,总户数已突破五万户,即使按照宋代每户平均 2—3 人的标准,当时扬州人口也当突破十万人。虽较盛唐时动辄七万余户的规模仍有差距,但此人口规模,在当时淮东地区依然具有举足轻重的地位。二、与元丰时期扬州人口形成对照,这期间真州户数增长迅猛,总户数突破三万户,县均户数也超过一万六千户,两方面增幅均超扬州。由此可见,宋初至元丰的百余年间,真州

[1]　〔宋〕王存:《元丰九域志》卷五《淮南道·东路》,中华书局 1984 年版,第 192 页。

[2]　吴松弟:《中国人口史(第三卷)》第四章,复旦大学出版社 2000 年版,第 118 页。

[3]　陈雪飞:《宋代扬州行政区划的沿革》,《文化学刊》2017 年第 4 期,第 226—229 页。

社会经济发展迅猛。不过真州人口虽增长显著,但无论是在总户数上,抑或是县均户数上,扬州均多于真州,故而单就人口因素来看,当时扬州地区社会经济发展仍优于真州。换言之,此时真州虽发展迅猛,但仍未能完全超越扬州。人口数据为观察北宋时期扬州及其周边地区社会经济的发展提供了一个特定的视角。

　　除以上两部地理总志外,《宋史·地理志》中也记有扬州户口数据。值得注意的是,《宋史·地理志》载有徽宗崇宁间扬州户口,作为北宋末期扬州人口数据,恰可与《太平寰宇记》《元丰九域志》所载北宋中、前期的数据互参。此处仍仿照前例,将《宋史·地理志》中扬州及淮东各州户口数据总为表1-5。

表1-5　《宋史·地理志》所载淮东地区崇宁元年(1102)户口表

政　区	统县数	总户数	总口数	县均户数
扬州	2	56485	107579	28243
亳州	7	130119	183581	18588
宿州	5	91483	167379	18297
楚州	6	78549	207202	13092
海州	4	54830	99750	13708
泰州	4	56972	117274	14283
泗州	3	63632	157351	21211
滁州	3	40026	97089	13342
真州	2	24242	82043	12121
通州	2	27527	43189	13764
高邮军	1	20813	38751	20813
安东州	1	19579	40785	19579

　　据该表可知:一、较之于元丰时,崇宁间扬州在统县数减少一个(高邮)的情况下,总户数竟然增长2500多户,县均户数增加超过万户,有明显的增长。这是元丰至崇宁二十多年间扬州社会经济发展的重要表征。二、若与淮东地区其他州军相比,扬州的总户数及其人口总数在当时淮东地区并非最突出者,但其县均户数则明显多于淮东其他政区。在传统社会,人口密度的增加,一定程度上也表明当时扬州地区社会经济发展水平的提高。三、在统县数目相等的情况下,崇宁间真州的总户(口)数、县均户数不但较扬州为少,

而且与元丰时期相比,也明显地减少(其中户数减少9600多,县均户数减少4800多)。借助这一对比,可知至北宋崇宁间,扬州经济整体的发展水平似乎仍要高于包括真州在内的淮东其他地区。

以上依据《太平寰宇记》《元丰九域志》及《宋史·地理志》,勾勒了北宋时期扬州人口的大致状况。由于传世文献的稀缺,这三组数据当然不能反映北宋时期扬州人口的全貌。但这三组数据分别反映了北宋初期、中期及后期的情形,恰好贯穿整个北宋时期,大致可以据此观察北宋时期扬州人口变动的整体趋势。基于上文的梳理,如下几点有必要特别指出:

其一,纵观整个北宋时期,扬州总户数呈现出不断增长的趋势,特别是元丰以后,在辖县数减少的情况下,下辖人户反而增多。由此亦可知北宋时期和平的大背景下,扬州社会经济整体呈恢复并发展的态势。

其二,在分析北宋扬州人口增长情况时,有一点需格外注意,即人口自然增减之外,由政区变动所带来的人户数字变动。自北宋以来,扬州政区多次变动,有辖县析出,有他县来隶,有析出后再重隶,有来属后再析出,纷繁复杂。而随着政区变动,扬州所辖人户也随之不断变动。如唐时,扬州辖七县,至太平兴国间,仅剩三县之地,其余四县之人户亦随县区析出,太平兴国时扬州人口自然较之唐时大幅度减少;再如至道二年(996),天长复归扬州,熙宁五年(1072),高邮重隶扬州。按宋初天长、高邮二县所辖主客总数就已超过35000户(据《太平寰宇记》中载,天长主客合计14780,高邮主客合计20765),至北宋中期熙宁年间,考虑到人口的自然增长,二县所辖绝不止35000户。而随着高邮、天长的重隶,二县人口亦随之重属扬州。换言之,这段时间因天长、高邮来属所带来的人户增幅就在三万五千以上。北宋中期,扬州人口急剧增长不仅仅是因为社会经济发展所带来的人口自然繁增,更需注意到来隶诸县所带来的人户增长。当然,除政区析出或是重隶外,当时还有一种政区变动形式会直接影响北宋扬州人户,即政区的合并。其典型代表即是熙宁五年,广陵合并入江都。此后广陵一直并入江都县,直至南渡后方又独立成县。则熙宁五年以后,江都县实辖原江都、广陵二县之地,其户籍亦然,乃原先广陵、江都二县户口之总和。《宋史·地理志》中所载,扬州辖二县,有户56485。若以二县来计,县均辖28242户,若以三县来看,则县均不过18828户,差距悬殊,不可不察。故而在论述北宋扬州人口变动时,必须充分考虑到行政区划变动所带来的影响。

其三,北宋时真州的崛起有一个渐进的过程,并非一蹴而就。前人在论述宋代扬州经济较唐衰弱时,往往强调此时真州社会经济的迅猛发展。就上文分析来看,进入北宋以后,真州人户确实总体呈增长态势,特别是元丰时期,真州户数较之宋初大幅增长,可知北宋时期真州社会经济也整体呈发展态势。但纵观《太平寰宇记》《元丰九域志》及《宋史·地理志》中所载扬、真二州人户数据,真州无论是主户数、客户数,抑或是县均户数,实际无一超过扬州同期者,可见真州的社会经济在北宋时固然有显著进步,但并非一开始就取代扬州。换言之,在北宋的大部分时间里,单就人口这一指标来看,扬州显然要优于真州。

二、南宋扬州人口的消减与恢复

就传世文献来看,扬州总户数的峰值出现在北宋崇宁元年(1102)(即《宋史·地理志》中所载数据),北宋末期及整个南宋时期都不及此。天一阁藏明代《〔嘉靖〕惟扬志》记徽宗大观时(1107—1110),扬州领县二(江都、天长),户31202,丁口62971。[1]这与上面《宋史·地理志》所记崇宁元年的户口数据有明显差距。在不到十年的时间里,统县相同的情况下,扬州区域户口数目急剧下降,与宋代人口高峰值出现在大观以后、宣和六年(1124)以前的总趋势显然不合拍。[2]北宋大观间,扬州地区并无战事爆发,江淮一带也没有连续的天灾,即便徽宗朝此间的人口增长速度放缓,也不至于到剧减的程度。因为《〔嘉靖〕惟扬志》所记宋代户口数据,本有残缺,故颇疑这个大观时期的数据只是主户而已,当并非大观间扬州户籍之全貌。

传世南宋时期的两部地理总志《舆地纪胜》与《方舆胜览》,并未著录相关户口数据。相较之下,南宋地方志书保存的户口资料更为丰富。但南宋时期所修的《〔绍熙〕广陵志》《〔嘉泰〕广陵续志》《〔宝祐〕惟扬志》等三部扬州地方志,今皆亡佚。在这样的背景下,《〔嘉靖〕惟扬志》中保存的三

[1]〔明〕朱怀幹修,〔明〕盛仪辑:《〔嘉靖〕惟扬志》卷八,《扬州文库》第1辑第1册,广陵书社2015年版,第56页。

[2]吴松弟:《中国人口史(第三卷)》第八章,复旦大学出版社2000年版,第352页。

组南宋中后期扬州户口数据,便非常可贵。为便于进一步讨论,先将《〔嘉靖〕惟扬志》所记南宋时期扬州户口数与之前北宋时期的相关数据总为一表,再做分析。

表 1-6 　　　　　　　　**两宋时期扬州户口数据总表**

时　　间	统县数	户　数			口　　数	县均户数	户均口数
		主户	客户	总户			
太平兴国(976—984)	3	14914	14741	29655	—	9885	—
元丰元年(1078)	3	29077	24855	53932	—	17977	—
崇宁元年(1102)	2	—	—	56485	107579	28243	2
大观(1107—1110)	2	—	—	31202	62971	15601	2
绍熙(1190—1194)	2	—	—	35951	140440	17976	4
嘉泰(1201—1204)	2	—	—	36160	201849	18080	6
宝祐(1253—1258)	2	—	—	43892	135072	21946	3

细绎此表,可知南宋时期特别是绍熙以后,扬州人口总体呈渐长趋势,总户数及县均户数增幅明显。上文已述,人口的多寡是经济社会发展状况的一种反映,由此可知宋室在临安站稳脚跟以后,在相对安稳的环境里,扬州的经济社会仍得到一定程度的恢复和发展。表 1-6 中的三组南宋时期的扬州人户数据,以宝祐时期扬州户口最盛,其时扬州总户数虽不如北宋元丰、崇宁间,但仍远高于北宋初期,且县均户数这一指标甚至要高于元丰时期。故单就人户数据来看,宝祐时期扬州社会经济已经恢复并发展到相当的程度。

但同时我们也看到,整体而言南宋时期的扬州人口仍不及北宋时期。《〔嘉靖〕惟扬志》中所载南宋绍熙、嘉泰、宝祐年间人户数据,反映的是南宋中后期的人口状况,也是南宋扬州社会经济得到一定程度恢复发展后的人口状况。虽然嘉泰、宝祐时扬州县均户数已超过北宋初期,甚至要高于元丰时期,但总户数这一数据仍不如元丰时。若是与北宋崇宁元年扬州户口数据之最高值相比较,在统县数目未变的情况下,南宋中后期的扬州户口更是逊色明显。由此可知,南宋中后期扬州经济虽逐步恢复且呈发展趋势,但其整体状况仍比不上北宋时期。这种现象与南宋时期扬州作为边郡,成为南北对峙的前沿地带有直接的关联。

　　唐宋时期扬州政区之所以发生重大的变化,有宏观的历史背景,也有区域性的现实条件,两类因素对宋代扬州经济乃至于军政地位都有直接的影响。从宏观层面讲,安史之乱后,地方藩镇势力影响巨大,对中央政权多有威胁,皇权方面遂多有强化中央集权的意向。所以赵宋政权建立以后,在这方面采取了相当多的措施,调整行政区划便是其中一个重要方面。在行政区划的变动中,统县政区幅员之缩减,又是一项重要内容。宋代扬州政区幅员的缩小,在当时并非特例,它是强干弱枝的立国态势下,宋廷加强对地方控制的客观要求,正体现了赵宋政权刻意分化唐末以来地方藩镇的政治考量。需要注意的是,扬州政区幅员的缩小,在唐末五代已见趋势,并非始于宋代。这个过程与唐宋之际经济重心南移的趋势是大体合拍的。唐宋之际扬州政区的变动,正是经济重心南移背景下东南政区密度细化的一种反映。伴随着扬州统县的析出,这些析出政区,或行政等级直接提升,或隶属新设政区,最终在北宋真宗朝形成相对稳定的格局。

　　从区域性的现实条件来看,唐宋时期扬州政区的分化,影响因素是多方面的。其中有经济因素,如唐末以来扬州辖下政区经济实力的提升,像真州、高邮军的设置以及海陵县的析出(泰州之设置)均与此有关,而真州更是官方重要经济机构如榷场、发运司的设置地。有港口、交通因素,如运河航道的变化,这为真州、高邮提供了重要的交通条件,港口、交通优势成为当地经济重要的拉动力量。有军事因素,如高邮军、天长军的兴废与宋金军事动态紧密相关。影响不同政区的主要因素或各有不同,但整体来说,这些因素往往是相互关联的,共同促成了扬州政区幅员的缩减,并最终对扬州经济社会的发展造成影响。唐宋时期,扬州经济之盛衰变迁,关涉的内容是多方面的,如经济重心之转移、港口交通之变迁、军事战争之影响、政区地理之分化,等等。

　　总结地说,宋代扬州统县数目的减少,以及析出政区行政等级的上升,一方面与析出政区自身的经济、交通等条件密切相关,另一方面也符合赵宋王朝加强中央集权的整体意向,是宋廷重内轻外、加强对地方控制的一种重要表现。虽然宋代扬州整体上不及唐代扬州之繁华,但从另一个角度说,这一现象恰恰是赵宋王朝在加强中央集权、削弱地方势力方面的一个很好的例证。唐宋时期,随着扬州辖下政区的相继析出,宋代扬州与唐代鼎盛时期的扬州相比,其政区幅员缩小,大体是将唐代扬州西、北、东三面部分切割之后的剩余。而析出政区在经济、军事等方面多有一定的优势,从而削弱了扬州的军政地位,当地经济的发展也随之受到影响。特别需要指出的是,这些因素必须通过行政区划的调整这一环节,当真州、高邮军等政区从扬州割离出去之后,才能构成对扬州地位的削弱。政区因素的特殊性即表现在此。

两宋时期扬州的人口总数不及唐时鼎盛时期,这是宋代扬州相对衰落的一个重要指标。基于本章对两宋时期扬州及淮东人口阶段性特点的概述,有纵、横两个方面的比较值得注意。就纵向的比较而言,宋代扬州的相对衰落,并不意味着其发展的停滞甚至倒退。当战事结束,环境趋于和平安稳的时候,扬州的户口总数仍呈上升的态势,不但北宋时期扬州的户口总数一直呈上涨的趋势,即便南宋时期也还是如此,只不过其平均增长率要小于北宋时期而已。当把南宋、北宋两个时段分开来看时,扬州的人口变动在南宋与北宋两个时期有近似的动态轨迹。这是战争之后扬州经济社会得到一定程度恢复的重要标志。就横向的比较而言,一般认为宋代扬州相对衰落,真州相当程度上取代了扬州的经济地位,这种论断当然有一定的凭据,但真州成为与扬州同级的统县政区有一个历史过程,其经济的发展和壮大也是如此。就人口指标而言,两宋时期扬州的户口总数在淮东地区仍然排在前列,高出真州。这个现象提示我们对宋代真、扬两地经济发展水平的认识,应该联系到具体的经济内容,而非停留在宏观论断上面。

第二章　北宋扬州的军政态势

五代以来,周世宗柴荣三征淮南、宋太祖赵匡胤平定李重进都发生在扬州,探讨五代至宋初对扬州的军事争夺,论述这些军事活动对当时诸多政权的影响,有助于揭示扬州在北宋政权实现南北统一当中的重要作用。扬州处于江、淮之间,又毗邻运河,沟通北宋汴京与江南六路,水陆运输两便,是北宋王朝漕运必经之地;北宋在此设置转运司,作为征收、转运财赋的机构,在王朝转运体系中具有重要支点的地位。本章主要对以上问题展开研究。

第一节　宋初平定扬州

淮南地区具有重要的军事地位,若天下裂为南北,其得失皆在淮南。南方得之则足以抗北,北方得之则南方难以自保。五代时期以及北宋初年,扬州是淮南地区的军事重镇。若南唐失去以扬州为核心的淮南,则南唐不能自保。后周政权面对盘踞在南方的吴越、荆南、湖南,自可顺势得之。

一、北宋平定扬州的前奏:周世宗的南征北战

在纷纭扰攘、群雄割据的五代时期,志在一统天下的周世宗柴荣(921—959),自然清楚以扬州为核心之一的淮南地区在统一战争中的重要性。所谓不谋全局者,自不足以谋一域。与此同时,军事战略核心区域的争夺,也往往"牵一发而动全身",影响整个军政局势。

后周显德元年(954)正月,后周太祖郭威薨,其养子柴荣即位,史称周世宗。北汉主刘崇乘柴荣新立之机,与雄踞北方的辽国联手,企图消灭后周。周世宗柴荣遇到的危机,不仅有来自北汉与辽国的联手进攻,南方的南唐政权对后周政权也进行滋扰,这种两线受敌的局面为周世宗南征北战的战略决

策埋下伏笔。后周显德元年二月，"潞州奏，河东刘崇与契丹大将军杨衮，举兵南指"[1]。对于这次军事危机，柴荣有着充分的估计，其称"刘崇幸我大丧，闻我新立，自谓良便，必发狂谋，谓天下可取"[2]。基于这种判断，柴荣力排众议，决定亲征。双方的决战在高平县（今属山西）展开，刘崇自将骑兵三万，并契丹万余骑，严阵以待。柴荣令侍卫马步军都虞候李重进、滑州节度使白重赞统左军，居阵之西厢；侍卫马军都指挥使樊爱能、步军都指挥使何徽，将右军，居阵东；宣徽使向训、郑州防御史史彦超以精骑当中；殿前都指挥使张永德以禁兵卫跸。战事甫起，樊爱能、何徽临阵脱逃，望敌而遁，阵东骑兵遂乱，步军解甲投降。在此危急关头，柴荣自率亲骑，临阵督战，以挫敌军前锋。柴荣亲自参战，极大地鼓舞了士气，敌军大败。日暮，敌军尚有万余人阻涧而阵。此时后周大将刘词率兵至，敌军又大溃。后周大军追至高平，敌军降者数千，所获辎重、兵器、驼马不可胜数。后世史家称："是日，危急之势，顷刻莫保，赖帝英武果敢，亲临寇敌，不然则社稷几若缀旒矣。"[3]北方局势稍稍稳固后，周世宗即着手解除南唐的威胁。显德二年（955）四月，比部郎中王朴献策曰：

> 凡攻取之道，必先其易者。唐与吾接境几二千里，其势易扰也。扰之当以无备之处为始，备东则扰西，备西则扰东，彼必奔走而救之。奔走之间，可以知其虚实强弱，然后避实击虚，避强击弱。未须大举，且以轻兵扰之。南人懦怯，闻小有警，必悉师以救之。师数动则民疲而财竭，不悉师则我可以乘虚取之。如此，江北诸州将悉为我有。既得江北，则用彼之民，行我之法，江南亦易取也。得江南则岭南、巴蜀可传檄而定。南方既定，则燕地必望风内附；若其不至，移兵攻之，席卷可平矣。惟河东必死之寇，不可以恩信诱，当以强兵制之，然彼自高平之败，力竭气沮，必未能为边患，宜且以为后图，俟天下既平，然后伺间，一举可擒也。[4]

[1]〔宋〕薛居正：《旧五代史》卷——四《周世宗纪第一》，中华书局2016年版，第1757页。

[2]〔宋〕薛居正：《旧五代史》卷——四《周世宗纪第一》，中华书局2016年版，第1757页。

[3]〔宋〕薛居正：《旧五代史》卷——四《周世宗纪第一》，中华书局2016年版，第1760页。

[4]〔宋〕司马光编：《资治通鉴》卷二九二后周显德二年"比部郎中王朴献策"，中华书局2013年版，第9781—9782页。

据《资治通鉴》记载："时群臣多守常偷安,所对少有可取者,惟朴神峻气劲,有谋能断,凡所规画,皆称上意。"[1]周世宗欣然纳王朴之言。王朴提出的策略符合周世宗积极进取的愿望。如果从长时段的角度来看,周世宗所采纳的统一策略,大体上为以后的赵宋政权承袭。

周世宗经过数月的准备,等待战争的有利时机。每年冬季,淮水浅涸,南唐通常在此时发兵戍守,称之为"把浅",以此来防备北方政权的军事行动。不过南唐考虑此类军事行动耗费较多,又见未受侵扰,故而罢之。周世宗充分把握了这一有利条件,又疏导了唐末以来溃决的汴水,以便行军及运输。后周显德二年冬十一月,周世宗"以宰臣李毂为淮南道前军行营都部署,知庐、寿等州行府事;以许州节度使王彦超为行营副部署;命侍卫马军都指挥使韩令坤等一十二将,各带征行之号以从焉"[2]。

从显德元年(954)冬,到显德五年(958)春,周世宗三征淮南。周世宗经历了军事生涯中最为艰苦的"三征淮南",最终取下了淮南,楚州、泗州、寿州、扬州、庐州等地尽入后周版图。在这一过程中,扬州是军事行动中极为重要的一部分,显德三年(956)夏四月丁丑,扬州韩令坤破南唐军于扬州之东境,不料南唐主李璟遣陆孟俊领兵逼迫泰州,后周军队失守。韩令坤欲弃扬州而回,此举引得周世宗大怒,周世宗急令殿前都指挥使张永德领兵前往扬州支援。南唐陆孟俊从海陵(今江苏泰州)抵达扬州,韩令坤迎击,败之。不放弃据守扬州,加之援兵的到来,某种程度上挽回了不利局面。显德五年(958),周世宗取得淮南地区;二月,周世宗"驻跸于广陵,诏发扬州部内丁夫万余人城扬州。帝以扬州焚荡之后,居民南渡,遂于故城内就东南别筑新垒"[3]。此番修城,加强了后周政权在淮南地区的军事力量,有利于巩固战争胜利果实。淮南平定,凡得州十四、县六十、户二十二万六千五百七十四。四月乙卯,周世宗车驾发扬州还京。从周世宗驻跸的地点,也可看出扬州以及扬州城在整个淮南地区的军事地位。

---

[1]〔宋〕司马光编:《资治通鉴》卷二九二后周显德二年"上欣纳之",中华书局2013年版,第9782页。

[2]〔宋〕薛居正:《旧五代史》卷一一五《周世宗纪第二》,中华书局2016年版,第1782页。

[3]〔宋〕薛居正:《旧五代史》卷一一八《周世宗纪第五》,中华书局2016年版,第1820页。

周世宗夺取淮南地区,正是饮马长江、收复江南的大好时机,但令人意外的是,此时周世宗答应南唐请求,罢兵言和。做出这一决策,正是出于此时契丹犯境的考虑。清代学者王夫之《读通鉴论》当中有相关论述,其曰:

> 周主南伐江南,劳师三载,躬亲三驾,履行阵,冒矢石,数十战以极兵力,必得江北而后止。江北既献,无难席卷以渡江,而修好休兵,馈盐还俘,置之若忘。呜呼!此其所以明于定纷乱之天下而得用兵之略也,盖周主之志,不在江南而在契丹也。当时中原之所急者,莫有大于契丹也。石敬瑭割地以使为主于塞内,南向而俯临中夏,有建瓴之势焉。叛臣降将,导以窃中国之政令,而民且奉之为主。德光死,兀欲、述律交相戕贼,至是而其势亦衰矣,是可乘之机也。然其控弦驰马犷悍之力,犹未易折棰以驱之出塞。且自朱温以来,所号为中国主者,仅横亘一线于雍、豫、兖、青之中,地狭力微,不足以逞志。而立国之形,犬牙互入,未能截然有其四封,以保其内而应乎外。则不收淮南、江北之地,中国不成其中国,守不固,兵不强,食不裕,强起而问燕云之故壤,石重贵之覆轨,念之而寒心矣。[1]

正是考虑到对手威胁强弱程度的不同,周世宗奋兵拿下淮南,巩固了扬州城池,既可应对来自南方的威胁,亦能乘势而下,收复江南之地。随着形势发生转变,周世宗遂收兵北上,意图乘契丹实力衰弱之机,收复燕云失地,尽管后来因病亡而未能实现收复汉唐旧地的伟愿,但这样的决策无疑是符合当日情势的。

二、赵匡胤与前朝勋贵李重进的博弈

后周显德六年(959),周世宗柴荣病亡,遗诏梁王宗训即皇帝位,即后周恭帝,时年七岁。是年七月,朝廷以侍卫亲军都指挥使李重进领淮南节度使,这一人事任命,为后来的赵匡胤与李重进之间的博弈埋下伏笔。"陈桥兵变"后,赵匡胤在后周政权的基础上建立了赵宋政权,史称北宋,而扬州地区却未能和平过渡到赵宋政权统治之下。早在后周显德三年(956),李重进就曾追

---

[1]〔清〕王夫之著,舒士彦点校:《读通鉴论》卷三〇,中华书局2013年版,第966—967页。

随周世宗征伐南唐,故而对于扬州地区应该较为熟悉。显德六年李重进被任命为淮南节度使,这或许便与李重进早年的军事活动有关。

从政治倾向来看,李重进可谓忠于后周的顾命大臣。李重进,沧州(今属河北)人,后周太祖郭威外甥。后周太祖寝疾,召李重进受顾命,令其辅佐周世宗。从后来李重进追随世宗南征北战来看,李重进确实是遵照了其舅的政治遗嘱,忠于周世宗。当宋太祖赵匡胤逼迫恭帝退位时,身在扬州的李重进自然不会与赵匡胤建立的新政权达成合作。据《续资治通鉴长编》记载:

> 淮南节度使、兼中书令沧人李重进,周太祖之甥也,始与上俱事世宗,分掌内外兵权,而重进以上英武出己右,心常惮焉。恭帝嗣位,重进出镇扬州,领宿卫如故。及上受禅,命韩令坤代重进为马步军都指挥使。[1]

从这段宋人李焘的记载中不难看出,即便抛开政治立场,李重进与赵匡胤的嫌隙也是由来已久。"重进以上英武出己右,心常惮焉",李重进始终认为赵匡胤是一大威胁,从而有所忌惮。从另外一个角度来看,赵匡胤何尝不是将李重进视作异己。所以赵匡胤兵变夺权之后,"命韩令坤代重进为马步军都指挥使",这可以说是主动出击,率先下手。黄袍加身未久,赵匡胤帝位尚未得到巩固,但大敌当前,依然向镇守淮南的后周重臣采取强硬姿态。而李重进对此,反应似乎显得较为优柔。

> 重进请入朝,上意未欲与重进相见,谓翰林学士饶阳李昉曰:"善为我辞以拒之。"昉草诏云:"君为元首,臣作股肱,虽在远方,还同一体。保君臣之分,方契永图,修朝觐之仪,何须此日。"[2]

李重进意欲进京,以其在禁军中的深厚影响,外加后周姻亲的政治地位,此举可能会给刚刚掌握朝堂的赵匡胤带来威胁,所以赵匡胤拒绝了李重进入朝的要求是可以理解的。又载:"重进得诏,愈不自安,乃招集亡命,增陴浚隍,阴

---

[1]〔宋〕李焘:《续资治通鉴长编》卷一"建隆元年九月己酉",中华书局2004年版,第23页。

[2]〔宋〕李焘:《续资治通鉴长编》卷一"建隆元年九月己酉",中华书局2004年版,第23—24页。

为叛背之计。李筠举兵泽、潞,重进遣其亲吏翟守珣间行与筠相结。"[1]李重进与赵匡胤的博弈过程,并非是两个人的斗争。从宏观时局来看,赵匡胤"篡权"并未立刻得到方镇的拥护,狐疑者居多。此时与赵匡胤矛盾激化的,除了李重进外,还有昭义节度使李筠。据载:

> 昭义节度使、兼中书令太原李筠,在镇逾八年,恃勇专恣,招集亡命,阴为跋扈之计。周世宗每优容之。及上遣使谕以受禅,筠即欲拒命,左右为陈历数,乃俛偻下拜。既延使者升阶,置酒张乐,遽索周祖画像置厅壁,涕泣不已。宾佐惶骇,告使者曰:"令公被酒,失其常性,幸毋怪也。"北汉主知筠有异志,潜以蜡书诱筠,筠虽具奏,而反谋已决,筠长子守节涕泣切谏,筠不听。[2]

赵匡胤面对的时局与周世宗即位之初颇有几分相似,同时受到北方与南方两线的威胁。这种形势对赵匡胤来说确实是很大的威胁。此时,淮南节度使李重进又意与昭义节度使李筠联盟,更加剧了时局的严峻。从扬州到汴梁,千里之野,无崇山之阻,可谓一马平川。若李重进派兵北上,或据汴梁之东的军事要塞徐州,或据汴梁之南的陈州(今河南周口),再加上来自北方的威胁,赵宋政权情势危急。

李重进遣其亲吏翟守珣间行与李筠相结,本是南北夹击汴梁战略得以成功实现的重要一步,然而翟守珣并不是坚定地站在李重进这一边,据史料记载:

> 守珣素识上,往还京师,潜诣枢密承旨李处耘求见,上召问曰:"我欲赐重进铁券,彼信我乎?"守珣曰:"重进终无归顺之志矣。"上厚赐守珣,许以爵位,且使说重进稍缓其谋,无令二凶并作,分我兵势。守珣归,劝重进养威持重,未可轻发,重进信之。[3]

---

[1]〔宋〕李焘:《续资治通鉴长编》卷一"建隆元年九月己酉",中华书局2004年版,第24页。
[2]〔宋〕李焘:《续资治通鉴长编》卷一"建隆元年四月癸酉",中华书局2004年版,第12页。
[3]〔宋〕李焘:《续资治通鉴长编》卷一"建隆元年九月己酉",中华书局2004年版,第24页。

此或是翟守珣见到李筠之后,断定其不具备与赵匡胤抗衡的实力;或是翟守珣"狡兔三窟"式的政治投机,无论哪一方获胜,翟守珣都能立于不败之地。不管怎样,翟守珣为赵匡胤稳住了李重进,避免其陷入两线作战的不利局面。

赵匡胤平定北方强敌李筠后,下一个目标便是李重进。然而,此时赵匡胤并未立刻挥师南下,而是先施其谋,安抚李重进,显示出其老辣的斗争谋略。史载:"上已平泽、潞,则将经略淮南,戊申,徙重进为平卢节度使,度重进必增疑惧,庚戌,又遣六宅使陈思诲赉铁券往赐,以慰安之。"[1]李筠既败,李重进遂决心起兵反宋,复欲结交南唐。但李重进势力内部矛盾重重,关系复杂,监军安友规一直为李重进所忌,安友规见其反状已显,遂与亲信数人斩关出走,逾城而奔。此事令李重进备感不安,怀疑诸将皆不附己,于是下令囚禁军校数十人,后竟悉数杀之。人心不定,可见一斑。李重进虽欲与南唐合作,但南唐的态度较为谨慎。从赵宋建立到赵匡胤发兵扬州,数月之内,南唐遣使以贺登极、贺长春节、贺平泽潞、贡乘舆服御物、贺帝还京,这显然也包含着刺探赵宋的军政情况的意图。既已了解赵宋政权的动态,自然明白赵匡胤对李重进具有绝对优势,为了避免赵宋平定扬州后对南唐进行报复,南唐未能对李重进提供有力帮助也在情理之中了。

李重进既反,赵匡胤遂命马步军副都指挥使、归德节度使石守信为扬州行营都部署、兼知扬州行府事,殿前都指挥使、义成节度使王审琦为副,宣徽北院使李处耘为都监,保信节度使宋延渥为都排阵使,帅禁兵讨之。十月庚午,安友规从扬州到了汴梁,赵匡胤以安友规为滁州刺史,令监护前军进讨。十月乙酉,赵匡胤向枢密副使赵普问以扬州事宜,赵普分析曰:

> 李重进守薛公之下策,昧武侯之远图,凭恃长淮,缮修孤垒。无诸葛诞之恩信,士卒离心;有袁本初之强梁,计谋不用。外绝救援,内乏资粮,急攻亦取,缓攻亦取。兵法尚速,不如速取之。[2]

赵匡胤采纳了赵普的建议,建隆元年(960)十月丁亥,赵匡胤下诏亲征,以皇

---

[1]〔宋〕李焘:《续资治通鉴长编》卷一"建隆元年九月己酉",中华书局2004年版,第24页。
[2]〔宋〕李焘:《续资治通鉴长编》卷一"建隆元年十月乙酉",中华书局2004年版,第27页。

弟赵光义为大内都部署,吴廷祚权东京留守,吕余庆副之。十月癸亥,诏削夺李重进官爵。十月庚寅,赵匡胤从京师发兵,百司六军并乘舟东下。十月癸巳,师次宋州。扬州城戍卒当中有宋州籍者,这些戍卒的父母妻子对这次军事事件感到恐惧,若宋军破城,或不免屠城。得知此事后,赵匡胤分命中使进行安抚。十一月戊戌,次宿州。十一月甲辰,次泗州,舍舟登陆,命诸将鼓行而前。大战之前,赵匡胤采取了攻心的策略,据《东轩笔录》记载:"李重进之叛也,有二子方为宿卫,太祖夜召,面语之曰:'而父何苦反耶?江淮兵弱,又无良将,谁与共图事者?汝速乘传往晓之,吾不杀汝也。'二子伏泣战汗,太祖趋遣之。重进方坐辕门与诸将议事,忽二子至,又闻圣语,皆相顾大骇。士卒闻之,惊疑不测,而有向背之意。"[1]这一举措无疑进一步瓦解了李重进的防御。

十一月丁未,赵匡胤至大仪驿。石守信遣使驰奏扬州即破,请赵匡胤及时临视。是夕,次扬州城下,登时攻拔之。李重进举族赴火而死,陈思诲在混乱中被杀。赵匡胤寻得翟守珣,补殿直,俄迁供奉官。李重进弟解州刺史李重赟、李重进子尚食使李延福,皆戮于市。

三、战后时局

赵匡胤平定扬州之后,对扬州城进行了安抚,十一月己酉,赈给扬州城中民米,人一斛,十岁以下给其半。此外,对李重进强迫征来的士兵,则分发衣服鞋物,令其解散,各自回家。十一月庚戌,诏李重进家属、部曲并释罪,已经逃亡的听其自首,安葬尸骸暴露者。战争中役夫死城下者,每人赐绢三匹,并免其家三年赋税。

赵匡胤平定扬州后,南唐君主派人北来,先是遣左仆射江都人严续来犒师,十一月庚申,又遣其子蒋国公李从镒、户部尚书冯延鲁来买宴。这其中自然有刺探赵匡胤动向的意图,而赵匡胤则摆出了一副胜利者的姿态。史载:

> 上厉色谓延鲁曰:"汝国主何故与我叛臣交通?"延鲁曰:"陛下徒知其交通,不知预其反谋也。"上诘其故,延鲁曰:"重进使者馆于臣家,国主令臣语之曰:'男子不得志,固有反者,但时有可、不可。陛下初立,人心未

---

[1]〔宋〕魏泰:《东轩笔录》卷九,《全宋笔记》第 2 编第 8 册,大象出版社 2006 年版,第 71 页。

安,交兵上党,当是时不反,今人心已定,方隅无事,乃欲以残破扬州,数千弊卒,抗万乘之师,借使韩、白复生,必无成理,虽有兵食,不敢相资。'重进卒以失援而败。"[1]

赵匡胤呵斥南唐与李重进交通,南唐使臣一番巧言令色,不仅将责任推脱干净,而且点明赵宋之所以能力克李重进,那是因为后者失去了南唐支持的缘故,此即所谓"重进卒以失援而败",潜台词是若其得到南唐的兵食援助,鹿死谁手,尚未可知! 赵匡胤自然心了其意,但感谢的话自是不会说的。

此时,与当年周世宗平定淮南之后的情况相似,扬州叛乱一经戡平,后周的残余势力已经基本清除,来自南方的威胁大大降低,这对平定江南有着非常重要的意义。然而北方尚有契丹与北汉,此时若大举南下,万一不能攻克南唐,不仅不利于巩固既有的胜利成果,而且有陷入南北夹攻、腹背受敌的不利局面。所以赵匡胤并未将战略重心完全放在南方,而是通过操练水军,保持了一种高压态势,史载:

> 上使诸军习战舰于迎銮,唐主惧甚。其小臣杜著,颇有辞辩,伪作商人,由建安渡来归;而彭泽令薛良,坐事责池州文学,亦挺身来奔,且献平南策。唐主闻之,益惧。上命斩著于下蜀市,良配隶庐州牙校,唐主乃少安,终以国境蹙弱,遂决迁都之计。[2]

赵匡胤操练水战,给南唐造成了极大的压力,与此同时,却又下令斩杀南唐的叛徒,似乎并无立刻攻打的计划。这些看似矛盾的种种举措,使得南唐无从确认北宋政权的军事意图,但扬州城与金陵终究只有一江之隔,迫于军事压力,南唐政权有了迁都的想法。

赵匡胤既已达成了他此次军事行动的目的,遂开始战后经营。其一,安排宣徽北院使李处耘权知扬州。此时扬州新遭兵火,全境凋敝,需要从战争中恢复生产。李处耘勤于抚绥,轻徭薄赋,召属县父老了解民间疾苦并尽力

---

[1] 〔宋〕李焘:《续资治通鉴长编》卷一"建隆元年十一月庚申",中华书局2004年版,第28页。
[2] 〔宋〕李焘:《续资治通鉴长编》卷一"建隆元年十一月庚申",中华书局2004年版,第29页。

解决，扬州在其惠政的抚慰下，日渐安定。建隆二年（961）七月壬午，又命内客省使王赞权知扬州军府事。王赞乘舟前往，溺于闸桥。赵匡胤特为嗟悼，谓左右曰："是杀吾枢密使也。"王赞尝为河北诸州计度使，五代姑息藩镇，有司不敢绳之以法，王赞振举纲维，所至发摘奸伏无所忌。这一重要的人事任命与扬州有关，足见扬州在日后北宋统一战争中的重要战略地位。其二，进一步敲打南唐，赵匡胤命唐主发遣扬州户口及后周显德以来将吏隔在江南者。这一举措是一种无形的攻势，其效果实不亚于一场军事战斗。南唐所俘虏的扬州将吏得以放归，既有利于加强赵宋政权对扬州的统治，又能起到一定的威慑南唐政权的作用。此番布置之后，十二月己巳，赵匡胤从扬州出发回京，十二月丁亥，至京师。

在平定李筠及李重进之后，赵匡胤曾问赵普曰："天下自唐季以来，数十年间，帝王凡易八姓，战斗不息，生民涂地，其故何也？吾欲息天下之兵，为国家长久计，其道何如？"普曰："陛下之言及此，天地人神之福也。此非他故，方镇太重，君弱臣强而已。今所以治之，亦无他奇巧，惟稍夺其权，制其钱谷，收其精兵，则天下自安矣。"语未毕，上曰："卿无复言，吾已喻矣。"[1]自李唐安史之乱之后，藩镇割据局面日趋形成，地方武装势力尾大不掉，严重影响了中央政权的管束能力，此后日渐严重，愈演愈烈，成为王朝更迭的根本原因。赵匡胤既身受其利，又深知其害，在平定扬州之后，赵匡胤开始了削弱地方军权的行动，这便是历史上著名的"杯酒释兵权"事件，石守信、王审琦等禁卫之将"主动"交出兵权。赵匡胤又收藩镇之权，由此形成了北宋一以贯之的强干弱枝政策。

第二节　北宋扬州的转运地位

唐代安史之乱后，黄河流域纷纭扰攘，经济重心逐渐南移。北宋初年，宋太祖在淮南地区设置了淮南道。至道三年（997），宋太宗定天下为十五路，改淮南道为淮南路。之后历经多次分合，但淮南路除了分为东、西二路之外，

---

[1]〔宋〕李焘：《续资治通鉴长编》卷二"建隆二年七月戊辰"，中华书局2004年版，第49页。

政区基本稳定。扬州所处的淮南路或淮南东路,经济发展迅速。北宋政府建都开封,仰仗南方财赋支撑王朝的运转。东南诸路财赋从长江入运河,到楚州山阳一带入淮河,达于京师。终北宋一朝,可谓川流不息,转运繁忙。太平兴国年间(976—984),岁运江淮米三百万石,菽一百万石;到大中祥符初年,每岁漕运总量达七百万石。两淮地区是北宋政府财政主要来源地之一,又位于漕运必经之地,两淮转运在北宋王朝中有着重要影响。将东南及两淮财赋转运至开封,路途遥远,水运也往往需要依托沿途转运枢纽,真州、扬州、楚州、泗州就是转运体系中的重要支点。本节将扬州置于两淮转运体系的宏观层面进行考察,从而突显扬州在赵宋王朝转运体系中的重要地位。

北宋转运司作为征收、转运朝廷财赋的机构,是路级权力机关,长官即为转运使。转运使"掌经度一路财赋,而察其登耗有无,以足上供及郡县之费;岁行所部,检察储积,稽考帐籍,凡吏蠹民瘼,悉条以上达,及专举刺官吏之事"[1]。转运使事务繁要,管理的事务众多,在北宋的地方统治中具有重要地位。除了转运使,转运司的其他官员有转运副使、转运判官,其僚属包括管勾文字、勾当公事、管勾帐司、准备差使、准备差遣等。北宋时期的淮南路交通便利,漕运发达,物产丰富,经济繁荣,是北宋政府重要的税收来源地。淮南路转运使是北宋最早设置的转运使之一,据《玉海》记载,乾德元年(963),以沈义伦、韩彦卿分别为京西、淮南转运使。[2]宋太祖时期即设置了淮南路转运使。关于淮南路转运司的驻所,由于北宋淮南路多次分合,转运司的驻所也随之变化。根据《燕翼诒谋录》记载:"淮南转运使旧有二员,皆在楚州。明道元年(1032)七月甲戌,诏徙一员于庐州。"[3]淮南转运使驻所原在楚州(今江苏淮安),后徙一人于庐州。楚州在扬州的下游,在大运河与淮河交汇之处。楚州以西便是泗州,位于汴水与淮河的汇合之处。选择楚州作为转运使的驻所,应当是考虑到楚州可以充分连接淮南转运体系中的真州(今江苏仪征)、扬州、楚州、泗州等枢纽。淮南分为东、西两路之后,

[1]〔元〕脱脱等:《宋史》卷一六七《职官七》,中华书局1977年版,第3964页。

[2]〔宋〕王应麟:《玉海》卷一八二《乾德转运使》,广陵书社2003年版,第3384页。

[3]〔宋〕王栐:《燕翼诒谋录》卷四,《全宋笔记》第7编第1册,大象出版社2015年版,第272页。

扬州属于淮南东路,淮南东路转运使驻地究竟何在,尚存争议。[1]

一、扬州在北宋转运体系中的地位

淳化二年(991)九月,王化基奏《澄清略》,曰:"臣尝思二十年前客游江、淮诸郡,其间扬、楚最曰要冲,水陆两途,咽喉数国,务穰事众,地广民繁,然止设知州一人在衙区分,其余通判、本州推官及州官等,并皆分掌盐酒商税、仓场库务,当时亦闻办集,兼少刑狱争讼。臣昨十年前任扬州职官时,见朝廷添置监临事务朝官及使臣等,有逾本州数倍,实恐天下诸州似此繁多,虑伤费用,兼长刑名。……望令逐部转运使副,与知州同议裁减,及诸县令、簿、尉等,自前多不置,县尉以主簿兼之,亦乞令相度废省。"[2]王化基此次上疏,本意是建议裁汰冗官,至于朝廷是否立刻下诏撤去扬州等地的冗官,不得而知。但这一记载却包含了丰富的历史信息。二十年前客游江、淮诸郡之时,王化基就认为扬州、楚州是水陆转运体系的重中之重,但彼时只设知州一人"在衙区分",既是咽喉数国、务穰事众,却仅有通判、本州推官及州官等,分掌盐酒商税、仓场库务,而无大员专司,可见当时的官员设置已经不能满足财赋的管理与转运。淮南地区转输物资主要有粮食和盐等,地方政府将纳税户的物资纳于州县,是将财富转运到汴京的第一步。江淮地区地域广阔,"盐酒商税、仓场库务",诸端猬集,必须有足够的官吏参与到财赋的收纳,才能维持其基本运转。

除了收纳本地收集起来的财赋,扬州还充当了东南六路财赋转运到京师这一过程中的中转站。北宋实行"转般法",在泗州、楚州、真州、扬州设置转般仓,所谓的转般仓,就是用以收纳东南六路漕粮的仓库,东南各路将本路财税漕粮输入真、楚、扬、泗等地的转般仓之后,并非空载返回,而是载

[1] 王文楚认为扬州是淮南东路转运使驻所,理由是根据《宋史》"凡载各路府州首列者,即转运使司治所所在",《舆地广记》《元丰九域志》都将扬州作为淮南东路之首州(《北宋诸路转运司的治所》,《文史》1987年第2辑);另一种说法认为在楚州,据《续资治通鉴长编》记载,熙宁六年(1073),正月"丁卯,诏在京市易务勾当公事孙迪同两浙、淮南东路转运司制置杭州、楚州市易务利害以闻"(《续资治通鉴长编》卷二四二"熙宁六年正月丁卯",中华书局2004年版,第5893页)。扬州下游的楚州是北宋淮南东路转运司的驻所,有明确的史料记载,而扬州是否曾经是北宋淮南东路转运使的驻地,则无法充分证明。

[2] 〔宋〕李焘:《续资治通鉴长编》卷三二"淳化二年九月庚子",中华书局2004年版,第722页。

盐以归,运输船只各还其郡,押送货物的船卒各归其家,船只运回的盐则由各路出售。而淮南诸州通过卖盐给各路,也获得了大量利润,这其中当然包括扬州在内。宋神宗时苏颂曾言:"臣伏见淮南一路财赋之数,最为浩繁,尤借每岁卖盐额钱一百余万贯资助经费。"[1]来自汴京的运船从数地的转般仓出发,运至京师,每年可往返四次。河水冬天干涸,舟卒亦还其营,可以番休,舟卒、纲梢逃亡者少。汴船不涉江路,亦无风波沉溺之患,较为顺利地将东南六路的赋税运至京师。包括扬州在内的淮南转般诸仓,成了北宋最为重要的交通枢纽节点和经济流通机构。关于扬州地区转般仓的规模,据《续资治通鉴长编》记载权江、淮等路发运使沈希颜言:"淮南转般仓,泗州最为近便,虽有南北两仓,才可贮谷一百五万余石。扬州废仓三百余间,约贮谷百万石,乞徙置泗州。"[2]沈希颜建议将扬州废弃的转般仓徙置泗州,以充其量。扬州废弃的转般仓三百余间,可以储存粮食百万石,可见鼎盛时扬州地区转般仓存储量之大。在北宋实行转般法时期,扬州转般仓的地位可见一斑。《文献通考》载:"发运司始于仁宗。时许元自判官为副使,创汴河一百纲,漕荆湖、江、淮、两浙六路八十四州米至真、扬、楚、泗转般仓而止,复从通、泰载盐为诸路漕司经费。发运司自以汴河纲运米入京师。"[3]北宋东南诸路漕船将粮食运送到淮南后,载盐归本路,以卖盐息钱充作本路经费,这些盐大多是出自通、泰等沿海诸州,并集中于扬州、真州,所以"载盐以归"应该是指从扬州、真州运盐归本地。

总之,扬州是北宋运河区当中重要的一段,两淮地区除了需要将税粮物资通过水路运输至汴京外,还扮演了其他南方地区物资转运至京的中转站的角色。北宋时期,扬州所在的淮南地区处于东南六路与京师之间的中间位置,扬州所处的运河区是整个淮南地区甚至是东南地区向朝廷转输物资的枢纽。

二、淮南转运司及淮南东路转运司的其他职能

淮南转运司除了经济职能之外,还承担着以下相关职责。

---

[1]〔宋〕苏颂:《苏魏公文集》卷二〇《奏乞减定淮南盐价》,中华书局1988年版,第270页。

[2]〔宋〕李焘:《续资治通鉴长编》卷三〇〇"元丰二年十月辛丑",中华书局2004年版,第7307页。

[3]〔元〕马端临:《文献通考》卷二五《国用考二·漕运》,中华书局2011年版,第746页。

（一）巡历州县、监察官吏

淮南转运使承担巡历州县的职责，巡历的频次不定，一般一年或二年巡察所部一遍，如宋仁宗明道二年（1033）规定"转运使、副，今后并一年之内遍巡辖下州军"[1]。宋哲宗元祐元年（1086）十一月二十四日，诏"诸道监司互分州县，每二年巡遍"[2]。巡历州县与监察官吏是密不可分的，向中央汇报相关官吏的不法、不当行为，应当就是巡历之后的结果。如北宋元祐四年（1089）九月，"淮南路转运司言：'奉诏体访王巩昨通判扬州日，因秽滥事，辄以私怒决责无罪医人，考验皆有实状。'诏王巩罢知密州，送吏部"[3]。密州知州王巩在扬州通判任上时，曾因私怒责罚无罪医人，淮南转运司将此事上奏中央，将之罢免。至元祐六年（1091）八月，右正言姚勔又言："朝奉郎王巩昨为扬州通判日，以本州人吏马守珍为腹心，其后逾违发觉，朝廷下本路体量。"[4]随后，宋廷下诏淮南路转运司根治马守珍交通赵君锡、王巩事状以闻。

（二）赈灾、兴修水利、疏浚河道

转运司负责灾害的防备，如设置常平仓、义仓和广惠仓，储存粮食，以备灾荒。北宋真宗景德三年（1006）正月辛未，"始置常平仓也。先是，言事者以为水旱灾沴，有备无患，古有常平仓，今可复置。请于京东西、河东、陕西、江淮、两浙计户口多少，量留上供钱，自千贯至二万贯，令转运使每州择清干官主之，专委司农寺总领，三司无得辄用。每岁夏秋，准市估加钱收籴，贵则减价出粜，俟十年有增羡，则以本钱还三司。诏三司集议，请如所奏，而缘边不增置"[5]。宋廷在淮南设置了常平仓，转运使择每州相关官员进行管理，丰年时平价买谷，荒年时再平价卖谷，兼具调节市场和储备物资两大功能，当灾害发生时，又可开仓救济，理论上而言确为预备灾荒的良策。北宋朝廷还对转运司管理运行常平仓、广惠仓作具体规范，根据当时条例司的进言，制定了河北、京东、淮南路转运司施行常平、广惠仓移那出纳及预散之法。据《宋会要辑稿》记载：

[1]〔清〕徐松辑：《宋会要辑稿·食货四九》，上海古籍出版社2014年版，第7100页。

[2]〔清〕徐松辑：《宋会要辑稿·职官四五》，上海古籍出版社2014年版，第4233页。

[3]〔宋〕李焘：《续资治通鉴长编》卷四三三"元祐四年九月"，中华书局2004年版，第10447页。

[4]〔宋〕李焘：《续资治通鉴长编》卷四六五"元祐六年闰八月"，中华书局2004年版，第11122页。

[5]〔宋〕李焘：《续资治通鉴长编》卷六二"景德三年正月辛未"，中华书局2004年版，第1385页。

委转运司及提举官,每州于通判、幕职官内选差一员专切管勾,令通点检在州及诸县钱斛。

广惠仓斛斗除依例合支与老疾贫穷乞丐人,据数量留外,其余并令常平仓监官通管,一般转易。

常平广惠仓见钱,依陕西出俵青苗钱例,每于夏秋未熟以前,约逐处收成时酌中物价,立定预支每斗价例,召人户情愿请领。[1]

北宋朝廷下诏,从条例司所请。其常平仓钱斛出散青苗,仍常以一半为夏料,一半为秋料。广惠仓除留给孤贫乞丐人外,其余亦依常平仓,分作两料出散。制定几项出纳、预散之法之后,条例司又提出了更为具体的操作意见:

今欲将常平广惠仓见在斛稂遇贵量减市价出粜,就贱量增市价收籴。其可以计会转运司用苗税及系省钱斛就便博易者,亦许计会兑换。仍以见钱,依陕西青苗钱例,取人户情愿预行支给,令随税送纳斛稂。内有愿请本色斛稂,或纳时价贵,愿纳见钱,皆许从便,务在优民。如遇灾伤,亦许于次料收熟日送纳。兼事初措置非一,欲量逐路州军钱物多少,选官一两员分头提举。仍乞于京东、淮南、河北三路先行此法,俟成,次第即令诸路依此施行。[2]

除了平时预防灾害之外,向朝廷反映辖区灾情,负责本路赈灾具体事务,也是转运司的具体职责。北宋熙宁六年(1073)九月,淮南东路转运司言:"真、扬州民逐熟于泗州,见赈救。"[3]这种以工代赈的方式提高了赈灾的效率,兴修的水利工程解决了运河浅涩和水量不足的问题,加强了漕运能力,也有利于预

---

[1]〔清〕徐松辑:《宋会要辑稿·职官五》,上海古籍出版社 2014 年版,第 3122 页。

[2]〔清〕徐松辑:《宋会要辑稿·职官五》,上海古籍出版社 2014 年版,第 3122—3123 页。

[3]〔宋〕李焘:《续资治通鉴长编》卷二四七"熙宁六年九月",中华书局 2004 年版,第 6011 页。淮南东路转运司向中央上奏灾情,宋廷诏各拨常平司粮三万石,募饥民兴修农田水利。募集饥民修农田水利,将赈灾与兴修水利相结合,不失为良策,也往往成为赈灾常用的举措之一。熙宁六年十二月,宋廷再诏淮南东路转运募阙食贫民,兴修扬州江都、高邮、天长界河及古盐河。〔宋〕李焘:《续资治通鉴长编》卷二四八"熙宁六年十二月",中华书局 2004 年版,第 6053 页。

防和应对水旱灾害,方便更好地灌溉周边良田,对灾后恢复农业生产,也有重要帮助。

淮南转运司还负责水利兴修、河渠疏浚。据《宋史》卷九六《河渠六》记载,熙宁九年(1076)正月壬午,刘瑾言:"扬州江都县古盐河、高邮县陈公塘等湖、天长县白马塘沛塘、楚州宝应县泥港射马港、山阳县渡塘沟龙兴浦、淮阴县青州涧、宿州虹县万安湖小河、寿州安丰县芍陂等,可兴置,欲令逐路转运司选官覆按。"[1]获得批准。地方官员向中央上报当地兴修相关水利的计划,宋廷即命令转运司复查此事可否兴置。淮南路转运司对辖区是否兴置水利、疏浚河渠等,起到了重要作用。

除了具有决定权,转运司也负责河道、水利工程的具体事务。北宋雍熙元年(984)之前,淮河西流三十里的山阳湾,水势湍悍,运舟所过,多罹覆溺。宋廷以右补阙乔维岳为淮南转运使,"维岳规度开故沙湖,自末口至淮阴磨般口,凡四十里。又建安北至淮澨,总五堰,运舟十纲上下,其重载者,皆卸粮而过,舟坏粮失,率常有之,纲卒傍缘为奸,多所侵盗。维岳乃命创二斗门于西河第三堰,二门相逾五十步,覆以夏屋,设悬门蓄水,俟故沙湖平,乃泄之。建横桥于岸,筑土累石,以固其趾。自是,尽革其弊,而运舟往来无滞矣"[2]。淮南转运使乔维岳在楚州山阳湾,运河与淮河汇合附近,开沙湖,设堰,置斗门,有效地停蓄了水势,解决水运过程中水量不足的问题。除了疏浚河道,北宋时期淮南路转运司还参与了捍海堰的修建。淮南路毗邻东海,海患常对沿岸农业造成破坏。淮南路沿海旧有捍海堰,旧堰久废,难以有效防患海潮,北宋仁宗天圣四年(1026),监西溪盐税的范仲淹言于发运副使张纶,请修复之。张纶奏请朝廷让范仲淹知兴化县,总负责捍海堰修筑。有人认为,海患息则积涝必为灾,意图反对此次修筑。张纶则认为"涛之患十九,而潦之灾十一,获多亡少"[3],修筑捍海堰利大于弊。然而修筑之事起,恰逢大雨雪,惊涛汹汹将至,役夫散走,旋泞而死者百余人。众人哗言堰不可复,北宋朝廷诏遣中使按

[1] 〔元〕脱脱等:《宋史》卷九六《河渠六》,中华书局1977年版,第2381页。

[2] 〔宋〕李焘:《续资治通鉴长编》卷二五"雍熙元年二月",中华书局2004年版,第573—574页。

[3] 〔宋〕李焘:《续资治通鉴长编》卷一〇四"天圣四年七月丁亥",中华书局2004年版,第2419页。

视,将罢之。天圣四年(1026)八月丁亥,宋廷诏淮南转运使胡令仪同仲淹度其可否,此时身为淮南路转运使的胡令仪力主仲淹之议,范仲淹虽因丁忧解职,犹特意写信寄给张纶,深言复堰之利。张纶上表再三恳请,愿身自总役。正因为淮南路转运使以及范仲淹坚决的态度,极陈修堰之利,宋廷乃命张纶兼权知泰州,筑堰自小海寨东南至耿庄,凡一百八十里,而于运河置闸,纳潮水以通漕。捍海堰逾年而成,流逋归者二千六百余户,有效地保障了淮南路沿海地区的生产。[1]

(三)举荐人才

淮南路转运使作为地方大员,在举才方面也有重要作用。转运使向朝廷上奏官吏政绩、荐举人才,如北宋景德元年(1004)八月己卯,淮南转运司言"楚州吏民列状述知州、太常博士何临政绩,愿借三年",宋廷"诏特留一年"。[2]这是朝廷根据转运使的上奏进行的人事决定。转运使为了更好地履行职责,也曾向朝廷奏请漕运所经州军长吏兼辇运之事,如景德元年十月乙酉,"诏漕运所经州军长吏兼辇运事,从淮南转运使邵晔之请也"[3]。这是转运使向朝廷举荐人才。

(四)参与捕盗、防盗

北宋时期,淮南路转运司一直参与地方的治安事务。部分治安问题是由财赋转运造成。宋仁宗明道二年(1033)十二月,参知政事王随建言:"淮南盐初甚善,自通、泰、楚运至真州,自真州运至江、浙、荆湖,纲吏舟卒,侵盗贩鬻,从而杂以砂土,涉道愈远,杂恶殆不可食,吏卒坐鞭笞配徙相继,而莫能止。比岁运河浅涸,漕挽不行,远州村民,顿乏盐食。而淮南所积一千五百万石,至无屋以储,则露积苦覆,岁以损耗。又亭户输盐,应得本钱或无以给,故亭户贫困,往往起为盗贼,其害如此。"[4]转运过程中,由于纲吏舟卒盗盐,以砂土掺入盐中,北宋朝廷采取了严厉的处罚措施。加之运河有时浅涸,漕运艰难,淮南

---

[1] 李华瑞:《宋代救荒史稿》,天津古籍出版社2014年版,第768页。

[2] 〔宋〕李焘:《续资治通鉴长编》卷五七"景德元年八月己卯",中华书局2004年版,第1254页。

[3] 〔宋〕李焘:《续资治通鉴长编》卷五八"景德元年十月乙酉",中华书局2004年版,第1274页。

[4] 〔宋〕李焘:《续资治通鉴长编》卷一一三"明道二年十二月",中华书局2004年版,第2654—2655页。

之盐难以运出，远地州民没有盐吃，而淮南所积之盐过多。亭户输盐，无法获得本钱，贫困之亭户往往起为盗贼。为平息因转运产生的盗贼，淮南转运司对这类治安问题承担重要的责任，朝廷即"听商人入钱粟京师及淮、浙、江南、荆湖州军易盐"，但是"在通、泰、楚、海、真、扬、涟水、高邮贸易者，毋得出城，余州听诣县镇，毋至乡村"[1]，此外，"敕转运使经画本钱以偿亭户"，以平息亭户作乱。

除了"人祸"，天灾也使淮南地区产生治安问题。如北宋仁宗景祐元年（1034）七月庚寅，朝廷下诏："淮南灾伤州军，为盗而非杀人者，限两月自陈，除其罪，少壮者刺隶本城，若有武勇，即部送京师，与隶近上禁军。"[2]将少壮者收入军队是北宋朝廷惯用的手段，有时在饥荒发生之时，便及时命令转运使上奏实情并陈述防盗、止盗策略。仁宗明道元年（1032），二月丙寅，"诏淮南民大饥，有聚为盗者，其令转运使张亿经画以闻"[3]。一遇灾害，治安问题便引起朝廷的高度重视。真宗景德二年（1005）九月庚戌，"以淮南旱歉，诏转运司疏理管内系囚"[4]。当淮南发生旱灾，朝廷立刻命令转运司加强管理囚犯，这一举措无疑是为了防止旱灾时发生大规模动乱。

北宋平定南方之后，淮南路在北宋王朝的统治中是重要的区域之一，是北宋汴京地区与南方的中间地带。扬州地处江、淮之间，又处于运河区，是转运体系中极为重要的地域，北宋实行转般法之时，在扬州设置转般仓就是扬州转运地位的具体表现之一。淮南路农业发达，茶业、盐业繁荣，向北宋朝廷输送大量的财赋，因此淮南路转运使地位尤为突出。淮南路转运使不仅掌经度一路财赋，察其登耗、上供及郡县之费，还要岁行所部，检察储积，稽考帐籍，悉条以上达。为有效履行转运职责，淮南路转运司在疏浚河道、保证漕运畅通方面承担着重要的作用；为保证农业生产，淮南路转运司在扬州、泰州、江都、高邮等地修建了大量的水利设施；每遇到水旱灾荒，淮南路转运司不仅

[1]〔宋〕李焘：《续资治通鉴长编》卷一一三"明道二年十二月"，中华书局2004年版，第2655页。

[2]〔宋〕李焘：《续资治通鉴长编》卷一一五"景祐元年七月庚寅"，中华书局2004年版，第2688页。

[3]〔宋〕李焘：《续资治通鉴长编》卷一一一"明道元年二月丙寅"，中华书局2004年版，第2577页。

[4]〔宋〕李焘：《续资治通鉴长编》卷六一"景德二年九庚戌"，中华书局2004年版，第1364页。

负责赈灾,也参与到防盗、止盗事务。

　　淮南地区具有重要的军事地位,若天下裂为南北,其得失皆在淮南。南方得之则足以抗北,北方得之则南方难以自保。五代时期以及北宋初年,扬州是两淮大郡、军事重镇。周世宗三征淮南,从南唐手中取得了扬州。南唐失去以扬州为核心的淮南,不能自保,政权的灭亡只是时间问题。北宋取代后周,后周勋贵李重进短暂割据扬州。由于扬州军事地理位置重要,失去对扬州的控制,给新生的北宋政权带来不小的威胁。宋太祖赵匡胤即位不久,即着手平定李重进,取得对扬州地区的控制,为北宋日后消灭南唐、吴越、荆南、湖南等地方政权,奠定了基础。北宋实现南北统一之后,扬州又成为王朝财赋转运体系当中的重要组成部分。这主要是扬州的特殊地理位置决定的,扬州位于长江、淮河两大水系之间,又处于沟通江、淮的运河沿岸,自然成为转运体系中最为重要的地域之一。北宋实行转般法时,在扬州设置了转般仓,便是扬州在转运体系当中"中转站"地位的体现。扬州所属的淮南路转运司,不仅负责转输江南财税,还负责收纳本路财赋。除此以外,淮南路转运司还承担了河道疏浚、兴建水利、赈灾止盗等事务,促进了本路农业的发展。

第三章　南宋扬州的军政态势

　　因中原地区为北方政权占据,南宋基本丧失了淮河以北的区域。在此情况下,两淮地区与长江沿岸成为南宋边防的重中之重,"守江必守淮"的战略成为南宋君臣的共识。如胡安国曾谓:"昔人谓大江之险,天所以限南北。而陆抗以为长江峻山限带封域,此乃守国末务,非智者之所先。何也? 杜预尝袭乐乡矣,胡奋尝入夏口矣,贺若弼尝济广陵矣,曹彬尝度采石矣,则其险信未足恃也。"[1]根据历史上长江失守的经验,他认为纯粹倚靠长江防线,不足以抵御北方政权的军事威胁,所以"守淮"是成功"守江"的保障:"欲固上流者必先保汉沔,欲固下流者必先守淮泗,欲固中流者必以重兵镇安陆,此守江常势。虽有小变,而大概不可易者也。"[2]宋人时政论策当中提到的"必先守淮泗",即是建立长江中下游以北、淮河以南的军事防御区。淮南东路以楚州、泗州、扬州等地为军事要点,与长江防线的镇江、建康相应。而淮南东路的根本在扬州,山阳、盱眙则是淮南东路军事防御的门户。欲守长江,保障偏居江南的政权的安全,则必先保两淮。本章第一节"扬州与建炎政局",主要叙述宋高宗短暂驻跸扬州期间不作为,导致君臣溃逃。第二节"宋、金在扬州地区的战争",讲述金国多次南侵时,与南宋在扬州地区发生的战争。这正是南宋"守江必守淮"战略下扬州军事地位的体现。第三节"南宋对扬州的军事经营",则更侧重于金国与南宋停火时期,南宋政权在战备状态下对扬州的军事经营。

---

　　[1]〔宋〕胡安国:《时政论》,《全宋文》第146册,上海辞书出版社、安徽教育出版社2006年版,第111页。

　　[2]〔宋〕胡安国:《时政论》,《全宋文》第146册,上海辞书出版社、安徽教育出版社2006年版,第111页。

第一节　扬州与建炎政局

宋钦宗靖康元年(1126)闰十一月二十五日,金军攻破北宋都城汴京,俘虏了徽宗、钦宗二帝,将皇后、嫔妃、皇子、公主等宗室成员和大臣何栗、孙傅、张叔夜、秦桧等三千余人,以及金银财宝、仪仗法物、图书乐器尽驱北上。靖康二年(1127),金国从汴京撤军,金人鉴于自己"务广地而兵力不能周"[1],无法统治整个中原地区,加之南方卑湿,不敢久留宋土,遂强迫宋臣张邦昌为楚皇帝,从而使其成为金国统治中原的傀儡。靖康二年三月,金人册立张邦昌为帝,国号"大楚",金人使百官于皇城司,"议迁都之地。众以扬州、江宁为请"[2]。讨论之后的结果是金人拟"大楚"建都金陵(今江苏南京)。三月丁酉,双方以黄河为界,除西夏以外,国土依旧,命令张邦昌世辅金国,永作藩臣。

张邦昌派人前往东平府寻找赵宋幸存的皇子康王赵构。此时赵构正在都统制张俊的护卫下,退守济州(今山东巨野),韩世忠、刘光世等将领也带兵来会。靖康二年五月,赵构于应天府(今河南商丘)登基,重建宋政权,史称宋高宗,改元建炎。不久,抗战派大臣李纲、宗泽来到应天府,高宗任李纲为右仆射兼中书侍郎,命宗泽出知襄阳府。

宋高宗赵构即位后,对恢复故土并无信心。建炎元年(1127)五月辛卯日,即在登基的第二天,宋高宗下令,浙江荆湖等路发运使翁彦国知江宁府、兼江南东西路经制使,"赐彦国钞盐钱十万缗,使修江宁城及缮治宫室,以备巡幸"[3]。为了防止重蹈"靖康之变"的覆辙,宋高宗很早就显露出布局南逃的意图。宋高宗又以新知扬州梁扬祖为江淮等路制置发运使,提领措置东南茶盐公事,发运司即置在真州(今江苏仪征)。宋高宗的一系列举动在大臣们的面前彻底暴露了他的真实意图,并引起了众臣的反对。建炎元年五月丙辰,监察御史张所上疏云:"恭闻行在留南京,军民俱怨,道路籍籍,不知谁为此谋

---

[1]〔宋〕李心传:《建炎以来系年要录》卷二"建炎元年二月丙寅",中华书局2013年版,第43页。

[2]〔宋〕李心传:《建炎以来系年要录》卷二"建炎元年二月辛巳",中华书局2013年版,第63页。

[3]〔宋〕李心传:《建炎以来系年要录》卷五"建炎元年五月辛卯",中华书局2013年版,第134页。

者？"[1]张所几乎以指责的口气，极力反对宋高宗留在应天府，认为宋高宗应该还于汴京。不料宋高宗连应天府都不愿意久留。张所直接指出："意在南渡，而殊不知国家之安危，在乎兵之强弱、将相之贤不肖，而不在乎都之迁与不迁也。"[2]与张所相比，主战派名臣李纲的上疏倒是更加注重进谏的艺术，六月庚申，李纲上疏云："天下形势，关中为上，襄、邓次之，建康又次之。今四方多故，除四京外，宜以长安为西都，襄阳为南都，建康为东都，各命守臣葺城池、治宫室、积糗粮，以备巡幸。"[3]李纲不与宋高宗南渡的计划直接对抗，而是委婉地指出定都建康实为下策，军事地理形势并不优越，但也不反对在建康修城池、积粮草。然后又说："夫汴梁，宗庙社稷之所在，天下之根本也。陛下即位之始，岂可不一见宗庙，以安都人之心？愿先降敕榜，以修谒陵寝为名，择日巡幸。计无出于此者。"[4]李纲实际上仍然建议宋高宗还据汴京，以安人心。他以为宋高宗还都汴京后，迫于群臣压力，很难再行南渡之事。此时，开封府尹宗泽、尚书祠部员外郎喻汝砺等皆反对迁都。

虽然诸位大臣反对迁都，但为了抵御金人入侵，李纲对江、淮地区也进行了军事力量的建设与部署，并于建炎元年六月向宋高宗建议，"以河北之地建为藩镇，朝廷量以兵力授之，而于沿河、沿淮、沿江置帅府、要郡、次要郡，以备控扼"，在沿淮的军事部署中，"沿淮帅府二，治扬、庐"[5]。在李纲的计划中，扬州是沿淮地区的军事重镇。李纲疏奏，宋高宗悉从之，即遣御营司干办公事杨观前往江、淮造舟。一番军事部署之后，八月一日，宋高宗将赵宋宗室迁徙至江淮地区，南宫、北宅移至江宁府，移南外宗正司于镇江府，西外移于扬州，正式开始南逃。十二日，宋高宗又命江淮发运副使李祐自应天府至真州，躬督粮运及见在金帛赴行在。

宋高宗最初的计划是逃至建康。扬州与建康一江之隔，是建康防御的前沿重镇。考虑到扬州城的军事地位，九月七日，宋高宗"命知扬州吕颐浩修城

---

[1]〔宋〕李心传：《建炎以来系年要录》卷五"建炎元年五月丙辰"，中华书局2013年版，第155页。

[2]〔宋〕李心传：《建炎以来系年要录》卷五"建炎元年五月丙辰"，中华书局2013年版，第155页。

[3]〔宋〕李心传：《建炎以来系年要录》卷六"建炎元年六月庚申"，中华书局2013年版，第163页。

[4]〔宋〕李心传：《建炎以来系年要录》卷六"建炎元年六月庚申"，中华书局2013年版，第163—164页。

[5]〔宋〕李心传：《建炎以来系年要录》卷六"建炎元年六月己卯"，中华书局2013年版，第182页。

池"[1]。十五日,宋高宗遣徽猷阁待制孟忠厚迎奉太庙神主赴扬州。在南逃的过程中,宋高宗逐渐产生驻跸扬州的想法,这应该与南方发生动乱不无关系。二十二日,诏"谍报金贼欲犯江浙,可暂驻跸淮甸"[2],宋高宗"至是决策幸维扬"[3]。在宋高宗刚过扬州北境高邮之时,听闻有叛兵焚荡镇江。宋高宗等人遂遣兵扼守瓜州渡以保证扬州的安全。冬十月癸未,宋高宗逃至扬州,入扬州城。

宋高宗入扬州城之后,以为已经远离金人,开始在扬州安顿下来。驻跸扬州期间,宋高宗荒于军政,面对内忧外患的局面少有励精图治之举。建炎二年(1128)正月辛卯,户部侍郎、兼知扬州吕颐浩向宋高宗进言:"官军所至,争取金帛之罪犹小,劫掠妇女之祸至深。愿申谕将帅,自今有犯必罚无赦。昨镇江城中妇女,有尚在军中者,亦乞速令放归。"[4]军队所至,不仅抢夺财物,还劫掠妇女,与匪寇无异。宋高宗集团还大肆搜刮财赋,"诏并真州榷货务都茶场于扬州,以行在务场为名。以延康殿学士、同专一措置财用黄潜厚言'真州地近行在,而两处给钞引非便'故也。潜厚在维扬,率遣人于近州村坊市酒,入都城鬻之,得息至倍,议者诮之"[5]。黄潜厚建议将真州榷货务都茶场设于扬州,无非是为了南宋朝廷更好地敛财。黄潜厚又遣人将村坊的酒买下,运到城里,再高价卖出,这一行为自然也是为了其本人赚取丰厚的利润。其时尚处动乱,而驻跸扬州的宋高宗却对军政局势缺乏足够的了解,所以并无有效的应对措施,"金人攻掠陕西、京东诸郡,而群盗起山东,黄潜善、汪伯彦皆蔽匿不以奏。及张遇焚真州,去行在六十里,上亦不闻"[6]。张遇陷镇江府,又犯江宁,这场动乱离宋高宗所在的扬州仅六十里,而宋高宗并不知情。内侍省押班邵成章上疏,具条黄潜善、汪伯彦之罪,称他们二人"必误国"。然而在

[1]〔宋〕李心传:《建炎以来系年要录》卷九"建炎元年九月甲午",中华书局 2013 年版,第 242 页。

[2]〔宋〕李心传:《建炎以来系年要录》卷九"建炎元年九月己酉",中华书局 2013 年版,第 251 页。

[3]〔宋〕李心传:《建炎以来系年要录》卷九"建炎元年九月己酉",中华书局 2013 年版,第 252 页。

[4]〔宋〕李心传:《建炎以来系年要录》卷一二"建炎二年正月辛卯",中华书局 2013 年版,第 306 页。

[5]〔宋〕李心传:《建炎以来系年要录》卷一二"建炎二年正月壬辰",中华书局 2013 年版,第 306 页。

[6]〔宋〕李心传:《建炎以来系年要录》卷一二"建炎二年正月辛丑",中华书局 2013 年版,第 312 页。

黄潜善的影响下，宋高宗以邵成章不守本职、辄言大臣，将邵成章除名。此时北方金人来侵，群盗并起，宋高宗在军事和政治上几乎毫无作为。

宋高宗驻跸扬州，暂时将扬州当作都城，中书舍人汪藻言："取会三省吏到扬州者，二百五十八人，乞推赏。"[1]若干官吏随到驻跸之处，扬州成为此时事实上的南宋政治中心，但主战派宗泽招抚河南群盗聚于城下，又募四方义士合百余万，多次上疏希望宋高宗从扬州车驾还京，其云："或者以谓自扬至汴，时有小寇，虑属车之来，途中不能无虞。臣谓造此言者，乃奸憸小人，自为身谋尔。殊不知盗贼所以作者，诚缘法驾久寓外郡……"[2]不过宋高宗身边的黄潜善等人却持有相反的看法，秘书省正字冯楫献书于黄潜善曰："以楫之计，阙未可还，万一一驾到东京，而金人秋后再来，不知吾兵何以当之？吾兵或不可当，而复为避地计。……假如今日驻跸维扬，亦未为得策，傥主上坚欲以马上治之，不许迁徙，但当留兵将及宰执中谙练边事、军筹帷幄之人，从驾居此，专务讲武，以为战守之备，其余宗庙百官，尽令过江于建康置司。至于财用百物，除留赡军费用外，亦尽藏之建康府库，庶几缓急遇敌，可战则战，可守则守……"[3]这一建议与宗泽的进言完全相反，认为扬州也非久留之地，当南渡建康。此时宋高宗驻跸扬州，既不继续南迁，也不北还中原，恰恰是这两种政见的"折中"。主战名臣宗泽在他二十多次奏疏中，劝宋高宗还京顺乎民心，则中兴之业可成。他指责那些支持巡幸、求和的大臣，认为他们如同当年在宋徽宗时贡献花石纲、钦宗时主张和议的奸臣们一样误国。然而事实是，一方面已经身处扬州的宋高宗及南宋朝中大臣很难再回到中原，那样会使宋高宗及朝臣处于战争前线，"靖康之变"可能再次上演；另一方面，宋高宗初立，人心尚未稳固，身处扬州的宋高宗君臣不会轻易公开表态迁都，也不敢轻言放弃汴京及北方领土。南渡意味着将放弃中原的意图公开化，回京则意味着随时存在生命危险。在扬州持"顾望"的态度既可以暂时远离战争前线，又可以观望北方军事

---

[1]〔宋〕李心传：《建炎以来系年要录》卷一二"建炎二年正月庚戌"，中华书局 2013 年版，第 318 页。

[2]〔宋〕李心传：《建炎以来系年要录》卷一四"建炎二年三月己亥"，中华书局 2013 年版，第 347 页。

[3]〔宋〕李心传：《建炎以来系年要录》卷一五"建炎二年五月丙戌"，中华书局 2013 年版，第 368 页。

形势,驻跸扬州对宋高宗及随行大臣来说的确是一张很好的"政治牌"。

不容忽视的是,宋高宗统治集团之所以能够暂时在扬州偷安,是因为宗泽在建炎之初政局的稳定中发挥了无可替代的作用。正是宗泽在中原组织力量抵抗金人,宋高宗集团才能暂时在扬州安顿下来。建炎元年(1127)冬十月,金人分东、西、中三路南侵,东路并无进展,西路侵占了陕西的许多地区,而中路则在宗泽的抵挡之下无法南进,若中路突破宗泽而继续南下,身在扬州的宋高宗、黄潜善、汪伯彦等人便无法立足。宗泽以忠君报国、联合抗金、恢复北方的旗帜为号召,正是在宗泽的号召之下,许多溃散的勤王军队和民间义兵被有效地组织起来,成为抗金的重要力量。此时汴京地区相对安宁,宗泽更有组织军队人马准备渡河北上抗金的计划,只是黄潜善等人忌宗泽成功,故而从中加以阻扰。

宗泽在建炎以来一直受到排挤和打击,恢复北方的壮志未酬。建炎二年(1128)秋七月癸未,宗泽"为黄潜善等所沮,忧愤成疾,疽作于背",宗泽临死前连呼"过河"者三,自知大限将至,言:"吾度不起此疾,古语云:'出师未捷身先死,长使英雄泪满襟。'"[1]说完便与世长辞,时年七十。宗泽的离世从根本上影响了抗击金人南犯的防御体系,宗泽去世后数日之内,将士去者十五。宗泽在世时统帅张广与统制官张用、王善会兵,力战收复两河。张用本是汤阴县射士,乘民惊扰,聚而呼之,聚者甚众,其后受宗泽招安;此时原任北京留守、河北东路制置使的杜充,在宋廷的指派之下继任开封尹、东京留守,杜充"无意于虏,尽反泽所为,由是泽所结两河豪杰,皆不为用"[2]。在宗泽死后,杜充未能很好地抚驭张用这一支军事力量,反是对以往招安的势力多有诛杀,这对北方军事防御实力造成了极大的破坏。北方军事形势急转直下,彻底打破了南宋流亡政府偷安扬州的局面。在这样的背景下,宋高宗遂产生了移跸江宁的想法,数谕黄潜善、汪伯彦辇数百万金帛于江宁,打算继续南逃。黄潜善以人心动摇为理由,阻止了宋高宗南渡,这显示出黄潜善仍然坚持在扬州

---

[1]〔宋〕李心传:《建炎以来系年要录》卷一六"建炎二年七月癸未",中华书局2013年版,第394页。

[2]〔宋〕李心传:《建炎以来系年要录》卷一六"建炎二年七月甲辰",中华书局2013年版,第399页。

"顾望"的政策。

然而北方的军事形势变化远远超出了黄潜善的预料,建炎二年九月丁未,"东京留守司统制官薛广及金人战于相州,败死"[1]。这次军事行动的失败就与杜充的统御失当有关,杜充忌讳宗泽所招降的张用兵马太盛,造成了张用、王善的叛离,本来王善应该与薛广协同作战,此时变成了薛广孤军渡河,相州受围之后,薛广孤军前往救之,遇金人与战,战败而死,其众皆散。这次军事失利只是北方局势的一个缩影。金人再次对南宋发起进攻,除了外患,北方也面临着内忧。当初在宗泽号召之下两河豪杰保聚形势,宗泽去世之后,河北诸屯皆散,当初招抚置于城下的群盗复为盗贼,掠州县,不能止。宗泽死后北方已经不再是相对稳固的屏障,形势发生了根本性的变化。这些变化还是引起了一些大臣的警觉,十一月辛丑,保静军承宣使邢焕向宋高宗进言,"宗泽忠劳可倚。再上疏论黄潜善、汪伯彦误国,进战退守,皆无策可施"[2]。无论宋高宗是否在宗泽死后才意识到宗泽确实忠劳可倚,现实情况是北方一片混乱的局势已经难以挽回。

北方形势岌岌可危,中军统制张俊奏敌势方张,建议宋高宗南渡,移左藏库于镇江。即便是扬州行在的城防也并不牢固,吏部侍郎刘珏上疏云:"维扬城池未修,卒有不虞,何以待敌?"[3]疏奏不报。殿中侍御史张守又上《防淮渡江利害六事》,论"金人犯淮甸之路有四,宜取四路帅臣守倅,铨择能否,各赐缗钱,责之募战士、储刍粟、缮甲兵、明斥堠、公赏罚,使之夙夜尽力捍蔽"[4]。此时要加紧江淮地区的军事防御,为时已晚。更有甚者,这些都未能引起南宋高层的注意,"议者以为敌骑且来,而庙堂晏然不为备"[5],黄潜善、汪伯彦二

---

[1]〔宋〕李心传:《建炎以来系年要录》卷一七"建炎二年九月丁未",中华书局2013年版,第414页。

[2]〔宋〕李心传:《建炎以来系年要录》卷一八"建炎二年十一月辛丑",中华书局2013年版,第429页。

[3]〔宋〕李心传:《建炎以来系年要录》卷一八"建炎二年十二月戊寅",中华书局2013年版,第438页。

[4]〔宋〕李心传:《建炎以来系年要录》卷一八"建炎二年十二月戊寅",中华书局2013年版,第438页。

[5]〔宋〕李心传:《建炎以来系年要录》卷一八"建炎二年十二月戊寅",中华书局2013年版,第438页。

人笑且不信。建炎三年（1129）正月乙酉，正当金人攻城略地之时，宋臣刘海、王赪与宇文虚中的副使杨可辅突然奉使金国而回，到达扬州。金国一反常态，放归宋国使臣，似乎是在假意答应求和，从而为直入扬州活捉宋高宗争取时间。南宋流亡朝廷果然被金人麻痹，四日后，高宗就急遣果州团练副使李邺使金，令兵部员外郎宋彦通等人副之。黄潜善曰："国相元帅书自来只平文，不用四六。"上曰："卿早来所撰《与大金皇帝通问书》，其词语甚精确，能写朕欲言之意，如此足矣，不必须四六也。"[1]宋高宗君臣数日之间忙于议和，金国大军在北方已经取得若干战果，突然放归宋使，显然是为了麻痹宋高宗。果然，南宋使者李邺等人尚未起行，金兵奄至，"议和"遂辍。

南宋流亡朝廷不仅中了金国之计策，在战场也是节节败退。建炎三年（1129）正月乙未，京城留守杜充袭其统制官张用，会王善引兵援张用，南宋官军大败。金人长驱直入，丙午，金左副元帅宗维陷徐州。徐州失守，两淮地区便直接处于金兵的威胁之下。宗维至滕县（今山东滕州），闻韩世忠扼守淮阳，乃分东南道都统领兵万人趋扬州；另一方面，宗维自己以大军迎韩世忠。韩世忠无法抵挡宗维的进攻，退至宿迁，金人紧跟其后，韩世忠又奔沭阳，夜间又奔盐城，宗维乘势入淮阳军（今江苏邳州）。此时韩世忠部下辅逵聚众于涟水，李在据扬州高邮。涟水、高邮距离宋高宗所在的扬州城，不过一两日行军路程。二月庚辰，金人大军逼近，宋高宗终于彻底意识到扬州城已经无法守住。作为最高统治者，宋高宗驾御舟泊河岸，这一逃跑举动给扬州军民百姓造成了极大的恐慌。知天长军杨晟惇奏已拆浮桥，士民可从便避敌。宋高宗即欲渡江，户部尚书叶梦得即具舟楫，然而此时意欲南渡的官船、民船杂于河中，跬步不得前进，溃乱的局面已经开始。为了争取时间顺利渡江，宋高宗遣吏部尚书吕颐浩、礼部侍郎张浚往沿淮措置，抵挡金人进攻。金人以数百骑行至天长军（今安徽天长），南宋统制官俱重、成喜带万人逃跑。宋高宗立即命令江淮制置使刘光世将所部迎敌，而刘光世所部并无斗志，未至淮即溃。金人又以别部攻楚州，楚州降。天长在扬州之西，楚州在扬州之北，扬州东面为海，扬州直接暴露在金人的铁蹄之下。是日，扬州城内居民争门以出，践死

---

[1]〔宋〕李心传：《建炎以来系年要录》卷一九"建炎三年正月己丑"，中华书局 2013 年版，第444 页。

者无数。

黄潜善、汪伯彦则故作镇静,谓随从官员曰:"已有措置,不必虑。"[1]百官闻此,以为没有人比宰相更熟悉军政局势,故而听信了黄、汪二人的谎言。次日,宋高宗得知天长军尽失,立刻披上盔甲,在御营司都统制王渊和宦官康履等五六人的陪同下,上马出门而去。宋高宗等人过市,市人指着宋高宗一行人说:"大家去也。"[2]发现宋高宗逃跑,宫人自大内星散而出,扬州城中遂大乱。黄潜善、汪伯彦二人知宋高宗已经逃跑,便穿上金人的服饰,驾马南去,军民争门而出,死者不可胜数。

宋高宗逃至扬子桥(今扬州扬子津),军民对黄潜善等人的怨愤达到了极点,司农卿黄锷至江边,军士误将黄锷认作黄潜善,军士大呼:"黄相公在此!"[3]数之曰:"误国害民,皆汝之罪。"[4]黄锷未及辩,而首已断矣。少卿史徽、少丞范浩陆续至此,亦被军士所杀。给事中黄哲被一骑士挽弓射杀,左谏议大夫李处遁被乱兵所杀。宋高宗渡江之后,次西津口,禁卫军无一人从行。

镇江、建康濒临大江,宋高宗以为长江天险无法挡住金人铁蹄,于是便决定"径往杭州"[5]。宋高宗担心金人渡江,故而命大将杨惟忠守金陵(今江苏南京),刘光世守京口(今江苏镇江),王渊守姑苏(今江苏苏州),[6]命户部尚书吕颐浩往来经制长江防务。宋高宗自己由镇江出发,经常州、平江府等地,一直逃往杭州。为讨好金人,摆出议和的姿态,宋高宗下诏尊礼张邦昌[7],张邦

---

[1]〔宋〕李心传:《建炎以来系年要录》卷二〇"建炎三年二月庚戌",中华书局2013年版,第453页。

[2]〔宋〕李心传:《建炎以来系年要录》卷二〇"建炎三年二月壬子",中华书局2013年版,第453—454页。

[3]〔宋〕李心传:《建炎以来系年要录》卷二〇"建炎三年二月壬子",中华书局2013年版,第454页。

[4]〔宋〕李心传:《建炎以来系年要录》卷二〇"建炎三年二月壬子",中华书局2013年版,第454页。

[5]〔宋〕李心传:《建炎以来系年要录》卷二〇"建炎三年二月癸丑",中华书局2013年版,第457页。

[6]〔宋〕李心传:《建炎以来系年要录》卷二〇"建炎三年二月癸丑",中华书局2013年版,第458页。

[7]〔宋〕李心传:《建炎以来系年要录》卷二〇"建炎三年二月戊午",中华书局2013年版,第462页。

昌乃当日金人所立,后为宋高宗所杀。此时宋高宗录用张邦昌亲属,派人持张邦昌与金朝约和的书简,赴金营求和。建炎三年(1129)二月壬戌,宋高宗至杭州,以州治为行宫,显宁寺为尚书省,下诏罪己,求直言,放还窜逐诸臣。黄潜善、汪伯彦二人上疏求罪,群臣皆欲"正其误国之罪,而潜善等居位偃然,犹无去意,中外为之切齿焉"[1]。宋高宗迫于压力,将黄、汪两人罢去。

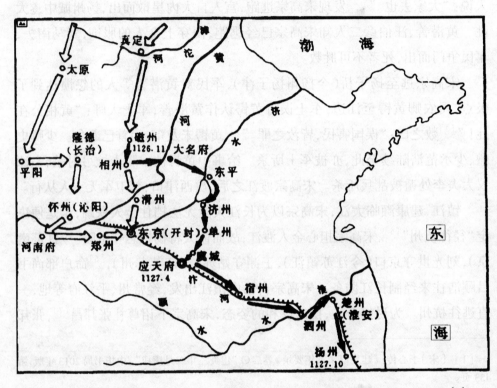

图 3-1　靖康元年(1126)十一月至建炎元年(1127)十月宋高宗南逃路线[2]

第二节　宋、金在扬州地区的战争

建炎三年(1129)二月壬子,金人攻破扬州,当时宋高宗已经渡过长江,金兵至庚午离开扬州城,第一次占领扬州共计19天。金人初至扬州城,得知宋

---

[1]　〔宋〕李心传:《建炎以来系年要录》卷二〇"建炎三年二月乙丑",中华书局2013年版,第467页。

[2]　何忠礼:《南宋史稿》,杭州大学出版社1999年版,第13页。

高宗已经渡江，即刻驰往瓜洲渡，确认宋高宗已经南逃之后，金人望江而回。抓捕宋高宗未果，金人遂引兵屯城内，又在摘星楼下纵火，扬州城内火光、烟焰四起，南宋流亡朝廷此前储积的金帛，以及尚在城内的臣民子女，为金人掠杀殆尽。城中百姓数日前为躲避金军的铁蹄，争先从水路逃亡，由于水位不高，从扬州至瓜洲渡长达五十里的河道的水面宽度只能容纳一条船道，故而运河之上舳舻相衔。及金兵至扬州，此时虽已开闸，然而水量甚小，公私船舶皆滞留在泥淖之中，在这几千只船只之中，封装着南宋朝廷的文书案牍、乘舆服御，装载了官私金银财宝，尽为金人所取。次日，金兵掠夺的队伍陆续到了瓜洲渡，此时尚有十余万百姓未能渡江，船夫乘机谋取暴利。金人已至瓜洲渡，滞留在江边的百姓有近一半的人争渡坠江而死，金帛珠玉在江岸堆积如山，金人尽掠之而去。不但如此，金兵也对扬州周边地区进行掠夺。丁巳，金人自扬州分兵犯泰州，守臣、朝请大夫曾班以城降。金兵入泰州城，举行酒宴，居数日，尽掠泰州城内金帛而去。

二月乙丑，金人屯扬州城下，派遣一兵士披甲执旗入城，谕扬州城内士民，三日之内尽出西城，过期者杀，然城内民几无出者。金人最初的计划似乎并非屠城，应该是掠夺财物之后再驱赶百姓北去。这也意味着金人在活捉宋高宗失败后之后，打算撤兵北归。戊辰，金人发出警告后的第三天，吕颐浩、刘光世移兵屯瓜洲渡，与金人对垒。是日，金兵再次入扬州城大呼，告以不出城者皆杀。扬州城内自西门出者，出城之后皆留木栅中。金兵遂纵火，焚扬州城，士民多死，存者才数千人而已。

金兵从扬州北归，行至高邮军城下，守臣赵士瑗弃城而逃，判官齐志行率军、县官出城投拜，金人劫掠而去。江淮两浙制置使吕颐浩闻金兵退，渡江至真州，收榷货务钱物，又遣阁门祗候陈彦入扬州。宋廷虽然名义上"收复"扬州，然而经过战争的破坏，南宋在扬州地区出现了短暂的"统治真空"。扬州及周边地区匪兵四起，南宋溃乱的军队往往聚徒为乱。宋进，原为韩世忠部负责养马的士兵，金兵进犯，兵溃，宋进更名为宋世雄，举兵两百余人，犯泰州。泰州守臣曾班遁去，宋世雄入城劫掠。又韩世忠提辖使臣李在，自沭阳兵败溃散之后，聚徒百余人，居宝应县。金人从扬州撤退，行至高邮军，劫掠之后再弃高邮而去。李在便诈称五台山信王下忠义军率众至。李在骗过了高邮保义郎唐思问,唐思问迎其入城。李在以其部下时正臣知高邮军,唐思问通判军事。李在又执高邮投拜官齐志行等,皆杀之,此时李在聚集了数千溃卒,实际上控制了高邮。

一、金兀术南侵下的扬州及周边地区

建炎三年(1129)五月,宋高宗大体平定了苗、刘兵变,又得知金人军马北去,已经离开扬州,便声称"每念中原,未尝终食敢忘",摆出一副"经理中原之事"的姿态。[1]五月乙酉,宋高宗从杭州移跸江宁府。然而宋高宗却加紧向金人求和,先派遣洪皓为大金通问使,向粘罕递交国书,表示"愿去尊号,用正朔比于藩臣",这实际上是明确向金国投降。七月辛卯,宋高宗又升杭州为临安府,表现出他"定都"临安的意图,他又将开封府留守杜充以同知枢密院事召回,明显要放弃中原,放弃淮河防线,从而退守长江,偏安江南。南宋在中原的留守司已经名存实亡。

宋高宗的摇尾乞怜并未换来和议,建炎三年(1129)七月,金太宗以兀术为主帅,兵分四路南下,决心灭亡南宋。金太宗一方面任命已经投降金国的刘豫为京东、京西、淮南等路安抚使,控制河南局势,为南下的金军减少后方的滋扰;另一方面,将兵力集中在江淮之间。将主力向江淮地区进发,无疑是为了渡过长江,生擒此时身在建康的宋高宗。

(一)建康之战

在金兵的威胁之下,建炎三年(1129)闰八月丁丑,宋高宗任命杜充提兵防淮,江北之荆、襄、通、泰相互接应。宋高宗自称定居建康,不复移跸。不过数日,宋高宗又问诸将,何处可以移跸。左军都统制韩世忠即刻表示反对,他反问宋高宗,说:"国家已失河北、山东,若又弃江、淮,更有何地?"[2]宋高宗则坚持逃跑,他认为金兵战斗力强,靠的是大量的骑兵,浙西水网众多,金人骑兵虽多,无法驰骋冲锋,令"杜充守建康,不可过江"[3]。又令韩世忠守镇江府,

---

[1] 〔宋〕宋高宗:《择日幸江宁府诏》,《全宋文》第201册,上海辞书出版社、安徽教育出版社2006年版,第262页。

[2] 〔宋〕李心传:《建炎以来系年要录》卷二七"建炎三年闰八月丁亥",中华书局2013年版,第616页。

[3] 〔宋〕李心传:《建炎以来系年要录》卷二七"建炎三年闰八月丁亥",中华书局2013年版,第616页。

刘光世守太平及池州,基本放弃防淮,将重点布置在长江防线。由此,建康府、镇江府以及江北的扬州便成为此次军事防御的重点区域。

金人先下寿春府,再犯黄州。建炎三年(1129)十一月乙巳,金人攻庐州(今安徽合肥),南宋淮南西路安抚使李会以城降。戊申,兀术犯和州(今安徽和县),守臣李俦以城降。金兵又破无为军(今属安徽),守臣李知几带着财物与百姓一起南渡,历阳县丞王之道率遗民据山寨以守。庚戌,金兵攻采石渡,知太平州郭伟率将士拒敌,败之;翌日又败之;金人遂退攻慈湖,郭伟又败之,金兵遂趋马家渡。庚申,金兵破真州。先是同月戊申,金兀术已破和州,与南宋叛将李成同时至乌江县,而身在建康的杜充根据谍者的情报,以为金兵疲敝可击,未料金兵来势凶猛,杜充未及遣兵,金兵已经大入。杜充遣裨将王民、张超等率兵列戍于长江南岸,又急忙以六万人戍列长江南岸,分守诸渡口。之后杜充便闭门不出,不问兵事,对军事更无统一的调配。岳飞泣谏请视师,被杜充拒绝。宋兵乘高据岸,以弓箭射之,金兵进攻不利。此时为了麻痹宋军,金兵采取了佯败的战术,先以轻舟向南岸进发,王民等奋击,夜幕将至,对江列阵,佯装败退。宋军被这一假象蒙骗,放松警备。金兵知宋军无备,夜间乘数十舟而渡,此时将官张超失守,金兵遂渡过长江。杜充闻讯,遣都统制陈淬,率领统制官岳飞、刘刚等十七将,率兵三万人与战,又命御前军统制王𠋫以所部一万三千人前去支援。建炎三年(1129)十一月甲子,"陈淬与完颜宗弼遇于马家渡,凡战十余合,胜负略相当。王𤩽引西兵先遁,淬孤军力不能敌,还屯蒋山。水军统制邵青以一舟十八人当金人于江中,舟师张青中十七矢,遂退于竹篠港"[1]。杜充全军溃散,岳飞、刘刚自芳山引兵入广德县,朝请郎刘晏统赤心军走常州。时韩世忠在镇江,悉所储之资,尽装海舶,焚其城郭,闻金兵南渡,即引舟前往江阴。众将或不满杜充的残暴压制,多不战而走。丙寅,杜充闻军溃,欲乘舟出奔,方开水门,士民争门,不能出。杜充假意说这是为了迎击金人。众人皆呼"我亦往迎敌"。杜充临敌而遁,又统制无方,遂至溃败。

金兵在马家渡登陆后,即遣一别军疾趋溧水县,以截断宋军南逃之路,

[1]〔宋〕李心传:《建炎以来系年要录》卷二九"建炎三年十一月甲子",中华书局2013年版,第673页。

而以大军趋建康。杜充在军溃之后，不敢南走，反而引亲兵三千北渡前往真州，统制官王进、王冠以本部随之。宋高宗遣内侍任源至杜充军，杜充即推卸此前战败的责任，并称："臣今在仪真，檄召徐、泗二州赵立、刘位等集兵，却回镇江，以护王室，此区区困兽之志也。"[1]然此时杜充已蓄邪谋，故守臣向子忞劝杜充自通、泰入浙，欲与之偕行，但杜充不听，继续北行，欲去楚州、泗州。辛未，金人陷建康，沿江都制置使陈邦光出门降。建炎四年（1130）二月乙未，金兀术遣人说杜充，"许以中原地封之，如张邦昌故事"[2]，杜充遂降金人。知真州向子忞将此事上奏朝廷，宋高宗闻讯辍食数日。

（二）黄天荡之战

金兵攻下建康（今江苏南京）之后，立刻挥师南下，奔袭临安（今浙江杭州）。建炎三年（1129）十二月，宋高宗从越州逃到明州（今浙江宁波）。兀术攻常州，常州知府周杞率军抵抗，驻军宜兴的岳飞前去救援，数战皆捷。金兵转而攻陷广德，广德位于今时皖、苏、浙交界处，金兵又从广德出发攻下独松关，独松关地势十分险要，是当时南宋都城临安北侧的主要屏障之一。拿下独松关，金兵直抵临安。宋高宗则先后逃往明州、台州一带。金兵在长江以南地区受到了南宋军民的有力抵抗，金兵孤军深入，战线过长，人员补给出现困难，加之天气即将转热，"搜山检海"活捉宋高宗无果之后，兀术于建炎四年（1130）二月决定撤归。

韩世忠早料到金兵不能久据南方，遂于建炎三年（1129）将其军分为三部，前军驻通惠镇（在今上海青浦东北），中军驻江湾（今属上海），后军驻海口，治海船，操习水战，伺机截击北归的金兵。

---

[1]〔宋〕李心传：《建炎以来系年要录》卷二九"建炎三年十一月丁卯"，中华书局2013年版，第676页。

[2]〔宋〕李心传：《建炎以来系年要录》卷三一"建炎四年二月乙未"，中华书局2013年版，第722页。

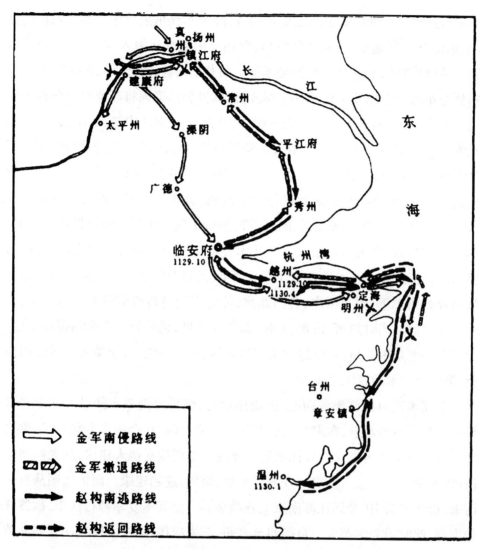

图 3-2 建炎三年（1129）十月至建炎四年（1130）四月
金军南侵和赵构南逃路线图[1]

建炎四年正月，韩世忠至秀州（今浙江嘉兴）过上元节，目的是隐蔽军事
行动。在一片张灯结彩的气氛当中，韩世忠乘金军不备，率领八千军士、百余
艘战船疾趋镇江。二月丙戌，金人自临安退兵，闻浙西制置使韩世忠趋镇江，
恐归路被截，遂自临安沿运河北归，计划从镇江渡江而还。三月丁巳，金兀术

[1] 何忠礼：《南宋史稿》，杭州大学出版社 1999 年版，第 13 页。

率军抵达镇江。此时韩世忠已屯焦山寺,降金军铁爪鹰李选。韩世忠控制金山、焦山等有利地形,封锁沿江渡口,并用破船堵塞运河入江口,切断金军退路。韩世忠对部下说:"是间形势无如金山龙王庙者,虏必登此觇我虚实。"[1]料到金军必至金山龙王庙观察宋军阵势,韩世忠乃遣偏将苏德率领两百士卒伏于庙中,又遣两百士卒伏于庙下岸边,并命令:"闻江中鼓声,岸兵先入,庙兵继出。"[2]继而金兵至,果然有五人骑马趋龙王庙,庙中事先埋伏好的宋兵不禁大喜,不慎违反了韩世忠的命令,在江中鼓声响起之前便开始动手,金人派出的五骑立刻振策而逃,宋兵仅俘虏了两骑,金兀术纵骑逃回。既而宋金双方战数十合,韩世忠之妻梁氏亲自擂鼓,激励士气。宋军击败金将斜卯阿里、韩常所率舟师,歼灭两百余人。金兀术复使致辞,愿还所掠,假道渡江,被韩世忠严词拒绝。金兀术遂自镇江溯流西上,另寻渡江之路。金国左监兵完颜昌前攻楚州不下,留兵围之,自归潍州,此时完颜昌乃遣孛堇太一趋淮东,为金兀术声援。当时楚州、扬州、天长、高邮军等处,仍然处于宋军的扼守之中。孛堇太一率众围楚州,守臣赵立坚守楚州城,金兵不能下,孛堇太一遂进围扬州,策应金兀术的渡江之战。

　　金兀术既自镇江溯流西上,循南岸而行,韩世忠则率水师沿着北岸进行拦截。金兵不谙水道,在宋军的追击下驶入黄天荡(在今南京东北)。韩世忠命令封锁黄天荡内唯一的入江水道。此时兀术则接受他人建议,从老鹳河开凿,以通秦淮。一天一夜之间开凿三十里,渠成,遂趋建康。而岳飞则从宜兴前来,设伏牛头山(今属江苏南京),连败金兵。金兀术复率师行江中,欲渡江趋淮西,此时得知孛堇太一自扬州至真州,前来应援,金兀术便再次计划从黄天荡以北渡江与孛堇太一会师,从而保全掠夺的财物。孛堇太一屯军于长江北岸,金兀术屯于南岸,韩世忠仍在江中,以海舰进泊金山之下。大战之前,韩世忠命令工匠锻造铁链连为长缲,贯以大钩,以授士之骁捷者。清晨,金兵以舟噪而前,攻击韩世忠部。韩世忠即以海舟分为两道,向金兵背后驶进。

---

[1]〔宋〕李心传:《建炎以来系年要录》卷三二"建炎四年三月丁巳",中华书局2013年版,第735页。

[2]〔宋〕李心传:《建炎以来系年要录》卷三二"建炎四年三月丁巳",中华书局2013年版,第735页。

每追一绠,则曳一舟而入,金兵无法渡江。兀术乃求与世忠语,请求假道。兀术见世忠整暇,复求假道,言辞甚恭。韩世忠答曰:"是不难,但迎还两宫,复旧疆土,归报明主,足相全也。"[1]兀术不答。

时高宗已从温州还至越州,吕颐浩闻金兀术被韩世忠阻击于镇江,乃请宋高宗幸浙西,下诏亲征,并亟出锐师策应韩世忠。宋高宗从之。四月甲申,宋高宗下诏亲征。从军事角度而言,韩世忠以八千军马,暂时成功阻击兀术十余万军队,与宋军熟悉水道、习于水战不无关系。连金兀术也承认"南军使船如使马"[2]。若宋高宗此时及时派出锐师,增援韩世忠,将十余万金军消灭于江中似乎有很大的胜算。然而御史中丞赵鼎进言:"臣在温、台,屡言当俟浙西宁静,及建康之寇尽渡江,然后回跸。今遽有此举,必以韩世忠之报虏骑穷蹙,可以剪除耳。万一所报不实,及建康之众未退,回戈冲突,何以待之?"[3]时又有王念经者,聚众数万,反于信州之贵溪,王鼎又言:"饶、信魔贼未除,王璙溃军方炽,陛下遽舍而去,兹乃社稷存亡至危之几也。"[4]赵鼎的进言对宋高宗接下来的举措产生了影响。赵鼎又数吕颐浩之过。吕颐浩请去,遂罢相,以参知政事范宗尹摄行相事,赵鼎签书枢密院事,并罢亲征。军事本身就意味着风险,宋高宗停止亲征,虽然有利于稳固江南,但也失去了依靠地利大量削弱金国军事力量的机会。三天之后,韩世忠捷报送至,然宋高宗等人并未决定出兵,与三日前所谓"必以韩世忠至报虏骑穷蹙,可以剪除耳"的表态不同,可见经过朝堂讨论,宋高宗确已放弃增援韩世忠的计划。宋高宗对范宗尹说了一段颇有深意的话,言:"金人侵犯以来,诸军率望风奔溃,今岁如世忠辈,虽不成大功,皆累获捷,若益训卒缮兵,今冬虏人南来,似有可胜之理。"[5]宋高宗承认韩世忠接连取得"小规模"胜利,暂时处于上风,但此时攻击金兵

[1]〔宋〕李心传:《建炎以来系年要录》卷三二"建炎四年四月癸未",中华书局 2013 年版,第 743 页。

[2]〔元〕脱脱等:《宋史》卷三六四《韩世忠传》,中华书局 1977 年版,第 11361 页。

[3]〔宋〕李心传:《建炎以来系年要录》卷三二"建炎四年四月甲申",中华书局 2013 年版,第 743 页。

[4]〔宋〕李心传:《建炎以来系年要录》卷三二"建炎四年四月甲申",中华书局 2013 年版,第 743 页。

[5]〔宋〕李心传:《建炎以来系年要录》卷三二"建炎四年四月戊子",中华书局 2013 年版,第 745 页。

难以"成大功",故而他不会派遣锐卒增援,而是保全既有的防御成果,然后训卒缮兵,继续抵御金兵。这一表态实际上就是三日前朝堂讨论的结果。范宗尹也在宋高宗阵营之内,否则宋高宗也不会命范宗尹摄行相事。范宗尹回应说:"前此兵将望风奔溃,而今岁皆能力战,此天意似稍回,更愿陛下修德,庶几天意必回,则天下之事不难为矣。"[1]这无疑就是把宋高宗的表态换了一种说法,将韩世忠战胜的原因归结为天意,而"愿陛下修德"无非就是要采取保守的态度,不愿出兵。

又数日,金兀术约韩世忠登岸会谈,时兀术兵十余万,韩世忠战士仅八千,金兀术求登岸会语,韩世忠以二人从见之。金兀术语不逊,韩世忠怒,引弓且射之,金兀术亟驰去。兀术见韩世忠以海舟乘风使篷,往来如飞,使船如使马。面对这种情况,金军将军韩常曰:"虽然,见甲军则自遁矣。"[2]韩常仍然傲慢地以为宋军不堪一击。兀术遂令韩常以舟师与宋军战,金军舟船多没,韩常见兀术,伏地请死。兀术未责罚韩常,乃解绑,募人献破舟之策。有福州奸人王某,侨居建康,教虏人于舟中载土,以平板铺之,穴船板以棹桨,等风息则出江,有风则勿出。海舟在没有风力的情况下机动性差,以火箭射其篷,则不攻自破矣。金军一夜造火箭成,是日,金军引舟出江,其疾如飞,天霁无风,海舟皆不能动。金军此时采取的策略确实抓住了宋军海船的弱点,海船形大,若无风助行,难以发挥其攻击力,无法有效阻击金军。此外,韩世忠舟师本备水陆之战,每舟有兵、有马、有家属、有辎重。金军以火箭射其篷,火烘日曝,人乱而呼,马惊而嘶,被焚与坠江者,不可胜数。宋军被焚之舟,蔽江而下,金军鼓棹,以轻舟袭追之,金鼓之声,震动天地。宋统制官、成州团练使孙世询,武功大夫、吉州防御使严永吉,皆力战而死。金军乘势追杀七十余里。长芦(今属南京六合)崇福禅院僧人普伦等得知韩世忠战败,即率乡民千余人驾轻舟前来接应,掩护宋军韩世忠与溃卒退至瓜步(今属南京六合)登岸,弃舟登陆,奔还镇江聚兵。金兀术收兵,还屯六合县,数日后焚建康府,掠人民、掳财物而北去。

---

[1]〔宋〕李心传:《建炎以来系年要录》卷三二"建炎四年四月戊子",中华书局 2013 年版,第745 页。

[2]〔宋〕李心传:《建炎以来系年要录》卷三二"建炎四年四月丙申",中华书局 2013 年版,第747 页。

（三）淮东地区截击金兵

五月，金军既渡江，淮东地区无警备，安抚使张缜尚守扬州，节制濠舟军马刘位领众在横山军中，唯饮博而已。逮金军据六合，真州为群贼所扰，而扬州亦不可守，张缜乃弃扬州。郭仲威入据扬州，宋廷以郭仲威为扬州镇抚使。五月乙丑，宋高宗命令"知楚州、兼管内安抚使赵立为楚泗州涟水军镇抚使、兼知楚州"，南宋在扬州、楚州等地部署抵御金军，"时完颜宗弼自六合归屯于楚州之九里径，欲断（赵）立粮道，（赵）立又大破之"。[1]言者论江北之民，誓不从贼，自为寨栅，群聚以守者甚众。南宋军民一致抗击金军，此时朝廷亦下诏曰："金贼见在江北滁、和、真州、天长军、六合下寨，见遣发刘光世、张俊提领大兵前去措置掩击外，令镇抚使赵立会合淮南诸镇，协力措置，出奇邀击，务要速成大功。如立到功效，当不次推恩。"[2]除了命令刘光世、张俊以及楚泗涟水军镇抚使赵立之外，六月丙戌，朝廷又命"两浙宣抚司统制官郭仲威为真扬镇抚使、兼知扬州"[3]。将扬州镇抚使郭仲威升为真扬镇抚使，扩大其职权，以鼓励军将立功。

兀术既屯六合县，欲自运河引舟北归，而收到宋廷命令的赵立、薛庆在承州（今属高邮）扼其冲，金军不得进。朝廷对淮东地区的宋军布置了防御任务，宋高宗诏："金贼人马于真、扬州界出没，及将滁、和舟舡出江，不测南渡。令刘光世前去镇江府，分遣官兵于江岸张耀兵势，过为堤备，及会合淮南诸镇军兵并力邀击。"[4]兀术患之，遂谋攻楚州。真扬镇抚使郭仲威闻之，约薛庆俱往迎敌。南宋军将并非如朝廷期望的那样"协力措置，出奇邀击"，在军事问题上存在较大矛盾。是月戊寅薛庆出兵，次日至扬州。而郭仲威无行意，置酒高会。薛庆怒之，曰："此岂纵酒时邪？我为先锋，汝当继后。"[5]说罢，薛

———————

[1]〔宋〕李心传：《建炎以来系年要录》卷三三"建炎四年五月乙丑"，中华书局2013年版，第768页。

[2]〔清〕徐松辑：《宋会要辑稿·兵九》，上海古籍出版社2014年版，第8781页。

[3]〔宋〕李心传：《建炎以来系年要录》卷三四"建炎四年六月丙戌"，中华书局2013年版，第787页。

[4]〔清〕徐松辑：《宋会要辑稿·兵九》，上海古籍出版社2014年版，第8781页。

[5]〔宋〕李心传：《建炎以来系年要录》卷三六"建炎四年八月庚辰"，中华书局2013年版，第813页。

庆上马疾驰去。平旦,出扬州西门,从骑不满百,转战十余里,郭仲威迄不至。薛庆与其部下走还扬州,郭仲威闭门拒之。薛庆仓皇坠马,被金军所擒。郭仲威遂弃扬州,奔兴化县。面对这次军事失利,宋高宗诏曰:"金人已犯扬州,必侵承、楚,令岳飞率兵腹背掩击;及令刘光世遣兵渡江,应援淮南州军,无失事机。"[1]确如宋廷所料,金军在扬州城下俘虏薛庆之后,长驱犯承州,兵马钤辖王林出城迎敌,不胜,奔逃兴化县,承州遂陷,措置高邮军事国奉卿走还楚州。

金军既陷扬州、承州,楚州便处于危急之中。八月乙酉,为了应对金军的进犯,宋高宗诏两浙转运司以米万斛输楚州。楚泗涟水军镇抚使赵立遣人告急,签枢密院事赵鼎遣神武右军都统制张俊往救之,张俊说:"虏方济师,挞懒善兵,其锋不可当。(赵)立孤垒,危在旦夕,若以兵委之,譬徒手搏虎,并亡无益。"[2]张俊以为楚州不可守,不必派遣援军。赵鼎曰:"楚当虏冲,所以蔽两淮,若委而不救,则失诸镇之心。"[3]张俊继续反驳道:"救之诚是,但南渡以来,根本未固,而宿卫寡弱,人心易摇,此行失利,何以善后?"[4]赵鼎知道与张俊争论不休难有结果,遂觐见宋高宗说:"江东新造,全藉两淮,若失楚,则大事去矣。是举也,不惟救垂亡之诚,且使诸将殚力,不为养寇自丰之计。若(张)俊惮行,臣愿与之偕往。"[5]在赵鼎的谏言之下,宋高宗决定增援楚州,但张俊力辞不往,宋高宗乃命通泰镇抚使岳飞以所部救楚州,命岳飞、赵立腹背掩击,又令刘光世遣兵往援。

宋军将领多有畏缩,救援不力。两浙安抚使刘光世即畏金人之锋,不能援扬、楚,但遣统制官王德、郦琼将轻兵以出。九月壬寅,刘光世奏:"淮南诸镇,郭仲威溃败,薛庆身亡,赵立不知存亡,岳飞见在江阴军,不见赴镇,刘纲以所部渡江赴行在,散在南北岸作过,金人见留承州。臣遣王德渡江,过邵伯

[1]〔清〕徐松辑:《宋会要辑稿·兵九》,上海古籍出版社 2014 年版,第 8781 页。

[2]〔宋〕李心传:《建炎以来系年要录》卷三六"建炎四年八月戊子",中华书局 2013 年版,第 819—820 页。

[3]〔宋〕李心传:《建炎以来系年要录》卷三六"建炎四年八月戊子",中华书局 2013 年版,第 820 页。

[4]〔宋〕李心传:《建炎以来系年要录》卷三六"建炎四年八月戊子",中华书局 2013 年版,第 820 页。

[5]〔宋〕李心传:《建炎以来系年要录》卷三六"建炎四年八月戊子",中华书局 2013 年版,第 820 页。

埭,擒敌军四百余人。"[1]宋高宗即诏刘光世以所俘赴行在。既而王德自天长引兵趋承州,不得入,斩所部左军统领官刘镇而还。次日,岳飞以所部入泰州。盖诸将皆未能及时救援楚州。面对这种情况,宋高宗诏刘光世、岳飞、赵立、王林犄角,逼逐虏兵渡淮。"时左监军完颜昌兵围楚州已百余日,镇抚使赵立一日拥六骑出城,呼曰:'我镇抚也,首领骁贼其来接战。'南寨有二骑袭其背,(赵)立手奋二枪,贼俱坠地,夺双骑。将还,俄北寨中遣五十余骑追(赵)立,(赵)立瞋目大呼,人马俱辟易。明日,立三帜邀战,(赵)立以三骑应之。虏伏发,(赵)立中飞矢,奋身突围以出,虏益攻之。"[2]七天之后,九月乙卯,金左监军完颜昌大举攻城。丙辰,填濠将进,赵立率士卒御之。忽报贼近城矣,赵立临危不惧,笑曰:"将士不用相随,吾将观其诡计,且令此贼匹马只轮不返。"[3]赵立上城东门未半,金军飞炮碎其首,左右驰救赵立,赵立犹曰:"吾终不能与国灭贼矣。"[4]并命令部下将其送至三圣庙中,声言疾病祈祷,使金军不知其殂,言终而绝,年三十七。众人以参议官程括暂任镇抚使以守,而金军益攻之。此时东海李彦先首以兵至淮河,扼虏不得进。独海陵岳飞屯三墩(今高邮三垛),仅能为援,而亦众寡不敌。金军知宋军外援已绝,攻围楚州益急。九月戊辰,楚州城破,州人犹扶伤巷战,惟民兵夺门而出,首领万五、石琦、蔚亨,号千人敌,皆得全。自金兵南侵,所过名城大都,多以嘘声胁降。而赵立威名战多,皆出其他守将之上。赵立以其军遮蔽江、淮,故虏师亦困毙而止,议者谓赵立有大功。金兵已陷楚州,又转攻李彦先,金军以舟船并力攻之,李彦先所乘舟下碇石,急收不应,金军击之,李彦先与其家皆死。此次南宋在淮东地区的真州、扬州、高邮、承州、楚州邀击金军虽以失败而告终,但以赵立为代表的军将顽强抵抗,给北归途中的金军造成极大的威胁。

---

　[1]〔宋〕李心传:《建炎以来系年要录》卷三七"建炎四年九月壬寅",中华书局2013年版,第828页。

　[2]〔宋〕李心传:《建炎以来系年要录》卷三七"建炎四年九月乙巳",中华书局2013年版,第829页。

　[3]〔宋〕李心传:《建炎以来系年要录》卷三七"建炎四年九月丙辰",中华书局2013年版,第834—835页。

　[4]〔宋〕李心传:《建炎以来系年要录》卷三七"建炎四年九月丙辰",中华书局2013年版,第835页。

二、金国、伪齐联军南侵下的扬州地区

南宋绍兴四年(1134)九月,金国所立伪齐政权与金军联合,意图南侵。金国国主完颜晟命诸将议之,金左副元帅宗维、左监军希尹以为事难,右副元帅宗辅以为可。于是完颜晟以宗辅权左副元帅,右监军昌权右副元帅,调渤海、汉儿军五万以应伪齐刘豫。完颜晟又以左都监完颜宗弼(兀术)尝过江,知地险易,使将前军。伪齐刘豫则命其子任诸路大总管,尚书左丞相、梁国公刘麟领东南道行台尚书,令与金军合兵侵宋。一开始,计划从顺昌取合肥,犯历阳,由采石矶渡江。签军都制置使李成建议说,所签民兵尽除,山东饷道辽远,又虑岳飞之军自襄阳出攻其背,不如沿汴直犯泗州渡淮,以大军扼盱眙,据其津要,分兵下滁州、和州、扬州;与此同时,大治舟楫,西自采石矶横渡长江,以攻金陵;南自瓜洲渡渡江,以攻京口,仍分兵东下,掠海州、楚州之粮,对金军、伪齐来说方是上策。

金军与伪齐联军按照李成的建议,发动南侵的战事,骑兵自泗州攻滁州,步兵自楚州攻打承州。谍报传至南宋朝廷,举朝震恐,或劝宋高宗他幸,唯独赵鼎认为"战而不捷,去未晚也",主张先进行军事防御,若实在未能抵挡侵略,再议巡幸。宋高宗采纳了赵鼎的建议。九月壬申,金人及伪齐之兵分道渡淮,知楚州、武功大夫、和州防御使樊序弃城而去。淮东宣抚使韩世忠因孤军无援,自承州(今江苏高邮)退至镇江府。十月丙子朔,韩世忠的军事奏报送至朝廷,宋高宗罕见地强硬表态:"生灵久罹涂炭,屈己请和,而虏复肆侵陵。朕当亲总六军,往临大江,决于一战。"[1]赵鼎也表示,累年退避,虏情益骄,今将士皆奋,决可成功。宋高宗即诏神武右军都统制张俊以所部往援韩世忠,又令淮西宣抚使刘光世移军建康。宋高宗也同时进行另一手准备,派遣工部侍郎魏良臣赴金军乞和,并命令韩世忠自镇江进屯扬州,阻止金军渡江。淮东州县闻金军入侵,承州、楚州之民相率控守水寨。宋高宗下诏通、泰、真、扬州守臣,体度地利,从长措置,务必限阻敌船,并不得有妨湖泊水寨民社聚保。自金人入境,扬州官吏退保阴沙,承州官吏皆散淮东。

南宋使者魏良臣一行人途经扬州,韩世忠为严守军机,迷惑金军,故意出

[1] 〔宋〕李心传:《建炎以来系年要录》卷八一"绍兴四年十月丙子",中华书局2013年版,第1523页。

示守江指令,并下令拆去炊灶,自东门撤去,进一步制造假象。韩世忠度魏良臣已经走远,乃上马令中军曰:"视吾鞭所向!"于是引军次大仪镇(约在扬州城西北五十里),勒兵为五阵,设伏二十余处,并戒之曰:"闻鼓声,则起而击贼。"金将聂儿孛堇听到韩世忠退军的假军情大喜,殊不知韩世忠已部署设伏,聂儿孛堇引数百骑趋江口,企图突袭宋军后背。金军行至距大仪镇五里之处,金将挞不也拥铁骑,过五阵之东,韩世忠与之战,不利,统制官呼延通救之,得免。韩世忠传小麾鸣鼓,宋军伏者四起,五军旗与虏旗杂出,金军乱,弓刀无所施,而宋军迭进。背嵬军各持长斧,上揿人胸,下捎马足,金军深陷泥淖,人马俱毙,金将挞不也遂被宋军俘虏。韩世忠率领宋军在大仪镇之战中大胜金军。宋人对韩世忠大仪镇之战的评价很高,韩世忠也被称为"中兴武功第一"[1]。

三、完颜亮南侵下的扬州

自绍兴十一年(1141)十一月"绍兴和议"签订以来,金军罔顾和议,大肆南侵,因屡获战功,兀术在金朝的势力得到了极大的增强,独揽金朝军政大权。绍兴十八年(1148)十月,金兀术病死,金国统治集团内部陷入一场争权夺利的斗争。次年十二月,完颜宗干之子、平章政事完颜亮发动宫廷政变,杀死金熙宗,夺取了帝位。完颜亮登基之后,企图灭亡南宋。绍兴二十三年(1153),完颜亮将都城从上京会宁府迁到燕京(今北京),并改名中都。完颜亮数年之内步步向南宋逼近,积极准备南侵的企图已昭然若揭。二十九年(1159)正月,完颜亮下令关闭除泗州以外的十处榷场,以防止南侵秘密泄露。二月,完颜亮积极督造战船与兵器,同时下诏,调集诸路猛安谋克军年二十以上五十以下的壮丁,全部从军,共得二十四万人,又搜得马五十六万余匹。完颜亮从猛安谋克军中挑选强健善射者五千人,并夸耀说:取江南,此五千人足矣。绍兴三十年(1160)秋,完颜亮下诏签发诸路汉军十五万,诸路水手三万,又点集契丹、渤海、汉儿军数十万人,命其集合在云中府(今山西大同)一带牧马待命,并加紧搜刮粮食、马匹。南侵准备工作既已大体完成,完颜亮便开始寻找撕毁盟约的借口。绍兴三十一年(1161)五月,完颜亮派出使者,抵达临

---

[1]〔元〕脱脱等:《宋史》卷三六四《韩世忠传》,中华书局1977年版,第11364页。

安。使者傲慢地宣读了完颜亮的"圣旨",主要传达两件事:一是天水郡公(宋钦宗)已故;二是完颜亮拟于八月中旬到河南开封,宋国应当派出使臣接受金国皇帝的"宣谕",重新划定两国势力范围,金、宋双方以长江为界,汉水与长江以北土地尽归金国,如果南宋无法达到金国的土地要求,完颜亮将在九月下旬亲率大军南下。

南宋君臣经过讨论,决定武力抗击金军。宋高宗下令分四路迎敌:一是以侍卫马军司公事成闵为湖北京西制置使,率兵三万屯武昌;二是以吴璘为四川宣抚使,以备川陕军事;三是起用抗金名将刘锜为江淮浙西制置使,建康府都统制王权为副使,池州都统制李显忠、江州都统制戚方互相策应,备两淮军事;四是以早年在岳飞部下统领义军且战功卓著的浙西马步军副总管李宝为沿海制置使,率海船一百二十艘进驻江阴,以防海道。

两淮是宋军的重点防御区域。绍兴三十一年(1161)六月,南宋开始在两淮清野。紧接着,金主完颜亮迁都汴京(今河南开封)。七、八月间,完颜亮镇压了内部反对南侵的势力,调集六十万军队兵分四路南下。中路从蔡州进攻襄汉;西路从凤翔进攻大散关;海路则命工部尚书苏保衡为浙东道水军都统制,从海道径取临安府;东路则由完颜亮亲自率军从寿春(今属安徽寿县)攻淮南,并命左监军徒单贞率别部二万,进攻淮阴。完颜亮亲率的东路军,是此次金军南侵的主要力量。为了应对完颜亮对两淮的进攻,南宋在两淮地区进行了一系列部署。扬州是两淮防线的重镇。是年六月丙午,"刘锜乞即日移军渡江,诏锜进发,骑兵屯扬州"[1]。六月乙卯,刘锜引兵屯扬州,遣统制王刚以兵五千屯宝应。九月戊戌,刘锜发扬州。诏以金人背盟,降敕榜招谕中原军民。十月初,完颜亮自涡口(今属安徽怀远)到正阳(今属安徽寿县)一带渡过淮河,钲鼓之声相闻,远近大震。南宋主将刘锜驻扎扬州,防御淮东地区,命令副帅王权守淮西,屯驻淮河口。王权接到军令后,却以犒军为名,将家产装船南运,自己却在和州(今安徽和县)逡巡不进。刘锜又命王权进兵寿春,王权不得已勉强进驻庐州(今安徽合肥),再也不愿前进。金兵渡淮后,按照既定方略,从淮西开始用兵,先以百骑犯清流关(今属安徽寿县),然而因为王权的

---

[1]〔元〕脱脱等:《宋史》卷三二《高宗九》,中华书局1977年版,第601页。

怯懦惧战,淮西整体守备不足,金兵长驱入关。王权闻金兵来,深夜从庐州逃遁,退屯昭关(今属安徽含山县)。金军骑兵来袭,南宋将官姚兴率部下三千人与金兵血战,数次向王权告急,然而王权却不加救援。姚兴战死,宋军溃散,王权退屯和州。淮西的失守对淮东战事产生极大影响,十月乙卯,"刘锜闻王权遁,自淮阴引兵归扬州"[1]。对于南宋而言,刘锜从淮阴撤退至扬州,迫不得已从守淮变成备江,百姓看到刘锜撤退,也慌忙跟随南逃,死者大半。而金主完颜亮则进据庐州,金将萧琦率领别部向淮东进军,进攻扬州等地。淮西军事防御全线崩溃,金军向扬州进发的过程中如入无人之境。金兵攻打真州,宋军守将左军统制邵宏渊在城中酒醉未醒,忽闻金军将至,仓促应战,战败,退屯扬子桥。金将萧琦攻占真州后并未入城,而是自山路径犯扬州,屯于平山堂下,逼临扬州城。金人快速进军,南宋军将只能仓促应战。邵宏渊未能在真州抵挡金军,退屯扬子桥南,擅自渡江南逃之后又毁坏桥南闸板,这样驻扎在扬州的刘锜军队便处于孤立无援的境地。面对眼前局势,"扬州军民,皆倾城而奔,(刘)锜乃退军,自南门外拆民屋为浮桥,军过即毁之,由东门而去。守臣、武功大夫、荣州刺史刘泽亦奔泰州,往通州渡江,入平江府"[2]。刘锜撤军后,退守瓜洲,金军遂陷扬州。金军占据扬州之后,又从扬州追击刘锜,金军与宋军遇。至是,宋、金双方争夺瓜洲渡,刘锜命统制官贾和仲、吴超等拒之于皂角林,刘琦陷重围,下马死战数十合,中军第四将王佐以步卒百有四人往林中设伏,金军既入,张弩俄发,金军以运河岸狭,非骑兵之利,稍稍引去,宋军遂大败之,斩金统军高景山,俘数百人。此次虽有局部胜利,但刘锜已经身患重病,故只能命令都统制李横、统制官刘汜带领部分宋军坚守瓜洲渡,刘锜自己率余军退回镇江府。金军短暂失利后,又以重兵来攻瓜洲,刘汜引兵先遁,李横力战不能胜,亦南渡而逃。至此,两淮之地大部丢失,完颜亮率金军驻于长江北岸。

完颜亮虽然在战场上取得很大胜利,但金国内部却危机重重。完颜亮大兴兵事,耗费甚广,给金国境内百姓造成沉重负担,于是各地起义蜂拥而起,

---

[1]〔元〕脱脱等:《宋史》卷三二《高宗九》,中华书局1977年版,第604页。

[2]〔宋〕李心传:《建炎以来系年要录》卷一九三"绍兴三十一年十月壬戌",中华书局2013年版,第3769页。

此起彼伏,接连不断。此外,完颜亮虽然在政治斗争中获得帝位,但金国女真贵族内部潜藏着一股强大的反对势力。在完颜亮南侵之时,这股势力遂乘机发作。金国东京留守完颜雍在辽阳府发动政变,在不愿跟随完颜亮南下且私自逃归辽阳府的两万名女真将士的拥护之下,自立为帝,是为金世宗。金世宗即位的消息传到前线,使得完颜亮处于腹背受敌的境地。但完颜亮不但没有北归,反而计划加快渡江,消灭南宋,意图裁平赵宋之后,再回师对付金世宗,遂亲率四十万大军来到西采石。南宋朝廷则派遣中书舍人、参谋军事虞允文到东采石指挥宋军,宋军在虞允文的指挥下,将意图渡江的金军打得大败。完颜亮从采石渡江的计划彻底流产,被迫辗转回到扬州,准备在瓜洲渡江。扬州瓜洲渡是镇江府的门户之一,金军若从瓜洲渡江,镇江府则危矣。杨存中、成闵、邵宏渊诸军相继来会,李显忠也派出部分军队以及水军车船,赶赴镇江府支援。此时,屯驻镇江的宋军不下二十万,宋军开始掌握战局的主动。虞允文命其船自上流下,三周金山,回转如飞。金军骇愕,亟遣人报完颜亮,完颜亮至,见之笑曰:"此纸船耳!"[1]完颜亮召集诸将议兵,一将前跪曰:"南军有备,不可轻。且采石渡方此甚狭,而我军犹不利,愿驻于扬州,力农训兵,徐图进取。"[2]完颜亮震怒,命令斩杀此将。金将哀谢良久,完颜亮乃杖半百而释之。完颜亮军事集团内部矛盾凸显,将领们秘密商定,认为宋军准备充足,渡江则不利于金军,败退则可能惹怒完颜亮,甚至有被完颜亮诛杀的可能,所以定下密谋。他们趁着完颜亮将亲兵调去攻打泰州的机会,发动兵变,在浙西兵马都统制完颜元宜的率领下,弑完颜亮于扬州龟山寺。绍兴三十一年(1161)十一月,金国派人到镇江军中议和,金军开始从两淮撤兵。十二月庚子,杨存中及虞允文渡江至瓜洲察金兵。十二月壬寅,成闵渡江,扬州收复。

[1]〔宋〕李心传:《建炎以来系年要录》卷一九四"绍兴三十一年十一月庚寅",中华书局2013年版,第3809页。

[2]〔宋〕李心传:《建炎以来系年要录》卷一九四"绍兴三十一年十一月庚寅",中华书局2013年版,第3809页。

第三节　南宋对扬州的军事经营

北宋时期扬州是国家经济重心之一,是漕运转输中的重要枢纽。随着赵宋南渡,扬州从内地经济重镇变成两淮前线的边郡,成为南宋的军事要地。南宋对扬州的经营当中,军事占据重要地位。

一、对扬州地区非官方武装力量的收编

由于战乱,江淮地区产生了诸多非官方的武装力量。这其中有些属于盗贼,如北方战场逃跑或被遣散的散兵游勇,宋军每遇战败,军队在溃乱之余,便有人转兵为匪;有些自北方逃难南方的流民,也多沦为盗贼;还有的是金军来犯时,自发组织抗击的队伍。这些武装力量基本上皆已脱离朝廷的管控,自南宋伊始,朝廷便开始对这些非官方的武装力量进行收编或是打击。建炎三年(1129),金人犯泰兴县,百姓严起率军民抵抗金兵,在严起组织的防御之下,南宋百姓免于金兵屠戮者甚众,南宋朝廷遂诏授保义郎。朝廷对于民间武装力量也并非一味招收,有时也直接进行镇压。同知西外宗正事士从,自高邮军招溃卒,屯兴化县。时淮南东路提点刑狱公事裴廪、薛彦国在一洲上,士从招二人为参谋官,言于朝廷,乞假江淮制置使,宋高宗同意了士从的请求。士从听闻高邮贼李在即将前往楚州,遂遣统领官不侧乘虚掩袭李在,至岳庙下,遇头戴红巾的盗贼百十人,皆杀之。士从又取贼党衣服,伪装成李在贼党,行至草市,行伍不整,谨噪杀人。李在察觉后出兵,统领官不侧仅以身免,士从剿杀李在贼党的计划失败。又有起自群盗的薛庆,自扬州城逃至高邮,与李在袭取高邮守之。李在与薛庆争斗,互相残杀,众人推薛庆。薛庆既据高邮,兵至数万人,附者日众,形成一股较强的武装力量。建炎三年(1129)五月己丑,"知枢密院事张浚闻(薛)庆等无所系属,欲归麾下,亲往招之。(张)浚渡江,靳赛以兵降,及是至高邮,入庆垒,从者不满百人,浚出黄榜,示以朝廷恩意,庆感服再拜"[1]。

南宋朝廷不会允许那些无法管控的武装力量存在。在试图控制非官方

[1]〔宋〕李心传:《建炎以来系年要录》卷二三"建炎三年五月己丑",中华书局2013年版,第564页。

武装力量的过程中,南宋朝廷表现出了复杂的猜忌心理。有耿坚者,河北人,初以义兵保护乡井,既而率所部南来,与宿泗州都大捉杀使李成相会,这两股武装力量俱在淮东地区。李成与耿坚的军事行动明显不在朝廷的管控之内。李成与耿坚后共围楚州,南宋朝廷责通判、权州事贾敦诗降虏。此时徽猷阁待制洪皓奉使至淮南,洪皓先以书信抵李成,应该是在试探李成是否服从朝廷管理,李成回复说:"汴涸,虹有红巾,非五千骑不可往,军食绝,不克惟命。"[1]实际上李成是在表明自己是义军,为求军食而已。洪皓觉得李成可以"撼动",故而遣人说之曰:"君越数千里赴国家急,山阳纵有罪,当禀于朝。今擅兵,名勤王,实作贼耳。"[2]耿坚意动,遂命令李成停止攻打楚州。李成也亲自护送洪皓过境。洪皓行至泗州境,谍报有迎骑披甲而来,洪皓还于朝廷,向宋高宗报告淮东地区的情况,对于这些民间武装力量,洪皓向宋高宗上疏言:"李成以朝廷不恤之,而稽馈饷,有'引众纳命建康'之语。今靳赛据扬州,薛庆据高邮,万一三叛连衡,何以待之? 此贪垢之时,宜遣辩士谕意,优进其秩,畀以京口纲运,如晋待王敦可也。"[3]南宋朝廷希望优待这些民间武装力量从而达到收编的目的外,同时,从"实作贼耳""万一三叛连衡,何以待之"的表述来看,朝廷对这些武装力量多有忌惮与防范。宋高宗闻洪皓之上疏,遂遣宣赞舍人贺子仪抚谕李成,给米五万斛。与此同时,大臣吕颐浩以书信告诫李成:"左右欲图王图霸,须有天命,若无天命,虽以项羽之强,终必灭亡。"[4]这一书信内容明确警告李成不要妄图作乱,应该服从朝廷的管控,勿作"非分之想"。南宋之初,在内忧外患之下,朝廷对非官方武装力量多有优待,并试图收编加以控制和利用,但也带有猜忌和警惕,故而特别强调朝廷的权威与领导地位。

---

[1]〔宋〕李心传:《建炎以来系年要录》卷二四"建炎三年六月戊申",中华书局 2013 年版,第571 页。

[2]〔宋〕李心传:《建炎以来系年要录》卷二四"建炎三年六月戊申",中华书局 2013 年版,第571 页。

[3]〔宋〕李心传:《建炎以来系年要录》卷二四"建炎三年六月戊申",中华书局 2013 年版,第571—572 页。

[4]〔宋〕李心传:《建炎以来系年要录》卷二四"建炎三年六月戊申",中华书局 2013 年版,第572 页。

二、屯戍

南宋统治者秉持"守内虚外"的治国思想,将重兵驻守在临安附近,保障都城之安全,位于长江下游附近的两淮地区驻军规模则次之。咸淳七年(1271),上官涣言淮南兵力"官兵不下十七八万"[1]。扬州属于运河区,且处于江、淮之间,故而在南宋的军事屯戍当中有着重要地位。

（一）宋孝宗时期的屯戍

自完颜亮南侵失败以来,南宋在扬州及周边地区进行了大规模军事屯戍,这与南宋朝廷对金政策的转变有着密切联系。早在藩邸时,宋孝宗便对秦桧的所作所为已有不满,其并不认同南宋初年的软弱求和政策。为了实现早日收复失地的志向,宋孝宗即位之初便采取一系列积极措施,筹备北伐,以图收复中原故土。这段时间,在两淮屯戍兵马,正是为了实现恢复的政治诉求所进行的前期准备工作。与此同时,宋孝宗积极任用那些反对向金人妥协投降的大臣,他重用了自己的老师史浩以及武将张浚,还起用了主张积极抗金的陆游等人,并下诏雪岳飞之冤,复其官爵,禄其子孙,又逐秦桧党人,朝廷上下气象一新。史浩既反对向金国卑躬屈膝地求和,也反对军事冒险,主张进行充分的军事准备后再进行北伐。他从完颜亮南侵事件中总结教训,认为应该加强对瓜洲(在今扬州南)、采石(今属安徽马鞍山)两地的防守,这两个渡口是稳固长江防线的要塞。与史浩稳扎稳打的方针不同,张浚主张即刻北伐。经过双方激烈地争论,隆兴元年(1163)四月,张浚在宋孝宗的支持下,绕开三省、枢密院,直接命令李显忠、邵宏渊等出战。史浩得知后,坚决辞去相位。

北伐之初,宋军取得主动。隆兴元年五月,宋将李显忠、邵宏渊在两淮战场上接连取得胜利,灵璧、虹县、宿州等州县接连下之。李显忠在胜利面前开始轻敌,屯于宿州城中,每日置酒高会,不作防守。金将纥石烈志宁率兵前来攻打宿州,并率大军扼宿州东南以断宋军退路。李显忠、邵宏渊二军集于宿州城下,加上丁夫共有十余万之众。金将纥石烈志宁、金将孛撒合兵来攻,邵宏渊按兵不动,拒绝执行李显忠的调遣,而李显忠部下并无斗志,最终宋军弃城南逃,金军追至宿州北面的符离,李显忠、邵宏渊并丁夫十三万皆溃,军械

---

[1]〔宋〕不著撰人:《咸淳遗事》卷下"咸淳七年九月",《景印文渊阁四库全书》第408册,台湾商务印书馆1986年版,第828页。

资粮,委弃殆尽,死者不可胜数。身在盱眙的张浚听闻宋军溃败,急忙退至扬州。由于前线溃败,此时扬州几乎成为长江以北的孤军。张浚、李显忠、邵宏渊因军事失败,被宋孝宗贬官。此时金国因刚刚经历完颜亮南侵的失败,国内军政尚不稳固,并未乘胜南下。此次北伐失败从军事角度而言,除了敌我力量对比尚不足以形成压倒性的优势以外,直接原因就是宋军李显忠、邵宏渊的腐败无能,轻敌而才疏。此外,两淮军事力量屯戍也存在一定问题,前方宿州大败,张浚便直接退守长江北岸的扬州,两淮地区竟无其他能够进行有效策应的军事力量。为了改变这一局面,九月十九日,宋孝宗下诏:"殿司护圣马步军、神勇军、策选锋军、前后右军人马,并行起发。候到,令淮东宣谕使钱端礼差殿前司前军先次往扬州,右军往真州屯驻。其余军马,并于镇江府听候朝廷指挥。刘宝除魏全、邢福下两将军兵在盱眙屯守外,其余全军并令在楚州并清河口、淮阴、洪泽留屯。陈敏军依旧屯守高邮,遇有警急,令陈敏自将兵千人往楚州就刘宝同共守御,候事定日还任。如盱眙人少,更令刘宝相度那拨增戍。郭振步军司全军令拘收并在六合。扬州孙于、瓜洲刘端人马,候今来差拨殿前司军马到日,归刘宝军。如分屯去处,人数多寡,更切量度事势轻重,一面增减分合备御。"[1]从这份诏书当中可以看出,南宋朝廷对淮南地区的军事屯戍做了精心细致的部署,在扬州、高邮、真州、盱眙、楚州、淮阴、洪泽等地皆有屯戍,强调各屯戍之间的配合,根据实际的军事情况进行人马的调动。朝廷命令陈敏屯守高邮,如前线遇到紧急情况,则可将兵千人前去楚州与刘宝共同守御。与此同时,南宋派淮西安抚司干办公事卢仲贤出使金朝,与金国议和。宋孝宗告诫卢仲贤不能答应割让海、泗、唐、邓四州,然而卢仲贤到了宿州,在金将仆散忠义的威胁下,向金国表示愿意割让四州。宋孝宗得知此事后大怒,和议一度停顿。或是为配合和议,或是为提前应对和议失败的军事风险,九月二十五日,钱端礼进言曰:"契勘盱眙军近有郭振带到三千余人,缘清河口系是控扼紧切去处,刘宝乞抽回魏全一军。郭振见在盱眙弹压。乞候殿前司人马到日,分拨二千人往盱眙,替回郭振官兵,依旧六合屯驻。所有盱眙,取天长路至扬州,两日可到,最为冲要,与高邮地里相关,合

---

[1]〔清〕徐松辑:《宋会要辑稿·兵九》,上海古籍出版社 2014 年版,第 8786 页。

专委陈敏措置防托。已行下郭振且去盱眙,指挥下日,遣发殿司人马前去,方可起发,却回六合,及令陈敏专一措置天长守备。"[1]钱端礼认为,楚州的清河口是屯戍的要塞,盱眙则可与楚州互相策应,并且从地理位置上而言,盱眙离扬州仅有两日路程,又与高邮相近,盱眙是处于楚州、扬州之间的连接点,故而具有重要的屯戍地位。宋高宗遂降诏:"令刘宝遵依已降指挥,全军守把清河口,并差官往盱眙屯驻。缘近来淮西探报事宜稍重,令郭振日下回六合,陈敏将带人马前去天长。候殿前司前军到扬州,令王琪先差拨三千人抵替陈敏,往楚州同刘宝、魏胜备御楚州、盱眙军一带。其余不可待报事,令钱端礼一面随宜施行。"[2]南宋君臣在防止和议失败后金国的军事入侵方面进行了较为充分的军事部署。果然,次年十月,金国开始大规模的军事进攻,意图迫使南宋接受和议的条件。金将纥石烈志宁分兵进犯楚州,金兵渡淮。宋将魏胜率军拒金兵于淮阳,都统制刘宝守楚州,然而两淮前线并没有进行很好的军事配合,刘宝因为汤思退的命令,以正在和议为理由,拒绝出兵支援魏胜,刘宝接着又弃楚州而逃。十一月,魏胜战死于淮阴,楚州、濠州、滁州接连陷落。宋孝宗遂应朝野舆论之请,罢去汤思退的相位。在军事压力之下,宋孝宗答应议和条件,除了割让海、泗、唐、邓四州,还割让了商、秦二州,宋、金双方疆界大体恢复到完颜亮南侵前的状态。此时宋将崔皋在六合打败金军前锋,李宝与高邮守臣陈敏也在淮东击退了进犯的金兵。杨存中调集的军队也已在沿江待命固守,可以阻挡金兵的进攻。隆兴元年九月部署的军事屯戍,仍然发挥了一定的积极作用。宋、金"隆兴和议"签订后,宋孝宗继续在扬州等地进行屯戍,以防备金军入侵,并打击由于战乱而产生的盗贼。

乾道四年(1168)十一月五日,诏"殿前司差拨兵将官统押官兵三千人,先次起发前去扬州,权听王任节制"[3]。九日,护圣步军统制兼知楚州左祐言:"得旨,将带本军官兵三千人,候至扬州,且于寨屋安泊,逐旋摘那前去楚州屯驻,不得张皇。窃见彼处目今正是盗贼出没窃发之时,若候所差人兵到来,委是迟缓,有失枝梧。欲乞于扬州本司策选锋军更戍官兵摘差二百至三百人,

---

[1]〔清〕徐松辑:《宋会要辑稿·兵九》,上海古籍出版社2014年版,第8786—8787页。

[2]〔清〕徐松辑:《宋会要辑稿·兵九》,上海古籍出版社2014年版,第8786页。

[3]〔清〕徐松辑:《宋会要辑稿·兵九》,上海古籍出版社2014年版,第8787页。

内马军一百人骑,逐旋起发至楚州,权暂听祐使唤。候本部人兵到日,将借过人马依旧发回扬州,庶几不失事机。"[1]宋孝宗同意了左祐的具体方略,前去楚州、扬州屯戍时,采取有效措施缉捕盗贼。为了有效控制屯戍军队,朝廷延续了北宋军队的更戍法。十一月十四日,宋孝宗诏"护圣步军差出扬州更戍三千人,令今月十五日、二十五日、十二月五日,分作三次起发"[2]。左祐执行宋孝宗的指令,在执行过程中也会根据具体情况,上报朝廷,做出一些调整。在更戍的过程中,左祐向宋孝宗汇报:"将官褚渊管押第一次起发一千五十人,已于十一月二十六日到扬州安泊。贼兵虽已溃散,深恐尚有余党,缓急啸聚。本州地居极边,抵接对境,乞将褚渊一千五十人先次移那前来楚州屯驻,庶几边郡有以弹压,不致疏虞。"[3]褚渊管押第一次起发一千五十人已于十一月二十六日到扬州,然而此时左祐担忧盗贼余党尚存,可能再次啸聚作乱,故而向宋孝宗奏请,请求将褚渊一千五十人先移至楚州屯驻,从而镇压盗贼。宋孝宗同意了左祐的意见。执行屯戍当中,这种具有弹性的举措并不少见。宋孝宗淳熙五年(1178)八月三日,镇江武锋军都统兼知扬州郭杲言:"已降指挥,将楚州屯戍武锋军左、右两军官兵老小移戍扬州西城。虑恐楚州阙人弹压,已差镇江前军人马、扬州看守城壁人前去楚州屯戍。又缘楚州系极边,乞于镇江诸军并武锋军摘差马步军前去楚州,更替前军人马归司。其分差高邮军看守城壁、盱眙军巡检下防托人,若依旧于屯戍人内摘差,却恐队伍散漫,纪律失叙,欲于诸军别行差拨前去,并乞依例半年一替。"[4]镇江武锋军都统、扬州知府郭杲执行朝廷指令,将楚州屯戍武锋军左、右两军官兵老小移戍扬州西城,然而楚州对内可能缺少充足兵力镇压盗贼,便差镇江前军人马、扬州守城人前去楚州屯戍。此外,楚州地处前线,缺少兵马则无法有效应对金军,郭杲便向宋孝宗奏请镇江诸军并武锋军摘差马步军前去楚州。又分差高邮军看守城壁、盱眙军巡检下防托人,如果依旧于屯戍人内摘差,恐怕军纪涣散,故而应当在诸军别行差拨前更戍,并请求能够依例半年一替。宋孝宗同意了

[1]〔清〕徐松辑:《宋会要辑稿·兵九》,上海古籍出版社2014年版,第8787页。

[2]〔清〕徐松辑:《宋会要辑稿·兵九》,上海古籍出版社2014年版,第8787页。

[3]〔清〕徐松辑:《宋会要辑稿·兵九》,上海古籍出版社2014年版,第8787页。

[4]〔清〕徐松辑:《宋会要辑稿·兵六》,上海古籍出版社2014年版,第8717—8718页。

郭杲提出的具体执行方案。

（二）宋宁宗"开禧北伐""嘉定和议"前后的屯戍

宋宁宗登基后，韩侂胄掌握了朝中大权，他将收复失地作为主要目标之一。自"隆兴和议"以来相对平静四十余年的局面逐渐被打破，此时金国军事力量有所削弱，给南宋君臣恢复中原故土提供了一个可能性较大的时机，宋、金关系也发生了微妙的变化。为了进行北伐，韩侂胄进行了一定的准备。在军事方面，南宋朝廷多次下诏要求宰执、诸路帅臣等推荐可为将帅的人才，加紧训练各地军队，在四川、两淮、荆襄等地增招士兵。早在宋宁宗庆元元年（1195），朝廷便在扬州等地积极屯戍，重视犒赏军队，以此鼓舞士气。庆元二年（1196）四月十八日，镇江都统兼知扬州、淮东安抚使郭倪言："淮东边面阔远，目今出戍军马分布不敷。已恭承指挥处分差发等事，乞于殿前司通见出戍人共辖差精锐壮健，正带甲二万人，准备带甲、火头、傔兵在外。庶几可以分布使唤，如遇缓急，足可抵敌。"[1]郭倪此次进言，上报淮东地区兵力不足，向宋宁宗请求戍人"正带甲二万人"，其所谓"足可抵敌"，敌人无疑指的是金军。宋宁宗下诏："令郭杲、王处久疾速拣选精锐官兵，内殿前司五千人，步军司二千人，并有智勇统制、统领部押前去，并听郭倪节制。合用军器、衣甲等，并要足备。所有起发犒设，正带甲每名四贯，不入队每名三贯，令户部以会子支付，逐司给散起发。"[2]朝廷虽然没有拨给郭倪两万人，但拣选精锐官兵内殿前司五千人、步军司二千人，仍然足以看出朝廷对淮东地区屯戍的重视程度。此外，提供充足的军器、衣甲，又令户部犒赏戍人。对于南宋的军事动向，金人早有察觉，他们很清楚韩侂胄意图北伐，故而也进行了相应的防范准备工作。嘉泰三年（1203）冬，金人在宋、金边界附近增加戍卒，聚集粮草，并关闭了设在襄阳的榷场。开禧元年（1205），金国又派仆散揆为河南宣抚使，调集金国各路军队，以应对南宋随时可能发动的进攻。

开禧二年（1206），南宋正式北伐，从两淮、京西、川陕三路对金国发起全面进攻，以图收复北方失地。四月，郭倪派部将毕再遇和镇江都统陈孝庆进兵攻打泗州，金兵溃败。五月，韩侂胄请宋宁宗下诏伐金，"开禧北伐"正式

---

[1]〔清〕徐松辑：《宋会要辑稿·兵六》，上海古籍出版社2014年版，第8720页。

[2]〔清〕徐松辑：《宋会要辑稿·兵六》，上海古籍出版社2014年版，第8720页。

开始。郭倪派遣李汝翼、田俊迈攻打宿州,命毕再遇为先锋取徐州。在攻打宿州城之时,忠义民兵抢先登上城头,南宋官军嫉妒其功劳,竟然用弓箭射向忠义民兵,民兵攻城遂告失败。郭、李、田从宿州前线败退下来。当毕再遇向徐州推进时,金军正面迎击而来,双方在灵璧遭遇。毕再遇以少胜多,打退金军进攻,全师而还。然而这并未改变两淮前线总体上所处的失利局面,宋军开始向后收缩,以防止金军的反攻。韩侂胄命令丘崈为两淮宣抚使,前往扬州部署,招收溃卒。韩侂胄又以叶适知建康府兼沿江制置使,戍守江淮要地。韩侂胄还惩罚了郭倬、李汝翼等败将。十月,金军果然开始集中兵力反攻,仆散揆、纥石烈子仁用兵两淮。金军自清河口渡淮,进围楚州。宋将毕再遇前去救援楚州,其以别部从小道疾趋淮阴,烧掉了金军粮草,金兵溃散,宋军在楚州遂得以固守。除楚州得以戍守以外,南宋在两淮地区节节败退,仆散揆、纥石烈子仁相继攻占安丰军、濠州、滁州、和州、真州,金军前锋直达长江北岸。金军集中兵力来攻六合,郭倪与金军相遇,宋军大败,郭倪弃守扬州,向瓜洲南逃。金兵抵达六合,受到了毕再遇军队的顽强抵抗。毕再遇洞察敌情,见金兵围城时四周营帐长达三十余里,故不断出击,使金军昼夜不停地受到侵扰而无法休息,金军最终从六合退走,毕再遇一路追击,多有所获。由于金军攻打楚州未下,六合亦未能取之,叶适部署下的长江防线也较为稳固,强行攻打只能无功而返。鉴于此,金军开始撤出淮南,双方在军事上开始进入僵持阶段。开禧三年(1207)一月,韩侂胄开始采取以守为攻的策略,朝廷要求停止北伐,一向意在收复中原的韩侂胄只好派出使节前往金朝进行谈判。八月,金人提出极具挑衅的苛刻条件,包括斩杀韩侂胄本人,这激怒了韩侂胄。韩侂胄立即加强长江一线防御,准备再战。

此时宋廷内部正在秘密策划一场谋害韩侂胄的行动,荣王与杨后向宋宁宗"告讦",挑唆无果之后,史弥远、杨次山等人伪造密旨,令中军统制夏震带领禁军埋伏于路旁,等到韩侂胄上早朝时来到太庙前,突然发动袭击,杀韩侂胄于玉津园。投降派史弥远等人遂掌控朝中大权,还无耻地把韩侂胄、苏师旦的头颅割下,送往金朝。嘉定元年(1208)九月,南宋与金朝又签订了屈辱的"嘉定和议",增加岁银至三十万两,绢至三十万匹,另给犒军银三百万两,双方疆界与绍兴时相同。"嘉定和议"签订后,史弥远借口减轻军费负担,大规模遣散原先招募来的新兵和民兵，淮南从十余万人减至八千余人，淮西六万余人只留二万六千余人，两淮前线的军事屯戍规模跌至谷底。

随着北方地区蒙古的崛起，金国在蒙古的历次进攻中，国土日益狭小，逐渐陷入统治危机。南宋见状，于嘉定六年（1213）便停止了对金朝的岁贡。为了应对可能出现的军事冲突，南宋积极地在淮东地区招募士兵。嘉定七年（1214）九月十七日，枢密院言："真州六合县昨来招到淮效一千人，见管计七百三十一人，并隶步军司阙额人数。今来窃虑统属不专，缓急不堪犄角。"[1]"嘉定和议"以来遣散新兵、减少屯戍的弊端很快显现，匆忙招募的士兵不堪倚用。从南宋朝廷的诏令中可见此时新兵确实难以形成有效的军事力量，诏"令步军司将见在淮效人数改充真州六合县守御兵效称呼，仍旧理作本司阙额，令真州守臣节制，知县弹压，权令霍仪专一统辖训练，缓急差拨守御。所有见管淮效，仰知县刘昌诗同统制霍仪日下措置，逐一从公点拣强壮、老疾的实人数，申取朝廷指挥，别议增招"[2]。这些士兵缺少训练，其中还有不少老弱，故而南宋朝廷计划增招士兵，可见此次招募并不理想。从以往抵御金军的经验出发，南宋朝廷对相关军事据点进行重点屯戍，六合的屯戍便是其中之一。九月十八日，侍卫步军司言："六合县城坐落两淮之中，地形平坦，最为冲要，设有不测，要得骑军追奔驰逐，巡连应用。今相度，欲除已差步军二千人外，别于殿右两军通行差拨精锐马军二百人骑，并火头、傔兵六十人，更差将官一员部押，将带桩办器甲军须，同已差更戍人兵，并令统领刘公辅一就部押起发，前去六合戍守，以备缓急，庶免仓卒误事。所有差去人马，乞下所属并照出戍例，分擘请给、添破钱米、支给借请、起发犒设施行。"[3]宋宁宗下诏令步军司行下部辖兵将官，密切起发前去，专听真州守臣节制。嘉定十年（1217）四月十八日，淮东安抚司言："六合县系步司地分，西接滁、濠，比连天长，亦是冲要之地。契勘本县见管戍兵二千余人，设遇缓急，委是兵力单弱，分布不敷。乞下步军司先次具差官兵三千人，凑见戍作五千人，以备守御，仍带衣甲、军

---

［1］〔清〕徐松辑：《宋会要辑稿·兵六》，上海古籍出版社 2014 年版，第 8720 页。

［2］〔清〕徐松辑：《宋会要辑稿·兵六》，上海古籍出版社 2014 年版，第 8720—8721 页。

［3］〔清〕徐松辑：《宋会要辑稿·兵六》，上海古籍出版社 2014 年版，第 8721 页。

器随行,以备不测使唤。"[1]宋宁宗下诏令步军司于后军精选官兵二千五百人,内马军二百人骑,令统制徐端并统领将佐等人,密切统押起发前去六合县,同见戍人马专备战御。除了六合,天长县与真州、扬州、盱眙地界至相连属,亦是冲要之地,又有创筑关城,亦合用兵屯守,宋宁宗又令殿前司于选锋军精选官兵二千五百人,内马军二百人骑,起发前去天长县。

南宋增加两淮地区的戍守,与宋、金关系的变化是息息相关的。日益穷蹙的金国统治集团为了缓解危机,内部进行了激烈的争论,最终决定南侵宋国,掠夺南宋财赋,迫使南宋恢复岁贡,以此来摆脱危机。南宋嘉定十二年(1219),金宣宗以左副元帅仆散安贞为统帅,西自川陕,东到淮东,兵分三路,每路将兵三万,发动了大规模的侵宋战争。金将仆散安贞指挥军队进攻安丰军、滁州、濠州、光州等地。金兵又自光州进犯黄州,自濠州进犯和州,自滁州进犯天长、六合,金军的数百骑兵一直深入到东采石的杨林渡,这使得邻近的建康府感受到了极大的威胁。京东路总管李全、忠义总辖季先前来救援,金军后退。在军事压力之下,对扬州等地的屯戍的重视程度,似乎又回到了"开禧北伐"阶段。嘉定十三年(1220)五月十三日,枢密院言,殿前司昨差发官兵前去扬州并天长县戍守捍御,已及二年。宋宁宗下诏曰:

> 令殿前司日下于策选锋军拣选步军二千人、马军二百人骑,令本军统领官常思训部押前去天长县屯戍,就令统制王明在县统辖捍御,听天长知县弹压。仍于游奕军拣选步军五百人,令本军统领官唐喜部押前去扬州戍守,及看管防城器具、军器什物,听扬州守臣节制。并要精择强壮勇悍官兵,不得以老弱怯懦之人充数。其添支盐菜钱米、起发盘缠钱,令所属疾速照例帮支,毋令迟误。仍戒约兵将官用心部辖,在路及到彼,务要整肃,不得稍有骚扰。候到各处,仰淮东提刑兼知扬州郑损、知天长县张翼点核。如内有老弱怯懦等人,各随即摘发回司拣换,不许徇情容留。所有扬州、天长县、高邮军见戍殿前司官兵,令统制官王宁、统领官邓略,候今来差拨人马到日,更替归司。[2]

---

[1]〔清〕徐松辑:《宋会要辑稿·兵六》,上海古籍出版社 2014 年版,第 8721 页。
[2]〔清〕徐松辑:《宋会要辑稿·兵六》,上海古籍出版社 2014 年版,第 8722 页。

从"择强壮勇悍官兵""用心部辖""务要整肃""不许徇情"的表述来看,在金军的进犯之下,宋宁宗重视对天长县、扬州、高邮军的屯戍,并进行了细致的部署,严申军纪,强调提高军队的即战力。军队盐菜钱米、起发盘缠钱"令所属疾速照例帮支",以鼓励士气。嘉定十四年(1221)二月,金将仆散安贞再次攻宋;三月,陷黄州、蕲州,俘虏南宋宗室七十余人,送至汴京;六月,金国内部有人诬告仆散安贞之所以不杀南宋宗室,是为了给自己投降南宋时留下后路,金宣宗听信此言,下令处死仆散安贞。嘉定十五年(1222)四月,金军从颍州、寿州渡淮,大肆掳掠之后退走。宋军趁淮水暴涨,乘机追击金军,金军淹死不计其数。嘉定十六年(1223),金哀宗即位,金国的统治接近尾声,其"以文榜遍谕宋界军民更不南伐"[1]。南宋在两淮地区,与金国再无大规模战争。

三、扬州地区的马政

兵以马政为要,南渡之后,赵宋失去了西北牧马之地,金军以马多而强,南宋以无马而弱,南宋骑兵与金国比起来经常处于弱势。为与金国、蒙古等骑兵相对抗,南宋不得不重视马政,将之视为关乎生死存亡的战略问题。除此之外,从宋孝宗朝开始,掌管禁军的殿前司、侍卫亲军马军司、侍卫亲军步军司逐步负责扬州、天长、六合、高邮等地的防务,如殿前司的游奕马军就屯戍在扬州。两淮前线是南北对峙的军事要地,在扬州地区养马,是南宋军事的重要组成部分。隆兴元年(1163)五月十四日,都督江淮军马张浚即奏请宋孝宗,将湖州、秀州等地的养马事宜移至扬州。张浚言:"殿前步军司诸军战马,见在湖、秀州等处牧放。缘淮甸水草利便,望并发遣前来,就扬州牧放。"[2]宋孝宗下诏,除未出戍诸军战马外,其余从之。九月十六日,枢密使、都督江淮军马张浚又奏:"承中使邓从义传旨,令置孳生马监。欲乞于扬州踏逐水草稳便去处,起盖监屋,就委守臣向子固提举,许差监官文武臣共二员。内先差一员干置,余候措置就绪日差。"[3]张浚连续奏请于扬州养马,具体事宜很快得到了落实。二年(1164)二月十二日,知扬州向子固言:"准指挥,于本州踏逐水草稳便处,起置到孳生监了当。今相度,且以一千匹作一

---

[1]〔元〕脱脱等:《金史》卷六二《交聘表下》,中华书局1975年版,第1487页。

[2]〔清〕徐松辑:《宋会要辑稿·兵二一》,上海古籍出版社2014年版,第9065页。

[3]〔清〕徐松辑:《宋会要辑稿·兵二一》,上海古籍出版社2014年版,第9055页。

监。近缘江淮都督府拘刷过户马计四千余匹,即目无可收买。今诸路大军春拣,欲乞下镇江、建康、江、池州驻扎军,于拣退马内,选无肺疾四尺四寸以上堪充马公、马母,发付本监。"[1]向子固原本计划挑选无肺疾且四尺四寸以上的良马,从而繁衍优质马匹,不过朝廷却并未同意,以"马虽有疾,不妨孳生"为理由,只将无法披甲上阵的马匹发付扬州监。这一错误决策很快显现出弊端,五月十四日,户部侍郎、淮东宣谕使钱端礼言:"契勘扬州孳生马监有名无实。见今牧养马一百二十八匹,皆驽骀下驷。设有孳生,亦不堪用,枉费官钱。欲委本路招抚司相视堪披带者,分拨诸军;不堪者估价出卖,钱同见在钱桩管,听候指挥。所有监屋,乞存留应副军马安泊。"[2]当初可能为了节约成本,朝廷将羸弱的马匹发付扬州监,然而其所生马匹不堪用,反而造成浪费。故而重新奏请发付良马,对于那些不堪军用的马匹,则按照市场价格卖出。

　　除了军事因素,扬州成为两淮前线重要的养马区域,也与其本身的自然环境有关。扬州地区水草较为茂盛的环境,也较为适合大规模养马。孝宗乾道七年(1171)正月二十四日,"诏令张松将三衙牧放马候青草月分,分拨往逐内殿前司、扬州马军司、和州步军司、六合县一带,就青牧养"[3]。南宋三衙是朝廷马政的中心,在王朝内部,三衙养马数量较为庞大。主管殿前司公事王琪言:"本司诸军战马共四千八百余匹,日食草数浩瀚。其建康府界多是沙田、民产芦荡菜园,少有湖泺出草去处。伏见扬州至高邮军邵百镇一带,多是湖荡菱草茂盛去处,望将二千五百匹改移前去扬州牧养。"[4]江、淮防线之中,建康府多沙田,少有湖泺,不宜大规模养马,而镇江府亦鲜有草地。面对这种情况,六月一日,镇江府驻扎御前诸军都统制成闵言:"镇江府艰得草地,乞发战马七百一十六匹、马军并僦兵等共一千二十人,前去扬州就草地牧养。"[5]扬州既因军事地位而成为重要的养马区域,也因为适合大规模养马而进一步提高

---

[1]〔清〕徐松辑:《宋会要辑稿·兵二一》,上海古籍出版社2014年版,第9055页。

[2]〔清〕徐松辑:《宋会要辑稿·兵二一》,上海古籍出版社2014年版,第9055—9056页。

[3]〔清〕徐松辑:《宋会要辑稿·兵二一》,上海古籍出版社2014年版,第9066页。

[4]〔清〕徐松辑:《宋会要辑稿·兵二一》,上海古籍出版社2014年版,第9066页。

[5]〔清〕徐松辑:《宋会要辑稿·兵二一》,上海古籍出版社2014年版,第9066页。

了本身的战略地位。

　　建炎时期南宋短暂地以扬州为政治中心,但由于宋高宗荒于军政,未能配合当时的北方战场,故而中原沦陷。宋高宗也未能修缮扬州、立足扬州、守住两淮,从而导致金人长驱直入,南宋君臣继续向南溃逃。在历次战争的打击之下,南宋君臣意识到两淮军事防御的重要性,扬州既处在长江防线的前沿,同时也是淮河防线后方重要的战略支撑点。金与南宋多次在扬州及其周边地区发生战争。从战争的过程与结果来看,南宋若能以扬州为核心之一,建立有效的军事防御,则往往能够抵挡金军的进攻。即便在完颜亮入侵的战争中扬州失陷,扬州也为一江之隔的建康赢得了更多的缓冲时间,有利于南宋依托长江防线进行防守反击。在宋、金两国停火时期,南宋对扬州也进行了长期的军事经营。南宋对于扬州地区非官方武装力量的收编,早在宋高宗初年即开始着手,其最终成为南宋抗击金兵的重要力量。与此同时,因其成员结构复杂,有时也表现出叛服无常的姿态,南宋朝廷对这些武装力量多有防范。在北伐的过程中,扬州是南宋军事活动的主要场所之一。在金军反攻或是入侵过程中,扬州地区包括高邮、六合、瓜洲等地的军事屯戍往往能够有效地抵御金军。自宋高宗绍兴末年金主完颜亮南侵失败以来,金军再难完全突破长江中下游防线前沿的扬州。为了有效配合江、淮地区的军事部署,以三衙为核心的南宋马政,往往将扬州作为重要的养马地域之一。

第四章　两宋时期扬州的农业生产

"广陵隋家天子都,背负巨海襟江湖。江分青山湖献白,梁宋千里传膏腴。"[1]扬州地处淮南,地势平坦,土地肥沃,气候温润,雨量充足,适宜农作物生长。入宋以后,随着农业技术的进步,生产工具的革新,再加上新品种的引入与培植,扬州地区的农业有新的发展。自古民以食为天,农业乃民生之根本。农业生产状况,也是地区经济恢复和发展的基础与表征。本章以宋代诗文为主要切入点,辅以史籍、志书等相关资料,对两宋扬州地区农业生产状况进行考察,主要涉及宋代扬州粮食作物的种植、经济作物的培植、农副产品的生产,同时就秦观笔下扬州百姓的生活情况以及入南宋后由于扬州区位变化所带来的种种影响,对当时扬州农民的田居生活状况进行探讨。

第一节　宋代扬州粮食作物的种植

扬州地区气候湿润,雨水充足,适宜水稻生长。宋庠在庆历元年(1041)出知扬州时[2],写下了《淮南早春风雨连日俗以为宜》一诗,云:"淮海岁方新,层阴便浃辰。山山能作雨,物物解呈春。野鸟千声异,江芜一色匀。农区田溜满,偏慰守藩臣。"[3]诗中"早春""岁方新"交代了诗作时间,这一季节的淮南"风雨连日""山山能作雨"。诗题中言"俗以为宜",可见当时淮南早春雨水充沛是自然常态,百姓以为"宜"。充足的雨水使得"农区田溜满",为早春水稻种植

---

　[1]〔宋〕王洋:《寄曹嘉父》,《全宋诗》第30册,北京大学出版社1998年版,第18952页。

　[2] 李之亮:《宋两淮大郡守臣易替考》,巴蜀书社2001年版,第11页。

　[3]〔宋〕宋庠:《淮南早春风雨连日俗以为宜》,《全宋诗》第4册,北京大学出版社1998年版,第2211页。

提供了丰富的水资源,也正是如此,作为扬州太守的宋庠才言"偏慰守藩臣"。

　　包括扬州在内的江淮地区原产的水稻多是粳稻,谷粒短而圆。[1]《〔万历〕扬州府志》卷二〇载扬州有大小香班籼、水赤籼、小白籼、龙爪籼、六月籼、齐梅籼、芦秆籼、叶里籼、麻斤籼、大鹅籼等多种籼稻。据罗愿《尔雅翼》,籼稻"粒稍细,耐水旱而成实早,作饭差硬"[2],与粳稻有别。扬州本地并不产籼稻,《〔万历〕扬州府志》强调这些籼稻的来源都可追溯至北宋时引进的占城稻。[3]占城稻,原产于中南半岛,因占城而得名。《宋史·食货志》言其"稻比中国者穗长而无芒,粒差小,不择地而生"[4],是典型的籼稻。[5]至于其引进中国,《续资治通鉴长编》载大中祥符五年五月,"上以江、淮、两浙路稍旱即水田不登,乃遣使就福建取占城稻三万斛分给三路,令择民田之高仰者莳之"[6],恰好"扬州山田多,宜籼"[7],故而北宋时期扬州除粳稻外,尚种植籼稻(占城稻)。

　　基于江淮区域的气候条件及扬州人的饮食习惯,扬州以种植水稻为主,但也兼种麦子,《〔宝祐〕惟扬志》中便载有当时扬州所种的四种大麦:㸃、短秆、晚、淮。[8]北宋韩琦《答袁陟节推游禅智寺》诗中亦载有扬州种麦情况。

---

　　[1]　本文"粳稻""籼稻"区别主要依据南宋罗愿在《尔雅翼》中(《景印文渊阁四库全书》第222册,台湾商务印书馆1986年版,第256页)所界定的"又有一种曰籼,比于粳小而尤不黏"。另据〔美〕何炳棣《中国历史上的早熟稻》(《农业考古》1990年第1期,第119—131页)一文,在占城稻(即籼稻)引进前,中国人都把"籼"看成是与"粳"相同的东西,直至北宋时编订的《广韵》中才第一次将"籼"与"粳"区别开来,而籼稻真正具有它现代的含义则始于南宋罗愿《尔雅翼》。以此观点来看,占城稻引进前实际无所谓"籼稻",都可统称为"粳稻"。

　　[2]　〔宋〕罗愿:《尔雅翼》卷一,《景印文渊阁四库全书》第222册,台湾商务印书馆1986年版,第256页。

　　[3]　〔明〕杨洵修,〔明〕徐銮等纂:《〔万历〕扬州府志》卷二〇,《扬州文库》第1辑第1册,广陵书社2015年版,第617页。

　　[4]　〔元〕脱脱等:《宋史》卷一七三《食货上一》,中华书局1977年版,第4162页。

　　[5]　《宋史·食货志》《宋会要辑稿》《续资治通鉴长编》中言占城稻为旱稻,其实占城稻正确的说法是耐旱的水稻品种,与古人所称的旱稻(即陆稻)不同,具体可参见游修龄《占城稻质疑》一文,《农业考古》1983年第1期,第25—32页。

　　[6]　〔宋〕李焘:《续资治通鉴长编》卷七七"真宗大中祥符五年五月戊辰",中华书局2004年版,第1764页。

　　[7]　〔明〕杨洵修,〔明〕徐銮等纂:《〔万历〕扬州府志》卷二〇,《扬州文库》第1辑第1册,广陵书社2015年版,第617页。

　　[8]　马蓉等点校:《永乐大典方志辑佚》,中华书局2004年版,第494页。

韩琦在仁宗庆历五年至七年间出知扬州[1]，他曾多次走出扬州城，深入农村。《答袁陟节推游禅智寺》诗记录了其游玩禅智寺的情形及前往禅智寺途中的所见所闻。北宋的扬州禅智寺在郊外，地处偏僻，故而在前往禅智寺路途中，韩琦见到了当时农村田地的状况，诗曰：

> 春去惜余景，偶来郊外观。芜城千古恨，一顾殊悲酸。荒祠枕大道，尚记吴城邗。远近绿阴合，水衬红英残。陇麦齐若剪，随风卷波澜。罢农喜有望，守臣心粗宽。[2]

就"陇麦齐若剪，随风卷波澜"来看，田间麦子长势喜人，"罢农喜有望"。也正因为如此，作为扬州太守的韩琦才能"守臣心粗宽"。再由"春去惜余景"一句可知，此诗作于春末夏初，大抵在农历三四月间，这个季节收获的只能是冬小麦。

宋代扬州种植冬小麦，亦可从南宋杨万里《过瓜洲镇》诗中得到印证。"隆兴和议"后，南宋与金修好，双方使节往来频繁。淳熙十六年（1189）至绍熙元年（1190），杨万里便曾以秘书监为金使接伴使，负责往返淮河迎送金国使者，其间曾四次经过扬州。在淳熙十六年冬，杨万里前往淮河迎接金使途中首次路经扬州，留下多首吟诵扬州的诗作。其在沿运河北上途经瓜洲时，恰见完颜亮南侵之遗迹（金主完颜亮绍兴三十一年率兵南侵，欲自扬州瓜洲渡江，后被弑于扬州），有感而发，作《过瓜洲镇》，云：

> 夜愁风浪不成眠，晓渡清平却晏然。数棒金钲到江步，一樯霜日上淮船。佛狸马死无遗骨，阿亮台倾只野田。南北休兵三十载，桑畴麦垄正连天。[3]

［1］李之亮：《宋两淮大郡守臣易替考》，巴蜀书社2001年版，第12页。

［2］〔宋〕韩琦：《答袁陟节推游禅智寺》，《全宋诗》第6册，北京大学出版社1998年版，第3966页。

［3］〔宋〕杨万里撰，辛更儒笺校：《过瓜洲镇》，《杨万里集笺校》卷二七，中华书局2007年版，第1394页。

其中"南北休兵三十载,桑畴麦垄正连天"两句,虽主要感慨三十年之沧海桑田,欣喜于南北休兵后扬州农业生产逐步复苏,但从句中"桑畴麦垄"等关键字眼,也可知当时扬州有种植麦子,再结合此诗乃作于淳熙十六年冬,其"连天"种植的只能是冬小麦。

从扬州地区气候来看,农历三、四月冬小麦成熟后,正是水稻播种的季节,则冬小麦收获后即可再种水稻,而水稻至九、十月成熟,恰好也是冬小麦的播种时间,如此以冬小麦搭配水稻轮流种植,可提高单位面积粮食产量。

除去粳稻、籼稻、麦子外,扬州地区尚有一种特殊的稻米种类——红米。顾名思义,这类米外表呈红色,又名红稻、海陵红或是泰州红,原产于海陵。《〔万历〕扬州府志》卷二〇言:"按《汉书》扬州有桃花米,即此种。"[1]言西汉时扬州已种植红米,而真正使红米闻名天下的却是骆宾王为李敬业而作的《讨武曌檄》一文。文中有"海陵红粟,仓储之积靡穷"[2]一句,"海陵红粟"随此檄文而声名鹊起。至宋代,"海陵红粟"时常出现在诗歌中。王禹偁《送李著作》一诗中颈联曰"饭馈海陵红稻软,鲙擎淮水白鱼肥"[3],将海陵红米与淮河白鱼并举;梅尧臣在《依韵和杭州梅龙图入淮见寄》一诗中亦言"白鱼已荐糟增味,红稻新炊粟厌怀"[4];张耒也有"黄柑紫蟹见江海,红稻白鱼饱儿女"[5]的诗句。入宋以后,由于农业技术和生产水平的不断提高,红米已经进入寻常百姓家。李昉诗言"清静僧家亦未如,绿葵红稻饱餐余"[6];苏辙所谓"饭软莫嫌红米贱,酒香故取泼醅浑"[7];方回也有"莫笑船家生事微,

　　[1]〔明〕杨洵修,〔明〕徐銮等纂:《〔万历〕扬州府志》卷二〇,《扬州文库》第1辑第1册,广陵书社2015年版,第617页。

　　[2]〔后晋〕刘昫:《旧唐书》卷六七《李敬业传》,中华书局1975年版,第2491页。

　　[3]〔宋〕王禹偁:《送李著作》,《全宋诗》第2册,北京大学出版社1998年版,第751页。

　　[4]〔宋〕梅尧臣著,朱东润编年校注:《梅尧臣集编年校注》卷二八《依韵和杭州梅龙图入淮见寄》,上海古籍出版社2006年版,第995页。

　　[5]〔宋〕张耒:《宿州道中》,《全宋诗》第20册,北京大学出版社1998年版,第13409页。

　　[6]〔宋〕李昉:《昉著灸数朝废吟累日继披佳什莫匪正声亦贡七章补为十首学謽之诮诚所甘心》其七,《全宋诗》第1册,北京大学出版社1998年版,第176页。

　　[7]〔宋〕苏辙:《苏辙集》卷一二《和王适新葺小室》,中华书局1990年版,第238页。

新红米饭绿蓑衣"[1]的诗句;李新在《渔父曲》一诗中更是详细描写了渔父从钓鱼、卖鱼、还家,再到买红米的情形,诗曰:"黄蓑老翁守钓车,卖鱼得钱还酒家。醉中乘潮过别浦,睡起不知船在沙。篙根半落春江水,稚子蓬头采洲芷。莼丝芹甲满筠笼,日暮鸡桥得红米。"[2]

第二节　宋代扬州经济作物的培植

粮食作物以外,宋代扬州也有集约化、商品化程度相对较高的经济作物。囿于史料所载,本节仅涉及蜀冈茶叶及维扬芍药两类最具扬州特色的物产。

一、蜀冈茶叶的种植与入贡

唐代已有关于扬州产茶的相关记载。崔致远《桂苑笔耕集》中有《谢新茶状》一篇,曰:"伏以蜀冈养秀,隋苑腾芳,始兴采撷之功,方就精华之味。所宜烹绿乳于金鼎,泛香膏于玉瓯。"[3]五代时毛文锡在《茶谱》一书中也言:"扬州禅智寺,隋之故宫,寺枕蜀冈,其茶甘香,味如蒙顶焉。"[4]"扬子江心水,蒙顶山上茶"[5],是唐代第一等的好水、好茶,而扬州蜀冈茶能与蒙顶相媲美,可见其品质之优异。这里拟从产茶之地、造茶之所、茶叶之入贡三个方面着手,从空间的角度切入,对宋代扬州茶叶的相关状况进行探讨。

---

[1]〔宋〕方回:《听航船歌十首》其二,《全宋诗》第66册,北京大学出版社1998年版,第41631页。

[2]〔宋〕李新:《渔父曲》其一,《全宋诗》第21册,北京大学出版社1998年版,第14161页。

[3]〔新罗〕崔致远撰,党银平校注:《桂苑笔耕集校注》卷一八《谢新茶状》,中华书局2007年版,第663页。

[4]〔宋〕胡仔纂集,廖德明校点:《苕溪渔隐丛话·后集》卷一一载:"欧公《和刘惇父扬州时会堂绝句》云:'积雪犹封蒙顶树,惊雷未发建溪春。中州地暖萌芽早,入贡宜先百物新。'注云:'时会堂,造茶所也。'余以陆羽《茶经》考之,不言扬州出茶。惟毛文锡《茶谱》云:'扬州禅智寺,隋之故宫,寺枕蜀冈,其茶甘香,味如蒙顶焉。'第不知入贡之因,起于何时,故不得而志之也。"人民文学出版社1962年版,第86页。

[5]此联起于何时、出于何人之手,今已不得而知。其中扬子江心水指的是长江中的中泠水,历来被誉为"天下第一泉"(刘伯刍以中泠水为天下第一)。苏轼《游金山寺》言"中泠南畔石盘陀,古来出没随涛波",可见北宋时中泠水仍在长江之中。但之后随着河道变迁,泉口升为陆地,现泉在镇江金山寺外。蒙顶茶指四川蒙顶山所产之茶,唐时便已经成为贡品,至宋时号称"团片敌金饼"(梅尧臣《得雷太简自制蒙顶茶》),可见其珍贵。

（一）郊原茶圃：产茶之地

《太平寰宇记》载："（蜀）冈有茶园，其茶甘香，味如蒙顶。"[1]太宗至道元年（995）王禹偁出知扬州，在扬期间有《茶园十二韵》一诗（王禹偁在题后自注"扬州作"），载当时扬州茶园及产茶的相关情况，诗曰：

> 勤王修岁贡，晚驾过郊原。蔽芾余千本，青葱共一园。芽新撑老叶，土软进深根。舌小侔黄雀，毛狞摘绿猿。出蒸香更别，入焙火微温。采近桐华节，生无谷雨痕。缄縢防远道，进献趁头番。待破华胥梦，先经阊阖门。汲泉鸣玉瓷，开宴压瑶樽。茂育知天意，甄收荷主恩。沃心同直谏，苦口类嘉言。未复金銮召，年年奉至尊。[2]

据王禹偁诗中所载，可知如下信息：其一，茶园并不在扬州城内，而是在郊外，故而要"晚驾过郊原"。再结合上文所引《太平寰宇记》中"（蜀）冈有茶园，其茶甘香，味如蒙顶"及毛文锡"扬州禅智寺，隋之故宫，寺枕蜀冈，其茶甘香，味如蒙顶焉"两条，大体可推知北宋时扬州茶园在城北蜀冈上禅智寺附近。此亦与韩琦守扬时所作《答袁陟节推游禅智寺》一诗中"乘兴诣茶圃，百步登平峦。摘焙试烹啜，甘挹零露溥"[3]几句相符。其二，茶园规模并不大，园内"蔽芾余千本，青葱共一园"，约有茶树千株。据《四时纂要》载，茶树每株每年可采摘茶叶八两，除去坏的、不合格的，每亩二百四十株大约能产茶一百二十斤。[4]如此蜀冈茶园的千余株茶树年产不过五六百斤。其三，蜀冈茶叶虽产量不多，却品相极佳，"舌小侔黄雀，毛狞摘绿猿"，烹煮后更是茶味醇香，"汲泉鸣玉瓷，开宴压瑶樽"。而由"采近桐华节，生无谷雨痕"两句可知，蜀冈茶叶约采摘于谷雨时节，是典型的春茶（谷雨茶）。其四，采摘后的茶叶要及时蒸熟焙干，这也是宋人制茶的特点之一，朱翌在《猗觉寮杂记》中

---

[1]〔宋〕乐史：《太平寰宇记》卷一二三《淮南道一·扬州》，中华书局2007年版，第2443页。

[2]〔宋〕王禹偁：《茶园十二韵》，《全宋诗》第2册，北京大学出版社1998年版，第761页。

[3]〔宋〕韩琦：《答袁陟节推游禅智寺》，《全宋诗》第6册，北京大学出版社1998年版，第3966—3967页。需要指出的是，可能禅智寺只是扬州城周边的一处产茶地，就唐代的情况来说，在扬州城的西部也有大片茶园，二十四桥中有一桥为茶园桥，就位于唐罗城西水门之外。

[4]〔唐〕韩鄂原编，缪启愉校释：《四时纂要校释》，农业出版社1981年版，第70页。

言"今采茶者,得芽即蒸熟焙干;唐则旋摘旋炒"[1],而蒸熟焙干的茶叶即为散茶[2]。其五,据"进献趁头番""年年奉至尊"等几句可知,王禹偁守扬州时,蜀冈茶已被列为贡品,每年进贡。

(二)时会春贡:造茶之所

北宋扬州的产茶地在城北蜀冈上禅智寺附近,而当时的造茶之所有二,一曰春贡亭,二名时会堂,即欧阳修所谓"造贡茶所也"。时会堂乃仁宗嘉祐二年(1057)刘敞知扬州时修建,其在《时会堂诗序》中尝言:"于是筑堂蜀江之阳,命曰时会,将率官属修职贡于此焉。"[3]至于春贡亭,不知修于何时,然考欧阳修《自东门泛舟至竹西亭登昆丘入蒙谷戏题春贡亭》一诗,有"昆丘蒙谷接新亭"[4]一句,此处"新亭"显然是指春贡亭,既名"新亭",当是新建不久。而此诗又是欧阳修对刘敞《自东门泛舟至竹西亭登昆丘入蒙谷戏题二首》的和诗,据欧公自注,此诗作于嘉祐二年(1057),时刘敞正在扬州任上。而欧公出知扬州又早于刘敞,若此亭一早便有,欧阳修断不会呼之以"新亭",如此春贡亭很可能亦是刘敞在扬州时新建。当然无论春贡亭是否是刘敞所建,单看其"春贡"之名,也知其必然与贡茶有关。

刘敞知扬州时有《时会堂二首》《昆丘台》《自东门泛舟至竹西亭登昆丘入蒙谷戏题二首》等五首诗,其后欧阳修、梅尧臣等均有和诗,梅尧臣作《依韵和刘原甫舍人杨州五题》,欧阳修则对刘敞诗题稍做改动补充,重作诗六首,合为《和原父扬州六题》,王象之《舆地纪胜》中简称为"六题"。[5]故而关于时会堂、春贡亭的相关诗作资料较为丰富,也可借此大体推知二者所在。

刘敞《时会堂二首》曰:

---

[1]〔宋〕朱翌:《猗觉寮杂记》,《全宋笔记》第3编第10册,大象出版社2008年版,第24页。

[2]〔元〕脱脱等:《宋史》卷一八三《食货下五》(中华书局1977年版,第4477—4478页)载:"茶有二类,曰片茶,曰散茶。"散茶,即文中所言蒸熟焙干所制成的茶叶;片茶(又称茶饼或团茶),是将蒸熟的茶叶榨干茶汁后碾成粉末,放入模子,压制而成。按茶饼的制作过程难免会破坏茶的原味,降低茶的养分,但在当时团茶却被认为是茶中上品。

[3]〔宋〕刘敞:《时会堂诗序》,《全宋文》第59册,上海辞书出版社、安徽教育出版社2006年版,第206页。

[4]〔宋〕欧阳修著,洪本健校笺:《欧阳修诗文集校笺·居士集》卷一三,上海古籍出版社2009年版,第394页。

[5]〔宋〕王象之:《舆地纪胜》卷三七,中华书局1992年版,第1567页。

雪霁苍山未有尘,阳崖气色已含春。不关南国年芳早,自为东藩欲贡新。

江涌岷山万里来,地蟠昆岭百寻开。故移蒙顶延年味,共献无穷甘露杯。[1]

欧阳修《自东门泛舟至竹西亭登昆丘入蒙谷戏题春贡亭》《蒙谷》诗云:

昆丘蒙谷接新亭,画舸悠悠春水生。欲觅扬州使君处,但随风际管弦声。(《自东门泛舟至竹西亭登昆丘入蒙谷戏题春贡亭》)[2]

一径崎岖入谷中,翠条红刺胃春丛。花深时有人相应,竹密初疑路不通。(《蒙谷》)[3]

梅尧臣《时会堂二首》《春贡亭》《蒙谷》诸诗云:

今年太守采茶来,骤雨千门禁火开。一意爱君思去疾,不缘时会此中杯。

雨发雷塘不起尘,蜀昆冈上暖先春。烟牙才吐朱轮出,向此亲封御饼新。(《时会堂二首》)

梦谷浮船稳且平,泊登冈顶看茶生。始从官属二三辈,时听春禽一两声。(《春贡亭》)

茗园葱蒨与山笼,一夜惊雷发旧丛。五马留连未能去,土囊深处路微通。(《蒙谷》)[4]

————————

[1]〔宋〕刘敞:《时会堂二首》,《全宋诗》第9册,北京大学出版社1998年版,第5925页。

[2]〔宋〕欧阳修著,洪本健校笺:《欧阳修诗文集校笺·居士集》卷一三,上海古籍出版社2009年版,第394页。

[3]〔宋〕欧阳修著,洪本健校笺:《欧阳修诗文集校笺·居士集》卷一三,上海古籍出版社2009年版,第395页。

[4]〔宋〕梅尧臣著,朱东润编年校注:《梅尧臣集编年校注》卷二八《依韵和刘原甫舍人扬州五题》,上海古籍出版社2006年版,第999页。

由以上几首诗可知,春贡亭、时会堂等造茶之所均在昆丘蒙谷附近,此处的"昆丘"即是蜀冈,又名昆仑冈或广陵。《太平寰宇记》载:"广陵……一名阜冈,一名昆仑冈,故鲍照《芜城赋》云:'拖以漕渠,轴以昆仑。'《河图括地》云:'昆仑山横为地轴,此陵交带昆仑,故云广陵也。'"[1]欧阳修守扬期间,尝在蜀冈上筑台,便直接以"昆丘台"命名。据《〔嘉靖〕惟扬志》卷七,昆丘台在禅智寺之侧,"欧阳公即昆丘筑台,以为临观之胜"。[2]至于蒙谷,乃蜀冈中一山谷,其位置据《〔万历〕扬州府志》卷一载在"县(明江都县)东北五里,竹西亭之北"[3]。而竹西亭据《〔嘉靖〕惟扬志》卷七载:"在府城北门外五里,上方禅智寺侧。"[4]《〔万历〕扬州府志》所记更详:"《宝祐志》:'亭遗址在官河北岸,禅智寺前。'取唐杜牧之诗:'谁知竹西路,歌吹是扬州。'因以名亭。"[5]禅智寺也在竹西亭北,则蒙谷位置当与禅智寺相当,亦在禅智寺附近。如此则作为当时造贡茶之所的时会堂与春贡亭,当与茶园同在禅智寺附近,或就在茶园内。

(三)岁贡新茶:蜀冈茶叶之入贡

至于北宋扬州的贡茶情况,刘敞《时会堂诗序》记载最详,其言:

> 州城北带广阜,古所谓昆仑冈也。其木宜茶,与蒙顶比,故或谓之蜀冈。太守岁贡蜀冈茶,以火前采之,发轻使驰至京师,不过十日,为天下先。自禹抑洪水,分九牧,淮海惟扬州,其任土之法,若瑶琨、金木、筱簜、齿革、羽毛、织贝诸奇物,当备输王府。天子为其远费民力,皆止不以为常贡,常贡独茶,至简易矣。然犹岁所上不过三数斤,所以御于至尊者,贵精不贵衍也。世或说蒙顶茶宜久服,能轻身、除疾、却老。诚有是者,岂非臣子所愿哉!《狸首》之诗,以时会为乐者,固诸侯之事也。于是筑堂蜀江之阳,

[1] 〔宋〕乐史:《太平寰宇记》卷一二三,中华书局2007年版,第2443—2444页。

[2] 〔明〕朱怀幹修,〔明〕盛仪辑:《〔嘉靖〕惟扬志》卷八,《扬州文库》第1辑第1册,广陵书社2015年版,第49页。

[3] 〔明〕杨洵修,〔明〕徐銮等纂:《〔万历〕扬州府志》卷一,《扬州文库》第1辑第1册,广陵书社2015年版,第309页。

[4] 〔明〕朱怀幹修,〔明〕盛仪辑:《〔嘉靖〕惟扬志》卷七,《扬州文库》第1辑第1册,广陵书社2015年版,第48页。

[5] 〔明〕杨洵修,〔明〕徐銮等纂:《〔万历〕扬州府志》卷二一,《扬州文库》第1辑第1册,广陵书社2015年版,第629页。

命日时会,将率官署修职贡于此焉,且使来者世世勿忘服也。嘉祐二年十二月,右正言、知制诰、知扬州军州事刘某题辞。[1]

此外,欧阳修早于刘敞任扬州太守,对于扬州贡茶情况也很熟悉。其《时会堂二首》写道:

> 积雪犹封蒙顶树,惊雷未发建溪春。中州地暖萌芽早,入贡宜先百物新。
>
> 忆昔尝修守臣职(自注:余尝守扬州,岁贡新茶),先春自探两旗开。谁知白首来辞禁,得与金銮赐一杯。[2]

由刘敞及欧阳修所述可知:其一,因扬州地处淮南,气候温润,"中州地暖萌芽早",宋时闽人以为"茶芽未展为枪,展则为旗,至二旗则老矣",而蜀冈茶叶"先春"便已经"自探两旗开"了,可见蜀冈茶叶的萌芽时间之早。不仅萌发时间早,其入贡时间更是为"天下先",梅尧臣《时会堂二首》中尝言:"雨发雷塘不起尘,蜀昆冈上暖先春。烟牙才吐朱轮出,向此亲封御饼新。"烟芽才吐,已旋摘入贡了,蜀冈茶之所以入贡为"天下先",一方面固然是因为蜀冈茶叶自身成熟早,另一方面则是因为相较于蜀地和闽地,扬州离开封更近,且运河交通便利,"不过十日"即达。其二,扬州贡茶数量极少,每年不过"三数斤",故而可以遣轻使"驰至京师"。而据上文王禹偁《茶园十二韵》诗,蜀冈茶园内有茶树千余株,年产茶当在五六百斤左右,而能够进贡的仅有"三数斤",确实是"贵精不贵衍也",由此亦可知入贡茶叶要求之高。其三,保证贡茶按时按量入贡是当时扬州太守的一项重要职责,王禹偁在扬州时就曾"勤王修岁贡""年年奉至尊",欧阳修也谓"余尝守扬州,岁贡新茶",刘敞甚至特意新筑时会堂,并率官署修职贡于此,可见对贡茶一事的高度重视。

---

[1] 〔宋〕刘敞:《时会堂诗序》,《全宋文》第59册,上海辞书出版社、安徽教育出版社2006年版,第205—206页。

[2] 〔宋〕欧阳修著,洪本健校笺:《欧阳修诗文集校笺·居士集》卷一三,上海古籍出版社2009年版,第394页。

今所见蜀冈茶入贡的记载实始于王禹偁之《茶园十二韵》,王禹偁是在太宗至道元年(995)知扬州[1],在此之前扬州是否已经贡茶不得而知。《太平寰宇记》"蜀冈"条引《图经》虽言蜀冈产茶,但未言是否贡茶。南宋胡仔在《苕溪渔隐丛话·后集》中写道:"欧公《和刘惇父扬州时会堂绝句》云……余以陆羽《茶经》考之,不言扬州出茶……第不知入贡之因,起于何时,故不得而志之也。"[2]则蜀冈茶叶何时入贡南宋时已不可考。但即使此事始于王禹偁,那蜀冈茶叶的入贡也早在太宗朝便已经开始了。此后真宗、仁宗、英宗诸朝当一直不辍,梅尧臣所谓"岁供蜀冈茶,似蒙顶茶,能除疾延年"[3]。直至北宋中后期,蜀冈才停止贡茶。晁补之在《扬州杂咏七首》其四中记道:"蜀冈茶味图经说,不贡春芽向十年。"[4]就此两句观之,已经十数年不曾贡茶了。晁补之乃哲宗元祐五年(1090)至七年间通判扬州(实际到扬在元祐六年)[5],以十年推之,则或在神宗元丰之时已经停贡了,此后直至北宋末年是否恢复不得而知。入南宋后,当又恢复贡茶,陆游有《寄题扬州九曲池》一诗,诗曰:"清汴长淮莽苍中,扬州画戟拥元戎。南连近甸观秋稼,北抚中原扫夕烽。茶发蜀冈雷殷殷,水通隋苑月溶溶。悬知帐下多豪杰,一醉何因及老农?"[6]此诗首、颔二联简单分析了南宋扬州作为边防重镇,对于拱卫江南、北抚中原的重要作用。颈联一句"茶发蜀冈雷殷殷,水通隋苑月溶溶"则侧重于描写维扬九曲池一带风物,与诗题相照应,且就此句来看,当时蜀冈贡茶当又恢复。

二、扬州芍药的培植与运输技术

宋代由于赏花、簪花的习俗,花卉需求量很大,自然也就带动了花卉种植业的繁荣,特别是花卉培植与运输技术的发展。就扬州地区而言,"琼花芍药

[1] 李之亮:《宋两淮大郡守臣易替考》,巴蜀书社2001年版,第6页。

[2] 〔宋〕胡仔纂集,廖德明校点:《苕溪渔隐丛话·后集》卷一一,人民文学出版社1962年版,第86页。

[3] 〔宋〕梅尧臣著,朱东润编年校注:《梅尧臣集编年校注》卷二八《依韵和刘原甫舍人杨州五题》,上海古籍出版社2006年版,第999页。

[4] 〔宋〕晁补之著:《扬州杂咏七首》其四,《全宋诗》第19册,北京大学出版社1998年版,第12870页。

[5] 〔宋〕晁补之著,乔力校注:《晁补之词编年笺注》,齐鲁书社1992年版,第245—249页。

[6] 〔宋〕陆游著,钱仲联校注:《剑南诗稿校注》卷四二《寄题扬州九曲池》,上海古籍出版社2005年版,第2658页。

世无伦"，琼花与芍药是北宋扬州最具代表性的两种花卉，其中尤以芍药的培植与贩运最具特色。广陵花匠对于芍药的培植、繁育，不仅体现了花匠自身的工力智巧，更是当时扬州花卉种植技术发展的重要表现。

（一）"故者未厌新者已盛"：扬州芍药的培植

宋时虽然多地都有芍药，但唯有扬州芍药"名与洛花相上下"[1]。宋人以为这是得益于扬州特殊的风土，王观所谓"天地之物，悉受天地之气以生，其小大、短长、辛酸、甘苦与夫颜色之异，计非人力之可容致功于其间也"[2]。宋人甚至以为芍药专美于扬州，其他地方的芍药种植于扬州，"经岁则盛，至有十倍其初"[3]，甚至会超过扬州本地所产芍药。不仅如此，芍药一旦离开扬州，辄"一岁而小变，三岁而大变，卒与常花无异"[4]。故而刘攽在《芍药谱序》中以为："芍药之盛，环广陵四五十里之间为然，外是则薄劣，不及洛阳牡丹。"[5]

但维扬芍药的兴盛，不仅仅是由于扬州优越的自然条件适宜芍药生长，更重要的是广陵种花人技艺高超，能不断推陈出新，使得"故者未厌，而新者已盛"[6]，这是维扬芍药能够兴盛的另一先决条件。这一点往往为人所忽视，故而韩琦才会在《和袁陟节推龙兴寺芍药》末两句中强调"君子果有育材心，请视维扬种花者"[7]，呼吁人们关注芍药背后的扬州种花人。

对于芍药的栽培技术，广陵花匠们积累了丰富的经验，具体来说，自芍药初生至花朵萎落，以下五点需要格外注意：

---

[1]〔宋〕韩琦：《和袁陟节推龙兴寺芍药》，《全宋诗》第6册，北京大学出版社1998年版，第3967页。

[2]〔宋〕王观：《扬州芍药谱序》，《全宋文》第72册，上海辞书出版社、安徽教育出版社2006年版，第268页。

[3]〔宋〕刘攽：《芍药谱序》，《全宋文》第69册，上海辞书出版社、安徽教育出版社2006年版，第165页。

[4]〔宋〕孔武仲：《扬州芍药谱》，《全宋文》第100册，上海辞书出版社、安徽教育出版社2006年版，第325页。

[5]〔宋〕刘攽：《芍药谱序》，《全宋文》第69册，上海辞书出版社、安徽教育出版社2006年版，第165页。

[6]〔宋〕孔武仲：《扬州芍药谱》，《全宋文》第100册，上海辞书出版社、安徽教育出版社2006年版，第324页。

[7]〔宋〕韩琦：《和袁陟节推龙兴寺芍药》，《全宋诗》第6册，北京大学出版社1998年版，第3967页。

　　其一,为了保证芍药"花头大",促进芍药生长,需要在每年八月间将芍药掘出再种,北宋莫君陈《月河所闻集》中载:"芍药,每年八月间掘洗阴干,数日再植,即花头大。"[1]其二,每年九、十月间需再次掘出芍药,北宋王观《扬州芍药谱序》中言:"居人以治花相尚。方九月、十月时悉出其根,涤以甘泉,然后剥削老硬病腐之处,揉调沙粪以培之,易其故土。"[2]先后两次取根洗净,相隔不过月余,如此操作,似因二者功用不同。其三,即王观所谓的"剥削老硬病腐之处",此又谓"洗花",据沈作喆《寓简》载:"洗花如洗竹,非用水也,芟取其病根,蝼蚁、蚯蚓荐食之余耳。"[3]即用蝼蚁、蚯蚓把根茎坏的地方吃掉,留下健康的部分,之后再"揉调沙粪以培之",给予芍药足够的养分。其四,对于"洗花"的频率当时也有严格的规定,"凡花大约三年或二年一分,不分则旧根老破而侵蚀新芽,故花不成就;分之数,则小而不艳。不分与分之太数,皆花之病也"[4],对于芍药几年要分、分之数目有详细要求。其五,在芍药花败之后,需将花朵剪去,将枝条盘曲,尽可能保证养分归于根须而不至流散,即《扬州芍药谱序》中所谓"花既萎落,亟剪去其子,屈盘枝条,使不离散,脉理不上行而皆归于根"[5]。只有这样,第二年长出的芍药才能"繁而色润"。

　　除了芍药种植技术,宋代扬州花匠在培植芍药新品种上也是尽显工力智巧。孔武仲在《扬州芍药谱》中尝言:"扬州芍药名于天下……至于名品相压,争妍斗奇,故者未厌,而新者已盛。州人相与惊异,交口称说。"[6]而当时芍药新品种的培植主要靠改变"培壅剥削之力",通过调节"培壅剥削之力"可以

　　[1]〔宋〕莫君陈:《月河所闻集》,《全宋笔记》第1编第10册,大象出版社第2003年版,第308页。
　　[2]〔宋〕王观:《扬州芍药谱序》,《全宋文》第72册,上海辞书出版社、安徽教育出版社2006年版,第269页。
　　[3]〔宋〕沈作喆:《寓简》卷一〇,《全宋笔记》第4编第5册,大象出版社2008年版,第89页。
　　[4]〔宋〕王观:《扬州芍药谱序》,《全宋文》第72册,上海辞书出版社、安徽教育出版社2006年版,第269页。
　　[5]〔宋〕王观:《扬州芍药谱序》,《全宋文》第72册,上海辞书出版社、安徽教育出版社2006年版,第269页。
　　[6]〔宋〕孔武仲:《扬州芍药谱》,《全宋文》第100册,上海辞书出版社、安徽教育出版社2006年版,第324页。

改变芍药"花颜色之深浅与叶蕊之繁盛",从而不断催生出新品种。[1]有时单靠改变"培壅剥削之力"无法催生新品种,便需要借助药物,激发芍药变异。宋人沈作喆《寓简》中尝记有一位扬州老圃,家住蕃釐祠殿(今扬州琼花观)之侧,祖辈均以种花为业,老圃对于维扬芍药新品迭出的原因心知肚明,且直言不讳道:"乃用工力智巧,翦剥移徙,杂以肥沃药物注灌,花始变而趣时态,十有七八异于常品矣。"[2]

而就实际效果来看,维扬芍药确实新品迭出。北宋不少文人特意为维扬芍药作谱,记录芍药的名称、种类、形貌,"以示未尝见者使知之,其尝见者因以吾言为信矣"[3]。据南宋陈振孙《直斋书录解题》及元修《宋史·艺文志》所载,北宋时为维扬芍药作谱者有三家,分别是刘攽、孔武仲及王观。[4]三谱中以刘攽谱最早,刘攽谱中自言作于"熙宁六年(1073)"。而孔、王二谱作于元丰元年(1078)至元丰二年(1079)间,且孔武仲谱早于王观谱。[5]在刘攽谱中,"为谱三十一种",收当时维扬芍药名品三十一品;几年之后,至孔武仲作谱时,"可纪者三十有三种",较之刘攽谱又有新增(且刘、孔二谱对于芍药的命名方式完全不同[6],两谱中所收芍药数量差距可能不止两种);而在王观谱中,所列维扬芍药已经增至四十二种(具体参见下表)。关于王观之谱,历来以为其在刘攽之谱所收三十一品基础上新增八品,即王观自言的:"旧谱三十一品,分上中下三等,此前人所定,今不更易。新收八品。"[7]如此当收维扬芍药三十九品,其实非也。王观在《扬州芍药谱序》中亦曾言:"今芍药有三四十品,

[1]〔宋〕王观:《扬州芍药谱序》,《全宋文》第72册,上海辞书出版社、安徽教育出版社2006年版,第269页。

[2]〔宋〕沈作喆:《寓简》卷一〇,《全宋笔记》第4编第5册,大象出版社2008年版,第89页。

[3]〔宋〕刘攽:《芍药谱序》,《全宋文》第69册,上海辞书出版社、安徽教育出版社2006年版,第166页。

[4]〔宋〕陈振孙:《直斋书录解题》卷一〇,上海古籍出版社2015年版,第299页。

[5]陈雪飞:《北宋扬州芍药三谱之比较及其史料价值》,《扬州职业大学学报》2018年第1期,第8页。

[6]陈雪飞:《北宋扬州芍药三谱之比较及其史料价值》,《扬州职业大学学报》2018年第1期,第9页。

[7]〔宋〕王观:《扬州芍药谱序》,《全宋文》第72册,上海辞书出版社、安徽教育出版社2006年版,第270页。

旧谱只取三十一种,如绯单叶、白单叶、红单叶,不入名品之内。其花皆六出,维扬之人甚贱之。"[1]明确提到了绯单叶、白单叶、红单叶三品,只是这三品并非名品,王观未将其列入谱。而是又搜罗了御衣黄等新出现的八种名品,将其列入芍药谱。如此则王谱中提到的维扬芍药品种其实共有四十二种,而非三十九种,可谓种类繁多。

表 4-1　王观《扬州芍药谱》(《景印文渊阁四库全书》本)中所载北宋维扬芍药

上之上	冠群芳	下之中	宿妆殷
	赛群芳		取次妆
	宝妆成		聚香丝
	尽天工		簇红丝
	晓妆新	下之下	效殷妆
	点妆红		会三英
上之下	叠香英		合欢芳
	积娇红		拟绣鞯
中之上	醉西施		银含棱
	道妆成	新收八品	御衣黄
	掬香琼		黄楼子
	素妆残		袁黄冠子
	试梅装		峡石黄冠子
	浅妆匀		鲍黄冠子
中之下	醉娇红		杨花冠子
	拟香英		湖缬
	妒娇红		黾池红
下之上	缕金囊	未入谱之三品	绯单叶
	怨春红		白单叶
	妒鹅黄		红单叶
	蘸金香		
	试浓妆		

[1]　〔宋〕王观:《扬州芍药谱序》,《全宋文》第 72 册,上海辞书出版社、安徽教育出版社 2006 年版,第 269 页。

北宋花匠对于芍药的培植确实使得维扬芍药"迩年新花更奇巧",新品层出。但也正是因为一味追新求异,致使芍药存在培植过度的问题。孔武仲《扬州芍药谱》中载有芍药离开扬州后"一岁而小变,三岁而大变,卒与常花无异"的现象。[1]孔武仲将其归咎于水土的差异,他认为"芍药之美,益专于扬州矣"[2],离开了扬州水土,维扬芍药会自然退化。诚然,维扬芍药的退化现象,有水土差异的因素,但归根结底是源于扬州花匠对芍药的过度培植,使花力过度消耗所致。《寓简》中的维扬老圃尝言:

> 吾自高曾世传种花,但栽培及时,无他奇巧。盖以不伤其性,自得天真,故根坡耐久。近世厌常而反古,专尚奇丽。吾为衣食所迫,不能免俗,乃用工力智巧,蓳剔移徙,杂以肥沃药物注灌,花始变而趣时态,十有七八异于常品矣。然不能久远,经数岁辄瘦悴,纵未朽腐,而花尽力矣。盖先世之所能者,天也;吾之所能者,人也。人竟能胜天者耶? 故吾视花有惭色也。[3]

老圃的分析很有道理,沈作喆赞其为"知道者"。时人一味追求奇丽,渴望与众不同,而花卉自然变异的概率又极低,为了迎合市场需求,花匠无奈只能以"工力智巧"去改变花卉常态,甚至不惜使用药物诱发植物变异。这就好比提前透支了花卉的生命力,自然是不能长久的。但从另一方面来看,也不得不佩服扬州花匠的"工力智巧",他们以一己之力,使"花始变而趣时态",培植出与普通花卉不同的新品种,在这个层面上,他们似乎已"战胜"自然。正如北宋陈瓘在《接花》一诗中写到的:"色红可使紫,叶单可使千。花小可使大,子少可使繁。天赋有定质,我力能使迁。自矜接花手,可夺造化权。"[4]

---

[1]〔宋〕孔武仲:《扬州芍药谱》,《全宋文》第100册,上海辞书出版社、安徽教育出版社2006年版,第325页。

[2]〔宋〕孔武仲:《扬州芍药谱》,《全宋文》第100册,上海辞书出版社、安徽教育出版社2006年版,第325页。

[3]〔宋〕沈作喆:《寓简》卷一〇,《全宋笔记》第4编第5册,大象出版社2008年版,第89页。

[4]〔宋〕陈瓘:《接花》,《全宋诗》第20册,北京大学出版社1998年版,第13470页。

（二）"一人可负数百本而不劳"：扬州芍药的运输技术

芍药的运输过程要求极高，若是不能保证足够的水分与养分，芍药未达目的地便会枯死；而若是时刻保证水分与养分，以土块包之，水流灌之，又会耗费大量人力物力，最终得不偿失。正是在这样的矛盾背景之下，扬州劳动人民采用了一种独特的存储及长途运输芍药的方式。如果不以此种方式运输，即使"大豪人力或强迁"，耗费巨资，结果依然可能是"费尽雍培无艳冶"。[1]据王观《扬州芍药谱序》载："芍药及时取根，尽取本土，贮以竹席之器，虽数千里之远，一人可负数百本而不劳。至于他州，则雍以沙粪。"[2]这里记述颇为简洁，实际操作却十分复杂。

首先是"及时取根"，这里实际有明确的时间界限。孔武仲《扬州芍药谱》言"（芍药）自三月初旬始开，浃旬而甚盛"，而芍药开花后，尚可留七八日，如此芍药自初开至萎落，大抵可保持二十余日。要想让芍药以最佳状态贩出，只能在芍药开花前或是始开时，即三月初旬取根。其次是"尽取本土"，各地土质、养分含量不同，不同的酸碱度会使得花瓣的颜色、形态完全不同，即王观所谓"（芍药）花颜色之深浅与叶蕊之繁盛，皆出培雍剥削之力"[3]。而要保证在运输过程中的养分供给，必须要取扬州本地土壤。再次便是"贮以竹席之器"，竹席之类，疏漏有孔，易于浇水，亦较为轻便，便于运输。而芍药能够长途运输的另一个原因在于芍药自身作为草本植物，无太多根窠，根系不是太发达，不似琼花一类木本植物。加上宋代扬州交通便利，"自广陵至姑苏，北入射阳，东至通州海上，西至滁、和州数百里"，人人都可以见到扬州芍药。[4]最后，贩运至目的地，尚需再一次"雍以沙粪"，给予足够的养分。这样的运输过程芍药的成活率很高，且芍药品相保存很好，"虽不及维扬之盛，而

---

[1]〔宋〕韩琦：《和袁陟节推龙兴寺芍药》，《全宋诗》第6册，北京大学出版社1998年版，第3967页。

[2]〔宋〕王观：《扬州芍药谱序》，《全宋文》第72册，上海辞书出版社、安徽教育出版社2006年版，第269页。

[3]〔宋〕王观：《扬州芍药谱序》，《全宋文》第72册，上海辞书出版社、安徽教育出版社2006年版，第269页。

[4]〔宋〕刘攽：《芍药谱序》，《全宋文》第69册，上海辞书出版社、安徽教育出版社2006年版，第165页。

颜色亦非他州所有者比也"。[1]当然亦有"逾年即变而不成者",而移栽北方的芍药,不少"本年以往,则不及初年,自是岁加劣矣"[2],如孔武仲所说"一岁而小变,三岁而大变,卒与常花无异"[3]。这并非是运输的过失,很大程度上是"土地之宜不宜"的问题。

第三节　宋代扬州农副产品的生产

宋代扬州物产丰富,除了上述粮食作物及经济作物以外,各类农副产品也层出不穷。就宋诗所载来看,北宋扬州农副产品主要包括农产品、副食品、丝织品三大类,兹就其最具代表性者考述如下。

一、农产品

(一)姜

宋代扬州的姜很是出名,以李及《乞罢扬州贡姜等味奏略》来看,北宋时扬州糟姜直接进贡至六尚局。[4]且当时人们往来扬州寄赠的物品中也时常出现姜的身影,秦观《寄莼姜法鱼糟蟹》一诗云:"鲜鲫经年渍醽醁,团脐紫蟹脂填腹。后春莼茁滑于酥,先社姜芽肥胜肉。凫卵累累何足道,钉饾盘飧亦时欲。淮南风俗事瓶罂,方法相传为旨蓄。鱼鳡唇醢荐笾豆,山藜溪毛例蒙录。辄送行庖当击鲜,泽居备礼无麋鹿。"[5]诗中的先社即秋社之前,这时候的姜,"新芽顿长如列指状,采食,无筋,谓之子姜"[6]。嘉祐元年(1056),梅尧臣在汴京,时刘敞知扬州,千里迢迢为梅尧臣寄送扬州糟姜,梅尧臣特意作《答刘原

[1]〔宋〕王观:《扬州芍药谱序》,《全宋文》第 72 册,上海辞书出版社、安徽教育出版社 2006 年版,第 269 页。

[2]〔宋〕刘敞:《芍药谱序》,《全宋文》第 69 册,第 165 页。

[3]〔宋〕孔武仲:《扬州芍药谱》,《全宋文》第 100 册,第 325 页。

[4]〔宋〕李及:《乞罢扬州贡姜等味奏略》,《〔嘉靖〕惟扬志》卷三二,《扬州文库》第 1 辑第 1 册, 广陵书社 2015 年版,第 211 页。

[5]〔宋〕秦观著,徐培均笺注:《淮海集笺注》卷六《寄莼姜法鱼糟蟹》,上海古籍出版社 1994 年版,第 209 页。

[6]〔宋〕秦观著,徐培均笺注:《淮海集笺注》卷六《寄莼姜法鱼糟蟹》,上海古籍出版社 1994 年版,第 210 页。

甫寄糟姜》一诗答谢,末两句云:"赠辛非赠甘,此意当自求。"[1]余安行途经高邮时,也不禁赞叹:"莼美不须添酱豉。"[2]

（二）莼菜

莼菜,又名马蹄莲或是湖菜,是一种水生草本植物,一般采其初生的嫩叶食用。扬州池塘湖泊众多,也产莼菜。同样是秦观《寄莼姜法鱼糟蟹》一诗,其中的"莼"即指莼菜,秦观诗中云"后春莼茁滑于酥"[3],所谓的莼茁就是初生的莼菜,莼菜的茎与叶皆含黏液,故云味滑于酥。

（三）藕

扬州藕多产于北部湖区,出于邵伯者尤佳。在宋代曾一度与苏州菱齐名,有所谓"苏州菱,邵伯藕"之说。[4]梅尧臣有《宿邵埭闻雨因买藕芡人回呈永叔》诗,此诗作于庆历八年（1048）,欧阳修正在扬州任上。梅尧臣路过扬州,与欧阳修共度中秋节后离开扬州,此诗即是离开扬州城北上至邵伯买藕芡时所作。在稍后所作的《寄许主客》一诗中,梅尧臣赞邵伯藕"藕味初能消酒渴"。[5]南宋末元初时,郝经食邵伯藕后,甚爱之,作《邵伯藕》赞曰:"蛟人折向水晶宫,却著金刀截玉筒。齿颊水浆流不尽,洒然嚼碎雪玲珑。"[6]

（四）芡

扬州方言称鸡头米或芡实,至今扬州人亦喜食之。黄庭坚《次韵王定国扬州见寄》中便写扬州鸡头米,云:"飞雪堆盘鲙鱼腹,明珠论斗煮鸡头。"[7]孙

---

[1]〔宋〕梅尧臣著,朱东润编年校注:《梅尧臣集编年校注》卷二六《答刘原甫寄糟姜》,上海古籍出版社 2006 年版,第 905 页。

[2]〔宋〕余安行:《重阳舟次高邮》,陈新等补正:《全宋诗订补》,大象出版社 2005 年版,第809 页。

[3]〔宋〕秦观著,徐培均笺注:《淮海集笺注》卷六《寄莼姜法鱼糟蟹》,上海古籍出版社 1994年版,第 209 页。

[4]〔宋〕释可湘:《偈颂一百零九首》其五一,《全宋诗》第 63 册,北京大学出版社 1998 年版,第 39305 页。

[5]〔宋〕梅尧臣著,朱东润编年校注:《梅尧臣集编年校注》卷一八《宿邵埭闻雨因买藕芡人回呈永叔》《寄许主客》,上海古籍出版社 2006 年版,第 469 页。

[6]〔元〕郝经:《陵川集》,山西古籍出版社 2006 年版,第 505 页。

[7]〔宋〕黄庭坚著,〔宋〕任渊等注:《黄庭坚诗集注》卷七《次韵王定国扬州见寄》,中华书局2003 年版,第 280 页。

觉在《题召伯斗野亭》亦言："尚想紫芡盘,明珠出新烹。"[1]均以明珠来比鸡头米,可见扬州鸡头米颗粒饱满,色泽明亮。

（五）橘柚

扬州地处淮南,产橘柚,唐代李白《秋日登扬州西灵塔》一诗中便有"露浴梧楸白,霜催橘柚黄"[2]的记述。宋时,淮南橘柚甘香甜蜜,仍十分受欢迎。韦骧知海门县时,尝以海门橘柚寄友人,有《寄橘柚》一诗,云:"海门橘柚胜湖湘,采献铃斋有意将。旧岁空希杜陵句,今年方报董泾霜。敢私磊落充宾豆,愿贡甘香佐寿觞。蕴藻可羞诚所致,厥包况是重维扬。"[3]除橘肉甘甜可口外,橘皮晒干可以入药。当时扬州不仅产橘柚,亦会贩售陈皮。陈舜俞诗曰:"包橘古云美,扬州地所宜。名存夏后贡,颂见楚人辞。云梦分膏沃,璇星散陆离。……稍收先落子,争晒已残皮。趁市商船急,充庭使驿驰。"[4]"稍收先落子,争晒已残皮"两句即言将未熟掉落的橘柚皮晒干为陈皮,"趁市商船急,充庭使驿驰"则说明当时的橘柚、陈皮可通过商船、驿站贩运至外地销售。

二、副食品

（一）鲫鱼

北宋扬州人喜食鲫鱼（鲊）,据陶谷《清异录》载:"广陵法曹宋龟造缕子脍,其法用鲫鱼肉、鲤鱼子,以碧筒或菊苗为胎骨。"[5]除了将鲫鱼做成缕子脍,北宋扬州人也喜欢腌制鲫鱼,做成鱼鲊,能保存较长时间并能长途运输。秦观《寄莼姜法鱼糟蟹》一诗中的"法鱼"即鲫鱼做的鲊,秦观所谓"鲜鲫经年渍醽醁"。

（二）糟蟹

扬州北部高宝湖区一带,不仅产藕,也产湖蟹。北宋扬州螃蟹声名远播,

---

［1］〔宋〕孙觉:《题召伯斗野亭》,《全宋诗》第 11 册,北京大学出版社 1998 年版,第 7544 页。

［2］〔唐〕李白:《秋日登扬州西灵塔》,《全唐诗》卷一八〇,中华书局 1960 年版,第 1835 页。

［3］〔宋〕韦骧:《寄橘柚》,《全宋诗》第 13 册,北京大学出版社 1998 年版,第 8516 页。

［4］〔宋〕陈舜俞:《山中咏橘长咏》,《全宋诗》第 8 册,北京大学出版社 1998 年版,第 4974—4975 页。

［5］〔宋〕陶谷:《清异录》卷下"缕子脍"条,《全宋笔记》第 1 编第 2 册,大象出版社 2003 年版,第 101 页。

黄庭坚《次韵师厚食蟹》一诗尝言："吾评杨（扬）州贡，此物真绝伦。"[1]但因活蟹无法久存，也不能长途运输，北宋扬州人常常将其制作成糟蟹。秦观《寄莼姜法鱼糟蟹》一诗中的"糟蟹"即此。而从秦观诗中"团脐紫蟹脂填腹"的描述来看，当时糟蟹品相、滋味俱佳。

三、丝织品

北宋时期，淮南地区的丝织业较为发达。扬州尤以织縠为盛，扬州生产的縠，柔软轻薄，为一时佳品。宋初诗人张咏赞道："维扬软縠如云英，亳郡轻纱若蝉翼。"[2]将扬州软縠与当时亳州所产轻纱并称。但南宋以后，战乱频繁，扬州乃至整个淮南地区的丝织业急剧萎缩，不复当年之盛。刘克庄在《扬州作》一诗中记道："几多精甲没黄沙，野哭遥怜战士家。瓜渡月明空粉堞，芜城烟断只昏鸦。似闻汉使敚王醢，尚喜胡儿剖帝羓。怊怅两淮蚕织地，春风不复长桑芽。"[3]

第四节　宋代扬州的田居生活

北宋扬州地区田间劳动以秦观的农事诗描写最为详细。秦观是高邮人，家在当时高邮城东之武宁乡，是北宋扬州地区典型的生长于农村耕读之家的知识分子。秦观早年丧父，家境并不富裕，且其在元丰八年（1085）中进士之前未尝为官，家中仍以农业收入为主要生活来源。在这段时间，秦观虽自言"杜门却扫，日以文史自娱"[4]，以读书为首要任务，但囿于"顾亲已老……犬马之情，不能无埋郁耳"[5]的实际情况，仍需在读书之暇及农忙之时亲自参与农业生产。秦观自己描述当时的生活状况道："某比侍亲如故，敝庐数间，足

---

[1]〔宋〕黄庭坚著，〔宋〕任渊等注：《黄庭坚诗集注》卷四《次韵师厚食蟹》，中华书局2003年版，第885—886页。

[2]〔宋〕张咏：《筵上赠小英》，《全宋诗》第1册，北京大学出版社1998年版，第529页。

[3]〔宋〕刘克庄：《扬州作》，《全宋诗》第58册，北京大学出版社1998年版，第36139—36140页。

[4]〔宋〕秦观著，徐培均笺注：《淮海集笺注》卷三〇《与李乐天简》，上海古籍出版社1994年版，第1008页。

[5]〔宋〕秦观著，徐培均笺注：《淮海集笺注》卷三〇《与苏子由著作简·其一》，上海古籍出版社1994年版，第1002页。

以庇风雨。薄田百亩，虽不能尽充饘粥丝麻，若无横事，亦可给十七。家贫素无书，而亲戚时肯见借，亦足讽诵。深居简出，几不与世人相通。"[1]也正是如此，秦观对于春耕秋收的艰辛、官府催租的痛苦有切身的体会，故而其所作田间诗是不可多得的反映北宋扬州地区农事生产的第一手资料。其在元丰初年曾作《田居四首》，分别记述春夏秋冬四个季节的田间劳作状况，很具代表性，诗曰：

> 鸡号四邻起，结束赴中原。戒妇预为黍，呼儿随掩门。犁锄带晨景，道路更笑喧。宿潦濯芒屦，野芳簪鬓根。霁色披窅霭，春空正鲜繁。辛夷茂横皋，锦雉娇空园。少壮已云趋，伶俜尚鸱蹲。蟹黄经雨润，野马从风奔。村落次第集，隔塍致寒暄。眷言月占好，努力竞晨昏。
>
> 入夏桑柘稠，阴阴翳虚落。新麦已登场，余蚕犹占箔。隆曦破层阴，霁霭收远壑。雌霓卧沦漪，鲜飚泛蒙薄。林深鸟更鸣，水漫鱼知乐。羸老厌烦歊，解衣屡槃礴。阴树濯凉飔，起行遗带索。冢妇饷初还，丁男耕有讬。倒筒备青钱，盐茗恐垂橐。明日输绢租，邻儿入城郭。
>
> 昔我莳青秧，廉织属梅雨。及兹欲成穗，已复颓星暑。迟暮易昏晨，摇落多砧杵。村迥少过从，客来旋炊黍。兴发即杖藜，未尝先处所。褰裳涉浅濑，矫首没孤羽。蒻祠土鼓悲，野埤鹍鸡舞。稚子随贩夫，老翁拜巫女。辛勤稼穑事，恻怆田畯语。得谷不敢储，催科吏旁午。
>
> 严冬百草枯，邻曲富休暇。土井时一汲，柴车久停驾。寥寥场圃空，跕跕鸢鸢下。孤榜傍横塘，喧舂起旁舍。田家重农隙，翁妪相邀迓。班坐酾酒醪，一行三四谢。陶盘奉旨蓄，竹箸羞鸡炙。饮酣争献酬，语阑或悲咤。悠悠灯火暗，剌剌风飚射。客散静柴门，星蟾耿寒夜。[2]

第一首诗写春天赴田间劳作，"鸡号四邻起""努力竞晨昏"，晨去暮归。

---

[1]〔宋〕秦观著，徐培均笺注：《淮海集笺注》卷三〇《与苏公先生简·其三》，上海古籍出版社1994年版，第988页。

[2]〔宋〕秦观著，徐培均笺注：《淮海集笺注》卷二《田居四首》，上海古籍出版社1994年版，第70—76页。

虽然很辛劳,但全家一起劳作,"戒妇预为黍,呼儿随掩门",相互鼓励,一路闲谈,"犁锄带晨景,道路更笑喧",充满欢声笑语。加上春天万物复苏,清晨的野外一片生机勃勃,"霁色披膏霭,春空正鲜繁。辛夷茂横阜,锦雉娇空园",空气清新,草木繁茂,鸟兽云集。见到漂亮的野花,"野芳簪髻根",摘一朵为妻子簪上,为辛苦的田间劳作增添了不少快乐。

到了夏天,"新麦已登场,余蚕犹占箔",麦子已经成熟而蚕尚未吐丝结茧。夏天的扬州天气炎热,羸弱的老人们酷热难忍,只能"解衣屡槃礴""阴树濯凉飔",解开衣服在树荫下乘凉。炎热如此,普通农户仍不能休息,因为麦子的成熟便意味着夏税的征收,"明日输绢租",输绢日期迫在眉睫。不止如此,王安石变法期间,于熙宁二年(1069)颁行青苗法,每年正月三十日以前贷请夏料,五月三十日以前请贷秋料,在青黄不接之时政府贷款于民。而至五月,夏税征收,青苗法的夏料也要随着夏税一同缴纳,且还要较本钱加息二分。青苗法的制定原本是为了改革之前常平制度的缺陷,所谓"人之困乏,常在新陈不接之际,兼并之家乘其急以邀倍息,而贷者常苦于不得。常平、广惠之物收藏积滞,必待年歉物贵,然后出粜,而所及者,大抵城市游手之人而已",希望抑制兼并且赈济农民,"凡此,皆以为民,而公家无所利其入,亦先王散惠兴利以为耕敛补助,哀多补寡而抑民豪夺之意也"。[1]但在实际操作中由于其本身的外加运行过程中人为的诸多缺陷,往往未能达到预期目的。苏辙尝言:"以钱贷民,使出息二分,本非为利。然出纳之际,吏缘为奸,虽有法,不能禁。钱入民手,虽良民不免非理费用;及其纳钱,虽富民不免违限。如此,则州县不胜烦矣。"[2]且许多地方官"务为希合,百端罔民",强行让百姓向政府贷款,甚至"使善良备给纳之费,虚认贯百以输二分之息"。[3]加上官吏为了邀功,额外还有名目繁多的勒索,百姓苦不堪言。[4]可以说当时的青苗法已经变质为官府转放高利贷、向人民收取利息的苛政。

青苗法自熙宁二年(1069)九月颁行,至元丰八年(1085)神宗去世后废

---

[1] 〔清〕徐松辑:《宋会要辑稿·食货四》,上海古籍出版社2014年版,第6041页。

[2] 〔清〕徐松辑:《宋会要辑稿·食货四》,上海古籍出版社2014年版,第6042页。

[3] 〔清〕徐松辑:《宋会要辑稿·食货四》,上海古籍出版社2014年版,第6047页。

[4] 〔清〕徐松辑:《宋会要辑稿·食货四》,上海古籍出版社2014年版,第6047页。

止,而此四首诗均作于秦观考中进士之前的元丰初年,当时青苗法正进行得如火如荼,诗中有"倒筒备青钱,盐茗恐垂橐"一句正是写农民准备青苗钱的情形。农民在筒中储钱来还青苗钱,而为了攒足青苗钱,家中已经"盐茗恐垂橐",此处"垂橐"作空袋讲,极言农民为了攒足青苗钱,连基本的生活必需品都买不起了。青苗法施行前,农民原本就"夏秋各有税赋,又有预买,名目甚多",现又多一青苗钱,难上加难。且青苗钱在实际操作中,必须以钱还贷,不能以物,农民手中并无钱,只能让"邻儿入城郭"去换取现钱,而由于物价等因素的影响,以物换钱本身对于农民利益又是一种损害。

秋天是一个收获的季节,庄稼成熟,粮食丰收,本该是一个喜悦的季节,不过"辛勤稼穑事"的农民却"恻怆田畴语",完全没有收获的喜悦。秋天的收获意味着秋税的到来,还要加上随着秋税一起征收的青苗钱,故而当时的扬州农民"得谷不敢储",即使获得了丰收也不敢储积粮食。"催科吏旁午",要随时随地面对催科的吏人。"旁午"二字更是写出了催科人的无孔不入。

冬天的扬州农村,"严冬百草枯……寥寥场圃空,跕跕鸟鸢下",是难得的农隙时候。富裕的人家则"邻曲富休暇",享受这难得的闲暇时光。即使是普通农家也会一家人团座,一起吃饭,"班坐酾酒醴,一行三四谢。陶盘奉旨蓄,竹箸羞鸡炙"。本该酒足饭饱,十分开心,却又忍不住"语阕或悲咤",不知是否在为来年的生计担忧。特别是在"客散静柴门"后,只剩"星蟾耿寒夜",更显凄凉。

就秦观笔下的北宋扬州农村来看,农民辛勤劳作,吃苦耐劳,却时常要为各种苛捐杂税而揪心忧虑。但毕竟扬州土地肥沃,自然地理条件优越,加上农民治田勤谨,虽有各种苛捐杂税,但丰年保证温饱当是没有问题的,正如秦观所言:"若无横事,亦可给十七。"

大多情况下,宋代扬州地区农民生活当如秦观所言的"可给十七",但若是遇上特殊情况,即秦观所谓的"横事",生活很容易陷入"田园之人,殆不足以给朝夕之养"[1]的窘境。这里所谓的"横事",主要有两大类,一为天灾,二是人祸。先言天灾,即自然灾害。这在古代社会生产力水平不高的情况下

---

[1]〔宋〕秦观著,徐培均笺注:《淮海集笺注》卷三〇《与苏子由著作简·其一》,上海古籍出版社1994年版,第1002页。

是无法避免的,农民只能靠天吃饭。宋代典籍中涉及扬州遭受自然灾害的记述有很多,如乾德二年(964)四月,广陵、扬子等县潮水害民田[1];乾德二年(964)五月,扬州暴风,坏军营舍仅百区;三年(965)六月,扬州暴风,坏军营舍及城上敌棚。[2]类似的例子不必尽举,要之,一旦遇上严重的自然灾害,收成大减,百姓生活也就跟着困苦起来,自然会出现"扬州民多阙食"的情况。[3]再说人祸,即人为因素所造成的农民生活困顿,诸如地方官吏不作为,催科旁午,压榨百姓等。元祐七年(1092),苏轼守扬州,尝上疏朝廷尽言包括扬州在内的江淮农民为官吏压榨迫害以致流离失所的情形,其言:

> 今知扬州,亲见两浙、京西、淮南三路之民,皆为积欠所压,日就穷蹙,死亡过半,而欠籍不除,以此亏欠两税,走陷课利,农末皆病,公私并困。以此推知天下,大率皆然矣。臣自颍移扬,舟过濠、寿、楚、泗等州,所至麻麦如云。臣每屏去吏卒,亲入村落访问,父老皆有忧色,云:"丰年不如凶年。天灾流行,民虽乏食,缩衣节口,犹可以生;若丰年举催积欠,胥徒在门,枷棒在身,则人户求死不得。"言讫泪下。臣亦不觉流涕。又所至城邑,多有流民,官吏皆云:"以夏麦既熟,举催积欠,故流民不敢归乡。"臣闻之孔子曰:"苛政猛于虎。"昔常不信其言,以今观之,殆有甚者。水旱杀人,百倍于虎,而人畏催欠,乃甚于水旱。臣窃度之,每州催欠吏卒不下五百人,以天下言之,是常有二十余万虎狼散在民间,百姓何由安生,朝廷仁政何由得成乎?[4]

在奏疏中,苏轼将地方催租官吏比作"虎狼散在民间",其催租时无孔不入,无事不做,"胥徒在门,枷棒在身",使得百姓"求死不得",以致逃离家园,沦为流民,"不敢归乡"。苏轼直言"水旱杀人百倍于虎,而人畏催欠乃甚于水

---

[1] 〔元〕脱脱等:《宋史》卷六一《五行一》,中华书局1977年版,第1319页。

[2] 〔元〕脱脱等:《宋史》卷六七《五行五》,中华书局1977年版,第1467页。

[3] 〔宋〕李焘:《续资治通鉴长编》卷三四"淳化四年二月戊子",中华书局2004年版,第746页。

[4] 〔宋〕李焘:《续资治通鉴长编》卷四七三"哲宗元祐七年五月壬子",中华书局2004年版,第11291—11292页。

旱",明确表示地方官吏催科压榨等"人祸"的严重程度要远甚于"水旱"等自然灾害。除地方官吏催科旁午外,其他如豪强侵占田地、地方流民骚扰、战争的威胁等诸多"人祸"因素,也严重影响并制约着宋时扬州农民的生产与生活。

这里需要注意的是,相较于北宋扬州和平安定的大环境,南宋扬州因靠近宋金(蒙)边界,时常会受到战火侵扰。也正是由于战争的威胁及战争所引发的一系列"后遗症"的影响,南宋扬州农民的生活景况较之北宋时期要更为恶劣。具体来说,可体现在如下几个方面:

1. 生产关系及耕作方式的退化

南宋时频繁的战乱致使当时扬州人口急剧减少,人口的急剧减少使得当时劳动力成为官僚豪绅你攘我夺的重要对象。正是由于这样一种攘夺,使得两淮地区原本已经相当成熟的租佃制发生了逆转,佃客同大庄园主之间的人身依附关系由原来的松弛一面向强化一面发展,佃客再度成为"随田佃客",是庄园主的私属,呈现出农奴制的生产关系。[1]南宋王之道在《乞止取佃客札子》中详细记述了当时富家巨室争相攘夺佃户的情形,其言:

> 伏见淮南诸郡比经兵火,所存凋瘵,百无二三。其间尝为人佃客,而徙乡易主,以就口食,幸免沟壑者。今既平定,富家巨室不复问其如何,投牒州县,争相攘夺。兵火之后,契券不明,州县既无所凭,故一时金多位高者,咸得肆其所欲。而贫弱下户,莫适赴诉,勉从驱使,深可痛悯。[2]

就其所载来看,战争过后,淮南地区百姓"百无二三",人口流散严重。为抢夺有限的劳动力,富家巨室"不复问其如何",强行攘夺人户,而政府因"契券不明",对于地方豪强之无法行径也只能听之任之。至于那些被攘夺的"贫弱下户",申诉无望,只能听从富家巨室"驱使",沦为佃户。就王之道"深可痛悯"四字,这些"贫弱下户"的悲惨生活便可想见了。

与佃客人身依附关系不断增强相一致的是农业经营耕作方式的倒退。

---

　[1]　邓广铭、漆侠:《宋史专题课》,北京大学出版社2008年版,第100—101页。
　[2]　〔宋〕王之道:《相山集》卷二二《乞止取佃客札子》,北京图书馆出版社2006年版,第276页。

劳动力的大量缺乏致使当时的两淮地区即使有着先进的耕作技术与农具,也不得不从精耕细作的集约经营倒退到广种薄收的粗放式经营方式。"两淮多旷土,官司往时募人营垦,听其占佃,今已殆遍,谓如佃田百亩,往往广为四至逾千亩者。然其所占虽多,力实不给,种之鲁莽,收亦鲁莽,大率淮田百亩所收不如江浙十亩,况有不及耕种去处!"[1]佃客人身依附关系的不断增强、耕作方式的全面倒退,均严重阻碍了农业经济的不断发展。

2. 营(屯)田制度的废弛

为保证淮南地区的粮食产量,南宋政府在此处组织营(屯)田。屯田与营田两者本各有侧重,营田以民,屯田以兵,其收成分配制度也不尽相同。但一般以为,北宋咸平后,营田与屯田均杂用兵民,区别不大,正如马端临在《文献通考》卷七《田赋考七》中所言:"屯田因兵屯得名,则固以兵耕。营田募民耕之,而分里筑室以居其人,略如晁错田塞之制,故以营名,其实用民而非兵也……则屯营固异制矣。然咸平中营田襄州,既而又取邻州兵用之,则非单出民力。熙丰间屯营多在边州,土著人少,则不复更限兵民,但及给用即取之。于是屯田、营田,实同名异。"[2]此处着重探讨的是南宋淮南招募军民耕种官田的行为实际未能达到预期效果,甚至得不偿失,也在一定程度上损害了农民利益,故而行文中对屯田、营田不做细致区分。

由于战火侵袭,人民或死于战,或死于饥,或是被迫背井离乡,扬州地区的劳动力资源严重缺乏。也正是由于人口的流散及劳动力的缺乏,"民间荒废田土甚多",需要"募人耕凿"。加之淮南乃南宋藩篱门户,淮南若失,则江南危矣,故而长年驻扎重兵。供养如此庞大数量的军队,全靠运输给养很是吃力,而屯田显然是最佳的解决方案。此外,实行营(屯)田确有"用心稼穑之功""安生之利",即可以起到招抚流散百姓、稳定社会秩序、恢复农业发展的作用。也正是基于以上几点,南宋政府很早便主张在包括扬州在内的淮南地区实行营(屯)田制度。翰林学士汪藻早在建炎四年(1130)便上疏:"国家

---

[1] 〔宋〕虞俦:《尊白堂集》卷六《使北回上殿札子》,《景印文渊阁四库全书》第1154册,台湾商务印书馆1986年版,第135—136页。

[2] 〔元〕马端临:《文献通考》卷七《田赋考七》,中华书局2011年版,第165—166页。

欲保淮南,势须屯田,则此田皆可耕垦。"[1]其后臣僚更是多次上疏言营(屯)田之利。[2]

早在绍兴初年,淮南地区的营(屯)田已然开始,绍兴元年(1131)十月十五日,江南西路安抚大使李回"乞依淮南、两浙路专委监官措置营田"[3],翌年二月丁丑,"减淮南营田岁租三之二,俟三年复旧"[4]。则淮南营田在绍兴元年十月便已展开,而且有相关配套的优惠政策。就扬州地区而言,绍兴二年三月十日,淮南东路提刑兼营田副使王寔言:"被旨措置营田,劝诱人户,或召募军兵请射布种。今相度,先将根括到江都、天长县未种水田一万六千九百六十九顷、陆田一万三千五百六十六顷,分拨诸军,趁时耕种。"[5]当然,由此条亦可知当时营田是杂用民、兵的,即文中所谓的"劝诱人户,或召募军兵请射布种","人户"即是民,"军兵"即是兵。此后,在绍兴六年(1136),为了方便管理,将江淮一带营田改为统一的官庄经营模式,同年扬州地区亦"诏常平司空闲田土,亦合拨充官庄"[6]。与此同时,给予一系列优惠政策,完善了相关制度:

　　将州县系官空闲田土并无主逃田,并行拘籍见数,每县以十庄为则,每五顷为一庄,召客户五家相保为一甲共种。甲内推一人充甲头,仍以甲头姓名为庄名。每庄官给耕牛五头,并合用种子、农器(如未有谷,即计价支钱),每户别给菜田十亩,先次借支钱七十贯。仍令所委官分两次支给

[1]〔宋〕李心传:《建炎以来系年要录》卷四〇,中华书局2013年版,第749页。《要录》所收之汪藻奏议不全,只是截取部分。奏议全文见《全宋文》第157册,上海辞书出版社、安徽教育出版社2006年版,第135页。但据李心传所言,其不知汪藻具体上疏时间,"参酌附此年末",本书姑且以此时间为准,特此说明。

[2]南宋屯田相关情况详见《宋会要辑稿·食货二》(上海古籍出版社2014年版,第5981—6004页)及《宋会要辑稿·食货三》(上海古籍出版社2014年版,第6005—6027页)。高宗建炎及绍兴前期,由于战乱致使许多地区人口大量流失,土地大面积荒芜;加之流民甚多,无处安置;再者当时养兵众多,所支甚费……基于以上种种,南宋政府多主张屯田。

[3]〔清〕徐松辑:《宋会要辑稿·食货二》,上海古籍出版社2014年版,第5990页。

[4]〔元〕脱脱等:《宋史》卷二七《高宗四》,中华书局1977年版,第496页。

[5]〔清〕徐松辑:《宋会要辑稿·食货二》,上海古籍出版社2014年版,第5990页。

[6]〔清〕徐松辑:《宋会要辑稿·食货二》,上海古籍出版社2014年版,第5999页。

（春耕月支五十贯,薅田月支二十贯）,分作二年两料还纳,更不出息。若收成日,愿以斛斗折还者听。仍比街市增二分(谓如街市一贯,即官中折一贯二百）。其客户仍免诸般差役、科配。[1]

营(屯)田虽有上述之种种优点,但实际操作起来,却是问题重重,以至于弊端丛生。

首先,南宋政府在淮南地区营(屯)田效果并不好。绍兴四年(1134)八月五日,胡松年言"朝廷行屯田累年,除荆南解潜略措置,其余皆成虚文,无实效"[2],甚至会出现营(屯)田所耗人力、物力远远大于收获粮食的价值。如乾道三年(1167):

> 本所有营田五军庄,计田二百七顷六十五亩。岁收夏料大麦四千一硕,小麦一千三百余硕;秋料禾稻一万八千一百余硕,充马料。以时价估计,共可直钱三万贯省。而所差使臣、军人各五百八十四人掌管,岁请钱四万七千七百余贯,米六千五百硕,绢二千二百余匹,绵三千四百余两,纽约用钱七万五千余贯,所得不能偿所费之半。[3]

其次,不仅参与营田的农民会面临入不敷出、"所得不能偿所费之半"的问题,其他未参与营田的农民生活亦会因营田制度而受到损害。《宋会要辑稿》中载:"营田之人假官势力,因缘为弊,如夺民农具,伐民桑柘,占据蓄水之利,强耕百姓之田。民若争理,则营田之人群起攻之,反以为盗。"[4]可以说营(屯)田此举完全是"虚占枉费",毫无意义,反而在无形中影响了当时农民生活。

再者,稍后官庄催生出的"附种"形式,也影响了农民正常农业生产生活。《宋会要辑稿》记绍兴二十九年(1159)二月二十七日,知蕲州宋晓言:"两淮

---

[1] 〔清〕徐松辑:《宋会要辑稿·食货二》,上海古籍出版社 2014 年版,第 5998 页。
[2] 〔清〕徐松辑:《宋会要辑稿·食货二》,上海古籍出版社 2014 年版,第 5995 页。
[3] 〔清〕徐松辑:《宋会要辑稿·食货三》,上海古籍出版社 2014 年版,第 6021 页。
[4] 〔清〕徐松辑:《宋会要辑稿·食货二》,上海古籍出版社 2014 年版,第 6000—6001 页。

营田,募民而耕之,官给其种,民输其租,始非不善。应募者多是四方贫乏无一定之人,而有司拘种斛之数,每遇逃移,必均责邻里,谓之'附种'。"[1]又绍兴三十一年(1161)五月七日,中书门下省言:"两淮诸郡营田官庄,佃户数少,因多荒废,州县遂将营田稻子分给与民,秋成则计所给种子而收其实,谓之'附种'。"[2]无论是"均责其邻里",还是"秋成则计所给种子而收其实",实际均是在正常农业生产之外,额外强加给农民的负担。

北宋时期的扬州乡村,村落间较为分散,彼此错落分布,居民多傍水依树而居,环境静谧。就农业生产而言,犁、锄、柴车等农具齐全,土井、场圃、孤榜、野埭等生产生活设施兼有。而广大农民辛勤劳作,"鸡号四邻起""努力竞晨昏",为了提高单位面积粮食亩产量,扬州农民已经开始以冬小麦搭配水稻交替种植。稼穑之余,为了保证自给自足的小农经济生活状态,家禽饲养、蚕桑、酿酒等亦是不可缺少的辅助性产业。就生活状态来看,同村居民毗邻而居,相处融洽,"道路更笑喧"。农闲时节,更是会相邀聚会,一醉方休。村子里也有"藂祠"一类的神祠,村民们也会进行"藂祠土鼓""拜巫女"等祭祀祈神的文化活动。虽说扬州百姓会时常为各种苛捐杂税而忧虑,特别是青苗法颁行后生活压力更大,但就秦观诗歌来看,"若无横事,亦可给十七",丰年保证温饱当是没有问题的。若是遇上天灾人祸,官吏催科、压榨百姓,百姓多背井离乡,沦为流民,甚至"枷棒在身,则人户求死不得"。北宋承平年代尚且如此,入南宋后,由于靠近宋金(蒙)边境,时常受到战火侵扰,即使是议和后的相对和平时期,也会因战争的威胁而诱发一系列"后遗症"。战争加上这一系列"后遗症"的双重影响,使得南宋扬州农民的生活状况较之北宋要更为恶劣。当时佃户的人身依附关系增强,生产关系出现倒退;政府屯田政策的失败和"附种"的催生,不仅影响农民的正常农业生产,还额外增加了农民的负担;加之战争带来的劳动力匮乏,当时耕作方式也不断倒退。

---

[1]〔清〕徐松辑:《宋会要辑稿·食货三》,上海古籍出版社 2014 年版,第 6010 页。

[2]〔清〕徐松辑:《宋会要辑稿·食货三》,上海古籍出版社 2014 年版,第 6011 页。

第五章　两宋时期扬州的商业活动

商业作为商品流通交换的一种经济活动,是探究城市经济发展状况的重要窗口。宋代扬州商业虽较唐时为衰弱,但总体呈现出恢复与发展的态势。北宋时期,自平定李重进后,扬州近一百七十年未遭战火,为商业的复苏创造了良好的环境。真宗天禧年间,又重开扬州古运河,保证了扬州与南、北经济区其他城市的联系。此举对于各地物资的集散、商品的流通至关重要,也为扬州商业的恢复发展提供了重要的交通保障。南宋时,扬州由一座经济城市转变为边防重镇,扬州商业不再像北宋一般持续性繁荣,而是受到战争及战争所带来的一系列国家政策层面的变化的影响,呈现出波浪形的发展趋势。战事一来,商业萎缩不振;战事过去,承平时期,又会渐趋恢复,如此循环。需要注意的是,正是由于扬州城市职能的转变及频繁的战火侵袭,南宋扬州的商业无论从规模还是发展程度上,都难以与北宋相提并论。本章以建炎元年十月癸未高宗驻跸扬州及建炎三年二月高宗自扬渡江而南为两个时间节点,将宋代划分为三个时间段,以此作为分析两宋扬州商业发展状况的时间轴。

第一节　宋代扬州的花市、鱼市及酒市

一、花市

城市商业发展,离不开城市自身的独特产品和消费需求,从而形成各具特色的城市市场形式。扬州地处淮南,气候温润,适宜花木生长,梅尧臣所谓"淮山邃秀付草树,不产髦英产佳卉"[1]。加上北宋时期有赏花、簪花的习俗,

---

[1] 〔宋〕梅尧臣著,朱东润编年校注:《梅尧臣集编年校注》卷一五《韩钦圣问西洛牡丹之盛》,上海古籍出版社 2006 年版,第 312 页。

对鲜花需求量很大[1]，扬州人更是"无贵贱皆喜戴花"[2]。优越的自然条件加上庞大的消费市场，自然刺激了扬州花卉市场及花卉贸易的繁荣。扬州花卉种类繁多，而在扬州众多花卉当中，北宋时最为闻名者，一为琼花，一为芍药。欧阳修《答许发运见寄》云："琼花芍药世无伦，偶不题诗便怨人。曾向无双亭下醉，自知不负广陵春。"[3]

　　北宋王观在熙宁八年（1075）守官江都，其在《扬州芍药谱序》中云："扬之人与西洛不异，无贵贱皆喜戴花，故开明桥之间，方春之月，拂旦有花市焉。"[4]可知当时花市在州城内开明桥下，至于开明桥所在，据沈括《梦溪笔谈·补笔谈》载：

　　　　扬州在唐时最为富盛，旧城南北十五里一百一十步，东西七里三十步，可纪者有二十四桥。最西浊河茶园桥，次东大明桥（今大明寺前），入西水门有九曲桥（今建隆寺前），次东正当帅牙南门有下马桥，又东作坊桥，桥东河转向南有洗马桥，次南桥（见在今州城北门外），又南阿师桥、周家桥（今此处为城北门）、小市桥（今存）、广济桥（今存）、新桥、开明桥（今存）、顾家桥、通泗桥（今存）、太平桥、利园桥、出南水门有万岁桥（今存）、青园桥，自驿桥北河流东出，有参佐桥（今开元寺前），次东水门（今有新桥，非古迹也），东北有山光桥（见在今山光寺前）。[5]

可知开明桥唐代已有，北宋仍存，其位置当在北宋扬州城南北水门之间的官

---

　　［1］　汪圣铎在《宋代种花、赏花、簪花及鲜花贸易》一文中认为："（宋代）有赏花、簪花的习俗，又有花卉种植业的兴盛，鲜花贸易也就必然兴盛。"（《宋代社会生活研究》，人民出版社2007年版，第331—354页）

　　［2］　〔宋〕王观：《扬州芍药谱序》，《全宋文》第72册，上海辞书出版社、安徽教育出版社2006年版，第269页。

　　［3］　〔宋〕欧阳修著，洪本健校笺：《欧阳修诗文集校笺·外集》卷六《答许发运见寄》，上海古籍出版社2009年版，第1471页。

　　［4］　〔宋〕王观：《扬州芍药谱序》，《全宋文》第72册，上海辞书出版社、安徽教育出版社2006年版，第269页。

　　［5］　〔宋〕沈括：《梦溪笔谈·补笔谈》卷三，《全宋笔记》第2编第3册，大象出版社2006年版，第247页。

河上(可参考图 5-1、5-2),即在今汶河路。[1]

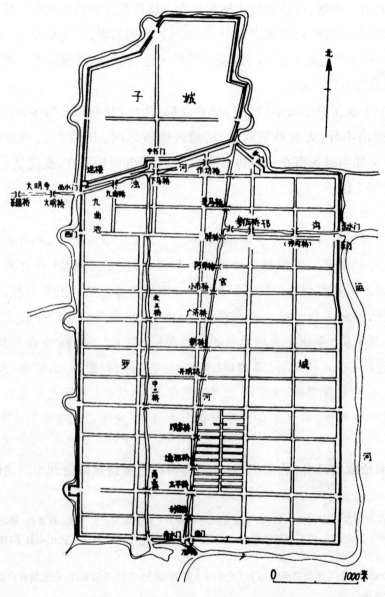

图 5-1　唐扬州城及二十四桥分布图
(《南方文物》1995 年第 3 期《唐代扬州二十四桥桥址考古勘探调查与研究》,第 79 页图)

---

[1]　汶河路原为汶河,南北贯穿扬州城,是城内官河之一,明清称市河,可行舟,河上桥梁众多,
1959 年南段填平,形成今汶河路。

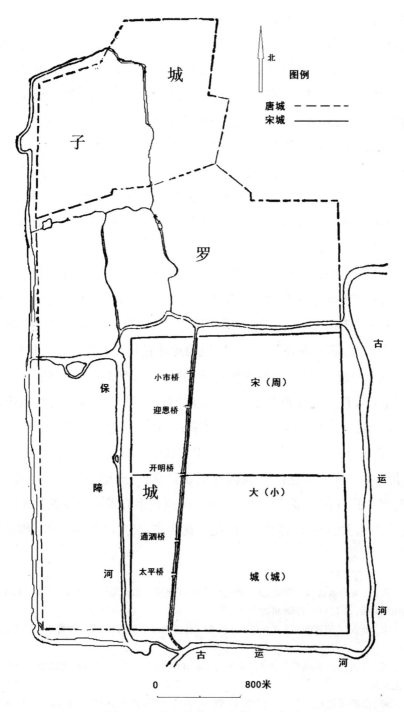

图 5-2 唐—北宋扬州城址示意图

(据《考古》1990 年第 7 期《江苏扬州宋三城的勘探与试掘》附图改绘)

　　至于花市开市的时间,王观只笼统言在"方春之月"的"拂旦",而考虑到扬州琼花与芍药的花期,此处的"方春之月"大抵在农历三四月间,此时琼花、芍药先后绽放。王安石庆历二年(1042)中进士后尝授淮南节度判官,在扬数年,对维扬芍药自然不陌生。其在《黄花》一诗中言:"四月扬州芍药多,先时为别苦风波。还家忽忽惊秋色,独见黄花出短莎。"[1]此诗虽是吟诵黄花,但首句也点出了扬州芍药的花期大约在农历四月。刘攽在《芍药谱序》中也言,其在熙宁六年(1073)罢海陵,至广陵,"时正四月花时"。[2]孔武仲在《扬州芍药谱》中则对芍药花期有更细致的描述,言:"自三月初旬始开,浃旬而甚盛。游观者相属于路,幕帘相望,笙歌相闻。又浃旬,而衰矣。大抵粗者先开,佳者后发。"[3]

　　至于琼花花期,则要稍早于芍药,大约在农历三月。北宋俞澹在《琼花》一诗中写道:"因此琼花发,维阳(应作'扬')胜洛阳。若无三月雨,占断一春香。"[4]此诗赞美扬州琼花,说因为琼花的盛开,扬州的美丽盖过了洛阳。其中"若无三月雨,占断一春香"一句恰好说明琼花花期在农历三月。扬州人陈良也有《琼花》一诗,云:"淮海春深照月长,灵祠佳树擅孤芳。人迷三月天山雪,风逗千门汉殿香。上苑菁葱思旧赏,金闺回旋入新章。后庭遗韵歌声好,试折琼枝荐一觞。"[5]因琼花花色洁白,陈良以雪喻之,诗中所谓"人迷三月天山雪"即言琼花三月花开,似天山雪花。南宋楼镰为看琼花,特意来到扬州。其在《琼花行》一诗中也直言:"我闻此语警且喜,不孤迢递来千里。花兮报称为如何,年年三月花开多。"[6]综上,宋代扬州花市有固定的地点及开市时间。

　　花市中买卖的花卉,以芍药、琼花二花为主,又尤以芍药为多。梅尧臣曰:

　　[1]〔宋〕王安石著,〔宋〕李壁笺注,高克勤点校:《王荆文公诗笺注》卷四七《黄花》,上海古籍出版社 2010 年版,第 1287—1288 页。

　　[2]〔宋〕刘攽:《芍药谱序》,《全宋文》第 69 册,上海辞书出版社、安徽教育出版社 2006 年版,第 165 页。

　　[3]〔宋〕孔武仲:《扬州芍药谱》,《全宋文》第 100 册,上海辞书出版社、安徽教育出版社 2006 年版,第 325 页。

　　[4]〔宋〕俞澹:《琼花》,《全宋诗》第 11 册,北京大学出版社 1998 年版,第 7377—7378 页。

　　[5]〔宋〕陈良:《琼花》,《全宋诗》第 14 册,北京大学出版社 1998 年版,第 9751 页。

　　[6]〔宋〕楼镰:《琼花行》,《全宋诗》第 54 册,北京大学出版社 1998 年版,第 33999 页。

"洛阳卖牡丹,江都买芍药。卖与富人欢,买为游子乐。"[1]北宋时扬州芍药与洛阳牡丹齐名,"天下名花,洛阳牡丹、广陵芍药为相侔埒"[2]。牡丹为花王,芍药号为花相。孔武仲尝言:"扬州芍药名于天下,非特以多为夸也。其敷腴盛大,而纤丽巧密,皆他州之所不及。至于名品相压,争妍斗奇,故者未厌,而新者已盛。州人相与惊异,交口称说,传于四方,名益以远,价益以重,与洛阳牡丹,俱贵于时。"[3]芍药在扬州更是有韩琦、王安石、王珪、陈升之"四相簪花"的传奇故事[4],"维扬传一开则为世瑞,且簪是花(指金腰带,扬州芍药名品)者位必至宰相,盖数数验"[5],使得芍药花名更盛,为世人所爱,其价格亦随之水涨船高,甚至一度高过牡丹。韩琦在《和袁陟节推龙兴寺芍药》中记道:"广陵芍药真奇美,名与洛花相上下。洛花年来品格卑,所在随人趁高价……不论姚花与魏花[6],只供俗目陪妖姹……以此扬花较洛花,自合扬花推定霸。"[7]认为扬州芍药在洛阳牡丹之上。此后一直到南宋,都有"洛花久污腥膻,扬花在今日尤当贵重"[8]的说法。

芍药之所以如此畅销,首先固然是因为其自身的妖娆美丽,正如欧阳修

[1]〔宋〕梅尧臣著,朱东润编年校注:《梅尧臣集编年校注》卷二八《杨乐道留饮席上客置黄红丝头芍药》,上海古籍出版社2006年版,第1011页。

[2]〔宋〕刘攽:《芍药谱序》,《全宋文》第69册,上海辞书出版社、安徽教育出版社2006年版,第164页。

[3]〔宋〕孔武仲:《扬州芍药谱》,《全宋文》第100册,上海辞书出版社、安徽教育出版社2006年版,第324—325页。

[4]"四相簪花"一事见王象之《舆地纪胜》卷三七《淮南东路·扬州》"花瑞"条(中华书局1992年版,第1565—1566页):"韩魏公琦出守维扬,郡圃芍药盛开,忽于丛中得黄缘棱者四朵,土人呼为金系腰,云:数十年间或有一二,不常见也。魏公开宴,时王岐公珪、监郡王荆公安石为幕官。方阙一客,魏公谓未有可当之者。陈秀公升之初授卫尉丞,忽经由,公召同赏,各簪一朵。其后四人相继皆登宰辅,果花瑞也。"蔡绦在《铁围山丛谈》卷六(《全宋笔记》第3编第9册,大象出版社2008年版,第258页)中以为是韩琦、王安石、王珪与吕公著四人簪花,而非陈升之。

[5]〔宋〕蔡绦:《铁围山丛谈》卷六,《全宋笔记》第3编第9册,大象出版社2008年版,第258页。

[6]指姚黄与魏紫,乃牡丹四大名品,欧阳修《洛阳牡丹记》载:"钱思公曰:'人谓牡丹花王,今姚黄真可为王,而魏花乃后也。'"〔宋〕欧阳修等著,王云整理校点:《洛阳牡丹记(外十三种)》,上海书店2017年版,第4页。

[7]〔宋〕韩琦:《和袁陟节推龙兴寺芍药》,《全宋诗》第6册,北京大学出版社1998年版,第3967页。

[8]〔宋〕周辉:《清波杂志》,《全宋笔记》第5编第9册,大象出版社2012年版,第36页。

所云"扬州一遇芍药时,夜饮不觉生朝霞。天下名花惟有此,樽前乐事更无加"[1]。其次,芍药可以入药,亦大大刺激了市场需求。芍药根、果均可入药,具有镇痛、利尿的疗效,孔武仲《维扬芍药谱》中言:"芍药根主和五脏,又辟毒气也。"[2]且不同颜色的芍药根的功效不同。一般以为芍药根为白色,其实还有一些芍药根须为赤色。而根须颜色的不同,取决于是否有足够的阳光暴晒。据沈作喆《寓简》云:

> 花(芍药)过之后,每旦迟明而起,斸土取根,洗濯而后暴之,时也遇天晴,日色猛烈,抵暮中边皆燥,断而视之,雪如也。傥遇阴云,表里滋润,信宿然后干,色正赤无疑矣。盖得至阳之气,则色白而善补,医家用之以生血而止痛;其受阳气不全者,则色赤而善泻。功用不侔,自然之理也,医家未有能知此者。[3]

再者,芍药可用于供佛,有特殊的宗教意义。在《玉盘盂》诗注中,苏轼记道:"东武旧俗,每岁四月大会于南禅、资福两寺,以芍药供佛。而今岁最盛,凡七千余朵,皆重跗累萼,繁丽丰硕。"[4]仅东武一地的两座寺庙便一次性供奉七千余朵各类芍药,其时芍药在市场上的需求量于此可见一斑。

此外,芍药也是当时饱受文人墨客喜爱的书案装饰品,秦观在《与邵彦瞻简》中尝言:"异时渌水堂中,为设清酒一樽,芍药数枝,可乘醉一挥也。"[5]以芍药点缀书房,颇显闲情雅致。

也正是因为扬州芍药在北宋声名日炽,不仅有民间自发的花市贸易,更有官方组织的带有"招商"性质的"芍药万花会"。元祐五年(1090),蔡京知

---

[1]〔宋〕欧阳修著,洪本健校笺:《欧阳修诗文集校笺·外集》卷四《眼有黑花戏书自遣》,上海古籍出版社 2009 年版,第 1362 页。

[2]〔宋〕孔武仲:《扬州芍药谱》,《全宋文》第 100 册,上海辞书出版社、安徽教育出版社 2006 年版,第 325 页。

[3]〔宋〕沈作喆:《寓简》卷一〇,《全宋笔记》第 4 编第 5 册,大象出版社 2008 年版,第 89 页。

[4]〔宋〕苏轼著,〔清〕冯应榴注:《苏轼诗集合注》,上海古籍出版社 2001 年版,第 649 页。

[5]〔宋〕秦观著,徐培均笺注:《淮海集笺注》卷三〇《与邵彦瞻简·其二》,上海古籍出版社 1994 年版,第 996 页。

扬州，[1]效仿洛阳牡丹万花会，在扬州举办芍药万花会。[2]"宴集之所，以花为屏帐，至于梁栋柱栱，悉以竹筒贮水簪花钉挂，举目皆花也"，其盛况空前。这个芍药万花会虽然由于"用花千万朵，吏缘为奸，乃扬州大害"而为元祐七年（1092）出任扬州太守的苏轼所罢，[3]但此举确实起到了宣传扬州芍药，打响知名度的作用，于芍药的外销有一定助力。与蔡京知扬州同年，晁补之通判扬州[4]，在扬期间，尝作《望海潮》一词，题后点明乃"扬州芍药会作"，载当时芍药万花会景象云：

> 人间花老，天涯春去，扬州别是风光。红药万株，佳名千种，天然浩态狂香。尊贵御衣黄。未便教西洛，独占花王。困倚东风，汉宫谁敢斗新妆。
> 年年高会江阳。看家夸绝艳，人诧奇芳。结蕊当屏，联葩就幄，红遮绿绕华堂。花面映交相。更秉管观洧，幽意难忘。罢酒风亭，梦魂惊恐在仙乡。[5]

北宋扬州官府不仅组织芍药万花会，还特意在州治内置芍药厅，王观言："州宅后有芍药厅，在都厅之后，聚一州绝品于其中，不下龙兴、朱氏之盛。"可惜由于"郡将右移，新守未至，监护不密，悉为人盗去"，之后只能"易以凡品"，芍药厅也就变得徒有虚名了。[6]

二、鱼市

扬州境内湖泊密集，河汉交织，特别是北部邵伯、高邮一带，湖泊"累累相

[1]　李之亮：《宋两淮大郡守臣易替考》，巴蜀书社2001年版，第20页。
[2]　扬州芍药万花会事见张邦基《墨庄漫录》卷九（《全宋笔记》第3编第9册，大象出版社2008年版，第113—114页）："西京牡丹，闻于天下。花盛时，太守作万花会……扬州产芍药，其妙者不减于姚黄、魏紫。蔡元长知维扬日，亦效洛阳，亦作万花会。"另苏轼《东坡志林》《仇池笔记》中亦有扬州万花会的记载，详见《全宋笔记》第1编第9册，大象出版社2003年版，第146—195页。
[3]　〔宋〕张邦基：《墨庄漫录》卷九，《全宋笔记》第3编第9册，大象出版社2008年版，第113—114页。
[4]　〔宋〕晁补之著，乔力校注：《晁补之词编年笺注》，齐鲁书社1992年版，第245页。
[5]　〔宋〕晁补之著，乔力校注：《晁补之词编年笺注》，齐鲁书社1992年版，第28页。
[6]　〔宋〕王观：《扬州芍药谱序》，《全宋文》第72册，上海辞书出版社、安徽教育出版社2006年版，第269页。

贯如连珠"[1]。秦观在《送孙诚之尉北海》一诗中形象地描写道:"吾乡如覆盂,地据扬楚脊。环以万顷湖,黏天四无壁。"[2]交错密集的水域,不仅便利了扬州与外界的交通,也为扬州提供了丰富多样的鱼虾等各类水产品。

　　扬州鱼蟹,不仅本地人爱食,外地人来扬亦喜之。神宗熙宁间,刘攽为泰州通判,在海陵数年,任上有《寄胡完夫》一诗,曰:"过客谁能问名姓,加餐自不厌鱼虾。"[3]李纲尝沿运河途经扬州,于邵伯埭取道登斗野亭,言:"浊酒聊共酌,小鳞鲜可烹。"[4]烹煮新鲜鱼虾佐酒。余安行途经高邮时,也不禁赞叹:"莼美不须添酱豉,蟹肥无复羡鱼虾。"[5]有需求便会有市场,为迎合人们对水产品的消费需求,宋代扬州城内催生出了以鱼、虾、蟹为贸易对象的专门市场。杜子民在《扬州》一诗中写道:"人穿鱼蟹市,路入斗牛天。云水家千里,江山月一船。"[6]高邮人陈造亦有诗言:"召棠望吾乡,不作秦越异。船阁雁鹜洲,人穿鱼虾市。"[7]此处依杜子民及陈造所言,以鱼蟹(虾)市名之。[8]

　　至于城内鱼市所在,据宋诗所言,当在城内官河上。宋代扬州城内水系发达,河上普遍有桥,桥上(或桥边)往往设市,市场沿着城内官河延伸,花市即在官河开明桥上,鱼市亦然。仁宗至和三年(1056)初,梅尧臣在扬州逗留较长时间,其间与多人唱和,留下不少描写扬州城内风光的诗作。其中有《依韵和孙都官河上写望》一诗,曰:"河上风烟爱此邦,吴艘越舸不相降。鱼腥蠡蠡桥边市,花暗深深竹里窗。蹴鞠渐知寒食近,秋千将立小鬟双。年光取次

　　[1]〔宋〕秦观著,徐培均笺注:《淮海集笺注·补遗》卷一,上海古籍出版社1994年版,第1582页。

　　[2]〔宋〕秦观著,徐培均笺注:《淮海集笺注·后集》卷二,上海古籍出版社1994年版,第1371页。

　　[3]〔宋〕刘攽:《寄胡完夫》,《全宋诗》第11册,北京大学出版社1998年版,第7261页。

　　[4]〔宋〕李纲:《李纲全集》卷一六《过召伯埭游斗野亭次司谏孙公韵》,岳麓书社2004年版,第209页。

　　[5]〔宋〕余安行:《重阳舟次高邮》,陈新等补正:《全宋诗订补》,大象出版社2005年版,第809页。

　　[6]〔宋〕杜子民:《扬州》,《全宋诗》第18册,北京大学出版社1998年版,第12058页。

　　[7]〔宋〕陈造:《邵伯阻风小泊赠送行诸公》,《全宋诗》第45册,北京大学出版社1998年版,第27977页。

　　[8]　漆侠在《宋代经济史》一书第一编第四章第九节《养鱼业的发展》中指出:"在宋代养鱼发展的同时,不但要看到它同城市经济发展的密切关系,而且也要看到它所具有的商品的性质,因而它是商品经济发展中的一个组成部分。"(上海人民出版社1987年版,第173页)

须偷赏,何用功名节与幢。"[1]此诗描写扬州城内官河的相关情况,就诗题《依韵和孙都官河上写望》来看,当是亲身泛舟河上,以河上视角看周边景象。其中"鱼腥蠹蠹桥边市"一句,直言桥边鱼市的鱼腥味,即使在河中也能闻到,再结合杜子民的"人穿鱼蟹市,路入斗牛天"及陈造"船阁雁鹜洲,人穿鱼虾市"两句,城内官河鱼市贸易繁盛可以想见。

　　鱼蟹市中交易的水产品丰富。梅尧臣《前日》一诗中尝言:"前日杨州去,酒熟美蟹蜊。秋风淮阴来,沙暖拾蚌蛳。"[2]《〔万历〕扬州府志》卷二〇载扬州水产,有鲟、鳇、鲥、鲭、鲢、鲫、鳒、鲤、鳟、银鱼、白鲦、乌贼、比目、河豚……淡水海水鱼皆有,除黄鱼是"往岁不至,扬州近始有之",其余皆是由来已久。[3]这些鱼类除海鱼外,多为扬州本地所产,就近贩卖,价格较为合理。苏辙在《高邮赠别杜介供奉》一诗中言:"淮南鱼米年年贱,直便归休无俸钱。"[4]表明即使退休没有俸禄,也能接受当时淮南鱼米的价格。吕本中《夜坐》一诗乃是他在"广陵城中听夜雨,倒床不眠问更鼓"时所作,作于北宋末期的扬州,诗中亦言:"淮南米贱鱼亦好,敢复摧颓叹羁旅。"[5]此句虽主要表达客居异乡的慨叹,但也侧面说明了扬州地区鱼米价格确实不高。

　　除了种类繁多、价格公道的鱼类,还有虾、蟹等甲壳动物,以及车螯、蛤蜊等软体类水产品。这类水产味道鲜美,堪称扬州一绝。虽然扬州并不靠海,车螯、蛤蜊一类非扬州本地所产,但北宋扬州人确实能吃到车螯、蛤蜊一类海产品,以梅尧臣《泰州王学士寄车螯蛤蜊》一诗为例,诗曰:

　　　　车螯与月蛤,寄自海陵郡。谓我抱余醒,江都多美酝。老来饮不满,
　　一醉已关分。甘鲜虽所嗜,易饫亦莫问。娇女巧收壳,燕脂合眉晕。贫叟

　　[1]〔宋〕梅尧臣著,朱东润编年校注:《梅尧臣集编年校注》卷二六《依韵和孙都官河上写望》,上海古籍出版社 2006 年版,第 839 页。

　　[2]〔宋〕梅尧臣著,朱东润编年校注:《梅尧臣集编年校注》卷一八《前日》,上海古籍出版社2006 年版,第 472 页。

　　[3]〔明〕杨洵修,〔明〕盛仪辑:《〔万历〕扬州府志》卷二〇,《扬州文库》第 1 辑第 1 册,广陵书社 2015 年版,第 622 页。

　　[4]〔宋〕苏辙:《苏辙集》卷一四《高邮赠别杜介供奉》,中华书局 1990 年版,第 272 页。

　　[5]〔宋〕吕本中:《夜坐》,《全宋诗》第 28 册,北京大学出版社 1998 年版,第 18086 页。

　　无金玉,狼藉生恚怨。妻孥喜食之,婢妾困扫拚。行当至京华,耳目饱尘坌。此味爽口难,书为厌者训。[1]

　　此诗当作于宋仁宗至和三年(同年九月改元嘉祐,作此诗时未改元),前一年(至和二年)九月后,梅尧臣丁母忧结束,启程还汴京,经过历阳、江宁、真州,至扬州度岁,在扬州停留较久,此诗正作于扬州。就诗题及首句"车螯与月蛤,寄自海陵郡"来看,此处的车螯、蛤蜊乃王学士自海陵托送给身在扬州的梅尧臣,并非梅尧臣在鱼市中购得。海陵,本唐扬州辖县,南唐时置泰州,以海陵县属之。据《太平寰宇记》载,北宋海陵县滨海,东去海约二百二十里,[2]故而北宋海陵能产车螯、蛤蜊一类海产品。而海陵西与扬州接壤,至广陵县不过二十里路程。[3]如此近的距离,将车螯一类运至扬州贩卖显然并不困难。

三、酒市及酒的酿造

　　不同于花卉与鱼虾贸易,宋朝政府自始至终都实行严格的榷酒政策。[4]《宋史·食货志》载榷酤之法曰:"诸州城内皆置务酿酒,县、镇、乡、闾或许民酿而定其岁课,若有遗利,所在多请官酤。"[5]各州的都酒务既能酿酒,也直接卖酒,甚至地方政府会设立酒楼、酒肆专门售酒。[6]而宋代酒楼、酒店外往往

---

[1]〔宋〕梅尧臣著,朱东润编年校注:《梅尧臣集编年校注》卷二六《泰州王学士寄车螯蛤蜊》,上海古籍出版社 2006 年版,第 837 页。梅尧臣是南方人,对于水产品很有研究,他家中时常聚集一些习气相投的食客。据叶梦得《避暑录话》(《全宋笔记》第 2 编第 10 册,大象出版社 2006 年版,第 326 页)载:"往时南馔未通,京师无有能斫鲙者,以为珍味。梅圣俞家有老婢,独能为之。欧阳文忠公、刘原甫诸人每思食鲙,必提鱼往过圣俞。圣俞得鲙材,必储以速诸人,故集中有《买鲫鱼八九尾,尚鲜活。永叔许相过,留以给膳》,又《蔡仲谋遗鲫鱼十六尾,余忆在襄城时获此鱼,留以迟永叔》等数篇。一日,蔡州会客,食鸡头,因论古今嗜好不同,及屈到嗜芰、曾晳嗜羊枣等事。忽有言欧阳文忠嗜鲫鱼者,问其故,举前数题曰:'见《梅圣俞集》。'坐客皆绝倒。"他诗中也经常出现如《邵考功遗鳖鱼及鲑酱》《吴正仲遗蛤蜊》《黄国博遗银鱼干二百枚》等与食用水产品有关的篇目,好友吴正仲给他寄鳖鱼及诗,诗中有一句道:"鲟黄鲵子出苏台。"梅尧臣在《正仲答云鳖酱乃毛鱼耳走笔戏之》一诗后自注道:"苏台非产鳖鱼也。"明确指出老友的错误。

[2]〔宋〕乐史:《太平寰宇记》卷一三〇,中华书局 2007 年版,第 2565 页。

[3]〔宋〕乐史:《太平寰宇记》卷一三〇,中华书局 2007 年版,第 2564—2565 页。

[4]李华瑞:《酒与宋代社会》,《酒史与酒文化研究》2012 年第一辑,第 184 页。

[5]〔元〕脱脱等:《宋史》卷一八五《食货下七》,中华书局 1977 年版,第 4513 页。

[6]李华瑞:《酒与宋代社会》,《酒史与酒文化研究》2012 年第一辑,第 184 页。

挂着酒旗,作为标识。太宗至道间,王禹偁守扬州,寒食节时有诗曰:"寒食江都郡,青旗卖楚醪。楼台藏绿柳,篱落露红桃。妓女穿轻屐,笙歌泛小舠。史君慵不出,愁坐读离骚。"[1]王禹偁此诗本欲表达"愁"字,在寒食这样一个庄严的节日里,扬州城反而是一派欢庆的氛围,王禹偁作为扬州父母官,才会"愁"而"慵不出"。但该诗却真实记录了宋初扬州城内的景象。就"青旗卖楚醪"一句来看,此处的"青旗"显然是酒旗,有酒旗且卖"楚醪"的地方,自然就是城内酒楼了。而由"史君慵不出,愁作读离骚"两句可知,寒食当天王禹偁未尝外出,而是在州治内"读离骚",而他既然能见到"青旗",可见当时酒楼就在州治不远处。这也恰好贴合北宋政府严格的榷酤政策,酒楼靠近州治,或许与政府管理有关。虽不知北宋扬州酒市具体位置,但由此亦可推知其大致所在。

宋代扬州所酿之酒颇有特色,为他地所无,故酒市以外,此处亦对宋代扬州名酒及其酿造方式稍做论述。据《〔万历〕扬州府志》卷二○载,宋代扬州所产酒种类繁多,有"云液、琼花露、平山堂、凝香堂、淮海堂"一类。[2]而在这诸多酒当中,云液酒与琼花露最为著名。

扬州云液,因苏轼吟诵而声名大噪。元丰七年(1084)四月,苏轼离开黄州,同年八月自金陵历真州、润州、扬州,一路北上至淮,并在泗州度岁,其间有《泗州除夜雪中黄师是送酥酒二首》,记时任淮东提举的黄师是[3]在除夕夜赠送他酥饼及美酒一事。关于黄寔赠酒酥一事,《苏轼诗集合注》记载:"黄寔自言,元丰甲子为淮东提举,尝于除夜泊汴口,见苏子瞻植杖立对岸,若有所俟者。归舟中即以扬州厨酿二尊,雍酥一奁贻之。"[4]此处黄师是赠给苏轼的"扬州厨酿"正是云液酒,苏轼在诗中写道:"关右土酥黄似酒,扬州云液却如酥。"[5]此两句一方面点明土酥产自关右,云液来自扬州,另一方面也将酒酥互比,酥黄似酒,而酒又香如酥,可见扬州云液酒味道之醇美。南宋曾几在《邓

---

[1]〔宋〕王禹偁:《寒食》,《全宋诗》第2册,北京大学出版社1998年版,第763页。

[2]〔明〕杨洵修,〔明〕徐銮等纂:《〔万历〕扬州府志》卷二○,《扬州文库》第1辑第1册,广陵书社2015年版,第617页。

[3]即黄寔,字师是,《宋史》本传中言"寔两女皆嫁苏轼子",与苏轼为儿女亲家。

[4]〔宋〕苏轼著,〔清〕冯应榴辑注:《苏轼诗集合注》,上海古籍出版社2001年版,第1242页。

[5]〔宋〕苏轼著,〔清〕冯应榴辑注:《苏轼诗集合注》,上海古籍出版社2001年版,第1243页。

帅寄梅并山堂酒》一诗中赞云液酒乃"扬州上尊名也"[1],是当时扬州一等一的好酒。

琼花露,因扬州琼花而有是名。宋人多喜用"花露"名酒,据王楙《野客丛书》卷一七"银瓮酒库"条载,宋人之所以用花露名酒,或是取唐姚合诗句"味轻花上露,色似洞中泉",或是用杨贵妃宿酒初消,吸花露以润肺的典故。[2]而无论是姚合诗句,抑或是贵妃醉酒一事,都可见酒之醇美,故而能命名为花露的酒品质自然不差,换言之,"花露"乃美酒之专称。而此酒命名为琼花露,一方面固然是取"花露"之意,表示品质之好,另一方面或是寓意此酒与琼花一样,唯扬独有,点明其产地。另据南宋周密《武林旧事》载,当时名酒能以"花露"命名的,只有出于御库的蔷薇露及产于扬州的琼花露两种,御库之酒只内供皇室,加上宋代一直实行严格的榷酒政策,当时普通民众能够喝到的"花露",或许只有扬州琼花露了。据宋末元初王恽言,琼花露"银罂细写疑匜酒,玉色照眼清如空",色味极清,以酒品"百方百酝品各异,要以色味清为贤"的判别标准,琼花露可算酒中佳品。[3]至于琼花露滋味及饮用感受,王恽诗中描述更是细致:"一酌气馥烈,再酌心冲融……三咽尽鲸吸,便觉辅安五脏夷三虫。"可见此酒初饮感觉颇烈,而越喝越想喝,且越饮越舒服,无怪王恽惊呼"世间原有扬州鹤"。[4]当时很多人千里来扬州,只为买此酒而去。如宋元之际的王奕酷爱扬州琼花露,尝有"笑平山堂里谁为主,且烂饮,琼花露"[5]的豪言。

两宋扬州所酿之酒之所以味道绝伦,在于其独特的酿造方式。首先,酿酒之水极为讲究,北宋广陵人王令在《平山堂》一诗中言"春入壶觞分蜀井",王令在此句后特意强调"府酒取此井酿"。[6]而此处的平山堂蜀井,据苏辙《扬

[1]〔宋〕曾几:《邓帅寄梅并山堂酒》,《全宋诗》第29册,北京大学出版社1998年版,第18537页。

[2]〔宋〕王楙:《野客丛书》卷一七,《全宋笔记》第6编第6册,大象出版社2013年版,第233页。

[3]〔元〕王恽:《秋涧集》卷一一《琼华露酒歌》,《景印文渊阁四库全书》第1200册,台湾商务印书馆1986年版,第128页。

[4]〔元〕王恽:《秋涧集》卷一一《琼华露酒歌》,《景印文渊阁四库全书》第1200册,台湾商务印书馆1986年版,第128页。

[5]〔元〕王奕:《玉斗山人集》卷三《贺新郎二阙》,《景印文渊阁四库全书》第1195册,台湾商务印书馆1986年版,第650页。

[6]〔宋〕王令:《平山堂》,《全宋诗》第12册,北京大学出版社1998年版,第8190页。

州五咏·蜀井》一诗题注"在大明寺"[1]，即扬州第五泉。欧阳修《大明水记》中尝言："然此井，为水之美者也。"[2]此井水质极佳，号为天下第五，以之酿酒自是上上之选。

此外，扬州府酒采用"煮酎法"酿成，工序烦琐。宋末元初人王恽熟知琼花露酿造方法，特作《琼华露酒歌》一诗，云：

> 酒之为齐酿法先，曲生玉粒听其然。百方百酝品各异，要以色味清为贤。井君出职光禄寺，容止酝藉涵清妍。朝来相过怜衰翁，开樽小酌何从容。银罂细写疑匪酒，玉色照眼清如空。停杯题品赏超绝，琼枝湛露吹天风。一酌气馥烈，再酌心冲融。忆初蜀使分余沥，老颊不到潮春红。为君三咽尽鲸吸，便觉辅安五脏夷三虫。吾闻此术煮酎法，连罂气化开鸿蒙。多君屡制转精粹，仪狄拊掌惊神工。橘中游戏商山乐，玉薤策勋俱妄作。浩歌为约饮中仙，世间原有扬州鹤。[3]

王恽诗中所载琼花露的酿造方法是"吾闻此术煮酎法，连罂气化开鸿蒙。多君屡制转精粹，仪狄拊掌惊神工"。"酎"，《说文》释曰"三重醇酒也"[4]，则此酒的酿造需经过多次重酿。而琼花露的酿造不仅需要"酎"，还需"煮"至"连罂气化开鸿蒙"，以此来看当是蒸馏酒无疑。

再者，就宋代扬州酒的产量来看，虽不知其具体数目，但年产当不少。梅尧臣一生多次来扬，对扬州情况十分熟悉，其在《至灵壁镇于许供奉处得杜挺之书及诗》一诗中尝言："平明挂席入杨州，主人酿成百斛酒，酒上玉蛆如笑花，一日倒空罂与缶。"[5]诗中"百斛"虽是虚指，形容多斛，但也说明所

[1]〔宋〕苏辙：《苏辙集》卷九《扬州五咏·蜀井》，中华书局1990年版，第173页。

[2]〔宋〕欧阳修著，洪本健校笺：《欧阳修诗文集校笺·外集》卷一三，上海古籍出版社2009年版，第1693页。

[3]〔元〕王恽：《秋涧集》卷一一《琼华露酒歌》，《景印文渊阁四库全书》第1200册，台湾商务印书馆1986年版，第128页。

[4]〔汉〕许慎：《说文解字》，中华书局1963年版，第312页。

[5]〔宋〕梅尧臣著，朱东润编年校注：《梅尧臣集编年校注》卷二六《至灵壁镇于许供奉处得杜挺之书及诗》，上海古籍出版社2006年版，第872—873页。

酿之多。秦观在诗中更是言"广陵一都会,厨酒万斯瓮"[1],可见产酒之多。南宋时,陆游曾获赠扬州云液,其在《庵中晨起书触目》中言:"山重水复怯朝寒,一卷窗间袖手看。朱担长瓶列云液,绛囊细字拆龙团。"并自注云:"云液,扬州酒名,近淮帅饷数十尊。"[2]淮帅能一次性赠人数十尊,从一个侧面看出其产量之众。

第二节　宋代扬州城的商业空间分布

北宋时期,扬州人口密度大[3],城市人口的不断增加,加之商品流通的不断活跃,扬州城的城市布局,特别是商业分区,亦随之作出了相应的调整。不同于唐代扬州城棋盘式的里坊布局[4],宋代扬州城打破了坊市分离的制度[5],形成了新的更加适应市场规律的格局,使得城市商业呈现出不同以往的发展趋势,本节拟对宋代扬州城内的商业分区作一说明。

明代《〔嘉靖〕惟扬志》所附的"宋大城图"显得尤为重要。该图本是明代方志中所载的南宋扬州三城中的"宋大城图",但因南宋扬州大城就是直接沿用北宋扬州州城,其形制规模几乎未变[6]。加上宋代扬州诸方志今已全部散佚,该图实际是目前能见到最早的宋代扬州城市图,其史料价值自然无可替代。现将该图及考古发掘后所绘之"南宋扬州三城平面图"附于下。

---

[1]　〔宋〕秦观著,徐培均笺注:《淮海集笺注》卷六《送杨康公守苏》,上海古籍出版社1994年版,第213页。

[2]　〔宋〕陆游著,钱仲联校注:《剑南诗稿校注》卷三八,上海古籍出版社1985年版,第2452页。

[3]　吴子辉在《扬州建置笔谈》一书中附有《历代扬州地区人口密度表》(江苏古籍出版社2002年版,第224页),据该表,至崇宁年间,扬州人口密度为24.98人每平方公里(注:表有两个数据,一是扬泰真高地区的平均密度为19.37,一是扬州地区人口密度为24.98,这里取后者),而当时全国的人口密度为18.1人每平方公里,可见当时扬州人口密度远超过当时全国平均水平。

[4]　李裕群:《隋唐时代的扬州城》,《考古》2003年第3期,第72页。

[5]　关于宋代坊市制度的打破,首先由加藤繁提出,可参看其《宋代都市的发展》一文,《中国经济史考证》第一卷,商务印书馆1959年版,第239—277页。

[6]　中国社会科学院考古研究所等编著:《扬州城:1987—1998年考古发掘报告》,文物出版社2010年版,第48页。

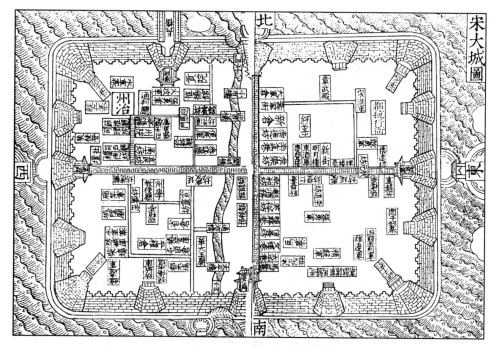

图 5-3　《〔嘉靖〕惟扬志》所附"宋大城图"

细析《〔嘉靖〕惟扬志》所附"宋大城图",并结合相关史料,对于宋代扬州城的城市布局,特别是商业空间分布,如下几点值得注意:

1. 北宋扬州州城乃截唐罗城东南部分而成,图中街道、水道等多以唐罗城为基础。[1]其中小市桥、开明桥、通泗桥、太平桥等唐代已有(可参见图 5-1)[2],一直沿用至宋。州城外四周均有护城河,宋大城四面均有城门,城墙四角有所谓"炮子寨",可居高远眺。城门具体形制从此图难以看清,东西二城门有明显的瓮城痕迹。至于南北二城门,除城门洞外,均设有水门,有水道[3]相接,南北贯穿整个扬州州城。据今考古发掘来看,这条水道即唐代扬州城内官河之一(可参见附图 5-1)。[4]小市桥、迎恩桥、开明桥、通泗桥、太平桥等桥即在

　[1]　蒋忠义:《隋唐宋明扬州城的复原与研究》,中国社会科学院考古研究所编著:《中国考古学论丛——中国社会科学院考古研究所建所 40 年纪念》,科学出版社 1993 年版,第 458 页。

　[2]　沈括在《梦溪笔谈·补笔谈》中详述唐扬州二十四桥,小市、开明等诸桥均在其中(《全宋笔记》第 2 编第 3 册,大象出版社 2006 年版,第 247 页)。

　[3]　此水道即上文所谓之官河,也是《〔万历〕扬州府志》卷六(《扬州文库》第 1 辑第 1 册,广陵书社 2015 年版,第 356 页)中所言的城内市河,今北段尚存,南段已填平为扬州汶河路。

　[4]　李裕群:《隋唐时代的扬州城》,《考古》2003 年第 3 期,第 72 页。

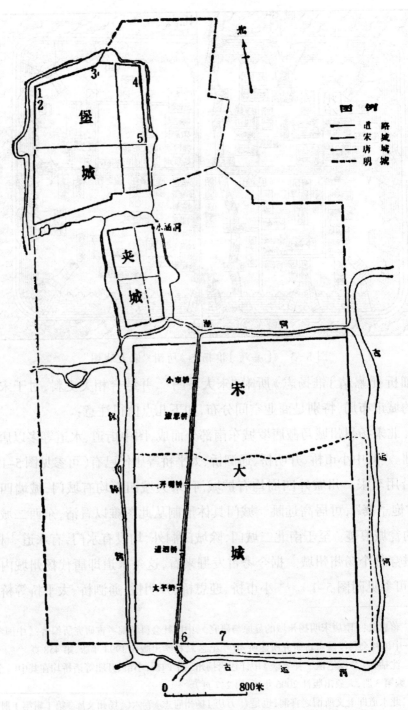

图 5-4　南宋扬州三城平面图
(《考古》1990 年第 7 期, 第 609 页图)

此河上。这些均与今扬州考古发掘相互印证。[1]再结合花市、鱼市之位置来看,北宋扬州花市在开明桥上,即在南北水门间的官河上,而鱼蟹市也在此河上,可见当时市河不仅仅是运输水道,更在一定程度上承担了市场的职能,这也是宋代扬州城商业分布的特点之一。

2. 宋代扬州州城东西两城门间有街道连接,南北二门亦然。此两条街道就是当时扬州城内的主干道(图中亦可见不少陆路支道),且相互交错成十字形,恰将整座城池分为四个部分。而南北水门间的官河即在南北向主干道西面不远处,与两条主干道共同组成扬州城内的主要水、陆交通运输系统,同时也是当时城内商业贸易、物资流转的重要孔道。

3. 宋代扬州城打破唐代严格的坊市界限,形成新的开放式街市制。但实际城内不同区域职能仍有区别。具体到此图中,坊市楼馆虽然分布广泛,但多集中在两条主干道及水道附近,特别是南北向街道上。而若是以市河为界,将城分为东西两部分,则宋代扬州的坊市楼馆多集中在市河以东,市河以西虽有分布,但相对分散。与之相对的,当时扬州的政府机构,如州治、通判厅、贡院、州学、省仓等均集中在市河以西。且在全城均有驻军的情况下,市河以西驻军的密集程度明显高于东部。如此则市河东西两边所承担的城市职能多有不同。就"宋大城图"可知,宋代扬州州治在扬州城西北角、官河西岸,上文已讲,当时酒市就在州治附近,即也在扬州城之西北角,此与花市、鱼市分布于官河上不同。而就西北角政府机构密集分布的情况来看,酒楼或是这一区域为数不多的商业活动场所。

综上,宋代扬州城虽打破了唐时坊市的界限,形成了开放的坊市格局,但城市内部不同区域实际仍承担不同的职能。以官河为界将扬州城划为东西两大部分,坊市楼馆等商业区主要集中在官河以东及官河上,这一区域显然是当时扬州城主要的商业聚集区。而官河以西则主要是府衙、州学、军营、仓库等政府机构,虽其中也有酒楼、酒肆、居民坊的存在,但仍更加侧重于政治职能。

---

[1] 关于扬州城蜀冈下考古发掘的最新成果汇集在《扬州城遗址考古发掘报告(1999—2013年)》一书中,科学出版社2015年版。

第三节　两宋之交扬州物价的持续上涨

研究表明,不止两宋之交,整个南宋时期较北宋时物价都在持续上涨,南宋时期以铜钱计算的物价,大体上涨至北宋前中期的三倍以上,其中马价更是北宋前中期的五倍。两宋时期物价变动是一个持续、不断发酵的过程,自徽宗时期钱法混乱,发行当十钱、钱引以后,物价便开始不正常了[1],一直延续至整个南宋时期[2]。北宋靖康二年(1127),金人俘虏徽、钦二帝北去,康王赵构于同年五月一日继位于南京应天府,改元建炎,是为高宗。高宗继位之初,畏惧北虏,在黄潜善、汪伯彦等一众投降避敌派的不断怂恿之下,决意南迁避敌。[3]《宋史纪事本末》"南迁定都"条记之较详,云:"高宗建炎元年秋七月,帝以京师未可往,手诏巡幸东南。丁未,元祐太后如扬州。帝从汪伯彦、黄潜善言,决意幸扬州避敌。诏副都指挥使郭仲荀奉太后先行,六宫及卫士家属皆从。遣使诣汴京,奉太庙神主赴行在。"[4]九月二十一日戊申,"元祐太后及六宫至扬州";九月二十七日甲寅,"(高宗)车驾发应天府,上巡幸江都,自应天府进发",至冬十月癸未,"上至扬州,驻跸州治"[5],"以提点刑狱公廨为尚书省,礼部在西北隅卷书楼下"[6],开启了扬州前后十六个月

---

[1]　全汉昇认为北宋物价可分为四个时期,宋初六十多年,物价下降;仁、英二宗四十多年,物价上涨;神、哲二宗三十多年,物价下降;徽宗以后二十多年,物价再度上涨。参见全汉昇:《南宋初年物价的大变动》,《中国经济史论丛》,中华书局 2012 年版,第 301—302 页。

[2]　汪圣铎:《宋代社会生活研究》,人民出版社 2007 年版,第 496—514 页。若如此,单论两宋之交(高宗统治前期)物价上涨似乎颇为不妥。但南宋扬州地区有点特殊,这也是汪圣铎在文中强调的"长江以北的淮南、京襄地区,北宋时用铜钱,南宋时改用铁钱。这些地区的粮价都不宜用来比较"。据《宋史》卷一八〇《食货志》讲,"淮南旧铸铜钱,乾道初,诏两淮、京西悉用铁钱"。(中华书局 1977 年版,第 4397 页)如此则自乾道以后,扬州地区使用铁钱,与北宋时期物价已无可比性,而在此之前的两宋之交,仍用铜钱,且当时(建炎元年至三年二月)金人未尝南来,扬州经济未遭破坏,本书以为此时扬州地区的物价上涨颇有研究价值。

[3]　〔宋〕李心传:《建炎以来系年要录》卷五,中华书局 2013 年版,第 131 页。

[4]　〔明〕陈邦瞻:《宋史纪事本末》卷六三"南迁定都"条,中华书局 2015 年版,第 643 页。

[5]　〔清〕焦循、江藩:《扬州图经》卷六《事志六》,江苏古籍出版社 1998 年版,第 138 页。

[6]　〔宋〕程俱:《驻跸扬州以提点刑狱公廨为尚书省礼部在西北隅卷书楼下甲戌年余尝寓止焉今寓直其下有感》,《全宋诗》第 25 册,北京大学出版社 1998 年版,第 16365 页。

的行在时期。[1]这段时期,是扬州历史上的一段特殊时期,南宋政府的实际都城是扬州,全国政令诏书皆出于此,四方财富税收皆聚于此。

在这段时期内,金人未尝渡淮,扬州地区依然保持着北宋时期的繁荣状态。[2]再者,由于高宗驻跸,扬州为行在,大量北人随之而来,人口的激增必然带来需求的不断增长,进一步刺激了扬州经济。此外,全国赋税财富均聚于此,李易的"淮南昔繁丽,富庶天下称"的称赞恐不为过。但同时需要看到的是,高宗在扬州期间,不图恢复,不思进取,甚至不辨忠奸,不备御敌之计,加上黄潜善、汪伯彦等一众佞臣在旁,闭塞圣听,把持朝政,金人南来是迟早之事。扬州此刻的繁华只能是暂时的,经济的衰败在所难免。

这里需要指出的是,在两宋间过渡的这段时期,扬州物价发生了大波动,持续飞涨。[3]这段时间内,随着高宗驻跸扬州,北方各地多沦为战场,北方人民为避免金兵铁蹄的踩踏,多随着政府南下,聚集于扬州。前文已述,人口的激增必然带来需求的不断增长,特别是对于粮食的需求,对于粮食需求的激增,又刺激着粮价的不断增长。粮价既涨,靠粮价供养的劳动力价格,即工资,自然也要跟着上涨,工资既涨,一切商品的生产成本自然也要水涨船高,商品价格自然也跟着昂贵起来了。宋人范浚在《议钱》中对此已有详细论述,云:

> 今钱货既乏,而百物皆翔贵,岂今之钱货与古之钱货异哉? 盖谷甚贵之所致也。东南播殖之利不加于旧,而西北之人寓食于东南者益众,此谷之所以甚贵而未平也。夫人视食为命,其于谷粟,不可一日不求。今也地之殖不加旧,而食者益众,且谷所储积,皆豪民大家,乘时徼利,闭廪索价,价脱不高,廪终不发,则谷不得不甚贵。彼市百物者皆非不饥之人,固将量食费以取百物之直,则百物亦不得不甚贵。此铸虽乏,而物不为贱,所

---

[1]　自建炎元年十月癸未高宗至扬州算起,至建炎三年二月高宗自扬渡江南逃止。

[2]　陈雪飞:《晁说之靖康事变后诗作所见两宋之交的淮东形势》,《扬州教育学院学报》2018年第3期,第11—17页。

[3]　当时不止扬州,据全汉昇《南宋初年物价大变动》,南宋初年,各地物价都急剧上扬,其以为"其上涨的程度为赵宋开国以来,一百六十多年所没有"(《中国经济史论丛》,中华书局2012年版,第270—303页)。

以与前世异也。今欲百物贱,则当平谷直,谷直平,则民费省矣。[1]

当然,导致当时物价陡增的原因除了人口的大量南涌外,还有战争本身对物资的极大消耗,以及由于战火侵袭,原来的财赋之区沦为废墟,导致物品的供应严重不足,从而致使价格暴涨,这些都是商品的需求和生产领域的原因。在销售领域,还要考虑到很多商人趁着战乱投机倒把、囤积居奇、坐地起价、大发战争财这一因素,如范浚所言:

> 盖闻食货有轻重敛散之权,有司失之,则奸民得以乘人急而专其利。故曰:"民有饥饿者,谷有所藏也。"又曰:"岁有凶穰,故谷有贵贱;令有缓急,故物有轻重。人君不理,则蓄贾游于市,乘民之不给,百倍其本矣。"[2]

两宋之间,扬州的粮价具体如何已经不得而知,但就目前掌握的史料来看,建炎期间淮南地区的粮价不断上涨,且居高不下。庄绰在《鸡肋编》中言:"自靖康丙午岁,金人乱华,六七年间,山东、京西、淮南等路,荆榛千里,斗米至数十千,且不可得。"[3]而随着米粮的不断涨价,不仅仅是以米粮为原材料的食物价格陡增,其他食物的价格亦由于米价上涨导致的劳动力价格的增加而不断走高。如酒价,酿酒的原材料是粮食,粮价的增长对酒价的影响立竿见影。《宋史》卷一八五《食货下七》云建炎"四年,以米曲价高,诏上等(酒)升增二十文,下等升增十八文,俟米曲价平依旧。"[4]两宋扬州地区盛产酒品,此时酒价的不断上涨亦会对扬州经济产生影响。除了酒价,当时扬州金银价格也较之前大幅度上扬。《三朝北盟会编》卷一二一引《维扬巡幸记》云:"是日(建炎三年正月十三日)行在遣兵自西门出赴淮口御敌,以刘光世统之,然事出仓卒,皆风闻而遁。维扬居民挈妻孥而走者十室而八,争门以出,相蹂

---

[1]〔宋〕范浚:《议钱》,《全宋文》第194册,上海辞书出版社、安徽教育出版社2006年版,第114—115页。

[2]〔宋〕范浚:《平籴》,《全宋文》第194册,上海辞书出版社、安徽教育出版社2006年版,第115页。

[3]〔宋〕庄绰:《鸡肋编》卷中,《全宋笔记》第4编第7册,大象出版社2008年版,第42页。

[4]〔元〕脱脱等:《宋史》卷一八五《食货下七》,中华书局1977年版,第4520页。

践而死者,不可胜计,金银价骤长至数倍……初二日,居民般挈如前,金银愈贵。"[1]由于当时扬州为行在,到处营造宫室,木材价格亦随之不断上涨,洪迈《夷坚志·夷坚甲志》卷一六云:"郑畯字敏叔,福州人……建炎初,自提举湖南茶盐罢官,买巨杉数千枚,如惟(维)扬。时方营行在官府,木价踊贵,获息十倍。"[2]从这些材料中可以发现,建炎初年,扬州物价普遍上涨,无怪乎时人常将"试问南来米贵贱"挂在嘴边了。物价的不断上涨,必然会对普通百姓的日常生活产生巨大影响。作为一般的消费者,由于物价上涨,米价陡增至一斗数千钱,根本无力承担,食不果腹,甚至活活饿死。《鸡肋编》中还记录了当时淮南地区人吃人的惨状,云:"盗贼、官兵以至居民,更互相食。人肉价贱于犬豕,肥壮者一枚不过十五千,全躯暴以为腊。"[3]除了普通市民,甚至很多政府低层官员,虽有固定收入,但由于物价上涨太过剧烈,俸禄涨幅根本不足以抵消物价上扬,故而许多官员生活贫苦,如(建炎)三年二月十八日,知平江府汤东野言:"元丰、政和令节文:诸发运、监司因点检或议公事,许受酒食……今军兴之际,调发紧急,百需应办……供给所入不足以偿所费,而又廨宇所在,合得供给,例皆微薄。见今物价踊贵,既不足以糊口……"[4]平江府情况尚且如此,扬州彼时情实甚或不如,官员尚"不足以糊口",当时物价可想而知。不止普通吏员,物价剧涨一度使得国用窘匮,甚至无法赏赐群臣。据庄绰《鸡肋编》载:"建炎之后,以国用窘匮,凡故例群臣锡予,多从废省。惟从官初除,鞍马、对衣之赐犹存,而省其半。"甚至出现过"马半匹,公服半领,金带半条,汗衫半领,裤一只"的荒谬赏赐。即使是将这些赏赐计值给钱,也只能减半数支付。庄绰感叹:"时有司之陋,大抵多类此。"[5]

两宋之交,大量北人南渡,将北方很多的饮食习惯也带到了南方。北人

[1] 〔宋〕徐梦莘:《三朝北盟会编》卷一二一,上海古籍出版社1987年版,第883页。

[2] 郑畯事见洪迈《夷坚志·夷坚甲志》卷一六"郑畯妻"条(《全宋笔记》第9编第3册,大象出版社2018年版,第176页)。《夷坚志》乃洪迈晚年所撰的志怪小说,内容多是神仙鬼怪、异闻杂录、谶祥梦卜,"郑畯妻"条亦是讲郑畯妻子王氏死前与郑畯约定"切勿再娶",但郑畯后来违背约定,王氏回来问郑畯何故再娶的事,颇为荒诞,但其中记载郑畯贩巨杉到扬州,获息十倍一事,颇为可信,能够反映两宋之交扬州经济的一个侧面。

[3] 〔宋〕庄绰:《鸡肋编》卷中,《全宋笔记》第4编第7册,大象出版社2008年版,第42页。

[4] 〔清〕徐松辑:《宋会要辑稿·职官四五》,上海古籍出版社2014年版,第4241页。

[5] 〔宋〕庄绰:《鸡肋编》卷中,《全宋笔记》第4编第7册,大象出版社2008年版,第43页。

种麦,喜食面食。而"南人罕作面饵",不喜面食。但由于大量北人南来,多食面食,麦价飞涨,种麦获利远远高于种稻,于是江、浙、湖、湘等地的农民纷纷转种小麦。据《鸡肋编》载:"建炎之后,江、浙、湖、湘、闽、广,西北流寓之人遍满。绍兴初,麦一斛至万二千钱,农获其利,倍于种稻。而佃户输租,只秋课。而种麦之利,独归客户。于是竞种春稼。极目不减淮北。"[1]除了以种麦为生的农民,许多商人亦可以从上涨的物价中谋取利益。如《鸡肋编》中云:"建炎后俚语,有见当时之事者。如'仕途捷径无过贼,上将奇谋只是招',又云'欲得官,杀人放火受招安;欲得富,赶着行在卖酒醋'。"[2]这里便是由于物价的上涨,利润亦随之不断增加,商人买卖酒醋便可发家致富。又《建炎以来系年要录》卷一二载,建炎二年(1128)正月,"(黄)潜厚在维扬,率遣人于近州村坊市酒,人都城鬻之,得息至倍"[3]。亦是同样的道理。总而言之,对于建炎初年扬州物价的大幅度上涨应该辩证来看。毫无疑问,物价剧涨对于经济有破坏,但另一方面却又有促进;对于大部分流民及城市居民甚至是普通吏员来讲,无疑是灭顶之灾,但对于广大以种粮为生的农民及善于囤积居奇、投机倒把的商人来讲,又无异于天上掉馅饼。故而不能因为物价上涨而片面以为当时扬州经济陷入困顿。[4]

第四节　战争对南宋扬州商业发展的制约

自唐末至五代,扬州逐渐失去了唐代中后期在城市格局和区域经济中的优势地位,其经济也呈现出"衰落—复振—再衰败"的曲线发展历程。[5]然

---

[1]　〔宋〕庄绰:《鸡肋编》卷上,《全宋笔记》第4编第7册,大象出版社2008年版,第39页。

[2]　〔宋〕庄绰:《鸡肋编》卷中,《全宋笔记》第4编第7册,大象出版社2008年版,第66页。

[3]　〔宋〕李心传:《建炎以来系年要录》卷一二,中华书局2013年版,第306页。

[4]　全汉昇在《南宋初年物价的大变动》一文中亦辩证地看待了南宋初年物价的上涨,认为:"就商人及农业生产者说,物价的高涨是一种很好的福音,以为他们可以乘机获得巨额的利润。但就一般消费者及靠固定收入为生的公务员来说,当日物价的上涨却是最可诅咒的一回事,因为他们因此而吃不饱、穿不暖,有时甚至于要饿死!此外,随着当日物价的升涨,工资方面也发生剧烈的变动,即向上升涨。至于上涨的程度,自要因职业而异,从而生活的甘苦也因职业而不同。"(《中国经济史论丛》,中华书局2012年版,第301—302页)

[5]　陈雪飞:《唐末至北宋扬州经济发展历程》,《镇江高专学报》2018年第2期,第108—111页。

入北宋以后,随着战事的逐渐消弭及政局的不断稳固,扬州商业也逐步呈现出恢复并发展的态势。在宋初陶谷所作的《清异录》中便称扬州为"节木汴州"[1],因其繁华似京师也。

至仁宗朝,扬州商业经济已完全复兴,虽不及唐时繁盛,但仍不失为江淮间一重要都会也。司马光在《送杨秘丞通判扬州》一诗中曾以"江势横来控南楚,地形前下瞰东吴。万商落日船交尾,一市春风酒并垆"[2]四句来概括北宋扬州商业的繁华。王洋也曾在诗中夸赞北宋扬州商业的兴盛,其言:"扬州自昔镇平野,东控七泽南瓯闽。肩摩毂击接昼夜,宾从杂沓朝天津。"[3]具体来说,以下几点对于北宋扬州商业的重振发挥了重要作用:一、北宋扬州地处淮南,自宋太祖平定李重进后近一百七十年未遭战火侵扰,和平的大环境为扬州商业的恢复发展创造了绝好的条件。二、宋真宗天禧年间,为保证财粟的北运,重开扬州古运河,绕城南与旧运河相接。运河的新凿,不仅便利了南北漕运,更为北宋扬州商业的发展注入了新的活力。三、北宋扬州"昆冈作轴江为门"[4],"背负巨海襟江湖"[5],处于邗沟与长江之交汇点,襟江、控(运)河的同时,又兼有背海的独特区位优势,使得扬州在当时仍是南北商品、财货转运的重要中转站,即沈括在《扬州重修平山堂记》中所言的"自淮南之西,大江之东,南至五岭蜀汉十一路,百州迁徙贸易之人,往还皆出其下,舟车南北日夜灌输京师者,居天下之七"[6]。繁忙的漕运为北宋扬州商业的兴盛打下了坚实的基础。而在以上诸因素中,显然战争对于扬州商业的负面影响最为直接,也最为剧烈。也正是得益于平定李重进后扬州近一百七十年无战火,北宋扬州商业才能迅速恢复并不断发展。

不同于北宋时期,南宋扬州由于倚江靠淮,临近宋金边界,由北宋之"内

---

[1]〔宋〕陶谷:《清异录》"节木汴州"条:"广陵,东南一都会,凡百颇类京师,号'节木汴州'。"(《全宋笔记》第1编第2册,大象出版社2003年版,第17页)

[2]〔宋〕司马光:《送杨秘丞通判扬州》,《全宋诗》第9册,北京大学出版社1998年版,第6119页。

[3]〔宋〕王洋:《赠向扬州》,《全宋诗》第30册,北京大学出版社1998年版,第18948页。

[4]〔宋〕晁补之:《和缙云守关彦远浮山作》,《全宋诗》第19册,北京大学出版社1998年版,第12799页。

[5]〔宋〕王洋:《寄曹嘉父》,《全宋诗》第30册,北京大学出版社1998年版,第18952页。

[6]〔宋〕沈括著,杨渭生新编:《沈括全集》卷九《扬州重修平山堂记》,浙江大学出版社2001年版,第61页。

地"变为南宋的"边郡",也由一座单纯的经济型城市转变为边防军事重镇,城市职能发生转变。袁说友尝言南宋扬州战略地位之重要,云:"诵言长淮十六郡,天险地利兹其尤。江横万里限南北,借此屏翰屯咽喉。"[1]南宋人赵范更是言扬州乃"国之北门,一以统淮,一以蔽江,一以守运河"[2]。《宋史·地理志》中载扬州在建炎元年(1127)升为帅府[3],"淮南东路安抚使,淮东八郡皆属焉"[4]。这时,军事首长同时又是扬州的知州。起初的几位淮东安抚使均兼任扬州太守,如吕颐浩以扬州太守兼任淮东安抚使,郭仲威以真扬镇抚使兼知扬州,而汤东野以淮东安抚使知扬州,纵观整个南宋扬州,几乎均由帅臣主政,可见其军事地位之重要。

　　总体而言,南宋时,扬州由一座经济城市转变为边防重镇,扬州经济不再像北宋一般持续性繁荣,而是受到战争及战争所带来的一系列国家政策层面的变化的影响,呈现出波浪形的发展趋势。[5]战事一来,扬州经济遭受重创;战事过去,承平时期,扬州经济又会渐趋恢复,如此循环。需要注意的是,正是由于扬州城市职能的转变及频繁的战火侵袭,南宋扬州经济无论从规模还是发展程度上,都不如北宋。

一、战争对于南宋扬州经济的直接破坏

　　南宋扬州城市地位及职能的转变,使得其经济职能被相应缩小,更多承

　　[1]　〔宋〕袁说友:《扬州堡寨》,《全宋诗》第48册,北京大学出版社1998年版,第29906页。

　　[2]　〔元〕脱脱等:《宋史》卷四一七《赵范传》,中华书局1977年版,第12508页。

　　[3]　〔元〕脱脱等:《宋史》卷八八《地理四》,中华书局1977年版,第2178页。按扬州升帅府之前,最高军事官员是淮南东路兵马钤辖,而在置帅府之后,则为安抚使。

　　[4]　〔宋〕王象之:《舆地纪胜》卷三七《淮南东路·扬州》,中华书局1992年版,第1553页。

　　[5]　南宋时期扬州地区经济的波浪形发展趋势还可以从南宋历届扬州太守的职务便可看出一二。据吴子辉《扬州建置笔谈》(江苏古籍出版社2002年版,第155—163页),南宋扬州几乎都是帅臣主政,仅有"绍兴和议"和"隆兴和议"后两次例外。自建炎元年,扬州升为帅府后,扬州地区由帅臣(安抚使)主政;而在"绍兴和议"后有近二十年未置安抚使,而是由淮东转运官员兼知扬州,先后三人,由文臣主政;完颜亮南侵后,和议打破,于绍兴三十年复置淮东安抚使并兼知扬州,恢复了帅臣主政扬州的格局;"隆兴和议"后仍是帅臣主政,但此时"各路委文臣一员充安抚使以治民,武臣一人充都总管以治兵",帅臣主政但不治兵;"开禧北伐"后帅臣又恢复治兵,并一直延续到南宋灭亡(嘉定十二年九月,淮东安抚司改为淮东制置司)。帅臣是否主政扬州与当时宋金(宋蒙)关系好坏密切相关,而此关系的另一个直接表现则是扬州经济的好坏。

担的是"屏翰坚持保障功,江淮益壮金汤势"[1]的军事守卫功能,这实际严重制约了扬州商业经济的发展。此外,"内地"到"边郡"之身份的转变,使得宋金一旦爆发战争,扬州往往首当其冲,甚至沦为交战区。南宋林亦之诗中尝记战争对于扬州的破坏,其言:"尝阅淮南图,萧萧草屋少人居。及读广陵集,恻恻我心欲垂泣。吁嗟恋乡国,生死不肯去。胡笳才一动,杀几先此土。可怜此土人,父子无白头。不死于饥即死战,性命只在道旁沟。更闻维扬有鬼市,铜钱须臾变为纸。都缘白日杀人多,所以冤魂有如是。"[2]"胡笳才一动,杀几先此土"两句突出了扬州在当时的前线地位,胡笳才动,扬州便遭屠戮。而战争对于南宋扬州商业的打击是毁灭性的,李正民尝以"兵火广陵无旧业"[3]一句来形容战火之下扬州商业凋敝的景象。

纵观整个南宋时期,宋金、宋蒙曾多次在扬州交战,当时扬州及淮东一带还时常有群盗、游寇的侵扰,军、匪在此也是摩擦不断。虽然历次战争持续时间并不长,但战争频次高,前后持续久,就现存资料来看,自高宗南渡以来,扬州先后共遭受十余次战火袭击。

建炎三年(1129)二月壬子,金人由泗州渡淮攻天长,而后破扬州,至瓜洲渡而还。此前,扬州一直位居北宋腹地,未受过战争侵扰,故而此次对扬州破坏尤大。王灼《次韵许唐臣丈》一诗记道:"目断扬州泪似江,龙兴半夜狩南邦。徒闻四野方多垒,可惜黄旗漫绕杠。浊酒有神磨岁月,愁山无赖入轩窗。青萍三尺将生锈,愤气峥嵘只自降。"[4]宋军毫无战斗力,溃不成军。金人"引兵屯摘星楼下纵火,城内烟焰烛天,臣民子女及金帛所储,为金人杀掠殆尽"[5],金人不仅纵火烧楼,更纵兵屠城。"金人屯扬州城下,遣擐甲执旗者一人入城,谕士民,期以三日尽出西城,过期者杀"[6],而当时"人皆疑之,犹未有出城

[1] 〔宋〕杨冠卿:《填维扬》,《全宋诗》第 47 册,北京大学出版社 1998 年版,第 29629 页。
[2] 〔宋〕林亦之:《邑大夫范丈宠示广陵余事泠然诵之历历惨恻如在目中辄赋短篇纪所闻也》,《全宋诗》第 47 册,北京大学出版社 1998 年版,第 28992 页。
[3] 〔宋〕李正民:《卜居》,《全宋诗》第 27 册,北京大学出版社 1998 年版,第 17488 页。
[4] 〔宋〕王灼:《次韵许唐臣丈》,《全宋诗》第 37 册,北京大学出版社 1998 年版,第 23322 页。
[5] 〔宋〕李心传:《建炎以来系年要录》卷二〇,中华书局 2013 年版,第 455 页。
[6] 〔宋〕李心传:《建炎以来系年要录》卷二〇,中华书局 2013 年版,第 467 页。

者"[1],至第三日夜,"金纵火焚城,士民皆死,存者才数千人而已"[2],扬州几乎成为空城。加上当时扬州人仓皇南渡,金帛珠玉悉为金人所取。于当时扬州商业而言,无疑是灭顶之灾。

此次扬州陷落敌手共计二十余日:建炎三年二月壬子夜金人初至扬州,二月庚午金人离开扬州,二月壬申吕颐浩遣人入扬州,二月戊寅宋人复扬州,前后共计约二十七日。[3]时人李易生于江都,长于江都,建炎二年(1128)高宗驻跸扬州,在此开科取士,李易即此榜状元。绍兴六年(1136)更是担任扬州太守。[4]他在《竹西怀古》一诗中将金人来袭前后的扬州进行了对比[5],云:

> 淮南昔繁丽,富庶天下称。管弦十万户,夜夜闻喧腾。不徒竹西寺,歌吹相豪矜。一朝烽火急,廛市为沟塍。风月无欢场,睥睨皆射堋。荒荒野月白,照地如寒冰。自从画江守,岁岁输金缯。萧条闾井间,水旱又频仍。我来经故里,日暮此一登。隋唐倏已往,遗迹几废兴。江山极苍莽,望之涕沾膺。[6]

就诗中"一朝烽火急,廛市为沟塍。风月无欢场,睥睨皆射堋""萧条闾井间,水旱又频仍"几句的描述来看,当时扬州市场萧条,商业衰败。而周紫芝《张载扬言扬州燕子无屋可居即船为巢命黄叔鱼赋诗今年春余始见叔鱼诗于宣城遂同赋》一诗,从金人退去后扬州燕子已无屋可居只能即船为巢的角度切入,突显了此次战火对于扬州城的破坏之甚,其言:"塞北胡儿归去日,扬州燕子却来时。空寻画舸藏风雨,更为傍人话别离。回首凄迷春水路,伤心零落旧巢泥。斜阳不见乌衣巷,一读君诗泪欲垂。"[7]

---

[1]〔宋〕李心传:《建炎以来系年要录》卷二〇,中华书局 2013 年版,第 469 页。

[2]〔宋〕李心传:《建炎以来系年要录》卷二〇,中华书局 2013 年版,第 469 页。

[3]〔清〕焦循、江藩:《扬州图经》卷六,江苏古籍出版社 1998 年版,第 144—147 页。

[4] 李之亮:《宋两淮大郡守臣易替考》,巴蜀书社 2001 年版,第 28 页。

[5] 李易卒于绍兴十二年,在此之前金人大规模侵入扬州地区仅有建炎三年二月一次。

[6]〔宋〕李易:《竹西怀古》,《全宋诗》第 27 册,北京大学出版社 1998 年版,第 17445 页。

[7]〔宋〕周紫芝:《张载扬言扬州燕子无屋可居即船为巢命黄叔鱼赋诗今年春余始见叔鱼诗于宣城遂同赋》,《全宋诗》第 26 册,北京大学出版社 1998 年版,第 17150 页。

建炎四年(1130)八月庚辰,承州、天长军镇抚使薛庆与金人战于扬州城下。当时,完颜宗弼屯守六合县,欲自运河引舟北归,而赵立在楚,薛庆在承州,扼其冲,完颜宗弼不得进,便欲攻楚州。时任真扬镇抚使的郭仲威约薛庆共击金兵。薛庆于八月戊寅自承州出发来扬,己卯到扬州,但郭仲威出尔反尔,殊无行意,且不出兵助薛庆。"平旦,(薛庆)出扬州西门,从骑不满百,转战十余里,亡骑三人,仲威迄不至。庆与其下走还扬州,仲威闭门拒之",后薛庆为金人追骑所擒。[1]此次金人虽肆掠淮东,波及扬州多地,甚至一度在扬州城下交战,但好在扬州城未破。

建炎四年(1130)九月辛酉,金人犯扬州,统制靳赛逆战于港河,败之。[2]

绍兴元年(1131)正月己酉,金人犯扬州。[3]

绍兴元年(1131)夏四月,刘光世复楚州,郭仲威据扬州反。[4]五月,刘光世派遣王德袭扬州,擒郭仲威,送行在斩之。[5]此为内乱,郭仲威企图以扬州为根据地转而割据淮南并暗通刘豫的策略虽未成功,但作为当时扬州军政首领的郭仲威(郭仲威以真扬镇抚使出知扬州)叛乱本身就会影响淮南地区本就不稳定的局势。

绍兴三十一年(1161),海陵王完颜亮率军南侵。"贼众二十余万,既陷淮西数郡,遂分兵掠地。(十月)十九日陷真州"[6]。金人攻陷真州,得城不入,径自山路侵扬州,"刘锜中军统制邵宏渊将游击兵数千遇扬子桥,与之夹水阵。雨矢交下,昼夜相持三日"[7]。后邵宏渊战败,金兵径犯扬州,屯于平山堂下。[8]十月二十一日,刘锜弃楚州,还屯扬州,二十二日金兵陷扬州,刘锜无奈

[1]〔宋〕李心传:《建炎以来系年要录》卷三六,中华书局2013年版,第813页。

[2]〔元〕脱脱等:《宋史》卷二六《高宗三》,中华书局1977年版,第482页。

[3]〔宋〕李心传:《建炎以来系年要录》卷四一,中华书局2013年版,第892页。

[4]〔宋〕李心传:《建炎以来系年要录》卷四四,中华书局2013年版,第941页。郭仲威本为降将,建炎四年六月被任命为真扬镇抚使,绍兴元年五月因叛乱被诛。

[5]〔宋〕王明清:《挥麈后录》卷一〇,《全宋笔记》第6编第1册,大象出版社2013年版,第215页。

[6]〔宋〕佚名:《中兴御侮录》,《全宋笔记》第5编第1册,大象出版社2012年版,第41页。

[7]〔宋〕佚名:《中兴御侮录》,《全宋笔记》第5编第1册,大象出版社2012年版,第41页。

[8]〔宋〕李心传:《建炎以来系年要录》卷一九三,中华书局2013年版,第3769页。

退屯瓜洲,金人再陷扬州城。[1]金人既得扬州,又引兵逐刘锜攻瓜洲,刘锜遣部将贾林冲、吴超等拒之于皂角林,打败金人。后因刘琦病重,"遂弃瓜洲,退守京口,沿流诸处要害亦皆弃之,退屯江南"。[2]至此扬州全境落入金人之手。十一月,金主完颜亮至扬州,"增筑濠垒,婴城自固",并改扬州为"新德府"。[3]

当时扬州军民皆倾城而奔,"闻虏陷扬州,百官宅迁徙一空"[4],官员更是尽扫府库储积而去,毫无固守之心。据洪迈《容斋续笔》卷四"淮南守备"条载:"绍兴之季,虏骑犯淮,逾月之间,十四郡悉陷。予亲见沿淮诸郡守,尽扫府库储积,分寓京口,云预被旨许令移治。"[5]对此种行为,洪迈批评道:"是乃平时无虞,则受极边之赏,一有缓急,委而去之,寇退则反,了无分毫纬于吏议,岂复肯以固守为心也哉。"[6]所幸在绍兴三十一年(1161)十一月乙未,完颜亮被弑于扬州龟山寺[7],刘过在《瓜州歌》一诗中记完颜亮南侵及被弑事道:"伟哉淮南镇,禹贡之扬州。念昔蕞尔虏,马棰轻江流。翠华离金陵,人有李郭不。幸被帐下儿,一箭毙其酋。帝粑有遗臭,鲜血粘髑髅。败军惨无主,蛇豕散莫收。"[8]完颜亮死后,十二月初三日,成闵进屯瓜洲渡,李显忠进屯采石渡,邵宏渊进屯宣化渡。初五日,邵宏渊收复真州,初六日成闵收复扬州。[9]

此战虽以宋军胜利告终,但作为主战场的扬州地区遭到严重破坏。绍兴三十一年,尤袤正知泰兴县[10],时泰兴县恰隶扬州。在泰兴任上,尤袤有《易帅守》《淮民谣》二诗。《易帅守》乃讽绍兴三十年至三十一年间扬、楚二州帅守频繁变更一事,以为"维扬五易帅,山阳四易守。我来七八月,月月常奔

[1] 〔宋〕佚名:《中兴御侮录》,《全宋笔记》第5编第1册,大象出版社2012年版,第41页。

[2] 〔宋〕佚名:《中兴御侮录》,《全宋笔记》第5编第1册,大象出版社2012年版,第42页。

[3] 〔宋〕佚名:《中兴御侮录》,《全宋笔记》第5编第1册,大象出版社2012年版,第43页。

[4] 〔宋〕周必大:《亲征录》,《全宋文》第231册,上海辞书出版社、安徽教育出版社2006年版,第291页。

[5] 〔宋〕洪迈:《容斋续笔》卷四,《全宋笔记》第5编第5册,大象出版社2012年版,第260页。

[6] 〔宋〕洪迈:《容斋续笔》卷四,《全宋笔记》第5编第5册,大象出版社2012年版,第260页。

[7] 〔元〕脱脱等:《宋史》卷三二,中华书局1977年版,第607页。

[8] 〔宋〕刘过:《瓜州歌》,《全宋诗》第51册,北京大学出版社1998年版,第31808页。

[9] 〔宋〕佚名:《中兴御侮录》,《全宋笔记》第5编第1册,大象出版社2012年版,第47—48页。

[10] 〔宋〕徐梦莘:《三朝北盟会编》卷二二九,上海古籍出版社1987年版,第1649页。

走"[1]。而《淮民谣》一诗中则描述了金人南下后淮南一带的残破景象,云:"淮南丧乱后,安集亦未久。死者积如麻,生者能几口。荒村日西斜,破屋两三家。抚摩力不足,将奈此扰何。"[2]

绍兴三十二年(1162)六月,高宗禅位孝宗。孝宗继位后,重用张浚,意欲北伐。后北伐失利,反为金人所败,金人乘势南下,分道渡淮,攻陷楚州后一度占据扬州。当时"或请击之,杨存中不敢渡江,独临江固垒以自守。(王)之望与汤思退表里,专以割地啖敌为得计"[3]。扬州地区再遭战火。

宁宗开禧二年(1206),韩侂胄锐意用兵,组织北伐。当时蒙古兴起,扰乱北方,分散了金兵注意力。北伐之初,取得了一定成果,但由于用人失当,将帅相互攻讦,北伐失利,反为金人所乘。"(十二月)甲寅,金人攻六合县,郭倪遣前军统制郭僎救之,遇于滑浦桥,官军大败,倪弃扬州,走瓜州渡"[4],而郭倪"庸人债帅畏怯太甚",自扬州败走时,为阻碍金人南下,"假清野之名,纵火于外",焚烧扬州、瓜洲,"负郭室屋,延燔一空",扬州变为一片焦土。[5]不止扬州城沦为废墟,焦土一片,金人过后,扬州农村地区也是人去屋空,残垣断壁。戴复古三十多岁时意气风发,仗剑走天涯,游历天下。开禧初年,金人攻来之时,戴复古恰好在淮南地区,亲眼见证了这次战争的残酷和人民的苦难。[6]其《淮村兵后》一诗正作于此时,记录了战后农村的景象,诗云:"小桃无主自开花,烟草茫茫带晓鸦。几处败垣围故井,向来一一是人家。"[7]徐从善《瓜洲别吴菊潭》一诗也作于此时,诗曰:"乡国无书忆老亲,昨来边报不堪闻。江头握手收征泪,不喜留君喜别君。"[8]特别是最后一句"不喜留君喜别君"感情尤为复杂,一方面实不忍友人离开,在瓜洲"江头"握手、流泪,依依惜别;另一方面却因此时金人南下,扬州正遇战火,情况危急,友人离开便可避开兵燹。诗

---

[1]〔宋〕尤袤:《易帅守》,《全宋诗》第43册,北京大学出版社1998年版,第26854页。

[2]〔宋〕尤袤:《淮民谣》,《全宋诗》第43册,北京大学出版社1998年版,第26854页。

[3]〔明〕陈邦瞻:《宋史纪事本末》卷七七《隆兴和议》,中华书局2015年版,第822页。

[4]〔宋〕刘时举撰,王瑞来点校:《续宋中兴编年资治通鉴》卷一三,中华书局2014年版,第311页。

[5]〔宋〕楼钥:《楼钥集》,浙江古籍出版社2010年版,第986页。

[6]黄思逾:《戴复古及其诗歌研究》,四川师范大学2013年硕士学位论文,第8页。

[7]〔宋〕戴复古著,吴茂云、郑伟荣校点:《戴复古集》卷七,浙江大学出版社2012年版,第240页。

[8]〔宋〕徐从善:《瓜洲别吴菊潭》,陈新等补正:《全宋诗订补》,大象出版社2005年版,第876页。

人内心两种情感焦灼,但面对当时日益恶化的淮南局势,为了友人安全,不得不挣脱友情的枷锁,希望友人尽快离开,才会有最后"不喜留君喜别君"这样一种看似有悖常理的表述。

这次战争对于扬州经济破坏很大,战端一开,"淮郡罢兵,农久失业,斗米二千,殍死者十三四,炮人肉、马矢食之"。朝廷虽诏令"所至郡国振恤归业",但由于当时"邦储既匮,郡计不支,去者多死,亦有俘掠而北者"[1],一切救赎都是杯水车薪。不仅是开禧年间,直至宁宗嘉定元年(1208),淮南元气仍未恢复,当年"淮民大饥,食草木,流于江、浙者百万人"。嘉定二年(1209)春,两淮又大饥,《宋史·五行志》载当年:"米斗钱数千,人食草木。淮民刲道殣食尽,发瘗胔继之,人相扼噬;流于扬州者数千家,度(渡)江者聚建康,殍死日八九十人。"[2]人祸(战争)之后,天灾(饥荒)不断,或者说根本就是这次战争导致了之后两淮地区连年的饥荒,百姓苦不堪言,而当时扬州能接纳数千家流民,其经济状况或稍显宽裕,但也仅能维持温饱。

理宗绍定二年(1229),李全遣军劫掠高邮、宝应、天长之间。绍定三年(1230),李全欲先据扬州以渡江,分兵通泰以趋海。正是基于这样一种战略,李全多次进攻扬州,绍定三年八月壬子,李全军突至湾头……李全攻南门,都统赵胜自堡寨提劲弩赴大城,李全稍退。李全遣刘全奄至堡寨西城下,欲夺以瞰大城。甲子,李全配兵守泰州,悉出众宜陵。丙寅,至湾头立寨,据运河之冲,使胡义将先锋马驻平山堂,伺三城机便。庚午,李全率步骑五千余攻堡寨城西门。辛未,李全引兵二万沿州城东向西门,与官军激战。甲戌,李全复引兵犯州城南门,且欲破堰泄濠水。乙亥,李全率兵及驱乡民合数十万列寨围扬州三城,欲绝城中粮草,困死官军。如此战事胶着一两年,直至绍定四年(1231)正月官军破李全包围圈。后用计激李全出营帐,李全北逃,陷入新塘泥淙中,为官军所杀。李全叛乱之时,"边城戕贼,居民涂炭"[3],扬州经济再

[1]〔元〕脱脱等:《宋史》卷六七《五行五》,中华书局1977年版,第1466页。

[2]〔元〕脱脱等:《宋史》卷六七《五行五》,中华书局1977年版,第1466—1467页。

[3]〔宋〕刑凯:《上丞相平淮颂》,《全宋诗》第57册,北京大学出版社1998年版,第35831页。

遭打击。[1]

　　自端平元年(1234)宋蒙联合灭金,开启了长达四十余年的宋蒙战争。同样,由于扬州的地理位置,一遇战事,往往首当其冲。端平三年(1236)十一月,蒙古察罕攻真州,知州丘岳部分严明,守具周悉,蒙古薄城辄败。淳祐二年(1242)七月,张柔自五河口渡淮,攻扬、滁、和等州。淳祐五年(1245)秋,蒙古察罕会张柔掠淮西至扬州。[2]咸淳十年(1274)九月,元刘整以博罗欢趋淮西,由东道取扬州。[3]德祐元年(1275)春正月,宋廷以贾似道出师建督,以孙虎臣统领诸军;二月,贾似道督军江北,孙虎臣与元兵战于丁家洲,败绩,奔鲁港,贾似道、孙虎臣以单舸奔扬州,诸军尽溃。[4]三月,元阿术分兵驻扬州,与博罗懽塔出绝宋淮南之援;四月,阿术寇真州及扬州,李庭芝遣守将苗再成、姜才率兵御之,败绩。李庭芝,字祥甫,"特以武显",是南宋后期著名的将领,曾驻守扬州,在安抚民众、恢复经济方面多有惠政。十月,阿术攻扬州久而无功,乃围困扬州,城中食尽,死者满道,李庭芝力战御之。[5]至德祐二年(1276)正月,元兵入皋亭山,宋廷命监察御史杨应奎上传国玺降;三月,俘宋帝、全后及三宫北去。宋太后及宋帝两次诏谕李庭芝献城投降,但李庭芝依然固守扬州城。[6]此时的扬州城内,"饥益甚,赴濠水死者日数百,道有死者,众争割啖之立尽"[7]。

　　汪元量有《潮州歌》九十八首,其中多首记载元人俘宋帝北去后,扬州守将仍在坚守。如《潮州歌·其十三》:"金陵昨夜有降书,更说扬州一战输。淮北淮南清未了,又添军马下东吴。"[8]就此诗来看,当时不止扬州,整个淮南淮北都有抗元势力,战事尚未结束。《潮州歌·其二十二》也写道:"一半淮江半

　　[1]　李全叛乱详见《宋史》卷四七六至四七七《李全传》,中华书局1977年版,第13817—13851页。

　　[2]　〔明〕宋濂等:《元史》卷二,中华书局1976年版,第38页。

　　[3]　〔明〕朱怀幹修,〔明〕盛仪辑:《〔嘉靖〕惟扬志》,《扬州文库》第1辑第1册,广陵书社2015年版,第35页。

　　[4]　〔元〕脱脱等:《宋史》卷四七《瀛国公纪》,中华书局1977年版,第925—926页。

　　[5]　〔明〕朱怀幹修,〔明〕盛仪辑:《〔嘉靖〕惟扬志》,《扬州文库》第1辑第1册,第35页。

　　[6]　〔元〕脱脱等:《宋史》卷四二一《李庭芝传》,中华书局1977年版,第12602页。

　　[7]　〔元〕脱脱等:《宋史》卷四二一《李庭芝传》,中华书局1977年版,第12602页。

　　[8]　〔宋〕汪元量著,孔凡礼辑校:《增订湖山类稿》卷二,中华书局1984年版,第38页。

浙江,怒潮日夜自相撞。扬州昨夜军书至,说道淮安未肯降。"[1]另还有《潮州歌·其二十七》:"两淮战鼓不停挝,万骑精兵赛夜叉。破阵焚舟弹指顷,汉人犹惧夏爷爷[2]。"[3]言两淮战事不断。南宋末俞德邻在《京口遣怀呈张彦明刘伯宣郎中并诸友一百韵》一诗中讽刺李庭芝固守不出:"庭芝困广陵,储亡二年粟。力战尚可支,而乃事蜗缩。"[4]直至德祐二年七月,扬州守将朱焕趁着李庭芝去泰州之际投降,扬州城陷。李庭芝投水不得死,为元人所执,后被杀,而后淮东尽陷于元。[5]宋蒙争端时间长,频率高,对于扬州城的破坏不言而喻,自此扬州商业经济不断衰败,直至宋亡。

二、战争"后遗症"对扬州商业发展的持续制约

战争对于南宋扬州商业的破坏不言而喻。其实不止兵燹本身,由战争所诱发的一系列后果,或可称为战争"后遗症",往往在战争结束的和平阶段,仍会不断阻碍并制约扬州商业经济的恢复与发展。

(一)水利设施的破坏

由于战争而引发的水利设施的破坏,严重制约了扬州地区商业的发展。淮河是宋金东段边境线,为了阻止金人铁骑南下,南宋政府时常被迫采取破坏淮南地区水利设施的办法。

如建炎三年(1129)六月,高宗为了阻挡势如破竹的金军南下,命"江、浙、淮南开畎潴水之地,以限戎马"[6]。开淮南潴水之地虽能在一定程度上限制金人南下,但同时也阻碍了南北百姓往来,于商业发展而言极为不利;绍兴四年(1134),金人进攻淮东地区时,宋军又曾"焚决淮东闸堰"[7],其目的仍是为了限制金人南下;同样是在绍兴四年(1134),又"诏烧毁扬州湾头港口闸、泰州姜堰、通州白莆堰,其余诸堰,并令守臣开决焚毁,务要不通敌船;又诏宣抚司

---

[1]〔宋〕汪元量著,孔凡礼辑校:《增订湖山类稿》卷二,中华书局1984年版,第40页。

[2]夏爷爷指夏贵,本为宋将,德祐二年以淮西降元。

[3]〔宋〕汪元量著,孔凡礼辑校:《增订湖山类稿》卷二,中华书局1984年版,第42页。

[4]〔宋〕俞得邻:《京口遣怀呈张彦明刘伯宣郎中并诸友一百韵》,《全宋诗》第67册,北京大学出版社1998年版,第42402页。

[5]〔明〕朱怀幹修,〔明〕盛仪辑:《〔嘉靖〕惟扬志》,《扬州文库》第1辑第1册,广陵书社2015年版,第35页。

[6]〔宋〕李心传:《建炎以来系年要录》卷二四,中华书局2013年版,第577页。

[7]〔元〕脱脱等:《宋史》卷二七《高宗四》,中华书局1977年版,第513页。

拆毁真、扬堰闸及真州陈公塘,无令走入运河,以资敌用"[1]。

　　相较于以往,绍兴四年这次人为毁坏水利设施的范围尤广,几乎波及整个邗沟扬州段及东西向的运盐河。就扬州湾头港口闸、泰州姜堰、通州白莆堰一线位置来看,当是扬州运盐河无疑,该河起自扬州湾头,经泰州至通州各盐场,是宋代扬州地区最为重要的运盐河之一。宋代海盐产区主要在淮东,而淮东产盐区又主要分布于盐城、海州、通州、泰州等沿海一带,其中又尤以通、泰二州之产盐量最大,而通、泰所产诸盐之运输,大多依靠该河。而此次将该河上诸堰尽皆焚毁,"务要不通敌船",实际是完全弃用该河。此举对于当时淮东盐运及扬州盐课的打击无疑是致命的。此外还拆毁真、扬堰闸及真州陈公塘。真、扬堰闸即当时真州、扬州运河上之诸堰闸,这些堰闸设置的主要目的在于蓄水,保证运河水量,扬州运河中间高、南北低,水易泄入江、淮,而真州陈公塘,相传为东汉末陈登所开,即明清时所谓的扬州五塘之一,除陈公塘外,尚有句城塘、上雷塘、下雷塘、小新塘。此塘开凿之初本为灌溉,后因扬州运河缺水,唐德宗贞元四年(788),时任淮南节度使的杜亚引塘水入运河济运,此后历代,多借该塘水济运,补运河水之不足。无论是真、扬诸堰闸,抑或是陈公塘,都有保证扬州运河水量充足,保持运河畅通的作用。而此次将诸堰闸及陈公塘尽皆毁弃,实际是使扬州运河完全陷入缺水的困境而无法通行,即前文所谓的"无令(水)走入运河"。此次毁坏诸堰闸之举,实际完全阻断了包括邗沟(南北向)及运盐河(东西向)在内的以扬州为中心的商贸、盐运、漕运网络,必然会严重冲击对运河有着极强依赖性的扬州商业。

　　除了人为破坏水利设施外,南宋政府也时常因惧怕金人南下,在水利设施修浚方面显得很消极,甚至是故意不作为。以邗沟之龟山运河一段为例。该段运河开凿于北宋神宗元丰年间,至南宋孝宗乾道时仍存,且仍能发挥效用。南宋乾道五年(1169)楼钥尝以书状官身份跟随吏部尚书汪大猷、宁国军承宣使曾觌出使金国,一来一往,先后两次经过龟山运河。而其在《北行日录》一文中详细记述了往返金国途中之所见所闻,而在言及龟山运河时,楼钥一方面强调了其便利性,"以避长淮之险,所活不知几人";另一方面,也指出了

---

[1]　〔元〕脱脱等:《宋史》卷九七《河渠七》,中华书局1977年版,第2393页。

当时龟山运河已年久失修,其中欧家渡一段已经浅涩难行,"使人往还,非借潮于神,不可行";而当时政府却"惮开河剥载之扰",居然让行人冒险入淮河穿行,"波涛春撞,有鱼腹之忧"[1],可见政府之不作为。虽然此时商旅仍能借助潮水通过欧家渡,不至于不能通行而断了生计,但此举实际危险重重,稍有不慎便会葬身鱼腹。政府在兴修水利方面的不作为,置往来商旅性命于不顾,此举无疑会挫伤商旅往来之积极性,于商业发展而言同样不利。

(二)推行铁钱而禁用铜钱

因处南北交战的前线,南宋时淮南地区很长时间内禁用铜钱而改用铁钱,此举对于当时商业发展也极为不利。早在高宗绍兴末年,两淮地区就曾一度禁用铜钱。据《宋史·食货志》载:"自绍兴末年,铜钱禁用于淮而易以铁钱,会子既用于淮而易以交子……铜钱并会子不过江。"[2]即言绍兴年间,两淮地区一度易铜钱为铁钱。而后由于"商贾不行""民旅未便",于是在绍兴末年,又"诏铜钱并会子依旧过江行用",实际又恢复了两淮地区铜钱的使用。[3]而不多久,至孝宗乾道二年(1166)八月,再次下诏"两淮行铁钱,铜钱毋过江北"[4],又在两淮地区推行铁钱,且禁止铜钱过江,显然是为将来进一步在两淮禁用铜钱做准备。但此诏的具体推行实际一波三折。乾道初年时,宋廷在两淮推行铁钱的方式乃是将四川所铸铁钱运至两淮,再以铁钱换取两淮原本通行之铜钱。但由于当时运抵两淮的铁钱数量有限,根本无法兑换整个两淮地区的铜钱。李心传在《建炎以来朝野杂记》中记此事云:"乾道初,林枢密(安宅)为右谏议大夫,议以铜钱多入北境,请禁之,而即蜀中取铁钱,行之淮上。事既行,洪景伯参政言其不可。上问之,景伯曰:'今每州不得千缗,一州以万户计之,每家才得数百,恐民间无以贸易。且客旅无回货,盐场有大利害。'上以为然,乃不行。但即蜀中取十五万缗行之庐、和二州而已。"[5]则此处在两淮行铁钱实际并不成功,只是自蜀中取铁钱十五万缗,而后也仅在庐、和二州试

---

[1]〔宋〕楼钥:《北行日录》,《全宋笔记》第6编第4册,大象出版社2013年版,第39页。

[2]〔元〕脱脱等:《宋史》卷一八一《食货下三》,中华书局1977年版,第4411页。

[3]〔元〕脱脱等:《宋史》卷一八一《食货下三》,中华书局1977年版,第4411页。

[4]〔元〕脱脱等:《宋史》卷三三《孝宗一》,中华书局1977年版,第635页。

[5]〔宋〕李心传:《建炎以来朝野杂记·甲集》卷一六,《全宋笔记》第6编第7册,大象出版社2013年版,第289页。

行,并未广及整个两淮地区。同在乾道二年八月,南宋政府"降会子、交子于镇江、建康务场,令江、淮之人对换"[1],即在两淮地区发行会子、交子等纸币,此举实际仍是为了在两淮推行铁钱,因为其所发之会子、交子,需百姓以铜钱兑换。而后在当年十一月,为了进一步加快兑换速度,下诏"两淮总领所许自造会子"[2],将会子的制造权下放两淮地方。孝宗原计划"诏两淮、京西悉用铁钱,荆门隶湖北,以地接襄、岘,亦用铁钱"[3],是欲在两淮、京西、荆湖等江北一线广行铁钱,而仅靠蜀中调来之部分铁钱及以会子兑换铜钱的方式实际杯水车薪,进展缓慢。故而在乾道五年八月,"命淮西路铸小铁钱"[4],让淮西自铸铁钱,以加速铁钱在两淮的流通;同年十二月又"降会子二十万贯行两淮,漕司收换铜钱。两淮州郡并以铁钱及会子付使"[5],即在两淮铸铁钱的同时,继续发行会子,进一步兑换民间持有之铜钱,以保证铁钱的推行;乾道六年,进一步加大淮西铸铁钱力度,"舒州同安监岁二十五万缗,蕲州新春监十五万缗",稍后又增设兴国军兴国监、黄州齐安监、江州广宁监、临江军丰余监、抚州裕国监等诸钱监产铁钱,专供淮南地区使用。[6]

自乾道元年至淳熙十年,宋廷先后十七次下诏收换淮南铜钱,改行铁钱,此一方面可见孝宗对在两淮行铁钱一事的高度重视,也可见其坚决推行这一政策的决心与勇气。两淮地区以外,南宋政府也相继在京西、湖北诸路推行铁钱,过程虽多有波折,但总算在宁宗朝时将两淮、京西、湖北、四川等一众铁钱区连成一线,形成了统一的江北铁钱流通区。[7]

南宋政府之所以坚持在两淮地区推行铁钱,主要是出于如下考量:

1.南宋时铜钱铸币额较北宋大幅度下降,全国铜钱不敷用。据李心传《建炎以来朝野杂记》载,绍兴年间中央政府规定的岁铸铜钱额在四五十万贯之

[1]〔元〕脱脱等:《宋史》卷三三《孝宗一》,中华书局1977年版,第635页。

[2]〔元〕脱脱等:《宋史》卷三三《孝宗一》,中华书局1977年版,第636页。

[3]〔元〕脱脱等:《宋史》卷一八〇《食货下二》,中华书局1977年版,第4397页。

[4]〔元〕脱脱等:《宋史》卷三三《孝宗二》,中华书局1977年版,第646页。

[5]〔宋〕佚名撰,孔学辑校:《皇宋中兴两朝圣政辑校》卷四七"乾道五年十二月月末"条,中华书局2019年版,第1070页。

[6]葛金芳:《南宋全史》,上海古籍出版社2012年版,第328页。

[7]汪圣铎:《南宋江北铁钱若干问题》,《中国钱币》1989年第2期,第43页。

间,而实际铸造过程中没有一年能达到这一预期定额。绍兴二年(1132),"是岁才铸钱八万(贯)";绍兴十三年,十万贯;绍兴二十五年,十四万六千贯;二十六年,二十二万贯;绍兴二十九年及三十年,又跌至十万贯。[1]故而此后,孝宗才会将铸钱额定为每年十五万贯。[2]据方回统计,从宁宗继位至度宗去世的八十一年间,共铸铜钱一千二百万贯,平均年铸也不超过十五万贯。[3]据庄绰《鸡肋编》中载:"熙宁、元丰间,置十九监,岁铸六百余万贯。"[4]北宋中后期,年铸钱六百万贯,数量惊人。南宋之十五万贯较之北宋之六百万,不过四十分之一,南宋铜钱铸造额的骤降于此可知矣。而南宋时,铸币额之所以下跌如此严重,与当时矿冶衰落,铜、锡、铅等铸钱原材料锐减有关,《宋会要辑稿》中言:"自渡江后,岁铸钱才八万缗,近岁始倍。盖铜、铁、铅、锡之入,视旧才二十之一,所铸钱视旧亦才二十之一尔。"[5]

2. 为避免铜钱北流。[6]铜钱外流的现象至南宋时仍普遍存在,南宋政府不得不多次下诏严禁铜钱外流,甚至为此专门制定了极为严酷的法令。《庆元条法事类》卷二九《榷禁·铜钱金银出界》言:"诸以铜钱出中国者徒三年,五百文流二千里,五百文加一等,徒罪配三千里;从者配二千里。流罪配广南,从者配三千里。三贯配远恶州,从者配广南。五贯绞,从者配远恶州。知情、引领、停藏、负载人减犯人罪一等,仍各依从者配发。"[7]而当时两淮地区,地处宋金交界,是南宋铜钱北流的重灾区。为了防止铜钱北流,南宋政府坚持在此处推行铁钱而禁用铜钱。至宁宗朝,两淮、江北、荆湖等北部沿边诸路已完全变为铁钱区,实际在南宋疆域北部造就了一条防止铜钱北流的隔离区。

---

[1] 葛金芳:《南宋全史》,上海古籍出版社2012年版,第326页。

[2] 〔元〕脱脱等:《宋史》卷三四《孝宗二》,中华书局1977年版,第662页。

[3] 〔宋〕方回:《古今考·续考》卷一〇《附少府禁钱及近世铸钱说》,《景印文渊阁四库全书》第853册,台湾商务印书馆1986年版,第261页。

[4] 〔宋〕庄绰:《鸡肋编》卷中,《全宋笔记》第4编第7册,大象出版社2008年版,第77页。

[5] 〔清〕徐松辑:《宋会要辑稿·食货一一》,上海古籍出版社2014年版,第6211页。

[6] 两宋时期,铜钱大量外流。葛金芳在《中国经济通史》中曾辟专节"一国所铸,四朝共用",叙述宋代铜钱实际是辽、夏、金等与宋并立政权的通用货币,并指出,如果单从货币角度来看,宋辽西夏金俨然处于同一个货币体系中,而宋代所铸之铜钱即是这一体系的基石。

[7] 〔宋〕谢深甫:《庆元条法事类》卷二九《榷禁·铜钱金银出界》,《续修四库全书》第861册,上海古籍出版社2002年版,第336页。

铁钱的推行确实能在一定程度上防止两淮地区铜钱的北流,但使用铁钱实际也给淮南商业的发展带来了不少的阻碍。首先,就铁钱本身来讲,较之于铜钱或其他金属货币,铁钱极易锈蚀,破损率高,不易长期存储。其二,铁钱比之铜钱价值低,"铜钱一折铁钱四"[1],换言之,同样价值的商品,用铁钱支付较铜钱要携带更多的钱币。若是涉及大宗货物或是大笔钱财支付,使用铁钱显然不便。其三,在实际铸造过程中,淮南地区因官铸铁钱数量过大,加之民间"盗铸如云",使得当时淮南地区铁钱泛滥,不断贬值,从而致使淮南一带物价飞涨,市场萧条,酿成所谓"铁钱危机"。纵观南宋一百五十余年,淮南地区曾多次爆发"铁钱危机"。而"铁钱危机"对于当时行商坐贾的打击不容小觑。如宁宗淳熙年间爆发了"铁钱危机",铁钱不断贬值。而时任江淮湖北铁冶使的刘炜为避开危机,居然企图让百姓以二文私钱兑换一文官钱的方式来禁绝民间私钱,此举实际等于让淮南百姓财产缩水一半。这一政策的结果使得"一路骚然,无不怨愤愁苦"[2]。而这其中,商贾损失尤为惨重,"商贾顿亏折,所至皆皇惑罢市"[3]。其四,在铁钱推行初期,强制性以铁钱易铜钱,以会子换铜钱的方式对于淮民商贾来讲也是一种伤害,很容易造成商业市场的混乱,此即马端临在《文献通考·钱币》中所云:"自绍兴末年以前,铜钱禁用于淮,而易以铁钱。会子既用于淮,而易以交子,于是商贾不行,淮民以困。"[4]

（三）扬州城（濠）形制的变化

再者,南宋以后,扬州由"内地"转为"边郡",为更好地发挥扬州"统淮、蔽江、守运河"的军事防御职能,南宋时多次重修扬州城,使得扬州城之形制结构与北宋时大相径庭,在一定程度上也影响到扬州商业的发展。

北宋时期的扬州城乃沿袭自后周韩令坤所筑周小城。建隆元年(960),李重进据扬州叛乱,曾对周小城进行修葺,其修葺目的虽是为了对抗宋军,但

---

[1]〔元〕脱脱等:《宋史》卷一八〇《食货下二》,中华书局1977年版,第4398页。

[2]〔宋〕楼钥:《攻媿集》卷二八《缴刘炜监司差遣》,《景印文渊阁四库全书》第1152册,台湾商务印书馆1986年版,第557页。

[3]〔宋〕叶适:《水心集》卷二二《舒彦升墓志铭》,《景印文渊阁四库全书》第1164册,台湾商务印书馆1986年版,第402页。

[4]〔元〕马端临:《文献通考》卷九《钱币》,中华书局2011年版,第251页。

就实际修筑效果来看,确是入宋以后扬州城的第一次修筑。此后文献中虽有北宋时期几次修葺扬州城的记载,但仍是在李重进基础上进行修筑,扬州城的范围及形制并未发生变化。南宋时期,特别是孝宗继位后,力图"恢复"。出于军事防御的需要,不仅对北宋扬州州城进行修缮加固,又增筑堡寨城(即后之宝祐城)与夹城,南北相接,形成蜂腰状的宋三城格局。大城为人民生活、贸易、娱乐及政府治所所在,是扬州城的核心。为了守卫大城,抵御来自北方的威胁,故而于州城北部蜀冈唐子城遗址上建堡城。而夹城位于大城及堡寨城中间,南北通连两城,因其在两城之间,故曰夹城。

在南宋历次修筑过程中,扬州城城门(濠)形制多有变化,而这些变化实际并不利于当时扬州商业的发展,具体来说又有以下几点。

1. 加深城壕

早在郭棣出知扬州修筑堡寨城及夹城前,孝宗乾道四年(1168),时任扬州太守的莫濛已经对扬州城进行了修筑,其修筑中有一项重要任务即是加深城外城壕。其曰:

> 大观中重修《扬州图经》,本州(扬州)城壕深一丈至一丈五尺,阔十三丈,至有十八丈之所。本州近稍阙雨,濠内极深不过二三尺,至有浅涧可以通人往来。窃详固守之利,莫如高城深池。今城虽高而池不深,窃恐冬深水涸,人可平涉,缓急之际,深所未便。欲望令殿前司并镇江府都统制司重别计料,以水面为则通展,务令深阔,缓急可以备御。[1]

由其所言可知:其一,北宋时扬州城外已有城壕;其二,至孝宗乾道四年时,城壕仍在,只是因扬州缺雨而大多干涸;其三,此次修城的主要目的即是加深城壕。

此外,在郭棣修筑完堡寨城及夹城,扬州形成三城形制之后的宁宗嘉定七年(1214),崔与之出知扬州期间,又重修扬州城壕。据崔与之在《扬州重修城壕记》中自言:

---

[1]〔清〕徐松辑:《宋会要辑稿·方域九》,上海古籍出版社2014年版,第9447页。

守扬州,登城临眺形势,谓濠河埋狭,褰裳可涉,守御非宜。乃度远近,准高下,程广狭,量深浅,为图,请于朝。许之。河面宽十有六丈,底杀其半,深五分,广之一,环绕三千五百四十一丈。壕外余三丈,护以旱沟。又外三丈,封积土以限淋淤。又广地七丈,以受土,使与危堞不相陵。复作业城五门为月河,总百十七丈。而南为里河,又八十七丈。西北曰堡寨城,周九里十六步,相去余二里。属以夹城,如蜂腰,地所必守,左右尤浅隘,浚之,概如州城壕,计七百三十一丈,且鳖女墙以状其势。外壕既深,水势趋下,市河涸,不可舟。有警,刍饷难为力。又加深广,造舆梁五。经始于八年八月,讫于九年九月,工一百一十五万四百二十五,费朝家缗钱三十四万八千七百五十六,米石二万一千八百四十七。州家激犒,为缗钱五万一千六百,节缩有道,劝惩有章,公私不以为病。[1]

据崔与之所记,当时扬州大城城壕外又护以旱沟,是典型的水、旱双壕形制。而此次修浚的目标也很明确,即是浚深扬州城壕。且此处修浚城壕的范围尤大,不仅涉及宋大城之四周城壕,对夹城的城壕也进行了浚深。

这两次修浚并加深城壕,于军事防御而言无可厚非,但因扬州城壕与市河水系相连,随着城壕的加深,积水量激增,市河水位自然下降,即崔与之所谓的"外壕既深,水势趋下,市河涸,不可舟"。换言之,加深城壕之举势必会影响到市河水位,从而对南宋扬州漕运及商贸产生负面的影响。而为了降低这一负面影响,崔与之不得不重对市河进行疏导,但无论他如何"又加深广",引市河水入城壕的事实无法改变。

总体而言,这两次修城壕主要出于军事考量,虽然对扬州运河畅通及商业发展来说,产生了一些负面影响,但对于巩固扬州防卫意义重大。

2. 城门变小

在南宋历次修城的过程中,均着重强调扬州城的军事防卫职能,受之影响,在南宋的历次修缮过程中,扬州城之城门(包括水门)不断缩小,城门形制也不断发生变化。论者指出:

---

[1]〔宋〕崔与之撰,张其凡、张志章整理:《宋丞相崔清献公全录》卷之一,广东人民出版社 2008年版,第5页。

　　到南宋时,为了适应战争防御形势的需要,主城门洞由原来5.7米宽缩小为3.7米,便由原方形过梁式门洞改为砖砌券顶式门洞,瓮城内的空间由原南北长32.2米、东西宽13米缩小到南北长25.4米、东西宽11.7米。[1]

城市交通与商业的发展需要不断增开水陆城门,扩大城门洞,便于贸易往来,此做法显然与经济发展需求背道而驰。

　　3.修城伤财

　　修城于军事层面而言确实势在必行,但修城此举本身对于扬州民众来说就是一项沉重的劳役。

　　南宋宋伯仁尝在理宗嘉熙元年(1237)北游淮扬,在泰州、扬州逗留数月。时正值宋蒙对峙期间,宋伯仁自言"时正严鞑备"[2]。而为了"严鞑备",扬州再次浚河修城,宋伯仁有《民夫》一诗,记当时修城事,曰:

　　　　阃帅差夫欲太平,浚河才了又修城。挑泥锹镬无休日,失业妻儿有
　　　　叹声。两个布衫寒透骨,半盂蒸饭冷无羹。何时一统山河了,只向春田
　　　　带雨耕。[3]

修城本是为致太平,可接连繁重无休的劳役、残羹冷炙的非人待遇,加上为了修城不得不脱离农业生产,农民收入顿失,生活更加困顿了。也难怪宋伯仁在《扬州骑鹤楼》一诗中发出了"淮南不比数年前"的感慨,宋伯仁于理宗绍定六年尝监泰州拼桑艖场,在淮东多年,前后变化,一目了然。

　　(四)地方官员之不作为

　　因受战争威胁,南宋时扬州许多基层官员在任上毫无作为。特别是战乱之时,不顾国难,狐假虎威,压榨百姓,中饱私囊,甚至大发国难财。此处以文天祥南宋末来扬时所遇之地分官为例。

　　文天祥德祐二年(1276)正月奉旨诣元军求和,被拘,押至镇江。后文天

----

[1] 李久海:《论扬州宋三城的布局和防御设施》,《东南文化》2000年第11期,第56—59页。

[2] 〔宋〕宋伯仁:《登海陵城》,《全宋诗》第61册,北京大学出版社1998年版,第38163页。

[3] 〔宋〕宋伯仁:《民夫》,《全宋诗》第61册,北京大学出版社1998年版,第38164页。

祥逃出,连夜入真州。[1]初真州守将苗再成颇信任文天祥,然淮东制置李庭芝却怀疑文天祥已降元,遣人谕苗再成,以为文天祥此番来真州,不过充当元人奸细。苗再成将信将疑,用计逐文天祥一行出城,并派兵监视其往淮西见夏贵,文天祥认为与夏贵不熟,执意往扬州见李庭芝,以打消李庭芝对其的误解。[2]

初到扬州,文天祥就遇到了嚣张跋扈的地分官,"地分官五骑咆哮而来,挥刀欲击人,凶焰甚于北。呕出濡沫,方免毒手",交完钱方才幸免。文天祥感慨道:"幸而脱北方之难,不意困折于我土地。"[3]文天祥将此段经历写成《扬州地分官》诗二首,云:

> 五骑驰来号徼巡,咆哮按剑一何嗔。金钱买命方无语,何必豺狼骂北人。(其一)
>
> 便当缟素驾戎车,畏贼何当畏如虎。看取摘星楼咫尺,可怜城下哭包胥。(其二)[4]

自入北宋以后,随着战事的逐渐消弭及政局的不断稳固,扬州商业也逐步呈现出恢复并发展的态势。至仁宗朝,扬州商业经济已完全复兴,虽不及唐时繁盛,但仍不失为江淮间一重要都会也。具体来说,以下几点对于北宋扬州商业的重振发挥了重要作用:一、北宋扬州地处淮南,深居内地,自宋太祖平定李重进后近一百七十年未遭战火侵扰,和平的大环境为扬州商业的恢复发展创造了绝好的条件;二、宋真宗天禧年间,为保证财粟的北运,重开扬州古运河,绕城南与旧运河相接。运河的新凿,不仅便利了南北漕运,更为北宋扬州商业的发展注入了新的活力;三、北宋扬州"昆冈作轴江为门"[5],"背

---

[1]〔宋〕文天祥:《真州杂赋》,《全宋诗》第68册,北京大学出版社1998年版,第43002页。

[2]〔宋〕文天祥:《出真州》,《全宋诗》第68册,北京大学出版社1998年版,第43004页。

[3]〔宋〕文天祥:《扬州地分官》,《全宋诗》第68册,北京大学出版社1998年版,第43010页。

[4]〔宋〕文天祥:《扬州地分官》,《全宋诗》第68册,北京大学出版社1998年版,第43010页。

[5]〔宋〕晁补之:《和缙云守关彦远浮山作》,《全宋诗》第19册,北京大学出版社1998年版,第12799页。

负巨海襟江湖"[1]，处于邗沟与大江之交汇点，襟江、控(运)河的同时，又保有靠海的独特区位优势，使得扬州在当时仍是南北商品、财货转运的重要中转站，即沈括在《扬州重修平山堂记》中所言的"自淮南之西，大江之东，南至五岭蜀汉十一路，百州迁徙贸易之人，往还皆出其下，舟车南北日夜灌输京师者，居天下之七"[2]。繁盛的漕运为北宋扬州商业的繁荣打下了坚实的基础。

南宋扬州由于靠近宋金边界，主要起着统淮、蔽江、守运河的军事防御职能，其经济作用较北宋时大为削弱。加上靠近边界，一旦金人(或蒙古人)南下侵扰，扬州往往首当其冲。这就决定了南宋扬州商业无论在稳定性上还是在发展程度上，均不及北宋扬州。

战争可以说是南宋扬州经济发展情况的晴雨表，其对扬州商业的破坏不言而喻。但须知战火本身对扬州商业经济的破坏是暂时的。金人先后两次占领扬州城，每次不过二三十日便弃城北走。李全也好，阿术也罢，虽围困扬州长达数月之久，但较之南宋一百五十余年不过一瞬。真正持续制约南宋扬州商业经济发展的是一系列由战争所引发的"后果"，诸如人为破坏水利设施、强制性推行铁钱及防御性扬州三城的修筑等。纵观这些因素或是举措，均与战争有着直接或间接的关联：破坏水利设施及修筑扬州三城均是为了抵御敌人南下，乃是出于军事层面的考量；推行铁钱也是因扬州靠近宋金(蒙)边界，时有战火侵扰，为防止铜钱北流而不得不为之；在战时的特殊环境下，扬州很多地方官员不司其职，只知中饱私囊，压榨百姓。

如此，战争虽不是致使南宋扬州商业最终衰落的唯一因素，但其本身的破坏性及由其所诱发的一系列"后遗症"，却始终制约着扬州商业的发展，也是导致南宋扬州经济时好时坏的主要原因。

---

[1]〔宋〕王洋：《寄曹嘉父》，《全宋诗》第 30 册，北京大学出版社 1998 年版，第 18952 页。

[2]〔宋〕沈括著，杨渭生新编：《沈括全集》卷九《扬州重修平山堂记》，浙江大学出版社 2001 年版，第 61 页。

第六章　两宋时期扬州的水运盐运

　　扬州是一座运河城市，自吴王夫差开邗沟以来，运河与扬州这座城市一直相互依存。扬州运河，即江淮间运河，古名邗沟，又名山阳渎、中渎水、邗溟沟，自吴王夫差开河至今已逾两千五百年。北宋时，立都开封，需岁漕东南，且对于南方财粟的依赖日重。北宋初年，"承平时，岁运江淮米输京师才三百五十万斛"[1]，至真宗时，也"旧止五百余万斛"，到真宗景德三年（1006），时任都大发运副使的李溥上疏请立为定额，三司方才决定自后一年，即景德四年（1007）起，"船般上供六百万石，永为定制"[2]。在这一过程中，邗沟乃南方财粟北上之必经之路，扬州也是当时重要的物资中转站之一。繁盛的漕运为北宋扬州经济的恢复发展注入了活力。入南宋以后，宋室南渡，以临安（今浙江杭州）为都城。因临安本就在南方，此时已无所谓"岁漕东南"之说了，南方财粟也无须再经由邗沟转运北上了。换言之，邗沟承接并转般南方财粟的职能至南宋已经终结。但南宋时期，邗沟并未荒废，仍在发挥作用，即转运淮东、通泰等沿海地区所产的食盐，故而南宋政府仍十分重视疏导并保障江淮运河的畅通。本章旨在梳理两宋政府为保证运河的畅通而采取的种种措施，包括在运河上修筑堰闸、多次移动入淮和入江口以及在入淮、入江口新开运河。

第一节　扬州运河之缺水问题及诸堰闸的修筑

　　运河对于扬州经济的重要性不言而喻。但扬州地势较为特殊，蜀冈山脉

---

[1]〔宋〕周煇：《清波别志》卷下，《全宋笔记》第 5 编第 9 册，大象出版社 2012 年版，第 173 页。
[2]〔清〕徐松辑：《宋会要辑稿·食货四二》，上海古籍出版社 2014 年版，第 6940 页。

自六合延伸至湾头,绵延四十余里。[1]蜀冈虽然算不上高峻,平均海拔不过三四十米,但较冈下的长江冲积平原及北面的江淮平原都要高出不少,而扬州古运河恰好南北横穿蜀冈而过,整个河道中间高而两边低,运河水易向南北两边低处流去,江水、淮水均难入运河。唐人李翱曾由水道"自东京至广州",其在《来南录》一文中记载所到各地的水流状况,云:"自洛州下黄河、汴梁,过淮,至淮阴,一千八百有三十里,顺流;自淮阴至邵伯三百有五十里,逆流;自邵伯至江九十里,自润州至杭州八百里,渠有高下,水皆不流。"[2]淮阴至邵伯,南高北下,水往北流,李翱自北来南,故曰逆流。另《宋史·向子諲传》中亦载:"自江至淮数百里,河(扬州运河)高江、淮数丈,而欲浚之使平,决不可。"[3]《宋史·河渠志》中也有类似的描述:"运河高江、淮数丈,自江至淮,凡数百里,人力难浚。"[4]特殊的地势,使得扬州运河水极易泄入江、淮,运河管理者不得不面对一个尴尬的问题,即如何保证运河的水量。

　　幸而隋唐以前,海岸线尚在今江阴一带,扬州距海不远,长江南北江岸也较今天开阔得多,加上江中分布着不少沙洲,使水流分汊弯曲,海潮一来,海水逆流,顶托江水顺着沙洲弯曲北上,沿着运河能直达扬州城内。这就是西汉枚乘《七发》中所言的"广陵潮"。这种江水内涌不仅能带来壮丽浩大的"广陵潮",更会为扬州运河带来充足的水量,从而无缺水之虞。但入唐以后,长江口东移,江水流速变慢,泥沙不断淤积,江心洲(瓜洲)发育,大约在开元年间最终与北岸相连,[5]潮水便很难再入扬州城内。在开元以前,潮水尚能畅流至邵伯堰。梁肃《通爱敬陂水门记》载:"当开元以前,京江岸于扬子,海潮内于邗沟,过茱萸湾,北至邵伯堰,汤汤涣涣,无隘滞之患。"[6]

　　唐代宗大历以后,广陵潮已经消失不见。李绅在《入扬州郭》诗序中言:

[1]〔明〕杨洵修,〔明〕徐銮等纂:《〔万历〕扬州府志》卷一,《扬州文库》第1辑第1册,广陵书社2015年版,第308页。

[2]〔唐〕李翱:《来南录》,《全唐文新编》卷六三八,吉林文史出版社2000年版,第7200页。

[3]〔元〕脱脱等:《宋史》卷三七七《向子諲传》,中华书局1977年版,第11639页。

[4]〔元〕脱脱等:《宋史》卷九六《河渠六》,中华书局1977年版,第2389页。

[5]吴松弟、王列辉:《唐朝至近代长江三角洲港口体系的变迁轨迹》,《复旦学报(社会科学版)》2007年第2期,第98—109页。

[6]〔唐〕梁肃:《通爱敬陂水门记》,《全唐文新编》卷五一九,吉林文史出版社2000年版,第6061页。

"潮水旧通扬州郭内,大历已后,潮信不通。"[1]潮水不通后,扬州运河时常苦于淤浅。梁肃描绘当时的扬州运河道:"河流浸恶,日淤月填,若岁不雨,则鞠为泥涂,舟楫陆沉,困于牛车,积臭含败,人中其气,为疾为瘵。"当时也曾试过凿深运河清理淤积,但往往"既费累巨万,或妨夺农功,殚财竭力,随导随塞"。直至德宗贞元年间,杜亚为淮南节度使,"乃验图考地,谋新革故,相川原,度水势",最终决定借塘水济运,引周边湖陂水入渠,以通大舟。[2]《新唐书·食货志》云:"淮南节度使杜亚乃浚渠蜀冈,疏句城湖、爱敬陂,起堤贯城,以通大舟。"[3]杜亚引句城湖(即句城塘)、爱敬陂(即陈公塘)二塘之水,造渠引水至扬州城济运,暂时缓解了扬州运河缺水问题。但不过二十年,至元和年间,运河水又不足,"河益庳,水下走淮,夏则舟不得前",时任淮南节度使的李吉甫不得不"筑平津堰,以泄有余,防不足,漕流遂通",筑堰节水。[4]筑堰节水虽能维持漕运畅通,但漕粮运输却受到影响,"江淮米至渭桥者才二十万斛"。[5]而距李吉甫筑堰节水不过十余年,至宝历二年(826),王播为盐铁转运使时,"扬州城内官河水浅,遇旱即滞漕船",运河水再次不足,王播另辟蹊径,自城南阊门西开七里港河,向东屈曲,到禅智寺桥,与旧官河相通,"开凿稍深,舟航易济",自此扬州运河从城外穿行,不再经由城内官河。[6]按说王播之法看似破釜沉舟,且确实效果不错,开河后"漕运不阻,后政赖之"。但实际仍无法改变运河南北穿蜀冈而过的事实,此后仅仅过了十一年,至唐文宗开成二年(837)夏,扬州运河又竭,运道又不通。[7]此次运河水竭固然有开成二年夏天干旱的原因,但地势的因素致使扬州运河难以储水才是症结所在,不解决这个问题,无论是开源(引水入河)或是节流(筑堰节水)都无法从根本上解决运河缺水的问题。且自贞元四年(788)杜亚开渠引水以来,起初要二十年

---

[1]〔唐〕李绅:《入扬州郭》,《全唐诗》卷四八二,中华书局1960年版,第5487页。

[2]〔唐〕梁肃:《通爱敬陂水门记》,《全唐文新编》卷五一九,吉林文史出版社2000年版,第6061页。

[3]〔宋〕欧阳修、宋祁:《新唐书》卷五三《食货三》,中华书局1975年版,第1370页。

[4]〔宋〕欧阳修、宋祁:《新唐书》卷五三《食货三》,中华书局1975年版,第1370页。

[5]〔宋〕欧阳修、宋祁:《新唐书》卷五三《食货三》,中华书局1975年版,第1370页。

[6]〔后晋〕刘昫:《旧唐书》卷一六四《王播传》,中华书局1975年版,第4277页。

[7]〔宋〕欧阳修、宋祁:《新唐书》卷三六《五行三》,中华书局1975年版,第947页。

时间运道才不通；重新畅通之后，十八年就"遇旱即滞漕船"；而自宝历二年至开成二年，仅仅十一年，运河水又竭，扬州运河水竭的频率加快，缺水越发严重。

入宋以后，仍沿用唐代运道。自唐大历年间广陵潮消失以后，因为地势原因，扬州运河的缺水状况日益严重。宋初沿用唐人运道，也不得不面对运河缺水的状况。唐人解决这一问题的办法大致有三，要么开源（即开渠引水），要么节流（筑堰节水），或是双管齐下，思路较为开阔。而宋人在面对这一问题时，更加侧重于节流方法的运用，来保证运河水量的充足。当然此时的节流是在保证诸塘水能够进入运河的条件下进行的。

宋初，不断在扬州运河上增堰节水，至太宗太平兴国年间，"建安北至淮澨，总五堰"。此五堰分别为龙舟堰、新兴堰、茱萸堰、邵伯堰和北神堰。据刘文淇考证，五堰中除北神堰在淮阴，其余四堰均在扬州：龙舟堰在瓜洲，因魏文帝临江试龙舟而得名；茱萸堰在茱萸湾；邵伯堰在邵伯，此堰"实（东晋）谢安为之，人思其功，以比召伯"，故名邵伯堰（或叫邵伯埭）；新兴堰具体位置已不可考，但大体在邵伯、茱萸、龙舟之间。[1]在设堰的同时，也会引塘水济运，《宋史·河渠志》载："大中祥符间，江、淮制置发运置司真州，岁借此塘灌注长河（即运河），流通漕运。"[2]广泛设堰虽能使得运河水不至泄入江、淮，保证运河水量，但也引发了不少的问题。

首先，堰埭本身对于船只的通行便有着不小的阻碍。堰埭是完全阻断水流，它不同于闸，不能随时启闭，漕船过堰，需先将所载物资卸下，由陆路运输过堰，船只则要靠人力或畜力牵挽才能过堰，船只过堰后需再将货物装载，这些过程需要消耗大量人力、物力。其次，在烦琐的剥卸过程中，很容易造成纲卒侵盗货物，《宋史·乔维岳传》中载："建安北至淮澨，总五堰，运舟所至，十经上下，其重载者皆卸粮而过，舟时坏失粮，纲卒缘此为奸，潜有侵盗。"[3]此外，牵拉过堰的过程对于船只的伤害很大，贾宗在描述宋初船只过扬州运河诸堰时写道："自真、扬入淮、汴，历堰者五，粮载烦于剥卸，民力罢于牵挽，官

---

［1］〔清〕刘文淇：《扬州水道记》卷二，广陵书社 2011 年版，第 25—26 页。

［2］〔元〕脱脱等：《宋史》卷九七《河渠七》，中华书局 1977 年版，第 2394 页。

［3］〔元〕脱脱等：《宋史》卷三〇七《乔维岳传》，中华书局 1977 年版，第 10118 页。

私船舰,由此速坏。"[1]为了解决这一系列问题,乔维岳(按,乔维岳在太宗太平兴国中为淮南转运使)创二斗门法,"二门相距逾五十步,覆以厦屋,设悬门积水,俟潮平乃泄之。建横桥岸上,筑土累石,以牢其址",在堰上开斗门,且是双门,两门相距超过五十步。[2]堰上设斗门,早已有之,一方面可以作为放水闸门,调控堰埭上下游的水位;另一方面可供部分船只通行。但早期堰闸均是单门,一旦开启,由于上下水位相差较大,水流的流速会很快,船只被水流裹挟,速度很快,很容易造成危险。而乔维岳的二斗门巧妙地化解了这一问题,船只通行时,顺序开启两座斗门,控制两斗门间河段的水位,船只便能克服水位落差而顺利通行。这种复式闸门是现代船闸的雏形,其原理至今仍在运用。乔维岳方法虽好,但其二斗门设置在西河第三堰[3],并不在运河扬州段;其次,在当时的条件下,依次开闭闸门,调控水位,船只逐一通行,耗费时间太长;另外,就其在堰上开斗门这一点来看,斗门的大小必然受限,大型船只肯定无法通行,仍需采用货、船分开过堰的方式;最关键的一点在于,二斗门法虽然巧妙,但其设计的目的是方便船只过堰,改变以往烦琐、弊端丛生的过堰方式,并不能解决运河缺水的问题。且其能运行的前提是运河的水量能达到行舟的标准,而扬州运河最大的问题就是缺水。

真宗天禧二年(1018),为了解决扬州运河堰埭过多、过堰烦琐等一系列问题,时任江淮发运使的贾宗上书请求"开扬州古河,绕城南接运渠,毁龙舟、新兴、茱萸三堰,凿近堰漕路,以均水势",建议开新河并毁掉龙舟、新兴、茱萸三堰。后贾宗建议获批,其所开的扬州古河,即今天的扬州城南运河。时任江淮制置发运使的薛奎"疏漕河、废三堰",以达到便利漕运的作用。毁三堰之后,漕路畅通,"公私大便","岁省官费十数万,功利甚厚"。[4]扬州地势蜀冈较两边平原高出不少,运河不管如何修建均需南北穿蜀冈而过,如此水流必然泄入江、淮,若无诸塘水济运或是设堰节水,运河必然水浅。早在贾宗提

---

[1]〔元〕脱脱等:《宋史》卷九六《河渠六》,中华书局1977年版,第2380页。
[2]〔元〕脱脱等:《宋史》卷三〇七《乔维岳传》,中华书局1977年版,第10118页。
[3]西河,即乔维岳所开之沙河,关于乔维岳开沙河,具体可见下节,因沙河在邗沟故道以西,故名西河。
[4]〔元〕脱脱等:《宋史》卷九六《河渠六》,中华书局1977年版,第2380页。

出浚淮南漕渠、废河上诸堰的时候,时任淮南转运副使的王臻就提出:"扬州召伯堰,实谢安为之,人思其功,以比召伯,不可废也。浚渠亦无所益。"[1]不知王臻依据什么才提出"浚渠亦无所益"的观点,但就扬州运河所处地势来看,若是不能从本质上改变其南高北下的形势,无论如何疏浚都是做无用功。但发运司根本未听他的建议,"卒浚渠以通漕",当然此时毁掉的三堰中并不包含邵伯堰。

其后运河果然又浅涩,故而在仁宗天圣前,又不得不重建北神、召伯、龙舟、茱萸诸堰。沈括《梦溪笔谈》载,天圣中,监真州排岸司右侍禁陶鉴,为省去船只过埭之劳,建真州闸,"岁省冗卒五百人,杂费百二十五万",且船只的运量大幅度提升,"运舟旧法,舟载米不过三百石,闸成,始为四百石舡。其后所载浸多,官舡至七百石,私舡受米八百余囊,囊二石"。正是因为改堰为闸,获利颇多,故而"自后北神、召伯、龙舟、茱萸诸堰相次废革",即言将北神、召伯、龙舟、茱萸等堰相继废去,改为闸。[2]则此前在天禧二年被毁掉的龙舟等三堰必然又重新恢复,否则不当言"相次废革"。诸堰在天圣前虽已恢复,但在天圣年间又"相次废革",改堰为闸,"以省舟舡过埭之劳"[3]。此时所建的闸是否为乔维岳所创的"二斗门"式的复闸,就沈括所载的只言片语已经不得而知了。但当时改堰为闸,"以省舟船过埭之劳"乃是大势所趋。闸与堰不同,堰则彻底阻断水流,闸则中有口门,可以随时启闭,启则泄水,闭则储水,既能起到堰埭的作用,又能兼有其他功能。闸门不仅能解决船只通行问题,还可以根据水量的多少随时启闭,真正做到"泄有余,防不足,漕运通流"。但闸发挥优势有一前提条件,即其启闭必须严格限制,否则以扬州运河地势,一旦启闭不加节制,水流易泄,便会出现运河浅涩的问题。[4]

为了解决这一问题,而后又恢复了邵伯埭和瓜洲埭。据《宋史·钟离瑾传》

---

[1] 〔元〕脱脱等:《宋史》卷三〇二《王臻传》,中华书局1977年版,第10009页。

[2] 〔宋〕沈括:《梦溪笔谈》卷一三《官政二》,《全宋笔记》第2编第3册,大象出版社2006年版,第96页。

[3] 〔宋〕沈括:《梦溪笔谈》卷一三《官政二》,《全宋笔记》第2编第3册,大象出版社2006年版,第96页。

[4] 可参看王旭、陈航杰:《水情、工程与市镇:论唐宋时代的邵伯》,《浙江师范大学学报(社会科学版)》2020年第1期。

载,钟离瑾为江淮制置发运使时,"殿直王乙者,请自扬州召伯埭东至瓜州,浚河百二十里,以废二埭。诏瑾规度,以工大不可就,止置闸召伯埭旁,人以为利"[1]。就此处记载来看,钟离瑾在仁宗朝为江淮制置发运使时,邵伯、瓜洲二埭已经恢复了,且邵伯埭旁有闸,堰闸并存。[2]此两埭一南一北,恰好在扬州运河的两端,防止运河水为江、淮所分。这就能保证在这两堰之间的运河水量充足,其间的龙舟、茱萸等堰已经废去,改为闸,以便船只通行。总体而言,此时漕船在两堰之间通行较为便利,但在瓜洲、邵伯两地,仍需经历烦琐的过堰过程。但这段时期,运河往来贸易还是十分兴盛的,梅尧臣庆历八年北归,曾路过扬州茱萸堰,有《过茱萸堰》诗:

茱萸堰在吴牛死,茱萸堰废吴牛闲,吴牛闲,东南百货来如山。[3]

就此诗来看,庆历八年(1048),茱萸堰已废(改为闸),也正是因为改堰为闸,船只可径直由闸门通过,无过堰之劳,也就无须牛来牵挽船只过堰,故而梅尧臣在诗中言"茱萸堰废吴牛闲",此恰与前文所引史料契合。由于调控得当,当时"东南百货来如山",运道畅通无阻,并无缺水的问题。但当时扬州运河中间高两边低的地势未变,运河水泄入江、淮的趋势也未改变。元丰三年(1080),苏辙被贬为筠州酒税,春间经过高邮,逗留几日,后秦观等人一路向南送至邵伯埭。秦观作《次韵子由召伯埭见别三首》,写道:"孤篷短榜溯河流,无赖寒侵紫绮裘。召伯埭南春欲尽,为公重赋畔牢愁。"[4]一"溯"字说明运河水流方向与船只运行方向相反。秦观一行自北向南,在元丰年间,扬州运河邵伯以北水流仍是由南向北流去。

[1]〔元〕脱脱等:《宋史》卷二九九《钟离瑾传》,中华书局1977年版,第9945页。
[2]邵伯闸、埭并存亦可从苏辙《召伯埭上斗野亭》(《苏辙集》卷九,中华书局1990年版,第172页)及《和子瞻次孙觉谏议韵题邵伯闸上斗野亭见寄》(《苏辙集》卷一四,中华书局1990年版,第273页)两诗中看出。此外在《和子瞻次孙觉谏议韵题邵伯闸上斗野亭见寄》一诗中有:"扁舟未遽解,坐待两闸平。"则当时邵伯闸乃是复闸。
[3]〔宋〕梅尧臣著,朱东润编年校注:《梅尧臣集编年校注》卷一八《过茱萸堰》,上海古籍出版社2006年版,第457页。
[4]秦观著,徐培均笺注:《淮海集笺注》卷一〇,上海古籍出版社1994年版,第441页。

在哲宗绍圣年间,曾孝蕴管干发运司粜籴事,为了免去江船入运过堰的烦琐过程,"建言扬之瓜洲,润之京口,常之奔牛,易堰为闸,以便漕运、商贾"[1],将瓜洲堰改为闸[2]曾孝蕴虽改堰为闸,但其"严三日一启之制,复作归水澳,惜水如金",故而当时"公私便之",也不存在运河水少的问题。[3]

但至徽宗之时,"行直达之法,走茶盐之利,且应奉权幸,朝夕经由,或启或闭,不暇归水。又顷毁朝宗闸,自洪泽至召伯数百里,不为之节,故山阳上下不通"[4]。自北宋初年以来,"江南、淮南、两浙、荆湖路租籴,于真、扬、楚、泗州置仓受纳,分调舟船溯流入汴,以达京师,置发运使领之。诸州钱帛、杂物、军器上供亦如之",实行转般法,在真、扬、楚、泗等地设转般仓。[5]转般法在当时优点颇多。首先,"江、湖有米,可籴于真,两浙有米,可籴于扬,宿、亳有麦,可籴于泗"[6],江船不入汴,漕船将粮食运到转般仓即可返回,可以节省漕运的时间,提高运输效率;其次,自东南至汴京,水路遥远,加上不同河流的深浅、流速、水位涨落都是不一样的,其行舟的条件也不同,江船未必能在汴河中通行,汴船也未必能适应长江的水况,实行转般法可以解决这一问题,在运道交汇处设立转般仓,每段河道由专门的船只与熟悉该段水况的漕卒运输,运输的安全性大大提升;再次,转般法与北宋盐法相配合,北宋初,盐亦是官般官卖,当时的产盐地在通、泰、楚、涟一带,均在扬州运河以东不远处,盐的运输需要借助于运河,然后运往江南、荆湖诸路,而江南、荆湖诸路的漕船在转般仓处完成卸粮,空船返回,恰好可以载盐以归,一举两得,来回都不走空。当时"淮南盐置仓以受之,通、楚州各一,泰州三。又置转般仓二,一于真州,以受五仓盐,一于涟水军,以受海州涟水盐,江南荆湖岁漕米至淮南,受盐以归"[7];最后,自神宗熙宁以后,转般仓不仅仅是用来中转和存储粮食,还兼具

---

[1]〔元〕脱脱等:《宋史》卷三一二《曾孝蕴传》,中华书局1977年版,第10235页。

[2]陆游《家世旧闻》载米芾在瓜洲闸建成后尝书"瓜洲闸"三大字,"神采飞动,妙绝古今,非惟他人之所不能仿佛,元章自书亦无及此者",此亦可从侧面说明瓜洲改堰为闸的事实。《全宋笔记》第5编第8册,大象出版社2012年版,第250页。

[3]〔元〕脱脱等:《宋史》卷九六《河渠六》,中华书局1977年版,第2389页。

[4]〔元〕脱脱等:《宋史》卷九六《河渠六》,中华书局1977年版,第2389页。

[5]〔元〕脱脱等:《宋史》卷一七五《食货上三》,中华书局1977年版,第4251页。

[6]〔元〕脱脱等:《宋史》卷一七五《食货上三》,中华书局1977年版,第4259页。

[7]〔宋〕王应麟:《玉海》卷一八一,广陵书社2003年版,第3331页。

调节丰歉的重要作用。转般仓内，"岁运六百万石给京师外，诸仓常有余蓄"，一旦"州郡告歉，则折收上价，谓之额斛。计本州岁额，以仓储代输京师，谓之代发"，而在丰年，则可以"以中价收籴，谷贱则官籴，不至伤农，饥歉则纳钱，民以为便。本钱岁增，兵食有余"。[1]但在徽宗崇宁间，蔡京为相，"始求羡财以供侈费，用所亲胡师文为发运使，以籴本数百万缗充贡，入为户部侍郎。来者效尤，时有进献，而本钱竭矣；本钱既竭，不能增籴，而储积空矣；储积既空，无可代发，而转般之法坏矣"，转般之法既坏，只能实行直达法。[2]徽宗大观三年（1109），"诏直达纲运自来年并依旧法复行转般"，重行转般法；但政和二年（1112）又复行直达法；宣和五年（1123），又行转般；靖康元年（1126），除淮南、两浙依旧直达外，江、湖四路并措置转般。而行直达法后，为了保证船只通行及应奉往来，扬州运河上的闸堰"启闭无节，堰闸率不存"，"朝夕经由，或启或闭，不暇归水"，致使宣和间扬州运河严重缺水。宣和三年（1121）春，甚至下诏让时任发运副使的赵亿"以车畎水运河"，用车拉水入运河济运，可见当时运河浅涩之严重。[3]

针对如此严重的缺水问题，童贯建议"海运陆辇"，谭稹欲新开运河，"自盱眙出宣化"，均不切合实际。[4]朝廷令发运司相度，发运使陈亨伯遣向子諲实地调查。向子諲实地考察后，发现了问题的根源在于"运河高江、淮数丈，自江至淮，凡数百里，人力难浚"，且总结了自唐以来解决扬州运河缺水问题的方法及当下运河缺水的原因："昔唐李吉甫废闸置堰，治陂塘，泄有余，防不足，漕运通流。发运使曾孝蕴严三日一启之制，复作归水澳，惜水如金。比年行直达之法，走茶盐之利，且应奉权幸，朝夕经由，或启或闭，不暇归水。又顷毁朝宗

---

[1]〔元〕脱脱等：《宋史》卷一七五《食货上三》，中华书局 1977 年版，第 4257 页。

[2]〔元〕脱脱等：《宋史》卷一七五《食货上三》，中华书局 1977 年版，第 4257—4258 页。北宋末由转般改直达，《宋史·食货志》以为是胡师文借籴本媚上所致，而同时期人多效仿胡师文，私自动用籴本。没有籴本，丰年无法增籴，仓储也随之减少，从而使转般法无法实行下去，只能改行直达。但其实并不全面，之所以改行直达，究其根本在于转般法在当时积弊丛生，而致使转般法无法实行则有着更深的社会因素。周建明在《论北宋漕运转般法》（《史学月刊》1988 年第 6 期，第 18—22 页）一文中便剖析了诸多因素对转般法的制约。胡的做法最多算是改行直达的导火线，不能算是根源所在。

[3]〔元〕脱脱等：《宋史》卷九六《河渠六》，中华书局 1977 年版，第 2388 页。

[4] 宣和初，两浙有方腊叛乱，时童贯为宣抚使，谭稹为制置使，均在淮南，故有此建议，详见《宋史》卷九六《河渠六》，中华书局 1977 年版，第 2389 页。

闸,自洪泽至召伯数百里,不为之节,故山阳上下不通。"在他看来,"欲救其弊,宜于真州太子港作一坝,以复淮子河故道,于瓜洲河口作一坝,以复龙舟堰,于海陵河口作一坝,以复茱萸湾、待贤堰,使诸塘水不为瓜洲、真、泰三河所分;于北神相近作一坝,权闭满浦闸,复朝宗闸,则上下无壅矣"。向子谭建议复堰,使运河水不为江、淮所分。之后陈亨伯用其言,而漕运又通。[1]如此则在宣和年间,先前被废的诸堰又恢复,只是变换了位置,龙舟堰旧在扬子桥南,重建后在瓜州河口;茱萸堰旧在茱萸湾,重建后在海陵河口。

但至高宗绍兴四年(1134),为防金人南侵,"诏烧毁扬州湾头港口闸、泰州姜堰、通州白莆堰,其余诸堰,并令守臣开决焚毁,务要不通敌船;又诏宣抚司拆毁真、扬堰闸及真州陈公塘,无令走入运河,以资敌用"[2]。高宗此举本是为阻金人由运河南下,是军事战略的一部分,但将扬州运河诸堰闸尽毁的后果是运河水无所阻拦,尽泄入江、淮,加上塘水"无令走入运河",运河又浅涩,漕运不通,对于商业经济的发展无疑是致命的。但是,南宋时期,扬州地处淮南,靠近宋金边界,扬州城的职能也更多地转向军事防御,其经济职能相对衰弱。再加上当时定都临安,东南财粟直接由南方运河运达,无须再经扬州运河,扬州运河的漕运功能远不如北宋时期那般重要。即便如此,高宗仍在绍兴五年(1135)正月,下诏淮南宣抚司,"募民开浚瓜洲至淮口运河浅涩之处",试图恢复淮南运道。因为此时粮食的运输虽不需经过扬州,但产盐地区仍集中在泰州、通州等淮东一带,食盐的运输仍需经由扬州运河。乾道六年(1170),淮东提举徐子寅言:"淮东盐课,全仰河流通快。近运河浅涩,自扬州湾头港口至镇西山光寺前桥垛头,计四百八十五丈,乞发五千余卒开浚。"[3]此时虽多次下令疏浚扬州运河浅涩处,以便通舟,但并未重设堰闸。

自高宗毁湾头堰闸后,运河扬州段仅剩下瓜洲闸用以蓄水,以防走泄。至孝宗淳熙十四年(1187)时,瓜洲闸年久失修,已经不能发挥作用,以至河水走泄。时任扬州太守熊飞上疏言:"扬州运河,惟藉瓜洲、真州两闸潴积。今河水走泄,缘瓜洲上、中二闸久不修治,独潮闸一坐,转运、提盐及本州共行修

---

[1]〔元〕脱脱等:《宋史》卷九六《河渠六》,中华书局1977年版,第2389—2390页。
[2]〔元〕脱脱等:《宋史》卷九七《河渠七》,中华书局1977年版,第2393页。
[3]〔元〕脱脱等:《宋史》卷九七《河渠七》,中华书局1977年版,第2393—2394页。

整,然迫近江潮,水势冲激,易致损坏;真州二闸,亦复损漏。令有司葺理上、下二闸,以防走泄。"[1]朝廷从其言。

光宗绍熙五年(1194),淮东提举陈损之请于高邮、楚州之间,创立堤堰,以为潴泄,水多泄水,水少则蓄水,并"乞兴筑自扬州江都县至楚州淮阴县三百六十里,又自高邮、兴化至盐城县二百四十里,其堤岸傍开一新河,以通舟船。仍存旧堤以捍风浪,栽柳十余万株,数年后堤岸亦牢,其木亦可备修补之用",这是扬州运河有河堤之始,就其位置来看,当是东堤,至明代开邵伯月河,始以此堤为西堤,且改为石筑。[2]除此以外,陈损之还引天长、盱眙诸湖水入扬州运河,并"起自扬州江都,经由高邮及楚州宝应、山阳,北至淮阴,西达于淮;又自高邮入兴化,东至盐城而极于海;又泰州海陵南至扬州泰兴而彻于江:共为石䃳十三,斗门七",在运河各处广泛设置石䃳和斗门,防止河水走泄。陈损之此举,为运河修筑堤岸、改湖漕为河漕增加了安全性,早年运河在邵伯一带,仍是湖漕,漕船需径直穿湖而过,此时始有堤;而为了解决运河缺水的问题,一方面引天长、盱眙水济运,一方面广修堰闸,开源节流,双管齐下。其功劳不可谓不大,此后他也正是借此除直秘阁、淮东转运判官。[3]但自此以后,南宋政府对于扬州运河便没有了这般的大动作,关于运河缺水的相关问题也消弭于史籍中,无迹可寻。

总体而言,南宋前期,为保证淮东盐课及恢复淮南经济,朝廷相对比较重视扬州运河的畅通,能做到修葺堰闸,以防走泄,及时保障运河水量。但理宗、度宗时,由于军兴旁午,堰闸之制又废,堰闸既废,河水走泄没有节制,运河必然苦于浅涩,无法通行。

第二节　北宋邗沟入淮口的三次西移及新运道的开凿

北宋时,淮河下游泗州至楚州段风高浪急,刘敞所谓"长淮波浪高,咫尺

---

[1]〔元〕脱脱等:《宋史》卷九七《河渠七》,中华书局 1977 年版,第 2395 页。

[2]〔清〕刘文淇:《扬州水道记》卷二,广陵书社 2011 年版,第 33—34 页。

[3]〔元〕脱脱等:《宋史》卷九七《河渠七》,中华书局 1977 年版,第 2395 页。

不得涉"[1]。而南方漕船北上,经邗沟出楚州末口入淮后,尚需逆流西行两百多里方能到达泗州,再经泗州汴口入汴渠北上。这两百多公里的淮河水道水流迅疾,最为凶险,仁宗嘉祐六年(1061),淮水甚至一度冲毁泗州城。[2]史籍将这一段淮河水道称为"长淮之险"。而其中又尤以楚州山阳县境内一段河道最为凶险,该段河道弯曲,水流突然由东向转为西南流向,形成了长约三十里的逆流河湾,称为山阳湾。因此处水流急转,河槽突然切深[3],"水势湍悍,运舟所过,多罹覆溺"[4]。而为了确保运道安全,保证南方财粟能顺利运抵阙下,北宋政府先后数次于泗州至楚州一线淮河南岸重开运道,不断将江淮运河之入淮口西延,以避长淮之险。本节即以史籍所载,并结合宋人诗文所记,对北宋时邗沟(江淮运河)之入淮水道及其数次变化作细致考述。

一、沙河的开凿

就史籍所载来看,北宋最早提议开运河以避山阳湾之险的是刘蟠。刘蟠,宋太宗太平兴国间任淮南转运使,史书言其"岁漕江东米四百万斛以给京师,颇为称职"[5]。《宋史·河渠志》言其尝于太宗雍熙年间"议开沙河,以避淮水之险",可惜因其任期将满,"未克而受代"。[6]刘蟠虽离开淮南转运使任上,但开沙河一事并未停止,而是转由时任淮南转运副使的乔维岳负责,即《宋史·河渠志》中所言的"乔维岳继之"。[7]据《宋史·乔维岳传》载,维岳先为淮南转运副使,后迁右补阙,进为转运使。[8]另据《续资治通鉴长编》,太宗雍熙元年(984)二月壬午,"以右补阙乔维岳为淮南转运使"[9],则维岳任转运副使当在雍熙元年前,时刘蟠尚在淮南转运使任上(《宋史·河渠志》言刘蟠雍熙中受代)。乔维岳在刘蟠建议的基础上"规度开故沙湖,自末口至淮阴磨般

[1]〔宋〕刘攽:《淮上》,《全宋诗》第11册,北京大学出版社1998年版,第7107页。

[2]〔清〕徐松辑:《宋会要辑稿·方域十七》,上海古籍出版社2014年版,第9613页。

[3] 马正林:《中国运河变迁的基本特点》,《陕西师范大学学报(哲学社会科学版)》1978年第2期,第70页。

[4]〔宋〕李焘:《续资治通鉴长编》卷二五"雍熙元年二月壬午",中华书局2004年版,第573页。

[5]〔元〕脱脱等:《宋史》卷二七六《刘蟠传》,中华书局1977年版,第9388页。

[6]〔元〕脱脱等:《宋史》卷九六《河渠六》,中华书局1977年版,第2379页。

[7]〔元〕脱脱等:《宋史》卷九六《河渠六》,中华书局1977年版,第2379页。

[8]〔元〕脱脱等:《宋史》卷三〇七《乔维岳传》,中华书局1977年版,第10118页。

[9]〔宋〕李焘:《续资治通鉴长编》卷二五"雍熙元年二月壬午",中华书局2004年版,第573页。

（按，此处"般"当作"盘"）口，凡四十里"[1]。随着沙河的开凿，首次将邗沟（江淮运河）入淮口由楚州山阳县之末口西延至淮阴县之磨盘口，避开了山阳湾之险。此次开河功劳甚大，乔维岳也因此由转运副使升为转运使。然据上文所析，开沙河之议实际始于刘蟠任上，也是由其进奏朝廷，史籍虽未载刘蟠议开沙河之前因后果，然由其在淮南转运使任上岁漕四百万斛及其曾在多地任漕臣的经历来看，其对漕运一事必然十分熟悉，此河虽最终由乔维岳规度并主持开凿，但刘蟠也当有首倡之劳。而今人言及宋之沙河时，仅提乔维岳之功，于刘蟠则甚少提及，似稍欠妥当。

　　乔维岳开沙河以后，漕船入淮无须再经由山阳湾，就行舟安全性而言无疑大大提升。然漕船仍需在淮阴县磨盘口入淮，溯淮西行，而淮河本身实际并不平静，一旦遇上大风天气，风疾浪急，多有覆溺之险，此即所谓"长淮之险"。梅尧臣《旌义港阻风》一诗中尝记淮河风浪道："清晨下长淮，忽值秋风恶。渺渺云雾昏，掀合鱼龙作。方惊白浪高，又以寒潮落。远渚时出没，轻舟自前却。"[2]刘攽在《淮上》一诗中也曾言："旦起风颇凉，暑薄意弥惬。长淮波浪高，咫尺不得涉。"[3]而考诸诗所载，淮河风浪肆虐多集中于秋冬两季，韦骧所谓"长淮十月北风高"[4]，晁说之亦言"长淮岁暮风，舟楫不得舣"[5]。秋冬两季又是漕粮经淮运输及南北商旅行人往来淮河的高峰期，为了保证北运财粟及往来行人的安全，北宋政府不得不避开长淮之险，再修运河。

二、新河（洪泽渠）的开通及复浚

　　《宋史·河渠志》载："初，发运使许元自淮阴开新河，属之洪泽，避长淮之险，凡四十九里。"[6]许元所开之运河自楚州之淮阴县至洪泽镇，显然是与乔维岳所开之沙河相接，实际将邗沟（江淮运河）入淮口由先前之磨盘口再次西移至洪泽镇，此系北宋时期邗沟入淮口的第二次西移。

　　[1]〔宋〕李焘：《续资治通鉴长编》卷二五"雍熙元年二月壬午"，中华书局2004年版，第573页。

　　[2]〔宋〕梅尧臣：《旌义港阻风》，《全宋诗》第5册，北京大学出版社1998年版，第2745页。

　　[3]〔宋〕刘攽：《淮上》，《全宋诗》第11册，北京大学出版社1998年版，第7107页。

　　[4]〔宋〕韦骧：《至泗即天长独归叙别照邻》，《全宋诗》第13册，北京大学出版社1998年版，第8488页。

　　[5]〔宋〕晁说之：《舟子语》，《全宋诗》第21册，北京大学出版社1998年版，第13712页。

　　[6]〔元〕脱脱等：《宋史》卷九六《河渠六》，中华书局1977年版，第2381页。

　　关于许元开新河史书确载[1]，此无疑义，争议之处在于许元何时开此新河。仁宗庆历三年（1043）五月，经时任枢密副使范仲淹的推荐，许元得以任江淮两浙荆湖制置发运判官，初涉漕运事。[2]如此则许元开河自当在庆历三年后，言始于天圣年间显然不妥。另据《续资治通鉴长编》载，庆历七年（1047）七月，"制置发运判官、主客员外郎许元迁制置发运副使"[3]；皇祐元年（1049）十月，"以淮南江浙荆湖制置发运副使、主客员外郎许元为制置发运使"[4]；至和元年（1054）十一月，"徙淮南江浙荆湖制置发运使、工部郎中、天章阁待制许元知扬州"[5]。从庆历三年（1043）许元出任江淮两浙荆湖发运判官算起，到至和元年（1054）出知扬州，许元任职漕运先后十余年，其开新河本为漕运，显然是凿于其任江淮漕臣的十余年间。此外，《宋史·河渠志》言许元开河事时尝言："初，发运使许元自淮阴开新河，属之洪泽……"[6]则许元开河是在其任发运使之后，即在皇祐元年以后。而许元在至和元年离任，则其开河事必在皇祐元年十月到至和元年十一月这个区间内。

　　《宋史·河渠志》言许元所开新河"久而浅涩"，熙宁四年（1071），皮公弼复浚治。[7]实际在皮公弼浚河前，已有人对许元所开新河进行了浚治，而此次浚治往往为人所忽视。《宋史·马仲甫传》载，马仲甫尝以户部判官为江淮发运使，在其任上因"自淮阴径泗上，浮长淮，风波覆舟，岁罹其患"，故而马仲甫"建议凿洪泽渠六十里，漕者便之"。[8]马仲甫所凿之洪泽渠仅其本传有载，他书均不见，故少有提及者。而就此处所载来看，马仲甫开渠亦是为了

　　[1]　此新河即磨盘口至洪泽镇之运河，《宋史·河渠志》《中国历史地图集·宋辽金时期》均称之为新河，此处沿用其名。

　　[2]　〔宋〕李焘：《续资治通鉴长编》卷一四一"庆历三年五月辛未"，中华书局 2004 年版，第 3373 页。

　　[3]　〔宋〕李焘：《续资治通鉴长编》卷一六一"庆历七年七月辛丑"，中华书局 2004 年版，第 3883 页。

　　[4]　〔宋〕李焘：《续资治通鉴长编》卷一六七"皇祐元年十月乙酉"，中华书局 2004 年版，第 4019 页。

　　[5]　〔宋〕李焘：《续资治通鉴长编》卷一七七"至和元年十一月丙寅"，中华书局 2004 年版，第 4290 页。

　　[6]　〔元〕脱脱等：《宋史》卷九六《河渠六》，中华书局 1977 年版，第 2381 页。

　　[7]　〔元〕脱脱等：《宋史》卷九六《河渠六》，中华书局 1977 年版，第 2381 页。

　　[8]　〔元〕脱脱等：《宋史》卷三三一《马仲甫传》，中华书局 1977 年版，第 10647 页。

避开长淮之险,其所凿之洪泽渠乃起自淮阴。另文中既以洪泽名之,则该渠显然又当与洪泽镇有关,换言之,该渠线路乃是自淮阴至洪泽。此外,从该河"六十里"的长度来看,也当是由淮阴至洪泽一线。南宋楼钥尝于孝宗乾道五年(1169),以书状官身份跟随吏部尚书汪大猷、宁国军承宣使曾觌出使金国,其间便曾经由邗沟入淮。而楼钥将一路所见所闻撰成《北行日录》,按日记述每日行程,在行经山阳至洪泽一段时,楼钥记道:"二十一日癸酉。晴。辰时到楚州……三十里过磨盘,三十里夜过淮阴,三十里过闻家峰。二十二日甲戌。晴。三十里到洪泽……"[1]就此处的记载来看,自淮阴西行三十里到闻家峰,再由闻家峰行三十里方至洪泽镇,则淮阴至洪泽恰好六十里,与马仲甫所凿之六十里完全贴合,另据《续资治通鉴长编》及《宋会要辑稿·方域十七》,皮公弼复浚之洪泽渠仍是六十里。综上,基本可断定马仲甫所凿之渠即许元所开之新河,名异而实同。而之所以许元已开河而马仲甫又凿,许元所开新河当是部分利用了原有的湖泊河流,并非全部为人工运道,而马仲甫所凿则全为人工运道。

至于马仲甫何时开河,《宋史》中缺载,然考诸书,仍可框定一个大致时段。据《宋史·马仲甫传》所载,开洪泽渠是马仲甫在淮南发运使任上时所为,在任淮南发运使前,马仲甫为"夔路转运使",离任淮南后其"拜天章阁待制、知瀛洲秦州",再之后"熙宁初,守亳、许、扬三州"。[2]另据《皇朝编年纲目备要》载熙宁元年(1068)秋七月,马仲甫已在秦州任上[3],则马仲甫在淮南时间之下限当神宗熙宁之前。至于时间上限,据李吕《澹轩集》载:"嘉祐五年以夔州路转运使马仲甫等六人……"[4]则嘉祐五年(1060)时,马仲甫尚在夔州路转运使任上,如此基本可断定马仲甫开洪泽渠当在嘉祐五年(1060)之后,而在熙宁元年(1068)之前。

至神宗熙宁四年(1071),时任江淮等路发运副使皮公弼复浚洪泽渠。此

---

[1]〔宋〕楼钥:《北行日录》,《全宋笔记》第6编第4册,大象出版社2013年版,第10—11页。

[2]《宋史》卷三三一《马仲甫传》,中华书局1977年版,第10646—10647页。

[3]〔宋〕陈均:《皇朝编年纲目备要》,中华书局2006年版,第411页。

[4]〔宋〕李吕:《澹轩集》,《景印文渊阁四库全书》第1152册,台湾商务印书馆1986年版,第256页。

次浚河,《宋会要辑稿》言熙宁四年八月四日,神宗即下诏:"雇人夫开修泗州洪泽河。"[1]则皮公弼建言开河当早于当年八月四日。而实际开河时间,据《宋史·河渠志》载,起熙宁四年十一月壬寅,尽熙宁五年正月丁酉而毕,前后耗时两月余。[2]浚河完成的当月,王安石即以皮公弼开河事上疏请"赐权发遣江淮等路发运副使皮公弼银绢二百,仍赐敕书奖谕",诏从之。[3]

三、龟山运河的争议及开凿

皮公弼复浚洪泽渠,于漕运、通商确实有功,但公弼其人品行并不佳。早在英宗治平元年(1064),以皮公弼为三司度支判官时,司马光就曾上疏言:"皮公弼为吏,以贪饕致富,资性狡猾,善于进取,在京师则造请不倦,在外则书疏相寻,专用此术致举者三十余人,一旦首膺兹选,诚不称陛下求贤之意。"[4]祈求英宗收回成命,可惜英宗未听。其在江淮发运副使任上,除复浚洪泽渠外,尚在真州开黄池河,时真州乃江淮发运司驻地,此次开河"计夫六十万,实用七十万,益以连兵三千,仍令丁夫夜作,逃、死者千余人",危害甚大,而为御史所劾,后皮公弼因此坐降一官。[5]皮公弼熙宁四年(1071)春正月,由江淮发运副使调任陕西路转运副使,[6]同年(1071)三月,又调回淮南,仍任江淮发运副使,[7]直至熙宁六年(1073)三月,自江淮发运副使升任永兴军等路转运使。[8]在皮公弼担任江淮发运副使的几年内,罗拯为江淮发运使,据《续资治通鉴长编》,罗拯于熙宁六年十月,即皮公弼任永兴军转运使后方

[1]〔清〕徐松辑:《宋会要辑稿·方域十七》,上海古籍出版社2014年版,第9614页。

[2]〔元〕脱脱等:《宋史》卷九六《河渠六》,中华书局1977年版,第2381页。

[3]〔宋〕李焘:《续资治通鉴长编》卷二二九"熙宁五年正月丁酉",中华书局2004年版,第5569页。

[4]〔宋〕李焘:《续资治通鉴长编》卷二〇三"治平元年十二月丁巳",中华书局2004年版,第4928页。

[5]〔宋〕李焘:《续资治通鉴长编》卷二四七"熙宁六年九月癸丑",中华书局2004年版,第6012页。

[6]〔宋〕李焘:《续资治通鉴长编》卷二一九"熙宁四年正月戊申",中华书局2004年版,第5327页。

[7]〔宋〕李焘:《续资治通鉴长编》卷二二一"熙宁四年三月戊戌",中华书局2004年版,第5380页。

[8]〔宋〕李焘:《续资治通鉴长编》卷二四三"熙宁六年三月庚午",中华书局2004年版,第5926页。

才提举在京市易务,离开淮南。罗拯为人"性和柔,不与人较曲直",故而其"为发运使时,与副皮公弼不协"。[1]罗、皮二人之不协史书并未明说,亦未举证,但就在江淮运河入淮口西移一事上,二人之分歧明显。

熙宁四年(1071),皮公弼负责复浚洪泽渠时,发运使罗拯尝上疏请求"自洪泽而上,凿龟山里河以达于淮"[2],即在洪泽渠的基础上进一步避开长淮,新开运河,将江淮运河的入淮口再度西移至龟山一带。龟山镇时在泗州,离汴河口不远,江淮运河于此入淮,西行不远即可由汴口直入汴河,规避淮河之险。对于罗拯的建议,神宗皇帝"深然之"[3],"欲用拯议"[4],然皮公弼对于罗拯提议却极力反对。《宋史》及《长编》并未言明皮公弼坚决反对罗拯开龟山河的理据,但我们仍能从罗拯提议开河的时间及皮公弼反对的时间上看出一点端倪。据《宋史·河渠志》中所载,罗拯是在皮公弼复浚洪泽渠之后提议新开龟山河的,皮公弼也是此时坚决反对开河。再结合二人正、副发运使的竞争身份,不难看出,罗拯提议开河固然有便利漕运、疏通运河的考量,但更多的应该是考虑到先前皮公弼浚河有功,不想疏通漕运之功全为公弼一人所得;而皮公弼之所以持反对态度,更多的恐怕也是为了反对而反对,实不想罗拯与己争功。神宗皇帝也察觉到二人不协,且认为皮公弼"沮坏事功"。[5]但在罗拯及皮公弼任内,终究未开罗拯所倡议之"龟山里河",换言之,直至神宗熙宁间,江淮运河之入淮口仍在洪泽镇。

真正开河将邗沟入淮口西移至龟山镇的是元丰年间任江淮发运使的蒋之奇。考蒋之奇生平,熙宁五年(1072)闰七月,由淮南转运判官升为转运副使;元丰元年(1078),蒋之奇升任漕臣,并领江淮荆浙发运副使;元丰六年(1083),加直龙图阁,升发运使;元祐元年(1086),进天章阁待制,出知潭州,

[1]〔元〕脱脱等:《宋史》卷三三一《罗拯传》,中华书局1977年版,第10645—10646页。

[2]〔元〕脱脱等:《宋史》卷九六《河渠六》,中华书局1977年版,第2381页。

[3]〔元〕脱脱等:《宋史》卷九六《河渠六》,中华书局1977年版,第2381页。

[4]〔宋〕李焘:《续资治通鉴长编》卷三四四"元丰七年三月乙卯",中华书局2004年版,第8261页。

[5]〔宋〕李焘:《续资治通鉴长编》卷三四四"元丰七年三月乙卯",中华书局2004年版,第8261页。

离开淮南。[1]就这一段经历来看,蒋之奇在淮南亦十余年矣。而其开龟山运河事在神宗元丰年间。据《续资治通鉴长编》载:"(神宗元丰六年八月乙卯)江淮等路发运副使蒋之奇言长淮、洪泽河实可开治,愿亟兴工。"[2]蒋之奇提出了新开洪泽镇至龟山镇运河的要求,并言:"上有清汴,下有洪泽,而风浪之险止百里淮,迩岁溺公私之载不可计。凡诸道转输,涉湖行江,已数千里,而覆败于此百里间,良为可惜。宜自龟山蛇浦下属洪泽,凿左肋为复河,取淮为源,不置堰闸,可免风涛覆溺之患。"[3]蒋之奇此番上疏中,着重强调了如下几点:其一,邗沟虽已西移自洪泽入淮,然洪泽至汴口一段仍需溯淮西行,此段淮河风高浪急,时有覆溺之险;其二,江南财粟,一路沿运河北上,涉湖行江千余里,均十分安全,却往往覆溺于淮河的数百里间,很是可惜;其三,只要自洪泽至龟山新开运河,且无须修筑堰闸,便能避开长淮之险。

神宗皇帝早在熙宁时便对罗拯开龟山里河的建议十分赞赏,而蒋之奇之提议又与罗拯不谋而合,于是立马遣都水监丞陈祐甫规度。元丰六年(1083)十一月己巳,陈祐甫实地考察勘探之后,上疏神宗言开河之利,其言:

> 田耒任江淮提刑,尝言开河,其后淮阴至洪泽,讫成厥功,独洪泽以上未克兴役。臣今相度,既不用闸蓄水,惟随淮面高下,开深河底,引淮水通流,则于势至易,其便甚明。计行地五十七里,赋工二百五十九万七千,役民夫九万二千一月、兵夫二千九百两月,支麦米十一万斛、钱十一万缗,限二年开修。[4]

陈祐甫对于新开运河的形制、用工、时间、费用等均做了细致说明,神宗十分满意,仅要求将时间缩短,要求在一年内开河完成,并让蒋之奇和陈祐甫共同

---

[1] 刘冰莉:《唐宋义兴蒋氏家族及其文学研究》附录二《蒋之奇年表》,山东大学 2016 年博士学位论文,第 336—344 页。

[2] 〔宋〕李焘:《续资治通鉴长编》卷三三八 "元丰六年八月己卯",中华书局 2004 年版,第 8139 页。

[3] 〔元〕脱脱等:《宋史》卷九六《河渠六》,中华书局 1977 年版,第 2381—2382 页。

[4] 〔宋〕李焘:《续资治通鉴长编》卷三四一 "元丰六年十一月己巳",中华书局 2004 年版,第 8203 页。

负责开河事。[1]

　　至于龟山运河的实际开河时间,诸书所载似有抵牾。《宋史·河渠志》载:"(元丰)六年正月戊辰,开龟山运河,二月乙未告成,长五十七里,阔十五丈,深一丈五尺。"[2]此处的"元丰六年"显系"元丰七年"之误,上文已析,蒋之奇上疏请开龟山运河是在神宗元丰六年八月,真正开河显然要到元丰六年八月之后,言六年正月开河误矣。就此处记载来看,蒋、陈二人开龟山运河,起自元丰七年正月戊辰,成于二月乙未,仅耗时月余。另据《续资治通鉴长编》言:"开龟山运,在六年十一月二十八日……(元丰七年)二月,以成功闻。"[3]则龟山运河开凿时间迄元丰六年十一月至次年二月,前后三月余。本书认为《长编》中所载开河时间当更为准确,理据如下:其一,此次开河"工费浩大"[4],且此五十七里河道全部"凿山为渠,非故河也"[5],如此浩大的工程很难在一月内完成;其二,陈祐甫在规度后上疏时尝言:"役民夫九万二千一月、兵夫二千九百两月,支麦米十一万斛、钱十一万缗,限两年开修。"即原计划要耗时两年完成开河任务,且这期间光民夫劳役便要一月,兵夫更是要劳动两个月,就这个工作量来看,也绝不可能在一月内完成;其三,对于龟山运河的开凿,神宗皇帝是十分重视的,蒋之奇请求开河后即让陈祐甫实地考察,陈祐甫元丰六年十一月即规度完成并上疏言可以开河,不当又拖数月至来年正月才开工。

　　元丰七年(1084)龟山运河开凿完成后,将邗沟之入淮口再度西移至泗州之龟山镇,避开了长淮之险,"于漕运往来免风涛百里沉溺之患,彼方上下人情莫不忻快"[6],"大为舟楫之利"[7],功劳甚大。元丰七年三月乙卯,诏"江淮

[1]〔宋〕李焘:《续资治通鉴长编》卷三四一"元丰六年十一月己巳",中华书局2004年版,第8203—8204页。

[2]〔元〕脱脱等:《宋史》卷九六《河渠六》,中华书局1977年版,第2381页。

[3]〔宋〕李焘:《续资治通鉴长编》卷三四四"元丰七年三月乙卯",中华书局2004年版,第8260—8261页。

[4]〔元〕脱脱等:《宋史》卷九六《河渠六》,中华书局1977年版,第2382页。

[5]〔宋〕李焘:《续资治通鉴长编》卷三四四"元丰七年三月乙卯",中华书局2004年版,第8261页。

[6]〔宋〕李焘:《续资治通鉴长编》卷三四四"元丰七年三月乙卯",中华书局2004年版,第8260页。

[7]〔清〕徐松辑:《宋会要辑稿·方域十六》,上海古籍出版社2014年版,第9609页。

等路发运副使、朝奉大夫蒋之奇,都水监丞、承务郎陈祐甫,各迁两官,余减磨勘年",蒋、陈两位负责人也得以升官。[1]

自太宗雍熙间乔维岳为避山阳湾之险开沙河,将邗沟入淮口西移至淮阴磨盘口算起,至神宗元丰间蒋之奇凿成龟山运河,前后经历百余年。这百余年间,北宋政府先后多次开河,先后三次将邗沟之入淮口西移,在楚州至泗州一段淮河以南开辟出一条与之平行的人工运道,自此漕船沿邗沟北上,无须再经由淮河干流,可沿运河直抵龟山镇,再北渡淮河至泗州便可直入汴河北上,避开了原本需逆行且危险重重的百余里淮河水道,"大为舟楫之利"。

四、南宋邗沟之入淮口

上文所述即北宋时邗沟入淮口之变迁过程,北宋时为避长淮之险所开之诸运河,实际一直沿用至南宋时期,邗沟之入淮口也未回到末口,仍在泗州之龟山镇,南宋时泗州属金,龟山镇属盱眙军。《宋史·河渠志》中便曾有"(绍兴)五年正月,诏淮南宣抚司,募民开浚瓜洲至淮口运河浅涩之处"[2]的记载,此处的"淮口"指邗沟之入淮口,即在龟山镇。就此处的"瓜洲至淮口运河"的记述来看,当时邗沟一线虽有浅涩,但仍在继续发挥作用。需要强调的是,南宋时期,随着政权的南渡,江淮间运河(即邗沟)的漕运功用大为削弱,但仍是南北交通的重要孔道,特别是在宋金关系缓和的和平时期,邗沟仍在充当南北政权使者往来通道的重要角色。绍兴二十九年(1159),知镇江府杨揆尝言:"今来接伴传宣押宴,若乘船至常州,出陆至镇江,就扬州船以往,庶借得湖水,以备使人往来之用。"[3]即是说明南宋时邗沟仍是宋金使节往来的通道。而宋代典籍中,关于借助邗沟往来宋金两国的事例比比皆是。

南宋乾道五年(1169)楼钥尝以书状官身份跟随吏部尚书汪大猷、宁国军承宣使曾觌出使金国,一来一往,先后两次经过邗沟及其入淮口。乾道五年十一月,一行人自临安沿运河北上至扬州,再经邗沟北上入淮时,楼钥记其行程云:

---

[1]〔宋〕李焘:《续资治通鉴长编》卷三四四"元丰七年三月乙卯",中华书局 2004 年版,第8260 页。

[2]〔元〕脱脱等:《宋史》卷九七《河渠七》,中华书局 1977 年版,第 2393 页。

[3]〔清〕徐松辑:《宋会要辑稿·方域一七》,上海古籍出版社 2014 年版,第 9623 页。

　　（乾道五年十一月十八日）暮至扬州……十九日辛未。晴……约四更方得行，辰时到召伯埭，去扬州才四十五里……张帆而行，三十里过露筋，三十里到高邮……三十里，夜过塘头。二十日壬申。晴。三十里过界首，二十五里过范水，三十五里至宝应。夜风雨。行三十里过黄蒲，二十里过平柯桥。二十一日癸酉。晴。辰时到楚州……三十里过磨盘，三十里夜过淮阴，三十里过闻家峰。二十二日甲戌。晴。三十里到洪泽……张帆三十里，过渎头……二十三日乙亥。晴。未明东北风大作，潮亦先期而应。谈笑过欧家渡，去渎头十五里……行十五里，至龟山……二十四日丙子。晴。早出淮，三十里至盱眙……[1]

　　就其北上行程来看，仍是自扬州经邗沟一路行至楚州山阳县，再经沙河至淮阴磨盘口，循洪泽渠至洪泽，经龟山运河至龟山镇，再至盱眙渡淮入汴河，所行路径与北宋完全一致。其自淮上返程时，仍沿此路径南下，其云：

　　（乾道六年一月）二十七日戊寅。晴。四更车行八十里，饭临淮县。过县即见龟山塔及淮山……又六十里，宿泗州。自临淮即依淮西行。二十八日己卯。晴……是日大风拍岸，良久方到盱眙……二十九日庚辰。微雪。早离盱眙，过龟山……三十日辛巳。微雪……过渎头……二月一日壬午……入洪泽……二日癸未。晴。过淮阴，夜过楚州……三日甲申。晴。过宝应。四日乙酉。晴。过高邮……[2]

　　在返程经过龟山运河时，楼钥还特地强调蒋之奇开河之功，言："昔蒋鲁公（即蒋之奇）开运河六十里，以避长淮之险，所活不知几人。"[3]可知在南宋乾道年间，北宋为避长淮之险所开的诸运河仍在，且仍能发挥功用。只是较之于北宋政府，因淮河东段已成为宋金边界，南宋政府对于淮河的关注点更多是出于军事防卫的考量。加之随着宋室的南渡，南方财粟无须再经由江淮

---

[1]　〔宋〕楼钥：《北行日录》，《全宋笔记》第6编第4册，大象出版社2013年版，第10—11页。
[2]　〔宋〕楼钥：《北行日录》，《全宋笔记》第6编第4册，大象出版社2013年版，第38—40页。
[3]　〔宋〕楼钥：《北行日录》，《全宋笔记》第6编第4册，大象出版社2013年版，第39页。

运河入淮北运,江淮运河及淮河运道的重要性显然不如北宋那般重要了,以至于南宋时,江淮运河不少河段浅涩难行,政府也不加修茸,宁让行人冒鱼腹之险。楼钥在《北行日录》中尝记北宋蒋之奇所开之龟山运河因年久失修,其中欧家渡一段已经浅涩难行,"使人往还,非借潮于神,不可行"。而当时官家却"惮开河剥载之扰",居然让行人冒险入淮河穿行,"波涛春撞,有鱼腹之忧",可见政府之不作为。[1]

楼钥以外,南宋淳熙十六年至绍熙元年,杨万里亦曾以秘书监为金使接伴使,先后四次往返淮河迎送金国使者,对于当时江淮运河及淮河水道很是熟悉,其诗集中更是详细记述了其一路所见。淳熙十六年(1189)己酉冬,杨万里自临安前往淮河迎接金朝使者,其渡江后自邗沟入淮的行程从其诗题中便能一目了然:《过瓜洲镇》《皂角林》《舟次扬子桥远望》《晚泊扬州》《过高邮》《过襞社诸湖进退格东西长七十里南北阔五十里》《晓霜过宝应县三首》《登楚州城》《清晓洪泽放闸四绝句》《初入淮河四绝句》《题盱眙军东南第一山》……此外绍熙元年(1190)正月,杨万里送金使赴淮后南返,从今存诗题中也能见其一路南下之行程[2]:《渎头阻风》《至洪泽》《过淮阴县》《过磨盘得风挂帆》《望楚州新城》《阻风泊黄浦》《过宝应县新开湖》《过九里亭》《过扬子桥》《瓜州遇风》……绍熙元年正月送金使赴淮时亦有诗《晓出洪泽霜晴风顺》《题龟山塔前一首唐韵后一首进退格》。就这些诗题中诸地名来看,杨万里北上时自瓜洲入邗沟,一路北上,经楚州、洪泽闸、龟山,后入淮至盱眙,南返时则反之,与北宋入淮(入运)线路完全一致,可见北宋时所开之诸运河在南宋光宗绍熙时仍在使用,并未荒废。

第三节　真州运河及邗沟之入江口

就入江水道而言,夫差所开之邗沟直接自邗城(今江苏扬州)入江,此后数百年,邗沟之入江口均在扬州。然东晋永和年间,"江都水断",邗沟失去

---

[1]〔宋〕楼钥:《北行日录》,《全宋笔记》第6编第4册,大象出版社2013年版,第39页。

[2] 杨万里为接送金使,实际四次往返淮河临安,四次行程在其诗中都有体现,其中尤以淳熙十六年冬前往淮河接金使及绍熙元年正月送完金使回朝两次行程记载最细,故此处仅列此两次行程。

扬州之入江口。为保证邗沟的畅通，东晋政府新开运河，"其水上承欧阳埭，引江入埭，六十里至广陵城"，至广陵城后再与邗沟相接北上入淮。欧阳埭，本是东晋于长江北岸所筑之水利设施，其位置据考在今扬州仪征市东北十二里。所谓"其水上承欧阳埭，引江入埭"即将邗沟之入江口由扬州西移至今仪征境内，刘文淇所谓"邗沟引欧阳埭江水入运之始"。东晋所开之运河，即今之仪扬运河，乃邗沟西延之入江水道，亦是江淮运河的重要组成部分。

开欧阳埭之后，因仪扬运河起自欧阳埭，后人多以欧阳埭指代仪扬运河，如《甘棠小志》中便直言"仪征入江之路，晋欧阳埭故道也"，江南漕船北上需自京口逆江西行绕至瓜步，由瓜步入欧阳埭，再沿运河至扬州北上入淮，路途迂回，多有风涛之险。[1]东晋南朝时，因国土局促于江南，无须漕运北上，欧阳埭之作用并未充分发挥。然入唐以后国家一统，立都长安，便需要将南方财粟运抵阙下，特别是唐朝中后期，国家经济重心南移，岁漕东南，"当今赋出于天下，江南居十九"，这就需要充分发挥江淮运河的作用。而此时自京口至瓜步的迂回航道显然不能满足繁剧的漕运需要，《旧唐书·齐澣传》载："润州北界隔吴江，至瓜步沙尾，纤汇六十里，船绕瓜步，多为风涛之所漂损。"[2]为了解决这一问题，时任润州刺史齐澣"乃移其漕路，于京口塘下直渡江二十里"，将漕路移至京口塘下，又自瓜洲新开伊娄河直抵扬子桥[3]，"自是免漂损之灾，岁减脚钱数十万"。[4]齐澣重开之伊娄河，实际又恢复了邗沟在扬州的入江口，也扭转了自东晋永和年间至唐开元二十五年此数百年来江南漕船只能由欧阳埭入邗沟的局面。

入宋以后，欧阳埭（即宋之真州运河）仍在，并继续发挥作用。据《宋史·食货志》载：

　　　　江南、淮南、两浙、荆湖路租籴，于真、扬、楚、泗州置仓受纳，分调舟

---

[1]〔后晋〕刘昫等：《旧唐书》卷一九〇《齐澣传》，中华书局 1975 年版，第 5038 页。

[2]〔后晋〕刘昫等：《旧唐书》卷一九〇《齐澣传》，中华书局 1975 年版，第 5038 页。

[3] 瓜洲晋时已出水，为江中沙洲，后随着泥沙淤积不断向长江北岸发展，至唐朝中期完全与北岸相接。

[4]〔后晋〕刘昫等：《旧唐书》卷一九〇《齐澣传》，中华书局 1975 年版，第 5038 页。

船溯流入汴,以达京师,置发运使领之。诸州钱帛、杂物、军器上供亦如之……转般之法,寓平籴之意,江、湖有米,可籴于真,两浙有米,可籴于扬,宿、亳有麦,可籴于泗……[1]

这些运达真州诸仓的财粟,即仍需经由真州运河(即古之欧阳埭)运抵扬州,再经邗沟北上,直至送达阙下。总体而言,有宋一代,真州运河线路基本稳定,大抵即今之仪扬运河一线。但若是细考,两宋期间,真州运河还是有两个非常明显的变化过程。

一、入江口之西移

为避长江之险而在真州运河以西新开运道,这些新开之运河实际均可视为邗沟入江口之西延。长江流经宋之真州、建康府附近时,江面陡然变宽,其间弯折多险,水流湍急,是为长江之险。特别是建康老鹳嘴至真州白沙的黄天荡一带[2],尤为险恶,郝经尝言此处乃"海涛入江冲激六七百里,金陵之至险也"[3]。而宋之真州运河在真州东部,江、湖等地漕船沿江自西而东,必然要经过黄天荡一带,时有倾覆之险。为避开黄天荡及长江之险,宋人先后多次在真州沿江开河,使漕船经大江入运河,沿运河东行入江,再经真州运河入邗沟北上,以此来规避波涛。

据史载,北宋仁宗天圣三年(1025),"(六月)丙寅,发运副使张纶请开真州长芦口为河,属之江,以免舟楫漂失之患"。[4]此次张纶所开之河即后世所谓之长芦河。长芦乃宋真州一地名,因南朝名刹长芦寺而得名。相传南朝梁时,达摩自金陵一苇渡江至此地,建长芦寺,遂有长芦之名。宋之长芦镇滨江,南面即黄天荡,此处水流湍急,很是凶险。范仲淹在《泰州张侯祠堂颂》中赞张纶开长芦河一事,并提及长芦一带长江之险云:"白沙郡(即真州,唐时属扬

---

[1]〔元〕脱脱等:《宋史》卷一七五《食货上三》,中华书局1977年版,第4251、4259页。

[2] 黄天荡之具体所在历来有争议,此处黄天荡位置乃取胡三省《资治通鉴注》中所言:"大江过昇州界,浸以深广,自老鹳嘴渡白沙,横阔三十余里,俗呼为皇天荡。"

[3]〔元〕郝经:《陵川集》卷一三《寿正甫书状》,《景印文渊阁四库全书》第1192册,台湾商务印书馆1986年版,第139页。

[4]〔宋〕李焘:《续资治通鉴长编》卷一三〇"天圣三年六月丙寅",中华书局2004年版,第2383页。

州,为白沙镇地)大江之北,有湾数里,风涛为险,舟楫不利,公于是开长芦、西河以济之。"[1]张纶所开之长芦河在真州西四十里,从六合县东三十里开始,经六合县(今南京六合区)城南二十五里的长芦镇,曲折入江。漕船西来,由长江进入长芦河,再由长芦河东端入江,再进入真州运河,避开真州江段之黄天荡之险。[2]就长芦河之实际效用来看,确实能起到避长江之险的作用,否则范仲淹也不会将此事记入《泰州张侯祠堂颂》一文中。张纶在海陵修捍海堰之后,百姓感念其恩德,为其建生祠。生祠建成后范仲淹特为该祠堂作颂文,文中均是介绍张纶修堰开河等各类功绩。

　　即使长芦河开凿以后,黄天荡一带包括长芦附近仍时常有船只覆溺。据史载,仁宗天圣四年(1026)四月翰林学士夏竦上疏言:"金山、羊栏、左里、大孤、小孤、马当、长芦口等处,皆津济艰险,风浪卒起,舟船立至倾覆,逐年沉溺人命不少。乞于津渡险恶处官置小船十数双,差水手乘驾,专切救应。其诸路江河险恶处,亦乞勘会施行。"[3]夏竦所举之几处,包括长芦口在内,均是长江沿线之风涛险恶处,时有船只覆溺,故而其乞求朝廷于诸险恶处设置小船,并派遣水手专门负责营救落水者,以减少伤亡。夏竦此奏疏上于天圣四年(1026)四月,时张纶已开长芦河,可见长芦河的开凿虽在一定程度上规避了长江(黄天荡)之险,但仍无法尽绝。此从天圣以后诸宋诗的记述中也能看出。仁宗皇祐五年(1053),梅尧臣母亲去世,其扶梓归家乡宣城,途中经过长芦口,作《长芦江口》一诗,首两句即言:"风驾晚潮急,浪头相趁过。"[4]彭汝砺生于开河之后的仁宗庆历间,其后作诗《长芦阻风》有"浪逐江风急,潮连海水浑"[5]的记述。张纶开河的天圣三年,刘敞方才七岁,后来其在《出长芦口》一诗中云:"涛翻鹭羽连天白,山叠屏峰到海青。客路浮生两如寄,万重波里一浮萍。"[6]而在另一首《长芦口》中,刘敞更是将此处江流之险刻画到了极

[1]〔宋〕范仲淹:《泰州张侯祠堂颂》,《全宋文》第19册,上海辞书出版社、安徽教育出版社2006年版,第4页。

[2]徐炳顺:《扬州运河》,广陵书社2011年版,第21页。

[3]〔清〕徐松辑:《宋会要辑稿·方域十三》,上海古籍出版社2014年版,第9535页。

[4]〔宋〕梅尧臣:《长芦江口》,《全宋诗》第5册,北京大学出版社1998年版,第2952页。

[5]〔宋〕彭汝砺:《长芦阻风》,《全宋诗》第16册,北京大学出版社1998年版,第10488页。

[6]〔宋〕刘敞:《出长芦口》,《全宋诗》第9册,北京大学出版社1998年版,第5935页。

致,其言:"泱漭东流白,微茫远屿青。风飙万里浪,性命一浮萍。飞鸟戢倦翼,潜蛟浮暗腥。由来限南北,天意亦冥冥。"[1]就以上诸诗的记述来看,长芦口一带风涛险恶、潮急浪高,船只行经此处直如"一浮萍",可见此处之难渡。即使此时张纶已在真州江岸开凿了长芦河,但实际船只驶入或是驶出长芦河时仍需经过长芦口,还是要面对长江之险。即此长芦河之最大不足。

张纶所开之长芦河虽有不足,但仍在一定程度上起到了规避长江波涛的作用,于江淮漕运而言绝对是利大于弊的。且长芦河之于真州,不仅联通了长江与真州运河,更是在一定程度上刺激了真州经济的发展。开长芦河以后,江、湖漕船北上入淮必须先经由长芦河入真州运河,繁剧的漕运为真州经济的发展注入了活力,而长芦镇之经济也得益于此河之滋养。北宋时期,长芦镇甚至有自己的税务,考虑到长芦河乃入真州运河之必经之路,此税务极可能设于长芦河上,向往来运河的船只收税,此务直至南宋绍兴十六年(1146)七月,应淮东路诸司之请,方才废除。[2]

上文已述,长芦口乃江湖漕船进出长芦河的必经之地,而长芦口本身亦是风高浪急,始有覆溺之患。为了避开长芦口之风涛,保证漕船更加安全地由金陵驶达真州,北宋宣和间,卢宗原于金陵靖安镇新开靖安河。

关于卢宗原开靖安河事,南宋志书《〔景定〕建康志》引吴聿《靖安河记》云:

> 自金陵抵白沙,其尤者为乐官山、李家漾,至急流浊,港口凡十有八处,称号老风波而玩险阻者,至是鲜不袖手。东南漕计岁失于此者什一二。宣和六年,发运使卢公访其利病,得古漕河于靖安镇之下缺口,谓其取径道于青沙之夹。趋北岸,穿坍月港,由港尾越北小江入仪真新河,以抵新城下,往来之人高枕安流八十余里,以易大江百有五十里之险,实为万世之利。[3]

---

[1]〔宋〕刘敞:《长芦口》,《全宋诗》第9册,北京大学出版社1998年版,第5806页。

[2]〔清〕徐松辑:《宋会要辑稿·食货十七》,上海古籍出版社2014年版,第6367页。

[3]〔宋〕周应合著,王晓波校点:《〔景定〕建康志》卷一九《山川志三》,四川大学出版社2014年版,第884—885页。《〔景定〕建康志》引吴氏之记并不完整,校点本句读略有疏忽,此处稍有调整,特兹说明。

据《〔景定〕建康志》所载,可得如下信息:

其一,靖安河乃宣和六年(1124)时任发运使卢宗原所开。此处所载实际有误,宣和六年卢宗原当为江淮发运副使,而非发运使。据《宋会要辑稿·方域十》载宣和七年五月四日,尚书省言:"发运副使卢宗原奏:'依奉御笔,拘收九路钱物……'"[1]则直至宣和七年五月,卢宗原尚为发运副使。卢宗原升任发运使乃宣和七年五月之后事,《宋会要辑稿·食货四七》有宣和七年七月十九日发运使卢宗原奏"乞诸路起发钱物,即走即历,于卸纳处缴历驱磨"的记述[2],如此,卢宗原任发运使乃宣和七年五月至七月间事。其二,此河乃循古漕河故道而开,始于靖安镇,最终达于真州。其三,靖安河长八十余里,起自金陵靖安镇,经青沙之夹趋北岸,穿坍月港,由港尾越北小江,最终与仪真新河相接。其四,靖安河开凿的目的仍是为了避开长江(黄天荡)之险,保证漕船自金陵顺利驶达真州,再经真州运河入邗沟北上。其五,靖安河开凿后,确实弥补了先前长芦河仍需出入长芦口的不足,进一步保障了来往漕船的安全性。

靖安河不过是卢宗原一系列宏大开河计划之一小部分。早在政和四年(1114)二月,卢宗原尚未任江淮漕臣时就曾建言:

> 请开修自江州至真州古来河道湮塞者凡七处,以成运河,入浙西一百五十里,可避一千六百里大江风涛之患;又可就土兴筑自古江水浸没膏腴田,自三百顷至万顷者凡九所,计四万二千余顷,其三百顷以下者又过之。[3]

宋之江州,即今之江西九江。就卢宗原的计划来看,其欲自江西九江开凿运河,直接连通真州,使漕船自运河中航行,从而避开一千六百余里的大江风涛。此项工程规模甚大,"凡用夫五百二十六万一千一百七十五工,米五万七

[1]〔清〕徐松辑:《宋会要辑稿·方域十》,上海古籍出版社2014年版,第9483页。

[2]〔清〕徐松辑:《宋会要辑稿·食货四七》,上海古籍出版社2014年版,第7058页。

[3]〔元〕脱脱等:《宋史》卷九六《河渠六》,中华书局1977年版,第2386—2387页。

千八百三十五硕"[1]，徽宗诏差膳部员外郎沈鳞同本路常平官相度措置。政和四年三月二十日，沈鳞规度完成后上疏朝廷，赞同卢宗原的开河并新筑圩田的计划。但在政和七年（1117）四月己未，尚书省言："卢宗原浚江，虑成搔扰。"徽宗下诏"权罢其役"，完全终止了此项计划。[2]此后卢宗原官途不显，政和七年四月二十一日，因论者言其欺妄诞谩、专恣狂妄，由提举湖北香药被放罢[3]；宣和元年初，尚提举香矾事，同年九月十七日，才以提举京畿京西盐香除直秘阁。但宣和以后，卢宗原献媚于朱勔，据胡舜陟《再劾朱勔疏》载，卢宗原出知徽州时，"尽敛公私遗勔"，也正是因为其巴结献媚于朱勔，方得以"骤引为发运使"。

在宣和年间任江淮漕臣以后，卢宗原又重启了早年间提出的开河计划，多次在长江一线开河，宣和六年（1124）所开之靖安河不过是其中之一环。此外，在宣和六年九月，卢宗原请在池州（今属安徽）江岸开河，理由仍是为避长江之险，其言："池州大江，乃上流纲运所经，其东岸皆暗石，多至二十余处；西岸则沙洲，广二百余里。谚云'拆船湾'，言舟至此，必毁拆也。今东岸有车轴河口沙地四百余里，若开通入杜湖，使舟经平水，径池口，可避二百里风涛拆船之险，请措置开修。"[4]宣和七年（1125）九月，卢宗原又开江东古河，自芜湖由宣溪、溧水至镇江，渡扬子江，趋淮、汴。即开通了一条自芜湖经溧水至镇江的运河，其开凿目的仍是为了"免六百里江行之险"。此条运河实际直与扬州运河相连，漕船自芜湖入运河，自镇江出运河，渡江即至扬州入邗沟，可直接北上趋淮、汴。

将宣和间卢宗原所开之几条运河联系起来，不难发现，这些运河实际均是其政和年间提出的开修江州至真州运河的一部分，且这些运河的开凿目的一致，均是为了避开"大江风涛之患"。单就设想来看，其开河之举确实功德无量，能够造福百姓。但实际当时并无多少人感念卢宗原，一方面固然是因为他想方设法迎合贿赂朱勔的丑恶行径为人所不齿，时人甚至将其与蔡京、

---

[1]〔清〕徐松辑：《宋会要辑稿·食货七》，上海古籍出版社2014年版，第6133页。
[2]〔元〕脱脱等：《宋史》卷九六《河渠六》，中华书局1977年版，第2387页。
[3]〔清〕徐松辑：《宋会要辑稿·职官六八》，上海古籍出版社2014年版，第4893页。
[4]〔元〕脱脱等：《宋史》卷九六《河渠六》，中华书局1977年版，第2390页。

蔡攸、童贯、朱勔、高俅等共列为"六贼",真乃深恶痛绝;另一方面则是其短短数年间频繁开河,劳民伤财。客观上,开河确实能起到规避风涛,保证漕船行人安全的作用,但卢宗原开河有强烈的主观目的性,即胡舜陟所谓的"妄兴水利,幸求功赏"。此外,卢宗原宣和六年开河后,甫三年,北宋即灭亡,其开河的主要目的是规避长江波涛,保证漕船顺利抵达邗沟,从而保证漕粮的北运。而入南宋以后,朝廷偏安江南,漕粮已无须再经由邗沟北上了,其所开运河的功用骤失,只能沦为地方的一般性河流,此在一定程度上也淡化了其开河之功。

当然,除上述之长芦河及靖安河外,尚有南宋淳熙十年(1183),时任真州知州的左时昌所开之大横河,庆元六年(1200)所开之上新河等。对于南宋所开之诸河,因其开凿目的与长芦河及靖安河相同,都是为了避开长江之险,保证漕船安全驶入真州运河,加之史籍中对这些运河的记述仅有寥寥数语,故而在此并不做过多叙述,仅列其名。

二、开凿遇明河

此举彻底改变真州运河航线,直接自真州至泗州开凿运河,漕船无须再经邗沟北上入淮。真州运河乃邗沟(淮扬运河之西延),真州所发之财粟仍需经由扬州中转方能北上入淮,较为烦琐。而真州江岸距邗沟入淮口(即龟山镇)之直线距离实际较扬州更近,邗沟自扬州北上后需经高邮、宝应、山阳、淮阴,再绕洪泽行数百里方至龟山镇,经扬州北上实属迂回绕远。故而北宋崇宁元年(1102)十二月,尝下诏开遇明河,"自真州宣化镇江口至泗州淮河口,五年毕工",即开浚一条由真州宣化江边直抵淮河的运道。[1]

遇明河开凿后,河道变曲为直,真州财粟无须再经由扬州中转,于漕运而言确是好事。但实际遇明河发挥作用的时间并不长,其名声也不能与古之欧阳埭并举,今人论及仪征运河时,甚至少有提及者。之所以出现这样的情况,大抵有如下几个原因:

其一,此条运河的开凿劳民伤财、力屈财竭,百姓对其并无好感。北宋廖刚尝有《发仪真投宿山寺壁间见向伯恭留题因和其韵》一诗,诗后自注道"时议

---

[1]〔元〕脱脱等:《宋史》卷九六《河渠六》,中华书局 1977 年版,第 2384 页。

开遇明河,故有作",而其在诗中言:"百年功利要深思,力屈才殚悔恐迟。万斛行船今足矣,千寻凿石古无之。谋疑箕子陈洪范,放□(一作'群')周公岂我欺。安得使轺虚采纳,免将无益害三时。"[1]就廖刚自注来看,此诗正作于崇宁元年议开遇明河时。廖刚在诗中明言"万斛行船今足矣",即原有之欧阳埭完全能满足漕运之需要,再开新河根本"无益"。而就"力屈才殚悔恐迟。万斛行船今足矣,千寻凿石古无之"几句来看,此次开凿必然要耗费大量人力物力,劳民伤财。真州百姓受困于开河,对于此河自然无感情,故而少有论及此河者。

其二,开凿后不久北宋即灭亡。上文已述,遇明河开于徽宗崇宁元年,至崇宁五年(1106)方才凿成,二十年后北宋即为金人所灭。而南宋政府偏安江南,财粟直由南方供给,已无须再经真州转运北上了。遇明河开凿之最大功用即将真州财粟快速运抵淮河,入南宋后遇明河已失去了功用,只能沦为地方一般性河流。与长芦河之境遇类似,漕运功用的淡化亦是其近乎消弭于史籍记载并后世少有人提及的重要原因。

综上,两宋时期真州运河作为邗沟之西延,在漕运方面发挥了巨大的作用。而纵观整个宋代,真州运河有两个较大的变化,一即为了保证漕船安全,避开长江风涛,不断在真州运河以西新开运河,这属于真州运河线路上的微调,也是宋代真州运河变化的主流形式。这些新开运河实际均与真州运河相接,从而东向接入邗沟。一即北宋末,破釜沉舟式地突然切断真州运河对于邗沟的依赖,直接自真州至泗州凿运河入淮,实际从根本上改变了真州运河的线路,但这个线路并不持久,仅沿用二十年。入南宋后,为了保证淮东所产之盐的南运,实际仍是沿用遇明河开凿之前的真州运河,即淮东盐经邗沟南下至扬州,再经欧阳埭(即真州运河)运达真州,并在真州置仓受纳,而后再溯江西运至江、湖等地。

第四节　北宋漕粮的转般及花石纲的运送

运河是南北物资集散、商品流转的重要通道,对于扬州商业的恢复发展

---

[1]　〔宋〕廖刚:《发仪真投宿山寺壁间见向伯恭留题因和其韵》,《全宋诗》第23册,北京大学出版社1998年版,第15410页。

也有着至关重要的作用。但北宋统治者保证扬州运河畅通的主观目的并非是为了推动商业发展,而是出于将东南财粟顺利运抵阙下的需要。而在财粟转运至京师过程中,弊政丛生,给沿途百姓增添了不小的负担。此处即以漕粮的转般及花石纲的运输为例,试析二者给北宋扬州百姓带来的负面影响。

先看漕粮的转般。当时淮南所产粮食,除供本地人民食用仓储之外,大部分均要运输送达京师,北宋石介所谓:"民力输公家,斗粟不敢收。州侯共王都,尺租不敢留。"[1]《〔嘉靖〕惟扬志》卷八载北宋淮南田赋,云:

> 宋熙宁十年,淮南路田九十六万八千六百八十四顷二十亩,官田四千八百八十七顷一十三亩,见催额四百二十二万三千七百八十四贯石匹两斤秤角量领束,夏税二百五十五万六千二百四十九贯石匹两斤秤角量,秋税一百六十六万五千五百三十五贯石匹束领。宣和元年,淮南路一百一十一万一千六百四十三贯匹两。[2]

扬州作为东南重镇,不仅自身要出财粟,更要承接转般东南各地财粟。自北宋初年以来,"江南、淮南、两浙、荆湖路租籴,于真、扬、楚、泗州置仓受纳,分调舟船溯流入汴,以达京师,置发运使领之。诸州钱帛、杂物、军器上供亦如之……江、湖有米,可籴于真,两浙有米,可籴于扬,宿、亳有麦,可籴于泗"[3],在真、扬、楚、泗等地设转般仓,实行转般法。梅尧臣在《力漕篇呈发运王司封宝臣》一诗中描绘了当时的漕运情况,云:"兵外肢强,兵内体壮,敛之尽归,岁以多饷,东南舳舻,衔尾而上。浮江浮淮,溯汴之湍,汴湍不常,水衡不官,惟虞溢毁,靡虞舟槃。舟槃粮覆,粮孰为足……朝涨夕降,滞舸次鳞。"[4]就梅尧臣此诗来看,在运河水量正常的情况下,逐级转般,还算顺畅,但若是运河水少或是水多,运道不畅,则有舟毁人亡之虞。

[1]〔宋〕石介:《汴渠》,《全宋诗》第5册,北京大学出版社1998年版,第3403页。

[2]〔明〕朱怀幹修,〔明〕盛仪辑:《〔嘉靖〕惟扬志》卷八,《扬州文库》第1辑第1册,广陵书社2015年版,第59页。

[3]〔元〕脱脱等:《宋史》卷一七五《食货上三》,中华书局1977年版,第4251、4259页。

[4]〔宋〕梅尧臣著,朱东润编年校注:《梅尧臣集编年校注》卷二六《力漕篇呈发运王司封宝臣》,上海古籍出版社2006年版,第863页。

　　就运量来看,北宋初年,"承平时,岁运江淮米输京师才三百五十万斛"[1],至真宗时,也"旧止五百余万斛",到真宗景德三年(1006),时任都大发运副使的李溥上疏请立为定额,三司方才决定自后一年,即景德四年(1007)起,"船般上供六百万石,永为定制"[2]。但也时常不足,据欧阳修为许元所撰《尚书工部郎中充天章阁待制许公墓志铭》载,江淮岁漕京师者常六百万石,但在许元为发运使前,经常岁益不充。而至许元为转运判官,"岁必六百万",且余百万石以备非常。[3]运输的粮食每年要六百万石,而财货的运输量更在粮食之上数倍,梅尧臣称:"大计之数,万百惟六,帛币错货,三倍其谷。"[4]许元曾自庆历至嘉祐间,任江淮两浙荆湖转运判官长达十三年,梅尧臣曾于皇祐五年(1053)扶嫡母梓归家乡宣城时,在途中遇见许元,写诗赞许元道:"许公运国储,岁入六百万。上莫究所来,下莫有剥怨。十年无纤乏,功利潜亦建。"[5]以此诗来看,许元为发运判官十余年间,对上能保证岁入六百万的任务,对下能做到不克扣剥削,很是了不起。像许元这样为官清正者毕竟是少数。江淮地区向来是东南漕运必经之地,其间往来转般装卸,克扣聚敛自然普遍存在,而为了保证岁入的指标,只能进一步盘剥和压榨人民。如欧阳修在《论救赈江淮饥民札子》中所讲的:"近年以来,省司屡于南方敛率钱货,而转运使等多方刻剥,以贡羡余。江、淮之民,上被天灾,下苦盗贼,内应省司之重敛,外遭转运之诛求,比于他方,被苦尤甚。"[6]且转般法需先在真、扬等仓储地搬卸粮食,运至仓库存储,等到特定时机再装载上船,运往京师。一来一回需要装卸两次,百万石漕粮的装卸都需要民夫来完成,这对于扬州百姓来说又是一个繁重的劳役。此外,在真宗朝重开扬州运河前,"自真、扬入

---

[1]〔宋〕周煇:《清波别志》卷下,《全宋笔记》第5编第9册,大象出版社2012年版,第173页。

[2]〔清〕徐松辑:《宋会要辑稿·食货四二》,上海古籍出版社2014年版,第6940页。

[3]〔宋〕欧阳修著,洪本健校笺:《欧阳修诗文集校笺·居士集》卷三三《尚书工部郎中充天章阁待制许公墓志铭》,上海古籍出版社2009年版,第872页。

[4]〔宋〕梅尧臣著,朱东润编年校注:《梅尧臣集编年校注》卷二六《力漕篇呈发运王司封宝臣》,上海古籍出版社2006年版,第863页。

[5]〔宋〕梅尧臣著,朱东润编年校注:《梅尧臣集编年校注》卷二三《许发运待制见过夜话》,上海古籍出版社2006年版,第707页。

[6]〔宋〕李焘:《续资治通鉴长编》卷一四七"庆历四年三月乙丑",中华书局2004年版,第3554页。

淮、汴，历堰者五"，真州虽有转般仓，江船至此便回，但真州转般仓之漕粮北运仍需经由扬州运河，而真扬间运河上为保证水量而多设堰，每过堰，都需先将漕粮卸下，人为搬运过堰，再由民夫人力牵挽漕船过堰，一来二去，"粮载烦于剥卸，民力罢于牵挽"。[1]

《送赵居父入淮东漕幕》一诗尝言："仪真在昔发运司，承平旧事犹可稽。岁漕东南六百万石米，自淮入汴趋京师。周原六辔光陆离，建台想像因遗基。水浮陆走舟车驰，转输十九资残寇。古今事异吁可悲，民力已困国不支。长才入幕宜深思，皇华使者须良规。"[2]此诗虽作于南宋，写南宋较北宋已经"古今事异"，现在"民力已困国不支"，当年转运的方法已经不适用于南宋，希望赵居父根据实际情况，能作出调整。但由此诗，仍可看出转般之法对于民力的损伤，北宋时天下承平，这种损伤或可修复，但民力困乏的南宋，已经不起折腾了。而石介在《汴渠》一诗中更是言语激进，言"吾欲塞汴水，吾欲坏官舟。请君简赐予，请君节财求"，认为"王畿方千里，邦国用足周"，根本无须地方供应，更是直接呼吁"尽省转运使，重封富民侯。天下无移粟，一州食一州"。[3]再看花石纲的运送。至徽宗朝，因其酷爱花石，特意在苏州设应奉局，搜求奇花异石。这些搜罗的奇花异石，编组为纲，用船从运河源源不断发往开封，舳舻相继，劳民伤财，荼毒江淮百姓二十余年。而扬州恰好位于运河一线，花石纲自然也要经过维扬，花石纲往往以十船为一组，称作一纲，为求速运，所经之处多拆除桥梁、水门、城墙、闸堰。邵伯等运河沿线闸口为防止水泄，行三日一启之制，这自然不利于花石纲的运送，故多被毁坏。由于沿线闸口多被拆除，河水易泄，导致宣和二年（1120）九月"真、扬等州运河浅涩"，这种情况一直持续到第二年（1121）春。为保证花石纲能按时运抵京城，皇帝甚至下诏让发运副使赵亿"以车畎水运河"，并限令"三月中三十纲到京"。以人工车畎水显然只是权宜之计，不得长久，最后还是采纳了向子谭的建议，在真州太子港、瓜洲河口、海陵河口、北神作坝，恢复龙舟堰、茱萸待贤堰和朝宗闸，遂使"上下

---

[1]〔元〕脱脱等：《宋史》卷九六《河渠六》，中华书局1977年版，第2380页。

[2]〔宋〕刘宰：《送赵居父入淮东漕幕》，《全宋诗》第53册，北京大学出版社1998年版，第33410页。

[3]〔宋〕石介：《汴渠》，《全宋诗》第5册，北京大学出版社1998年版，第3403页。

无壅""滞舟皆通利"。不过此时所恢复的水利设施以堰、坝为主,重新置闸者仅在朝宗一处,较之北宋中期的水闸体系退步不少。北宋政和间,吕本中父亲吕好问由真州春料船场调司扬州仪漕事,吕本中举家迁往扬州。[1]在维扬时,吕本中在邵伯一带恰好偶遇运送花石纲的船队,作有《邵伯路中逢御前纲载末利花甚众舟行甚急不得细观也又有小盆榴等皆精妙奇靡之观因成二绝》,其一曰:"花似细薇香似兰,已宜炎暑又宜寒。心知合伴灵和柳,不许行人子细看。"其二曰:"玉桧盆榴作队来,异香相趁不相猜。从今闭向深宫里,莫学江湖自在开。"[2]这二首绝句,融记事与抒情于一体,委婉地表达了诗人的爱憎。特别是第一首中妙用"灵和柳"的典故,体现对帝王宫苑奢靡的愤慨。就吕本中诗中所载来看,此次运输数目庞大,以茉莉花为主,另有小盆石榴。为了保证成活率,运输速度极快。如此声势浩大的船队,自然会吸引路人的注目与好奇,可惜却"不许行人子细看"。吕本中在诗中似乎只看到"从今闭向深宫里,莫学江湖自在开",感慨这些植物从此失去自由,困守深宫,却没有看到花石纲搜集过程中"士民家一石一木稍堪玩,即领健卒直入其家,用黄封表识,未即取,使护视之,微不谨,即被以大不恭罪"[3]的巧取豪夺,也未见运输过程中"役夫数千人,所经州县,有拆水门、桥梁、凿城垣以过者"[4]的劳民伤财。

综上可知,无论是漕粮的转般还是花石纲的运送,对于扬州百姓而言都需承担繁重的劳役,额外增加百姓负担。正如郑獬在《汴河曲》中所言的:

> 朝漕百舟金,暮漕百舟粟。一岁漕几舟,京师犹不足。此河百余年,此舟日往复。自从有河来,宜积万千屋。如何尚虚乏,仅若填空谷。岁或数未登,飞传日逼促。嗷嗷众兵食,已忧不相属。东南虽奠安,亦宜少储蓄。奈何尽取之,曾不留斗斛。秦汉都关中,厥田号衍沃。二渠如肥膏,凶年亦生谷。公私富困仓,何必收珠玉。因以转实边,边兵皆饱腹。不闻漕汴渠,

[1] 王兆鹏:《两宋词人年谱》,文津出版社有限公司1994年版,第345页。

[2] 〔宋〕吕本中:《邵伯路中逢御前纲载末利花甚众舟行甚急不得细观也又有小盆榴等皆精妙奇靡之观因成二绝》,《全宋诗》第28册,北京大学出版社1998年版,第18087页。

[3] 〔元〕脱脱等:《宋史》卷四七〇《朱勔传》,中华书局1977年版,第13685页。

[4] 〔元〕脱脱等:《宋史》卷四七〇《朱勔传》,中华书局1977年版,第13685页。

尾尾舟衔轴。关中地故存,存渠失淘鬷。或能寻旧源,鸠工凿其陆。少缓东南民,俾之具饘粥。兹岂少利哉,可为天下福。[1]

第五节　宋代扬州之运盐河及淮东食盐的运销

盐是"百味之祖""国之大宝",它不仅是改变菜肴滋味的调味品,也是维持人体机能正常运转的重要元素,更是国家财政收入的重要来源。两宋时期,食盐主要可分为海盐、池盐、井盐、土盐、崖盐等五类。因海盐产地分布最广及取海水煮盐的便利性,海盐的产量在所有食盐中最大,盐课收入也最多。[2]而宋代之海盐产地,主要集中在京东东路、河北东路、淮南东路、浙江东路、浙江西路、福建路、广南东路、广南西路等地区。入南宋以后,北方之京东东路及河北东路两路海盐产区为金人所得,仅剩其余六路海盐产区。而在诸海盐产地之中,又尤以淮南东路产量最大,最为重要。[3]

一、淮东食盐的产量及产地

据《宋史·食货志》载,北宋初年,淮南东路诸盐场产食盐超过两百万石[4];天圣以后,"岁鬻视旧减六十九万七千五百四十余石",然年产仍在一百四十五万石以上[5];入南宋后,淮南东路之食盐产量较北宋大幅度增长,据《宋会要辑稿》,绍兴二十八年(1158)前,淮南东路每年产盐至少在三百八十九十万石以上[6];也正是因为盐额的大幅度增加,每年卖出后尚有三十四万石的食盐剩余,长此经年,至绍兴二十八年(1158)时,淮东地区已经积压了散盐"三百七十四万石","较之支卖一年,未得尽绝"[7],即使让所有盐停产,积蓄的食盐也足够支撑一年余。为了解决淮东食盐生产过剩的问题,南宋政府采取了适当减少盐灶、减并盐场和降低盐额等一系列措施,将每年

[1]　〔宋〕郑獬:《汴河曲》,《全宋诗》第10册,北京大学出版社1998年版,第6822页。
[2]　吉成名:《宋代食盐产地研究》,巴蜀书社2009年版,第142—145页。
[3]　吉成名:《宋代食盐产地研究》,巴蜀书社2009年版,第145—153页。
[4]　〔元〕脱脱等:《宋史》卷一八二《食货下四》,中华书局1977年版,第4438页。
[5]　〔元〕脱脱等:《宋史》卷一八二《食货下四》,中华书局1977年版,第4438页。
[6]　〔清〕徐松辑:《宋会要辑稿·食货二六》,上海古籍出版社2014年版,第6577页。
[7]　〔清〕徐松辑:《宋会要辑稿·食货二六》,上海古籍出版社2014年版,第6577页。

盐额控制在二百六十八万三千石左右。[1]

北宋时期，淮南之产盐区，主要集中在淮东（按，此处的淮东即宋之淮南东路）一带。具体来说，据《宋史·食货志》载：

> 其在淮南曰楚州盐城监，岁鬻四十一万七千余石，通州利丰监四十八万九千余石，泰州海陵监如皋仓小海场六十五万六千余石，各给本州及淮南之庐和舒蕲黄州、无为军，江南之江宁府、宣洪袁吉筠江池太平饶信歙抚州、广德临江军，两浙之常、润、湖、睦州，荆湖之江陵府、安复潭鼎鄂岳衡永州、汉阳军。海州板浦、惠泽、洛要三场岁鬻四十七万七千余石，涟水军海口场十一万五千余石，各给本州军及京东之徐州，淮南之光、泗、濠、寿州，两浙之杭苏湖常润州、江阴军。天圣中，通、楚州场各七，泰州场八，海州场二，涟水军场一，岁鬻视旧减六十九万七千五百四十余石，以给本路及江南东西、荆湖南北四路，旧并给两浙路，天圣七年始罢。[2]

此处所载，显然系北宋仁宗天圣年间及天圣以前淮南各地的产盐情况。由此处所述可知，淮南之产盐区主要集中于靠海的楚州、泰州、通州、海州、涟水军等淮东一线，因宋以后海岸线东移，沿海滩涂堆积，今之楚州、泰州、涟水等地已属内陆，距海较远。而单就其中产量来看，泰州海陵监最多[3]，仅如皋仓小海一场年产便达六十五万六千余石；通州利丰监年产四十八万九千余石，次之[4]；海州三盐场年产四十七万七千余石，居第三；楚州盐城监岁煮盐四十一万七千余石，再次之[5]；而涟水军仅有海口一处盐场，

---

[1]　〔清〕徐松辑：《宋会要辑稿·食货二七》，上海古籍出版社 2014 年版，第 6594 页；《宋会要辑稿·食货二七》，上海古籍出版社 2014 年版，第 6597 页。

[2]　〔元〕脱脱等：《宋史》卷一八二《食货下四》，中华书局 1977 年版，第 4438 页。

[3]　据《宋会要辑稿·方舆六》，海陵监，伪唐于泰州海陵县置鬻盐监，开宝七年移治于如皋，后废。可知开宝七年后，海陵监已废，盐监虽废，但之后泰州依旧产盐，诸盐场仍归海陵县管辖。

[4]　据《宋会要辑稿·方舆六》，利丰监，伪唐鬻盐之所，在通州城南，太平兴国八年移治州西南琅山，后废。则利丰监乃南唐所设之盐监，太宗时亦被取消建置。与海陵监同样，建置虽不存，但盐场仍在，仍归通州静海、海门两县管辖。

[5]　据《宋会要辑稿·方舆六》，盐城县（监），伪唐于泰州盐城县置鬻盐监，太平兴国二年隶楚州，大中祥符二年废为仓。与海陵、利丰二监类似，盐场监乃南唐所置，北宋时取消建置。

其产量十一万五千余石,屈居最后。其中尤为引人注目者即泰州之产盐量,仅其下辖小海一场之年产量便超过了楚、通、海诸州。而据《太平寰宇记》及《宋史·食货志》载,北宋时泰州共有包括小海场在内的八处盐场,其产盐量可想而知。

天圣以后,诸州盐场各有废置,数目不断变动,特别是入南宋以后,多地之归属发生变化,各地盐场数也变动较大。具体来说,南宋绍兴十一年(1141)宋金和议后,两国东部以淮河为界,此时海州及涟水军并属金国,南宋政府实际失去了此两处之盐场,李璮归宋后,南宋政府一度重新占有海州及涟水军,然对于此时二地之产盐情况,史籍缺载;盐城北宋时有七处盐场,南宋时因隶属关系变化等多方因素影响,仅存新兴(今盐城新兴镇)、五祐(今盐城伍祐镇)两处盐场;通州之盐场数也较北宋有所减少,绍兴二十八年(1158)八月九日,淮东提盐吴蠋论及通州盐场时仅举五处,较北宋七处减少两处,或亦是盐场归并的结果;不同于他州盐场的减少或失去,泰州之盐场较北宋八场不减反增。绍兴二十八年(1158)八月九日,淮东提盐吴蠋亦曾论及泰州诸盐场,有:角斜场(今江苏海安县旧场乡)、栟茶场(今江苏如东栟茶镇)、虎墩场(今江苏东台富安镇)、古窑场(今江苏海安县海安镇)、掘港东港场(今江苏如东马塘镇)、丁溪场(今江苏大丰草堰镇)、梁家垛场(今江苏东台梁垛镇)、何家垛场(今江苏东台梁垛镇)、小淘场(今江苏东台市东台镇)、刘庄场等十三处盐场。其中,何家垛场、小淘场、古窑场、刘庄场和马塘场为南宋绍兴十八年(1148)前后新建[1],此外,因南宋建置变动,高邮军亦有盐场。北宋高邮虽也曾自扬州析出独立建军,然因其地处内陆,并不产盐。然建炎四年(1130)割泰州之兴化县隶高邮后,原先泰州兴化之部分盐场便纳入了高邮军的辖区[2],高邮亦随之成为产盐区。故而《宋会要辑稿》在论及南宋淮东产盐地时,多次言及“高邮军盐仓”“高邮军(盐)⿰石少”一类。当然,无论诸州盐场如何变动,南宋时淮南之产盐地仍在楚、通、泰州沿海一线,且诸产盐区中,“承(承州,即指高邮)、楚(指盐城)支发才十之二,而通、泰最

---

[1] 吉成名:《宋代食盐产地研究》,巴蜀书社2009年版,第28页。

[2] 建炎四年,高邮升承州,割泰州之兴化县来属;绍兴五年,高邮废为县,重隶扬州;绍兴三十一年,高邮再次自扬州析出建军。

为浩瀚"[1]，而通、泰两地中，又尤以泰州之产盐量最大。

据《宋会要辑稿》载，仁宗天圣年间，通、泰、楚州所产之食盐，盐场亭户卖给政府时，每三石才五百文，还需加上每石一斗的纳耗，而政府转手卖出时，每一石"展计一千六百九十文省"，一来一回，净赚九倍利润，榷盐之暴利于此可知矣。[2]北宋时，榷盐收入在国家财政收入中的比重不过百分之十几，不仅低于商税，甚至低于酒税；而入南宋后，盐课收入远超商税与酒税之总和，甚至一度占到国家财政收入的一半。[3]而南宋时，全国盐课收入又以淮东为大头，当时甚至有所谓"国家煮海之利，以三分为率，淮东盐利居其二"[4]的说法，也正是如此，南宋政府对于淮南东路海盐专卖收入的依赖性也越来越强。

二、淮东盐法及食盐之运销方式

两宋时期，盐法多变，但基本遵循了由直接专卖向间接专卖制转变的大方向。就淮东地区而言，其盐法虽有一定的独立性，但由官般官卖的直接专卖制向钞引盐制转变的趋势与全国盐法变动方向是相同的。

宋初，承袭了五代旧制，在淮东地区对食盐实行官般官卖的禁榷制度，由政府严格控制食盐的生产及销售过程，严厉禁止私自生产和贩售食盐。宋太祖建隆二年（961）四月，曾下诏云："私炼盐者，三斤死。擅货官盐入禁法地分者，十斤死。以蚕盐贸易及入城市者，二十斤已上，杖脊二十，配役一年；三十斤已上上请。"[5]

太宗雍熙三年（986），引入官购商销的交引法，淮东盐政出现了官卖制和交引法并行的局面。据《文献通考》卷一五《征榷二》载："（至道二年）江、浙、淮南官卖盐，并赴永丰、盐城监般请。其海陵监，应副客人。"[6]即言商人可以贩售海陵监所产之盐。《续资治通鉴长编》中记述更详，曰："淮南十八州军，其九禁盐，余则不。商人由海上贩盐，官倍数取之，至禁地，则上下其

［1］〔清〕徐松辑：《宋会要辑稿·食货二七》，上海古籍出版社2014年版，第6589页。

［2］〔清〕徐松辑：《宋会要辑稿·食货二三》，上海古籍出版社2014年版，第6505页。

［3］吉成名：《宋代食盐产地研究》，巴蜀书社2009年版，第148—149页。

［4］〔清〕徐松辑：《宋会要辑稿·食货二八》，上海古籍出版社2014年版，第6614页。

［5］〔清〕徐松辑：《宋会要辑稿·食货二三》，上海古籍出版社2014年版，第6497页。

［6］〔元〕马端临：《文献通考》卷一五《征榷二》，中华书局2011年版，第438页。

直。"[1]则当时淮南十八州,九州食盐由官家垄断,剩余九州则可由商人贩盐,实行交引法。

太宗至道二年(996)十一月,在时任江淮发运使杨允恭的再三请求下,取消了淮南地区交引法与官卖并行的政策,又重新变为官般官销的政府垄断局面。[2]据黄纯艳《宋代财政史》,杨允恭坚持恢复官卖制的根本原因在于为江南漕运服务,借盐利来支撑江淮漕运系统,此即史籍中所谓的"转般与盐法相因"。[3]自杨允恭变盐法之后二十年,淮南地区均实行官卖制。直至真宗天禧元年(1017),在淮南复行交引法,使官卖制与交引法并行,"听商人入钱粟京师及淮、浙、江南、荆湖州军易盐;在通、楚、泰、海、真、扬、涟水、高邮贸易者毋得出城,余州听诣县镇,毋至乡村"[4]。此处明确交代了当时包括扬州在内淮南多地的食盐可由商人贩售,但同时又限制了商人"毋得出城""毋至乡村",即仅限于城内售盐,换言之,当时淮南乡村的食盐还是政府专卖的,商人不得染指。此后不久,淮南盐法又变,重新恢复了官卖制。[5]

但至仁宗明道二年(1033),淮南官卖制难以推行。时任参知政事王随尝上疏言:"淮南盐初甚善。自通、泰、楚运至真州,自真州运至江、浙、荆湖,纲吏舟卒,侵盗贩鬻,从而杂以沙土。涉道愈远,杂恶殆不可食,吏卒坐鞭笞,徒配相继而莫能止。"[6]即言运盐之纲吏,操船之舟卒侵盗官盐私贩。损失的食盐,则以沙土填之,企图瞒天过海。而因贩盐之暴利,盗取官盐之事屡禁不止,且食盐运销地离真州越远,运送时间越长,纲吏舟卒下手机会越多,被侵盗的食盐也就越多,以致到达目的地后,盐"恶殆不可食"。官吏侵盗官盐以外,明道年间"运河浅涸,漕挽不行",扬州运河又缺水,致使运盐船难以通航,当时"远州村民,顿乏盐食",而此时淮东却积蓄了一千五百万石食盐,"至无屋以贮,则露积苫覆,岁以损耗"。政府因无法顺利运销食盐,无钱偿还亭户本钱,致使很多亭户铤而走险,聚为盗贼。为了解决这一问题,王

[1]〔宋〕李焘:《续资治通鉴长编》卷四〇"至道二年十一月丁卯",中华书局2004年版,第855页。
[2]〔宋〕李焘:《续资治通鉴长编》卷四〇"至道二年十一月丁卯",中华书局2004年版,第855页。
[3]黄纯艳:《宋代财政史》,云南大学出版社2013年版,第468—470页。
[4]〔元〕脱脱等:《宋史》卷一八二《食货下四》,中华书局1977年版,第4440页。
[5]黄纯艳:《宋代财政史》,云南大学出版社2013年版,第470页。
[6]〔元〕脱脱等:《宋史》卷一八二《食货下四》,中华书局1977年版,第4439页。

随建议"愿权听通商三五年,使商人入钱京师,又置折博务于扬州,使输钱及粟帛,计直予盐",即恢复交引法,商人可以向政府交钱或粟帛作抵押以换取食盐贩售。这一做法既能缓解淮东食盐过剩堆积而荆湖诸路百姓无盐可食的尴尬局面,又能使政府从中获利,当时一石盐收商人两千钱,淮东所积之一千五百万石可得钱三千万贯,数额庞大。而为了更好地贯彻这一计划,尝在扬州设折博务,即商人交钱或粟帛换取食盐的地方。但此举始终是权宜之计,王随提此建议时已点明"权听通商三五年"的时间限制。且此时官卖法并未停止,与天禧旧制相同,"在通、楚、泰、海、真、扬、涟水、高邮贸易者毋得出城,余州听诣县镇,毋至乡村",实际商人售盐的地点仅限于城内,乡村之食盐仍由政府垄断。此后,北宋淮南盐法一直是官卖制与交引法并行,且官卖法占据绝对主导地位。[1]在仁宗中后期,淮盐五百至六百万贯的课利中,官卖约占四百六十万至五百三十多万贯,交引岁额不过百万贯,两者比例悬殊。[2]

至徽宗崇宁年间,蔡京对东南盐法进行大规模改革,全面推行钞引盐制:"崇宁以来,盐法顿易元丰旧制,不许诸路以官船回载为转运司之利,许人任便用钞请盐,般载于所指州县贩易,而出卖州县用为课额。"[3]即放弃了政府专卖制度,食盐全由商人凭钞取盐贩售。此时虽全面推行钞引盐制,但商人"先输钱请钞,赴产盐郡受盐",商人并不能直接赴盐场取盐,仍需由政府收购食盐并运至州仓。但至政和二年(1112),又"罢官般卖,令商旅赴场请贩,已般盐并封桩"[4],将食盐的运销过程全部交由商人,实际宣告了淮南盐法已从官卖制彻底变为钞引盐制。[5]

南宋时期,淮南地区仍实行钞引盐法。建炎元年(1127)五月,高宗甫继位,时任江淮发运使的梁扬祖即建议印发茶盐钞引。梁扬祖上疏言真州乃"两淮浙江外诸路商贾辐辏去处",请求"其东南茶盐乞选委通晓财利官

[1] 黄纯艳:《宋代财政史》,云南大学出版社 2013 年版,第 470—471 页。

[2] 黄纯艳:《宋代财政史》,云南大学出版社 2013 年版,第 470 页。

[3] 〔元〕脱脱等:《宋史》卷一八二《食货下四》,中华书局 1977 年版,第 4445—4446 页。

[4] 〔元〕脱脱等:《宋史》卷一八二《食货下四》,中华书局 1977 年版,第 4450 页。

[5] 黄纯艳:《宋代财政史》,云南大学出版社 2013 年版,第 471 页。

提领,依太府寺等处印造,于真州置司给卖",即主张在真州置司印卖淮南盐钞。高宗旋即任命其为提领东南茶盐事,专门负责此事。而当时所设之印卖盐钞的机构,建炎元年五月二十七日被正式命名为"真州茶盐司",后又改为真州榷货务。[1]建炎元年(1127)十月,高宗驻跸扬州,以之为行在,又在扬州置司印卖钞引。建炎二年(1128)二月三日,诏"真州榷货务与行在印卖钞引并为一司,以行在榷货务为名,各依旧随置局",即将真州榷货务与扬州钞司合并,重新冠以"行在榷货务"之名。[2]建炎三年(1129)二月高宗离开扬州,之后行在榷货务亦移至临安(高宗后以临安为行在),但此时真州"卖钞司"仍在,仍可出卖盐钞。此后,理宗朝曾部分恢复过官卖制,重新形成官卖制与钞法并行的局面,但总体而言,南宋时期淮南地区仍是钞引盐法占据主导地位。[3]

官卖法与钞引法之下,食盐运售方式无外乎如下几种:官般官卖、官般商卖、商般商卖。而无论是官般官卖抑或是官般商卖,实际均需政府先自亭户手中收购食盐,再转般至固定地点存储。官卖则再由政府自转般地运至各地销售,商卖则由商人自转般仓领盐后自行转运贩售。而就淮南地区而言,食盐的转般地点即是真州,换言之,无论是官般官运还是官般商运,均需先将食盐由淮东运至真州。

具体来看北宋时淮东食盐的运销方式:先由转运司统一自亭户手中收购食盐,并在产盐地置仓受纳存贮,而后采取官般官卖或是加价卖给盐商,再贩卖至各地销售。[4]而为了保证食盐运输过程的安全性及便利性,北宋政府又在运河沿岸设置转般仓,就淮南地区而言:"又置转般仓二,一于真州,以受通、泰、楚五仓盐;一于涟水军,以受海州、涟水盐。江南、荆湖岁漕米至淮南,受盐以归。东南盐利,视天下为最厚。"[5]即当时在真州设置转运盐仓,用以接收通州、泰州、楚州(即盐城)三地五仓运来的食盐。且就"江南、荆湖岁漕

[1]　〔清〕徐松辑:《宋会要辑稿·食货三二》,上海古籍出版社2014年版,第6708页。

[2]　〔清〕徐松辑:《宋会要辑稿·食货三二》,上海古籍出版社2014年版,第6708页。

[3]　黄纯艳:《宋代财政史》,云南大学出版社2013年版,第471页。

[4]　吴家兴主编:《扬州古港史》,人民交通出版社1988年版,第65页。

[5]　〔元〕脱脱等:《宋史》卷一八二《食货下四》,中华书局1977年版,第4438页。

米至淮南,受盐以归"的记述来看,当时荆湖诸路漕船将漕粮运至真州转般仓后,可直接载盐以归,充分利用漕船资源,使漕船来回都不走空。此举实际是将漕粮的转般与食盐之运销相结合,两得其利。

真州转般仓所纳之盐,除少部分贩售至扬州、真州本地外,多数销往外地,据《宋史·食货志》载,北宋通、泰、楚州(真州转般仓所收之盐即来自以上三地)所产之盐主要外销如下地区:

> 淮南之庐和舒蕲黄州、无为军,江南之江宁府宣洪袁吉筠江池太平饶信歙抚州、广德临江军,两浙之常、润、湖、睦州,荆湖之江陵府、安复潭鼎鄂岳衡永州、汉阳军。[1]

主要覆盖北宋之淮南、江南、两浙、荆湖诸路约三十多个府、州、军,大体包括今江苏、浙江、安徽、江西、湖南、湖北六省,真州转般仓辐射范围巨大。因淮南、江南、两浙、荆湖诸路距离真州距离不一,运费差别较大,故而各地盐价也不尽相同。此处以开宝四年(971)专卖制下真州转般仓所运食盐在各地价格为例。据《宋会要辑稿》载:"(开宝四年)淮南诸旧禁法卖盐处,斤为钱四十,内庐、舒、蕲、黄、和州、汉阳军去建安军(真州,宋初为建安军,后升为州)水路稍远,斤为钱五十……江南十五州,并于建安军请,内昇、润、常、宣、池州、平南、江阴、宁远军去建安军稍近,依江北诸军例,斤为钱四十。江、洪、筠、鄂、抚、饶、袁、台去建安军稍远,斤为钱五十。"[2]由此可知,在宋初政府专卖制下,包括扬州、真州在内的江北诸州,盐每斤四十钱;江南之润州、常州等地因靠近真州转般仓,每斤亦四十钱;而淮南西路、江南西路及荆湖北路等距真州较远的州军,其盐价要高出十文,达到每斤五十钱。盐价实际以真州为中心,距真州越近,价格越低,距离越远,价格越高。

再说钞引法下的商般商运。北宋末,蔡京大力推行钞引盐制时,商人凭盐钞可直接赴盐场取盐,而后自行运输贩售。但至南宋绍兴二十八年(1158),为了保证商人运输过程的安全性,又"复置州仓,不唯革去大搭斤重之弊,又

---

[1]〔元〕脱脱等:《宋史》卷一八二《食货下四》,中华书局1977年版,第4438页。
[2]〔清〕徐松辑:《宋会要辑稿·食货二三》,上海古籍出版社2014年版,第6498—6499页。

使客旅般请通快,委是经久利便",在通、泰、高邮等产盐地复置州仓,并置监官管理。[1]此后,商人只能赴各州仓取盐,改变了以往商人凭盐钞直接赴盐场取盐的局面。孝宗隆兴二年(1164),又重新在真州建仓储盐,"共合起盖盐敖二百八十间,并厅事、钱库、司房、物料库、备卸屋等共计三百二十七间"[2],实际又恢复了真州的食盐转般仓地位。此后,食盐之运输过程当与北宋时类似。

　　综上可知,无论是专卖制下的官般官卖,还是钞引盐制下的官般商卖、商般商卖,就食盐的运输过程来看,实际均需先将食盐自盐场(或是州仓)运往真州转般仓,再由真州转般仓运往各地贩售。三者的区别只是在于运输及贩售的主体稍有不同而已。而宋之通、泰、楚州均在邗沟以东,其所产之盐要运往真州转般仓,必然要经过邗沟或是扬州之诸运盐河,宋之海州及涟水军在淮河以北,且其所产之盐也主要销往京东之徐州,光、濠、亳、寿等淮西地区,无须经由邗沟南下,此处暂不论。且北宋时转般法与盐法相因,"江南、荆湖岁漕米至淮南,受盐以归",荆湖诸路漕船将漕粮运至真州转般仓后,可直接载盐以归,两得其利,使漕船来回不走空。此举实际是将漕粮的转般与食盐之运销相结合,而二者之结合点也是邗沟(真州运河)。再看真州转般仓盐(粟)的运销地,庐、和、舒、蕲、黄、江、池诸州均在真州以西,运盐(粮)船需自真州溯江西行,这就势必要经过长芦、靖安诸河,仍需经由扬州运河。

　　综上,无论是淮东食盐运往真州转般仓,抑或是食盐自真州转般仓运销至荆湖诸路,都离不开邗沟或是扬州诸运(盐)河。

三、宋代扬州之运盐河

　　上文已述,真州之转般仓主要接纳通、泰、楚三州食盐,而三州食盐要想顺利运抵真州转般仓必须借助邗沟或是运盐河。当时运盐线路(即运盐河)主要有两条,一即自通州至泰州,再由泰州接扬州入邗沟,沿邗沟入真州;一即自楚州盐城至高邮,由高邮循邗沟南下经扬州至真州。此两条线路均是东西向,一南一北,恰与邗沟相接,三者交织形成了江淮地区的漕(盐)运网络。

　　先看连接通、泰、扬三州之运盐河。此河相传为西汉吴王刘濞所开,宋时

---

[1]〔清〕徐松辑:《宋会要辑稿·食货二六》,上海古籍出版社2014年版,第6577页。

[2]〔清〕徐松辑:《宋会要辑稿·食货二七》,上海古籍出版社2014年版,第6589—6590页。

称为运盐河或是通泰(运)盐河,亦即今扬州江都老通扬运河,新通扬运河乃新中国成立后新凿。据《〔万历〕扬州府志》载:

> (通泰盐河在扬州)东北二十里。汉吴王(刘)濞开邗沟,自扬州茱萸湾通海陵仓及如皋蟠溪,此即运盐河之始……自湾头起东行七十里至斗门入泰州界,又东行一百六十里至海安入如皋界,又东南行一百一十里至白蒲入通州界,又东行七十里至新塞入海门界,又东行八十里达吕四场,其支沠通各盐场,皆为运盐河。[1]

由此可知如下几点:其一,该河开凿甚早,乃西汉时吴王刘濞所开,是扬州运盐河之始也;其二,该河起自扬州茱萸湾,清时尝建土山坝截断通扬运河出湾头,此后盐河湾头至江都段被废弃,故而今之老通扬运河起于扬州江都区仙女镇,该河途经泰州、海安、如皋、通州,最终达于吕四盐场,全长近五百里;其三,主干道以外,该河尚有多条支流,通往通泰各盐场,各支流亦可统称为运盐河。

为保证通泰食盐的运销,宋代政府十分注重对于此河的修浚,仅神宗熙宁年间便先后四次疏浚该河。据《续资治通鉴长编》载,熙宁六年(1073)十二月,"诏淮南东路转运司募阙食贫民,兴修扬州江都、高邮、天长界河及古盐河"[2]。此处的古盐河即是通泰盐河;两年后的熙宁八年(1075)七月,因淮南五月不雨,"扬、楚州运河,通、泰等州运盐河皆不通舟船",扬州运河及通泰运盐河皆不通,于是当年又不得不"诏发运司开浚"该河[3];熙宁九年(1076)正月,刘瑾在视察淮南水利后上疏言"扬州江都县古盐河、高邮县陈公塘等湖……可兴

[1]〔明〕杨洵修,〔明〕徐銮等纂:《〔万历〕扬州府志》卷六,《扬州文库》第1辑第1册,广陵书社2015年版,第356页。

[2]〔宋〕李焘:《续资治通鉴长编》卷二四八"熙宁六年十二月甲戌",中华书局2004年版,第6053页。

[3]〔宋〕李焘:《续资治通鉴长编》卷二六六"熙宁八年七月己巳",中华书局2004年版,第6523页。

置",后又令司农寺开浚[1];同年(1076)五月,提举淮南常平等事王子京建议"开修运盐河,自泰州至如皋县共一百七十余里,日役人夫二万九千余"[2],泰州至如皋之运盐河,即通泰运河泰州境内部分(宋时如皋属泰州)。北宋时,甚至有官员因不修盐(运)河而获罪。张颉在江淮发运使任上时,扬州运河及通泰盐河浅涩,不通舟船,张颉未浚河,以致后来"诸路阙盐",熙宁九年(1076)四月,张颉因此事被降职。[3]无论是三年内四次疏浚通泰盐河,还是张颉因不修河被降职,均可见北宋政府对于通泰运盐河的重视。

南宋绍兴四年(1134),为阻止金人南下侵扰,高宗下诏:"烧毁扬州湾头港口闸、泰州姜堰、通州白莆堰,其余诸堰,并令守臣开决焚毁,务要不通敌船。"[4]为了阻止金人南下,人为毁坏运道。而就此处湾头、姜堰、白蒲一线的位置来看,显然系通泰运盐河。此次将运盐河中多处堰闸焚毁,通泰运盐河此后当不通舟船。战乱平息后,南宋政府意识到"淮东盐课,全仰河流通快",又复浚通泰运盐河。

扬州附近之另一条盐河即楚州盐城至高邮之运盐河。该河起自盐城,向西入高邮并接入邗沟。关于该盐河,南宋高邮人陈造在《与奉使袁大著论救荒书》及《与王提举论水利书》二文中论述最详,曰:

> 若夫自江而淮为南北之运河,自高邮而盐城为东西之盐河,两河湮废不修而听其自尔者六七十年矣,此不惟使客之往来,米盐漕运之所资,而一路征商利源之要,实借此也……两河兵革之前其堤固其流深者,月有培,岁有浚,而时开阖其泄水处。兵革而来,河之泥淤积已数尺,堤沦于河而日薄……盐河浅淀,雨足水漫犹苦重舟胶涩,今舟断不通,承盐之亏,其课以袋计之盖四万八千,向使已浚而通小舟,亦可趁其半,计其半

---

[1]〔宋〕李焘:《续资治通鉴长编》卷二七二"熙宁九年正月壬午",中华书局2004年版,第6666页。

[2]〔宋〕李焘:《续资治通鉴长编》卷二七五"熙宁九年五月癸未",中华书局2004年版,第6736页。

[3]〔宋〕李焘:《续资治通鉴长编》卷二七四"熙宁九年四月戊子",中华书局2004年版,第6702页。

[4]〔元〕脱脱等:《宋史》卷九七《河渠七》,中华书局1977年版,第2393页。

二万四千之盐,则七十余万缗矣……[1]

自本军(即高邮,陈造乃高邮人)至盐城盐河二百五十里,其右有堤,则以民田之在右者下于左数尺故也。堤所以障水,古人之计不惟通漕运,亦以溉民田尔……[2]

由陈造所记,可知如下几点:其一,该盐河自盐城至高邮,全长约二百五十里,在高邮与邗沟交汇;其二,该河右岸有堤,堤下有田,堤岸上有斗门,此堤岸既能障水,水多时又能开斗门泄水或是灌溉堤下农田,一举多得;其三,陈造乃南宋初人,其言该盐河"湮废不修而听其自尔者六七十年矣",则此河当北宋时已有;其四,该河在兵革之前一直保持畅通,兵火后才被毁弃,且陈造作此文时已能通小舟;其五,该河之运盐量约每年四万八千袋,计值约一百四十万缗。

综合以上各个层面的认识,关于宋代扬州运河,有以下几点需要着重强调。其一,运河在宋代扬州经济发展中有着重要作用,它不仅是漕粮、食盐、货物等的运输通道,更是宋代商业流通、经济互联的重要命脉,对于扬州商业的复苏与发展作出了重要贡献。此外,扬州的特殊地势使得运河水易泄入江、淮,而为了保证运道畅通,常引扬州塘陂水济运,而诸塘陂水又是扬州重要的农业用水资源,北宋扬州运河的水量实际也与农业发展息息相关。其二,不管北宋还是南宋政府,均十分重视保证扬州运河的畅通,但其目的又有本质区别。北宋时岁漕东南,"岁必六百万石",而财货的运输量,又"三倍其谷",而无论是江南漕粮的逐级转搬,还是财货的上贡运输,都需要经由扬州运河方可抵达阙下开封,故而必须保证河道畅通。至于南宋,宋室已经南渡,财粟的转运已无须经由扬州运河,然占国家盐课收入三分之二的淮东食盐的运销,又不得不经由扬州运河,故而也必须保证河道畅通。其三,为避江、淮风险,两宋时期,扬州运河与江、淮交接处,即运河两端之入淮口及入江口曾多次变动。入淮口自

[1]〔宋〕陈造:《江湖长翁集》卷二四,《景印文渊阁四库全书》第1166册,台湾商务印书馆1986年版,第303—304页。

[2]〔宋〕陈造:《江湖长翁集》卷二五,《景印文渊阁四库全书》第1166册,台湾商务印书馆1986年版,第314页。

太宗雍熙年间至神宗元丰年间,百余年间,先后三次将运河入淮口西移,实际是在淮河以南又重新开辟出一条与之平行的人工运道;真州的入江口也因避长江之险而不断西移,但除了与入淮口一样对原有运道的略微调整外,真州运河也曾破釜沉舟式地切断与扬州运河的联系,北宋末年新开遇明河直抵泗州,然入南宋后又废弃,仍沿用原运道。四、就两宋时食盐的运销来看,无论是专卖制下的官般官卖,还是钞引盐制下的官般商卖、商般商卖,都需经由真州转般仓。由此也可见,宋代真州的逐步崛起,在北宋中后期,已经部分分割了扬州的漕运功能,这也是宋代扬州经济不如唐代的一个重要原因。

第七章　两宋时期的扬州城

晚唐五代的战乱对扬州造成了严重的破坏,扬州的经济受到影响,城池也被严重破坏。两宋时期扬州城的建设继承了部分唐五代的旧有基础,同时也开创了新的内容,无论是城市规模和形态,还是城市空间与布局,两宋时期的扬州城都与唐五代时期有很大的不同,甚至于北宋与南宋两个时期也有显著的差异。造成这种现象的原因是多样的,从宏观层面讲,有宋廷关于修城的政策取向、宋代城市经济的基本形态以及宋廷与北部异族政权的互动关系;着眼于微观层面,扬州当地的特殊地理、交通条件,以及地方守臣和帝王的个人因素在其中也会起到相当的作用。在以上多重因素的作用下,两宋时期的扬州城表现出明显的时代特色,构成扬州城市发展史上一个重要的阶段。本章将传世文献与考古资料相结合,围绕以上诸种因素,梳理两宋时期扬州城的演变。

第一节　扬州城池建设与宋廷关于修城的政策取向

一、入宋时的扬州城池概况

一般来说,唐代扬州城由"子城"与"罗城"两个部分组成。子城又称"衙城"或"牙城",早期是地方主要行政机构的所在地。子城位于扬州北部蜀冈之上,罗城位于蜀冈之下,兴建时间相对要晚一些。根据文献所记的罗城形制特点,并结合考古资料,大致推测罗城兴建可能在"唐朝前期坊市制度施行的时代"[1]。晚唐五代以来的战乱对扬州城有直接影响,有学者认为扬

---

[1]　李孝聪:《唐代城市的形态与地域结构》,收入《中国城市的历史空间》,北京大学出版社2015年版,第81—82页。

州城因为受到战乱的破坏而成为废墟[1]，也有人认为晚唐以来的战争虽然对扬州城造成一定程度的破坏，但是扬州城池并未因此完全破坏，五代十国时期，扬州城池不但存在，而且城市经济也得到一定程度的恢复与发展。比较而言，后一种观点更为接近实际。需要注意的是，时至五代末期，扬州城在南唐保大十五年（957，即后周显德四年）曾遭到严重的破坏，被"彻底毁坏"[2]，五代末期后周与南唐之间的战争，对两宋时期的扬州城有重要的影响，因为入宋以后扬州的城址变迁与城市布局的变动就是在此基础上展开的。

后周显德四年十二月，世宗遣铁骑左厢都指挥使武守琦率兵趋扬州，在这样的背景下，南唐"悉焚扬州官府民居，驱其人南渡江，后数日，周兵至，城中余癃病十余人而已"[3]。与子城的位置不同，扬州罗城是随着扬州商业经济的发展而向南扩展兴建起来的，扬州的居民区多集中于此，所以五代时期扬州的行政区与居民区有各自相对集中的分布。[4]史书中"官府"与"民居"合而言之，一方面提示当时扬州城内功能区的分别，另一方面也可见此次扬州城遭受了比较严重的破坏。考古人员在发掘唐五代扬州罗城遗址时，发现罗城范围内普遍都有一层深 3.2—3.9 米、厚 0.2—0.3 米的红烧土堆积层，并认定其年代为晚唐五代时期，并引李璟焚城以为例证，[5]这一推测是有一定道理的。

根据《旧五代史》中的记载，后周取下扬州城以后，世宗于显德五年（958）二月"丁卯，驻跸于广陵，诏发扬州部内丁夫万余人城扬州。帝以扬州焚荡之后，居民南渡，遂于故城内就东南别筑新垒"。[6]这里"于故城内就

---

[1]　纪仲庆：《扬州古城址变迁初探》，《文物》1979 年第 9 期；蒋忠义：《隋唐宋明扬州城的复原与研究》，中国社会科学院考古研究所编著：《中国考古学论丛——中国社会科学院考古研究所建所40 年纪念》，科学出版社 1993 年版；李裕群：《隋唐时代的扬州城》，《考古》2003 年第 3 期。

[2]　陈双印：《五代时期的扬州城考》，《中国历史地理论丛》2005 年第 3 期。

[3]　〔宋〕司马光编：《资治通鉴》卷二九三"后周显德四年十二月庚午"，中华书局 2013 年版，第 9832 页。

[4]　李孝聪：《唐宋运河城市城址选择与城市形态的研究》，《中国城市的历史空间》，北京大学出版社 2015 年版，第 128—131 页。

[5]　中国社会科学院考古研究所等编著：《扬州城：1987—1998 年考古发掘报告》第五章《蜀冈下城址内遗址的考古发掘》，文物出版社 2010 年版，第 238 页。

[6]　〔宋〕薛居正：《旧五代史》卷一一八《周世宗纪第五》，中华书局 2016 年版，第 1820 页。

东南别筑新垒"之语,在司马光《资治通鉴》中记为"筑故城之东南隅为小城以治之"[1]。文中的"小城"就是后世"周小城"名称的由来。关于"故城",《资治通鉴》与《旧五代史》两处记载都比较含混,研究者根据考古发掘的结果进行逆推,认为"故城"即是罗城。[2]不过"故城"更可能是就扬州城的整体而言,即焚毁后的扬州城,无须坐实其为子城抑或罗城[3],何况罗城在唐五代时本是惯用之名,宋人修史时未用,或即笼统而言。又据《宋史·韩令坤传》所记,"世宗乃复幸淮右,次楚州,遣令坤率兵先入扬州,命权知军府事。扬州城为吴人所毁,诏发丁壮别筑新城,命令坤为修城都部署"[4]。这段文字点明了当时修缮扬州城的原因及主事之人,后周修城是在韩令坤的主持下完成的,在故城东南筑城是基于旧城遭到破坏而采取的举措。不过清人顾祖禹为"东南隅为小城"的做法提供了另外一种解释,他认为韩令坤"以城大难守,筑故城东南隅为小城以治之"[5],后周在扬州的筑城方案是基于城池大小与军事防御的关系而采取的举措。这种说法多被后来的清代扬州的地方志书所继承。但是顾祖禹等人的这种观点也有不尽合理之处,因为蜀冈在扬州地势相对更高,正是便于防守的要地,司马光说"凡北兵南寇扬州,率循山而来,据高为垒以临之"[6],其中"据高为垒"便是就蜀冈而言。若从军事守御的角度来说,要避免所谓"城大难守"的问题,首选自然应该是在蜀冈上筑城,后来南宋时期的诸种筑城举措便是基于这一考虑。根据考古发掘提供的数据,蜀冈上子城周长为 6850 米[7],而周小城周长为 10110 米(此是

[1]〔宋〕司马光编:《资治通鉴》卷二九四"后周显德五年二月戊午",中华书局 2013 年版,第 9835 页。

[2] 中国社会科学院考古研究所等编著:《扬州城:1987—1998 年考古发掘报告》第三章《蜀冈下城址的考古勘探》,文物出版社 2010 年版,第 43 页。

[3] 曲英杰在《扬州古城考》(《中国史研究》2003 年第 2 期)一文中认为"故城"是"唐至五代南唐时期扬州城",即从整体上着眼。

[4]〔元〕脱脱等:《宋史》卷二五一《韩令坤传》,中华书局 1977 年版,第 8832 页。

[5]〔清〕顾祖禹:《读史方舆纪要》卷二三《南直五·广陵城》,中华书局 2005 年,第 1114 页。

[6]〔宋〕司马光编:《资治通鉴》卷二九三"后周显德三年四月甲子",中华书局 2013 年版,第 9808 页。

[7] 中国社会科学院考古研究所等:《扬州城考古工作简报》,《考古》1990 年第 1 期,第 36 页。

据宋大城周长逆推）[1]，后者显然大于前者。因此，用"城大难守"并不能完满地解释周小城的修建。

后周之所以以罗城的东南部位为依托兴建新城，应该是基于经济、交通和军事等多重因素综合考量的结果。罗城位于蜀冈下的平原地带，紧邻运河，交通顺畅，这一地带是随着经济社会的突出发展才有筑城之举。[2]后周以罗城东南部分为依托修筑"小城"，实际上正是利用了运河便利的交通条件，同时也顺应了经济社会发展的趋势。周小城东、南两面城墙在唐罗城基础上修补而成，与运河进入扬州后自西向东进而北折的流经相对应，西墙沿保障河东侧展开，北墙外亦有护城河一条，后来称为潮河[3]，所以周小城整个城墙被运河等水系所组成的连贯水运网络所包围。这样的布局无论是对于城市水运交通、经济发展还是军事防御，都是上乘的选择。在扬州子城与罗城同遭焚毁的背景下，周小城的选址，一方面着眼于经济与交通因素，充分利用了扬州城的水运优势，另一方面也兼顾到了军事防卫的需求，应当是一种综合性的考量。整体来说，子城焚毁，罗城变"小城"，这是五代末期扬州城池的基本状况，也是入宋时扬州城池的大致情形，宋代扬州城的建设与布局即以此为基础。兹将晚唐五代、宋初扬州的城池图合而为一（参图 7-1），以资比较。

---

　　［1］　中国社会科学院考古研究所等编著：《扬州城：1987—1998 年考古发掘报告》第三章《蜀冈下城址的考古勘探》，文物出版社 2010 年版，第 48 页。
　　［2］　中国社会科学院考古研究所等：《扬州城考古工作简报》，《考古》1990 年第 1 期，第 39—41 页。
　　［3］　关于周小城北面的护城河，宋代文献中找不到具体的名称。潮河之名是后来才出现的，又名柴河，见于清代方志，如《〔嘉庆〕重修扬州府志》卷三〇记广陵旧城"北濠即今柴河"，而早期的《〔雍正〕扬州府志》则记："柴河在府城北三里，东通运河，西接市河，相传为旧城濠，南岸之基犹存。"

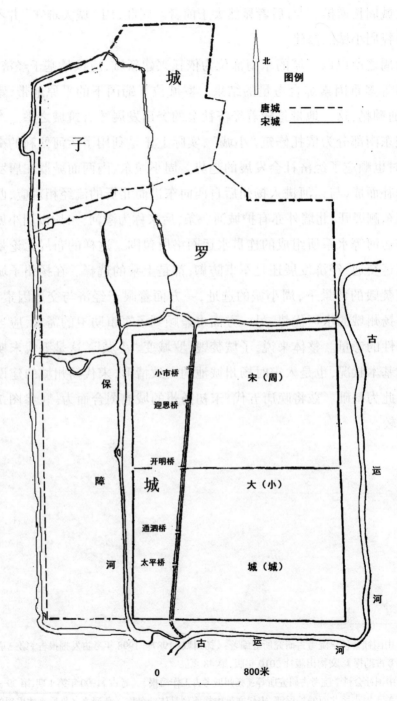

图 7-1 晚唐、五代、宋初扬州城池比较图

（据《考古》1990 年第 1 期第 37 页、第 7 期第 609 页附图改绘）

二、北宋时期的扬州城

鉴于唐末五代以来地方势力拥兵据城对中央政权构成严重威胁的事实，从整体上讲，北宋时期宋廷对地方城池建设的态度不甚积极。[1]平定江淮以后，宋廷曾"令江淮诸郡毁城隍、收兵甲、彻武备"，结果诸城"名为郡城，荡若平地"。[2]传世文献中关于北宋时期扬州城市建设的记载不多，有限的记载往往又语焉不详，在这种情况下，一般认为北宋时期的扬州并无修建城池的重大举措。但若着眼于实际层面，北宋时期的地方城池建设因时、因地而有不同，不同城市对城池修建的需求各有特点，未可一概而论，如淮南地区在太祖乾德二年（964）即有建安军（后来之真州）修城之举[3]，所以也有学者认为北宋地方州县有筑城的举措。[4]扬州作为江淮地区重要的政区，入宋以后其城池建设也曾受到重视，得到一定程度的恢复，甚至于北宋时期扬州的某些城建举措在扬州城建史上还属首创之举。总而言之，北宋时期的扬州城池建设并非完全空白，细绎相关史料并结合考古材料，仍可从中找到一些蛛丝马迹。由于北宋时期蜀冈上的"古城"基本处在荒废的状态，以下的叙述将主要针对北宋时期的扬州州城即"宋大城"而言。

赵宋政权建立以后，后周时出镇扬州的李重进，由于对宋太祖拒其入朝的举措带有猜忌，曾在扬州"招集亡命，增埤浚隍，阴为叛背之计"[5]。埤，即矮墙，所谓城垛子是也；隍，即城濠。赵普也说李重进"凭恃长淮，缮修孤垒"[6]。李重进"增埤浚隍""缮修孤垒"的举措显然是为了防范来自宋廷的军事行动，

---

[1]　黄宽重：《宋代城郭的防御设施及材料》，《大陆杂志》1990年第2期，第1—23页。成一农：《宋元以及明代前中期城市城墙政策的演变及其原因》，收入中村圭尔、辛德勇主编：《中日古代城市研究》，中国社会科学出版社2004年版。

[2]　〔宋〕李焘：《续资治通鉴长编》卷四七"咸平三年十二月壬申"，中华书局2004年版，第1037页；〔元〕脱脱等：《宋史》卷二九三《王禹偁传》，中华书局1977年版，第9798页。

[3]　〔明〕申嘉瑞等重修：《〔隆庆〕仪真县志》卷三，《扬州文库》第1辑第16册，广陵书社2015年版，第558页。

[4]　加藤繁著，吴杰译：《宋代都市研究》，见《中国经济史考证》，中华书局2012年版，第248—257页；斯波义信著，方健、何忠礼译：《宋代江南经济史研究》，江苏人民出版社2011年版，第270—283页；包伟民：《宋代城市研究》，中华书局2014年版，第71—101页。

[5]　〔宋〕李焘：《续资治通鉴长编》卷一"建隆元年九月己酉"，中华书局2004年版，第24、27页。

[6]　〔宋〕李焘：《续资治通鉴长编》卷一"建隆元年九月己酉"，中华书局2004年版，第24、27页。

从城池建设的实际效果来看,此举可视为入宋以后扬州城池建设的开端。南宋人追溯扬州城池建设的历史,即是以李重进为始,如王象之《舆地纪胜》卷三十七记:"郭棣知扬州按考其素,以为故城凭高,下临四面。国初李重进始夷而改卜今相距三十里处。"[1]因李重进之前,后周已有改筑小城之举,所以王象之关于"李重进始夷而改卜"的说法并不是非常妥当。但若就北宋时期的扬州修城而言,则如王象之所言,李重进确是首创之人。可惜文献不足征,关于李重进在扬州城防建设的具体内容已无从详考。不过李重进之乱平定以后,宋廷曾诏:"应扬州城下役夫内,有死于矢石者,人给绢三匹,仍复其家三年,长吏倍加安抚。尸骸暴露者,仍令使臣收瘗。"[2]此所谓"城下役夫",或部分即是筑城之人。

李重进之乱平定以后,宋太祖曾授意王赞整顿战后扬州。史载建隆二年(961)七月:

> 命内客省使王赞权知扬州军府事。赞乘舟以往,溺于阊桥。上嗟悼,谓左右曰:"是杀吾枢密使也。"赞尝为河北诸州计度使,五代姑息藩镇,有司不敢绳以法。赞振举纲维,所至发摘奸伏无所忌。上知赞可付以事,因使完葺扬州,盖将大用之,而赞遽死。赞,观城人也。[3]

据这段引文,可知王赞深得太祖信任,且有治理才能,敢于作为,所以太祖才会让他治理战后的扬州。王赞在前往扬州的途中溺水身亡,"完葺扬州"自然无从谈起,但城池建设理应是其中一项重要的内容。无论如何,在宋廷平定扬州李重进之乱以后,对扬州的整顿很快便提上了日程。王赞虽未能到任,但他的后继者也会有类似的使命,这是可想而知的。

如果说王赞之例,尚不够明确地表明扬州城的建设得到一定程度的展

---

[1]〔宋〕王象之:《舆地纪胜》卷三七《淮南东路·扬州》"新旧城"条,中华书局 1992 年版,第 1574 页。〔宋〕祝穆撰,〔宋〕祝洙增订:《方舆胜览》卷四四《淮东路·扬州》"古迹"条,中华书局 2003 年版,第 797 页。

[2]〔清〕徐松辑:《宋会要辑稿·礼四四》,上海古籍出版社 2014 年版,第 1706 页。

[3]〔宋〕李焘:《续资治通鉴长编》卷二"建隆二年七月壬午",中华书局 2004 年版,第 51 页。

开,那么宋真宗咸平三年(1000)王禹偁(954—1001)的奏疏,则直接指出了当时扬州城池建设的迫切需要。王禹偁在《乞备盗疏》中说:

> 臣比在滁州,值发兵挽漕,关城无人守御,止以白直代主开闭,城池颓圮,铠仗不完。及徙维扬,称为重镇,乃与滁州无异。尝出铠甲三十副,与巡警使臣,彀弩张弓,十损四五,盖不敢擅有修治,上下因循,遂至于此。今黄州城雉器甲,复不及滁、扬。万一水旱为灾,盗贼窃发,虽思御备,何以枝梧……今江、淮诸州,大患有三:城池堕圮,一也;兵仗不完,二也;军不服习,三也。濮贼之兴,慢防可见。望陛下特纡宸断,许江、淮诸郡……渐葺城壁,缮完甲胄,则郡国有御侮之备,长吏免剽略之虞矣。[1]

王禹偁在宋太宗朝曾先后任过滁州、扬州两地的守臣,所言防备盗贼,自有相当的现实依据,宋真宗对他的奏疏也给予了肯定。根据王禹偁的这段文字,可见赵宋政权建立四十年以后,扬州的城墙仍比较残破,这在一定程度上也反映出此前的修缮相当有限。类似这种状况的也并非扬州一城而已,与王禹偁同时,田锡在咸平三年(1000)曾说:“今诸处城池多不修筑,坏垣填堑,往来如平地,万一卒有盗起,逐处官吏何以固守?”[2]田锡从整体上着眼,体现出地方城池修筑的一般状况。针对地方城防败坏的现实,王禹偁疏中有“(地方守臣)不敢擅有修治”的说法,当是宋廷对地方的城池建设有一定的控制或限定。据刘敞在《先考益州府君行状》一文中所记,针对河北一带因工役扰民的现象,其父曾有“宜著令,城非圮顿,不得擅请增广。河渠非可通漕省大费者,毋议穿凿。当修城浚渠者,虽能省功,亦不加赏”[3]的言论。研究者从政绩考核的角度,据此认为宋廷对地方上的城池建设有相当

---

[1]〔元〕脱脱等:《宋史》卷二九三《王禹偁传》,中华书局1977年版,第9798—9799页。

[2]〔宋〕李焘:《续资治通鉴长编》卷四六“咸平三年三月丁未”,中华书局2004年版,第1005页。

[3]〔宋〕刘敞:《先考益州府君行状》,《全宋文》第59册,上海辞书出版社、安徽教育出版社2006年版,第390页。

的限制,致使"州郡望风畏缩,无敢复议修城者"[1]。但据刘敞所记,若剔除其中"加赏"的因素,则地方守臣在城池建设中还是有一定的自主权。所以宋代城市城墙修建与否,与当时地方守臣是否愿意发挥一定的引导作用是有直接联系的,就扬州城池建设而言,这一点在南宋时期表现得比较突出。

王禹偁有关扬州等地城池败坏的言论,虽然得到真宗的"嘉纳",但后续扬州等地是否推进修城的举措,甚至如何展开,传世文献中找不到相关记载。关于北宋时期扬州城池建设的最后一条记载,出现在靖康年间。靖康二年(1127)四月二十五日(同年五月改元建炎),扬州知州许份等状请赵构即位于扬州,认为"扬州之地控带江淮,城壁新修,钱粮粗足,若聚兵西北,奉迎銮舆,则舳舻输挽,督促而上,足以馈师,而又南至金陵,东抵钱塘,一有缓急,可以据依,其为顺便,莫过于此。伏望大元帅大王深思长虑,决定至计,即日御众治兵广陵,份等谨当戮力协心,以佐大事"[2]。许份知扬州在靖康间,所谓"城壁新修"当稍早于上奏之时,但也可能是许份任内的举措。无论如何,从"城壁新修"一语,可知北宋末期,针对扬州城池有一次修缮举措,这应该与北宋末年宋金之间的紧张局势有直接的关联。

传世文献对北宋时期扬州城池建设的记载相当有限,故以上的分析也比较简略,接下来我们再根据相关考古资料,对北宋时期扬州的城池建设略做分析。希望能结合这两个方面的内容,更好地认识北宋时期乃至整个两宋时期扬州的城池建设。自二十世纪八十年代以来,扬州城市考古取得了不少成果,主要内容汇集在《扬州城:1987—1998 年考古发掘报告》(文物出版社 2010 年版)、《扬州蜀冈古代城址考古勘探报告》(科学出版社 2014年版)、《扬州城遗址考古发掘报告(1999—2013 年)》(科学出版社 2015 年版)等书中。两宋时期扬州州城,今一般称之为宋大城,位于蜀冈之下,实际上是在所谓周小城的基础上建立完善起来的。宋大城城墙走向与运河水道

---

[1]　邓小南:《课绩·资格·考察——唐宋文官考核制度侧谈》,大象出版社 1997 年版,第 56—68 页。

[2]　〔宋〕徐梦莘:《三朝北盟会编》卷九五"靖康中帙七十",上海古籍出版社 1987 年版,第 704页。同书卷一三〇"炎兴下帙三"有一份《批答许份乞幸扬州状》,其中有"扬州号古都会,前江后淮,险固可恃,四方水陆,此得其中"之语。此虽为宋廷为驻跸扬州而发出的舆论之辞,但对认识宋人对于扬州的一般印象,仍有一定的参考意义。

相对应,整个城池大体呈规则的方形。考古发掘进一步证明了宋大城大体呈南北走向的长方形,其中南面城墙与北面城墙分别长约 2200 米、2150 米,东、西两面城墙分别长约 2900 米、2860 米。[1]考古人员通过对宋大城西城墙中段、明代扬州州城西北角的发掘,指出该处"宋城墙直接建在唐代的地面上",此地面是唐五代扬州罗城内部地面,且上面"堆积大片红烧瓦砾"。这一现象值得注意,据此可知入宋之时,周小城很可能本来就不够完善,所以入宋以后至少大城西墙中段的修建不得不重新开始。事实上韩令坤修城的时间十分仓促,且后周不久即被赵宋所取代,韩令坤所修之城有限,是可以理解的。今天虽然不能指出此段西墙修筑的确切时间,但其直接唐五代罗城地面,且里面有大量红烧瓦砾(前面已经指出,此很可能是南唐李璟焚城所导致),则认定其为北宋时所建,是比较合理的推断。所可注意者,宋大城西墙诸处厚度并不均匀,上面提到的明代州城西北角处的宋大城中段墙基宽约 7.9 米,有马面处则厚 15 米左右,[2]偏南的宋大城西门处,仅城墙厚度即达 15 米。[3]这样的设计体现出城门位置的重要性。唐代罗城四面城墙厚度在 9—11 米之间,[4]两相比较,可知北宋时期在设计大城新城墙的厚度时,并没有完全按照唐时的城墙标准。根据考古勘测,五代时期周小城的西城门两侧的城墙厚度正是 15 米,这就部分证实了宋大城与周小城之间前后相继的关系。

需要注意的是,宋大城在继承周小城规模的同时,在城池特定区域也进行了相应的改造,根据考古资料的提示,这些改造在宋大城西门上有一定程度的体现。据考古报告,入宋以后,宋大城西"城门地面在原五代城门地面基础之上垫高 0.6—0.7 米。城门洞壁和门口前脸做过改建",例如在洞壁的

[1] 中国社会科学院考古研究所等编著:《扬州城:1987—1998 年考古发掘报告》第三章《蜀冈下城址的考古勘探》,文物出版社 2010 年版,第 48 页。

[2] 以上考古信息,参中国社会科学院考古研究所等编著:《扬州城:1987—1998 年考古发掘报告》第四章《蜀冈下城墙的考古发掘》,文物出版社 2010 年版,第 91 页。

[3] 中国社会科学院考古研究所等:《扬州宋大城西门发掘报告》,《考古学报》1999 年第 4 期,第 495 页;又参中国社会科学院考古研究所等编著:《扬州城:1987—1998 年考古发掘报告》第四章《蜀冈下城墙的考古发掘》,文物出版社 2010 年版,第 104、107 页。

[4] 中国社会科学院考古研究所等编著:《扬州城:1987—1998 年考古发掘报告》第三章《蜀冈下城址的考古勘探》,文物出版社 2010 年版,第 51—59 页。

墙基壁下垫土衬石。值得注意的是,考古人员在清理西城门门道时,发现"至道元宝"（太宗至道元年铸）、"景德元宝"（真宗景德间铸）、"天圣元宝"（仁宗天圣元年铸）、"皇宋通宝"（仁宗宝元二年铸）[1]等铜钱,则太宗、真宗、仁宗三朝在宋大城城池建设方面或许有一些相应的举措。上文在分析宋代文献时,曾引用北宋真宗咸平三年王禹偁等人关于扬州城池的言说,正发生在至道之后、天圣之前,可与此考古资料互参,以更好认识北宋时期扬州城池建设的情形。

宋大城西城门不但内部有修整,外部更有加固,最突出的表现是瓮城的创建。唐五代时期的罗城以及周小城四面城门之外并未修建瓮城,宋大城瓮城的创建是北宋时期扬州城池建设的重要举措,并且在南宋时期有进一步扩展。宋大城西门瓮城在修建时,借用了西门南北的马面,所以修筑瓮城大体上是以马面为基准,在西城墙外修一面墙,从而围成瓮城。据考古发掘,这面瓮城墙的主体部分南北长49.8米,厚10米,其中与南北马面交接的部分更厚一些。在此墙中部偏南位置,设有瓮城门,门道长度与城墙厚度等同,为10米,宽4.7米。这样周小城西门的"凹"字形结构遂变成了宋大城的"凸"字形结构（参图7-2、图7-3）。[2]考古人员认为瓮城修建是北宋靖康乱后的军事举措,传世文献关于北宋晚期的修城记录,只有前文提到的许份在靖康间的言说,这两者之间似乎有一定的对应关系。然而在瓮城内的暗沟里发掘出"元符通宝"一枚,这条暗沟在瓮城内靠南侧城壁下,沿原马面向西通向瓮城门道。考古人员认为这是为排泄瓮城内雨水而设置的,这种推测比较合理。既然暗沟是为瓮城内部的排水系统,那么这个排水沟应该与瓮城的修建相先后,所以暗沟里面出土的"元符通宝"似乎提示着瓮城的修建有可能在哲宗末期已经完成。

[1] 关于这些钱币的铸造,参考了彭信威《中国货币史》第五章《两宋的货币》,上海人民出版社2007年版,第293—294页。

[2] 中国社会科学院考古研究所等:《扬州宋大城西门发掘报告》,《考古学报》1999年第4期,第487—517页;中国社会科学院考古研究所等编著《扬州城:1987—1998年考古发掘报告》第四章《蜀冈下城墙的考古发掘》,文物出版社2010年版,第102—110页。

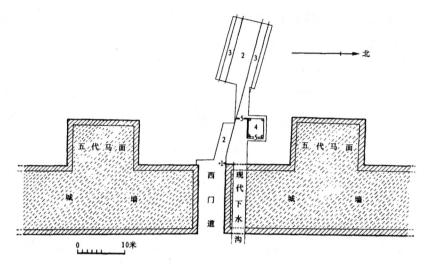

1. 石门坎　2. 铺砖露道　3. 铺砖便道　4. 房屋遗迹　5. 暗沟(1—5 为北宋遗迹)

图 7-2　五代及宋初西门平面图

（采自《考古学报》1999 年第 4 期第 490 页）

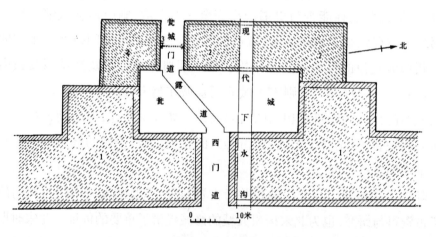

1. 五代城墙　2. 北宋瓮城墙　3. 门砧石

图 7-3　北宋晚期宋大城西门及瓮城平面图

（采自《考古学报》1999 年第 4 期第 493 页）

　　除大城西门外，大城北门的考古发掘也值得注意。2012 年发表的宋大城北门遗址发掘报告，对北门主城门、北门瓮城以及北水门南段的情况作了基本介绍。考古人员通过分析北门遗迹之间的叠加关系，认为主城门门道内壁可分为 Ⅰ—Ⅲ 期，主城门内的道路分为 Ⅰ—Ⅳ 期。北门外也有瓮城，其中瓮城东墙宽约 13.6 米,瓮城西墙宽约 15.6 米,瓮城北墙长 52.6 米,宽约 14.6 米。瓮城门开在瓮城东墙,东西走向,长度与东墙宽度一致,为 13.6 米,门道由内到外呈喇叭形,宽度在 4.2—5.3 米之间。三面城墙皆中间夯土,两侧包砖(参图 7-4、图 7-5)。虽然北城门及其瓮城的发掘相当零散,但是考古人员仍然对相关部位的时代做了推定,其中第 I 期门道边壁,为第一期遗存;瓮城门内露道下的门砧石、瓮城北墙南部、瓮城北墙西侧下部为第二期遗存;第 II 期门道边壁、第 I 期道路、第一处门限石、瓮城内露道、近瓮城门南壁门砧石及滑槽石、瓮城门内出城露道等为第三期遗存。考古人员还根据扬州城池建设的用砖规格、修砌方法以及黏合剂的使用,认为瓮城早期使用的包砖属于北宋时期。这种推测比较合理。除此之外,考古人员还将上面提到的三期遗存,与五代及两宋时期关于扬州城池建设的史书记载对号入座,认为第一期遗存属于后周韩令坤修筑的周小城北门,第二期遗存属于李重进所筑宋大城北门,第三期遗存属于南宋时期。[1]这种将传世文献与考古发掘两相对照的做法是可取的,但这些遗存能否与史书记载完全一一对应,则应稍加谨慎。特别是将第二期遗存归结于宋初李重进筑城,则完全忽视了咸平间以及北宋末期关于扬州城池建设的言说与实际举措。第二期遗存主要涉及瓮城墙及城内露道,若如考古人员所推定,则宋大城北门瓮城在赵宋开国之初即已修成,这与宋大城西门瓮城的修筑有相当的时间差距。如前文所述,考虑到宋初李重进修城时间短暂,再结合王禹偁、许份等人的相关记载,瓮城的修筑恐怕还是定在北宋晚期比较合理。

　　除以上大城西门与北门的相关考古资料外,涉及宋大城南门与东门的相关考古资料与研究,也为北宋扬州大城的修城提供了重要的佐证。北宋时期扬州州城南门的"修缮或修建较多",南门瓮城墙及城门在北宋时期亦有修补。[2]关于扬州大城南门遗址的发掘报告,认为北宋初期扩建了与南门相关的设施,

---

　　[1] 以上关于考古资料的部分,参考了中国社会科学院考古研究所等:《江苏扬州市宋大城北门遗址的发掘》,《考古》2012 年第 10 期,第 25—51 页。其实该报告本分有六期遗存,因为此小节主要讨论北宋时期的部分,故而上文并未将剩余的四、五、六期做全部的说明。

　　[2] 汪勃:《扬州城遗址唐宋城时期用砖规格之研究》,扬州博物馆编:《江淮文化论丛(第二辑)》,文物出版社 2013 年版,第 10—11 页。

后来又有较大规模的修建,使得南门在形制上发生了变化,其中新修建了南门主城门、瓮城门、铺砖露道,瓮城内外的地面均被抬高 8 米或 8 米以上,[1]而且修补城墙时并未完全沿用旧基,城门附近墙体有向外扩张加宽的痕迹。[2]关于宋大城东门的考古报告,认为北宋时期宋大城的东城门边壁、城墙及马面,皆有修缮痕迹。[3]凡此之类,皆表明北宋时期扬州的城池建设似乎并非完全空白。通过梳理宋代扬州城的考古报告,将考古发现与传世文献中的记载进行合理的对比分析,会有助于我们更好地理解北宋时期扬州的城池建设。

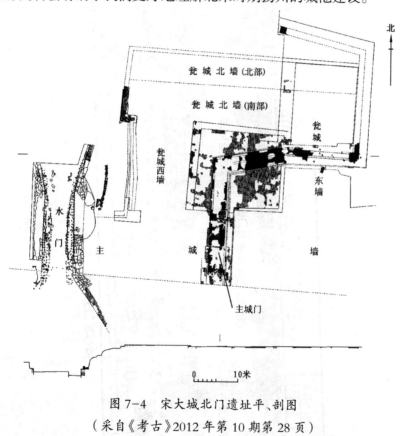

图 7-4　宋大城北门遗址平、剖图

（采自《考古》2012 年第 10 期第 28 页）

[1]　中国社会科学院考古研究所等:《江苏扬州城南门遗址发掘报告》,《考古学集刊》(第 19 集),科学出版社 2013 年版,第 387—390 页。

[2]　王勤金:《扬州古城南门遗址的发现和发掘述要》,《扬州师院学报(社会科学版)》1986 年第 2 期,第 116—117 页。

[3]　中国社会科学院考古研究所等:《扬州唐宋城东门遗址的发掘》,《考古学集刊》(第 19 集),科学出版社 2013 年版,第 329—334 页。

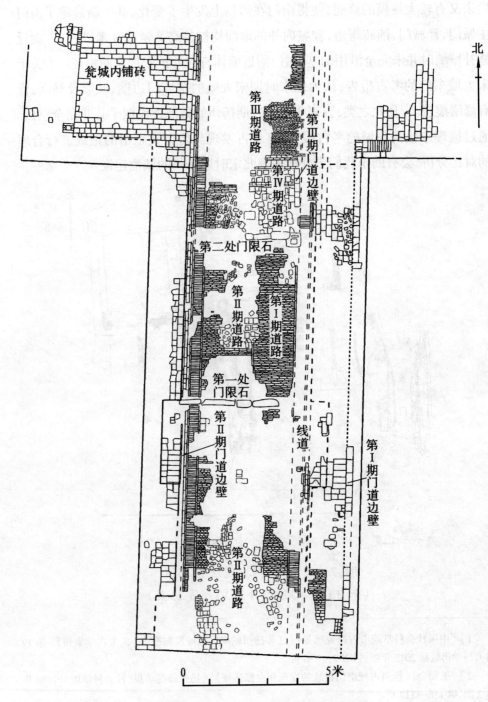

图 7-5 宋大城北门主城门遗址分期图
（采自《考古》2012 年第 10 期第 29 页）

三、影响两宋时期扬州城池建设的诸种因素

两宋时期地方守臣在城池建设过程中可以发挥积极的作用,但是这种地方守臣的个人能动性往往会受到中央态度取向的牵制,宋廷宏观层面的态度取向对城池建设影响更为普遍。宋廷为防止出现晚唐五代以来地方势力坐大的局面,对地方上政治、经济、军事等方面的事务,多有针对性的防范举措,其中在城池建设方面的消极态度,是从军事方面防备地方社会的一个具体表现。不过在实际层面也存在区域性的差异以及具体城市的不同情形,未可一概而论。如北宋时期西北边疆的城池建设,因为军事防御的需求,受到更多重视。就扬州城池而言,不但在赵宋立国之初即有修筑的举措,在江淮普遍毁城的过程中,传世文献中也未见有针对扬州城的任何记载,事实上扬州早在建隆间便已归属赵宋,后来毁城的举措很可能并未波及扬州。不但如此,北宋时期建议包括扬州在内的地方城市修筑城池的言论也时有所见,结合相关考古资料,可知这些言论是起到过实际作用的。如果更多地关注具体城市的实际情形,就会追问宋廷是基于何种原因而适时调整了对于特定地方城市修城的态度,换言之,有哪些因素最终促成了地方修城的举措得到实际的展开。兹结合传世文献中关于扬州等江淮一带城市的言说对此略做分梳,这是观察两宋时期扬州城池建设一个非常重要的背景。

关于北宋时期地方城池建设的相关记载并不少见,王禹偁在咸平三年(1000)关于扬州、滁州等地城池的言说中,有"城池颓圮,铠仗不完","万一水旱为灾,盗贼窃发,虽思御备,何以枝梧"之语,这是从防御盗贼、维持社会治安的角度对城池建设的现状提出了质疑,所以他会有修缮地方城池之建议。类似的例子又如皇祐元年(1049)三月二十四日,臣僚言"江淮城壁缺落,乞特加以修葺",宋廷遂诏令当地根据情况予以修整,[1]这也是从社会治安的角度对地方城池的现状提出修整意见。熙宁三年(1070),王安石说"南方修城恐非急,过费财用亦可惜"[2];熙宁六年(1073)正月丁卯,"诏北江募人筑城

---

[1] 〔清〕徐松辑:《宋会要辑稿·方域八》,上海古籍出版社 2014 年版,第 9426 页。

[2] 〔宋〕李焘:《续资治通鉴长编》卷二一一"熙宁三年五月庚寅",中华书局 2004 年版,第 5119 页。

寨,令章惇等优给钱米,毋得扰民"[1];元丰二年(1079)正月十七日诏:"诸路修城,于中等以上户均出役夫,夫出百钱。其役广户狭处,以五年分五限,余以三年分三限送官,官为相度募人,或量增役兵兼筑。如钱不足,预具数以闻。遇灾伤及三分年,仍权住输钱。"[2]可见地方城池建设会受到当地经济条件的影响。熙宁十年(1077)七月十一日,河北西路提点刑狱丁执礼的言论特别值得注意,与以往强调社会治安的用意不同,他从地方财政、人口发展的角度建议修城,所言凸显了城池建设与社会经济发展之间的关联。丁执礼说:

> 今之县邑,往往故城尚存,然摧圮断缺,不足为固。况近岁以来,官司所积钱斛日多于前,富民巨贾萃于廛市,城郭不修,甚非所以保民备寇之道。以为完之之术,不必费县官之财,择令之明者,使劝诱城内中、上户,出丁夫以助工役,渐以治之。缘城成亦民之利,非强其所不欲也。仍视邑之多盗者先加完筑,次及余处,庶使民有所保,而杜塞奸盗窥觊之心。[3]

宋廷诏中书门下立法以闻,得到的反馈信息是:

> 看详天下州县城壁,除五路州军城池自来不阙修完、可以守御外,五路县分及诸州县城壁多不曾修葺,各有损坏,亦有无城郭处。缘逐处居民不少,若不渐令修完,窃虑缓急无以备盗。今欲令逐路监司相度,委知州、知县检视城壁合修去处,计会工料,于丰岁分明晓谕,劝谕在城中、上等人户,各出丁夫修筑。委转运使勘会辖下五路,除沿边外,择居民繁多或路当冲要县分,诸路即先自大郡城壁损坏去处,各具三两处奏乞修完。[4]

中书门下所拟条目比较详细,在此段引文之后,是一些修城程序上的具体的

---

[1]〔宋〕李焘:《续资治通鉴长编》卷二四二"熙宁六年正月丁卯",中华书局2004年版,第5893页。

[2]〔宋〕李焘:《续资治通鉴长编》卷二九四"元丰二年正月丁亥",中华书局2004年版,第7198页。

[3]〔清〕徐松辑:《宋会要辑稿·方域八》,上海古籍出版社2014年版,第9427页。

[4]〔清〕徐松辑:《宋会要辑稿·方域八》,上海古籍出版社2014年版,第9427页。

规定,涉及修城管理、工程规模、财政支持、劳力以及原料来源等方面。

通过丁氏的言说以及官方的反馈意见,有以下两点值得注意:其一,城池状况与社会、经济发展的不协调。至熙宁末年,地方城市城池仍然普遍败坏,城池建设与经济发展的不协调,无法有效地维持社会治安、保护官民利益。随着经济社会的发展,对地方城池建设提出了更高的要求,需要借此来维护民众的经济利益与社会安全。其二,城池建设存在区域性和等级性差异。北宋时期城市城墙维持较好状态的,主要集中在西北沿边五路州军,这主要是为了应对西北方向的异族政权的威胁。但即便是西北五路,至县级政区,城墙多已不曾修葺。然而不管是出于社会治安还是经济方面的考量,至北宋中后期宋廷关于地方修城的观念已经出现改变,与以往的消极态度有所区别,除个别城市可以因地制宜修缮城池外,也有针对区域城市群体而发者,宋廷的诏令已经超出了西北这一地域范围,可以面向更广的区域,一定程度上反映出宋廷措置地方城池建设的积极动向。

军事因素对两宋时期地方城池建设的影响也值得关注。北宋前期重视西北边境的筑城,两宋之际宋金交恶背景下,江淮一带地方城池的修筑也被提上日程。这不仅仅是区域之间的转换,更重要的是军事因素在修城中起到的促进作用。靖康之乱以后,开封陷落,宋室南迁,江淮一带随之成了宋金对峙的前沿阵地。这一转变,对当地城市功能有直接的影响,故而城池建设随之受到特别的重视。南宋时期扬州的城池建设,较之北宋时期表现更为突出便很能说明问题。

我们先看南宋初期高宗朝的扬州城池。南宋高宗赵构虽然即位于南京应天府(今河南商丘),但是当时金兵压境,南京并非常驻之地。在宋室南迁的规划中,扬州是一个重要的备选之地。如此一来,当时的扬州城就非一般意义上的地方州城而已,其城防建设自然有强化的必要。史载建炎元年(1127)五月丁巳(此月改元建炎),宋廷"诏成都京兆襄阳荆南江宁府、邓扬二州储资粮,修城垒,以备巡幸"[1]。这是针对地方一些重要政区的诏令,可见在军政动态遞变的背景下,宋廷对地方城墙建设的重视,这是军事因素影响地方城池

---

[1]〔元〕脱脱等:《宋史》卷二四《高宗一》,中华书局1977年版,第445页。

建设的直接例证。单独针对扬州的政令出现在四个月以后,建炎元年九月甲午,命扬州守臣吕颐浩缮修城池。[1]而高宗随后于十月丁巳(一日)"登舟幸淮甸"[2],癸未(二十七日)"至扬州,驻跸州治"[3]。传世文献中未见关于建炎元年吕颐浩于扬州修城的详细记载,其成效似乎并不理想,因为第二年还有"言者论维扬之城,可攀援上下,其濠池可步而往来"[4]。从城墙可攀援、濠池可步往的言说来看,吕颐浩任内的扬州城池建设并未起到多大的成效,早先许份请赵构驻跸扬州时所说的扬州"城壁新修,钱粮粗足",恐怕也有几分虚张声势的意味。在这样的背景下,宋廷续有扬州浚隍修城的诏令,所言相对更为具体。史载建炎二年(1128)冬十月三日,"诏令扬州先次开撩城壕及措置增修城壁"[5]。然而这次修城之诏同样没有实质性的效果,稍后的十二月,吏部侍郎刘珏说:"备敌之计,兵食为先。今以降卒为见兵,以籴本为见粮,二者无一可恃。维扬城池未修,卒有不虞,何以待敌?"[6]从"维扬城池未修"的用语,可见南宋建炎初年扬州的城池修筑有名无实。次年年初,金兵南下,焚扬州,高宗便仓皇渡江了。虽然稍后金人撤离扬州,但宋廷收复的扬州城,更是进一步遭受了金兵的焚毁。[7]赵鼎《扬州竹西亭》诗描写建炎年间扬州情境,言:"路入扬州秋草残,竹西亭上曲栏干。而今那复闻歌吹,黄叶西风薄暮寒。"[8]我们大致可以借此想象战后扬州城的荒凉。

上面提到社会治安、经济发展、军事动态等影响两宋时期地方城池建设的三个因素,这是宋人关于城池建设言论的主要方面,也是宋廷颁布城池建

---

[1]〔宋〕李心传:《建炎以来系年要录》卷九"建炎元年九月甲午",中华书局2013年版,第242页。

[2]〔宋〕李心传:《建炎以来系年要录》卷一〇"建炎元年冬十月",中华书局2013年版,第261页。

[3]〔宋〕李心传:《建炎以来系年要录》卷一〇"建炎元年冬十月",中华书局2013年版,第269页。

[4]〔宋〕李心传:《建炎以来系年要录》卷一八"建炎二年十月甲寅",中华书局2013年版,第417页。

[5]〔清〕徐松辑:《宋会要辑稿·兵二九》,上海古籍出版社2014年版,第9241页。

[6]〔宋〕李心传:《建炎以来系年要录》卷一八"建炎二年十二月戊寅",中华书局2013年版,第438页。

[7]〔宋〕李心传:《建炎以来系年要录》卷二〇"建炎三年二月戊辰",中华书局2013年版,第469页。

[8]〔宋〕赵鼎:《扬州竹西亭》,《全宋诗》第28册,北京大学出版社1998年版,第18423页。

设政策时所考虑的几个重要内容。两宋时期扬州的城池建设虽然不能忽视经济与社会因素，但就传世文献提供的信息来看，军事因素的影响显得更为重要一些。从宋初的李重进筑城到两宋之际的修城，都是如此。待宋室常驻临安以后，江淮一带转而成为南北政权对峙的前沿地带，其城池建设受到军事动态的影响表现得更为明显，下文对此将做进一步的梳理。

第二节　南宋孝宗时期的扬州城池建设

在军事因素的影响下，两宋之际扬州的城池建设受到特别重视，但高宗赵构驻跸临安以后，以"守和议"为主要的政治取向，淮东修城的举措并不多见，也没有积极实施扬州城池建设的大规模举措。高宗绍兴年间虽然有两次关于扬州修城的议论，皆是宋金关系紧张、恶化之后被动而为，而且透过后来孝宗朝的相关记载，可知当时的修城效果并不理想。绍兴六年（1136）三月一日，尚书省言："诸州城壁往往倒塌，不即补治，及将壮城人兵违法他役。有乞修去处，增添高阔，徒费工力，不能就绪。"宋廷遂诏令"逐路帅司督责所属州军，如有损坏，用功不多，仰一面计置，用壮城人兵修治，不得科扰。若倒塌稍多，不能自行整葺，即审度实用工料，开具见管壮城人数供申，不得隐落，虚桩大计。或城大难以因旧，亦仰随宜减蹙，务要省便。仍将合减蹙去处丈尺画图，及今后具所管城壁有无损坏事状，并申尚书省"[1]宋廷诏令中的补救措施，反映了此前政策的未尽执行，并非专门针对扬州而发。不但如此，此次补救政策的落实与否，主动权主要在地方，中央并没有强力要求修城的表态。与此类似，绍兴末年宋金交战以后，当时的臣僚曾在"论料理江淮"的言论中，"请于两淮、荆襄之间，创为四大镇。如维扬、合肥、蕲阳、襄阳，各为家计，增城浚隍，以立守备，农战交修，以待天时。每镇招集沿边弓箭手二万人"。高宗为此"手诏"扬州守臣向子固及淮南其他官僚"相度闻奏"[2]，扬州"于是有修城

---

[1]〔清〕徐松辑：《宋会要辑稿·方域八》，上海古籍出版社 2014 年版，第 9430 页。

[2]〔宋〕李心传：《建炎以来系年要录》卷一九七"绍兴三十二年二月庚子"，中华书局 2013 年版，第 3868 页。

之役,破钱二十万缗"[1]。关于向子固任内的扬州修城,传世宋代文献未见详细记载,明清以来所修方志也未曾提及,今不得其详。但有一点可以确定,即以上两次关于修城的言论,皆针对蜀冈之下的扬州州城即所谓宋大城而发。

整体来说,南宋高宗朝的扬州城池主要出现在建炎初年与绍兴末年,都发生在宋金关系恶化的时期,亦即由战争而导致的城池建设。另外值得注意的是,建炎之初与绍兴末年关于扬州城池建设的言说,都是回应时局变化的被动举措,南宋高宗朝在对于包括扬州在内的地方城池建设方面相对缺乏积极的举动,所以在"绍兴和议"以后,高宗朝扬州再没有修城的举措。这与高宗朝以维持议和为主要目的的政治取向是相对应的。而与高宗倾向于议和的政治取向不同,南宋孝宗朝形成了另一种"体制",[2]孝宗本人则更有试图恢复旧疆的倾向,在这样的背景之下,孝宗朝的扬州城池建设表现突出,在规模、次数以及持续时间方面,整体上都超过了两宋其他时期。这一现象与当时的政治动态密切相关,也是孝宗个人政治取向的一个具体表现,体现了"孝宗恢复"背景下,中央与地方的互动。孝宗朝扬州历次修城,各有侧重,有旧城之修补加固,也有新城之创建。兹以时间为序,逐一叙说。

一、修补"宋大城"(州城)

绍兴议和以后,宋金之间维持了一段和平关系,但至高宗绍兴末年,双方战事再起。《宋史·刘锜传》载:

> (绍兴)三十一年,金主亮调军六十万,自将南来,弥望数十里,不断如银壁,中外大震。时宿将无在者,乃以锜为江、淮、浙西制置使,节制逐路军马。八月,锜引兵屯扬州,建大将旗鼓,军容甚肃,观者叹息。以兵驻清河口,金人以毡裹船载粮而来,锜使善没者凿沉其舟。锜自楚州退军召伯镇,金人攻真州,锜引兵还扬州,帅刘泽以城不可守,请退军瓜洲。[3]

---

[1]〔宋〕徐梦莘:《三朝北盟会编》卷二四七"炎兴下帙",上海古籍出版社 1987 年版,第 1774 页。

[2] 寺地遵著,刘静贞等译:《南宋初期政治史研究》,上海复旦大学出版社 2016 年版,第 359—396 页。

[3]〔元〕脱脱等:《宋史》卷三六六《刘锜传》,中华书局 1977 年版,第 11406—11407 页。

刘泽以扬州城不可守,请求引兵向南据瓜洲,原因除金兵人多势众以外,扬州城池本身的败坏则是一个不可忽视的内在因素。[1]《宋史·尤袤传》记:"尝为泰兴令,问民疾苦,皆曰:'邵伯镇置顿,为金使经行也,使率不受而空厉民。漕司输藁秸,致一束数十金。二弊久莫之去。'乃力请台阃奏免之。县旧有外城,屡残于寇,颓毁甚,袤即修筑。已而金渝盟,陷扬州,独泰兴以有城得全。后因事至旧治,吏民罗拜曰:'此吾父母也。'为立生祠。"[2]"金渝盟"是对绍兴末年宋金战事的记叙,《宋史·尤袤传》虽然意在褒奖尤袤在泰兴的筑城之举,但两相对照之下,一定程度上也反映出当时扬州城池的败坏。在刘锜兵屯扬州的四个月前,翰林学士何溥说:"虽朝廷方守和议,淮上未可屯兵,而历阳、仪征、维扬城壁稍坚,当阴为之备,他日诸军可以投足。"[3]这些地方城市的城壁也只是"稍坚"而已,是相对而言的情况,并不能以此否定当时淮南城池整体败坏的现状。这种状况由来已久,反映着高宗朝地方城池的一般情形,而孝宗朝的军政动态则促使这一现状必须作出相应的改变。如隆兴元年(1163),宋廷"诏修真州六合城。以九月二十二日兴役,十一月九日毕,北城创立,余增修"[4]。真州位于扬州西南,紧靠长江,在唐代本是隶属扬州扬子县的白沙镇,进入宋代以后,该地有突出的发展,六合则是其重要属县。孝宗在即位之初即修真州六合城,不到两个月即完工,且北城为新创。这是在宋金交战期间完成的工程,城建与军事之间的关联是非常明显的。但仅仅真州境内的修城尚不足以为备,乾道三年(1167)二月,谏议大夫陈天麟言:"近探报虏聚粮储增戍,以其太子为元帅居汴。宜预择将帅,讲究备御之策。"[5]此在"隆兴和议"后不久,基于金人的军政动态,宋廷还需要有必要的"备御之策"。三个月以后的扬州修城之举,便是在这样的背景下产生的。《宋会要辑稿》载:

---

[1] 记载南渡后宋金战和事迹的《中兴御侮录》卷上,对此事亦有记载,可互参。《全宋笔记》第5编第1册,大象出版社2012年版,第41页。

[2] 〔元〕脱脱等:《宋史》卷三八九《尤袤传》,中华书局1977年版,第11923页。

[3] 〔宋〕李心传:《建炎以来系年要录》卷一八九"绍兴三十一年四月丁巳",中华书局2013年版,第3669页。

[4] 〔清〕徐松辑:《宋会要辑稿·方域九》,上海古籍出版社2014年版,第9448页。

[5] 〔清〕徐松辑:《宋会要辑稿·兵二九》,上海古籍出版社2014年版,第9246页。

　　乾道三年五月二十三日，诏修扬州城。先是，主管殿前司公事王琪言："扬州为淮东重城，地面狭隘，壕堑水浅，四外平陆地无险，乞贴筑城壁，开掘旧壕。"从之。[1]

乾道三年的诏令，是南宋孝宗朝的第一次扬州修城之举。通过王琪的言论，当时扬州城池的败坏状况可想而知。需要注意的是，王琪之所以针对扬州城池现状发言，是因为孝宗曾专门派遣其赴淮东调查城墙状况，《宋史・陈俊卿传》有"殿前指挥使王琪被旨按视两淮城壁还"[2]的记载，所指便是此事。由于王琪按视淮东的举措，在当时颇不寻常，并曾引起朝臣争论，这里有必要对王琪按视淮东的经过及时人的反应也一并稍做考察，以见孝宗朝扬州修城的深层蕴意。

　　乾道三年二月，谏议大夫陈天麟说"宜预择将帅，讲究备御之策"的时候，孝宗与当时宰臣叶颙、魏杞之间有如下一段对话：

　　　　上谓宰臣曰："此今日急务。昨王琪请筑扬州，卿等见文字否？"叶颙奏曰："王琪至都堂，议论尚未定。"魏杞奏曰："淮东之备，宜先措置清河、楚州、高邮一带，庶可遏敌粮道。"上曰："若把定高邮，不放粮船过来，则虏不能久留淮上，自当引去也。"[3]

"此今日急务"是对陈天麟言论的回应。王琪请修筑扬州城之事，当在其自淮南按视两淮城壁还朝以后。王琪"被旨按视"，在乾道三年二月之前便已展开，当时外廷似乎不知晓。孝宗皇帝所说的"文字"是王琪淮东调查以后的反馈信息，孝宗应该最先看到，之后再公布群臣，故孝宗有"卿等见文字否"一问。这种由御笔处分而不经朝廷奏审的程序，在当时是外廷所反对的。《宋史全文》乾道四年冬十月条记：

------

[1]〔清〕徐松辑：《宋会要辑稿・方域九》，上海古籍出版社 2014 年版，第 9447 页。
[2]〔元〕脱脱等：《宋史》卷三八三《陈俊卿传》，中华书局 1977 年版，第 11787 页。
[3]〔清〕徐松辑：《宋会要辑稿・兵二九》，上海古籍出版社 2014 年版，第 9246 页。

先是，殿前指挥使王琪被旨按视两淮城壁，还，荐和州教授某人，上命召之。俊卿与同列请其所自，上曰："王琪称其有才。"俊卿曰："琪荐兵将官乃其职，教官有才，何预琪事？"上曰："卿等可召问之。"俊卿召琪责之，琪惶恐不知所对。会扬州奏昨琪传旨增筑州城，今已讫事。俊卿请于上，则初未尝有是命也。俊卿曰："若尔，即琪为诈传圣旨，此非小利害也。容臣等熟议以闻。"退至殿庐，遣吏召琪诘之，琪叩头汗下。俊卿亟草奏，言曰："王琪妄传圣旨，移檄边臣增修城壁，此事系国家大利害，朝廷大纪纲，而陛下之大号令也。人主所恃者，纪纲、号令、赏罚耳。今琪所犯如此，此而不诛，则亦何所不为也哉？谨按律文：诈为制书者绞。惟陛下奋发英断，早赐处分。"于是有旨，削琪官而罢之。[1]

据陈俊卿所言，王琪在"被旨按视"的过程中似有传旨筑城的行为，这当然是违反"纲纪"之举措。陈俊卿就扬州修城事请问于孝宗，得到的答案是"未尝有是命"，陈俊卿对以"诈传圣旨，此非小利害也"，甚至建议要诛杀王琪。在外廷的压力之下，王琪最终落得"削秩罢官"的结局。《宋史全文》及《宋史·陈俊卿传》之文，史料来源是朱熹的《少师观文殿大学士致仕魏国公赠太师谥正献陈公行状》[2]，实际上当时禁中密旨直下诸军，不为外廷所知者，或时而有之。朱熹作《行状》在交代完王琪之事后，紧接着便引述了内官张方的案例，不是没有原因的。王琪即便有传旨筑城的行为，相当程度上也是深得孝宗许可的举措，陈俊卿对此应是心知肚明。王琪最后并未被诛而是被罢官，显然是得到了孝宗一定程度的庇护，因为修扬州城本是孝宗所主张的事。

王琪在扬州的行为受到部分朝臣责难，其关于扬州修城的建议当时也有臣僚并不认同。乾道二年之所以有"都堂议论未定"的现象，正是因为宰臣叶颙对于扬州修城持否定的态度。即便最终扬州城池建设在孝宗的坚持之下得以展开，叶颙仍然认为此举有相当的负面影响。乾道三年五月后，就着

[1]　佚名撰，汪圣铎点校：《宋史全文》卷二五上《孝宗三》，中华书局 2016 年版，第 2066—2067 页；又《宋史》卷三八三《陈俊卿传》亦有记载，然较此为略，可互参。

[2]　〔宋〕朱熹：《晦庵先生朱文公文集》卷九六，见《朱子全书》第 25 册，上海古籍出版社、安徽教育出版社 2010 年版，第 4445—4484 页。

王琪言扬州修城所用砖灰的话题,叶颙与孝宗曾有下面一段对话:

> 叶颙因言:"扬州修城,工役甚大,议者以为恐劳动兵众,未甚有益,且致敌人言。"上曰:"内地修城,何预边头? 且誓书所不载。万一今冬有警,悔又无及。朝廷作事,安能尽恤浮议,不至张皇可也。"[1]

据《宋史》叶颙本传,他在高宗召见之时,曾言"国仇未复,中原之民日企銮舆之返",绍兴末年宋金交恶之际,也有"恢复莫先于将相,故相张浚久谪无恙,是天留以相陛下也"之语,在孝宗朝则拜参知政事兼同知枢密院事。可见他并非一味主和之人,而且得到了孝宗的赏识。但叶颙亦非急功近利者,毕竟此时上距"隆兴和议"只有三四年时间。叶颙在与孝宗的对话中表达了怕边境修城动静过大,致使金人生疑的担忧,其实这与他批评武臣梁俊彦请税沙田、芦场是"言利求进""为国生事"的逻辑是一样的。《宋史》叶颙本传记:"武臣梁俊彦请税沙田、芦场,帝以问颙,对曰:'沙田乃江滨地,田随沙涨而出没不常,芦场则臣未之详也。且辛巳军兴,芦场田租并复,今沙田不胜其扰。'上曰:'诚如卿言。'颙至中书,召俊彦切责之曰:'汝言利求进,万一为国生事,斩汝不足以塞责。'俊彦皇恐汗下。是日,诏沙田、芦场并罢。"[2]符离之败不但对孝宗恢复之志是一重创,同时也使得当时一些主战派人士,在心理上有微妙的变化。叶颙、陈俊卿等人应属此类。明白了叶氏言说的背景,才能对孝宗的答话有更好的理解。孝宗从三个方面对叶说进行了反驳:一、扬州为"内地"而非"边头";二、宋金和议的内容并未涉及扬州修城等城池建设问题;三、"朝廷作事",不可能"尽恤浮议",与每一位臣僚的主张一致。不能不说孝宗的回答相当巧妙,足以塞言者之口。不过一点需要注意,即扬州虽非最"边头",却也不能与"内地"等同,后来宁宗时期,赵范说:"或谓扬州不可屯重兵,恐连贼祸,是不然。扬州者,国之北门,一以统淮,一以蔽江,一以守运河,岂可无备哉。善守者,敌不知所攻。"[3]作为南宋时期的重要武

---

[1] 〔清〕徐松辑:《宋会要辑稿·方域九》,上海古籍出版社 2014 年版,第 9447 页。

[2] 〔元〕脱脱等:《宋史》卷三八四《叶颙传》,中华书局 1977 年版,第 11819—11822 页。

[3] 〔元〕脱脱等:《宋史》卷四一七《赵范传》,中华书局 1977 年版,第 12508 页。

将,赵范所言足见扬州的军事地位显然不是一般所谓"内地"州郡可以相比的。无论如何,通过孝宗遣人调查扬州城池现状及当时君臣之间的对话与政论,可知在宋金和议达成已数年的情况下,孝宗对扬州城防仍给予了特别的关注,并且支持了实际层面的筑城举措。

南宋孝宗留意边境政事,当扬州守臣赴任临行之际,孝宗还曾特意叮嘱扬州修城之事。乾道三年(1167)五月诏修扬州城之后,六月"诏尚书户部郎中莫濛除直徽猷阁、知扬州"[1]。《宋史·莫濛传》记其行前"陛辞,上以城圮,命濛增筑。濛至州,规度城闉,分授诸将各刻姓名甓堞间,县重赏激劝,阅数月告成"[2]。此举可见孝宗对扬州修城的重视,而吴氏似乎也未辜负孝宗的期望。乾道三年十一月十一日,殿前司公事王琪在言及扬州城建时说:"本司扬州见存留住官兵二千人,统领官一员。先自闰七月起发前去,到彼修筑城壁,委是辛苦劳役,今来未有替期。乞于本司诸军在寨人内摘差官兵二千人,内将官四员,并部辖统领官一员,于来年正月内起发前去扬州,抵替归司。"[3]则《宋史》莫濛本传所谓"数月"至少要持续到乾道三年年底,而且仅是针对城壁而言,后续开掘城壕、增修城外壁的举措也相继展开。

值得注意的是,在扬州修城期间,孝宗本人对当时的社会舆论也相当关注。乾道三年七月十八日,谏议大夫陈良祐奏事,孝宗就扬州修城等事有"外问有何所闻"之问,于是君臣间有如下一段对话:

> 良祐奏:"民间传边事动,因论边事,多是两下说成。为备虽不可已,要不可招敌人之疑。惟当爱惜民财,休养士卒,一有警急,则富者输财,勇者出力。如近日修扬州城,众论以为无益。"上曰:"正欲为备,如何无益?"良祐奏:"扬州僻在一隅,万一虏人冲突,兵不能守,则是为虏人筑也。目今遣二三万人过江,则虏中间探,却恐便成边衅。"上曰:"若临淮则不可,在内地亦何害?"良祐奏:"更愿陛下审思之。今日为备之要者,无过选择将帅,收蓄钱粮,爱民养士,勿妄用其财,勿妄使其力。如此而后可。"上曰:

---

[1]〔清〕徐松辑:《宋会要辑稿·选举三四》,上海古籍出版社2014年版,第5919页。

[2]〔元〕脱脱等:《宋史》卷三九〇《莫濛传》,中华书局1977年版,第11957页。

[3]〔清〕徐松辑:《宋会要辑稿·兵五》,上海古籍出版社2014年版,第8711—8712页。

"卿言甚是。"[1]

陈良祐"众论以为无益"的答语,表明对于当时扬州修城一事,并非上述叶颙一人持反对意见,反对者认为修城"招敌人之疑",也不是"爱惜民财,休养士卒"的表现。但孝宗以"如何无益?""在内地亦何害?"等反问作答,与前引回应叶颙的用语完全一致,他的立场显然是很坚定的。君臣对话虽以"卿言甚是"四字结束,但孝宗本身的想法并未改变,扬州城的修建仍照常进行。

南宋孝宗乾道三年开始的扬州城池建设,是针对扬州州城(即所谓宋大城)而发。其涉及的内容比较全面,包括城墙内外壁、壕沟、炮台等主要方面。但这些内容一开始并没有统一的规划,而是随着工程的进展,臣僚不断提议补充与修正建议后才最终确定并完成的。上文提到的乾道三年王琪"修筑城壁,开掘旧壕"的说法,在实际修筑过程中,完成的主要是城墙内壁,不但旧壕未掘,城墙外壁也未曾修整。乾道四年(1168)四月,扬州守臣莫濛言:

> 扬州城壁,当时两军计料,止于壕外取掘干土,添筑炮台,不曾计料开深壕河。……本州近稍阙雨,濠内极深不过二三尺,至有浅涸可以通人往来。窃详固守之利,莫如高城深池。今城虽高而池不深,窃恐冬深水涸,人可平涉,缓急之际,深所未便。欲望令殿前司并镇江府都统制司重别计料,以水面为则通展,务令深阔,缓急可以备御。[2]

莫濛之言是针对扬州州城外城壕的补充性建议,主要着眼于扬州城的军事防御。乾道五年四月四日,权主管殿前司公事王逵言:

> 扬州城壁周围一十七里零一百七十二步,计三千一百四十六丈。昨止系沿城里周围作卧牛势帮筑增阔,开展濠河,将挑撅到土末添筑炮台。缘工役有不如法去处,万一有警,诚难坐守。所有城身外表砖瓦,今相度,欲乞差委统制官路海量带白直鞍马前去,再行子细相验。如有不禁攻击,

---

[1]〔清〕徐松辑:《宋会要辑稿·兵二九》,上海古籍出版社2014年版,第9246页。
[2]〔清〕徐松辑:《宋会要辑稿·方域九》,上海古籍出版社2014年版,第9447页。

摧缺砖烂去处，打量高低阔狭丈尺，计料合用砖灰应干物料、人工数目，彩画图本，逐一贴说前来，容臣重别参酌奏闻，乞赐处分施行。[1]

王�📘"昨止系"云云，是对乾道三年以后扬州修城活动的概括性描述。可知针对城墙内侧以及城壕的修筑与开掘，在时人眼中尚有不足之处，所以王迳建议将扬州"城身外表砖瓦……再行子细相验"，以期进一步地完善。根据相关考古发掘，南宋时期，宋廷针对扬州州城西门有"加厚加固城墙、改造城门和瓮城"等重要举措。特别需要注意的是，当时在城墙加固方面，是"在原城墙的内侧，紧贴城壁向东加厚城墙1.5米"[2]，考古报告并未就加厚的1.5米做文化层区分，但就西墙而言，此"内侧向东"加固的方案，与王迳所谓"沿城里周围作卧牛势帮筑增阔"的预设是基本一致的，所以这1.5米很可能就是孝宗乾道三年莫濛任内修城时所加。至于扬州州城其他墙面的修筑，传世文献与考古发掘所能提供的材料都相当有限。但乾道三年闰七月十九日，"宰执进呈殿前司申，与镇江军分认南北修扬州城，因奏南北分恐不均平。上曰：'北边乃受敌处。'（蒋）苪奏曰：'不如令东西分。'上曰：'好。'"[3]据此推知，由于军事原因，宋大城南北两面城墙墙体设计是不一样的，宋大城各面城墙墙体结构容有不同，不能与西墙一概而论。考古人员在宋大城北门遗址发掘中发现"镇江前军""镇江中军""镇江右军"[4]等铭文砖，而宋大城西门瓮城内壁则出土了带有"镇江府官砖"[5]字样的南宋时期城砖，这在一定程度上说明了当时宋廷的规划得到了切实的执行，可以帮助认识当时宋大城的城墙建设状况。

最后需要指出的是，在孝宗朝扬州州城修缮期间，关于修城的资金、材

　　[1]〔清〕徐松辑：《宋会要辑稿·兵二九》，上海古籍出版社2014年版，第9248页。

　　[2]　中国社会科学院考古研究所等：《扬州宋大城西门发掘报告》，《考古学报》1999年第4期，第495页。

　　[3]〔清〕徐松辑：《宋会要辑稿·兵二九》，第9246页。

　　[4]　中国社会科学院考古研究所等：《江苏扬州市宋大城北门遗址的发掘》，《考古》2012年第10期，第39页。

　　[5]　中国社会科学院考古研究所等：《扬州宋大城西门发掘报告》，《考古学报》1999年第4期，第510页。

料、人力来源甚至于修城人员的疾病护理等相关问题,传世文献亦有零星记载,如乾道四年四月五日,"诏扬州、六合修城堑,凡材木砖灰木脚等钱,自浙西往者,官尽给其价"。与此同时,孝宗特"命以内库钱八万缗偿之",以避免州郡借修城科敛。同年九月一日,"诏扬州、和州、六合县修城等,入役官兵虑有病患,令逐处守令同统兵官,专差职医诊视,官给汤药"。"十三日,马军司言:'修筑和州城壁,或遇阴雨,其工役官兵虽住修筑土工毕数,却并手运致材植及措置石段橛蒌、收积瓦泽之类,即无停歇。欲望下所属,将本司修城官兵合破食钱,如遇天雨,亦乞全支。'从之。"[1]凡此之类,皆可见孝宗时期对于扬州的修城之举有相当全面的统筹安排。

二、堡寨城与夹城的创建

南宋孝宗朝针对扬州的城池建设,除了修补州城以外,也有创建新城。所谓堡寨城、宋夹城的兴建,即在孝宗时期。淳熙元年(1174)八月二十七日,在枢密院奏请之下,宋廷"诏扬州屯戍统制官,自今兼提督修城,遇有城壁损缺,与同提督兵官措置,疾速修整,依例交替"[2]。从修城之事特令屯戍统制官参与主持,以及一旦发现损坏便"疾速修整"等规定来看,扬州的城池建设,在改元淳熙之际,再次受到宋廷的特别关注。翌年七月,扬州守臣郭棣奏请修城,宋廷遂"诏殿前司选差统制官一员、军兵一千人,修扬州城壁,依古城旧基帮筑堡寨"[3]。诏令中之"古城",即扬州蜀冈上的唐代子城。又宋人岳珂《桯史》记:"淳熙乙未(二年,1175),郭棣帅淮东,筑维扬城。又旁筑一城曰堡寨,地皆砥平,相去余数里。"[4]以上两处所说的"堡寨",即所谓"堡寨城"。淳熙四年正月,淮东总领钱良臣言:"扬州近于古城旧基添筑堡寨,于内合建仓储米。近已造廒屋五十间,料屋二十间,乞令扬州守臣差人看管修葺,无令损漏。"[5]其中所谓"堡寨"亦是。宝祐二年(1254)以后,又有宝祐城之称谓。

[1]〔清〕徐松辑:《宋会要辑稿·方域九》,上海古籍出版社2014年版,第9448页。

[2]〔清〕徐松辑:《宋会要辑稿·方域九》,上海古籍出版社2014年版,第9448页。

[3]〔清〕徐松辑:《宋会要辑稿·方域十九》,上海古籍出版社2014年版,第9668页。

[4]〔宋〕岳珂撰,吴企明点校:《桯史》卷一"石城堡寨"条,中华书局1981年版,第4—5页。按,岳珂虽记有堡寨城的修筑背景,但他的重点是怀疑堡寨城的作用,故最后有"虽牵制之势亦不相及,竟不晓何谓,犹不若石城之得失相半也"之语。

[5]〔清〕徐松辑:《宋会要辑稿·食货六二》,上海古籍出版社2014年版,第7585页。

堡寨城大体是在唐代子城遗址上建立起来的,考古发掘表明,堡寨城的"西、南城垣及北城垣的大部分都沿用了唐代子城城垣,经修葺增筑而成"。其中西墙长度与唐代子城西墙几近一致,约 1400 米。南、北墙长度分别为 1300 米与 1100 米,与唐代子城的南、北墙长度(分别为 1900 米、2050 米[1])相比要短一些,所以堡寨城的南、北墙实际上只截取了唐子城墙的部分而已。换句话说,堡寨城的规模并不及唐代子城。南宋时期的堡寨城借用了唐子城南、北、西三面墙基,其东墙则完全是南宋时期新筑,其全长约 1200 米,"夯土残存厚达 4 米,墙基宽 14 米",墙基相较于堡寨城西墙与南墙墙基要窄,后两者分别为 28 米及 18 米。[2]东墙南北走向,大体将唐代子城一分为二,堡寨城即处唐子城西部位置。

　　南宋孝宗朝郭棣扬州筑城,南宋时期不无记载。嘉定年间崔与之在扬州修城时,曾明确指出扬州蜀冈下州城"西北曰堡寨城,周九里十六步,相去余二里"[3]。崔与之所言对象明确,并不旁涉其他内容,尤其值得注意。又同时期的岳珂在《桯史》卷一五"郭倪自比诸葛亮"条,有"郭棣帅淮东,实筑二城,倪从焉"[4]之语。此所谓"二城"即是堡寨城与夹城。可见在贾似道之前,宋人对郭棣筑城就有清晰的认识,特别是崔与之针对堡寨城"周九里十六步"的说法,具体而微,考古发掘也大体印证了这一点。这个数字折合成现代的计量单位,约为 5210 米,[5]与上面提到的考古发掘所得之周长为 5000 米,相隔不远。

　　但在现代考古数据公布之前,学人对堡寨城的认识并非如此。20 世纪

---

　　[1]　中国社会科学院考古研究所等:《扬州城考古工作简报》,《考古》1990 年第 1 期,第 36 页。

　　[2]　以上关于堡寨城的考古数据,参中国社会科学院考古研究所等:《江苏扬州宋三城的勘探与试掘》,《考古》1990 年第 7 期,第 610 页。

　　[3]　〔宋〕崔与之撰,张其凡、孙志章整理:《宋丞相崔清献公全录》卷之一《扬州重修城壕记》,广东人民出版社 2008 年版,第 5 页。余国江以为《扬州重修城壕记》系洪咨夔所作,参扬州博物馆编:《江淮文化论丛(第三辑)》,文物出版社 2014 年版,第 39—40 页。因不影响对数据的解读,为行文之便,此处对于《扬州重修城壕记》的作者仍取旧说。

　　[4]　〔宋〕岳珂撰,吴企明点校:《桯史》卷一五"郭倪自比诸葛亮"条,中华书局 1981 年版,第 179 页。

　　[5]　参中国社会科学院考古研究所等编著:《扬州城:1987—1998 年考古发掘报告》第三章《蜀冈下城址的考古勘探》,文物出版社 2010 年版,第 48 页。

40 年代,日本学人安藤更生观察到蜀冈上唐子城遗址内部有南北走向的城墙遗迹将古城分为东、西两区,认为堡寨城的城址与唐子城的范围一致。[1]由于缺乏更为切实的数据,只能结合传世文献做出推导,安藤更生对堡寨城的认识有偏差,在当时的条件下是可以理解的。1979 年南京博物馆公布的考古报告及同年发表的研究论文,也都认为堡寨城包括东、西两部分,[2]与安藤更生的观点一致,直到前引 1990 年关于扬州宋三城的发掘报告公布以后,以上关于堡寨城的认识才得以修正。然而,最近刊发的一些发掘报告与研究,仍然以为唐子城与南宋堡寨城规模一致,又回到了七十多年前安藤更生的认识。[3]

　　堡寨城修建完成之后,与扬州州城南北相对,两城之间相距 1200 米左右[4],"筑夹土城往来"[5],此"土城"即今所谓夹城。传世文献不见孝宗时期关于夹城的明确记载,根据南宋宁宗嘉定年间扬州守臣崔与之的《扬州重修城壕记》,堡寨城与宋大城"相去余二里。属以夹城,如蜂腰"[6]。又据成书于嘉定、宝庆年间的地理总志《舆地纪胜》所记,堡寨城与宋大城"南北对峙,中夹通道,疏两壕相通,转饷缓急,足以相赴"[7]。凡此之类,只是道出了夹城在堡寨城与州城之间的连接作用,对于夹城的具体形制并没有直接的交代。我们今天只能从相关考古报告中,对夹城的规模略窥一二。据考古发掘,夹

　　[1]　安藤更生著,汪勃、刘妍译:《唐宋时期扬州城之研究》,《扬州唐城考古与研究资料选编》,2009 年,第 157、168 页。

　　[2]　南京博物院《扬州古城 1978 年调查发掘简报》,言"堡寨城又称堡城",包括东西两个部分,参《文物》1979 年第 9 期,第 42 页;纪仲庆认为"郭棣所筑之堡寨城是'即前毁城遗址建筑'的,故应和汉潸城、唐子城的范围相一致",参《扬州古城址变迁初探》,《文物》1979 年第 9 期,第 54 页。

　　[3]　比如中国社会科学院考古研究所等单位撰写的《江苏扬州市蜀冈古代城址西城壕 2013 年发掘简报》(《考古》2015 年第 9 期)及《江苏扬州蜀冈古代城址的考古勘探及其初步认识》(《东南文化》2014 年第 5 期)所附扬州古城遗址图(分见第 68、57 页)即是如此。

　　[4]　中国社会科学院考古研究所等编著:《扬州城:1987—1998 年考古发掘报告》第三章《蜀冈下城址的考古勘探》,文物出版社 2010 年版,第 51 页。

　　[5]　〔元〕脱脱等:《宋史》卷四〇六《崔与之传》,中华书局 1977 年版,第 12258 页。

　　[6]　〔宋〕崔与之撰,张其凡、孙志章整理:《宋丞相崔清献公全录》卷之一,广东人民出版社 2008 年版,第 5 页。

　　[7]　〔宋〕王象之:《舆地纪胜》卷三七《淮南东路·扬州》"新旧城"条,中华书局 1992 年版,第 1574 页。

城平面大体为南北长、东西窄的长方形，其四周壕沟宽 100 米左右。夹城城墙主要是由从蜀冈运来的黄黏土夯筑而成，从已探明的部分来看，夯土墙宽 5.3 米。其中东、西、南、北城墙分别长约 900、950、380、450 米，所以夹城城北略宽。夹城城门有 4 座，门道宽 5 米，长 10.5 米。其中北门正对堡寨城南门，东、西门外还有瓮城痕迹。夹城内十字形街道，南北街宽约 8 米，东西街宽约 5 米。[1]需要注意的是，上述夯土墙宽 5.3 米，应该最接近孝宗时期夹城城墙的厚度，待嘉定中崔与之修城，于夹城城墙外包砖，则城墙厚度增至 6 米余。

　　弄清楚南宋孝宗朝第二次修筑扬州城的内容、时间及参与人物以后，对修城背后的原因也应该有所交代。唐代扬州蜀冈上的子城，承袭前朝遗迹，可谓历史悠久。但经过晚唐五代时期的战乱以后，在整个北宋时期，蜀冈上的旧城一直处在荒废的状态，南宋孝宗淳熙初年，为何要如此大规模地开启扬州城池建设，除蜀冈下的州城之外，还将范围进一步拓展至蜀冈之上呢？关于这一问题，孝宗时人阎苍舒的七言诗《赠郡帅郭侯》，为我们提供了第一手材料。作为当时人的见解，这首诗恰好可以解决这个问题，值得稍做征引，略加解说。诗曰：

　　　　东南形胜惟扬州，介江负淮作襟喉。有国以来几百战，吊古千载空悠悠。哀哉荒主与荡子，钝尽铁剑崇倡优。迷楼九曲烂如画，珠帘十里半上钩。当年二十四桥月，曾照三十六宫秋。平山堂上一长叹，但有衰草埋荒丘。欧仙苏仙不可唤，江南江北无风流。何人复诵广陵散，黯然悲恨不可收。只今英主正用武，增五万灶屯貔貅。金城坚筑壮营垒，绮段细错良田畴。神谟庙算万全举，天时既至须人谋。将军山西名将种，家声直到青海头。男儿有死必报国，正当为上分此忧。勉旃速办古人事，貂蝉本自出兜鍪。[2]

　　[1]　以上相关考古资料的整理，参考了中国社会科学院考古研究所等编著的《扬州城：1987—1998 年考古发掘报告》第三章《蜀冈下城址的考古勘探》，文物出版社 2010 年版，第 51 页。及中国社会科学院考古研究所等：《江苏扬州宋三城的勘探与试掘》，《考古》1990 年第 7 期，第 611 页。
　　[2]　[宋]阎苍舒：《赠郡帅郭侯》，《全宋诗》第 43 册，北京大学出版社 1998 年版，第 26877 页。

南宋孝宗朝,扬州郡帅姓郭者,唯郭棣一人,所以可以断定此诗作于郭棣任职扬州时。诗中最值得注意的,是"只今英主正用武,增五万灶屯貔貅。金城坚筑壮营垒,绮段细错良田畴。神谟庙算万全举,天时既至须人谋"这几句。"英主"当然非孝宗莫属,"正用武"是孝宗"恢复之志"的显露,而"金城坚筑壮营垒"则正是郭棣筑城之事。所可注意者,阁苍舒注意到,只有通过中央与地方的有效互动,也就是"万全举"必须与"人谋","恢复"最终才可能由志向变为现实。此诗是写给郭棣的,意思是说郭棣是可共与谋事,能为孝宗"分忧"的能臣。淳熙初年大规模的扬州城建,实是孝宗意欲实践"恢复"之志最为直接的表现,宋人对此已有清晰认识。这首诗清楚地表明,"恢复"不仅仅表现在中央层面,更需要地方在军政方面予以有效配合。

堡寨城与夹城的修筑,使得扬州形成北、中、南三城相连的布局(参图7-6)。其中堡寨城地势最高,与夹城相连,主要用途在于军事方面。五代十国时期就有南唐陆孟俊以蜀冈逼扬州的故事,周世宗征吴时,以南唐扬州无备,顺势将其攻下,由韩令坤领州事。然而南唐将领陆孟俊凭借蜀冈之地理优势,最终迫使韩令坤弃城而走,南唐收复扬州。五代末期,蜀冈上唐代旧城乃成废墟,陆孟俊所可凭借者主要是地理优势。以此对照,可更好理解孝宗时期堡寨城以及夹城修建的军事意义。这一点也很清楚地体现在当时修城的主事者郭棣的意识中。根据《舆地纪胜》当中扬州"新旧城"条的记载,郭棣认为扬州州城"处势卑渫,遭敌袭瞰,则为在股掌中。敌亮之来,厥咎可监,请即遗址建筑"[1]郭棣从当时扬州的城防现状,以及绍兴末年扬州城陷的历史教训两个方面说事,在历史与现实两个方面因素的影响下,请于蜀冈唐代子城遗址上创新城,其建城的军事意识相当明显。今人利用考古资料进行的研究,也大致认同这一点。[2]堡寨城与夹城的修建,不但是孝宗朝政治动向的直接体现,也为南宋后期扬州的军事防御奠定了基础。

---

[1]　〔宋〕王象之:《舆地纪胜》卷三七《淮南东路・扬州》,中华书局1992年版,第1574页。

[2]　李久海:《论扬州宋三城的布局和防御设施》,《东南文化》2000年第11期,第56—59页。

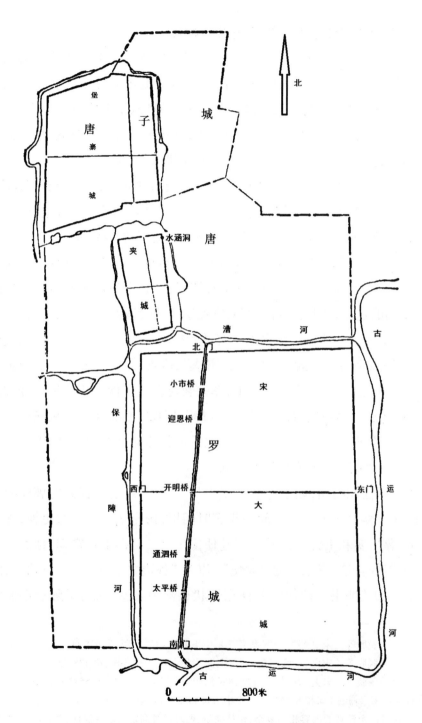

图 7-6　据考古发掘绘制南宋扬州三城平面图

（据《考古》1990 年第 7 期，第 609 页附图改绘）

三、孝宗"末年之政"与扬州城池建设

孝宗淳熙八年(1181)闰三月"庚寅,修扬州城"[1],这是孝宗朝第四次诏修扬州城。关于这一次修城的详细情况,传世文献几无记载,考古发掘也未能提供相关证据,故具体情形已不得而详。不过淳熙八年正月"扬州火"[2],扬州火灾能入载正史,表明此次灾难影响甚大,同年闰三月即诏修城,故颇为怀疑此次修城与扬州火灾有关联。但针对"修扬州城"并无具体的限定,若此次修城为全面的整修,涉及蜀冈上下的堡寨城与州城,则修城背后仍有待发之覆,火灾或只是导火线而已。由于史料的限制,接下来的讨论虽不能直接切入,但仍能从中窥测到地方动态与当时中央政治局势之间的一些关联。

淳熙八年扬州修城之时,扬州守臣为郑良嗣。郑氏守扬州在淳熙七年(1180)十月至淳熙十一年(1184)正月期间,是孝宗朝知扬州为时最长的一人。郑良嗣的赴任时间又恰好与当时官僚集团的代表人物王淮除相相先后,[3]而王淮也是孝宗朝任相最久之人。有学者指出,淳熙八年王淮上台的一个重要背景,是高宗与孝宗就"安静"与"恢复"达成妥协,确定了一个修正版的"国是"。在这个"国是"构架之下,孝宗暂时搁置了他关于"恢复"的冲动,而王淮执政更多地体现着高宗关于"安静""和议"的需求。[4]就扬州的城池建设而言,传世文献确实未见孝宗朝此后再有任何修城举动,但中央与地方的人事任用之间实际上有相当的关联。

郑良嗣任职扬州,始于淳熙七年十月二十四日,前文提到的郭棣卸任扬州守臣在淳熙六年五月。其间一年多时间里,扬州守臣有三次更换,先后为徐子寅、薛居实和王佐。徐子寅在赴任扬州以前已得孝宗赏识,他关于两淮营田、屯田的言论,孝宗闻之"大悦",以为"备边之至计"。其扬州之任,更是得孝宗御笔赐书。薛居实对淮东情状也甚为熟悉,因为奏陈边事而深得

---

[1]〔元〕脱脱等:《宋史》卷三五《孝宗三》,中华书局 1977 年版,第 675 页。

[2]〔元〕脱脱等:《宋史》卷六三《五行二上》,中华书局 1977 年版,第 1381 页。

[3]〔元〕脱脱等:《宋史》卷二一三《宰辅四》,中华书局 1977 年版,第 5583 页;〔宋〕徐子明撰、王瑞来校补:《宋宰辅编年录校补》卷一八,中华书局 1986 年版,第 1245—1246 页。

[4] 这里面牵涉到的内容相当复杂,包括党争、财政以及高宗的幕后操作、孝宗的人物性格等等,以上的叙述只是就大关节处而言,详细的考论可以看看余英时《朱熹的历史世界》,特别是其中第五章关于"国是"的部分、第九章关于王淮执政的部分以及第十二章关于孝宗"末年执政"的部分。

孝宗嘉许,故有扬州之任命。[1]王佐在秦桧当政时期已表现出正直的个性,孝宗曾说"守臣连坐,未有佐比,且数思其才"[2]。郑良嗣的下任张构,乃张浚之子、张栻之弟。《宋史》张浚附传载张构"方年少,已有能称,浙西使者荐所部吏而不及构,孝宗特令再荐。召对,差知袁州,戡豪强,弭盗贼"。后来张构在湖北任上奏事,孝宗大喜,谕辅臣曰:"张浚有子如此。"[3]可以看出,作为抗金名将之子,以及理学家之弟,张构着实是孝宗器重之人。张构的继任者为高夔。疑为宋人所撰的《翰院新书·前集》卷二三"司农寺"条有"亲擢高夔"一目,注曰:"周益公(必大)集,高夔,字仲一,上亲擢为司农少卿,仓庾地卑,君始梁空敷板,米以不腐。"[4]周必大《文忠集》有庆元六年(1200)所撰《淮西帅高君(夔)神道碑》,里面提到高夔之父高溥,以绍兴末年宋金讲和而"忧愤以没",而孝宗皇帝"未尝一日忘北向,以君(指高夔)数画安边辟国之策,由是倚为长城"[5]。高夔也是孝宗信赖并视为实践"恢复"的有力助手。高夔之后,孝宗末年的扬州守臣,还有赵子濛、雄飞、郑兴裔三人。这些人在扬州任职期间,或未修城、建城,但他们也都是孝宗赏识、信赖之人。赵子濛是宋太祖六世孙,孝宗对宗室的认同感与任用率,较宋代

---

[1] 徐子寅、薛居实的事迹,分见楼钥《攻媿集》卷九一《直秘阁广东提刑徐公行状》、卷九〇《直秘阁知扬州薛公行状》,《景印文渊阁四库全书》第1153册,台湾商务印书馆1986年版,第406—411、393—396页。

[2] 〔清〕陆心源:《宋史翼》卷一三《王佐传》,中华书局1991年版,第141页。

[3] 〔元〕脱脱等:《宋史》卷三六一《张浚传》,中华书局1977年版,第11311—11312页。另,同卷张浚附传又记:"(张)构天分高爽,吏材敏给,遇事不凝滞,多随宜变通,所至以治辨称。南渡以来,论尹京者,以构为首。"而《大清一统志》卷三一三绵州人物条记:"孝宗观湖,构以弹压伏谒道左,孝宗止辇问劳,赐以酒炙。"凡此之类,皆可见张构之才及孝宗对他的器重。

[4] 〔宋〕不著撰人:《翰院新书·前集》卷二三"司农寺·亲擢高夔"条,《景印文渊阁四库全书》第949册,台湾商务印书馆1986年版,第185页。按,明人彭大翼《山堂肆考》卷五二亦有"主上亲擢"条,所记与此类似。见《景印文渊阁四库全书》第975册,台湾商务印书馆1986年版,第72页。

[5] 〔宋〕周必大:《文忠集》卷六五《淮西帅高君(夔)神道碑》,《景印文渊阁四库全书》第1147册,台湾商务印书馆1986年版,第689页。楼钥《攻媿集》卷三四,有高夔知庐州之敕书,其中有"以尔习熟淮甸,有志事功,故因以迁焉。内有以固吾圉,外有以宣王灵"之语。此虽是勉励之辞,但必有其针对性,故而也值得注意。见《景印文渊阁四库全书》第1152册,台湾商务印书馆1986年版,第622页。

其他帝王更为突出。[1]淳熙十二年四月诏知扬州时,孝宗曾说"子濛亦是肯做事人"[2]。雄飞是孝宗钦点的三路帅臣之一[3]。郑兴裔则是显肃皇后外家三世孙,孝宗"善其数论事",对他本人不但有"识时务,习吏事"的评价,更有"行当用卿"之许,《宋史》本传更对其有"以材名结主知,中兴外族之贤,未有其比"[4]的评价。

对孝宗朝部分扬州守臣的梳理,主要用意并非突出扬州守臣的个人品行或才能,事实上他们其中一些在任上偶尔也有不端的行为。这里要强调的是,在任职扬州之前他们多是孝宗赏识、信赖之人,孝宗的直接肯定是他们任职扬州的一个重要背景。他们可视为前引阎苍舒诗中所谓能为孝宗"分忧"的一类。基于这一特点,郑良嗣也应该属于被孝宗赏识、肯定的一类。郑良嗣之父郑刚中曾因得罪秦桧而遭削官,最终被构陷、迫害致死。郑良嗣也因此受到牵连,遭"追毁出身以来告敕文字,除名勒停,永不收叙"[5],所以他在政治取向上与秦桧及高宗所主张的议和有别,是很可理解的。郑良嗣在孝宗朝再被起用,在任职扬州以前,曾数任地方要员,先后为浙东提举[6]、福建提刑[7],就很能说明问题。而其扬州之任,也是因为"措置酒事有劳"[8]。明白了郑良嗣的身份背景及孝宗朝扬州守臣的人选特点,则郑氏任内于扬州修城,便容易理解了。这种修城的举措也应该视为"恢复"背景下地方上的实际举措。

郑良嗣于扬州修城虽是个案,却有重要的指示意义。淳熙八年王淮主政,

[1]〔美〕贾志扬著,赵冬梅译:《天潢贵胄:宋代宗室史》第八章《宗室与权力界限》,江苏人民出版社2005年版,第175—185页。

[2]〔清〕徐松辑:《宋会要辑稿·职官六二》,上海古籍出版社2014年版,第4735页。

[3]〔宋〕周必大:《文忠集》卷一四五《论密院经除文臣帅》,《景印文渊阁四库全书》第1148册,台湾商务印书馆1986年版,第581—582页。按,据周必大自注,此文作于淳熙十五年八月二十日。

[4]〔元〕脱脱等:《宋史》卷四六五《外戚下》,中华书局1977年版,第13593—13595页。

[5]〔清〕徐松辑:《宋会要辑稿·职官七〇》,上海古籍出版社2014年版,第4933页。

[6]〔宋〕张淏:《〔宝庆〕会稽续志》卷二《提举题名》,《宋元方志丛刊》第7册,中华书局1990年版,第7118页。

[7]〔宋〕梁克家:《〔淳熙〕三山志》卷二五《提刑司官》,《宋元方志丛刊》第8册,中华书局1990年版,第8004页。

[8]〔清〕徐松辑:《宋会要辑稿·职官六二》,上海古籍出版社2014年版,第4733页。

以维持"安静"为首要宗旨,在中央人事任用方面,多有安插王淮一系的人物。但借助郑良嗣扬州修城之个案,可知在地方上,孝宗仍然有谋求"恢复"的积极准备,并未完全"搁置"他的志向。中央与地方在一定程度上并未保持相同的步调。实际上通过对淮东地区守臣身份的考察,可知扬州守臣的任用特点,绝非特定政区的个案现象。孝宗朝地方政区特别是宋金交界政区的人事任用,着实有一以贯之的特点,与中央有所不同。以往的研究认为孝宗的"末年之政",始于淳熙十四年十月高宗去世之后,这一说法似乎只能适用于当时中央的人事变动与政治布局。在地方上,淳熙十四年(1187)高宗去世以及王淮罢政以前,就已经存在相关人事任用与军事防御方面的举措,扬州城建及守臣的安排只是一个具体的实例而已。实际上,地方上这一潜在态势基本贯穿孝宗一朝,所谓"末年之政"则只是更为慎重其事,将"恢复"的政治取向,放到更高的"国是"层面。总而言之,通过对淳熙八年以后扬州城建以及人事变动的考察,可知只关注中央层面的动态,尚不足以准确地把握孝宗的"末年之政",更不能全面地认识"孝宗恢复"的历史过程。淳熙年间郑良嗣守扬州,任职时间较长且任内有主持修城的举措,这里面包含着孝宗的政治考量,通过对这一段史实的考察,为认识"孝宗恢复"及其"末年之政"提供了一个很好的视角。

最后值得注意的是,南宋光宗朝也有一次修扬州城的举措。南宋孝宗的晚年部署与光宗一朝紧密相连,所以光宗朝的扬州城池建设,也可以放到孝宗"末年之政"的背景下进行分析。史载绍熙三年(1192)七月"壬辰,修扬州城"[1]。关于这一次修城,同样没有留下任何详细记录,所以接下来的分析亦依前例,从当时的扬州守臣入手。绍熙三年守扬州者为钱之望,据叶适《华文阁待制知庐州钱公墓志铭》,钱之望在"扬三年[2],及前后反覆为上言,大抵以屯田、民兵、万弩手、山水寨为进战退守之要。始末皆守一说,思虑皆执一意,非若他视时上下,随世改易,揣摩而投合之也"。钱之望是孝宗乾道五年进士,可知钱氏不但在光宗朝言"进战退守之要",其在之前的孝宗朝也多留意

---

[1]　〔元〕脱脱等:《宋史》卷三六《光宗》,中华书局1977年版,第703页。

[2]　据吴廷燮、李之亮考证,钱之望守扬州有四五年的时间,基本上贯穿光宗一朝。详见李之亮:《宋两淮大郡守臣易替考》,巴蜀书社2001年版,第36—37页。

屯田、民兵、万弩手、山水寨之类的军事诸事。钱之望言三边战守事宜,他特别强调了扬州的战略地位,说:"扬州有三城、三塘,楚有大、小清河,淮东恃此。"针对淮东战守事宜,他曾言:"臣观诸军气习,今昔顿殊,昔欲战不欲守,今言守不言战,驯致疲懦,十年之外,虽守不能矣。"言外之意是希望边境诸军能有战斗之精神气质,所以他很赞同淮东屯兵的举措,认为诸军借此不至于消磨斗志,将来亦可"苦战立勋"。据叶适所记:"孝宗省奏,太息曰:'方天下无事,人乐安静,今言守不言战,莫言更张,此论可谓深忧矣!'"可见钱氏的议论与孝宗试图"更张"的"恢复之志"是合拍的。孝宗曾让当时尚处太子位的光宗"熟看"钱之望关于"三边战守事"的奏疏,并特意叮嘱太子:"和亲久,材无所施,更无事,当遂委靡。朕思之憬然,太子宜常在念。钱可使帅扬州。"[1]此足见钱之望的扬州之任是孝宗在内禅之前的特意安排。事实上,光宗朝(1190—1194)的扬州守臣一直是钱之望,未曾更替。明乎此,则光宗朝的扬州修城,显然仍旧是孝宗意志主导下的举措,与淳熙八年的扬州修城是类同的。光宗一朝与孝宗的晚年部署"同始同终"[2],南宋光宗朝扬州守臣的任用与城墙建设的展开,同样应该视为孝宗末年之政在地方上的具体实例。

四、扬州城与地方视野中的"孝宗恢复"

以上大体以时间为序,梳理了南宋孝宗时期扬州的几次城池建设。就区域城池建设而言,此间扬州的城池建设整体上在淮东地区表现更为突出;就扬州的城池建设而言,孝宗时期的建设,在整个两宋时期的扬州城池建设上都占有最突出的地位。要理解这一现象,需要对南宋高宗、孝宗两朝政局变动,特别是孝宗皇帝的政治取向有清晰的认识。

孝宗普遍被认为是南宋时期相对有为的一个皇帝,南宋理宗朝吕中在《类编皇朝中兴大事记讲义》中评论"隆兴和议"时,说孝宗的"复仇之志",

---

[1]〔宋〕叶适著,刘公纯等点校:《叶适集》之《水心文集》卷一八《华文阁待制知庐州钱公墓志铭》,中华书局 1961 年版,第 345—346 页。

[2]余英时:《朱熹的历史世界——宋代士大夫政治文化的研究》第十二章《皇权与皇极》,生活·读书·新知三联书店 2004 年版,第 769 页。

"不以群议而少移"^[1]。作为指导当时学生科举考试的参考资料,吕中的这种评说应该是对孝宗的一个整体论断,且为时人普遍接受。孝宗的"恢复之志"在从理想转变为现实之前,必须在实际层面有相应的举措,已有的相关研究,丰富了我们的认识。^[2]然而研究者多关注当时中央的人事变动与政治运作,缺少对谋求"恢复"的具体行动的考察,其中特别对地方的实际举措少有留意,对宋金对峙区域的军事举动更是如此。然而,只从中央层面分析"孝宗恢复",便会造成认识上的缺陷与偏差。若着眼于地方社会,则南宋孝宗时期扬州的城池建设正可视为"孝宗恢复"背景下地方社会的实际举措。南宋高宗偏安和议,孝宗意主恢复,高、孝两朝扬州的城池建设,在次数、规模、实效等方面的前后差别显著,便是一个很好的对照与说明。具体到孝宗朝,时人对扬州城池建设的意义已有清楚的认识,前面在谈到淳熙间郭棣于扬州筑城时,曾引到阎苍舒的七言诗《赠郡帅郭侯》,就是一个最直接的实例。吕中在《类编皇朝中兴大事记讲义》之孝宗皇帝"图恢复"条记:

> 江北诸城,浚隍增堭;沿淮分戍,鼓声达于泗、颖。盖无一日不为恢
> 复之事。^[3]

此言同样将江淮城池修筑与"图恢复"关联起来,前者的现实指向性是很明确的。事实上,扬州作为江淮重镇,是宋金对峙时期宋方重要的战略据点,其城池建设之重要性也可以想见,孝宗朝重视其地的城池建设毋宁是很自然的举措。我们在这里之所以强调城池建设与"孝宗恢复"之间的关联,也有特殊的用意所在,即从地方视野中观察孝宗时期的军政动态,探究"孝宗恢复"

---

［1］〔宋〕吕中:《类编皇朝中兴大事记讲义》卷二〇《孝宗皇帝·和议》,上海人民出版社 2014年版,第 738 页。

［2］ 比较有代表性的著作,如余英时的《朱熹的历史世界——宋代士大夫政治文化的研究》,生活·读书·新知三联书店 2004 年版;日本学者寺地遵的《南宋初期政治史研究》(刘静贞等译),复旦大学出版社 2016 年版;柳立言的《南宋政治初探:高宗阴影下的孝宗》,《历史语言研究所集刊》1986 年第 57 本,收入《宋史研究集》(第十九辑),(台湾)编译馆 1989 年版,第 203—256 页。

［3］〔宋〕吕中:《类编皇朝中兴大事记讲义》卷二二《孝宗皇帝·图恢复》,上海人民出版社2014 年版,第 769 页。

背景下中央与地方的互动关联。如此则可以弥补和纠正以往认识上的一些缺陷与偏差，从而对"孝宗恢复"有更为完整的认识。

通过以上对南宋孝宗朝扬州城池建设的梳理，在厘清基本史实的基础上，我们对于孝宗朝的扬州城与时代动向之间关系的认识，有以下几点值得注意：一、南宋时期所谓"孝宗恢复"不仅仅体现在中央的人事变动与政治运作上，在地方上也有实际的举措。所谓"恢复"，最终必须要落实到实际的行动上来，否则就没有多少实际意义可言。从这个角度来说，地方上的军政动态是认识"孝宗恢复"不可忽视的一环，而宋金对峙的边境地区则尤其需要关注。通过对扬州个案的考察，可知孝宗朝地方政区着实有积极的准备举措，作为对中央政策的因应。孝宗朝对地方城池建设表现之积极，相对于北宋时期对地方城池修筑整体上的消极态度，形成明显的反差。这受到南北政治形势大变化的影响，但孝宗个人因素同样不可忽视，他的关于"恢复"的意向是一股重要的推动力。孝宗时期扬州的城池建设，无论在规模还是次数上，都超过之前的宋代其他时期，并且为南宋后期扬州的城防奠定了重要的基础，这与孝宗的政治取向有直接的关联。二、孝宗时期针对"恢复"，地方与中央的举措，有合拍也有脱节。所谓合拍，即中央与地方同时有相应的举措。关于脱节，即"孝宗恢复"尽管在中央层面曾有受阻，但地方上的各类预备举措并未因此而完全停止。以孝宗朝扬州的个案而言，可知"恢复"不但在地方上有实际的举措，而且连续性更强。一方面城池建设能逐步展开与巩固，另一方面，相较于中央执宰及大臣随"国是"的变动而更替，地方上的人事任用，更能长久地保持一贯的特点；扬州守令任用多是孝宗特别器重且在对金政策取向上与孝宗同调的精干之人，便是最好的说明。凡此之类，表明通过对地方军政动态的考察，不但可以弥补以往研究中侧重在中央的缺陷，而且能够纠正由此缺陷所造成的认识偏见，有助于我们对"孝宗恢复"有更为全面的认识。孝宗恢复之志在中央虽无法全面展开，但在地方上却有更大的施展空间。彼时中央与地方的互动以及差异，于此可见一斑。三、南宋朱熹等人所谓孝宗"末年之政"，主要是从中央层面着眼的说法。所谓"末年之政"，强调的是淳熙十四年以后中央层面的人事调动与政治部署与王淮执政时期的对比。此间，孝宗招纳大批理学型士大夫入朝，他们针对内外政策的态度更为积极，与王淮乃至高宗朝的保守态度形成对比。但若着眼于地方,则孝宗末年较之以往并无太大的反差,毋宁说是坚持一贯的立场。就扬州而言,所谓"末年之政"的用人态度和举措,早在淳熙十四年高宗逝世及王淮罢政以前便已体现出来。扬州人事任用及军政方面的积极举措,基本贯穿孝宗一朝,无须等到末年才体现出来。

第三节　南宋后期的扬州城池建设

南宋孝宗时期扬州堡寨城与夹城修建以后,扬州形成三城格局,此后的扬州城池建设大体即在此基础上进一步展开。在南宋后期的诸次城池建设中,后世提及比较多的是崔与之、贾似道、李庭芝任内的三次修城举措,但事实上宁宗及其以后的南宋时期,修城不止三次。扬州地方长官的个人因素在这些修城举措中有一定的促进作用,但更主要的还是受到军事因素的影响,修城是宋廷在与异族政权对峙的背景下出现的举措。南宋后期的城池建设可概括为两个方面:其一,是对蜀冈下宋大城(州城)、夹城的修缮;其二,是对蜀冈上城防体系的强化。兹依次叙述如下。

一、宁宗朝开禧北伐前后扬州的两次修城

南宋宁宗庆元五年(1199)六月十六日,枢密言:"修治扬州城壁,其诸州起发砖灰,恐有计嘱弊幸。"宋廷遂"诏令殿前司,将来兴工,砖坯仰督责合干人,务要坚实"。从诏令中"将来兴工"的用语,推测宁宗庆元五年似乎有修扬州城的规划,但在六月份尚未具体展开。又同年八月三日,诏:"殿前司见差扬州修城官兵二千人,并令镇江都统制司更就差武锋军一千人,并权听安抚郭杲节制,措置修补城壁,卓立楼橹,修治女墙等,以为经久之计。"据以上材料可知宁宗庆元年间确有酝酿扬州修城之事,至庆元五年八月已转化为实际行动。从"修补城壁,卓立楼橹,修治女墙"的记载来看,此次城池建设项目较多,一方面修补旧墙,另一方面也新建楼橹、女墙。这次扬州修城是"从帅臣郭杲之请"[1],但具体是针对扬州三城中的哪一部分,现存文献并没有明确的说明,或许就整体而言,三城皆包括在内。无论如何,庆元五年扬州的修城举措,应该

---

[1]　以上引文参见〔清〕徐松辑:《宋会要辑稿·方域九》,上海古籍出版社 2014 年版,第 9448 页。

与宁宗初期对金的政治取向有关。宁宗即位以后，韩侂胄因功弄权，将大批不同政见的士大夫排挤出外，成专权之势。叶绍翁的同乡叶洪在庆元间曾向宁宗说："（韩）侂胄弄权不已，必至弄兵。"[1]开禧二年（1206）的北伐，正是事态逐步发展的结果。所以庆元末年的扬州修城，或许当放到开禧北伐的背景下去理解。

开禧北伐，无功而返。当时两淮一带包括真州在内的城市，不乏一度被金兵占据者。南宋袁燮《秘阁修撰黄公行状》中记黄荦曾言："《春秋传》记楚子入莒，莒以城恶而溃。比者维扬、襄阳城守不可犯，全椒、仪真蹂践于金，可以为鉴。"黄荦这是将扬州、襄阳与全椒、仪真作对比，强调了前两者因为城坚而敌"不可犯"，后者则因"城恶"而遭到金兵的践踏。虽有以史为鉴，所言正是开禧北伐中事。基于这一认识，他认为"修城为当今急务"。黄荦死于嘉定四年（1211），则他的话当说在嘉定之初。据袁燮所记，经过黄荦的建言，"天下皆坚城矣"。[2]袁燮的这种说法当然有些夸张，但嘉定间扬州确有修城之举。嘉定七年（1214），崔与之主管淮东安抚司事，守扬州，其任内即有修城之事。关于这次修城，《扬州重修城壕记》言：

> 守扬州，登城临眺形势，谓濠河堙狭，褰裳可涉，守御非宜。乃度远近，准高下，程广狭，量深浅，为图，请于朝。许之。河面阔十有六丈，底杀其半，深五分，广之一，环绕三千五百四十一丈。壕外余三丈，护以旱沟。又外三丈，封积土以限淋淤。又广地七丈，以受土，使与危堞不相陵。复作业城五门为月河，总百十七丈。而南为里河，又八十七丈。西北曰堡寨城，周九里十六步，相去余二里。属以夹城，如蜂腰，地所必守，左右尤浅隘，浚之，概如州城壕，计七百三十一丈，且龛女墙以状其势。外壕既深，水势趋下，市河涸，不可舟。有警，刍饷难为力。又加深广，造舆梁五。经始于八年八月，讫于九年九月，工一百一十五万四百二十五，费朝家缗钱

［1］〔宋〕叶绍翁：《四朝闻见录》丙集"叶洪斥侂胄"条，《全宋笔记》第6编第9册，大象出版社2013年版，第318—319页。

［2］〔宋〕袁燮：《秘阁修撰黄公行状》，《全宋文》第281册，上海辞书出版社、安徽教育出版社2006年版，第325页。

三十四万八千七百五十六,米石二万一千八百四十七。州家激犒,为缗钱五万一千六百,节缩有道,劝惩有章,公私不以为病。[1]

崔与之任内重修扬州城壕,"经始于(嘉定)八年八月,讫于九年九月",为时一年有余。从《扬州重修城壕记》这一标题中,可知此次扬州修城工事的重点非城墙,而是城壕。其中"西北曰堡寨城"以前的文字,系针对州城宋大城而言。"环绕三千五百四十一丈"(合今 11331 米)的说法,与实际测量差距较大,当以《宋会要辑稿》所记"十七里一百七十二步"(合今 10070.4 米)为准。[2]据"壕外余三丈,护以旱沟"之说,可知扬州州城外有水、旱两条壕沟,这是比较特别的。在修整扬州蜀冈下宋大城城壕的同时,对夹城城壕也按照相同的标准,有疏浚的举措。《宋史·崔与之传》记"州城与堡寨城不相属,旧筑夹土城往来,为易以甓"[3],与《扬州重修城壕记》所谓"甓女墙以状其势"可互参,则在疏浚夹城城壕之外,也对夹城城墙有进一步完善。随着城墙外围城壕的疏通,蓄水量增加,导致扬州州城内市河水位下降,影响漕运,所以崔与之针对宋大城内市河也做了一些疏通。总体来说,嘉定间崔与之的修城举措包括州城城壕、夹城墙、市河三个方面,其中以州城城壕为主要内容。所可注意者,根据《扬州重修城壕记》所记,此次修城并未涉及堡寨城。而且从扬州州城水、旱两条城壕以及崔与之借修城墙以壮声势的言说来看,南宋扬州城军事属性是非常明显的。

就现存文献来看,崔与之任内的修城,是在内外两个方面因素的影响下出现的。"濠河埋狭,褰裳可涉"描述的是扬州城池恶化的状况,这是此次修城一个内在的前提条件。除此之外,还有两个外在的促进因素也值得注意。一、据文献所记崔与之"登城临眺形势"云云,继而请之于朝,可知崔与之主动为之的意识比较明显,在扬州修城中有一定的促进作用。这是个人因素的影响,地

---

[1]　〔宋〕崔与之撰,张其凡、孙志章整理:《宋丞相崔清献公全录》卷之一,广东人民出版社 2008 年版,第 5 页。

[2]　中国社会科学院考古研究所等编著:《扬州城:1987—1998 年考古发掘报告》第三章《蜀冈下城址的考古勘探》,文物出版社 2010 年版,第 48 页。

[3]　〔元〕脱脱等:《宋史》卷四〇六《崔与之传》,中华书局 1977 年版,第 12258 页。

方守臣在修城中的自主性于此得到体现。二、此次修城也受到外部军政动态的影响。上文提到的黄荦所谓"修城为当今急务"即是针对外部军政动态而言的,具体到崔与之修城前一年(嘉定七年)的情形,则是"金虏为鞑靼所攻,弃燕来汴。李全复据京东,两淮腹背受敌"[1]。金人与李全的兵马虽尚未采取实际的侵扰行动,但扬州作为淮东重镇,对此不能没有防备。实际上除修城之外,崔与之在扬州的仓储建设、军兵教阅、民兵募集等方面都有很积极的举措。[2]他强调:"常时戒严,以守为战,非惟缓急不致误事,亦可集事。"[3]综合来说,这些外在因素在一定程度上显得更为重要,其中特别是崔与之的积极意态。

崔与之修城曾遭到时人的反对。开禧北伐失败以后,宋方暂无能力再谋恢复之事,在整体战略上,以保持安静与维和为主。[4]韩侂胄死(在开禧三年)后,宁宗对大臣言:"恢复岂非美事,但不量力尔。"无论此语是宁宗在开禧战败后的自我反思,抑或是对韩侂胄的指责,多少能说明当时宋廷对宋金力量对比的态度。所以尽管扬州修城是崔与之"为图请于朝"之后获得宋廷认可的举措,时人仍然担心修城会成为张皇之举,[5]破坏宋金和平的局面。从这里可以看到政局变动与地方城池建设之间的互动关联。若将宁宗朝先后两次修城举措做一对比,则这种互动关联体现得就更清楚了。庆元间的扬州修城,是战前准备,自然乐见其成;嘉定间修城,是战后举措,在宋廷试图维持和平的背景下,无疑容易给人留下张皇生事的印象。嘉定十一年(1218)八月,臣僚言"近见淮甸版筑荐兴,更成日增"[6],崔与之措置的扬州城池建设,应该是这种言论的重要背景之一。然而,时人对扬州修城的态度是一问题,扬州城池修缮之后,成为

[1]〔宋〕崔与之撰,张其凡、孙志章整理:《宋丞相崔清献公全录》卷之一,广东人民出版社 2008年版,第 4—5 页。

[2]〔宋〕崔与之撰,张其凡、孙志章整理:《宋丞相崔清献公全录》卷之一,广东人民出版社 2008年版,第 6—7 页;亦参《宋史》卷四〇六《崔与之传》,中华书局 1985 年版,第 12258—12259 页。

[3]〔宋〕崔与之撰,张其凡、孙志章整理:《宋丞相崔清献公全录》卷之二,广东人民出版社 2008年版,第 11 页。

[4] 佚名编,汝企和点校:《续编两朝纲目备要》卷一六"嘉定十七年闰八月丁酉"条,中华书局 1995 年版,第 303 页。

[5]〔宋〕崔与之撰,张其凡、孙志章整理:《宋丞相崔清献公全录》卷之二,广东人民出版社 2008年版,第 11 页。

[6]〔清〕徐松辑:《宋会要辑稿·蕃夷五》,上海古籍出版社 2014 年版,第 9905 页。

淮东地区重要的军事屏障则是另一问题。针对南宋晚期的李全变乱，宋人乔行简曾言：“扬州城坚势壮，足以坐制全淮，此曹未必无窥伺之心，或为所入，则淮东俱非我有，不可不先为之虑也。”[1]乔行简此说可见南宋扬州三城格局的形成及其数次加固之后，加重了扬州在淮东地区的军政地位。叶适在给宁宗的札子中曾有“今维扬、合肥，两淮之根本”[2]之语，也是表达了类似的意思。

二、贾似道与宝祐城

明清方志如《〔嘉靖〕惟扬志》《〔嘉庆〕重修扬州府志》所附“宋三城图”中，皆注有“宝祐城”（参图 7-7、图 7-8）。这是明清时期对于宝祐城的认识，被今人所承袭，大意即宝祐城与堡寨城只是名称上的不同，两者城池范围则一致。相关考古发掘也多按照这一思路进行解释，所以《〔嘉靖〕惟扬志》所谓宝祐城“周一千七百丈”的说法也被认为是宝祐城与堡寨城的周长。[3]这里结合传世文献及考古资料两个方面的内容，对此宝祐城的基本情况作一说明。

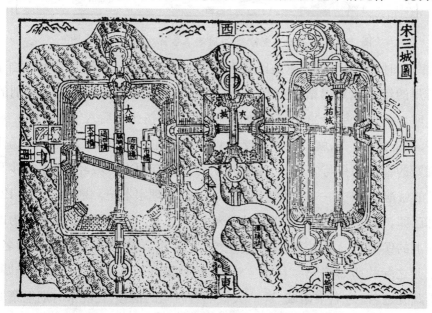

图 7-7　《〔嘉靖〕惟扬志》卷一所附“宋三城图”

［1］〔元〕脱脱等：《宋史》卷四一七《乔行简传》，中华书局 1977 年版，第 12492 页。

［2］〔明〕黄淮、杨士奇编：《历代名臣奏议》卷九七《经国》，上海古籍出版社 2012 年版，第 1330 页。

［3］　中国社会科学院考古研究所等编著：《扬州城：1987—1998 年考古发掘报告》第三章《蜀冈下城址的考古勘探》，文物出版社 2010 年版，第 50 页。

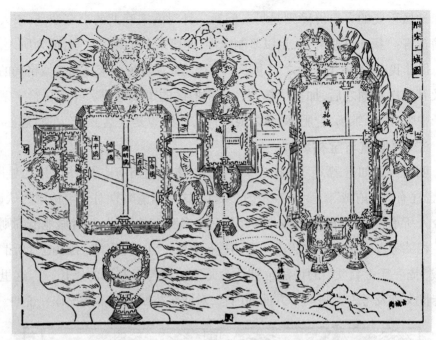

图 7-8 《〔嘉庆〕重修扬州府志》卷首所附"宋三城图"

南宋时期,扬州在淮东地区具有重要的军政地位,被视为"国之北门",对扬州的经营就显得格外重要,宋廷在扬州守臣的人选上往往有特别的安排。理宗绍定六年(1233),赵葵始守扬州,他在扬州先后八年的时间,"垦田治兵,边备益饬"[1],就是一个比较典型的例子。但据文献记载,赵葵在扬州并无筑城的举措。崔与之以后,晚宋时期扬州还有两次修城经历,主要涉及蜀冈上的城池。其中第一次由贾似道措置。《宋史·理宗本纪》载宝祐三年(1255)二月己卯,"复广陵堡城,贾似道以图来上"[2],此"广陵堡城"通常认为即是蜀冈上的堡寨城。贾似道"复广陵堡城"的举措,为堡寨城增添了新的名称。据宋元之际的盛如梓记:"扬州宝祐城,贾秋壑开阃日筑……'旧名堡城,不当用既废之名。今名宝祐城。'"[3]大概随着时间的推移,在晚宋时期堡寨城的毁坏程度已经比较严重,因贾似道修补城墙的时间在南宋理宗宝祐年间,故更名宝祐城。《庶斋老学丛谈》还记有如下一段文字:

[1]〔元〕脱脱等:《宋史》卷四一七《赵葵传》,中华书局 1977 年版,第 12503 页。

[2]〔元〕脱脱等:《宋史》卷四四《理宗四》,中华书局 1977 年版,第 854 页。

[3]〔元〕盛如梓:《庶斋老学丛谈》卷中之下,中华书局 1985 年版,第 44 页。

扬州宝祐城，贾秋壑开闸日筑。不仰科降，于诸色科名钱那（挪）办。《申省状》云："计厥费，为楮一千三百余万，米九万伍千余石。钱谷之问不及庙堂，皆某连岁铢粒撙节，迄济斯用。"又云："照得此城高深广袤，无异一郡。旧名堡城，不当用既废之名，今名宝祐城。是役也，用军三万人，日羹饭三顿。支担索扉屦等钱，番更将士，民不知役。五日小犒，十日中犒，一月大犒。有违令者，以军法从事。重则处死，赏罚必信，无敢嚾哗。始于二年七月十五日，至三年正月二十日告成。"[1]

盛如梓所引贾似道《申省状》的完整原始文档今已不可见，不过这份《申省状》是修城告成之后贾似道的总结报告，其中的内容值得注意。《申省状》中关于修城的经济来源可暂且不论，从对修城将士的犒赏以及纪律要求来看，此次修城着实是慎重其事。引文中最可注意者，是"高深广袤，无异一郡"八个字，这是对宝祐城的描述，贾似道的修城举措，强化了南宋扬州军防能力。除《庶斋老学丛谈》外，《〔嘉靖〕惟扬志》征引了理宗关于宝祐城的诏令之文，为他书所未有，可与盛如梓所言互参，该志卷一〇《军政志·城池》"宝祐城"条言：

　　昔韩琦在泰州，军民附城而居，无所捍御，筑外城十里。西贼惮之，卿久护全淮，向城宝应、城通州、城东海，外户既绸缪矣。今复增堡城以壮广陵之势，朕披来图，包平山而瞰雷塘，可以广营屯便牧围矣。[2]

此诏出现在贾似道上图之后，其文除加上理宗评语外，涉及修城具体内容者，实际上是将图形转换成文字，故一定程度上可视为贾似道的自叙，其中"今复增堡城以壮广陵之势"一语，若放在宝祐城与堡寨城名异实同的背景下去理解，可知宝祐城是对堡寨城修缮加固而已。除此之外，该志卷一〇还记宝

　　[1]〔元〕盛如梓：《庶斋老学丛谈》卷中之下，中华书局 1985 年版，第 44 页。
　　[2]〔明〕朱怀幹修，〔明〕盛仪辑：《〔嘉靖〕惟扬志》卷一〇，《扬州文库》第 1 辑第 1 册，广陵书社 2015 版，第 90—91 页。

祐城"一千七百丈"[1],折合今约 5440 米,数值与前引《扬州重修城壕记》所记堡寨城"九里十六步"(约 5210 米)接近。[2]明代《〔嘉靖〕惟扬志》的编修,借鉴了当时可见的宋代扬州地方志,特别是《〔宝祐〕惟扬志》的部分内容被吸收进去,所以"一千七百丈"的说法应有所本,值得重视。清人刘毓崧曾见阮元文选楼抄本《〔宝祐〕惟扬志》,其中引宝祐志文记宝祐城"广九里零二百八十一步"[3],这个数值与《〔嘉靖〕惟扬志》所记相差不远。综合传世文献所记,可知堡寨城与宝祐城规模相当。1990 年公布的考古发掘简报,言"宝祐二年至三年,扬州堡城又进行了大规模的修缮,'用军三万人',重修后的堡城,取名宝祐城","南宋时修筑的堡寨城和宝祐城,实即同一城的两种称谓"。[4]此即针对扬州蜀冈上唐子城西部位置而言,简报关于宝祐城规模的界定几成定论,此后出版的考古报告与研究长期沿用这一观点。[5]不过随着考古发掘的推进,新的解释也随之出现,有学者认为贾似道修筑宝祐城

[1]〔明〕朱怀幹修,〔明〕盛仪辑:《〔嘉靖〕惟扬志》卷一〇,《扬州文库》第 1 辑第 1 册,广陵书社 2015 年版,第 90 页。

[2]元初盛如梓《庶斋老学丛谈》,其卷中记宝祐城"周三十六里",这个数据超过了唐子城的规模,已被考古发掘证实不符合蜀冈古城遗址的实际情况。参盛如梓:《庶斋老学丛谈》卷中之上,中华书局 1985 年,第 17 页;中国社会科学院考古研究所等编著:《扬州城:1987—1998 年考古发掘报告》第三章《蜀冈下城址的考古勘探》,文物出版社 2010 年版,第 50 页。

[3]刘毓崧:《宋大使府砖考》,《仪征刘氏集》,广陵书社 2018 年版,第 488 页。

[4]中国社会科学院考古研究所等:《江苏扬州宋三城的勘探与试掘》,《考古》1990 年第 7 期,第 612、613 页。

[5]考古报告方面,如 2010 出版的《扬州城:1987—1998 年考古发掘报告》(文物出版社),收录了 1987—1998 年间关于扬州古代城址考古的主要成果,言"宝祐城位于蜀冈之上,是在唐扬州子城西半城区内改筑而成"(第 50 页);2014 年出版的《扬州蜀冈古代城址考古勘探报告》(科学出版社),收录了 2011—2013 年间蜀冈上古代城址考古的主要成果,言"宝祐城……范围大致在唐子城遗址的西半部"(第 189 页)。研究方面,如蒋忠义认为"宝祐城,也称堡城或堡寨城……是在唐子城基础上修建的,宝祐城放弃了唐子城东半部,于原南门至北门以东,纵筑一道东墙而成"(《隋唐宋明扬州的复原与研究》,中国社会科学院考古研究所编著:《中国考古学论丛——中国社会科学院考古研究所建所 40 年纪念》,科学出版社 1993 年版,第 455 页);李久海认为南宋时期"在唐子城内西半部的废墟上修筑'堡寨城'","重修后的堡寨城改名宝祐城"(《论扬州宋三城的布局和防御设施》,《东南文化》2000 年第 11 期,第 57、58 页)。

时,有向西拓展包平山堂的可能,最终"形成了包平山堂城的宝祐城"[1]。随着考古发掘的推进及考古报告的刊布,相关讨论还在继续。

三、平山堂城的修筑

平山堂本是北宋时期欧阳修守扬州时所建造的供人游览的人文景观,但在南宋时期军事对垒的背景下,因其特殊的地理优势而被作军事之用。据传世文献所记,李全叛宋以前,平山堂外围还没有军防设施。《宋史·李全传》记绍定三年八月:

> 壬子,全兵突至湾头……攻(扬州)城南门,都统赵胜自堡寨提劲弩赴大城注射,全稍退。全遣刘全奄至堡寨西城下,欲夺之以瞰大城。……全志吞三城,而兵每不得傅城下,宗雄武献全计曰:"城中素无薪,且储蓄为总所支借殆尽,若筑长围,三城自困。"乙亥,全悉众及驱乡农合数十万列寨围三城,制司总所粮援俱绝。范、葵命三城诸门各出兵劫寨,举火为期,夜半纵兵冲击,歼贼甚众。自是贼一意长围,以持久困官军,不复薄城。戊寅,全张盖奏乐平山堂,布置筑围,指挥闲暇。范、葵令诸门以轻兵牵制,亲帅将士出堡寨西,全分路鏖战,自辰至未,杀伤相当。庚辰,范出师大战,玠等破全将张友于都仓,获粮船数十艘。甲申,葵出战,贼大败。四年正月辛卯,全兵浚围城堑,范、葵遣诸将出城东门掩击,全走土城,官军蹑之,踩溺甚众。是日,玠破全将郑祥,获粮百艘。甲午,全兵千余犯州城东门,城中出兵应之,全即引去。[2]

这段引文有两方面值得注意:其一,李全初次发兵扬州,首先试图占领的是蜀冈上的堡寨城,并没有提到平山堂城,说明堡寨城在当时扬州三城格局中确实具有最重要的军事地位,而平山堂彼时主要还是人文景观,与军防并无直接关联。"全张盖奏乐平山堂",相当程度上即点出了当时平山堂的主要属性。其二,宗雄武献计李全,筑长围以困扬州三城。此"长围"自然是军防

---

[1]　汪勃:《扬州城遗址蜀冈上城垣城濠蠡测》,扬州博物馆编:《江淮文化论丛(第二辑)》,文物出版社 2013 年版,第 61 页。这一观点在 2013 年以后的相关考古报告与研究中也多有体现,为避枝蔓,这里不一一列举了。

[2]　〔元〕脱脱等:《宋史》卷四七七《叛臣下》,中华书局 1977 年版,第 13844—13846 页。

设施,在考古发掘中也有体现。[1]但史载李全所筑长围主要是围扬州三城,是否包平山堂则并无明确记载。

前面在讨论贾似道与宝祐城时,引《宋史》等文献,都没有言及贾似道筑城包平山堂者。特别是《庶斋老学丛谈》所引贾似道的《申省状》,里面对修城的前因后果、修城人员的管理与赏罚都有交代,却只字未提筑城包平山堂之事。筑城包平山堂在贾似道之前不曾有过,若是贾似道首为此举,他在《申省状》中似无不言之理。传世文献中,将贾似道与"包平山"记于一条者,唯一的一处记载见于明代的《〔嘉靖〕惟扬志》卷一〇所引的理宗诏文。前面于此已有引及,其中最关键的一句是:"今复增堡城以壮广陵之势,朕披来图,包平山而瞰雷塘,可以广营屯便牧圉矣。"[2]今人据此认为贾似道在修复堡城之外还有筑城包平山堂的举措。

清咸丰年间,蜀冈上曾发现带有"大使府造"字样的铭文砖,刘毓崧为此撰有《宋大使府砖考》一文,分析砖文内容及南宋蜀冈上的修城经过。[3]刘氏参考了当时可见的"文选楼钞本《〔宝祐〕惟扬志》",征引了一些南宋《〔宝祐〕惟扬志》中与宝祐城相关的内容。所引志文提到贾似道"自摘星楼以西筑堡圃,包平山就基,计一百四十六丈。重凿外濠一重绕之,计一百五十三丈一尺",又载贾似道于"宝祐城为……圃城六,以谨外护"。则贾似道着实有筑城包平山堂的举措,时人家坤翁《宝祐城纪事》诗有"拒关有桥,拒桥有圃"之句,就是对平山堂圃城与宝祐城关联的描述。据此也可知平山堂外围的圃城与宝祐城间尚有间隔,是两个彼此独立的主体。从这个角度来看,贾似道所筑平山堂外围的圃城,与一般意义上的瓮城是有区别的。正因如此,尽管平山堂外围修筑了圃城,当时依然有人认为"平山犹堕其外"而相对孤立。

[1] 中国社会科学院考古研究所等编:《扬州蜀冈古代城址考古勘探报告》,科学出版社 2014 年版。相关研究可参汪勃、王小迎:《扬州南宋堡城和宝祐城的发掘与研究》,《中国国家博物馆馆刊》2015 年第 9 期;朱超龙:《"长围"与羊马城、一字城、护门墙——南宋时期扬州蜀冈城池的攻防体系》,《中国历史地理论丛》2019 年第 2 期。

[2] 〔明〕朱怀幹修,〔明〕盛仪辑:《〔嘉靖〕惟扬志》卷一〇,《扬州文库》第 1 辑第 1 册,广陵书社 2015 年版,第 90 页。

[3] 刘毓崧:《通义堂文集》卷八《宋大使府砖考》,见《仪征刘氏集》,广陵书社 2018 年版,第 485—491 页。

但贾似道则认为"因山为圃,兀如坛壝,可容万人乘陴敌忾"[1]。圃城的修筑,凸显了平山堂的军事用途,也强化了蜀冈上的军事防御能力。

南宋晚期扬州另一次修城与平山堂相关,由李庭芝主持,这也是传世文献中关于两宋时期扬州的最后一次修城记录。《宋史》本传载:"庭芝初至扬时,扬新遭火,庐舍尽毁。州赖盐为利,而亭户多亡去,公私萧然。庭芝悉贷民负逋,假钱使为屋,屋成又免其假钱,凡一岁,官民居皆具。"[2]除此之外,在南宋后期宋蒙军事交锋的过程中,李庭芝也有积极作为,《宋史·李庭芝传》记:

> 始,平山堂瞰扬城,大元兵至,则构望楼其上,张车弩以射城中。庭芝乃筑大城包之,城中募汴南流民二万人以实之,有诏命为武锐军。[3]

传文并没有交代此次修城的确切时间,今人亦未予深究。这段文字附在"庭芝初至扬州"(1260)[4]之后,咸淳五年(1269)以前。又据《宋史·度宗本纪》所记,咸淳二年(1266)"冬十一月辛丑,两淮制置使李庭芝立城,屯驻武锐一军,以工役费用及图来上"[5]。则晚宋时期贾、李任内的两次修城,前后相隔十年左右的时间。引文与本节主题最相关的是"庭芝乃筑大城包之"一句,此句承上文而来,"之"字指代平山堂,可知李庭芝不但有筑城之举,而且所筑之城正是为了"包"住平山堂,以为军防之用。传文并未涉及"大城"与贾似道所筑圃城之间的关联。以此而言,李庭芝所筑"大城",或在圃城外围,与"平山旧基"无涉。

李庭芝既筑城包平山堂,在两宋时期应是首次。平山堂位于蜀冈中锋之上,为北宋仁宗庆历间欧阳修守扬州时所创建。据沈括所记,此堂构成之

---

[1] 以上所引皆《通义堂文集》卷八《宋大使府砖考》所录《〔宝祐〕惟扬志》佚文,详参《仪征刘氏集》,广陵书社2018年版,第485—491页。

[2] 〔元〕脱脱等:《宋史》卷四二一《李庭芝传》,中华书局1977年版,第12600页。

[3] 〔元〕脱脱等:《宋史》卷四二一《李庭芝传》,中华书局1977年版,第12600页。

[4] 据《宋史·理宗纪》,开庆元年正月戊辰,以李庭芝权知扬州,然同年二月庚辰,又改由他人守扬州。李氏于景定元年五月后再度判扬州。并参《宋史》卷四四、四五,第865、874页。

[5] 〔元〕脱脱等:《宋史》卷四六《度宗本纪》,中华书局1977年版,第896页。

后,欧阳修"时引客过之,皆天下豪隽有名之士。后之人乐慕而来者,不在于堂榭之间,而以其为欧阳公之所为也"。可见,平山堂基本上是供时人游览、凭吊的人文景观,最初并非为军事之用;即便孝宗时郭棣筑堡寨城,也未将其包于堡寨城内。然而,欧阳修曾说"独平山堂占胜蜀冈,江南诸山一目千里"[1];南宋郑兴裔在绍熙元年(1190)说欧阳修"为堂于蜀冈之上,负高眺远,江南诸山拱揖槛前,若与堂平,故名"[2]。平山堂之所以成为著名的景观,相当程度上正得益于这种地理上的优势,而这种优势正可为军事之用。蒙古兵据之而"构望楼其上,张车弩以射城中",无疑在军事地理方面占据了优势。此为前车之鉴,李庭芝的筑城之举,便是为了将平山堂独特的地理优势据为己有。这是所谓"平山堂城"的始创之因。筑城包平山堂是在蒙古人提供的现实经验下出现的,并不是在旧基上补修。平山堂在此之前是为人文景观,而非军事据点;完工之后募民充兵以驻守的举措,也提示着包城前后的差别。理宗景定以后,李庭芝长期驻守扬州,《宋史》本传中记其于扬州修城之事,只有筑城包平山堂一次。两宋时期扬州的城池建设,当以此为终结。

第四节　两宋时期扬州州城的内部空间

宋人修撰的扬州地方志书今已亡佚,加上其他传世宋人文献对扬州城市空间的记载并不多,我们了解两宋时期扬州城内部空间可以凭借的基础文献比较有限,只能根据相关零散的记载,稍加梳理。根据城市的等级、属性等特点,中国古代城市的城墙可以有一重、两重甚至三重等不同的形式。就地方城市而言,其中内部的一重,一般称为子城、牙城或者小城,外部的一重,通常称为罗城或者大城。但扬州城的整体布局与此不尽一致,扬州自唐代形成子城与罗城的两城格局,然而子城与罗城在起始阶段就是相对分离而非内外相

[1]〔宋〕欧阳修:《与韩忠献王四十五通(八)》,见《欧阳修全集》卷一四四,中华书局2001年版,第2334页。

[2]〔宋〕郑兴裔:《郑忠肃奏议遗集》卷下《平山堂记》,《景印文渊阁四库全书》第1140册,台湾商务印书馆1986年版,第215页。

套的。这种形态主要是基于扬州的地理特点与社会经济的发展需求而形成的。两宋时期扬州城的选址顺应了晚唐五代以来的发展趋势。一般认为两宋时期的扬州州城只有一重城墙,但《〔嘉靖〕惟扬志》在记载宋代扬州州治时,有"由东循郡圃之西,出子城便门通教场"之言,其中明确提到"子城",而且《〔嘉靖〕惟扬志》中所附"宋大城图"(图 5-3)中的"州治"也是一个相对独立的单元,则两宋时期扬州州治外围似乎也有一重城墙,称为子城。可惜传世文献及考古发掘中涉及这一点的都非常少,具体情况今不得而详。下至南宋时期,因为受到军事因素的影响,蜀冈上的部分古城被重新修缮,进一步形成了扬州的三城格局。

　　城市格局的变动对城市的内部空间布局及功能分区有直接的影响。随着扬州罗城的形成,基于子城与罗城相对分离的特点,至少晚唐五代时期扬州的行政区与商业区已有大致的区分,分布在蜀冈上下两个不同的城池空间之内。但下至北宋时期,扬州蜀冈上的子城荒废,扬州的州城是在截取唐代罗城东南隅的基础上建立起来的,即今所谓宋大城。相较于晚唐五代的扬州城,两宋时期的扬州州城经过战后的重建,其行政、商业、居民、手工业等不同的功能区将在新的城池内部重新组合,这是了解北宋扬州城内部空间布局的一个背景前提。

　　明代《〔嘉靖〕惟扬志》是现存关于扬州的最早且内容比较完整的地方志,其中保存的关于两宋时期扬州城的信息相对集中,不少内容还是传世宋人文献中所没有的,为我们分析两宋时期扬州城的内部空间提供了便利。以下我们主要依据《〔嘉靖〕惟扬志》提供的信息,同时结合宋代城市发展的一般特点,对两宋时期扬州城内部空间的特点做一些说明。《〔嘉靖〕惟扬志》涉及两宋扬州城内部空间的内容主要集中在卷一"宋大城图"及卷七"公署志"中,兹将"公署志"中的主要内容纳入一表(表 7-1),把图与表相结合,略做解说。

表 7-1 《〔嘉靖〕惟扬志》卷七"公署志"所见两宋扬州主要公署表

类等	名 称	方 位	其 他
路级	招抚衙	在迎恩桥北	旧走马廉坊衙基,隆兴甲申刘宝以镇江都统为淮南招抚使创建
	淮东提点刑狱廨宇	即宝祐时城隍庙基	
	淮东提举常平司		
	淮东制置使司	常衙厅之对	金厅匾曰淮南幕府,李曾伯建,贾似道撤而新之
	淮东安抚使司	设厅之东	
州级	谯门	子城之南	建楼其上,匾曰淮南郑兴裔建
	刻漏		韩琦造莲花漏刻,有铭,贾似道命吕昼按成式更造
	宣诏亭、手诏亭、颁春亭	谯门之外,左右两侧	
	府门、设厅、戒石亭	入谯门稍西,直北	设厅揭真宗皇帝垂训七条,戒石亭刻高宗皇帝戒石,铭屏刻理宗御书车攻诗
	整暇堂(旧名镇淮)等	设厅之后	皆贾似道重建易匾,堂匾皆宝祐御书
	郡圃、教场、常衙厅	出子城便门通教场,入辕门为常衙厅	
	敬简堂(旧名静简)等	常衙厅之后为敬简堂	敬简堂,钱之望易居敬,赵葵易此名
	正堂(旧名筹胜)等	敬简堂之后	正堂,郑兴裔建
	多瑞堂等	敬简堂之北及东	
	军需库、甲仗库、簇帐部、边机馆、随行激赏库、工胄房、考限房、回易房等	敬简堂之西	
	金厅	安抚司金厅辕门之西	庆历建
	通判厅	在迎恩门内	
	添差通判厅	旧在城隍庙南,徙于通判厅西	
	签书通判厅	在知录厅北	
	节度推官厅	在府门外东	
	知录厅	在谯门内东	
	司理厅	在谯门内西	
	司户厅	在谯楼外西	
	司法厅	在机宜厅南	

续表 7-1

类等	名 称	方 位	其 他
县级	正厅前后两庑	县治南向	
	近民堂、董公堂等	正厅之东及后	
	丞厅	在醋库巷	
	主簿厅	在县治西	
	尉厅	在北门外	
武卫	武官廨舍参议厅	在高士坊口	
	机宜厅	在州治东	
	抚干厅	在州治东	
	制帅幕官厅五	一在迎恩门内，三在馆宾坊，一在平籴仓南	
	扬州诸军都统制衙	在宝祐城内	
	扬州诸军都统制行衙	在岳庙东	
	副总管衙	在迎恩桥西	
	路钤厅	在醋库巷北	
	州钤厅	在副总管衙南	
学校	扬州儒学	在城内右南厢	景祐元年已有学
	江都县儒学	在夹城	绍兴十二年许中建州学于英缠坊，以江都县学附焉
	社学	扬州儒学之西庑	政和四年，扬州仪曹参军高公粹乞置外州军小学生功课簿历，从之。嘉定中，汪应洪重建小学于扬州儒学之西庑。嘉熙中，教授李迪尝更创扬州小学于思贤堂之东南。宝祐五年，教授胡梦麟请于府，以复扬州小学教养之旧。
	思贤堂之东南		所据为《大观图经》
驿递	江都县驿	在州城北进贤坊	
院监	扬州贡院	在州治便门北隅	旧置专官，以后州官兼之
	粮料院		
	都作院	在州治	嘉熙间制使赵葵建
	寿安院	在城隍庙南	

表 7-1 及图 5-3 中关于扬州官署的记载是南宋后期的情形,并非两宋时期扬州官署的全貌,二者所记详略有别而不尽相同,可以互补。就公署机构而言,表 7-1 中呈现的公署机构大致包括三个层级和五个类别。图、表中公署机构的设置时间并不能一一考订,但有两点值得注意:其一,公署机构的设置在时间上应有先后之别,而且随着时间的推移,不同的机构或废罢或得到进一步完善,表现出一定的差异性。需要注意的是,两宋时期扬州公署机构的兴废,在一定程度上与扬州城市职能和属性有直接的关联。北宋时期的扬州属于南宋孝宗皇帝所说的"内地",城市的政治与经济职能更为突出,但南宋时期扬州城处在南北政权对峙的前沿地带,城市的军事职能就显得异常重要。图、表中的官署机构或军事设施有相当部分都是在南宋时期才开始出现,这是很能说明问题的。其二,"公署志"记扬州州治在"大城西北隅",这个说法与"宋大城图"标示的方位一致。据此可知,两宋时期扬州的主要官署机构大多集中在州城西部东西干道偏北的区域,但江都作为附郭县其行政官署则有溢出州城之外者。

宋代都城及地方城市,往往将城市内部或连同城外周边的区域,分为多个区块,称之为"厢",以完善和强化对城市的管理。《〔嘉靖〕惟扬志》卷七"公署志"记宋代扬州"在城六厢,城外四厢,宝城一厢,夹城一厢"。"城外四厢"对应的就是该志卷一"宋江都县图"中所谓"城东厢""城南厢""城西厢"和"城北厢"四厢,而扬州儒学在"城内右南厢",则厢这种城市管理体制在两宋时期的扬州也有践行。"宝城"即宝祐城,也设厢,可知南宋后期厢制依然存在。不过两宋时期扬州厢制的推行始于何时,则不得而知。厢的设置与城市人口的增加有重要的关联,从传世文献提供的数据来看,扬州城市人口在北宋时期大体呈现增长的态势,两宋之际随战乱而有减少,但南宋时期仍然有增长,宝祐年间的人口数明显高于此前的南宋时期。此外,南宋朝廷还安排了大量军人进驻扬州,上面图、表中扬州城内的相关军事机构及驻军名称,相当部分反映的都是南宋时期的特有现象。《〔嘉靖〕惟扬志》卷一〇"军政志·兵制"记"在扬则有诸屯驻大军,曰强勇军、武锋军、敢勇军、雄胜军、雄边军、武定军、游击水军、神武军、护圣马步军","其他犹有水军、忠节军、保胜军、忠勇军、宁淮军。各为统纪,并隶屯驻大军,守御扬州者也"。这些名称并非当时扬州驻军的全貌,但他们大部分正是南宋后期的驻军番号[1],这一点与图、表中反映的情况在时间上是吻合的。所可注意者,军人不但驻守在宝祐城、夹城,连蜀冈下的州城也分布了不少。据图 5-3 可知,南宋扬州州城中的驻军主要分布在州城内南北向主干道以东的区域,如果根据扬州儒学所属厢的名称进行推测,那么这些驻军应属城内左南厢和城内左北厢,与南宋后期扬州州城内部的行政区(属城内右北厢)之间有比较明显的区隔。

　　扬州州城的存在时间长,贯穿整个两宋时期,而且选址也与经济的发展直接相关,后来堡寨城、夹城、宝祐城、平山堂城的兴建,都是基于军事考虑,与商业活动的关联相当有限。基于这样的背景,我们分析两宋时期扬州城的商业分区,实际上主要是考察扬州州城的商业布局。《〔嘉靖〕惟扬志》所附"宋大城图",为我们提供了一个比较好的分析切入点。扬州州城只是截取唐代罗城的东南部,所以上图宋大城内部的市街、河道主要是以唐代为基础的。[2]结合此图,关于两宋时期扬州州城内部的商业分区,有以下几点值得注意:其一,从整体上讲,宋大城内的商业区主要分布在城内南北向主干道以东。"宋大城图"所反映的扬州市内的坊场巷楼,主要集中在南北向主干道以东,而这些街巷正是商业活动的主要集中地。市河以西主要是官署机构的所在地,虽间有场坊,但相对分散。其二,商业机构多集中在交通要道上。唐代封闭式的市坊制,至宋代已经逐渐崩溃,演变成相对开放的街市制。两宋时期扬州城内,有南北、东西两条大街,市河以西,还另有若干陆路干道。从"宋大城图"中可见扬州州城内的坊场巷楼皆分布在交通要道旁。特别是东西、南北两条主干道,表现最为突出。这不但是当时扬州州城内城市商业分区的特点,也是两宋时期城市形制特点的一种体现。考古人员在今扬州文化宫附近发掘出宋代炉[3],可视为宋代扬州手工业的一个例证,而文化宫遗址正是位于扬州南北交通干线上,且在市河以东。其三,与陆路干道相应,水路交通周

　　[1]　王曾瑜:《南宋后期扬州屯驻大军番号和今存南宋扬州城砖文考释》,《刘子健博士颂寿纪念宋史研究论集》,(日本)同朋社 1989 年版,第3—4页。

　　[2]　蒋忠义:《隋唐宋明扬州城的复原与研究》,中国社会科学院考古研究所编著:《中国考古学论丛——中国社会科学院考古研究所建所 40 年纪念》,科学出版社 1993 年版,第 458 页。

　　[3]　中国社会科学院考古研究所等编著:《扬州城:1987—1998 年考古发掘报告》第五章《蜀冈下城址内遗址的考古发掘》,文物出版社 2010 年版,第 143 页。

围也是商业活动的重要据点。这一点在"宋大城图"中虽然没有明确地标示出来，但据史料记载，宋代扬州城内有浊河、官河（市河）、邗沟（北江）等河[1]，其中尤以南北走向的市河与商业的关联最为重要。此河经南水门，与运河相接，是扬州城内外沟通的重要水路干线。而且水上之桥也能成为商业活动的据点，在市河北段与浊河交界处，有作坊桥。顾名思义，所谓作坊，应该是此地曾有某种手工业作坊。二十世纪八十年代，考古人员在作坊桥附近的铁佛寺西南部发掘时，发掘出坩埚、炉灶以及铜锭等遗物，[2]可见作坊桥附近确实有一个手工业的中心，当然也是商业活动的一个据点。扬州城内的其他众多桥梁，当也不乏与此类似者。如开明桥是扬州州城内东西、南北交通要道的交会中心，在桥东位置，酒肆、商店，所在多有。考古人员在其附近发现"较大型房屋遗迹"，并发现烧土与烧痕。据分析此遗迹"可能是临河的茶社、酒楼及饭店性质的建筑用房"[3]，这种推测是有一定道理的。其四，城门也是商业活动的重要据点。宋代城市商税中有所谓门税。在"宋大城图"中，东门、南门与运河相近，人员往来频繁，是商业活动的重要场所。所以以扬州州城城门为据点而形成的商业中心，主要集中于此。章炳文《搜神秘览》卷下"申先生"条记："申先生者，来往淮浙间，自言姓申，人未始奇之也。……尝在扬州府门市肆中货双泥牛，谓人曰：'只丐百二十金。'无有回盼者，抵暮，一典吏售归。"[4]章炳文为北宋徽宗时人，身世不详。其《搜神秘览》所记虽以"灵异神祇"为主，但多为作者"耳目见闻"，当有所本，故而申先生之事迹可看作是北宋后期扬州城市商业活动的一个实例。考古人员在整理扬州州城东门考古发掘的过程中，认为州城东门路道"斑驳残破"状况，反映的正是扬州"车辆往来之频繁以及兴隆的景象"[5]。这其实也是扬州城门及其周边商业活动的一

---

[1]　〔宋〕沈括撰，胡道静校证：《梦溪笔谈校证》，上海人民出版社2011年版，第734页。

[2]　蒋忠义：《隋唐宋明扬州城的复原与研究》，中国社会科学院考古研究所编著：《中国考古学论丛——中国社会科学院考古研究所建所40年纪念》，科学出版社1993年版，第457页。

[3]　中国社会科学院考古研究所等编著：《扬州城：1987—1998年考古发掘报告》第五章《蜀冈下城址内遗址的考古发掘》，文物出版社2010年版，第229—230页。

[4]　〔宋〕章炳文：《搜神秘览》卷下"申先生"条，《全宋笔记》第3编第3册，大象出版社2008年版，第149页。

[5]　中国社会科学院考古研究所等：《扬州唐宋城东门遗址的发掘》，《考古学集刊》（第19集），科学出版社2013年版，第366—367页。

种表征,可与申先生之例互参。

　　宋代扬州的城池建设,是在唐宋之际军政局势出现大变动的背景下开始的。一方面,晚唐以来地方藩镇势力的坐大,使得新生政权对地方产生一种防范的心理,因为城池是军事变乱的重要凭借与据点,所以这种心理已经影响到城池建设。宋廷在平定割据政权的过程中,曾在江淮一带有毁城隍的举措,便是明证。但另一方面,入宋后,随着经济社会的发展和维护社会治安需求的增加,关于城池建设必要性的言说也相继出现。基于扬州经济发展的需求而展开的城池建设,其实在宋初已体现出来。唐代扬州罗城的出现,得益于蜀冈下便利的运河交通而导致的经济繁荣,宋廷放弃蜀冈上的旧城,以蜀冈下周小城为基础,将其修缮为扬州州城,实际上正顺应了中晚唐以降,扬州城市经济发展的趋势。但北宋时期大部分时间里,扬州城池建设并没有太大的变动,一定程度上反映的正是宋廷整体上消极修城政策的实际影响。

　　军事因素对扬州城池建设的影响,在两宋之际的政局变动中凸显出来。随着宋室南渡,扬州由以往的内地转而成为宋金、宋元对峙的边境地区,军事因素的影响不但无法退去,事实上正促成了南宋时期对扬州城池的不断修缮与扩充。统观整个两宋时期,军事因素在影响扬州城池建设的诸种因素中占有极为重要的地位。这与两宋之际扬州从内地到边郡这种地理形势的转变有直接的关联,而城池建设的不断展开,也体现出扬州在淮东地区战略地位的重要。南宋时期,扬州长期作为淮东制置司治所,扬州蜀冈上城池的修缮与扩充,必须考虑这一重要背景。

　　军事因素对扬州城池建设的影响,必须与人事因素结合起来观察。这里的人事因素包括中央与地方两个层面。就中央层面来说,首先需要关注的当是帝王本人。南宋高、孝两朝的政治取向多有不同,高宗长期"守和",孝宗谋求"恢复"。在这样的背景下,高、孝两朝扬州的城池建设呈现出明显的差别就值得特别注意。高宗朝扬州的城池建设,主要出现在驻跸扬州以及绍兴末年宋金交恶时期,而且集中于修缮州城(宋大城),关于城池建设,整体上较为被动。孝宗朝扬州的城池建设则无论是规模还是次数,在整个两宋时期都占有最突出的地位。除州城的修缮之外,另创堡寨城与夹城,宋代扬州的三城格局,或者说扬州作为"复式城市"[1]便是出现在此间。孝宗朝突破北宋以来扬州城池修缮集中在蜀冈下宋大城的局限,这是南宋时期扬州城市军事属性凸显的直接体现。据此可见,相较于宋高宗,孝宗在城池建设方面展现出更为积极主动的态势。南宋高宗、孝宗两朝关于扬州城池建设方面表现出的态度差异,与"守和"与"恢复"的政治取向基本是相对应的。若着眼于地方,则扬州守臣的主动性在城池建设中也有着重要的影响。南宋扬州几次重要的城池建设,无一不是在当时守臣的积极建议与措置下完成的。不过地方上的举措必须以获取中央的认可为前提,这体现的是中央与地方的互动。

着眼于外围的城池规模与形态,扬州城在唐、宋两个时期表现出明显的差异,即便北宋与南宋相比,二者也多有不同。就城市内部的空间与布局而言,唐、宋扬州城也具有不同的面貌,这种不同以城池规模的变化为基础,同时也是唐代城市市坊制逐步消退,街巷制在两宋时期充分发展的一种表现。两宋时期扬州州城内部的主要交通干道多有因袭前代,但州城的布局则自有特色,其主要建筑多沿街部署,呈开放的态势。与此同时,扬州州城内的功能区也有大致清晰的界线,行政、商业与军事活动都有相对集中的区域,这些区域又分别隶属城内不同"厢"。厢制在两宋时期的扬州有切实的实践,甚至在南宋宝祐城与夹城内部也有推行。总而言之,两宋时期的扬州城在外部规模与形态以及内部的空间布局等方面,与唐代相比都多有不同,表现出明显的时代性。

---

[1] 章生道在探讨 19 世纪的中国城市时,将"由两个或两个以上筑有城墙的独立部分组成的城市"称为"复式城市",并分别以政治考量、行政隶属、运河交通、政商分区、城址变动等五个方面的因素为参考标准,将"复式城市"分为五类。若依此说,将这个概念借用来分析宋代扬州,则扬州算得上是"复式城市",但却不能轻易归类,因为宋三城与运河交通、城址变动有重要关联,同时在政商分区方面都有一定程度的体现。章氏观点见其《城治的形态与结构研究》一文,收入〔美〕施坚雅主编,叶光庭等译,陈桥驿校:《中华帝国晚期的城市》,中华书局 2000 年版,第 84—111 页。

第八章　两宋时期扬州士人仕宦与地方官守

宋代籍贯扬州的士人以及曾在扬州为官的士人的相关活动是本章主要讨论的问题。第一节"两宋时期扬州籍士人的政治活动"主要统计科举入仕的扬州籍士人。在此基础上，探讨扬州籍士人在科举入仕之前，长期居于坊间乡里时有着怎样的出身背景。以进士起家之后，其家庭乃至家族如何行之有效地延续社会地位，借以观察两宋之际，战争对地方政治精英家庭存在哪些具体影响。第二节"两宋时期扬州官守与地方吏治"，在前人统计的基础上，梳理罗列两宋历任扬州官守，并叙述部分扬州官守的治绩。

第一节　两宋时期扬州籍士人的政治活动

北宋建国以来，在崇文的治国理念之下，科举事业兴盛，具有文化或学术背景的士人源源不断地进入宋政府。科举成为入仕的重要途径，扬州地区政治精英的产生也主要是通过科举。[1]现根据《〔嘉靖〕惟扬志》与《〔乾隆〕江南通志》所载两宋扬州地区科举情况，列表于下。

表 8-1　　　　　　　　**两宋扬州籍贯进士简表**

	序号	姓　名	籍　贯	备　注
太平兴国癸未榜	1	翟　襄	江都	
咸平壬寅榜	2	陈　亚	江都	
	3	陈知微	高邮	《宋史》卷三〇七《陈知微传》
大中祥符壬子榜	4	陈尧卿	高邮	陈知微（3）长子

---

[1]　本文对扬州籍仕宦者的统计，包括宋代真州（今江苏仪征）、江都县、广陵县、高邮军（县），少量人物涉及天长县。

续表 8-1

	序号	姓　名	籍　贯	备　注
天禧己未榜	5	仲　简	江都	《宋史》卷三〇四《仲简传》
附	6	孙长卿	扬州	《宋史》卷三三一《孙长卿传》
天圣甲子榜	7	沈　播	真州	王安石《贵池主簿沈君墓表》 曾巩《池州贵池县主簿沈君夫人元氏墓志铭》
	8	孙　锡	真州	王安石《宋尚书司封郎中孙公墓志铭》
天圣庚午榜	9	张象中	江都	
	10	张宗彝	江都	张象中（9）之子
	11	张宗古	江都	张象中（9）之子
景祐甲戌榜	12	傅　仪	真州	
未详	13	柳　植	真州	《宋史》卷二九四《柳植传》
宝元戊寅榜	14	吕　溱	江都	《宋史》卷三二〇《吕溱传》
庆历壬午榜	15	周　忻	真州	
	16	孙　观	高邮	
	17	汪　泌	真州	
庆历丙戌榜	18	张康侯	真州	
	19	李　宫	真州	
	20	吴　彧	真州	
皇祐己丑榜	21	朱明之	扬州	沈季长（37）连襟
	22	征　复	真州	
	23	孙　觉	高邮	《宋史》卷三四四《孙觉传》
	24	孙　洙	真州[1]	《宋史》卷三二一《孙洙传》
	25	徐　纯	真州	
	26	刘　杰	真州	
附	27	李　定	扬州	《宋史》卷三二九《李定传》
皇祐癸巳榜	28	孙元常	真州	
	29	沈叔通	真州	沈播（7）之子
	30	吕　开	真州	
	31	桑景舒	高邮	

---

[1]《宋史》称孙洙为广陵人。今考孙洙乃孙锡之子，孙锡世为广陵巨室，父再荣，悉推田宅与兄弟，居于建安军杨子县，遂为真州人。《宋史》称其为广陵人，或是言其祖籍。

续表 8-1

	序号	姓　名	籍　贯	备　注
嘉祐丁酉榜	32	傅绎	真州	傅仪（12）之子
嘉祐辛丑榜	33	吴岐	高邮	
嘉祐癸卯榜	34	征贲	真州	
未详	35	满泾	江都	王安石《扬州进士满夫人杨氏墓志铭》
未详	36	满居中	江都	满泾（35）之子
治平乙巳榜	37	沈季长	真州	沈播（7）之子；朱明之（21）连襟。王安礼《故朝奉郎权发遣秀州军州兼管内劝农事轻车都尉借紫沈公墓志铭》
	38	乔执中	高邮	《宋史》卷三四七《乔执中传》
	39	孙览	高邮	孙觉（23）之弟《宋史》卷三四四《孙览传》毕仲游《朝请大夫孙公墓志铭》
	40	孙升	高邮	《宋史》卷三四七《孙升传》
未详	41	沈伯庄	真州	沈播（7）之子
未详	42	沈次通	真州	沈播（7）之子
治平丁未榜	43	陈良	江都	
	44	陈景山	江都	陈良（43）之子
	45	阎木	高邮	
熙宁庚戌榜	46	秦定	高邮	
	47	苏缋[1]	真州	
熙宁癸丑榜	48	沈铢	真州	《宋史》卷三五四《沈铢传》
	49	张汝贤	真州	
	50	汪𬤥	真州	
熙宁丙辰榜	51	张康伯	江都	
元丰己未榜	52	张康国	江都	张康伯（51）堂弟
元丰壬戌榜	53	晏拯	真州	
	54	艾旱	真州	
	55	郭思	真州	
元丰乙丑榜	56	秦观	高邮	秦觌（60）之兄

---

[1]《〔乾隆〕江南通志》卷一一九《选举志》作"苏绩"，《景印文渊阁四库全书》第511册，台湾商务印书馆1986年版，第72页。

续表 8-1

	序号	姓 名	籍 贯	备 注
元祐戊辰榜	57	沈伯皋	真州	
	58	傅 槑	真州	
元祐辛未榜	59	张汝明	真州	张汝贤（49）之兄 《宋史》卷三四八《张汝明传》
	60	秦 觌	高邮	秦观（56）之弟
	61	马永逸	高邮	
	62	张尧臣	高邮	
未详	63	陈 林	真州	
绍圣甲戌榜	64	邵 绘	真州	
绍圣丁丑榜	65	陈 彦	高邮	
	66	聂 份	真州	
	67	桑观国	高邮	
	68	李延光	真州	
元符庚辰榜	69	张 缜	真州	
崇宁癸未榜	70	沈 思	真州	
	71	艾 晟	真州	
	72	林 思	真州	
	73	王 云	江都	
崇宁丙戌榜	74	蔡 薿	真州	
	75	张 布	真州	
	76	徐天启	真州	
	77	黄 量	真州	
大观丁亥榜	78	赵 伦	高邮	
	79	马永卿	高邮	
大观戊子榜	80	吴 敏	真州	
大观己丑榜	81	刘大中	真州	刘湜（89）之子
	82	徐天民	真州	
政和壬辰榜	83	上官愔	真州	
	84	秦 恺	真州	
	85	秦 惇	真州	
	86	李正民	江都	
	87	孙 金	高邮	
	88	黄 裒	高邮	

续表 8-1

	序号	姓 名	籍 贯	备 注
政和乙未榜	89	刘 湜	真州	刘大中(81)之父
政和戊戌榜	90	王 昂	江都	
	91	沈 肇	真州	
	92	葛祐之	真州	
	93	吴 叙	真州	
	94	齐景直	真州	
	95	邵 傃[1]	真州	
	96	吕夷则	真州	
宣和辛丑榜	97	王居正	江都	《宋史》卷三八一《王居正传》
	98	刘大临	真州	
宣和甲辰榜	99	徐 注	真州	
	100	柳 毅	真州	
	101	吕应中	真州	
南宋				
建炎戊申榜	102	李 易	江都	
	103	薛邦彦	真州	
绍兴壬子榜	104	许叔微	真州	
	105	吴处诚	真州	
	106	仲 并	江都	
绍兴乙卯榜	107	沈 昱	真州	
绍兴壬戌榜	108	蓝 晔	真州	
绍兴乙丑榜	109	李 衡	江都	《宋史》卷三九〇《李衡传》 李嗣宗《宋故侍御史李公圹志》
	110	刘 奎	真州	
	111	郭景仁	真州	
	112	张嗣亨	真州	
绍兴戊辰榜	113	钟离松	真州	《〔嘉靖〕惟扬志》卷二二
绍兴辛未榜	114	史正志	江都	
	115	沈 洞	真州	
	116	张处厚	真州	

[1] 《〔乾隆〕江南通志》卷一一九《选举志》作"邵素",《景印文渊阁四库全书》第511册,台湾商务印书馆1986年版,第72页。

续表 8-1

	序号	姓　名	籍　贯	备　注
绍兴丁丑王榜	117	李三英	高邮	
	118	袁　澄	真州	
绍兴庚辰榜	119	沈　瀛	真州	
隆兴癸未榜	120	孙　锜	高邮	
乾道丙戌榜	121	张德言	真州	
乾道壬辰榜	122	赵　万	真州	
淳熙乙未榜	123	谢　岳	真州	
	124	陈　造	高邮	
淳熙戊戌榜	125	赵　默	高邮	《〔嘉靖〕惟扬志》卷三八
淳熙辛丑榜	126	钱有嘉	真州	
	127	刘大正	真州	
淳熙甲辰榜	128	石大昌	真州	
	129	石应孙	真州	
淳熙丁未榜	130	李应祥	江都	
	131	徐与夷	真州	
绍熙庚戌榜	132	李起宗	江都	
	133	陆　峻	高邮	
绍熙癸丑榜	134	令狐晋	真州	
庆元丙辰榜	135	凌次英	高邮	
嘉泰壬戌榜	136	张　翼	真州	
	137	赵善瑶	真州	
嘉定戊辰郑榜	138	田克悉	江都	
	139	陆　镰	高邮	
	140	王　瓉	高邮	
嘉定辛未榜	141	桑　瑞	高邮	
嘉定年间	142	龙基先	高邮	
宝庆丙戌榜	143	田文虎	真州	
嘉禧戊戌榜	144	韩希辅	真州	
淳祐辛丑榜	145	汤大德	真州	
淳祐甲辰榜	146	沈应龙	真州	
淳祐丁未榜	147	谢翼孙	真州	
淳祐庚戌榜	148	高　桂	真州	

续表 8-1

	序号	姓　名	籍　贯	备　注
宝祐丙辰榜	149	胡拱辰	真州	
	150	陈梦吴	真州	
开庆己未榜	151	汤大勇	真州	
咸淳戊辰榜	152	祝人端	真州	
咸淳辛未榜	153	夏　霝[1]	真州	

根据表 8-1，来自真州共计 95 人，其中北宋 60 人，南宋 35 人。按照姓氏，真州籍士人统计情况如下：

沈姓 13 人（北宋 9 人，南宋 4 人）；孙姓 3 人（北宋 3 人）；傅姓 3 人（北宋 3 人）；周姓 1 人（北宋 1 人）；汪姓 2 人（北宋 2 人）；张姓 9 人（北宋 5 人，南宋 4 人）；李姓 2 人（北宋 2 人）；吴姓 4 人（北宋 3 人，南宋 1 人）；征姓 2 人（北宋 2 人）；徐姓 5 人（北宋 4 人，南宋 1 人）；刘姓 6 人（北宋 4 人，南宋 2 人）；吕姓 3 人（北宋 3 人）；苏姓 1 人（北宋 1 人）；晏姓 1 人（北宋 1 人）；郭姓 2 人（北宋 1 人，南宋 1 人）；陈姓 2 人（北宋 1 人，南宋 1 人）；邵姓 2 人（北宋 2 人）；聂姓 1 人（北宋 1 人）；艾姓 2 人（北宋 2 人）；林姓 1 人（北宋 1 人）；蔡姓 1 人（北宋 1 人）；黄姓 1 人（北宋 1 人）；上官姓 1 人（北宋 1 人）；秦姓 2 人（北宋 2 人）；葛姓 1 人（北宋 1 人）；齐姓 1 人（北宋 1 人）；柳姓 2 人（北宋 2 人）；薛姓 1 人（南宋 1 人）；许姓 1 人（南宋 1 人）；蓝姓 1 人（南宋 1 人）；钟离姓 1 人（南宋 1 人）；袁姓 1 人（南宋 1 人）；赵姓 2 人（南宋 2 人）；谢姓 2 人（南宋 2 人）；钱姓 1 人（南宋 1 人）；石姓 2 人（南宋 2 人）；令狐姓 1 人（南宋 1 人）；田姓 1 人（南宋 1 人）；韩姓 1 人（南宋 1 人）；汤姓 2 人（南宋 2 人）；高姓 1 人（南宋 1 人）；胡姓 1 人（南宋 1 人）；祝姓 1 人（南宋 1 人）；夏姓 1 人（南宋 1 人）。

来自江都、广陵县共计 27 人，其中北宋 20 人，南宋 7 人。按照姓氏，江都、广陵县士人统计情况如下：

翟姓 1 人（北宋 1 人）；陈姓 3 人（北宋 3 人）；仲姓 2 人（北宋 1 人，南

[1]《〔乾隆〕江南通志》卷一一九《选举志》作"夏雷龙"，《景印文渊阁四库全书》第 511 册，台湾商务印书馆 1986 年版，第 72 页。

宋 1 人);孙姓 1 人(北宋 1 人);张姓 5 人(北宋 5 人);吕姓 1 人(北宋 1 人);李姓 6 人(北宋 2 人,南宋 4 人);朱姓 1 人(北宋 1 人);满姓 2 人(北宋 2 人);王姓 3 人(北宋 3 人);史姓 1 人(南宋 1 人);田姓 1 人(南宋 1 人)。

来自高邮军(县)共计 31 人,其中北宋 21 人,南宋 10 人。按照姓氏,高邮军(县)士人统计情况如下:

陈姓 4 人(北宋 3 人,南宋 1 人);孙姓 6 人(北宋 5 人,南宋 1 人);桑姓 3 人(北宋 2 人,南宋 1 人);吴姓 1 人(北宋 1 人);乔姓 1 人(北宋 1 人);阎姓 1 人(北宋 1 人);秦姓 3 人(北宋 3 人);马姓 2 人(北宋 2 人);张姓 1 人(北宋 1 人);赵姓 2 人(北宋 1 人,南宋 1 人);李姓 1 人(南宋 1 人);陆姓 2 人(南宋 2 人);凌姓 1 人(南宋 1 人);王姓 1 人(南宋 1 人);龙姓 1 人(南宋 1 人);黄姓 1 人(北宋 1 人)。

宋代最早的扬州籍士人,来自宋朝当初平定的江南政权。其中较为知名的是徐铉、翟骧。徐铉,字鼎臣,扬州广陵人。十岁能属文,与韩熙载齐名,江东谓之“韩徐”。徐铉曾在杨吴政权出任校书郎,又仕南唐,随南唐后主李煜入觐,宋太祖责徐铉甚厉。徐铉对曰:“臣为江南大臣,国亡罪当死,不当问其他。”宋太祖称赞道:“忠臣也! 事我当如李氏。”遂命徐铉为太子率更令。徐铉又曾受诏与句中正、葛湍、王惟恭等人同校《说文解字》。太平兴国初年,徐铉直学士院,从征太原,军中书诏填委,铉援笔无滞,辞理精当。师还,加给事中。太平兴国八年(983),徐铉出为右散骑常侍,迁左常侍。这段时期,徐铉仕途高升,不过这种情况未能持续下去。淳化二年(991),庐州女僧道安诬铉奸私事。事实调查清楚之后,道安因为诬告而受到罪罚,徐铉也因为此番波折被贬为静难军行军司马。邠州苦寒,徐铉患冷疾而亡,年七十六。徐铉无子,门人郑文宝护其丧至汴,胡仲容归其葬于南昌之西山。

除了徐铉,翟骧也是从江南割据政权转仕北宋。翟骧,字士龙。扬州广陵县人。南唐时,曾擢进士。北宋太平兴国八年(983),再举登进士第,授扬州判官。与徐铉直接进入北宋高层为官风光无限不同,翟骧入宋之后仕途多有困顿。王禹偁《送翟骧序》这篇赠别之文,亦可视作翟骧的简传:

士龙尝策名江表有年矣,皇朝平吴之明年,始归于我。兵革之后,旅

食于京师,悬于养亲,不暇择禄,因随伪官,署一簿于雷夏。考满,改一尉
于彭城,折腰作吏六七年矣。混无名之徒,食有道之禄,士龙耻之。八年,
复举进士科中第,迁从事于广陵。[1]

翟骧入宋之后先至京城,具体官职不得而知。因为其曾经在南唐任官的缘故,
宋廷署之某县主簿,雷夏泽大体位于今天山东菏泽,宋时属京东路。任满,改
署彭城县尉,沉寂六七年之久。太平兴国八年登进士及第,迁扬州判官,任官
故里。见翟骧仕宦之途不显,王禹偁有宽慰友人之意:

> 广陵即其里也,故庐半空,乔木斯拱,物华人事,依然旧情。飘飘彩衣,
> 奉版舆而东下。昆弟妻子,罗列目前,手调莼鲈,躬扫坟墓,孝子之愿毕矣。
> 噫,大丈夫得其时而行其道者,必能师表一世,利泽百姓,匪独善人之谓
> 也。然立大功,居显位,必由乎命,士龙岂无志乎? 姑见其策美名,归故里,
> 侍偏亲,亦旅人之小亨也。行乎哉,士龙宜自爱。[2]

翟骧入宋后的仕途似乎不如过往,登科之后迁扬州判官恐怕也与翟骧
"立大功,居显位"的志向相去甚远。王禹偁则以"必由乎命"来宽慰他。徐铉、
翟骧皆有出仕割据政权的经历,这可能对他们在北宋政权的仕途造成一定影
响。徐铉才学卓著,受诬告而竟遭贬谪。翟骧初为一县之主簿,沉浮数年,为
吏时久,即便一朝登科,日后仕迹依然不显。

一、北宋扬州籍进士的背景

徐铉、翟骧具有较为特殊的身份背景,很难视作宋代扬州地区最早产生
的一批政治精英。翟骧登科是在太平兴国八年(983),自此而下的陈亚、陈知
微二人是咸平五年(1002)登科,中间相隔大约二十年之久。咸平五年以下直
至宣和六年(1124),这122年之间至少有37榜有扬州地区进士。因此,从咸

---

[1] 〔宋〕王禹偁:《送翟骧序》,《全宋文》第7册,上海辞书出版社、安徽教育出版社2006年版,
第436页。

[2] 〔宋〕王禹偁:《送翟骧序》,《全宋文》第7册,上海辞书出版社、安徽教育出版社2006年版,
第436页。

平五年(1002)开始考察宋代扬州地区政治精英的出现,是较为合理的。

先以柳植(988—1053)为例,《宋史》卷二九四《柳植传》记载:

> 柳植字子春,真州人。少贫,自奋为学,从祖开颇器之。举进士甲科,
> 为大理评事、通判滁州。迁著作郎、直集贤院、知秀州。除三司度支判官,
> 出知宣州。擢修起居注、知制诰。求知苏州,徙杭州,累迁尚书工部员外、
> 郎中。召还,为翰林学士,迁谏议大夫、御史中丞。既而以疾辞,改侍读学
> 士、知邓州。迁给事中、移颍州。[1]

《宋史·柳植传》当中,除了"少贫"的记载之外,只有轻描淡写的"从祖开颇
器之"。仅根据正史传记仍然无法判断柳植究竟是毫无权势的地方寒门,还
是根深蒂固的地方势要的直系后代。柳植的墓志铭在这一方面提供了较为
详细的历史信息:

> 其先魏人,曾祖成海,自大名徙居淮南之建安[2],后为真州,遂占籍
> 焉。王父□□□□□□□□□□□□公之贵,追命显考至刑部侍郎,
> 妣赵氏封天水郡太君,继王氏封太原郡□□□□□□□□□萃方十数
> 岁,从祖先生仲涂见之谓曰:汝无弃学,当得贵仕。仲涂以文名冠一代,
> □□□□□□□公□自养居贫无以资,游学庐山,数年业成,居场
> 屋籍籍有声。天禧中□□□进士及第一名,先天下士彦解褐,为大理评
> 事,通判滁州。[3]

约值五代之乱,柳植的曾祖父自河北大名徙至淮南。关于柳植的父母,墓
志中仅记载"王父□□□□□□□□□□□公之贵,追命显考至刑部侍
郎,妣赵氏封天水郡太君",柳植的父母生前活动不详,柳植亨通显达之

---

[1] 〔元〕脱脱等:《宋史》卷二九四《柳植传》,中华书局1977年版,第9819页。

[2] 成海,《宋史·柳开传》作"承翰",参《宋史》卷四四〇《柳开传》,中华书局1977年版,第13023页。

[3] 吴炜:《介绍扬州发现的两合宋墓志》,《文物》1995年第4期,第79页。

后,朝廷追赠其父母,据此推断柳植父亲应无仕宦经历。柳植墓志记载"从祖先生仲涂见之谓曰:汝无弃学,当得贵仕",又云"仲涂以文名冠一代,□□□□□□□□公□自养"。柳开(字仲涂)是开宝六年(973)进士,宋初文坛领袖之一,柳开对家族当中这位孙辈后进非常赏识。柳开之外,梳理这一支迁徙到真州的柳氏家族,发现自柳植曾祖开始,柳氏三世皆有族人为官。《宋史·柳开传》记载:

> 柳开字仲涂,大名人。父承翰,乾德初监察御史。[1]

柳开父亲柳承翰官至监察御史。柳开本人历任州、军长官,官至如京使。柳开兄长及其子嗣也进入官场:"开兄肩吾,至御史。肩吾三子,湜、灏、沆并进士第,灏秘书丞。"[2]

这一支柳氏从第一代柳承翰算起,第二代之中有柳肩吾、柳开,第三代之中柳湜、柳灏、柳沆,应该皆有仕宦经历。柳植是第四代,只是其祖父在第二代当中名迹不显,其祖父、父亲在经济上应该逐渐败落,所以《宋史·柳植传》称其"少贫",然而仍可支持其"自奋为学"。比起经济上的破落,其家族及社会关系恐怕并不薄弱,家族成员之间当有往来。否则,身为文坛领袖且又宦游四方的柳开何以对十余岁的柳植如此赏识?柳植可谓家贫而势不孤。

对于那些家族数代皆未曾步入官场的士子而言,即便在词赋与儒学方面具有出众的才华,也须依靠一定的社会关系与机缘,才能更为顺畅地成为官场新人。比如仲简。仲简,字畏之,扬州江都人。据《归田录》记载:

> 仲简,扬州人也,少习明经,以贫佣书大年门下。大年一见奇之,曰:"子当进士及第,官至清显。"乃教以诗赋。简天禧中举进士第一甲及第,官至正郎、天章阁待制以卒。[3]

---

[1]　〔元〕脱脱等:《宋史》卷四四〇《柳开传》,中华书局1977年版,第13023页。

[2]　〔元〕脱脱等:《宋史》卷四四〇《柳开传》,中华书局1977年版,第13028页。

[3]　〔宋〕欧阳修:《归田录》卷一,中华书局1981年版,第3页。

杨亿,字大年,长于诗文,赐进士出身,曾为翰林学士兼史馆修撰,官至工部侍郎。自北宋太祖以来,皆以词赋取士,至神宗时重经术,方废之。仲简佣书杨亿门下,在诗赋方面得到了良好的指点。此外,仲简借力之处不止于杨亿的文学才能。杨亿多次负责朝廷科举之事,大约咸平四年(1001)即奉敕撰《试贤良方正科策二道》[1],杨亿之弟也因为杨亿的关系特受进士第二等[2]。关于杨亿科考徇私,时人已有记载:

> 杨大年为翰林学士,适礼部试天下士。一日,会乡里待试者,或云:"学士必持文衡,幸预有以教之。"大年作色拂衣而入,则曰:"于休哉!"大年果知贡举。凡程文用"于休哉"者,皆中选。[3]

此次科考前夕,杨亿招待应考的同乡。之后,杨亿果然成为主考官,招待同乡时候一句"于休哉"就成了变相的泄题。杨亿与新科士子们的诗文书信交流频繁[4],主考官利用主持科举来经营官场早已司空见惯。仲简在长期负责贡举的杨亿门下笔耕为养,佣书成学,无疑属于杨亿门生。《宋史·仲简传》将这种因果关系表达得更为直接:"(仲简)佣书杨亿门下,亿教以诗赋,遂举进士。"[5]杨亿教之,仲简遂举进士,可见家族、社会关系对于通往权力之路尤为重要。在官场新人步入仕途之前,即便相关传记、墓志当中一再强调主人公家境贫困,并且突出个人才能在政治生涯起步过程中的关键作用,然而继承家族关系,或是寻求其他靠山,如结识已经身处官场的重要人物,仍然在个人

---

[1]　咸平五年(1002)有《咸平五年九月试武举人策第一道》;景德元年(1004)《试草泽柳察策二道》;景德二年(1005)《试草泽策第一道》《试草泽刘牧第二道奉圣旨撰》;景德三年(1006)《景德三年九月试贤良方正能直言极谏第一道》。诸如此类,不复一一列举。(《全宋文》第14册,上海辞书出版社、安徽教育出版社2006年版)

[2]　〔宋〕杨亿:《谢弟倚特赐进士第二等及第表》,《全宋文》第14册,第224—225页。

[3]　〔宋〕邵博温:《邵氏闻见后录》卷二〇,中华书局1983年版,第158页。

[4]　如杨亿《谢贤良登科查正言启》(《全宋文》第14册,第333页)、《贺试中贤良启》(《全宋文》第14册,第354—355页)、《次韵和章频下第书怀之什》(《全宋诗》第3册,北京大学出版社1998年版,第1357页)、《喜王虞部赐进士及第》(《全宋诗》第3册,第1380页)、《与王虞部先辈启》(《全宋文》第14册,第352—353页)等。

[5]　〔元〕脱脱等:《宋史》卷三〇四《仲简传》,中华书局1985年版,第10077页。

科举事业中发挥相当大的作用。

官场的资源并非入仕的唯一有利条件,经济上的优势也使得部分人首次成为政治精英之前,就已经是长期经营乡里的地方精英。比如真州人孙锡。熙宁元年(1068)九月,王安石为孙锡撰写了墓志铭,除了历数孙锡若干善政之外,还交代了孙锡的出身:

> 公讳锡,字昌龄。曾祖钊,祖易从,父再荣,皆弗仕。及公仕,赠其父至尚书兵部侍郎。公以天圣二年进士起家和州历阳、无为巢二县主簿。[1]

孙锡的曾祖、祖父、父亲皆不曾为官,墓志铭也未交代墓主人生前有何特别的社会关系和机缘,孙锡不具备柳植那样直系亲属往上三代皆有仕宦的条件,在进士及第之前也未曾结交权门。不过孙锡却有着经济上的优势:

> 孙氏世为广陵富姓,兵部兄弟五人。其季妇有子寡,欲分财,以义譬解不得,乃悉推田宅与诸兄弟,脱身携公居建安军扬子,故今为真州人。诸兄弟后破产,而兵部居扬子,又卒为富姓。为公千里迎师,立学舍,市书至六七千卷。公感励奋激,诵习忘寝食。年十九举进士开封第二,坐同保匿服罢,而再举又第一。[2]

孙氏世为广陵巨姓,至孙锡父辈之时,兄弟五人,因分家产产生分歧。孙锡的父亲孙再荣退出财产争夺,让与兄弟,迁到与广陵县相邻的扬子县。来到扬子县后,孙再荣又成为当地富室。经济优渥的孙再荣对文化教育展现了极大的热情,为其子孙锡聘请老师,千里相迎;又建造学舍,购书至六七千卷。仅仅具备经济优势和登科之间无法画上等号,但依靠经济优势可以更好地获取学术文化资源。由此,那些获利的商贾或是经营土地的地方势要,才能兼

---

[1]〔宋〕王安石:《宋尚书司封郎中孙公墓志铭》,《全宋文》第65册,上海辞书出版社、安徽教育出版社2006年版,第200页。

[2]〔宋〕王安石:《宋尚书司封郎中孙公墓志铭》,《全宋文》第65册,上海辞书出版社、安徽教育出版社2006年版,第201页。

具文化背景,打开"以进士起家"的大门。孙再荣花费了较低的时间成本,其子孙锡十九岁中第,这种情况并不常见。

更多情况下,实现科举入仕的目标,可能需要两三代人的长期努力。高邮乔氏便是如此,以乔执中为例,《宋史·乔执中传》记载:

> 乔执中字希圣,高邮人。入太学,补五经讲书,五年不谒告。王安石为群牧判官,见而器之,命子弟与之游。擢进士,调须城主簿。[1]

《宋史》未记载乔执中的家庭背景,反而强调了王安石是乔执中的伯乐,其命子弟与乔执中结交。《宋史》的记载突出了乔执中在京城的机缘,对其家庭背景未做交代。《舆地纪胜》记载:

> 乔竦,字立之,以乡先生教授州里,从之学者多以文行知名一时,而淮南数阡里间,高邮若齐鲁,自乔公发之,莘老其徒也。[2]

又据《〔嘉庆〕重修扬州府志》记载:

> 朝奉大夫乔竦墓。(在临泽镇,孙觉撰《志铭》。竦教授州里,倡明正学,淮海数千里宗之。官阶,卒后所赠也。)[3]

乔执中乃乔竦之子,孙觉(字莘老)是其徒。孙觉,高邮人,皇祐元年(1049)进士,其师乔竦墓志铭即由孙觉执笔。乔竦之前,高邮乔氏是否从事学术文化不得而知,占有土地情况亦无从考证。唯一可考的是乔竦在淮南地区负有盛名,以学行教授州里,但乔竦本人未曾为官,亦未及第。乔执中是治平二年(1065)进士,比他父亲的学生孙觉大约晚了15年。高邮乔氏从业儒

---

[1]〔元〕脱脱等:《宋史》卷三四七《乔执中传》,中华书局1977年版,第11017页。

[2]〔宋〕王象之:《舆地纪胜》卷四三,中华书局1992年版,第1763页。

[3]〔清〕阿克当阿等修:《〔嘉庆〕重修扬州府志》卷二七《冢墓志》,广陵书社2014年版,第772页。

开始到诞生第一位进士,可能至少经过了两代人的时间。

家族社会关系、经济、家族学术文化背景是地方政治精英产生的有利条件,但也有极少数一部分人,不具备以上优势,仍然成功地以进士起家。比如陈亚(字亚之,江都人)。据《〔宝祐〕维扬志》记载:

> 陈亚幼孤,育于舅家。舅为医工,人呼作衙推。亚登第,人皆贺其舅,亚有诗云:"强公吃酒李公醉,自古人言信有之。陈亚今年新及第,满城人贺李衙推。"[1]

陈亚年幼孤贫,由其舅抚养。陈亚及第之后,满城祝贺其舅李衙推。宋代衙推是对从事医卜星象之人的称呼,陈亚之舅是医工,是当时扬州城内的普通居民。与柳植、仲简、孙锡、乔执中相比,陈亚在背景方面毫无优势可言。寒门弟子能够入仕,或与北宋科举政策密切相关,宋真宗曾亲谕知贡举的大臣:"贡举重任,当务选擢寒俊,精求实艺,以副朕心。"[2]宋仁宗则云:"于科举尤轸圣虑,孜孜然惟恐失一寒畯也。"[3]这是当时寒门得以改变命运的一个重要背景。

二、北宋扬州籍士人的政治经营

对于那些通过科举首次获得政治地位的家庭,如何经营既得权势,并将其传递给子孙后代,便成了一个重要的问题。即便这些家庭的后裔在贡举当中具有优势,也无法确保在激烈的竞争当中金榜题名。在此情况下,恩荫制度成了他们维持社会地位的重要手段。如陈知微,字希颜,高邮人,咸平五年(1002)进士,其长子陈尧卿为大中祥符五年(1012)进士。陈尧卿进士及第,延续了高邮陈氏的宦业。此外,陈知微天禧二年去世之时,宋廷"录其子舜卿为太常寺奉礼郎,给奉终丧,又假官船载其枢还乡里"[4]。陈舜卿入仕即是通过恩荫。

又如真州孙锡,在天圣二年(1024)成为真州孙氏在北宋第一位进士,皇

---

[1]　马蓉等点校:《永乐大典方志辑佚》,中华书局2004年版,第501页。

[2]　〔宋〕李焘:《续资治通鉴长编》卷四三"咸平元年正月丙寅",中华书局2004年版,第907页。

[3]　〔宋〕朱弁:《曲洧旧闻》卷一,《景印文渊阁四库全书》第863册,台湾商务印书馆1986年版,第291页。

[4]　〔元〕脱脱等:《宋史》卷三〇七《陈知微传》,中华书局1977年版,第10135—10136页。

祐元年(1049),其子孙洙又中进士,《舆地纪胜》记载,"孙洙,锡之子也,年十九登进士第"[1]。元丰初年,参知政事阙,帝将用孙洙,孙洙得疾卒。孙洙死后,"上对辅臣嗟惜,常赙外,特赐钱五十万,录长子乘、幼子朴为秘书省正字,族子枢守将作监主簿"[2]。真州孙氏两代以进士入仕,而孙洙之子未有登科,宋神宗录其子孙乘、孙朴以及侄儿孙枢为官。

又如扬州进士满泾及其后人。《扬州进士满夫人杨氏墓志铭》记载:

> 扬州进士满泾之夫人杨氏者,著作元宾之女也,年六十有一,以治平四年十月庚戌卒,而以熙宁二年八月庚申葬,其墓在江都县马坊里之南原。有子七人,建中、居中、执中、存中、方中、闳中、求中,皆向学。建中寿州寿春县令,执中颍州万寿县令,居中举进士。女二人,孙男女八人。[3]

满泾的七个儿子当中,只有满居中进士及第。而寿州寿春县令满建中、颍州万寿县令满执中,并没有进士及第的记载,二人应该是以恩荫入仕。

这些北宋王朝的官场新人,经营家族政治势力的事迹屡见不鲜。高邮孙氏将科举与恩荫相结合,保证了家族数代的持续繁荣。北宋高邮进士孙览墓志记载:

> 公有兄莘老,仕至龙图阁直学士,以文学行义为时儒宗。而公亦以文行进,通达世务,长于吏治,与兄莘老并。莘老平生仕宦,多推所得之恩于族中,而公亦以任子恩官其从父兄弟三人及姨之子吴观。故历仁、英、神、哲四朝,皆至大官,得名于天下。天下称贤弟兄者,必曰莘老、传师焉。[4]

[1]〔宋〕王象之:《舆地纪胜》卷三八,中华书局1992年版,第1627页。

[2]〔宋〕李清臣:《孙学士洙墓志铭》,《全宋文》第79册,上海辞书出版社、安徽教育出版社2006年版,第59页。

[3]〔宋〕王安石:《扬州进士满夫人杨氏墓志铭》,《临川文集》卷九九,《景印文渊阁四库全书》第1105册,台湾商务印书馆1986年版,第829页。

[4]〔宋〕毕仲游:《朝请大夫孙公墓志铭》,《全宋文》第111册,上海辞书出版社、安徽教育出版社2006年版,第148—149页。

孙览，字传师，治平二年（1065）进士，《宋史》有传。孙览是皇祐元年（1049）进士孙觉之弟。兄弟二人进入官场之后，将权势用于经营家族的社会地位，最重要的事情就是恩官族人。孙觉为官之后多推恩于族人，孙览也是如此。不仅孙览自己的子嗣得以步入官场，孙览的三位堂兄弟、一位表兄弟皆由恩荫入仕。在孙觉、孙览对家族权势的经营之下，孙氏家族历经北宋仁、英、神、哲四朝，皆有高官。联系上文，从另外一个角度观察高邮地区的政治精英发现，高邮著名学者乔竦是高邮进士孙觉之师，高邮进士乔执中是乔竦之子，乔执中与孙览同是治平二年（1065）进士，二人又是同乡。高邮孙氏的另外一位进士孙升，也是治平二年（1065）进士，据孙升《孙公谈圃》记载，其本人科考当中"与乔希圣数人待榜"[1]。孙升与乔执中（字希圣）关系良好，进一步而言，孙氏与乔氏这两个地方精英家族之间保持较为密切的关系。孙氏家族与扬州地区同乡进士多有交往，孙觉还举荐过扬州进士李定[2]。

高邮孙氏维持家族长久繁荣的途径不止科举、恩荫两种。婚姻是社会力量的整合，也是家族社会地位延续的一种助力。据墓志记载：

> 豫章黄庭坚之初室，曰兰溪县君孙氏，故龙图阁直学士高邮孙公觉莘老之女，年十八归黄氏……初，庭坚年十七，从舅氏李公择学于淮南，始识孙公，得闻言行之要。启迪劝奖，使知向道之方者，孙公为多。孙公怜其少立，故以兰溪归之。[3]

黄庭坚十七岁时跟随舅舅李常，结识了孙觉。据黄庭坚的表述"孙公怜其少立，故以兰溪归之"，黄庭坚少立，应该指的是得中进士，任汝州叶县尉。孙觉便将自己的一个女儿嫁给了具有政治潜力的黄庭坚。孙觉之弟孙览，则娶了中大夫直龙图阁知青州军州事王说（字岩夫）的长女。王说的祖父王化

［1］〔宋〕孙升：《孙公谈圃》卷下，《全宋笔记》第2编第1册，大象出版社2006年版，第162页。

［2］据《宋史》卷三二九《李定传》记载："李定字资深，扬州人。少受学于王安石。登进士第，为定远尉、秀州判官。熙宁二年，孙觉荐之。"中华书局1977年版，第10601页。

［3］〔宋〕黄庭坚：《黄氏二室墓志铭》，《全宋文》第108册，上海辞书出版社、安徽教育出版社2006年版，第113—114页。

基、父亲王举正为北宋高官,叔叔王举直、王举善、王举元皆有所立。《中大夫直龙图阁知青州军州事王公墓志铭》记载:

> (王说)娶钱氏,河南郡君;李氏,河内郡君;薛氏,河东郡君。子男三人:瑜,朝奉大夫、京东路转运使,先公而卒;琮,知相州录事参军、河北路盐事司干办公事;璆,太庙斋郎,早卒。女八人:长适枢密直学士孙览;次适承议郎李去盈;次适通直郎杨彦章,早卒;次适承议郎陈扶;次适瀛州防御推官许子卿;余并早卒。孙男四人:良冶,郊社斋郎;良史、良质并假承务郎;良式尚幼。孙女三人:长适承议郎、尚书比部员外郎周绅;次适颍昌府观察判官孙竢;一尚幼。曾孙男,大伦,郊社斋郎;曾孙女一人,未嫁。[1]

北宋王氏家族数代显贵,至王说,除去早卒、尚幼的成员,王说以下的直系亲属当中,两个儿子、五个女婿、三个孙子、两个孙女婿、一个曾孙,皆入宦途。孙览娶了王说的长女,与政治上显赫的王氏家族结成姻亲。至此,重新揣摩高邮孙氏"历仁、英、神、哲四朝,皆至大官"的记载,恐怕并不仅仅是高邮孙氏推恩族人的结果。孙氏与王氏两家缔结婚姻,形成合力,更有益于高邮孙氏家族广振声名。毫无疑问,地方政治精英家庭的婚姻遵循着门当户对的原则,双方家族地位基本对等。衡量社会地位的首要因素是政治地位,这一点无论是为子、孙匹配婚姻,还是为女儿选择婚姻时,几乎无一例外。又如北宋真州进士沈播及其四个儿子沈伯庄、沈季长、沈叔通、沈次通。沈播的墓志由王安石(1021—1086)执笔,据《贵池主簿沈君墓表》记载:

> 予先君女子三人,其季嫁沈子也。他日,有问予先君之婿,而予告以沈子。其知沈子之家者,必曰是其父能文学。……君讳某,字某,再世家于杭州之钱塘,而其先湖州之武康人也。武康之族显久矣,至唐有既济者,为尚书礼部员外郎。生传师,为尚书吏部侍郎,赠吏部尚书。尚书生

---

[1] 〔宋〕邹浩:《中大夫直龙图阁知青州军州事王公墓志铭》,《道乡集》卷三五,《景印文渊阁四库全书》第1121册,台湾商务印书馆1986年版,第477页。

询,为潞州刺史、昭义军节度使。自昭义以上三世,皆有名迹,列于国史。昭义生丹,为舒州团练判官。舒州生牢,江南李氏时为饶州刺史。饶州生廷颥,为濠州军事推官。濠州生承海,大宋为明州定海县主簿,累赠光禄卿。光禄生玉,尚书屯田郎中,知真州军州事。君真州之子,天圣二年,以进士起家楚州司法参军,再调为池州贵池县主簿,年三十六,疾卒于京师之逆旅。夫人元氏,生男子伯庄、季长、叔通,皆为进士,而季长则予先君之婿也。[1]

沈播出自吴兴沈氏,北宋以前,沈氏世代皆有宦业。入宋以来,沈播的祖父沈承海为明州定海县主簿;父亲沈玉知真州军州事;天圣二年(1024),沈播进士及第。沈播妻子元氏亦有墓志,由曾巩执笔,曰:

> 夫人姓元氏,钱塘人。祖讳德昭,事吴越国王钱氏,宋兴,赠太保。考讳好文,尚书比部员外郎,赠某官。嫁吴兴沈氏,其舅为尚书屯田郎中讳某。其夫为池州贵池县主簿讳播。……子男四人皆进士:曰伯庄,未仕;曰季长,越州司法参军;曰叔通,秘书省著作佐郎;曰次通,试将作监主簿。贵池君于先人为同年友,而诸子又与余游,故为铭。[2]

元氏祖父元德昭是吴越国丞相,入宋,宋廷赠元德昭太保,元氏父亲元好文官至尚书比部员外郎,元氏另有一兄弟官至尚书屯田郎中。元氏嫁给沈播,元、沈两个家族结成姻亲关系。此外,从曾巩的表述来看,沈播与曾巩父亲是同年进士,关系密切。曾巩又与沈播诸子保持两个家庭之间的往来。除了曾巩的家庭,王安石的父亲王益(994—1039)也与沈播存在密切关系,王益还将自己的小女儿嫁给沈播的儿子沈季长。宝元二年(1039)二月,王益卒于江宁府通判任上,享年四十六岁。王益去世时王安石大约 19 岁,推断王

---

[1]〔宋〕王安石:《贵池主簿沈君墓表》,《全宋文》第 65 册,上海辞书出版社、安徽教育出版社2006 年版,第 118—119 页。

[2]〔宋〕曾巩:《池州贵池县主簿沈君夫人元氏墓志铭》,《曾巩集》卷四五,中华书局 1984 年版,第 617—618 页。

安石妹妹的婚事是王益生前所定,从出嫁年纪推算,时间应该是王益任江宁通判之时。王安石称"其知沈子之家者,必曰是其父能文学",在王安石看来,父亲王益认为沈播"能文学",所以同意双方儿女这桩婚事。除了沈季长,另一位扬州籍进士也成了王益的女婿,据王益妻子的墓志记载:"女三人,长适尚书虞部员外郎、沙县张奎,次适前衢州西安县令、天长朱明之,次适真州沈季长。"[1]沈季长与朱明之则为连襟,二人皆为王安石妹婿。在原本就已形成的官宦家族交际网当中,王益、王安石、沈播、沈季长、朱明之等人又增加了一层姻亲关系。姻亲关系的确为这些家族的后人步入仕途提供了便利,据《宋史·沈铢传》记载:"沈铢字子平,真州扬子人。父季长,王安石妹婿也。铢少从安石学,进士高第,至国子直讲。"[2]沈铢高中进士与其舅王安石的责望不无关系。

这一情况绝非个例,有时两个家族之间的婚姻还出现了"亲上加亲"的现象,如扬州江都县进士张康伯,据张康伯母亲钱氏墓志记载:

> 元丰七年二月,扬州天长县主簿、充南京国子监教授张康伯昆弟,既终其母彭城县君钱氏之丧,以尊公前利州转运判官通直君之命,举葬于江都县东兴乡冯家原先茔之右域。卜用明年正月己酉襄事吉,出其叔舅右司郎中穆甫状,邀铭于所知。予与张氏世姻也,而通家有旧,故谂行载笔,得其详焉。
>
> 夫人系出钱塘,以曾祖吴越国王讳俶始葬会稽,子孙遂占名数于彼。祖讳易,翰林学士、累赠太尉。考讳彦远,起居舍人、知谏院、赠工部尚书。母济阳县太君丁氏,故相晋公之孙女也。初,夫人之姑真宁县太君既归张氏,为太常博士集贤校理讳宗古之配。不幸集贤早世,尚书念女兄之嫠居,故以夫人许嫁其中子升卿公翊,即通直君也。……子五人,男四:长即康伯也;次康孙,泰州司户参军;次康道、康广。女子一,适其弟之子鲁望。张、

[1]　〔宋〕曾巩:《仁寿县太君吴氏墓志铭》,《曾巩集》卷四五,中华书局1984年版,第611页。
[2]　〔元〕脱脱等:《宋史》卷三五四《沈铢传》,中华书局1985年版,第11157页。

钱通婚,盖三世矣。[1]

根据《彭城县君钱氏墓志铭》,厘清墓志中交代的钱氏家族的人物关系:第一代:曾祖吴越国王钱俶;第二代:祖父北宋翰林学士钱易;第三代:父亲起居舍人钱彦远,娶宰相丁谓的孙女,钱彦远的姐姐钱氏(真宁县太君),嫁给太常博士集贤校理张宗古;第四代:右司郎中钱穆,钱穆的姐姐钱氏(彭城县君)。在钱氏家族当中,第三代的钱氏(真宁县太君)与第四代的钱氏(彭城县君),分别嫁给扬州张氏家族的不同成员。北宋天圣八年(1030),扬州张象中与他的两个儿子张宗彝、张宗古同榜进士及第。张氏在扬州地区也属于精英家族,与钱氏家族的社会地位应该较为匹配。错综复杂的婚姻关系有时不仅牵扯两个家族。元丰四年(1081)苏颂入朝,判尚书吏部兼详定官制,元丰八年(1085)苏颂尚在朝中。这篇《彭城县君钱氏墓志铭》即出自当时苏颂之笔,苏颂自称“予与张氏世姻也,而通家有旧”。可见苏氏家族与扬州张氏家族也有姻亲关系。苏颂之父苏绅[2]曾在扬州任官,丁母忧期间亦在扬州寓居。身为地方官守的苏绅应该在此期间与张氏家族有所交往。苏颂《万寿县令张君夫人苏氏墓志铭》记载:

> 西出广陵故城十三里所,有大墓在蜀冈之南曰冯家原,集贤张公之所宅也。集贤之次子曰颖州万寿县令挺卿斯立,祔其圹西南隅之庚地。堪舆家曰:山连兑乾,水流丁未,其前望京江,诸山拱而揖之,皆吉符也。元丰八年春正月,集贤之孙天长县主簿、充南京国子监教授康伯昆弟,将葬其偏亲彭城县君钱夫人,得吉卜矣。又举世母武功苏氏之柩,同用其月己酉,厝于斯立之右方,幼子獐老从之。苏氏,予长妹也。我先人太尉公翰林府君晚得女,以其秀且慧,故特抚爱之。始稚而孩已能言,渐诵章句。少长而承礼义之训,又能秉笔为词语。及笄,择配且久,乃以适亳州司法吕昌绪。昌绪故相许文穆公之孙也。甫三年而寡,后四年获归斯立。……

---

[1]　〔宋〕苏颂:《彭城县君钱氏墓志铭》,《苏魏公文集》卷六二,中华书局1988年版,第952—954页。

[2]　苏绅(999—1046),福建同安县人,天禧三年(1019)进士,曾任扬州通判、扬州知州。

张氏三子：长康直，用斯立之舅翰林钱公补荫为郊社斋郎；次康寿；次康叔，即獐老也，并相继夭阏。斯立遂无后，而吕氏二子亦卒，二孙尚幼。惟是窀穸之事，皆教授洎其尊公，前利州路转运判官通直君主之，乃得如礼。呜呼，可哀哉！[1]

据《彭城县君钱氏墓志铭》《万寿县令张君夫人苏氏墓志铭》所载，制作关系简图如下：

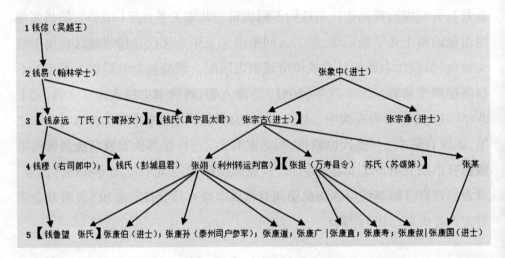

图中"→"表示父子、父女关系，"【　】"表示夫妻关系。张宗古娶翰林学士钱易之女钱氏（真宁县太君），生张挺、张翊等。太常博士集贤校理张宗古早逝，无法经营家族势力。张宗彝任利州转运使，张宗古之子张翊任利州转运判官。显而易见，是张宗彝提携亡兄（弟）之子。除了张氏家族内部的努力，结成姻亲的钱氏家族，在对方难以维持繁荣时也提供帮助。张宗古去世后，钱氏家族第三代钱彦远考虑到姐姐钱氏（真宁县太君）寡居艰难，故而将自己与丁氏（丁谓孙女）的女儿钱氏（彭城县君）嫁给张宗古的儿子张翊，钱氏（彭城县君）与张翊实际上是表兄妹关系。两个家族"重复"的婚姻关系在提升张氏家族地位方面起到一定的作用，比如张康直，便是因为他父亲张翊的舅舅钱彦远而补荫为郊社斋郎。张氏家族"投桃报李"，将张翊与钱氏（彭城县君）的女

---

[1]〔宋〕苏颂：《万寿县令张君夫人苏氏墓志铭》，《苏魏公文集》卷六二，中华书局 1988 年版，第 951—952 页。

儿张氏,嫁给钱氏(彭城县君)内侄钱鲁望。钱、张两大家族三世通婚,所以当时士大夫家称"钱、张之睦,加于人一等矣"。在以钱、张两家为主的婚姻网络中,又加入了宰相丁谓后人,以及不久即将拜相的苏颂的家族成员。这些地方政治精英家族,除了积极参加科举考试、恩荫子弟为官以外,在构建官宦家族婚姻网络方面亦不遗余力。

在某些时候,地方政治精英家族也会施恩于新人。这种举措更像是对以往保守的婚姻策略进行适当补充。在北宋人谢逸《江夫人墓志铭》当中,就记载了这一史实:

> 余家自金陵徙临川,与江氏为邻里,至余之身,盖五世矣。江氏家法之严,子弟之谨,妇女之肃,固已饫闻,而餍道之也夫。人既嫁陈氏……平生乐赈人之穷,宗族乡党之间受其赐者,不知其几人矣。以大观三年九月甲子卒,享年五十有八。男四人:之祥、之奇、之中、之永,皆应进士举,之祥先夫人卒。女五人:嫁江野、吴敏、江懋、江君从、江公明,皆士人,野举乡贡进士,嫁敏者后夫人卒。孙男三人:台、石、谷。孙女一人尚幼。[1]

临川江氏毫无疑问是当地的精英家族,闻名乡里。江夫人嫁给陈氏,与陈氏所育四子,皆中进士,维持了陈氏家族的繁荣。颇可注意的是,江夫人的五个女儿,分别嫁给了江野、吴敏、江懋、江君从、江公明。五个女婿当中有四个姓江,与江夫人同姓,这一现象绝非巧合,是江夫人有意将她的四个女儿嫁给了自己娘家侄儿,这应当属于陈、江两家"反复"婚姻的一部分。这其中只有一个例外,那便是江夫人的二女儿嫁给了真州籍进士吴敏。抚州与真州相隔甚远,吴敏原本不在抚州临川陈、江家族婚姻网络之中。与异地的新科进士结成婚姻关系,本人和家族后代也可能得益于新人日后在政治上发迹。

总而言之,婚姻策略是科举、恩荫之外强大的助力,即便某一时期家族成员长期担任低级官吏,他们的子孙后代也往往能通过保守而强大的恩荫制度、婚姻网络,继续进入仕途,从而持续巩固家族社会地位。

---

[1]〔宋〕谢逸:《江夫人墓志铭》,《溪堂集》卷九,《景印文渊阁四库全书》第1122册,台湾商务印书馆1986年版,第547—548页。

三、扬州籍士人与王安石新法、王安石之学

北宋熙宁二年(1069)至元丰八年(1085),宋神宗、王安石君臣主持变法。扬州籍士人在这场变法运动之中有三种不同的态度。

扬州籍士人参与过新法的讨论与制定,或是积极追随王安石,成为王安石变法运动的成员。这其中有高邮乔执中、崔公度以及江都李定[1]。王安石为政之时,引乔执中编修熙宁条例,又选提举湖南常平,崔公度则献《熙宁稽古一法百利论》。在王安石变法当中,参与度较高的扬州籍士人当属李定。李定,字资深,少受学于王安石。李定进士及第后,为定远尉、秀州判官。熙宁二年(1069),孙觉荐之,召至京师。李定至京城,拜谒谏官李常,李常问曰:“君从南方来,民谓青苗法何如?”李定回答:“民便之,无不喜者。”李常则提醒李定:“举朝方共争是事,君勿为此言。”李定拜见王安石,并将青苗法的实施情况告诉王安石,说道:“定但知据实以言,不知京师乃不许。”王安石大喜,让李定将其所见向宋神宗禀报。在王安石的举荐下,李定向宋神宗对以青苗法之事。元丰初年,李定召拜宝文阁待制、同知谏院,进知制诰,为御史中丞。上任后,李定向那些对变法提出尖锐批评的人进行打击,这其中就包括苏轼。由于苏轼多次指出新法实施过程中的弊端,李定欲穷治苏轼之“罪”。最后,苏轼被贬黄州。而李定在事后发出感叹:“苏轼乃奇才也。”[2]宋神宗去世后,以司马光为首的旧党开始推翻王安石的新法,旧党也不遗余力地清算变法派。李定也遭到了打击报复,元祐元年(1086)即出知青州,移江宁府。此时言者争相上疏李定之过,遂再贬滁州。元祐二年(1087),李定卒。李定对宗族有恩,分财振赡,家无余赀,其死之日,诸子皆布衣。李定生前依附于王安石,构苏轼之罪,在变法运动当中,也承受旧党的攻击,落下不孝之名。

熙宁、元丰之际,扬州籍士人已很少有坚定追随王安石变法的,反倒是不少士人指出了新法的弊端,或在地方为官时对新法实施过程中产生的问

---

[1] 据《宋史》卷三五三《崔公度传》记载:“崔公度字伯易,高邮人。……王安石当国,献熙宁稽古一法百利论,安石解衣握手,延与语。召对延和殿,进光禄丞,知阳武县。”中华书局1977年版,第11152—11153页。

[2] 本段所引皆自《宋史》卷三二九《李定传》,中华书局1977年版,第10601—10602页。

题进行补救。如孙洙,据《宋史》记载:"王安石主新法,多逐谏官御史,洙知不可,而郁郁不能有所言,但力求补外,得知海州。"[1]免役法实施之后,常平使欲加敛助役之钱,以取赢为功,孙洙力争止之。孙洙父亲孙锡的墓志铭即出自王安石之手,两家关系自然非比寻常,但孙洙却并未一味地支持王安石。孙觉的情况与孙洙较为类似,据《宋史》记载,"王安石早与觉善,骤引用之,将援以为助"[2],但孙觉却不在王安石新党之列。早在宋神宗即位之初,孙觉就对神宗即将大革积弊表达自己的看法,孙觉言道:"弊政固不可不革,革而当,其悔乃亡。"在孙觉看来,弊政不可不除,关键在于"革而当",在于得其方法。孙觉指出,神宗欲兴太平之治,但所擢数十人者,多有口才,而无实行,恐为患祸,切忌急功近利。时方值吕惠卿用事,神宗询于孙觉,孙觉对曰:"惠卿即辩而有才,过于人数等,特以为利之故,屈身于安石,安石不悟,臣窃以为忧。"其后,王安石、吕惠卿果然交恶。青苗法即将实行,王安石新党谓:"周官泉府,民之贷者,至输息二十而五,国事之财用取具焉。"孙觉奏条其妄,曰:"成周赊贷,特以备民之缓急,不可徒与也,故以国服为之息。然国服之息,说者不明。……国事取具,盖谓泉府所领,若市之不售,货之滞于民用,有买有予,并赊贷之法而举之。傥专取具于泉府,则冢宰九赋,将安用邪?圣世宜讲求先王之法,不当取疑文虚说以图治。今老臣疏外而不见听,辅臣迁延而不就职,门下执正而不行,谏官请罪而求去。臣诚恐奸邪之人,结党连伍,乘众情之汹汹,动摇朝廷,钓直干誉,非国家之福也。"[3]孙觉与王安石是旧交,王安石览孙觉之奏,怒言道:"不意学士亦如此!"王安石又请孙觉视畿县青苗法实行的情况,孙觉奏疏辞行,直接向王安石言道:"如陈留一县,前后晓示,情愿请钱,卒无一人至者,故陈留不散一钱。以此见民实不愿与官中相交。所有体量,望赐寝罢。"此言一出,是直指青苗法根本无法施行。王安石遂出孙觉知广德军。孙觉之弟孙览也未加入王安石新党,孙览为司农主簿之时,新党成员舒亶判寺且兼谏院,"欲引览自助,览拒不答。

[1]〔元〕脱脱等:《宋史》卷三二一《孙洙传》,中华书局 1977 年版,第 10422 页。

[2]〔元〕脱脱等:《宋史》卷三四四《孙觉传》,中华书局 1977 年版,第 10926 页。

[3]〔元〕脱脱等:《宋史》卷三四四《孙觉传》,中华书局 1977 年版,第 10926—10928 页。

亶怒,用帐籍违事劾之"[1],出提举利州、湖南常平,改京西转运判官。此后,孙览在任户部侍郎之时,与蔡京论役法不合,遂又出知太原。孙览曾在渭州等地抵御西夏侵袭,虽立边功,但其议论多触执政,屡遭绌削。

除了以上两种情况,也有部分士人直接站在王安石变法的对立面。如高邮进士孙升,宋神宗去世,旧党主持朝政,孙升尝言:"王安石擅名世之学,为一代文宗。及进居大位,出其私智,以盖天下之聪明,遂为大害。今苏轼文章学问,中外所服,然德业器识,有所不足。为翰林学士,已极其任矣;若使辅佐经纶,愿以安石为戒。"[2]孙升此番言论在"元祐更化"之际带有明显的立场,的确属于对王安石及其新党的抨击。关于王安石变法的批评不止于北宋时期,北宋宣和三年(1121),扬州江都王居正进士及第,王居正的主要仕迹在南宋时期。王居正权直学士院,任兵部侍郎,论王安石父子之言不合于道者,衷得四十二篇,名曰《辨学》,上呈宋高宗。王居正曰:"陛下恶安石之学,尝于圣心灼见,其弊安在?"宋高宗曰:"安石之学,杂以伯道,欲效商鞅富国强兵,今日之祸,人徒知蔡京、王黼之罪,而不知生于安石。"王居正认为,王安石得罪万世者不止宋高宗言及者,又陈述安石释经无父无君者。宋高帝作色曰:"是岂不害名教邪?孟子所谓邪说,正谓是矣。"[3]王居正便将宋高宗之语系于《辨学》之首。《辨学》包括《书辨学》十三卷、《诗辨学》二十卷、《周礼辨学》五卷、《辨学外集》一卷。王居正的《辨学》与杨时《三经义辨》列于秘府,二书既行,天下遂不复言王氏学。

四、南宋时期扬州地区进士述略

北宋灭亡之后,金军数犯两淮,扬州、泰州等地皆曾遭受金军掳掠。然而在此情况下,扬州地区不少精英家族却并未在战乱中遭受毁灭性打击。仲并,江都人,绍兴二年(1132)进士,北宋仲简家族后人。夫人陈氏,出自建业(今江苏南京)世族巨室,嫁与仲并。陈氏死后,其墓志铭由仲并撰写,曰:

　　某年某月某甲子,江都仲某始以某州某县某乡某原葬其配陈氏者,乃

---

[1]〔元〕脱脱等:《宋史》卷三四四《孙览传》,中华书局 1977 年版,第 10928 页。

[2]〔元〕脱脱等:《宋史》卷三四七《孙升传》,中华书局 1977 年版,第 11010—11011 页。

[3]〔元〕脱脱等:《宋史》卷三八一《王居正传》,中华书局 1977 年版,第 11736 页。

泣叙而铭之。……予每行役，夫人为治餫橐甚具。或未旦，支枕呼婢子，丁宁口授数四，已又起视之曰："如是吾心始安焉。"既就道，绤絮寒燠无失宜，肴核脯醢，随所求辄具。……金人连犯淮甸，谓予曰："敌来，缓急不相救，子奉吾舅行。吾不足累子也，誓守吾志，践吾言尔。……又明年，生男子，曰存诚。生二十六日而夫人不起，实绍兴四年十月丙寅。……夫人少孤多难，嫁未再岁，年甫二十而终。[1]

自北宋初年仲简以进士起家，至南宋绍兴二年（1132）仲并之时，仲氏家族并未衰弱。值得注意的是，仲并进士及第之前，建炎年间（1127—1130）金军南侵，扬州正当其锋，且遭焚荡，仲氏家族幸免于难。绍兴四年（1134），金人联合北齐，再度侵宋。仲并与其夫人陈氏的相关活动，恰好处于这一极为动乱的时期。出自巨室富户的陈氏大约于绍兴三年（1133）嫁入仲家，绍兴四年十月去世。在此期间，仲并尚有外出之行，疑是公务，行路之中"肴核脯醢，随所求辄具"，生活物资并不缺乏，陈氏居家亦可支使婢女。虽然金人连犯淮甸，扬州多虞，但仲氏家族未遭受重大打击。相似的情况还有不少，如真州沈氏，北宋时期有九名进士：沈播、沈叔通、沈季长、沈伯庄、沈次通、沈铢、沈伯皋、沈思、沈肇；南宋时期仍有四名：沈昱、沈洵、沈瀛、沈应龙。又真州刘氏，北宋时期进士四人：刘杰、刘大中、刘湜、刘大临；南宋时期仍有两人：刘奎、刘大正。北宋高邮陈氏入仕可考者，有陈知微、陈尧卿、陈舜卿、陈彦，南宋仍有陈造。北宋高邮孙氏进士五人：孙观、孙觉、孙览、孙升、孙金，南宋时期仍有孙骐。北宋高邮桑姓士人两人：桑景舒、桑观国，南宋时期仍有桑瑞。南宋前期、中期，这些家族仍有进士产生。大抵可见北宋末、南宋初之战乱，并未彻底瓦解扬州地区的势家。

建炎、绍兴以来，扬州地区士气文风也并未立刻崩坏。南宋高邮陈造还记载了高邮官守陈巩修建贡院之事，《高邮军建贡院记》云：

河南陈公守高邮，政成课最，下歌舞之。一日，谓客陈某："取士，郡

---

[1]　〔宋〕仲并：《浮山集·夫人陈氏墓铭》，《全宋文》第192册，上海辞书出版社、安徽教育出版社2006年版，第332—333页。

切务也。前未尝有贡院,吾将兴之。某曰:"公之来,为武学,为军营,为曲院。当岁大侵,成屋八百,楹户骇其难,似不宜复有所举,而易于言。言不酬,为前绪累。"公笑曰:"吾规画定久矣。木于岸,甓础灰竹,凡其材,于舟于所无缺然。阅三月当成。成,诿子以记。"逮落其成,后不十日,则乃悔始之料公浅,而服公识之卓、才之劲。……公简斋先生嫡孙,名巩,字伯固。[1]

陈巩移任高邮在庆元五年(1199),嘉泰元年(1201)离任。庆元五年,陈造已 67 岁,疑陈造此时已经致仕,故居于高邮乡里,与官守陈巩有所交往。陈巩为武学、为军营、为曲院,陈造以为此皆军政要务,自然应当处于首要地位,而贡院似乎不应该在此时修建,这一看法符合当时高邮处于兵锋前沿之史实。然高邮地区抚俗育才之举不辍,可见南宋初期至中期,扬州地区文风尚存。

与此同时,战乱之下也确有部分势家向南迁徙,如高邮陆氏。陆峻,绍熙元年(1190)进士;陆镶,嘉定元年(1208)进士。《〔嘉靖〕惟扬志》将此二人计入高邮籍,实际上此二人已迁居秀州崇德县。《陆埈墓志》载:

有宋和州使君、秘书陆公讳埈,字子高。其先高邮人也。建炎间避乱于杭,自杭徙秀。曾祖远,故武略大夫。祖植。父光弼,故迪功郎致仕,累赠承议郎。……葬于崇德县雁塔村承议公墓之东。同年丹阳刘宰为述志铭,以表其墓。兄埙敬识岁月与夫官簿履历,纳诸圹云。[2]

《两浙名贤录》亦载,"陆埈,字子高,高邮人。建炎初,徙居崇德。第进士。教滁,滁人兴起于学。……得疾卒,葬县北六里漫塘,刘宰志其墓"[3]《陆埈墓

[1]〔宋〕陈造:《高邮军建贡院记》,《江湖长翁文集》卷二一,《景印文渊阁四库全书》第1166册,台湾商务印书馆1986年版,第262—263页。

[2]〔宋〕陆埙:《陆埈墓志》,桐乡市政协文史资料委员会编:《桐乡运河文化》,台海出版社2006版,第35页。

[3]〔明〕徐象梅:《两浙名贤录》卷五四,《续修四库全书》第544册,上海古籍出版社2002年版,第105页。

志》《两浙名贤录》之"陆埈",即《〔嘉靖〕惟扬志》所载"陆峻"。建炎初年,陆埈迁居秀州崇德县;曾祖陆远,官阶武略大夫;祖父陆植,无功名;父陆光弼,迪功郎,赠承议郎。陆光弼、陆埈死后皆葬于崇德县,据此断定当是陆光弼辈带领其家南迁。建炎初陆埈尚幼,陆埈有兄,名陆埧。陆埧之圹记,嘉定二年(1209)由其子陆镰撰写,《陆埧墓志》曰:

> 有宋致政承务陆公讳埧,字子应。曾祖远,故武略大夫。祖植。父光弼,故迪功郎致仕,累赠承议郎;母王氏,继吕氏,皆封安人。先世居高邮,靖康逃地于杭,后徙秀之崇德,公幼与弟秘书埈力学,里以二陆称。晚笃意教子孙。娶王氏,生三子。长钧,早世;次镰,戊辰进士,从政郎、新监行在省仓中界门;次钥,国子免解进士。孙澜、润,皆以童子免举。澜疾卒。润更名德舆,登辛丑第,迪功郎、新湖州乌程县主簿。[1]

陆氏家族,陆光弼一支迁徙至秀州崇德。又据《万姓统谱》,"(陆埧)从叔唐老以两优释褐,不及仕而卒"[2]。按《〔万历〕绍兴府志》,绍熙元年(1190)绍兴府"诸暨陆唐老"[3]进士及第。陆唐老与陆光弼是堂兄弟,从高邮迁徙至绍兴府诸暨。推断高邮陆氏家族在靖康、建炎之际举族南迁,大抵皆迁徙到南宋都城周边地区,且高邮陆氏家势绝非细民可比。

据表8-1所示,南宋理宗以来,扬州地区的进士明显减少。嘉定四年(1211)以后,高邮军、江都县不再产生进士,只有真州尚有少量进士产生。根据这一变化分析,大约在南宋中期以后,扬州地区久当兵锋,原本居住在扬州地区的势家才受战乱影响,或大规模迁出,或中落消亡,史无可考。总而言之,南宋之初,扬州地方精英家族并未立即毁于战火,部分势要在当地延续了北宋以来的生命力。与此同时,部分精英家族向南迁徙,居于南宋都城临安及

---

[1]〔宋〕陆镰:《陆埧墓志》,桐乡市政协文史资料委员会编:《桐乡运河文化》,台海出版社2006版,第35页。

[2]〔明〕凌迪知:《万姓统谱》卷一一一,《景印文渊阁四库全书》第957册,上海古籍出版社1987年版,第560页。

[3]〔明〕张元忭:《〔万历〕绍兴府志》卷三三《选举志四》,《四库全书存目·史部》第201册,齐鲁书社1996年版,第149页。

其附近。直至宋理宗朝,扬州地区进士出现了断层的现象,战争局势在南宋中期对地方精英家族的影响明显地表现出来。

第二节　两宋时期扬州官守与地方吏治

　　两宋三百余年间,扬州官守大约有 254 名,其中北宋 151 名,平均任期大约 1.1 年,在任时间长达三年的情况很少,任期一年左右的情况最多,任期短则数月。官守更换最为频繁的是宋徽宗崇宁元年(1102),曾有八人先后担任扬州知州,分别是曾肇、蔡卞、龚原、吕惠卿、吴伯厚、蒋之奇、王资深、章縡,具体原因不得而知。南宋扬州官守总计 103 名,平均任期大约 1.45 年,或是受战争因素影响,在南北关系紧张的时段内频繁更换守臣,恐不利于抵御外敌,因此南宋扬州官守在任时间总体上比北宋长。如宋孝宗锐意恢复,乾道三年(1167)六月,令莫濛出知扬州,宋孝宗指出扬州城池坍圮,不堪防御,遂命濛增筑。莫濛至州,规度城闉,悬重赏激劝,数月告成。乾道四年(1168)莫濛又建常平仓,乾道六年(1170)莫濛离任。淳熙二年(1175),郭棣任扬州知州,任上奏请修城,年内即开始修筑扬州城壁,并筑堡寨城。直至淳熙六年(1179),郭棣才离任扬州。这一情况在"开禧北伐"期间尤为明显,嘉泰四年(1204),毕再遇移任扬州。早在淳熙年间,毕再遇即以勇力闻名众军,宋孝宗曾召见毕再遇,大悦,赐战袍、金钱。北伐前夕,孝宗任之,显然出于军事考虑。开禧元年(1205)八月至开禧二年(1206)十二月,殿前副都指挥使郭倪短暂担任镇江都统兼知扬州,郭倪之后,继任者仍是毕再遇,直至嘉定三年(1210),寇攘已息,宋廷才以赵师石代之。又淳祐十年(1250)三月,贾似道任两淮制置大使、淮东安抚使、扬州知州,直至开庆元年(1259)正月,李庭芝才继任两淮制置大使、扬州知州,贾似道在任时间长达十年。李庭芝更是前后三次戍守扬州,在任时间累计大约十三年。此皆战时形势使然,以军事为第一要务,民政吏治或鲜能顾及。国家平稳安定时期,官守又往往不能久任。

表 8-2　　　　　　　　**两宋历任扬州知州表**[1]

序号	姓　名	任命时间	职
1	石守信	宋太祖建隆元年（960）九月	扬州行营前军都总管兼知扬州行府事
2	李处耘	宋太祖建隆元年（960）十一月	扬州知州
3	王　赞	宋太祖建隆二年（961）	扬州知州
4	张延嗣	宋太祖建隆三年（962）八月	扬州知州
5	楚昭辅	宋太祖乾德元年（963）	扬州知州
6	张　秉	宋太祖开宝二年（969）	扬州知州
7	侯　赟	宋太祖开宝四年（971）十一月	扬州知州
8	边　珝	宋太祖开宝五年（972）三月	扬州知州兼管扬州榷务
9	段思恭	宋太祖开宝七年（974）	扬州知州
10	侯　陟	宋太祖开宝七年（974）一月	扬州知州
11	林延皓	宋太祖开宝八年（975）	扬州知州
12	张　观	宋太祖太平兴国三年（978）	扬州知州
13	孙　迈	宋太宗太平兴国五年（980）	扬州知州
14	潘若冲	宋太宗太平兴国六年（981）	扬州知州
15	周　渭	宋太宗太平兴国八年（983）	扬州知州
16	薛惟吉	宋太宗雍熙二年（985）	扬州知州
17	赵延进	宋太宗雍熙三年（986）	扬州知州
18	薛居帷	宋太宗端拱二年（989）	扬州知州
19	王　宾	宋太宗淳化四年（993）	扬州知州
20	董　俨	宋太宗淳化五年（994）	扬州知州
21	王禹偁	宋太宗至道元年（995）	扬州知州
22	魏　羽	宋太宗至道三年（997）	扬州知州
23	柴成务	宋真宗咸平二年（999）	扬州知州
24	王化基	宋真宗咸平四年（1001）三月	扬州知州
25	曾致尧	宋真宗景德二年（1005）	扬州知州
26	许　逊	宋真宗大中祥符元年（1008）	扬州知州
27	凌　策	宋真宗大中祥符三年（1010）	扬州知州
28	戚　纶	宋真宗大中祥符七年（1014）三月	扬州知州
29	周　实	宋真宗大中祥符七年（1014）冬	扬州知州
30	薛　映	宋真宗大中祥符八年（1015）九月	扬州知州

[1]　此表主要据李之亮《宋两淮大郡守臣易替考》而成,巴蜀书社 2001 年版,第 1—46 页。

续表 8-2

序号	姓　名	任命时间	职
31	王　随	宋真宗大中祥符九年（1016）九月	扬州知州
32	王允明	宋真宗天禧四年（1020）	扬州知州
33	周　起	宋仁宗天圣元年（1023）三月	扬州知州
34	盛　京	宋仁宗天圣元年（1023）	扬州知州
35	杜　衍	宋仁宗天圣五年（1027）	扬州知州
36	盛　度	宋仁宗天圣七年（1029）	扬州知州
37	朱　巽	宋仁宗天圣八年（1030）	扬州知州
38	王　立	宋仁宗明道元年（1032）	扬州知州、淮南灾区安抚使
39	范　雍	宋仁宗明道二年（1033）	扬州知州
40	李允元	宋仁宗景祐元年（1034）	扬州知州
41	张若谷	宋仁宗景祐二年（1035）	扬州知州
42	陈执中	宋仁宗景祐二年（1035）	扬州知州
43	陆若冲	宋仁宗景祐四年（1037）	扬州知州
44	盛　度	宋仁宗宝元二年（1039）	扬州知州
45	郎　简	宋仁宗庆历元年（1041）	扬州知州
46	宋　庠	宋仁宗庆历元年（1041）	扬州知州
47	苏　绅	宋仁宗庆历三年（1043）七月	扬州知州
48	陈　商	宋仁宗庆历四年（1044）	扬州知州
49	王　逵	宋仁宗庆历四年（1044）	扬州知州
50	韩　琦	宋仁宗庆历五年（1045）	扬州知州
51	张　奎	宋仁宗庆历七年（1047）	扬州知州
52	欧阳修	宋仁宗庆历八年（1048）	扬州知州
53	苏舜元	宋仁宗皇祐元年（1049）	扬州知州
54	杨　察	宋仁宗皇祐元年（1049）	扬州知州
55	柳　植	宋仁宗皇祐二年（1050）	扬州知州
56	钱明逸	宋仁宗皇祐二年（1050）	扬州知州
57	张昷之	宋仁宗皇祐四年（1052）九月	扬州知州
58	包　拯	宋仁宗皇祐五年（1053）	扬州知州
59	张　瑰	宋仁宗皇祐五年（1053）	扬州知州
60	唐　介	宋仁宗皇祐六年（1054）	扬州知州

续表 8-2

序号	姓　名	任命时间	职
61	许　元	宋仁宗至和二年（1055）	扬州知州
62	刘　敞	宋仁宗嘉祐元年（1056）	扬州知州
63	冯　京	宋仁宗嘉祐三年（1058）	扬州知州
64	张子宪	宋仁宗嘉祐四年（1059）	扬州知州
65	李　兑	宋仁宗嘉祐五年（1060）	扬州知州
66	王　琪	宋仁宗嘉祐六年（1061）	扬州知州
67	沈　遘	宋仁宗嘉祐七年（1062）	扬州知州
68	刁　约	宋仁宗嘉祐八年（1063）	扬州知州
69	裴　煜	宋英宗治平二年（1065）	扬州知州
70	王　琪	宋英宗治平二年（1065）	扬州知州
71	富　弼	宋英宗治平二年（1065）	扬州知州
72	韩　缜	宋神宗熙宁元年（1068）	扬州知州
73	朱寿隆	宋神宗熙宁二年（1069）	扬州知州
74	徐　绶	宋神宗熙宁三年（1070）	扬州知州
75	马仲甫	宋神宗熙宁四年（1071）	扬州知州
76	钱公辅	宋神宗熙宁四年（1071）	扬州知州
77	王居卿	宋神宗熙宁五年（1072）	扬州知州
78	章　岵	宋神宗熙宁七年（1074）	扬州知州
79	陈升之	宋神宗熙宁八年（1075）	扬州知州
80	狄　棐	宋神宗元丰元年（1078）	扬州知州
81	鲜于铣	宋神宗元丰二年（1079）	扬州知州
82	孙　觉	宋神宗元丰四年（1081）	扬州知州
83	许　将	宋神宗元丰四年（1081）	扬州知州
84	王益柔	宋神宗元丰五年（1082）	扬州知州
85	孔宗翰	宋神宗元丰六年（1083）	扬州知州
86	吕公著	宋神宗元丰七年（1084）	扬州知州
87	杨景略	宋神宗元丰八年（1085）	扬州知州
88	滕　甫	宋神宗元丰八年（1085）	扬州知州
89	邓　绾	宋哲宗元祐元年（1086）	扬州知州
90	杨景略	宋哲宗元祐元年（1086）	扬州知州
91	章　惇	宋哲宗元祐元年（1086）	扬州知州（未到任）

续表 8-2

序号	姓　名	任命时间	职
92	谢温仁	宋哲宗元祐元年（1086）	扬州知州
93	王安礼	宋哲宗元祐元年（1086）十二月	扬州知州
94	谢景温	宋哲宗元祐二年（1087）	扬州知州
95	蔡　卞	宋仁仲元祐四年（1089）	扬州知州
96	蔡　京	宋哲宗元祐四年（1089）	扬州知州
97	滕元发	宋哲宗元祐五年（1090）	扬州知州
98	王　存	宋哲宗元祐五年（1090）	扬州知州
99	谢景温	宋哲宗元祐六年（1091）	扬州知州
100	李承之	宋哲宗元祐六年（1091）	扬州知州
101	张　璪	宋哲宗元祐七年（1092）	扬州知州
102	苏　轼	宋哲宗元祐七年（1092）	扬州知州
103	张　璪	宋哲宗元祐七年（1092）	扬州知州
104	许　将	宋哲宗元祐八年（1093）	扬州知州
105	苏　颂	宋哲宗元祐八年（1093）	扬州知州
106	杨　汲	宋哲宗绍圣元年（1094）	扬州知州
107	章　衡	宋哲宗绍圣二年（1095）	扬州知州
108	程嗣恭	宋哲宗绍圣四年（1097）	扬州知州
109	蹇序辰	宋哲宗元符二年（1099）	扬州知州
110	林　希	宋哲宗元符三年（1100）	扬州知州
111	张　耒	宋徽宗建中靖国元年（1101）	扬州知州
112	陈　轩	宋徽宗建中靖国元年（1101）	扬州知州
113	曾　肇	宋徽宗建中靖国元年（1101）	扬州知州
114	蔡　卞	宋徽宗崇宁元年（1102）	扬州知州
115	龚　原	宋徽宗崇宁元年（1102）	扬州知州
116	吕惠卿	宋徽宗崇宁元年（1102）	扬州知州
117	吴伯厚	宋徽宗崇宁元年（1102）	扬州知州
118	蒋之奇	宋徽宗崇宁元年（1102）	扬州知州
119	王资深	宋徽宗崇宁元年（1102）	扬州知州
120	章　縡	宋徽宗崇宁元年（1102）	提点淮南东路刑狱、扬州知州、提举茶盐事
121	管师仁	宋徽宗崇宁三年（1104）	扬州知州
122	张　询	宋徽宗崇宁四年（1105）	扬州知州

续表 8-2

序号	姓　名	任命时间	职
123	范　坦	宋徽宗崇宁四年（1105）	扬州知州
124	刘　拯	宋徽宗崇宁五年（1106）	扬州知州
125	范　锽	宋徽宗大观元年（1107）	扬州知州
126	彭汝霖	宋徽宗大观二年（1108）	扬州知州
127	周　穜	宋徽宗大观元年（1107）	扬州知州
128	吴执中	宋徽宗大观三年（1109）	扬州知州
129	王涣之	宋徽宗大观三年（1109）	扬州知州
130	石公弼	宋徽宗大观四年（1110）	扬州知州
131	吕益柔	宋徽宗政和三年（1113）	扬州知州
132	蔡　卞	宋徽宗政和四年（1114）	扬州知州
133	许光凝	宋徽宗政和四年（1114）	扬州知州
134	吕益柔	宋徽宗政和五年（1115）十二月	扬州知州
135	林　摅	宋徽宗政和七年（1117）	扬州知州
136	唐　恪	宋徽宗政和七年（1117）	扬州知州
137	许光凝	宋徽宗重和元年（1118）	扬州知州
138	周　焘	宋徽宗重和元年（1118）	扬州知州
139	徐处仁	宋徽宗宣和元年（1119）	扬州知州
140	洪中孚	宋徽宗宣和二年（1120）	扬州知州
141	薛嗣昌	宋徽宗宣和三年（1121）	扬州知州
142	徐　铸	宋徽宗宣和三年（1121）	扬州知州
143	毛　友	宋徽宗宣和五年（1123）	扬州知州
144	王　本	宋徽宗宣和五年（1123）	扬州知州
145	许　份	宋徽宗宣和六年（1124）	扬州知州
146	叶　焕	宋钦宗靖康元年（1126）	扬州知州
147	李　回	宋钦宗靖康元年（1126）	扬州知州
148	吴　敏	宋钦宗靖康元年（1126）	扬州知州
149	李　纲	宋钦宗靖康元年（1126）	扬州知州
150	章　衡	宋钦宗靖康元年（1126）	扬州知州
151	许　份	宋钦宗靖康元年（1126）	扬州知州
152	梁扬祖	宋高宗建炎元年（1127）五月	扬州知州
153	吕颐浩	宋高宗建炎元年（1127）六月	扬州知州

续表 8-2

序号	姓　名	任命时间	职
154	吕　源	宋高宗建炎二年（1128）二月	扬州知州
155	黄　愿	宋高宗建炎二年（1128）四月	扬州知州
156	吴　□[1]	宋高宗建炎三年（1129）二月	扬州知州
157	韩世忠	宋高宗建炎三年（1129）	淮南宣抚、兼知州事
158	李　安	宋高宗建炎三年（1129）	扬州知州
159	张　镇	宋高宗建炎三年（1129）	扬州知州
160	郭仲威	宋高宗建炎四年（1130）	真扬镇抚使、扬州知州
161	李怀忠	宋高宗建炎四年（1130）	扬州知州
162	史康民	宋高宗建炎四年（1130）七月	扬州知州
163	汤东野	宋高宗绍兴三年（1133）	扬州知州
164	宋孝先	宋高宗绍兴四年（1134）	扬州知州
165	宋伯友	宋高宗绍兴四年（1134）	扬州知州
166	叶　焕	宋高宗绍兴六年（1136）	扬州知州
167	刘洪道	宋高宗绍兴六年（1136）	扬州知州
168	李　易	宋高宗绍兴六年（1136）	扬州知州
169	折彦贡	宋高宗绍兴七年（1137）	扬州知州
170	蒋　灿	宋高宗绍兴八年（1138）	扬州知州
171	俞　俟	宋高宗绍兴九年（1139）	扬州知州
172	陈吉老	宋高宗绍兴十年（1140）	扬州知州
173	刘光远	宋高宗绍兴十年（1140）	扬州知州
174	刘　纲	宋高宗绍兴十一年（1141）	扬州知州
175	宋　肇	宋高宗绍兴十一年（1141）	扬州知州
176	陈　尧	宋高宗绍兴十二年（1142）	扬州知州
177	许　中	宋高宗绍兴十三年（1143）	扬州知州
178	向子固	宋高宗绍兴十四年（1144）	扬州知州
179	荣　嶷	宋高宗绍兴十八年（1148）八月	扬州知州
180	向子固	宋高宗绍兴二十一年（1151）	扬州知州
181	沈　调	宋高宗绍兴二十三年（1153）	扬州知州

[1] 据〔宋〕李心传：《建炎以来系年要录》卷二〇记载："（建炎三年二月壬子）房游骑至扬州，守臣、右文殿修撰黄愿先已遁去，签书淮南节度判官吴某权州事。"中华书局 2013 年版，第 455 页。

续表 8-2

序号	姓　名	任命时间	职
182	楼　璹	宋高宗绍兴二十四年（1154）	转运使、扬州知州
183	宋　斐	宋高宗绍兴二十七年（1157）四月	扬州知州
184	邓　根	宋高宗绍兴二十八年（1158）	扬州知州
185	刘　岑	宋高宗绍兴二十九年（1159）	扬州知州
186	魏安行	宋高宗绍兴三十年（1160）二月	扬州知州
187	刘　钢	宋高宗绍兴三十年（1160）六月	扬州知州
188	许世安	宋高宗绍兴三十年（1160）	扬州知州
189	王　趯	宋高宗绍兴三十年（1160）	扬州知州
190	刘　泽	宋高宗绍兴三十一年（1161）	扬州知州
191	贾和仲	宋高宗绍兴三十一年（1161）	扬州知州
192	向子固	宋高宗绍兴三十一年（1161）十二月	扬州知州
193	周　淙	宋孝宗隆兴二年（1164）	扬州知州
194	向　沟	宋孝宗乾道二年（1166）	扬州知州
195	陈　敏	宋孝宗乾道二年（1166）	扬州知州
196	莫　濛	宋孝宗乾道三年（1167）六月	扬州知州
197	王　佐	宋孝宗乾道六年（1170）六月	扬州知州
198	晁公武	宋孝宗乾道六年（1170）	扬州知州
199	吕正己	宋孝宗乾道七年（1171）四月	扬州知州
200	胡坚常	宋孝宗乾道八年（1172）七月	扬州知州
201	王之奇	宋孝宗乾道九年（1173）正月	扬州知州、淮南安抚使
202	陈　栋	宋孝宗乾道九年（1173）	扬州知州
203	吕企中	宋孝宗乾道九年（1173）	扬州知州
204	郭　棣	宋孝宗淳熙二年（1175）	扬州知州
205	徐子寅	宋孝宗淳熙六年（1179）	扬州知州
206	薛居实	宋孝宗淳熙六年（1179）	扬州知州
207	王　佐	宋孝宗淳熙六年（1179）	扬州知州
208	郑良嗣	宋孝宗淳熙七年（1180）十月	扬州知州
209	张　杓	宋孝宗淳熙十一年（1184）	扬州知州
210	高　夒	宋孝宗淳熙十一年（1184）	扬州知州
211	赵子濛	宋孝宗淳熙十二年（1185）	扬州知州
212	熊　飞	宋孝宗淳熙十四年（1187）	扬州知州
213	郑兴裔	宋孝宗淳熙十五年（1188）	扬州知州

续表 8-2

序号	姓名	任命时间	职
214	钱之望	宋光宗绍熙元年（1190）	扬州知州
215	赵巩	宋宁宗庆元二年（1196）	扬州知州
216	赵师	宋宁宗嘉泰元年（1201）	扬州知州
217	张岩	宋宁宗嘉泰四年（1204）	扬州知州
218	毕再遇	宋宁宗嘉泰四年（1204）	扬州知州
219	郭倪	宋宁宗开禧元年（1205）	镇江都统、扬州知州
220	毕再遇	宋宁宗开禧三年（1207）	镇江都统制、扬州知州
221	赵师石	宋宁宗嘉定三年（1210）	扬州知州
222	林拱辰	宋宁宗嘉定六年（1213）	扬州知州
223	崔与之	宋宁宗嘉定七年（1214）	扬州知州、主管淮东安抚司公事
224	应纯之	宋宁宗嘉定十一年（1218）	扬州知州
225	洪伋	宋宁宗嘉定十一年（1218）	扬州知州
226	丘寿隽	宋宁宗嘉定十二年（1219）	扬州知州
227	郑损	宋宁宗嘉定十三年（1220）	扬州知州
228	贾涉	宋宁宗嘉定十三年（1220）	扬州知州
229	江应洪	宋宁宗嘉定十六年（1223）	淮东提刑、扬州知州
230	汪统	宋理宗宝庆元年（1225）	扬州知州
231	赵范	宋理宗宝庆元年（1225）	扬州知州、提点刑狱、淮东安抚副使
232	林珙	宋理宗宝庆二年（1226）	淮东提点刑狱、扬州知州
233	杨绍云	宋理宗宝庆三年（1227）	淮东安抚使、扬州知州
234	岳珂	宋理宗宝庆三年（1227）	扬州知州
235	杨绍云	宋理宗宝庆三年（1227）	扬州知州
236	翟朝宗	宋理宗绍定元年（1228）	扬州知州
237	赵璘夫	宋理宗绍定三年（1230）	扬州知州（代理）
238	赵范	宋理宗绍定三年（1230）	扬州知州
239	江湛	宋理宗绍定四年（1231）	扬州知州
240	史岩之	宋理宗绍定五年（1232）	扬州知州
241	赵葵	宋理宗绍定六年（1233）	淮东制置使、扬州知州
242	李曾伯	宋理宗淳祐二年（1242）	淮东安抚使、扬州知州
243	丘岳	宋理宗淳祐六年（1246）	兵部侍郎、淮东安抚制置使、扬州知州、淮西制置使
244	贾似道	宋理宗淳祐十年（1250）三月	两淮制置大使、淮东安抚使、扬州知州

续表 8-2

序号	姓　名	任命时间	职
245	李庭芝	宋理宗开庆元年（1259）正月	两淮制置大使、扬州知州
246	赵　与	宋理宗开庆元年（1259）	扬州知州
247	杜　庶	宋理宗开庆元年（1259）	扬州知州
248	赵　葵	宋理宗景定元年（1260）	两淮制置使、扬州知州
249	李庭芝	宋理宗景定元年（1260）五月	两淮安抚使、扬州知州
250	印应雷	宋度宗咸淳六年（1270）正月	两淮安抚制置使、扬州知州
251	李庭芝	宋度宗咸淳九年（1273）	
252	朱　焕	宋恭帝德祐元年（1275）	淮东制置副使、扬州知州
253	夏　贵[1]	宋恭帝德祐元年（1275）	扬州知州
254	朱　焕	宋恭帝德祐二年（1276）	

一、欧阳修与扬州地方治理

欧阳修，庐陵人，字永叔，号醉翁，晚号六一居士。北宋仁宗时期，国家积弱的弊病开始显现，社会矛盾日益突出。早在景祐三年（1036），与欧阳修交往颇深的范仲淹已呼吁并着手改革。范仲淹的改革触犯了既得利益者，被贬饶州。欧阳修也受到牵连，被贬为夷陵县令。庆历三年（1043），范仲淹、韩琦、富弼再行改革，推行"庆历新政"，欧阳修参与其中。不久，新政再遭失败。庆历五年（1045），欧阳修被贬滁州。庆历八年（1048）三月，欧阳修到任扬州，皇祐元年（1049）二月，苏舜元继任扬州知州。欧阳修任扬州知州的时间大约一年。欧阳修未至扬州之时，便将扬州等地的治理问题上奏朝廷。庆历三年，沿海连遭灾害饥荒；是年五月，士兵出身的王伦率百余人杀沂州巡检使朱进，据沂州起兵，攻密州、青州，继之南下攻占泗州、楚州、真州、扬州、泰州；七月，王伦在扬州山光寺南战败，奔往和州，丧于采石矶。此次动乱之后，江淮地区天灾人祸一并袭来。庆历四年（1044）三月，尚在朝中的欧阳修上奏宋仁宗曰：

---

[1]　据《宋史·李庭芝传》记载，德祐元年七月，"以知枢密院事征入朝，徙夏贵知扬州，贵不至，事遂已。"中华书局 1977 年版，第 12601 页。

风闻江淮以南,今春大旱,至有井泉枯竭、牛畜瘴死、鸡犬不存之处,九农失业,民庶嗷嗷,然未闻朝廷有所存恤。陛下至仁至圣,忧民爱物之心无所不至,但患远方疾苦,未达天聪。苟有所闻,必须留意,下民疾苦,臣职当言。昨江淮之间,去年王伦蹂践之后,人户不安生业。伦贼才灭,疮痍未复,而继以飞蝗。自秋至春,三时亢旱,今东作已动,而雨泽未沾,此月不雨,则终年无望。加又近年已来,省司屡于南方敛率钱货,而转运使等多方刻剥,以贡羡余。江淮之民,上被天灾,下苦贼盗,内应省司之重敛,外遭运使之诛求,比于他方,被苦尤甚。今若不加存恤,将来继以凶荒,则饥民之与疲怨者相呼而起,其患不比王伦等偶然狂叛之贼也。臣以为民怨已久,民疲可哀,因其甚困,宜速赐惠,不惟消弭盗贼之患,兼可以悦其疲怨之心。伏望圣慈特遣一二使臣,分诣江淮名山,祈祷雨泽。仍下转运并州县,各令具逐处亢旱次第奏闻。及一面多方擘画,赈济穷民,无至失时,以生后患。取进止。[1]

根据欧阳修《论救赈江淮饥民札子》所述,宋廷虽然平定王伦,但江淮地区疮痍未复,百姓未能及时恢复生产,蝗灾又至,连月不雨。天灾以外,更有人祸,省司于南方征敛钱货数额巨大,而转运使为向朝廷缴纳充足的税赋,刻剥不已,此地百姓苦不堪言。欧阳修希望朝廷尽快遣派使臣,赈济灾荒,以防江淮地区发生动乱。庆历八年(1048)春,欧阳修到任扬州,当时扬州应该还未从动乱、灾荒之中恢复过来,其《竹西亭》云:"十里楼台歌吹繁,扬州无复似当年。古来兴废皆如此,徒使登临一慨然。"[2]面对此种情况,欧阳修宽简为治,不求声誉,民甚便之。公私闲暇之时,欧阳修在扬州蜀冈大明寺侧作平山堂,宋人沈括《扬州重修平山堂记》记载:"今参政欧阳公为扬州,始为平山堂于北冈上,时引客过之,皆天下豪俊有名之士。后之人乐慕而来者不在于堂榭之间,而以其为欧阳公之所为也。由是平山之名盛闻

---

[1]〔宋〕欧阳修:《论救赈江淮饥民札子》,《欧阳修全集》卷一〇四,中华书局 2001 年版,第 1583—1584 页。

[2]〔宋〕欧阳修:《和原父扬州六题·竹西亭》,《欧阳修全集》卷一三,中华书局 2001 年版,第 214 页。

天下。"[1]初至扬州时,欧阳修怀古悲今;此时欧阳修则显得较为闲适。宋人叶梦得《避暑录话》记载:"公每暑时,辄凌晨携客往游,遣人走邵伯取荷花千余朵,以画盆分插百许盆,与客相间。遇酒行,即遣妓取一花传客,以次摘其叶,尽处则饮酒,往往侵夜载月而归。"[2]欧阳修在《答通判吕太博》中也记载了类似情景:"千顷芙蕖盖水平,扬州太守旧多情。画盆围处花光合,红袖传来酒令行。舞踏落晖留醉客,歌迟檀板换新声。如今寂寞西湖上,雨后无人看落英。"[3]

欧阳修治理扬州的一年内,政事大小无失,宽简之政,颇得民心,扬州出现政通人和的气象。欧阳修离开扬州后,民众特在扬州城内建欧阳文忠公生祠,以颂其德,他也留下了"文章太守"的美誉。

二、苏轼与扬州地方治理

苏轼,字子瞻,号东坡居士,北宋眉山人。嘉祐二年(1057),苏轼进京应试,当时的主考官是欧阳修,故而欧阳修与苏轼是师生关系。熙宁四年(1071),苏轼谈论新法的弊病,锐意变法的新党领袖王安石对此颇感愤怒,苏轼遂出任杭州通判。终宋神宗一朝,苏轼仕途坎坷。元丰八年(1085),宋神宗去世,宋哲宗即位,高太后临朝听政。旧党领袖司马光为相,新党被打压,新法陆续废除,苏轼复为朝奉郎知登州。四个月后,以礼部郎中被召还朝。在朝半月,历任起居舍人、中书舍人,历转翰林学士、知制诰,知礼部贡举。苏轼见旧党尽废新法,旧党暴露出的腐败现象也引起苏轼的不满,他予以抨击,又引来旧党的诬告陷害。因此,苏轼自求外调,宋哲宗元祐七年(1092)三月,苏轼由颍州移任扬州。在到达扬州之前,苏轼便留心观察民间疾苦,元祐七年五月,苏轼言:

> 臣自颍移扬,舟过濠、寿、楚、泗等州,所至麻麦如云。臣每屏去吏卒,亲入村落访问,父老皆有忧色,云:"丰年不如凶年。天灾流行,民虽

---

[1]〔宋〕沈括:《扬州重修平山堂记》,《全宋文》第77册,上海辞书出版社、安徽教育出版社2006年版,第329—330页。

[2]〔宋〕叶梦得:《避暑录话》卷上,《全宋笔记》第2编第10册,大象出版社2006年版,第225页。

[3]〔宋〕欧阳修:《答通判吕太博》,《欧阳修全集》卷一一,中华书局2001年版,第189—190页。

乏食,缩衣节口,犹可以生;若丰年举催积欠,胥徒在门,枷棒在身,则人户求死不得。"言讫泪下。臣亦不觉流涕。又所至城邑,多有流民,官吏皆云:"以夏麦既熟,举催积欠,故流民不敢归乡。"臣闻之孔子曰:"苛政猛于虎。"昔常不信其言,以今观之,殆有甚者。水旱杀人,百倍于虎,而人畏催欠,乃甚于水旱。臣窃度之,每州催欠吏卒不下五百人,以天下言之,是常有二十余万虎狼散在民间,百姓何由安生,朝廷仁政何由得成乎?[1]

苏轼从颍州移任扬州,途经濠州、寿州、楚州、泗州等地,常常屏去吏卒,亲入村落。当地百姓告诉苏轼,丰收之年的境况不如凶年。虽然凶年有天灾,缺少食物,但节衣缩食,仍然可以存活,而丰年之时,官府催要积欠,胥吏追呼,百姓求死不得。苏轼行程所至,多有流民,因夏麦既熟,州官催要将至,故流民不敢归乡。苏轼认为解决这一问题的关键就是免去积欠,上奏曰:

臣自到任以来,日以检察本州积欠为事,内已有条贯除放而官吏不肯举行者,臣即指挥本州一面除放去讫。其于理合放而于条未有明文者,即且令本州权住催理,听候指挥。其于理合放而于条有碍者,臣亦未敢住催,各具利害,奏取圣旨:其一曰,败阙场务无人承买,乞依元祐六年春颁条贯,将临停闭日所定最少钱数为额催纳,如有欠负,即将已前剩纳过钱数豁除;如已纳过,无负欠,即还所剩。其二曰,元祐四年大赦已前欠负蚕盐、和买、青苗钱物,见逃移无处催理者,乞依五年四月九日诏,保明除放。其三曰,买扑场务少欠课利,估纳抵产入官,乞依熙宁编敕,许以所收子利准折欠数,数足给还。其四曰,元丰八年登极赦前见欠丁口盐钱,及盐博绢米并和、预买绸绢等,并乞止据当日所支官物实值为官本催纳,其因折色增起钱数,并权住催理。其五曰,乞举行元祐元年九月六日赦文,应内外欠市易钱二百贯以下,不以官司违法,及人户于官司请领,或径于勾当人名下分请者,并与除放。其六曰,诸色欠负并乞只依元祐五年五月二十六

<hr>

[1]〔宋〕李焘:《续资治通鉴长编》卷四七三"元祐七年五月壬子",中华书局2004年版,第11291—11292页。

日分十料指挥施行,仍每遇灾伤依元祐敕且住催理。内人户拖欠两税,
不系灾伤已阁者,亦分二年作四料送纳,未纳足而遇灾伤者,亦许权住催
理。[1]

苏轼治内,免去扬州积欠是第一件要务。将扬州积欠之事调查清楚后,
苏轼将这一工作分成三个部分。第一,首先打击地方官吏在积欠事务中的腐
败。朝廷已经规定免除部分积欠,但地方官吏不肯实行朝廷政令,仍然追索
不止,中饱私囊。对于这一部分积欠税钱,苏轼一概予以免除。第二,对那些
理应免除但朝廷尚未有明文规定者,即令扬州地区官吏暂停催理,听候朝廷
指令。第三,理应免除但朝廷并未放除者,苏轼也建议暂停催要,并将具体情
况向朝廷奏报,其中包括以下内容:一曰败阙场务;二曰元祐二年大赦以前
欠负的蚕盐和买青苗钱物;三曰买扑场务少欠课利,估纳抵产入官;四曰元
丰八年登极赦前见欠丁口盐钱,及盐博绢米并和、预买绸绢等;五曰欠市易
钱;六曰诸色欠负并乞依元祐赦停止催理,内人户拖欠两税,非灾伤已阁者,
亦分二年作四料送纳,未足而遇灾伤者,亦许暂停催理。苏轼奏疏数上,又言
治内流民倍多。是年六月,朝廷从苏轼之奏请:

> 诏:"访闻淮、浙积欠最多,累岁灾荒,人民流移相属。今淮南始得一
> 麦,浙西未保收成,应淮南东西、两浙路诸般逋负,不问旧新、有无官本,并
> 特与权住催理一年,内已有宽限者,即依元降指挥。"从苏轼之言也。(苏
> 轼在扬州,与吕大防书云:"顷者,所论积欠,蒙示谕已有定议,此殆一洗天
> 下疮痏也。")[2]

奏免积欠之外,苏轼解决的第二件要务是转运问题。《宋史·苏轼传》载:

> (元祐)七年,徙扬州。旧发运司主东南漕法,听操舟者私载物货,征

---

[1]〔宋〕李焘:《续资治通鉴长编》卷四七三"元祐七年五月壬子",第 11292—11294 页。
[2]〔宋〕李焘:《续资治通鉴长编》卷四七四"元祐七年六月癸丑",中华书局 2004 年版,第
11300 页。

商不得留难。故操舟者辄富厚,以官舟为家,补其弊漏,且周船夫之乏,故所载率皆速达无虞。近岁一切禁而不许,故舟弊人困,多盗所载以济饥寒,公私皆病。轼请复旧,从之。[1]

苏轼认为,解决国家纲运失陷问题的关键举措之一,是取消征收纲梢私载货物之税,若能实行,是公私两利之举。自元祐三年(1088)七月,开始实行点检,对纲梢所载私货征税,然至元祐六年(1091)终,三年间征收的税钱不过四千七百余贯,平均每年收税一千六百贯,总淮南东路的真州、扬州、高邮军、楚州、泗州、宿州言之,每岁所得不过万缗,这对朝廷转运财赋总量而言微不足道。征收此项税钱,实属小利,然而却导致官吏盘剥纲梢,遂致纲梢皆穷困骨立,富商大贾也不再以物货搭载纲船。点检钱粮纲一出,扬州转般仓斗子四十人,向苏轼陈述实情,乞求归农。朝廷向纲梢所支钱米,不能赡养其家,又断了他们私载货物之利,故而纲梢攘取纲船官米,无复限量,拆卖船版,又往往凿窦自沉,以灭其迹。三年之间,朝廷虽得税钱一万贯,却失去了纲米三十万余石,因小失大,公私两害。故而苏轼奏乞纲船运输京师途中不得点检。商贾随船聚集京师,购买货物回程,则以空纲揽载,此时向商人收取商税即可。如此一来,纲梢获得小利,不复侵攘官米钱粮,商贾亦便于通行。从苏轼奏请之后,朝廷罢去随船检税,江、淮转运之弊往往除焉,数年之后,益见其效。

三、晁公武、王之奇与扬州农垦

晁公武,字子止,济州钜野人,靖康末年入蜀避乱,宋高宗绍兴二年(1132)举进士第。乾道六年(1170)七月至乾道七年(1171)三月,晁公武移任扬州,便奏请免去扬州农户税收,其略云:"兼管属江都泰兴人户,今年所种稻麦各是蚕伤旱涝,及遭疫死耕牛稍多,若自乾道七年夏料为头起理人户二税,委是难以输纳,切恐未称朝廷宽恤之意。……其余合发年额上供米麦等钱,乞赐全令展免,应副本州衮同系省支遣。及二税,亦乞放免三二年,

---

[1]〔元〕脱脱等:《宋史》卷三三八《苏轼传》,中华书局1977年版,第10815页。

庶几少宽民力，使荒残州郡少可支梧。"[1]奏请免除扬州税收之外，劝农、屯田是晁公武任上的主要治绩。早在绍兴二年，朝廷便诏令招诱淮东八郡人户佃田，并免二年税租。两淮诸州累经兵火，良田为旷土。在此情形下，招徕逃亡之人耕种荒闲田地，是绍兴以来宋廷在两淮地区恢复生产的重要举措。因此，官守安辑复业民户，躬劝农桑，便是治内主要任务之一。乾道七年二月四日，诏令："知扬州晁公武、知庐州赵善俊行下所部州军，子细契勘所种二麦，具实数申尚书省。"[2]于是晁公武先后勘察真州、扬州、通州、泰州、楚州、滁州、高邮军、盱眙军人户所种麦田，除先种二千五百八十七顷一十八亩外，续劝谕增种二百九十六顷五十亩有奇。朝廷差太府寺主簿赵思至淮东路核实晁公武所奏田数，与晁公武所奏无差。对此次课考地方官员，宋孝宗指出，前遣官核实，虽是定守臣殿最，以行赏罚，但唯恐淮人不知朝廷核查两淮麦田亩数之目的，以为朝廷将要增立赋税，遂令张权、赵思晓谕百姓。但是仅凭谕令，或难以打消民户疑虑，因此晁公武提建议："朝廷以沿淮荒残之久，未行租税，民复业与创户者，虽阡陌相望，然闻之官者十才二三，咸惧后来税重。"[3]在减租免税政策下，近来多有百姓垦种两淮荒地，然官府所了解的民户数量仅仅是实际情况的一小部分，民户惧怕朝廷在一定期限之后增加税赋，故多有所隐匿。晁公武希望朝廷下诏"两淮更不增赋"，如此，庶民知劝，播种益多。

晁公武之后，继任扬州的是吕正己、胡坚常。乾道八年（1172）七月，诏权发遣两浙路计度转运副使公事胡坚常，除直秘阁、权发遣扬州兼主管本路安抚司公事、提领权措置屯田。可见胡坚常的主要任务与晁公武仍然一致。乾道九年（1173）正月，制书以王之奇"矧惟乃父，尝佐光尧。虽内处于筹帷，亦外静于边境。勉孜成绩，追配前闻"[4]，故任王之奇继任淮南安抚使兼知扬州。是年正月十八日，刚刚到任的王之奇就向朝廷提出新的奖励垦荒的

[1]〔宋〕晁公武：《请展免上供米麦等钱及放免二税奏》，《全宋文》第210册，上海辞书出版社、安徽教育出版社2006年版，第164—165页。

[2]〔清〕徐松辑：《宋会要辑稿·食货六三》，上海古籍出版社2014年版，第7728页。

[3]〔元〕脱脱等：《宋史》卷一七三《食货上一》，中华书局1977年版，第4175页。

[4]《王之奇除资政殿学士知扬州制》，《全宋文》第235册，上海辞书出版社、安徽教育出版社2006年版，第148页。

举措：

> 淮上之田,例多荒弃。昨绍兴二十年,尝置力田之科,募民就耕,赏以
> 官资。当时止计斛斗定赏,是以应募人少。今欲令诸路州县劝谕土豪户、
> 拣汰离军及诸色人,并许经安抚司指占荒田,据顷亩定赏。俟耕种日,与
> 书填给付。若一年所耕不及其半,与二年不能尽耕,即行拘收付身毁抹。
> 且以垦田一千顷为率,据每岁合用种粮、农器、牛具、屋宇之数,预申朝廷
> 关拨。内补官人与作力田出身,理为官户。应开耕荒田,将来收成日,除
> 合桩留次年种子外,官与均分。[1]

对扬州这类处于前线的州郡,宋廷虽以官爵诱导百姓,然应募者无多。
故而不得不提出扩大招募范围,将形势户、退役军人等对象囊括其中,王之奇
提出的方案中,建议将每年土地的收入除了预留明年的种粮以外,与官府均
分。是年五月,朝廷接受了这一建议。此外,朝廷将开垦期从一年改为三年,
官府取收入的五成改为四成。总而言之,在南宋募民开垦两淮的背景下,晁
公武、王之奇等扬州地方官守多有治绩。

扬州籍士人在步入仕途之前,往往在经济、文化方面具备诸多优势。在
成为地方政治精英之前,他们大多已经是地方精英家庭中的一员。步入仕途
之后,其家庭除了继续投资科举事业之外,还借助恩荫与婚姻来延续权势与
社会地位。例如北宋中期,扬州、真州籍贯的沈播、沈季长、朱明之、沈铢等人,
就因为婚姻,与王安石结成了紧密的关系。又如高邮孙氏家族当中的孙觉,
与京城权贵缔结婚姻,娶了王说的长女。王说的祖父王化基、父亲王举正为
宋初高官,王化基家族宦业数代显赫,在京城具有较厚的根基。孙觉与王氏
家族的姻娅关系,在政治上可以帮助孙觉更好地融入京城的权力网络。从存
世的材料来看,即便是孤寒学子登第,建立了一定的家庭社会地位,也具有较
强的延续性。如北宋天禧三年(1019),佣书成学的仲简中了进士,直至南宋
绍兴二年(1132)仲氏家族当中的仲并再中进士,两者足足相隔一百一十三

---

[1]〔清〕徐松辑:《宋会要辑稿·食货六一》,上海古籍出版社 2014 年版,第 7494 页。

年。释读相关墓志发现，在南宋初期仲并登第之前，其家庭在地方上仍然具有经济方面的巨大优势，大体可以想见自仲简之后，其家庭当有持续经营土地、房产的活动，直至南宋初年仲并科举入仕。南宋中期之前，不少精英家庭仍然延续着北宋以来的社会地位。与此同时，受到战争因素的影响，部分精英家族向南宋都城临安及其周边地区迁徙，例如高邮陆氏家族。至于曾在扬州为官的士人，大体以北宋居多，而平均任期短；南宋官守相对较少，而平均任期较长。这一情况当与战争局势有关，频繁更换官守不利于应对北方政权的军事威胁。战时形势使得鲜能顾及的民政吏治也带有战备的色彩，如晁公武、王之奇募民垦田，除了有利于恢复生产、增加国家收入而外，垦田的产出也有利于更好地供给两淮前线。

第九章　两宋时期扬州的学术与文化

扬州,作为一座历史文化名城,其根基在于深厚的文化,这种文化主要由历代学士文人的学术成就与文学创作积累而成。两宋时期,扬州学者辈出,文人荟萃,优秀的著作与诗词作品多不胜数,是为扬州文化建构过程中的重要时期。扬州的学者文人可分为扬州籍与外籍在扬者,前者如徐铉、徐锴、秦观等人,后者像欧阳修、苏轼、王禹偁等人,他们都是扬州文化的创造者。在他们的著述中,我们可以看到宋代学术的精深与扬州学人的贡献;在他们的作品中,可以看到宋代扬州的风貌与历史变迁中的士人心态。

第一节　两宋扬州籍士人的学术成就与文学创作

有宋一代,扬州作为"淮左名都",一时称盛。随着经济的稳步提升,扬州的文化也得到了进一步发展,其兴盛程度毫不逊色于唐。纵观两宋,与扬州关系密切的学者与文人,留下了数量可观的学术著作与文学作品,他们在两宋学术史与文学史上留下了浓墨重彩的一笔。

一、扬州籍学者的学术著述

扬州学术传统源远流长,汉代大儒董仲舒在此担任江都相时,便播下了学术的种子。后经一代代扬州学人的辛勤耕耘,扬州学术渐渐生根发芽,开花结果。

在"小学"领域[1]，五代宋初的扬州籍士人徐铉、徐锴兄弟为此方面专家。徐铉主持校订的《说文解字》被后人称为"大徐本"；徐锴的《说文解字系传》被后人称为"小徐本"。兄弟二人，世称"大小徐"。徐铉（916—991），字鼎臣，扬州广陵人，初仕南唐，后归宋。他十岁能属文，文章议论与韩熙载齐名，江东人称"韩徐"。他曾奉诏主持《说文解字》的校订工作，于宋雍熙三年（986）完成，今日所见通行本《说文解字》就是在此本上发展而来。徐铉校订时纠正了书中脱误，又对内容略有增改。增改主要体现在四个方面：第一，他对全书改易分卷，每卷各分上下，共分三十卷，使书目清楚。第二，他根据《唐韵》在每一个字下加注反切。反切注音法为许慎时代所无，徐铉此做法体现了学术的发展。第三，他对《说文》中没有注的部分增加了注释，还补录了由于历史的发展出现的与《说文》所收字写法不同的新字体，并附详细说明。第四，他撰写了《说文新附》，增补了注解中本有而字条中漏落的字、经典相承有而《说文》遗漏的字以及时俗通用的字共四百零二个。有《骑省集》三十卷，其中后一卷为入宋后所作；存世尚有《稽神录》十卷、《围棋义例》一卷，与汤悦合撰《江南录》十卷，又奉敕编撰《文苑英华》《太平广记》等。徐铉诗文尤佳，前人有"诗致清婉，在昆体未兴之前，故无丰缛之习。其文俪体为多，尝谓为文速则意思雄壮，缓则体势疏慢，故未尝沉思"[2]的评价。

徐锴（920—974），字楚金，著有《说文解字系传》。此书主要对唐大历年间篆书家李阳冰刊定的《说文解字》进行了批驳。全书共四十卷，其中《通释》三十卷、《部叙》二卷、《通论》三卷，《祛妄》《类聚》《错综》《疑义》《系述》各一卷。《疑义》是作者尚未能确定的条目，《系述》是自序，除去这二卷，全书其余的三十八卷，几乎每一条都注有"臣锴曰"，即几乎对李刊本《说文》的每一条都表达了自己的看法，且多有理有据，极为难得。全书精华所在为《通

---

[1] "小学"原指为贵族子弟而设的初级学校。至西汉，小学的作用从识字教育提高到解释经典的高度；从东汉到隋唐五代，小学的内容更加丰富，包含对音义、声韵、体势的研究。到了宋代，欧阳修撰写《崇文总目叙释·小学类》，明确了小学是一门专指文字、音韵、训诂的学科。小学最经典的书目之一为东汉许慎编撰的《说文解字》，是一部解经著作，分析经典当中文字的字形，说解字义，辨识声读。郑玄注三礼，应劭注《风俗通》，晋灼注《汉书》都曾引用这本书。后世对《说文》本身的研究也形成了专门的学问。

[2] 〔清〕黄丕烈：《荛圃藏书题识》，上海远东出版社1999年版，第592页。

释》三十卷,徐锴于此开启了探求文字的引申义、假借义的先河,这也是他在文字学研究上的重要贡献。徐锴还撰写了《说文解字篆韵谱》十卷。徐锴亦善诗文,有《徐锴集》十五卷,已佚。《全唐文》收其文六篇,《全唐诗》收其诗五首,《全唐诗外编》收其诗五首;另有《通释五音》《岁时广记》《方舆记》《古今国典》《赋苑》等著述,惜皆失传。

两宋时期,扬州地区经学大儒之一为胡瑗。胡瑗(993—1059),字翼之,海陵人,后世称其为"安定先生"。胡瑗和孙复、石介并称为"宋初三先生",同为北宋儒学复兴运动的奠基人。作为北宋儒学复兴的先驱之一,胡瑗在教育方面有着独到的见解,他提出"明体达用之学",体现在以"经义"(体)与"治事"(用)来划分专科的教育方法中,某种程度上将"体""用"分成了两截,为后世理学(道学)与事功之学(浙东学派)的分派埋下了伏笔。胡瑗在苏、湖地区从事教育、学术活动二十余年,充分践行了他的教育方法。宋仁宗曾派官员将其教授之法编为《学政条约》,向全国各州县推行,号称"太学法"。扬州的安定书院,就是以他的名字来命名的。胡瑗著述颇丰,据《宋史·艺文志》记载,经部著述主要有:《易解》十二卷、《口义》十卷、《系辞说卦》三卷、《洪范口义》一卷、《尚书全解》二十八卷、《胡先生中庸义》一卷、《景祐乐府奏议》一卷、《皇祐乐府奏议》一卷、《春秋口义》五卷。[1]以上著述大多失传。保存至今的著述以《周易口义》堪为要作,内容丰富,保存完整。《宋史·艺文志》误将"《易解》十二卷"与"《口义》十卷"分作两书处理,实则一书[2],盖《易解》或为胡氏生前讲义时常用的名称,至其没时,该书尚未刊行,门人据其手稿编纂成《周易口义》,胡氏易学大体保存在此书当中。至于卷次差别,当是因为《周易口义》对《系辞》《说卦》《序卦》《杂卦》部分未标明卷次。自北

---

[1]〔元〕脱脱等:《宋史》卷二〇二《艺文志一》,中华书局1977年版,第5037、5042、5044、5049、5055、5058页。

[2]《四库全书提要》认为《易解》与《口义》实为一书,其云:"《宋志》载瑗《易解》十卷,《周易口义》十卷。朱彝尊《经义考》引李振裕之说云:'瑗讲授之余,欲著述而未逮,其门人倪天隐述之。以非其师手,故名曰《口义》。后世或称《口义》,或称《易解》,实无二书。'其说虽古无明文,今考晁公武《读书志》亦云:胡安定《易传》,盖'门人倪天隐所纂,非其自著',故序首称'先生曰'。其说与《口义》合,而列于《易传》条下,亦不另出《口义》一条。然则《易解》《口义》确为一书,《宋志》误分为二,明矣。"〔宋〕胡瑗述,〔宋〕倪天隐记:《周易口义》,《儒藏(精华编三)》,北京大学出版社2009年版,第9页。

宋始,学者对胡瑗《易》学成就便有很高的评价,其云:"《易》有百余家,难为遍观。如素未读,不晓文义,且须看王弼、胡先生、荆公三家。"[1]在当时存世的百余家之说当中,首推曹魏王弼,因主持变法而闻名天下的王安石,以及胡瑗。胡氏《易》学在当时便获得了极高的赞誉。纵观《周易口义》,此书以"通经致用"为根基,这符合胡氏一向主张的"明体达用之学"。胡瑗认为:"文王有大圣之才,罹于忧患,观纣之世,小人在位,诈伪日炽,思周身之防,达忧患之情,通天人之渊蕴,明人事之始终,遂重卦为六十四……"[2]在《周易》成书过程这一问题上,胡瑗认为这部包含天地"渊蕴"的经典,最后仍要落在"人事"之上。通晓天地宇宙广博深远的奥妙,当致用于"人事"。《周易口义》全书共有33处"以人事言之",如释蛊卦"蛊,元亨"曰:

> 义曰:蛊,坏也。按《左传》昭公元年云:"皿虫为蛊,谷之飞者亦为蛊。"盖言三虫食一皿,有败坏之象,故云"皿蛊为蛊"。又言谷之积久腐坏者,则变而为飞虫,亦蛊败之象,故云"谷之飞者亦为蛊"。夫物既蛊败,则必当修饰之。故《杂卦》曰"蛊则饰也"是矣。以人事言之,则是风俗薄恶,教化陵迟而不纲不纪也。方此之时,圣贤之人必以仁义之道施为而拯治之也。"元亨"者,元者,天地大生之德,于人为仁也;亨者,天地大通之德,于人为礼也。言圣贤当此天下蛊坏之时,思欲拯治之,必有天地大生之德、至仁之道以拯济之;又当以礼制而拯葺之,以救弱扶衰,兴滞补弊,使天下之生灵各得其大通也。[3]

无论是三虫食一皿,或是谷物腐烂,皆是事物腐坏、腐败的象征。这些问题好比社会治理中的风俗薄恶现象,究其原因,是教化衰败、纲纪陵替所致。此时贤圣者当施行仁义之政。天地之"元"对应人之"仁",天地之"亨"对应人

---

[1]〔宋〕程颢、程颐著,王孝鱼点校:《二程集》之《河南程氏遗书》卷一九,中华书局1981年版,第248页。

[2]〔宋〕胡瑗述,〔宋〕倪天隐记:《周易口义》,《儒藏(精华编三)》,北京大学出版社2009年版,第11页。

[3]〔宋〕胡瑗述,〔宋〕倪天隐记:《周易口义》,《儒藏(精华编三)》,北京大学出版社2009年版,第127页。

之"礼"。人应当以仁道、礼制,来实现"元亨"所包含的大生之德、大通之德的精神。与"以人事言之"相类似,胡瑗常用秦汉以来的史事释经,如释益卦六三"益之,用凶事,无咎。有孚中行,告公用圭"及象辞"益'用凶事',固有之也":

> 义曰:凡君子之人,不在其位,不谋其政,若居其位,当其任,则可以有为于时。今此六三以阴居阳,位非其正而过于中道,欲施益于下,非所当也。然所益之事,若民之凶荒、疾苦、札瘥、患难,则己不顾一身,奋然往而益之,则可以得其无咎也。"有孚中行"者,言六三虽益以凶事,然亦当以由中之信合于中道而行,然后可也。"告公用圭"者,圭,符瑞也,所以执而为信。言六三既以由中之信而行,执其符瑞以告于公而明其所益之事。若汉武之时,河内失火,凡爇千余家,帝遣汲黯往视之,黯曰:"此不足为患。"时河内之民值岁凶,疾苦计万数,黯遂矫命发廪以救之,民由是活。及归朝,乃请矫制之罪,帝遂贤而释之。是乃非其位,越其职以济凶荒之事。《象》曰"益'用凶事',固有之也"者,言六三虽居非其位,然其救民安国之心固有之也。[1]

益卦六三爻是以阴居阳,不当位,是不在其位而行其事,是有凶之行。只有在"用凶事"的情况下,六三越职行事才能够"无咎",比如救灾一类事情。而且六三救灾,应当承上之"信",己之行又合于"中道",最后将象征凶事得到妥善处理结果的"圭",告之于"公"。这样六三在凶事当中越职的行为才会得到"无咎"的结果。胡氏此处引汉武时期大臣汲黯奉汉武帝之命视察河内火灾情况,此为汲黯得上之"信"行事。火灾善后工作相对容易处理,然河内正遇饥荒,汲黯遂假称汉武帝之命开仓赈灾。汲黯有救民安国之心,赈灾活民,且事后主动请罪,符合"中道",汉武帝遂未追究汲黯矫命之罪。胡瑗引汲黯赈灾一事,说明了益卦六三行事"无咎"的复杂条件,胡氏的这一番解释,对于研习经典或是日后登科从政的举子来说,应该具有启发"致用"的意义。

---

[1]〔宋〕胡瑗述,〔宋〕倪天隐记:《周易口义》,《儒藏(精华编三)》,北京大学出版社2009年版,第240页。

如其释未济卦,明显饱含着指导改革社会问题的思想,胡氏释"未济,亨"曰:

> 此卦自既济上六而来,明天下之事既济之后,治平已久,人心怠忽,恃安而不思其危,恃治而不思其乱,逸乐不已,乱所由生,是以濡其首反既济而为未济也。谓之未济者,是天下法度败坏,教化不兴,故曰未济。亨者,圣贤君子当是时欲复有所济,使民心之安,教化之兴,宜以仁义之道拯救之,是必先正其身,然后正朝廷,朝廷正,然后正天下,必使天下人民事物各得其济而获亨通也。[1]

胡瑗虽是"宋初三先生"之一,然其弱冠以后,已是北宋真宗、仁宗朝,仁宗时期著名的"庆历新政"发生时,胡瑗尚在人间。而"庆历新政"之前,改革的呼声早已为北宋君臣关注。可见胡瑗处于承平岁久而又积弊丛生的环境当中,即胡氏所谓"逸乐不已,乱所由生"。当此之时,贤圣君子当以仁义之道正己,从整肃朝廷开始,天下方能获得"亨通"。而"小狐汔济,濡其尾",则对改革者的能力与德行提出了要求:"欲拯天下之难,必借大才大德圣贤之人,与之勠力同心,一志毕虑,不顾险阻之在前,奋然往而济之,则可以立大勋、图大业,拔天下于困厄,出天下于水火也。苟以小才小德、位卑势寡之人当之,欲济天下之险阻,是犹小狐之涉渊水,虽仅至于济,不免濡溺,无所利于拯难也。"[2]由此可知,胡瑗认为,改革者应当是身居高位兼有大德大才之人,方能成功。势弱才薄、不自量力之人,不可委之改革大业。而君王当与"九二刚明之臣,与之同心勠力,一志毕虑,与天下兴利除害,致天下于既济",继而又指出:"六五以柔顺之质委任九二刚明之臣,与之共治天下,当绝疑忌之心,以信相待,则兴治之功毕而终获其吉也。"[3]君王当信任臣子,君臣同心共力,则其事可济。此外,胡瑗指出,在事业最终成功之前,应当始终保持警醒谨慎

　[1]〔宋〕胡瑗述,〔宋〕倪天隐记:《周易口义》,《儒藏(精华编三)》,北京大学出版社2009年版,第347页。

　[2]〔宋〕胡瑗述,〔宋〕倪天隐记:《周易口义》,《儒藏(精华编三)》,北京大学出版社2009年版,第347页。

　[3]〔宋〕胡瑗述,〔宋〕倪天隐记:《周易口义》,《儒藏(精华编三)》,北京大学出版社2009年版,第350页。

的态度,其释未济上九"有孚于饮酒,无咎。濡其首,有孚,失是"曰:"使既济之道已成,至于上九则纲纪已振,教化已洽,法令已备,故已可以无为而治,不劳聪明,委信于臣,而饮食宴乐以相和悦,所以无咎也。'濡其首,有孚,失是'者,夫安不可恃,乐不可极,任臣不可以不察,如是则有苟简败坏浸润之祸,至于濡溺其首,盖失其所信之道,取不节之嗟,故曰'有孚,失是'。此圣人深戒之辞也。"[1]只有在未济转为既济之时,纲纪已振,改革已成,适当庆祝才能无咎。在此情况下,仍然不可放松警惕,以免乐极生悲。通观胡氏《周易口义》一书,义理尤长,确为"明体达用"之学说。熙宁二年(1069),宋神宗曾问胡瑗的学生刘彝:"胡瑗与王安石孰优?"[2]刘彝回答:"国家累朝取士,不以体用为本,而尚声律浮华之词,是以风俗偷薄。臣师当宝元、明道之间,尤病其失,遂以明体达用之学授诸生。……故今学者明夫圣人体用,以为政教之本,皆臣师之功,非安石比也。"[3]刘彝认为,正是因为其师秉持"明体达用"的原则,所以其师之学优于王安石。胡瑗之学,确实得到了很高的评价,"故安定(胡瑗)、徂徕(石介)卓乎有儒者之矩范"[4],"宋世学术之盛,安定、泰山为之先河,程、朱二先生皆以为然"[5]。

总而言之,胡瑗重"沉潜""笃实"之学,其学说颇具建设性,对宋学的建构意义颇大。他以义理说《易》,开启宋学方向;研究性与命的关系,开启宋儒性命之学新高度;扬弃谶纬化经学,倡导平实之学。其著作《论语说》《洪范口义》《周易口义》等垂范后世,《四库全书总目提要》评点《洪范口义》曰:"辞虽平近而深得圣人立训之要,非谶纬术者流所可同日而语也。"[6]胡瑗对《中庸》也十分重视,其《胡先生中庸义》一卷大约为北宋儒者中最早的一部专门研究《中庸》的著作,可惜今已散佚,但是从《周易口义》《洪范口义》等书中依然可窥见他对《中庸》的认识和理解。胡瑗的思想影响深远,不仅程颐、

[1]〔宋〕胡瑗述,〔宋〕倪天隐记:《周易口义》,《儒藏(精华编三)》,北京大学出版社2009年版,第350页。

[2]〔清〕黄宗羲:《宋元学案·安定学案》,中华书局1986年版,第25页。

[3]〔清〕黄宗羲:《宋元学案·安定学案》,中华书局1986年版,第25页。

[4]〔清〕黄宗羲:《宋元学案·濂溪学案上》,中华书局1986年版,第482页。

[5]〔清〕黄宗羲:《宋元学案·安定学案序录》,中华书局1986年版,第2页。

[6]〔清〕永瑢等:《四库全书总目》卷一一,中华书局1965年版,第90页。

程颢受其影响,宋代的张载、明代的王阳明等人也都沾溉余馥。

胡瑗弟子众多,以孙觉为杰出代表。孙觉,字莘老,高邮人,二十岁起便跟随胡瑗读书。在胡瑗上千名弟子中,孙觉是年龄最小的一个,但是大家都特别佩服他。孙觉经学深湛,尤长于《春秋》,著有《春秋经社要义》六卷、《春秋经解》十五卷、《春秋学纂》十二卷等。孙觉的《春秋》学思想深受其师影响,他在《春秋经解·自序》中明确说道:"《左氏》多说事迹,而《公羊》亦存梗概,陆淳以谓断义即皆不如《穀梁》之精。今以三家之说校其当否,而《穀梁》最为精深,且以《穀梁》为本。其说是非褒贬,则杂取三传及历代诸儒,唐啖、赵、陆氏之说,长者从之,其所未闻,则以所闻安定先生之说解之云。"[1]因孙氏以《穀梁传》为本,后人常以为此书为解说《穀梁传》之作。实际上孙觉解读《春秋》折中于今文经学和古文经学之间,不拘囿于杜预、何休之说,更杂取《左传》《公羊传》《穀梁传》三家意见,又吸纳诸儒及胡瑗之说。如《春秋》记载了鲁隐公元年"夏,五月,郑伯克段于鄢"一事,孙氏《春秋经解》以为:

> 《春秋》书曰"郑伯克段于鄢",罪郑伯之失教也。教则不忍,而杀则忍之,圣人谓郑伯不以兄弟畜段,而路人畜之也。《春秋》之法,杀世子母弟则斥言之,所以见亲亲之道绝而骨肉相残。"晋侯杀其世子申生""天王杀其弟佞夫"是也。克,胜也。《春秋》之例,未有以克云者,独曰克焉,独曰郑伯乃胜其弟乎? 不教而陷之,叛而徒胜之,罪之也。段之恶不待论说而知矣,所以为郑伯者有罪焉,故特书曰"郑伯克段于鄢",失教也,《左氏》得之矣。"于鄢"之义,《穀梁》得之矣。[2]

此段解经文字,较为明显地体现了孙氏兼采众说的特点。孙氏以为,《春秋》"郑伯克段于鄢"所包含的微言大义:郑伯之弟段骄叛行恶,郑伯克之,克者,胜也,然《春秋》杀世子母弟之事未有言"克"者,郑伯亦有其罪,郑伯未能履行教化其弟的职责,致使其弟行恶,此为郑伯失教之罪。以上乃取《左传》之

---

[1] 〔宋〕孙觉:《春秋经解》,《儒藏(精华编九一)》,北京大学出版社 2016 年版,第 11 页。
[2] 〔宋〕孙觉:《春秋经解》,《儒藏(精华编九一)》,北京大学出版社 2016 年版,第 17—18 页。

说,故孙氏云"失教也,《左氏》得之矣"。孙氏虽自称以《穀梁传》为本,此处却并未完全采用《穀梁传》之说,如《穀梁传》云:"克者何? 能也。何能也? 能杀也。何以不言杀? 见段之有徒众也。"[1]可知《穀梁传》以为"克"应当解释为"能",因段有党羽,众力强盛,唯有国君郑伯乃能杀之。而孙氏以"克"者为"胜",未取《穀梁传》之说。至于对"于鄢"的解释,则遵从《穀梁传》,案《穀梁传》曰:"于鄢,远也,犹曰取之其母之怀中而杀之云尔,甚之也。"[2]《穀梁传》以为《春秋》书"于鄢",志地,是表明郑伯急切地追杀段,是一种不顾兄弟血亲之情的过分行为。在这一问题上,孙氏取《穀梁传》的观点,故其称"'于鄢'之义,《穀梁》得之矣"。通观《春秋经义》全书,孙氏有时未取《穀梁传》之说,但大多情况下确能以《穀梁传》为本,此为主流,无须再证。不过孙氏亦有驳斥《穀梁传》之处,案《春秋穀梁传》经文记载鲁隐公二年"纪子伯莒子盟于密"[3],《穀梁传》曰:"或曰:纪子伯莒子而与之盟。或曰:年同爵同,故纪子以伯先也。"[4]关于《春秋》经文隐公二年"纪子伯莒子盟于密"的记载,《穀梁传》以为与莒子会盟的是"纪子",所谓"伯"者,当作"年长"解释。或是纪子以莒子年长;或是二者年龄爵位相同,而纪子自以为年长,所以将"纪子"置于"莒子"之前。孙氏《春秋经义》则云"纪子帛、莒子盟于密",孙氏此处与《穀梁传》存在"伯""帛"之差别,孙氏根本不取《穀梁传》当中的《春秋》经文,而是据《左传》等书驳斥《穀梁传》的错误说法,其云:

> 《春秋》之法,事在可善,则书字以贵之。莒、鲁尝有怨隙。纪既昏鲁,
> 裂繻尝为之逆,因聘女事毕,遂为鲁盟莒子,以解二国之仇。子帛,裂繻字
> 也。……书其字而贵之,曰"纪子帛、莒子盟于密"。子帛,大夫也,贵而

---

[1]〔晋〕范宁集解,〔唐〕杨士勋疏,夏先培整理:《春秋穀梁传注疏》卷一,北京大学出版社2000年版,第4—5页。

[2]〔晋〕范宁集解,〔唐〕杨士勋疏,夏先培整理:《春秋穀梁传注疏》卷一,北京大学出版社2000年版,第5页。

[3]〔晋〕范宁集解,〔唐〕杨士勋疏,夏先培整理:《春秋穀梁传注疏》卷一,北京大学出版社2000年版,第13页。

[4]〔晋〕范宁集解,〔唐〕杨士勋疏,夏先培整理:《春秋穀梁传注疏》卷一,北京大学出版社2000年版,第13页。

志之可矣，又推而序莒子之上者，大其为鲁结好，比之内大夫也。内大夫盟会必皆曰及，子帛序莒子之上，而无会、及之文者，少异之也。《穀梁》曰："纪子伯、莒子盟于密。"若然，则序莒子在纪子之上可也。又曰："年同爵同，故纪子以伯先也。"若然，则纪、莒尝争长矣。黄池之会，吴、晋争长，圣人于经无文。纪子以伯先，亦所未通也。唯《左氏》之说得之。[1]

孙氏以为，《春秋》记载鲁隐公二年"九月，纪裂繻来逆女"，则同年冬十月与莒子会盟的应该仍是纪国大夫裂繻，此时正逢裂繻聘鲁女事毕，遂为鲁国会盟莒子，以解鲁、莒二国之仇。孙氏以为，若《穀梁传》经文作"纪子伯、莒子盟于密"，应当将莒子置于纪子之前，作"莒子、纪子伯盟于密"。又如果按照《穀梁传》传文"年同爵同，故纪子以伯先也"的解释，那么《春秋》应该有纪、莒争论谁长谁少的记载。总之，《穀梁传》纪子以伯为先的说法不能成立，"纪子伯"有误，与莒子会盟者当为纪国大夫子帛（裂繻），故孙氏从《左传》作"纪子帛"。孙氏《春秋经解》也从"伦理道德"方面进行了发挥，其释鲁桓公三年九月"齐侯送姜氏于讙"曰：

古者送女，父不下堂，母不出祭门，其义犹曰：女以嫁为归，义当适外者也，以义犹割恩而已。故男子则主其祭祀，以传于世，女子则一适于外，终身不反。男子而去父母，则为不孝。女子而大归其家，则为至恶。故闺门之内，以义割恩，而男女之事、夫妇之道成。齐侯以诸侯之尊，不能割爱以从义，而眷眷为儿女之情，越礼而犯义，而送女出境。讙，鲁地也。送女不下堂，而远至于鲁，失礼之甚。故书曰"齐侯送姜氏于讙"。《春秋》之法，入国称夫人。讙，鲁地，而姜氏不称夫人。齐侯身送之，有父母之亲，故申之曰姜氏，《公羊》曰"虽为邻国夫人，犹曰吾姜氏"是也。[2]

《春秋》书"齐侯送姜氏于讙"，记载齐侯送女出嫁，至鲁国之讙。孙氏以为，《春秋》书"于讙"，志地，意在说明齐侯失礼。按照礼制，送女，父不下堂，母不

[1]〔宋〕孙觉：《春秋经解》，《儒藏（精华编九一）》，北京大学出版社2016年版，第26—27页。
[2]〔宋〕孙觉：《春秋经解》，《儒藏（精华编九一）》，北京大学出版社2016年版，第82页。

出祭门。父母不远送,是为了促使女子清楚其已出嫁,已经属于其所适之家。送女一事,本不书地,书地则必有失礼之处,齐侯不能割义从礼,明矣。总而言之,孙觉从"尊王"和"伦理道德"两大方面对《春秋》学进行了开拓,也不乏对三传及以往诸家之说进行考辨。胡瑗从《春秋》中探寻的"义"实开后世宋学的先河,孙觉紧跟胡瑗步伐,继承并发展了胡瑗的"春秋"之义,使宋代的《春秋》学在整个宋学之中异常闪耀。此外,孙觉也擅长诗文,其文以奏疏为主,颇见学识。

在学术方面,还出现了一些具有实用技艺方面的著述,如陈旉所撰《农书》涉及当时农业科技成就。陈旉其人,自称"西山隐居全真子",又号"如是庵全真子",他的生平于史无载,只能通过其《农书》的序、跋大略考察。《农书》的后序是由与陈旉同时代的丹阳人洪兴祖撰写的,他在序言中介绍陈旉"于六经诸子百家之书,释老氏黄帝神农氏之学,贯穿出入,往往成诵,如见其人,如指诸掌。下至术数小道,亦精其能,其尤精者《易》也。平生读书,不求仕进,所至即种药治圃以自给"[1]。文中,洪兴祖说他于绍兴己巳年(1149)与陈旉会面,陈旉时年七十四岁,此次会面得见其《农书》。由此可推知,陈旉大致生于北宋熙宁九年(1076)前后。由于陈旉作跋于《农书》成书五年后,又可推知其大约享年八十岁,卒于1154年之后。关于陈旉的籍贯亦不可考,只知道他躬耕于"西山"。当时的"西山"可能指的是扬州的西山或苏州太湖的西山,由于这两处地方在南宋时分属淮南东路和两浙西路,而陈旉将此书交给时任真州知州的洪兴祖,所以此处的"西山"是扬州西山的可能性更大。此外,《农书》在上卷《地势之宜篇》中提到了一种"黄绿谷",这是一种生长期很短的早熟籼稻,在《新唐书》中被列为扬州的土贡(写作黄穋米),但不见于苏州土贡。[2]由此可知陈旉熟知扬州地区物产,应当在扬州地区生活了很长一段时间。

陈旉《农书》全书分为上、中、下三卷,篇幅不长,加上序、跋也不过一万二千余字,但其学术价值却得到了不少学者的认可。例如,为《农书》做校注的万国鼎就认为其"篇幅虽小,实具有不少突出的特点,可以和《氾胜

---

[1]〔宋〕陈旉撰,万国鼎校注:《陈旉农书校注》,农业出版社1965年版,第63页。

[2]〔宋〕欧阳修、宋祁:《新唐书》卷四十一《地理志五》,中华书局1975年版,第1051、1058页。

之书》《齐民要术》《王祯农书》《农政全书》等并列为我国第一流古农书之一"[1]。这部著作并非空谈农学,而是在作者的长期实践下总结而成的。陈旉在自序中就提道:"是书也,非苟知之,盖尝允蹈之,确乎能其事,乃敢著其说以示人。"[2]

陈旉虽然在书中对《齐民要术》大加贬抑,认为它"腾口空言,夸张盗名""迂疏不适用"[3],但实际上,他的作品中大量继承了《齐民要术》的思想。但是陈旉的《农书》比前人有所进步,例如在体例上,《农书》要比《齐民要术》更为严谨。《农书》上卷无卷名,分为十二篇,另附两篇专论,主要阐述农业经营和耕作技术;中卷为《牛说》,内有两篇,主要阐述畜牧技术和牛疫的防治;下卷为《蚕桑》,内有五篇,主要介绍种桑养蚕的技术。整本书各部分之间有机联结,构建了一个完整的农学体系,这在之前的农学著作中是很罕见的。

陈旉的《农书》对后世影响深远,首先它打破了原先以北方旱农为重点论述对象的局限,将重点放在了南方农业的发展上。尤其是在书中专门提到种桑养蚕法,这一门类在后世的农书中多被继承和发扬。其次,书中因地制宜、因时制宜的中庸之道,以及各种利用自然规律和天然手段增加产量的思想和方法,对我们当今的农业发展,仍然有一定的借鉴意义。[4]

扬州学术在宋代地方文化当中占有一席之地,而宋代扬州出版了一批学术、文学、方志、农政著作,孙觉、秦观等人的作品也包括在内。扬州雕版事业促进了宋代扬州地方学术文化的传播与发展。目前可考者主要有:高邮军署于北宋雍熙二年(985)刻《金刚般若波罗蜜经》(三卷);高邮军学于南宋绍兴三年(1133)刻秦观《淮海集》(十九卷),南宋高宗绍兴年间刻孙觉《春秋经解》(十五卷),南宋乾道九年(1173)刻秦观《淮海集》(四十卷)、《后集》(六卷)、《长短句》(三卷);扬州州学于南宋乾道二年(1166)刻沈括《梦溪笔谈》(二十六卷);真州郡斋于南宋乾道二年(1166)刻吕本中《东莱诗

---

[1]〔宋〕陈旉撰,万国鼎校注:《陈旉农书校注》,农业出版社1965年版,第3页。

[2]〔宋〕陈旉撰,万国鼎校注:《陈旉农书校注》,农业出版社1965年版,第22页。

[3]〔宋〕陈旉撰,万国鼎校注:《陈旉农书校注》,农业出版社1965年版,第22页。

[4]慕亚芹、崔江浩、李群:《〈陈旉农书〉的"宜"和"法"对现代农业的借鉴意义》,《农业考古》2015年第4期,第11—14页。

集》（二十卷）；高邮郡守赵不惭于南宋淳熙五年（1178）刻《〔淳熙〕高邮志》
（三卷）、南宋淳熙年间刻《〔淳熙〕高邮志》（三卷）及《续修》（十卷）、扬州郡
守郑兴裔于南宋光宗绍熙年间刻《〔绍熙〕广陵志》（十二卷），南宋淳熙六年
（1179）刻《广陵志》（十二卷）；高邮郡斋于南宋嘉定七年（1214）刻秦观《蚕
书》（一卷）、陈旉《农书》（三卷）；高邮郡守汪纲于南宋嘉定九年（1216）刻
孙觉《龙学孙公春秋经解》（十五卷）；高邮郡学于南宋宁宗嘉定年间刻《高
邮郡志》（十卷）、《高邮续志》（十卷）；淮东仓司于南宋宁宗嘉泰年间刻苏轼
《注东坡先生诗》（四十二卷）。[1]由此可见，宋代扬州所刻之书，涵盖经学、史
学、文学、农政等领域，其中又以扬州地区的方志、扬州地区学术文化名人的
著作为主，孙觉、秦观的著述被多次刊刻行世。又所刻之书，大多属于地方官
刻，在地方官守、官学的主持下，扬州雕版事业对保存地方文献、传播发展地
方学术，发挥了重要作用。

二、扬州籍文人的诗词古文创作

两宋时期扬州声名最大的文人莫过于秦观和王令。

秦观，初字太虚，后改字少游，号淮海居士，扬州高邮人，元丰八年（1085）
进士，曾任太学博士，兼国史院编修官等职。他一生因党争而仕途舛厄，数遭
贬谪，最后死于放还途中。秦观是北宋中后期著名词人，与黄庭坚、张耒、晁
补之并称为"苏门四学士"，颇得苏轼赏识。他才华横溢，诗、词、文、赋俱佳。
现存诗歌以记游和酬唱诗为多。诗歌中写景绝句清新流丽，多为上品，如《泗
州东城晚望》："渺渺孤城白水环，舳舻人语夕霏间。林梢一抹青如画，应是淮
流转处山。"[2]全诗动静结合，有声有色，孤城、夕照、白水、青山融为一体，恍若
一幅淡雅的水墨画。

秦观之文以"长于议论，文丽而思深"[3]为人称许。《淮海集》今存进策
三十篇，进论二十篇，系统阐述了他的治术、军事、财政、铨选、人才、官制、治
安、役法等思想，直笔谠论，达于时变，切中时弊，具有经世致用的实学精神，
有些见解至今仍不过时。进论二十篇，多以史论的方式评价西汉至五代的

---

[1]　主要参考王澄编著：《扬州刻书考》第一章第一节，广陵书社 2003 年版，第 1—8 页。

[2]　〔宋〕秦观著，徐培均笺注：《淮海集笺注》卷第十，上海古籍出版社 1994 年版，第 422 页。

[3]　周义敢、周雷编：《秦观资料汇编》，中华书局 2006 年版，第 154 页。

历史人物,往往立足当下政治语境,以古讽今,翻空出奇,能成一家之言,代表作为《石庆论》。历史上的牧丘侯石庆本为庸才,在汉武帝时却位极人臣,并全身而退,其原因何在？对此,秦观给出的解读是:"事势之流相激使然而已矣。"[1]汉武帝之独裁缘于武安侯田蚡所激。武帝即位之初,田蚡当国,权移主上,君弱臣强;田蚡死后,武帝痛惩跋扈之臣,撄其锋者大多不得善终,而像石庆这样虽无大才但媚从上旨者却可获善终。秦观敏锐指出,汉武帝一朝选择如石庆般曲意逢迎者甚众,这说明专制独裁造成了庸臣扎堆的现象。秦观所论,可谓一针见血。联系北宋现实状况,自宋太祖杯酒释兵权以来,朝廷"尽收威柄于掌握之中"[2],世风日渐柔懦,权臣多恋栈固宠而已,有坚操劲气的豪杰之士少之又少,所以秦观撰写此论正是为了借古讽今。文章结尾激赏汲黯那样直言敢谏的社稷之臣,何尝不是"事势之流相激使然"呢？此外,秦观的策论中显示出奇正兼得的兵法思想,如《将帅》《奇兵》《辩士》《谋主》《兵法》《边防》等篇,均强调出奇兵以致胜的重要性,对"用奇"之道阐发透辟,且文笔恣放。从文风上看,秦观的策论词彩绚丽,议论锋起,既师承东坡,又上溯陆贽、贾谊及先秦诸子,博采众长,拟议而成变化,形成了自己的独特面目。[3]

　　秦观文学成就最高的是词。他的词远承西蜀南唐,近受柳永影响,俊逸精妙,情韵兼胜。在秦观之前,婉约词多绮艳,至柳永才渐有开拓,而到秦观,才发生了质的改变。他在"婉约"的词境和"艳词"的躯壳中注入了有关政治境遇、人生遭逢的种种感触,开拓了婉约词的格局,将婉约词推上了新的台阶。王灼在《碧鸡漫志》中赞秦观词"俊逸精妙"[4],李调元《雨村词话》则有"首首珠玑,为宋一代词人之冠"[5]的高度评价,张炎《词源》则云:"秦少游词体制淡雅,气骨不衰,清丽中不断意脉,咀嚼无滓,久而知味。"[6]试读其《浣溪沙》:

[1]〔宋〕秦观著,徐培均笺注:《淮海集笺注》卷一九,上海古籍出版社 1994 年版,第 685 页。

[2]〔宋〕秦观著,徐培均笺注:《淮海集笺注》卷一九,上海古籍出版社 1994 年版,第 685 页。

[3] 刘勇刚:《论秦观的策论》,《北京大学学报(哲学社会科学版)》2013 年第 6 期,第 88—96 页。

[4]〔宋〕王灼:《碧鸡漫志》,唐圭璋编:《词话丛编》,中华书局 1986 年版,第 83 页。

[5]〔清〕李调元:《雨村词话》,唐圭璋编:《词话丛编》,中华书局 1986 年版,第 1396 页。

[6]〔宋〕张炎著,夏承焘校注:《词源注》,人民文学出版社 1963 年版,第 31 页。

漠漠轻寒上小楼，晓阴无赖似穷秋。淡烟流水画屏幽。

自在飞花轻似梦，无边丝雨细如愁。宝帘闲挂小银钩。[1]

全词描绘了一个女子在春雨绵绵的清晨所生发的淡淡哀愁和轻轻寂寞，色调清浅，意境幽眇。上片描绘晨起之感和室内之景，语言幽婉，极尽轻淡，由轻淡中描摹出寥廓冷落的氛围，更由此带入纤细愁思。下片写倚窗所见，转入对春愁的正面描写。由窗外的袅袅飞花、如丝细雨入手，将愁思晕染开去，迷迷蒙蒙，无边无际，让帘外愁境、帘内愁人更加分明，使全词更添缥缈朦胧之美。

少游词作传世名篇甚多，名篇中更不乏佳句，《鹊桥仙》中的"两情若是久长时，又岂在、朝朝暮暮！"[2]被誉为"化腐朽为神奇"之句。《满庭芳》中的"斜阳外，寒鸦万点，流水绕孤村"[3]被称作"天生的好言语"。其余如《踏莎行》中"郴江幸自绕郴山，为谁流下潇湘去"[4]之类都流传甚广。总之，秦观词具有强烈的抒情性，而又远离平庸，的确能高出时流，引领风骚。

作为中国古代最为著名的扬州籍词人，秦观曾自度《梦扬州》一调来歌颂家乡：

晚云收。正柳塘、烟雨初休。燕子未归，恻恻轻寒如秋。小阑外、东风软，透绣帏、花蜜香稠。江南远，人何处，鹧鸪啼破春愁。　　长记曾陪燕游。酬妙舞轻清歌，丽锦缠头。殢酒为花，十载因谁淹留。醉鞭拂面归来晚，望翠楼、帘卷金钩。佳会阻，离情正乱，频梦扬州。[5]

天色渐晚，蒙蒙细雨刚停，池塘边的柳树上还残留着雨水。隆冬刚过，春意未浓，寒意侵肤，让人感觉如秋天一般。不过迎面吹来的东风已经温和柔

[1] 刘尊明编选：《秦观集》，凤凰出版社 2007 年版，第 109 页。
[2] 刘尊明编选：《秦观集》，凤凰出版社 2007 年版，第 100 页。
[3] 刘尊明编选：《秦观集》，凤凰出版社 2007 年版，第 129 页。
[4] 刘尊明编选：《秦观集》，凤凰出版社 2007 年版，第 200 页。
[5] 〔宋〕秦观：《梦扬州》，《全宋词》第 1 册，中华书局 1965 年版，第 456 页。

软,还带来丝丝花香。词人站在小栏畔,思念着不知身在何处的恋人。词作上阕将景物、体感、抒情完美结合,不仅使人仿佛亲见词人眼前的景色,更让人感受到了初春时节潮湿的凉意,还有风中的花香。词的下阕作者展开了回忆,与恋人嬉戏燕游、轻歌曼舞的美好时光似乎就在昨日。可此时词人离乡已久,只能眺望远方,不知何时才能再回家乡,才能再见佳人。无奈,日复一日的思念,使词人在夜里频频梦到扬州。他的词虽大多婉约伤感,寄托身世,也有部分疏放之作,如《望海潮》四阕中的第一首:

> 星分牛斗,疆连淮海,扬州万井提封。花发路香,莺啼人起,珠帘十里东风。豪俊气如虹。曳照春金紫,飞盖相从。巷入垂杨,画桥南北翠烟中。　　追思故国繁雄。有迷楼挂斗,月观横空。纹锦制帆,明珠溅雨,宁论爵马鱼龙。往事逐孤鸿。但乱云流水,萦带离宫。最好挥毫万字,一饮拼千钟。[1]

如果说词人在《梦扬州》中为我们展现的是烟雨柳塘、妙舞清歌的温柔之乡,那么在这阕《望海潮》中则描绘了疆连淮海、万井提封的雄丽重镇。所谓“星分牛斗”,是说扬州地处斗星和牛星所属之分野;“疆连淮海”是说扬州北据淮河,南连大海。古制每八家为一井,提封是总共之意,“万井提封”是说扬州人口多达八万户,此句为虚指,是欲突出扬州人口之多。不仅如此,扬州居民在气质上是“豪俊气如虹”。城里有钱人穿着华丽飘曳的服饰,与春光相映照,外出都有撑着车篷的马车。“巷入垂杨,画桥南北翠烟中”,说明扬州不仅富庶,而且美丽。词中“最好挥毫万字,一饮拼千钟”是遥和欧阳修《朝中措》中“文章太守,挥毫万字,一饮千钟”一句,秦观认为如此繁华美丽的扬州城,值得挥毫赞美,沉醉其中。从这些描述中不难看出,秦观对家乡扬州的热爱和他的自豪之情。

王令,初字钟美,后改字逢原,广陵(今江苏扬州)人,世称广陵先生。他少时尚意气,伟节高行,特立于时,一生厌恶功名,不愿仕进。王令虽然早卒,

---

[1]〔宋〕秦观《望海潮·其一》,《全宋词》第1册,中华书局1965年版,第454页。

但在当时颇负盛名,有"识度之远,又过荆公"[1]之誉。王令的诗文,在其生前并未刊行,他死后,外孙吴说编有《广陵先生文集》二十卷,只有钞本流传,今人整理有《王令集》。《暑旱苦热》为其代表作,诗云:

> 清风无力屠得热,落日着翅飞上山。
> 人固已惧江海竭,天岂不惜河汉干!
> 昆仑之高有积雪,蓬莱之远常遗寒。
> 不能手提天下往,何忍身去游其间?[2]

全诗想象奇特,气势恢宏,开篇便不同凡响:"清风无力屠得热,落日着翅飞上山。"前句用"清风无力"来衬托暑旱之甚,酷热难当,"屠"字更是精当,将诗人对暑热的痛恨描绘得淋漓尽致。前四句主要写暑旱酷热,后四句重在抒发愿与天下共苦难的豪情,尤其是"不能手提天下往"一句,更是气度超凡,堪称名句。刘克庄在《后村诗话前集》中有"骨气老苍,识度高远"[3]之语,对此诗评价极高。《暑旱苦热》一诗可见诗人的忧时之情和济世之志,也表现出王令雄健瑰奇的诗风。王令的诗作多反映民间疾苦,抨击社会黑暗,这样的襟怀抱负至今仍令扬州人敬仰。王令诗风并非一成不变,他也有清新脱俗的写景诗,如《晚春二首》其二:"三月残花落更开,小檐日日燕飞来。子规夜半犹啼血,不信东风唤不回。"[4]将暮春时节的景象和诗人的感受刻画得入木三分,其中"子规夜半犹啼血,不信东风唤不回"两句,表现惜春之情,一改前人多用子规借喻哀伤、凄切的作法,不落窠臼,别有新意,是为名句。

秦观、王令之外,吕溱、王昂、李易、陈造、乔执中、吴敏、张侃、张蕴、孙升等人也颇具才名,诗词古文创作都有可圈可点之处。值得一提的是,吕溱、王昂、李易还是状元。现在扬州城的文昌中路上还保留着"三元巷"的遗迹。扬

[1]〔宋〕王令著,沈文倬校点:《王令集》,上海古籍出版社2011年版,第412页。
[2]〔宋〕王令著,沈文倬校点:《王令集》,上海古籍出版社2011年版,第108页。
[3]〔宋〕刘克庄著,辛更儒校注:《刘克庄集笺校》第14册,中华书局2011年版,第6725页。
[4]〔宋〕王令著,沈文倬校点:《王令集》,上海古籍出版社2011年版,第177页。

州人素讲文运,不仅在城中建有四望亭、文昌阁,还建有文峰塔、文选楼,"三元巷"正是因为这条巷子在宋代走出了三位状元而得名。

吕溱,字济叔,北宋宝元元年(1038)戊寅科状元,时年仅二十五岁。及第之后,吕溱被授将作监丞,通判亳州,直集贤院,累官翰林学士。之后经历贬谪,继而起知江宁府(今江苏南京),复任集贤院学士,加龙图阁直学士,知开封府,死后被追赠为礼部侍郎。吕溱精识过人,辨讼立断。他去世后,宋神宗颇为伤怀,诏中书曰:"溱立朝最孤,知事君之节,绝迹权贵,故中废十余年,人无言者。"[1]并念其家贫子幼,命格外优待他的家人。吕溱颇有文才,当年得中状元便与此有关。据载殿试时,吕溱当场作《鲲化为鹏》诗,其中有云:"九霄离海峤,一息到天池。"仁宗见之大喜,曰:"此自当作状元。"将他擢为第一。[2]吕溱现存《饯光禄两张卿退居》诗两首,虽然存世作品极少,但从这仅有的诗作中我们依然可见这位状元的超凡气度。《饯光禄两张卿退居(其二)》曰:"江上筑台遗世尘,堂上虚白见天真。丹心许国平生事,皓首还家自在身。水树芬馨怜茝蕙,雪轩颜色爱松筠。清时解绂端荣佚,不独贤哉咏古人。"[3]诗人选择"茝蕙""松筠"等意象入诗,承续屈原的香草美人传统,表达出对高尚人格的推崇。"丹心许国平生事,皓首还家自在身"两句虽是赞美友人之句,但何尝不是在表达自己的心声?

王昂,字叔兴,北宋重和元年(1118)戊戌科状元,及第后被任命为秘书省校书郎。王昂及第后九年,北宋王朝覆灭,康王赵构在应天府(府治宋城,今河南商丘)重建朝纲,任命王昂为起居舍人,负责记录皇帝言行。后官至秘书少监,晚年以徽猷阁待制身份知台州,被提举江州太平观时,病逝家中。王昂善作词,《全宋词》收其词《好事近》:"喜气拥朱门,光动绮罗香陌。行到紫薇花下,悟身非凡客。　　不须脂粉浣天真,嫌怕太红白。留取黛眉浅处,画章台春色。"[4]

李易,字顺之,南宋建炎二年(1128)戊申科状元,也是南宋第一个状元。

[1] 〔元〕脱脱等:《宋史》卷三二〇,中华书局1977年版,第10402页。

[2] 〔宋〕王象之:《舆地纪胜》卷三七,中华书局1992年版,第1587页。

[3] 〔清〕陆心源:《宋诗纪事补遗》卷一〇,山西古籍出版社1997年版,第213页。

[4] 〔宋〕王昂:《好事近》,《全宋词》第二册,中华书局1965年版,第1072页。

中第后,初授左宣义郎,签书江阴军判官。金兵犯江阴时,守将劝李易送母出城避难,但其母坚决不允:"我去则汝必无坚守之志,死生当与汝同之。"在聆听母亲深明大义的教诲后,李易十分感动,誓守江阴。金兵见江阴固若金汤,主动撤走。[1]后来李易转到抗金名将韩世忠麾下,也曾回家乡扬州为官,以清素自立。李易好学多闻,著有《要论》等,为后世称颂。在李易的作品中,家乡扬州有着重要地位。他写过多篇作品歌咏扬州,如代表作《竹西怀古》:

> 淮南昔繁丽,富庶天下称。管弦十万户,夜夜闻喧腾。
> 不徒竹西寺,歌吹相豪矜。一朝烽火急,廛市为沟塍。
> 风月无欢场,晬晱皆射堋。荒荒野月白,照地如寒冰。
> 自从画江守,岁岁输金缯。萧条闾井间,水旱又频仍。
> 我来经故里,日暮此一登。隋唐倏已往,遗迹几废兴。
> 江山极苍莽,望之涕沾膺。[2]

全诗先追忆了盛唐扬州的繁华气息,所谓"管弦十万户,夜夜闻喧腾。不徒竹西寺,歌吹相豪矜",极言其繁丽、富庶。紧接着"一朝"二字急出,画面一转,叙述了当时历经烽火后的扬州城:昔日楼台栉比、人烟密集的繁华大街变成了荒沟野地;目光所及,到处都是用来练习射箭的靶子;旱涝等自然灾害更是让这个城市雪上加霜。最后诗人直抒胸臆,慨叹于家乡的兴废,沉痛之情溢于言表。全诗画面感极强,前后对比明显,让读者有身临其境之感。

此外,扬州还有文人擅长于俗化的诗词创作,典型者如陈亚创作的药名诗、药名词。陈亚,生卒年不详,《青箱杂记》记载他年七十卒,字亚之,维扬人。咸平五年(1002)进士,历任於潜令、知越州、润州、湖州,官至太常少卿。陈亚幼年丧父,由身为医工的舅父抚养长大。在舅父的耳濡目染下,陈亚对

---

[1]〔明〕朱怀幹修,〔明〕盛仪辑:《〔嘉靖〕惟扬志》卷二二,《扬州文库》第1辑第1册,广陵书社2015年版,第191页。

[2]〔宋〕陈思:《两宋名贤小集》卷一八四《李敷文诗集》,《景印文渊阁四库全书》第1363册,台湾商务印书馆1986年版,第492页。

药名熟烂于心。药名词是宋词杂体中的一体,为词苑中的一株异花,创作时要求每句至少有一个药名,药名可借用同音字。陈亚的药名词贵在巧嵌药名而不着痕迹,如《生查子·药名闺情》:"相思意已深,白纸书难足。字字苦参商,故要槟郎读。　　分明记得约当归,远至樱桃熟。何事菊花时,犹未回乡曲。"[1]上阕写书信难表相思之深,以见闺中人的浓情蜜意。下阕以女子的怨嗔口吻,进一步抒发怀念远人的感情。词中共有"相思""意已(薏苡)""白纸(白芷)""苦参""槟郎(槟榔)""郎读(狼毒)""当归""远至(远志)""樱桃""菊花""回乡(茴香)"十个药名,但都运用巧妙,毫不生硬。除药名词外,陈亚的药名诗也颇佳,存有百余首。宋代吴处厚的《青箱杂记》曾多次引用其诗,如"风月前湖近,轩窗半夏凉"[2]"棋怕腊寒呵子下,衣嫌春暖缩纱裁"[3],其中"前湖(胡)""半夏""呵(诃)子""缩纱(砂)"皆为药名。

陈亚通俗文学创作与其个性也有密切关系。《青箱杂记》载:"亚性宽和,累典名藩,皆有遗爱。然颇真率,无威仪,吏不甚惧。行坐常弄瓢子,不离怀袖,尤喜唱清和乐。知越州时,每拥骑自衙庭出,或由鉴湖缓辔而归,必敲镫代拍,潜唱彻三十六遍然后已,亦其性也。"[4]基于这种性格与创作,时人称其为"近世滑稽之雄"[5]。

三、扬州籍文人的笔记小说和民间歌谣创作

扬州籍文人的文学创作涉及领域广泛,除了传统的诗词古文创作外,通俗文学色彩的笔记小说、民间歌谣等创作也颇为盛行。唐代时,扬州繁荣的经济使扬州拥有了一个庞大的市民阶层,扬州的市民生活也给通俗文学提供了丰富的题材,如李公佐的《南柯太守传》和于邺的《扬州梦记》便是当时扬州市民生活的生动折射。有宋一代,扬州的经济持续发展,市民阶层不断扩大,扬州的通俗文学也得到了进一步的发展。两宋时期的扬州籍优秀笔记小说文学作家以马永卿、张邦基为代表。

---

[1]〔宋〕陈亚:《生查子·药名闺情》,《全宋词》第1册,中华书局1965年版,第8页。

[2]〔宋〕陈亚:《登湖州销暑楼》,《全宋诗》第2册,北京大学出版社1998年版,1304页。

[3]〔宋〕陈亚:《句》,《全宋诗》第2册,北京大学出版社1998年版,第1305页。

[4]〔宋〕吴处厚:《青箱杂记》卷一,《全宋笔记》第1编第10册,大象出版社2003年版,第199页。

[5]〔宋〕吴处厚:《青箱杂记》卷一,《全宋笔记》第1编第10册,大象出版社2003年版,第198页。

马永卿,字大年,一作名大年,字永卿,号懒真子,大观进士,扬州人。刘安世谪亳州,寓居永城(今属河南)时,马永卿为永城主簿,向刘安世求教,从学二十六年,后将刘安世所讲整理为《元城语录》。另著有《懒真子》五卷,书中既有轶文遗事,又有小说故事,三卷以后多考证艺文,诠释诗赋,对作家作品之本事亦有记载,颇具史料价值。如对"韩门弟子"的考定,《懒真子》中有载:"以仆观之,郊、籍非辈行也。东野乃退之朋友,张籍乃退之为汴宋观察推官日所解进士也,而李翱、皇甫湜则从退之学问者也……而《唐史》乃使东野与群弟子同附于退之传之后,而世人不知,遂皆称为韩门弟子,误矣。"[1]

张邦基,字子贤,高邮人,著有《墨庄漫录》十卷,多记唐宋以来文人逸闻趣事,也有诗文品评,保存佚诗佚文,颇具史料价值与文学价值。其中《东坡斥道士邪术》一文历来为人称道。全文如下:

> 东坡先生知扬州,一夕梦在山林间,忽见一虎来噬。公方惊怖,有一紫袍黄冠以袖障公,叱虎使去。明日,有道士投谒曰:"昨夜不惊畏否?"公曰:"鼠子乃敢尔!本欲杖汝脊,吾岂不知子夜术也。"道士骇惧而退。[2]

全篇不过七十八字,讲述了一个心术不正的道士给东坡先生变幻出了一个恐怖离奇的梦,但被东坡先生一语道破天机,文章义正词严,痛斥妖道,塑造了两个生动的人物形象,读来令人惊叹。张邦基准确把握住了两个人物不同的内心世界,在语言描写中突出个性色彩,将道士包藏祸心的丑态和东坡先生一身正气、敢于斗争的本色表现得淋漓尽致。从这则笔记中,我们还可管窥作者高超的素材驾驭能力。全文以"梦"为线索,沿着"做梦——问梦——破梦"的主线组织材料,发展情节,可谓结构谨严,引人入胜。

扬州自古便是戏剧名区、歌舞胜地,唐代时便有繁盛的演出,韦绚的《刘宾客嘉话录》、无名氏的《玉泉子真录》等都有记载扬州的木偶戏与参军戏。

---

[1]〔宋〕马永卿:《懒真子录》卷四,上海古籍出版社编:《宋元笔记小说大观》第3册,上海古籍出版社2001年版,第3172页。

[2]〔宋〕张邦基:《墨庄漫录》,《全宋笔记》第3编第9册,大象出版社2008年版,第27页。

至宋,扬州戏剧艺术更加兴盛。《宋史·施昌言传》记载,施昌言在真州(今扬州仪征)任江淮发运使时,曾于城东筑东园,"嘉令时节,州人士女箫歌而管弦,四方之宾客与往来者共乐于此";皇祐三年(1051)某日,他款待好友范仲淹,曾"出婢子为优,杂男子慢戏,无所不言。仲淹怪问之,则皆昌言子也"。[1]从中可窥宋代扬州戏剧演出之一斑。

宋代扬州的民间音乐也很兴盛,留下了不少优秀的音乐作品和一些民间歌谣。这些民间歌谣多由底层文人创作,作者多无从稽考,歌谣内容与宋代扬州的风俗、社会风貌紧密相关,颇具史料价值。如流传甚广的《金带围》一曲就和"四相簪花"的传说相关。词云:"金带围,宰相花。扬州芍药冠天下。"[2]《竹西歌谣》也是当时颇为流行的歌谣,歌谣曰:"青青麦田黄菜花,禅智茶园发新芽。担着担子过竹西呀,见说好个少年官家。"[3]这首歌谣产生于元丰八年(1085)左右,当时神宗皇帝病逝,韩琦、欧阳修、包拯等拥立刚8岁的哲宗继位,由其祖母太皇太后高氏听政,司马光、文彦博为相。国丧过后,扬州百姓间便流行起了这支歌谣,所谓"见说好个少年官家",意思是"听说新坐龙椅的皇上是个不错的少年"。歌谣《月子弯弯照九州》则揭露了南宋统治者享乐、腐败、屈辱投降的行径,反映了人民的离难之苦。此歌谣产生于南宋建炎年间的江淮地区,最早载在南宋话本《冯玉梅团圆》里,歌谣曰:"月子弯弯照九州,几家欢乐几家愁。几家夫妻团圆聚,几家飘零在外头。"[4]遥想宋高宗南下偏安扬州时,金兵南下,使得淮河一带烽火频仍,百姓流离失所。这首歌谣一经产生,便很快传遍了大江南北,并演变出了多种曲调的演唱版本。

扬州文人的笔记小说、民间歌谣创作是扬州蔚为大观的文学史中的重要组成部分,它们打开了文学的底层世界,将普通老百姓也纳入进来,使文学成为大众文化的一部分。通俗文学的繁荣一方面促进了扬州本地艺术文化的发展,另一方面也有利于大众文化素养的不断提升。

---

[1]　〔元〕脱脱等:《宋史》卷二九九《施昌言传》,中华书局1977年版,第9949—9950页。

[2]　朱正海主编:《竹西佳处》,广陵书社2006年版,第59页。

[3]　朱正海主编:《竹西佳处》,广陵书社2006年版,第151页。

[4]　张美林、韩月波:《扬州民歌史略》,社会科学文献出版社2006年版,第162页。

四、扬州的文学世家

有宋一代形成的文学世家是古代各朝中最多的,这与宋代重文轻武的国策有着密切关系,同时也离不开经济的繁荣作支撑。[1]经济的繁荣为士人进行文学创作提供了较好的生活保障,为他们的文学创作提供了宽广的题材,也为文学作品的传播创造了良好的条件。作为宋代经济发展相当不错的地区,再加之深厚的文化积淀,扬州这片热土于宋代涌现出一批文学世家就在情理之中了。上文所提徐铉、徐锴两兄弟即为一例。除此之外,扬州还出现了其他文学世家。

如秦观的家庭,其弟、其子女也均有文才。秦观之弟名秦觌,字少章,宋哲宗元祐六年(1091)进士,调临安主簿。秦觌工诗词,善于刻画,文字精密,风格与秦观类似。《王直方诗话》《鹤林玉露》各录存其诗一首,《词林纪事》录存其词一首。秦觌与王直方、苏轼等有唱和,陈师道曾写"淮海少年天下士,独能无地落乌纱"[2]对他进行劝勉。秦观有一子名秦湛,字处度,号济川,官宣教郎。绍兴二年(1132),添差通判常州。绍兴四年(1134)致仕。秦湛能为词,词存《卜算子》一首,见于《唐宋诸贤绝妙词选》卷四,其中"春透水波明,寒峭花枝瘦"句广受赞誉,《苕溪渔隐丛话》引《雪浪斋日记》评语曰"盖法山谷也"[3]。秦湛另有"藕叶清香胜花气"等句流传。其文《西菩山寺记》载于《锡山秦氏文钞》卷首。秦观另有一女,《梅磵诗话》载其在靖康间有句题壁:"眼前虽有还乡路,马上曾无放我情。"乡情深重,感人至深。

李正民、李洪父子,仇著、仇博父子也是两宋时期扬州地区享有盛名的文学世家。李正民(约1131年前后在世),字方叔,扬州江都人。政和二年(1112)进士,高宗时为中书舍人,后守陈州。曾任给事中,礼部、吏部侍郎,出知吉州、筠州、洪州等,官终徽猷阁待制。李正民著有《大隐集》三十卷,已佚。清四库馆臣据《永乐大典》辑为十卷,其中诗四卷。《四库全书》还收其著作《己酉航海记》一卷。其子李洪(约1169年前后在世),字可大,寓居海盐、湖州,曾知温州、藤州。著有文集二十卷,今仅存《芸庵类稿》六卷,其中诗五卷,为

---

[1] 宋代文学家庭的相关研究,可参看王毅《宋代文学家庭》,湖南师范大学出版社2008年版。

[2] 〔宋〕陈师道:《九日寄秦觌》,《全宋诗》第19册,北京大学出版社1998年版,第12637页。

[3] 〔宋〕胡仔:《苕溪渔隐词话》,唐圭璋编:《词话丛编》,中华书局1986年版,第164页。

《四库全书》收录。其诗时露警秀,七律尤工。

仇著,其先蓟人,后徙居仪征。庆历间举进士,历官朝散大夫,知梓州。能诗文。晚年建至乐堂。其子仇博,字彦父,十三岁时作《至乐堂记》,为苏轼所赏,有"后生可畏"之评。仇博数举不利,终年流连山水。《全宋诗》收其诗作《雪中失白马》,流传甚广。

两宋时期扬州地区文学世家的出现推动了扬州文学与学术的发展,而文学世家的出现也反映出扬州人对文化、教育的重视。宋代是一个尚文轻武的时代,科举又以诗、赋取士,因而文学之士才有取得功名的可能。在传统官本位思想的影响之下,很多家庭自觉地对子弟进行文学教育,从侧面反映出人们对科举功名的重视,也可见科举对有宋一代文学发展的推动作用。这种重家学的传统在扬州一直延续了下来,至明、清两代,扬州地区依然涌现出了很多文学家庭,名垂史册。

五、扬州守官与扬州籍士人的交游及创作

扬州籍士人对扬州文化的反哺使扬州文学、学术进入了良性发展的轨道,而进一步推动两宋时期扬州地区文学、学术生态发展的是扬州的历代主政者。从"四相簪花"的记载中,便可窥见守官与扬州文化间的互动。

相传北宋庆历五年(1045),韩琦在扬州任知州时,官署后园有一株芍药有四个枝杈,每个枝杈开花一朵,花瓣红色,花蕊金黄,俗称"金缠腰",又叫"金带围"。这种花不常开,传说一旦开花,城里就会出宰相。于是韩琦邀请了当时同在扬州的王安石、王珪、陈升之同来观赏。饮酒赏花之际,韩琦将花剪下分别插在四个人的官帽上。结果,在之后的三十年间,他们先后当上了宰相。此事载于《梦溪笔谈》《〔嘉靖〕惟扬志》等书中。虽然故事的真假存在争议,但是"四相簪花"反映出当时守官与文人士大夫间经常举行集会,在一定程度上推动了扬州文化的发展。

扬州主政者中声名最盛者莫过于欧阳修和苏轼。清代扬州百姓建三贤祠纪念在扬州多有善政的官员,所供奉的"三贤"即为北宋的欧阳修、苏轼和清代的王士祯。"庆历新政"失败后,欧阳修于庆历八年(1048)从滁州调任至扬州为知州。他在滁州留下了传世名篇《醉翁亭记》《丰乐亭记》,转知扬州后,写下了《大明水记》《海陵许氏南园记》等篇章。

欧阳修出任扬州知州前屡经贬谪,游宦于穷僻之地,乍到这座江淮重镇,他不禁感叹:

> 十里楼台歌吹繁,扬州无复似当年。
>
> 古来兴废皆如此,徒使登临一慨然。[1]

欧阳修的这一慨然,不仅仅是为了扬州的兴废,更是感慨他自己的人生际遇。诗人来到了这座富庶的名城,见到了名扬天下的琼花和芍药,不由生出苦尽甘来之感。他曾在后土祠的琼花旁筑一亭,名为"无双亭",以示此花举世无双,他在写给友人许元的诗中写道:

> 琼花芍药世无伦,偶不题诗便怨人。
>
> 曾向无双亭下醉,自知不负广陵春。[2]

如果把人生分成四季的话,此时的欧阳修便迎来了生命中的春天。在这样一座"十里楼台歌吹繁"的城市里,生性放达的欧阳修自然不会辜负广陵和他人生的春光,他在诗中这样描述他在扬州的惬意生活:

> 平日相从乐会文,博枭壶马占朋分。
>
> 罚筹多似昆阳矢,酒令严于细柳军。
>
> 蔽日雪云犹暧<200c>靆,欲晴花气渐氤氲。
>
> 一樽万事皆毫末,蜾蠃螟蛉岂足云。[3]

初春时节,雪云未散,天将晴,花渐放。诗人与友人相聚一堂,饮酒行令,游戏投壶。过往不幸的际遇,在这美好的春光里皆成云烟。

---

[1]〔宋〕欧阳修:《竹西亭》,《全宋诗》第6册,北京大学出版社1998年版,第3702页。

[2]〔宋〕欧阳修:《答许发运见寄》,《全宋诗》第6册,北京大学出版社1998年版,第3790页。

[3]〔宋〕欧阳修:《龙兴寺小饮呈表臣元珍》,《全宋诗》第6册,北京大学出版社1998年版,第3680页。

宋人叶梦得在其《避暑录话》中记载：

> 欧阳文忠公在扬州，作平山堂，壮丽为淮南第一。堂据蜀冈，下临江南，数百里真、润、金陵三州，隐隐若可见。公每暑时，辄凌晨携客往游，遣人走邵伯取荷花千余朵，以画盆分插百许盆，与客相间。遇酒行，即遣妓取一花传客，以次摘其叶，尽处则饮酒，往往侵夜载月而归。[1]

这段话说的是欧阳修曾使人于邵伯湖上采莲花千朵，插于画盆之中，常与宾客围绕莲花而坐，使坐客传花以为酒令，往往到夜深时才载月而归。欧阳修离开扬州后，还对这段谈诗论文、饮酒投壶的快乐时光回味不已：

> 千顷芙蕖盖水平，扬州太守旧多情。
> 画盆围处花光合，红袖传来酒令行。
> 舞踏落晖留醉客，歌迟檀板换新声。
> 如今寂寞西湖上，雨后无人看落英。[2]

　　从庆历八年（1048）到皇祐元年（1049）不过短短一年，只做了一年扬州知州的欧阳修对扬州的影响却非常深远，欧阳修当年登临扬州城北的蜀冈，在蜀冈上构木为堂，于此地眺望，江南诸山似与堂齐平，故将此堂命名为平山堂。宋叶梦得《避暑录话》记载平山堂"壮丽为淮南第一。堂据蜀冈，下临江南，数百里真、润、金陵三州，隐隐若可见"[3]。"太守之宴，与众宾欢"的欢乐情景也被叶梦得记录了下来：每到暑天，欧阳修就在平山堂的花前柳下宴客。他遣人去邵伯湖取荷花千余朵，分插百许盆，放在围坐的客人之间；然后让歌妓取一花传客，依次摘其瓣，谁轮到最后一片就饮酒赋诗。熏风美酒，明月佳丽，至深夜宾客才尽兴载月而归，于是就有了"坐花载月"一说。平山堂由此具有了深厚的文化意味，秦观就有诗云："栋宇高开古寺间，尽收佳处入雕栏。

---

〔1〕〔宋〕叶梦得：《避暑录话》，《全宋笔记》第2编第10册，大象出版社2006年版，第225页。
〔2〕〔宋〕欧阳修：《答通判吕太博》，《全宋诗》第6册，北京大学出版社1998年版，第3689页。
〔3〕〔宋〕叶梦得：《避暑录话》，《全宋笔记》第2编第10册，大象出版社2003年版，第225页。

山浮海上青螺远,天转江南碧玉宽。雨槛幽花滋浅泪,风巵清酒涨微澜。游人若论登临美,须作淮东第一观。"[1]欧阳修离开扬州后也曾在《答通判吕太博》诗中表达对那段时光的怀念:"千顷芙蕖盖水平,扬州太守旧多情。画盆围处花光合,红袖传来酒令行。舞踏落晖留醉客,歌迟檀板换新声。如今寂寞西湖上,雨后无人看落英。"[2]

欧阳修为平山堂留下的文字中,最著名的莫过于《朝中措》一词:"平山栏槛倚晴空,山色有无中。手种堂前垂柳,别来几度春风。　　文章太守,挥毫万字,一饮千钟。行乐直须年少,尊前看取衰翁。"[3]这首词写于嘉祐元年(1056),当时欧阳修已在别地任官,与其过从甚密的刘敞出守扬州,欧阳修为其饯行,写词赠之。欧阳修在词中追忆了曾经的扬州生活,塑造了一个风流儒雅、豪放旷达的"文章太守"形象,对刘敞寄予了很大的希望。自此,成为"文章太守"也成了历代扬州主政者最高的追求。欧阳修曾在《答许发运见寄》诗中骄傲地表示:"曾向无双亭下醉,自知不负广陵春。"[4]所谓"不负广陵春",并非是终日醉酒,而是其诗文、人格对后世的影响。因为欧阳修的缘故,平山堂在之后的历朝历代都是文人心目中分量极重的文化象征。可以说,平山堂的建立为扬州的文化生态注入了新的活力,也成为扬州文脉延续的重要标志。宋人张邦基《墨庄漫录》中还记载了这样一则故事:

> 扬州蜀冈上大明寺平山堂前,欧阳文公忠手植柳一株,谓之"欧公柳"。公词所谓"手种堂前杨柳,别来几度春风"者。薛嗣昌作守,相对亦种一株,自榜曰"薛公柳",人莫之嗤之。嗣昌既去,为人伐之。[5]

故事说的是欧阳修曾经在平山堂前种下一棵柳树,被叫作"欧公柳"。后来

---

[1]〔宋〕秦观著,徐培均笺注:《淮海集笺注》卷八,上海古籍出版社1994年版,第331页。

[2]〔宋〕欧阳修著,洪本健校笺:《欧阳修诗文集校笺·居士集》卷一〇,上海古籍出版社2009年版,第348页。

[3]〔宋〕欧阳修著,张璟导读:《欧阳修词集》,上海古籍出版社2010年版,第10页。

[4]〔宋〕欧阳修著,洪本健校笺:《欧阳修诗文集校笺·外集》卷六,上海古籍出版社2009年版,第1471页。

[5]〔宋〕张邦基:《墨庄漫录》,《全宋笔记》第3编第9册,大象出版社2008年版,第29页。

薛嗣昌做了扬州太守,模仿欧阳修,在"欧公柳"对面也种下了一棵柳树,自己称其为"薛公柳"。但此人巧言媚上,为百姓所厌恶,他这种自比欧阳修的行为引起大家的不屑。薛嗣昌离开扬州后,立刻有人砍断了这株所谓的"薛公柳"。由此可见欧阳修在扬州百姓心中的崇高地位,也说明了想要得到人们的尊重与爱戴,靠的是自身的贤德,而非自我标榜。

苏轼与扬州早就结下不解之缘。在出守扬州之前,他曾多次过淮,数次到过扬州,留下过不少名篇,如《西江月·平山堂》:"三过平山堂下,半生弹指声中。十年不见老仙翁,壁上龙蛇飞动。　欲吊文章太守,仍歌杨柳春风。休言万事转头空,未转头时皆梦。"[1]此词写于宋神宗元丰二年(1079),苏轼自徐州调知湖州,途经平山堂,此时距其最后一次见恩师欧阳修已有九年,距欧阳修逝世也已七年,词中岁月蹉跎、人生坎坷之叹溢于言表。然而未曾想十三年后,苏轼也到扬州出任太守。初到扬州,苏轼每至村落即屏退吏卒,亲访民居,据实上奏《知扬州状奏略》,直言民间疾苦。蔡京主政扬州时仿效洛阳故事作"万花会",此花会用芍药十万株,使扬州百姓苦不堪言,苏轼出任扬州知州时立刻废止了这一劳民伤财的弊令。

公事之余,苏轼极富生活情趣,或畅游山水,或欢饮达旦,并用诗词记录下这些欢乐的场景,如《泗州除夜雪中黄师是送酥酒二首》中的第二首:

> 关右土酥黄似酒,扬州云液却如酥。
> 欲从元放觅挂杖,忽有麹生来坐隅。
> 对雪不堪令饱暖,隔船应已厌歌呼。
> 明朝积玉深三尺,高枕床头尚一壶。[2]

云液乃是宋代扬州一酒名。诗人雪夜饮酒至醉,次日醒来积雪已深,却并不起身,倚在床头再饮一壶,这实在是只属于苏东坡的名士风流。

苏轼在扬州期间有众多友人来访,与其唱和酬酢,其中就包括其弟苏辙。

---

[1]　曾枣庄、舒大刚主编:《三苏全书》第10册,语文出版社2001年版,第309页。

[2]　〔宋〕苏轼:《泗州除夜雪中黄师是送酥酒二首》,《全宋诗》第14册,北京大学出版社1998年版,第9355页。

苏辙,字子由,与父亲苏洵、兄长苏轼合称"三苏"。苏辙在扬州也创作了不少佳作,如咏芍药的《和子瞻玉盘盂二首》:

其一

千叶团团一尺余,扬州绝品旧应无。

赏传莒国迁钟虡,移忆胡僧置钵盂。

丛底留连倾凿落,瓶中捧拥照浮屠。

强将绛蜡封红萼,憔悴无言损玉肤。

其二

故相林亭父老知,出群草木尚何疑。

无多产业残花药,几许功名旧鼎彝。

丰艳不知人世别,佳名新换使君诗。

明年会看花尤好,剥尽浮苞养一枝。[1]

苏轼曾作《玉盘盂》二首,苏辙这两首诗是和作。玉盘盂是扬州芍药中的一种,其名本俗,因其花白而圆,如倒扣的玉盘,苏轼便将其更名为玉盘盂。宋代扬州盛产芍药,不过从诗中"扬州绝品旧应无"一句来看,此种芍药并非扬州旧有,而是当时刚刚引进的新品。

知守扬州期间,苏轼于平山堂北另建一堂以纪念欧阳修,取"深谷下窈窕,高林合扶疏"[2]诗句中的"谷林"两字为堂名。出任扬州太守后,苏轼对扬州感情更深,诗意也更浓了,留下了很多关于扬州的篇章,如《扬州以土物寄少游》一诗,盛赞了扬州的土特产食品:"鲜鲫经年秘醯醢,团脐紫蟹脂填腹。后春莼苗活如酥,先社姜芽肥胜肉。鸟子累累何足道,点缀盘飱亦时欲。淮南风俗事瓶罂,方法相传竟留蓄。且同千里寄鹅毛,何用孜孜饮麋鹿。"[3]诗中提到的腌鲫鱼、醉蟹、莼苗、姜芽、咸鸭蛋等,颇具扬州风味。

---

[1]〔宋〕苏辙:《和子瞻玉盘盂二首》,《全宋诗》第15册,北京大学出版社1998年版,第9894页。

[2]〔宋〕苏轼著,〔清〕冯应榴辑注:《苏轼诗集合注》,上海古籍出版社2001年版,第1805页。

[3]〔宋〕苏轼著,〔清〕冯应榴辑注:《苏轼诗集合注》,上海古籍出版社2001年版,第2353—2354页。

此外,苏轼与扬州士人交游、唱和颇多。仇博因其夸赞而声名大噪,孙觉、孙升、王巩等人与之交游而学问日益精进,尤其是秦观,受苏轼奖掖提携,成为"苏门四学士"之一,在文坛享有盛誉。总之,正是由于有欧阳修、苏轼这样一批"文章太守"主政,"昼了公事,夜接词人",才使得扬州的文化气息较别处更浓厚,扬州文坛长盛不衰。

表 9-1　　　　　　　　**两宋扬州籍士人著作表**

姓　名	生卒年	著　作
徐　铉	(916—991)	校订《说文解字》,著有《骑省集》30 卷、《稽神录》10 卷、《围棋义例》1 卷,与汤悦合撰《江南录》10 卷,编撰《文苑英华》《太平广记》。
徐　锴	(920—974)	《说文解字系传》,《说文解字韵谱》10 卷(已佚),《徐锴集》15 卷(已佚),《通辑五音》1000 卷(已佚),《岁时广记》120 卷(已佚),《方舆记》130 卷(已佚),《古今国典》100 卷(已佚),《赋苑》200 卷(已佚)。《全唐文》收文 6 篇,《全唐诗》收诗 5 首,《全唐诗外编》收诗 5 首。
胡　瑗	(993—1059)	《论语说》,《洪范口义》,《周易口义》,《春秋口义》(已佚),《胡先生中庸义》1 卷(已佚)。
孙　觉	(1028—1090)	《春秋经解》15 卷,《春秋经社要义》6 卷(已佚),《春秋学纂》12 卷(已佚),《吴兴诗》1 卷(已佚),《孙莘老尚书解》13 卷(已佚),《孙氏觉易传》19 卷(已佚),《书易口述》1 卷(已佚),《记室杂稿》3 卷(已佚),《全宋文》收录了孙觉的部分奏议。
王　令	(1032—1059)	《广陵先生文集》20 卷,《十七史蒙求》,《论语解》(未传),《孟子解》(未传),今有《王令集》点校本。
乔执中	(1033—1095)	《易说》10 卷(已佚),《诗讲义》10 卷(已佚),《中庸义》10 卷(已佚)。
孙　升	(1038—1099)	刘延世记录其文《孙公谈圃》3 卷,《全宋诗》卷四八三录其诗 2 首,《全宋文》卷二〇一九至二〇二三录其文 5 卷。
王　昂	(1090—1132)	词存《好事近》1 首。
史正志	(1119—1179)	《建康志》10 卷,《菊谱》1 卷,另有《游朝阳岩》等诗流传。
陈　造	(1133—1203)	《江湖长翁集》40 卷,《芹宫讲古》3 卷(已佚),《大观楼漫录》1 卷(已佚),《韵藻诗史》(已佚)。
王居正	(1187—1151)	《书辨学》13 卷,《诗辨学》20 卷,《周礼辨学》5 卷,《辨学外集》1 卷。
吴　敏	(？—1133)	《吴丞相手录》

续表 9-1

姓　名	生卒年	著　作
李　易	（?—1142）	《李敷文诗集》1 卷
李正民	（?—1151）	《大隐集》30 卷(现存 10 卷,其中诗 4 卷),《己酉航海记》1 卷。
俞紫芝	（?—1086）	《全宋诗》录其诗 16 首
张　侃	生卒年不详	《拙轩初稿》4 卷(已佚),《拙轩集》6 卷(已佚),《拙轩稿》4 卷(已佚),《拙轩集诗》4 卷(已佚),《张氏拙轩集》6 卷(为四库馆臣自《永乐大典》中辑出),《全宋诗》卷三一○九至三一一二录其诗 4 卷,《全宋文》卷六九四三至六九四四收其文 2 卷,《全宋词》第四册收其词 4 首。
张　蕴	生卒年不详	《斗野支稿》
陈　亚	生卒年不详	《澄源集》(已佚),《药名诗》1 卷(已佚),词存《生查子》药名词 4 首,诗存药名诗 9 首,残句十余句。
马永卿	生卒年不详	《元城语录》,《懒真子》5 卷
张邦基	生卒年不详	《墨庄漫录》10 卷
李　洪	生卒年不详	《芸庵类稿》6 卷,其中诗 5 卷
仇　博	生卒年不详	文存《至乐堂记》1 篇,诗存《雪中失白马》1 首。
刘玄英	生卒年不详	《还金篇》2 卷,《海蟾子》1 卷,《至真歌》1 卷。
张　岩	生卒年不详	《阅静老人文集》,《操琴谱》15 卷,《调谱》4 卷。

第二节　两宋时期的扬州与诗词

唐末,江淮地区数经战乱,不过扬州仍旧是当时中国最为富盛繁荣的城市之一。在宋朝历史开始之前,中国经历了五代十国这一大分裂时期,富庶的扬州城也曾几度易主,五代时期曾任庐州刺史的杨行密割据江淮,建立杨吴政权,以江都(今江苏扬州)为东都。南唐灭杨吴后,定都金陵(今江苏南京),不过仍以扬州为东都。在后周灭亡南唐之前,扬州获得了一段相对较长的安稳时光。南唐重臣徐铉在他的诗中这样描述此时的扬州:

垂杨界官道,茅屋倚高坡。

月下春塘水,风中牧竖歌。

折花闲立久,对酒远情多。

今夜孤亭梦,悠扬奈尔何。[1]

平坦的官道两侧杨柳依依,高坡之下是几座茅屋,皎洁的月光倾洒在池塘之上,一阵微风吹皱春水,同时带来远处牧童悠扬的歌声。诗人酒罢微醺,折花闲立,感慨良多。这幅安然闲适的生活图景,折射出当时扬州政局的暂时平稳与百姓生活的暂时安定。

不过扬州"芳草远迷扬子渡,宿烟深映广陵城"[2]的承平岁月未能长久,保大十三年(955)冬,后周世宗柴荣起军南伐,与南唐交战。"扬州之战"是后周与南唐战争中的重要组成部分,徐铉亲身经历了这场战争,他在其《送王四十五归东都》一诗中写道:

> 海内兵方起,离筵泪易垂。
> 怜君负米去,惜此落花时。
> 想忆看来信,相宽指后期。
> 殷勤手中柳,此是向南枝。[3]

战事忽起,送友归乡,这一别不知何日才能再会,诗人只能折柳相赠,再三叮嘱友人常来书信,以解相思。此时南唐局势已经朝不虑夕,作为重臣的徐铉自然满怀惆怅与不安。两年零五个月后,南唐失去了长江以北的全部领土,扬州作为东都的历史至此终结。后周显德六年(959),周世宗柴荣崩,年仅七岁的柴宗训即位,是为周恭帝。次年,后周大将赵匡胤于陈桥驿(今河南陈桥镇)发动兵变,夺取了后周政权,定国号为"宋",建立了宋王朝。宋开宝八年(975),南唐彻底灭亡,徐铉随后主李煜归宋。四年后,即宋太平兴国四年(979),宋太宗灭北汉,国家的分裂局面基本结束,一个辉煌的时代自此拉开序幕,经历战火蹂躏的扬州也得以再现繁盛。

---

[1]〔宋〕徐铉:《寒食宿陈公塘上》,《全宋诗》第1册,北京大学出版社1998年版,第63页。
[2]〔宋〕徐铉:《登甘露寺北望》,《全宋诗》第1册,北京大学出版社1998年版,第63页。
[3]〔宋〕徐铉:《送王四十五归东都》,《全宋诗》第1册,北京大学出版社1998年版,第90页。

一、北宋时期的扬州与诗词

宋初战乱平息后，扬州很快便恢复了"万家珠翠还争赏，一郡笙歌又是狂"[1]的风雅本色，我们可借王禹偁《寒食》一诗略窥宋初扬州的状况：

> 寒食江都郡，青旗卖楚醪。
> 楼台藏绿柳，篱落露红桃。
> 妓女穿轻屐，笙歌泛小舠。
> 史君慵不出，愁坐读离骚。[2]

绿柳掩映的楼台，红桃盛开的院落，青旗飘动的酒肆，脚步轻盈的歌妓，满载笙歌的小舟……重新繁荣的扬州再度成为世人钟爱之地。古城的魅力吸引了无数文人墨客来访，他们中有风流才子，有一代文宗，有名臣宰相，他们为扬州城的美丽与繁华而赞叹，他们用诗篇记录了宋初扬州的风土人情与城市面貌，其中以对琼花的描写为最多。扬州琼花的出名归功于宋初文学家王禹偁。名作《后土庙琼花诗》二首，正是出自他的笔下：

> 其一
> 谁移琪树下仙乡，二月轻冰八月霜。
> 若使寿阳公主在，自当羞见落梅妆。

> 其二
> 春冰薄薄压枝柯，分与清香是月娥。
> 忽似暑天深洞底，老松擎雪白娑婆。[3]

诗人极力赞美扬州琼花之美，认为此花本非人间所有，应是来自仙乡。

---

[1]〔宋〕潘阆一：《维扬秋日牡丹因寄六合县尉郭承范》，《全宋诗》第1册，北京大学出版社1998年版，第625页。

[2]〔宋〕王禹偁：《寒食》，《全宋诗》第2册，北京大学出版社1998年版，第763页。

[3]〔宋〕王禹偁：《后土庙琼花诗》，《全宋诗》第2册，北京大学出版社1998年版，第765页。

琼花洁白无瑕,风姿淡雅,犹如二月春雪、八月秋霜。第一首诗中提到的寿阳公主是南朝宋武帝刘裕的女儿,传说她常将几片梅花贴在额前,以助美观。这种妆容引起了宫廷内外的仿效,称为"梅花妆"。诗人认为寿阳公主如果见到琼花之美,会为自己的"梅花妆"感到羞愧。第二首诗中,诗人又将琼花比作盛夏时节深谷之下的松枝上残留的白雪,这一绝妙的比喻既表现了琼花洁白的形貌,又突出了琼花的脱俗与罕见。

不仅宋诗中多有赞美琼花之作,宋词中也多有对琼花的描述。词人们往往借写琼花之美来咏叹扬州的风雅繁荣,如:

> 地钟灵,天应瑞。簇簇香苞、团作真珠蕊。玉宇瑶台分十二。要伴姮娥,月里双双睡。　　月如花,花似月。花月生香,添此真奇异。不许扬州夸间气。昨夜春风,唤醒琼琼醉。[1]

首句"地钟灵,天应瑞"是直接感叹扬州物华天宝,"簇簇香苞、团作真珠蕊""月如花,花似月"则是对琼花外观的赞美。这首词的作者俞紫芝,字秀老,金华人,寓居扬州,笃信佛教,终身不娶不仕,却对美丽的琼花心有所动,可见此花之魅力。再如"苏门四学士"之一的晁补之也对琼花大加赞美:

> 百紫千红翠。唯有琼花特异。便是当年,唐昌观中玉蕊。尚记得、月里仙人来赏,明日喧传都市。　　甚时又,分与扬州本,一朵冰姿难比。曾向无双亭边,半酣独倚。似梦觉,晓出瑶台十里。犹忆飞琼标致。[2]

世上名花千百,姹紫嫣红,而在词人眼中琼花是与众不同的。文人偏爱琼花并不仅仅是因为其美,更是欣赏琼花所独具的那种超凡脱俗的高洁气质。世上的花各具姿态,但美艳妖娆毕竟稍显庸俗,不染纤尘的琼花自然"一朵冰姿难比"。事实上,琼花"国艳何劳粉,天姿不掩瑜"[3]"不从众格繁,自守

---

[1]〔宋〕俞紫芝:《古调歌》,《全宋词》第1册,中华书局1965年版,第210页。

[2]〔宋〕晁补之:《下水船》,《全宋词》第1册,中华书局1965年版,第560页。

[3]〔宋〕胡宿:《后土观琼花》,《全宋词》第4册,北京大学出版社1998年版,第2111页。

幽姿粹”[1]的气质,不也正是扬州这座城市的气质吗? 至少在宋代文人眼中,琼花便是扬州的象征。所以无论词人身在何处,回忆起扬州时,首先想到的便是无双亭边的片片飞琼。

提及琼花,便不能不提扬州另一市花——芍药。宋人陈师道《后山谈丛》卷二云:“花之名天下者,洛阳牡丹,广陵芍药耳。”[2]宋时扬州芍药与琼花齐名,宋词中便有不少描写扬州芍药的作品,如晁补之咏芍药之会:

> 人间花老,天涯春去,扬州别是风光。红药万株,佳名千种,天然浩态狂香。尊贵御衣黄。未便教西洛,独占花王。困倚东风,汉宫谁敢斗新妆。
> 年年高会维阳。看家夸绝艳,人诧奇芳。结蕊当屏,联葩就幄,红遮绿绕华堂。花面映交相。更秉菅观溜,幽意难忘。罢酒风亭,梦魂惊恐在仙乡。[3]

元祐四年(1089),晁补之任扬州通判,故有此作。芍药花期在春末夏初,此时其他花朵都已近凋谢,而扬州城内芍药盛开,故云“人间花老,天涯春去,扬州别是风光”。“天然浩态狂香”“尊贵御衣黄”两句描述了芍药的香与色,在词人眼中扬州芍药丝毫不逊于“花中之王”牡丹,所以说“未便教西洛,独占花王”。“汉宫谁敢斗新妆”一句是用“梅花妆”的典故。在红遮绿绕、百花交映的芍药丛中,词人不禁发出此处恐是人间仙境的感叹。

扬州城令多少诗人词客流连忘返,魂牵梦绕,北宋著名词人周邦彦在离开扬州以后,还常常想起扬州的盛景与销魂的生活,一再表示要再来扬州:

> 檐牙缥缈小倡楼。凉月挂银钩。聒席笙歌,透帘灯火,风景似扬州。　当时面色欺春雪,曾伴美人游。今日重来,更无人问,独自倚阑愁。[4]

---

[1]〔宋〕韩琦:《琼花》,《全宋词》第 6 册,北京大学出版社 1998 年版,第 3962 页。
[2]〔宋〕陈师道:《后山谈丛》,《全宋笔记》第 2 编第 6 册,大象出版社 2006 年版,第 87 页。
[3]〔宋〕晁补之:《望海潮》,《全宋词》第 1 册,中华书局 1965 年版,第 560 页。
[4]〔宋〕周邦彦:《少年游》,《全宋词》第 2 册,中华书局 1965 年版,第 615 页。

一弯新月高悬,青楼的纱帘内透出柔和的灯光,虽然已是深夜,但是小楼内正是笙歌不绝的欢乐时光。这般景象词人在扬州亦曾见过,扬州城给他留下了美好的回忆,以至于在其他地方看到类似的景象,他第一个想起的便是"风景似扬州"。这一切使词人不由自主地想到了当年,想起了那位面若春雪的美丽女子,然而再次来到扬州时,佳人却已不见踪迹,词人只能倚阑独愁。不止周邦彦,北宋另一位著名词人李之仪也常常梦回扬州,他在《满庭芳》中写道:

> 花陌千条,珠帘十里,梦中还是扬州。月斜河汉,曾记醉歌楼。谁赋红绫小砚,因飞絮、天与风流。春常在,仙源路隔,空自泛渔舟。　　新秋。初雨过,龙团细碾,雪乳浮瓯。问殷勤何处,特地相留。应念长门赋罢,消渴甚、无物堪酬。情无尽,金扉玉牓,何日许重游。[1]

北宋时期来过扬州的文人骚客,留下了诸多歌咏扬州城市风貌、叙说东南繁盛的诗词作品,在他们眼中,扬州就是富庶与风雅的象征。这是当时政治稳定、经济发展的结果,扬州延续了自唐代以来的崇高地位。但是,随着历史的发展,扬州的遭遇发生了变化,诗词中的扬州开始逐渐褪去了光环。

二、南渡及南宋前期的扬州与诗词

北宋钦宗靖康二年(1127),金军攻破京师开封,俘虏了徽宗、钦宗父子及大量皇族、妃嫔、朝臣,押解北上,北宋就此灭亡。靖康之乱的发生和北宋的灭亡给汉族文人的内心造成了极大创伤,故南宋诗词文章主题风格皆为之一变。

首先,宗室被俘的耻辱和战争带来的阴影使南宋文人变得沉郁和敏感。南宋著名词人姜夔的《扬州慢》是此类词作的代表,也是宋代描写扬州的词作中最为著名的一首。扬州城之所以被称为"淮左名都,竹西佳处",正是源自这篇名作:

> 淮左名都,竹西佳处,解鞍少驻初程。过春风十里,尽荠麦青青。自

---

[1] 〔宋〕李之仪:《满庭芳》,《全宋词》第1册,中华书局1965年版,第339页。

胡马窥江去后,废池乔木,犹厌言兵。渐黄昏,清角吹寒,都在空城。　　杜郎俊赏,算而今、重到须惊。纵豆蔻词工,青楼梦好,难赋深情。二十四桥仍在,波心荡、冷月无声。念桥边红药,年年知为谁生。[1]

古人的地理观念以北为正,故左为东,右为西,扬州城在淮水之东,又是当时淮南东路的治所所在地,故词中称扬州为"淮左名都"。"竹西佳处"则是化用杜牧的诗句"谁知竹西路,歌吹是扬州"。"淮左名都"表明了扬州的位置和地位,"竹西佳处"则体现了这座城市超越时空的美感和韵味。词人仅仅用了八个字便将扬州这座城市过往的繁盛与华丽展现得淋漓尽致。词人在竹西亭解鞍下马,稍做停留,想观赏一下这座古城。"过春风十里,尽荠麦青青",是说过去这里是十里春风、十里街衢的繁华景象,现如今道路两旁却只有无边的荠菜和野麦。这里是在暗示扬州城的居民在战乱中或死亡或逃散,几乎看不到人们活动的迹象。"自胡马窥江去后,废池乔木,犹厌言兵","胡马"是指当时北方的金国政权。金国在联宋灭辽后转而南下攻宋,占领开封。宋王朝失去了北方领土,宗室被迫南迁,建立了南宋。金国与南宋之间又进行了长达百年的战争,而扬州城在此间数遭兵火,繁华不再,只剩下荒废的池塘和高耸的古木。劫后幸存的人们对金人充满了刻骨的仇恨,同时又心有余悸,不愿再提起那些战争的往事。凡有创伤经历的人,往往不愿意提起那段经历,害怕引起痛苦的回忆。一个"厌"字,写出了扬州人民对战争的极端憎恨,也暗示了朝廷的昏聩——如果朝廷不昏聩,人民会流离失所、饱受外族摧残吗?日落黄昏,又响起了凄厉的号角声,声音回荡在扬州城的上空,也回荡在词人的心间。下阕所说杜郎是指杜牧,他曾任淮南节度使掌书记,在扬州居住,流连于扬州城的繁华。姜夔认为,如果风流多情的才子杜牧今日重到此地,看到扬州城的沧桑变化,也必定大吃一惊。表面上说杜牧,其实是姜夔看到扬州城所遭受的破坏远远超出了自己的预料,所以受到了强烈刺激,心潮起伏,难以平静。"纵豆蔻词工,青楼梦好,难赋深情",还是表面在说杜牧纵有再高的才情,也难以表达对扬州城今昔落差的复杂情感;实质上却是在

---

[1] 〔宋〕姜夔:《扬州慢》,《全宋词》第3册,中华书局1965年版,第2180页。

说词人自己难以表达此时的复杂心情。"二十四桥仍在"一句也是化用杜牧"二十四桥明月夜,玉人何处教吹箫"的名句。词人面对二十四桥以及默默无声的冷月,不禁感慨万千。可怜桥边的芍药花,每年盛开,可还有谁来欣赏它呢?寂寞芍药,物尚如此,人何以堪?

不仅是词,南宋的诗风也与北宋很不相同,比如同样是写琼花,南宋诗人的笔调完全不同于北宋诗人:

> 仿佛犹称是汉妆,五花刻玉传轻黄。
>
> 隔江坐想红楼里,插鬓应宜锦瑟傍。
>
> 疑似聚仙非我类,近邻芍药许同芳。
>
> 将军且与花为主,免使丛祠作战场。[1]

琼花虽仍是能令寿阳公主自惭的琼花,诗人却缺少赏玩的闲情,只期盼这美好的风景不要毁于战火。如前所言,南宋人民对战争极端厌恶、憎恨,又对朝廷的能力抱有怀疑。虽说是请将军为花做主,其实是希望朝廷能保证百姓的安全,不使人们世代生存的家园毁于战火。

其次,宋金战争激发了汉族文人的爱国热情,不少南宋文人创作了以渴望建功立业、收复失地为主题的作品。这些作品慷慨激昂,气势磅礴。在南宋与金国长久对峙的过程中,扬州几度成为战争前线。南宋高宗绍兴三十一年(1161)十月,金主完颜亮率大军南下,扬州沦陷,金军在瓜洲与宋军激战;同年十一月,完颜亮命丧于此,死于内乱。这场战争是宋朝对金作战中取得的一场大捷,著名爱国诗人陆游在诗中记叙了这场战事:

> 初报边烽照石头,旋闻胡马集瓜州。
>
> 诸公谁听刍荛策,吾辈空怀畎亩忧。
>
> 急雪打窗心共碎,危楼望远涕俱流。
>
> 岂知今日淮南路,乱絮飞花送客舟。[2]

---

[1]〔宋〕陈天麟:《扬州琼花》,《全宋诗》第 37 册,北京大学出版社 1998 年版,第 23270 页。

[2]〔宋〕陆游:《送七兄赴扬州帅幕》,《全宋诗》第 39 册,北京大学出版社 1998 年版,第 24261 页。

诗中"石头"是指南京,三国时期孙权曾在南京石头山金陵邑原址筑城,名为石头城,后来石头城便成了南京的别称之一。诗人刚刚得知南京发生了战事,紧接着又听说金人的兵马已经聚集在瓜洲,陆游满怀报国之志,朝堂之上却没有人采纳他的建议。诗人立于危楼之上,窗外大雪纷飞,他遥望战场,心急如焚,不禁涕泪横流。幸运的是这场战争最终还是胜利了,大战后金军退兵,宋将成闵率军入扬州,扬州光复。陆游的这首诗作于绍兴三十二年(1162)闰二月,此时淮南战乱刚刚平息,陆游送其七兄赴任扬州帅府,担任成闵的幕僚。他深受家庭爱国思想熏陶,终生都渴望以身报国。扬州一役使陆游精神振奋,他在诗中兴奋地写道:

> 清汴长淮莽苍中,扬州画戟拥元戎。
>
> 南连近甸观秋稼,北抚中原扫夕烽。
>
> 荼发蜀冈雷殷殷,水通隋苑月溶溶。
>
> 悬知帐下多豪杰,一醉何因及老农。[1]

诗人看着扬州城内精锐的军队、威武的将领,幻想着宋军能就此北伐中原,收复失地。但此后宋军并未能取得更大的胜利,陆游最终也没能看到河山一统,所以才写下了"王师北定中原日,家祭无忘告乃翁"的千古名句。但这场胜利还是为南宋带来了一段短暂的和平和些许自信,二十余年后大诗人杨万里在经过瓜洲时写下了这样一首诗:

> 夜愁风浪不成眠,晓渡清平却晏然。
>
> 数棒金钲到江步,一樯霜日上淮船。
>
> 佛狸马死无遗骨,阿亮台倾只野田。
>
> 南北休兵三十载,桑畴麦垄正连天。[2]

诗中"佛狸"是北魏太武帝拓跋焘的小字,在诗词中常代指北方少数

---

[1] 〔宋〕陆游:《寄题扬州九曲池》,《全宋诗》第 40 册,北京大学出版社 1998 年版,第 25073 页。
[2] 〔宋〕杨万里:《过瓜洲镇》,《全宋诗》第 42 册,北京大学出版社 1998 年版,第 26436 页。

民族入侵者,而"阿亮"明显是对完颜亮的蔑称。经扬州一战后金国国力渐衰,再也没有吞并南宋的实力。因此南宋得以保持了相当长久的偏安局面,人民也得以休养生息,所以才有"南北休兵三十载,桑畴麦垄正连天"一句。杨万里,字廷秀,因宋光宗曾为其亲书"诚斋"二字,故号诚斋,世称"诚斋先生"。杨万里与陆游、尤袤、范成大并称"南宋四大家",也是一位著名的爱国诗人。淳熙十六年(1189)至绍熙元年(1190),杨万里以秘书监为金使接伴使,先后两次北上淮河接伴金朝使者南下,其间更是四次路过扬州,留下不少与扬州有关的诗作。这首诗即淳熙十六年,杨万里第一次北上入淮,途经扬州时所作。

杨万里所创"诚斋体"诗风虽崇尚浅近清新、幽默情趣,但其抒发爱国之情的诗作往往深沉愤郁,《瓜州遇风》一首则激愤磅礴,颇有气势:

> 金钲三声船欲发,天地苍茫忽开阖。
> 恶风吹倒多景楼,怒涛打碎金山塔。
> 涛头抛船入半空,船从空中落水中。
> 势如崩山同日二十九,声如推堕万石之簴千石钟。
> 岸人惊呼船欲没,舟人绝叫船复出。
> 平生所闻杨子江,无风已自波相撞。
> 莫教风动一波起,三日奔腾收不止。
> 君不见逆酋投鞭欲断流,藁街自送月氏头。[1]

这首诗将船行瓜洲时江上遭遇风浪的过程写得惊心动魄。怒涛将船抛至空中,船又从半空落入水中,波涛的巨响好似用万斤重锤敲击千斤大钟。岸上的人惊呼船快要沉没了,而在惊呼声中船又出现在众人眼中。诗虽写的是行船遭遇,实际上这也正是宋王朝在那个时代所经受的一切。诗中"逆酋投鞭"一句是化用了"投鞭断流"的典故,十六国时期,北方前秦势力最为强大,前秦王苻坚企图征服南方的东晋。苻坚狂傲地宣称其兵士将马鞭投入长江之

---

[1]〔宋〕杨万里:《瓜州遇风》,《全宋诗》第42册,北京大学出版社1998年版,第26478页。

中可以截断水流,结果却在淝水之战中被晋军彻底打败了,前秦因此大乱,其本人也被人所杀。这句诗是在讽刺完颜亮本欲灭亡南宋却兵败身死。

北方人民逐渐适应了金人的统治,慢慢失去了对南宋政权的认同,爱国词人辛弃疾在镇江江边的北固亭里,望着江北,怀想着发生在扬州的那些战斗,感慨着北方人民的心态变化,写下了著名的《永遇乐·京口北固亭怀古》:

> 千古江山,英雄无觅,孙仲谋处。舞榭歌台,风流总被,雨打风吹去。斜阳草树,寻常巷陌,人道寄奴曾住。想当年,金戈铁马,气吞万里如虎。　元嘉草草,封狼居胥,赢得仓皇北顾。四十三年,望中犹记,烽火扬州路。可堪回首,佛狸祠下,一片神鸦社鼓。凭谁问,廉颇老矣,尚能饭否。[1]

辛弃疾(1140—1207),字幼安,号稼轩,出生于山东东路济南府(今山东济南),当时已被金人占领。他少年时便归宋抗金,一生都以恢复中原河山为志,但由于生活在沦陷区的经历,使他备受南宋官场的猜忌与排挤,壮志难酬,英雄失路。辛弃疾不仅是著名的爱国词人,更是一名将领,他的词作满怀对国家兴亡和民族命运的关切与忧虑,风格沉雄豪迈,读来令人荡气回肠。这首《永遇乐·京口北固亭怀古》写于宋宁宗开禧元年(1205),此时辛弃疾已经六十六岁。当时南宋朝廷由韩侂胄总揽军政大权。韩侂胄虽对北伐有着政治上和思想上的准备,却在军事上准备不足,在将帅乏人的情况下轻敌冒进,几次出兵皆无功而返。辛弃疾虽然支持北伐抗金的决策,但是对韩侂胄的轻率从事非常忧心。他登上京口北固亭,远眺江北,感慨于扬州城下的那些战事,写下了这首千古名作。京口,即今镇江,自古以来便是战略要地,东吴孙权曾在此击退曹操;南朝刘裕据此地,平内乱,代东晋,两度北伐,灭南燕、后秦,收复洛阳、长安,几乎克复中原。"佛狸祠下,一片神鸦社鼓"是说北方的百姓已经承认了异族君主,对其顶礼膜拜,与四十三年前"烽火扬州路"形成了鲜明的对比。

---

[1]　〔宋〕辛弃疾:《永遇乐·京口北固亭怀古》,《全宋词》第3册,中华书局1965年版,第1954页。

三、南宋后期的扬州与诗词

南宋与金国对峙了百余年,在这百年间北方蒙古势力崛起,南宋遂联合蒙古,于公元1234年灭亡了金国。金国灭亡后,蒙古撕毁盟约,继续南侵,南宋近百年相对和平的岁月至此终结。

德祐元年(1275),元军沿长江东下之时,民族英雄文天祥散尽家财,招勤王兵五万人,入卫临安。文天祥带兵入卫临安后,派遣手下将领驰援常州,而当地守将却见危不救,文天祥只能退守余杭。随后出任右丞相兼枢密使,奉命与元军议和,因面斥元丞相伯颜被拘留,于押解北上途中逃归。文天祥逃至真州,在此写下了大量诗文,文天祥入真州后喜而感叹:"一入真州,忽见中国衣冠,如流浪人乍归故乡,不意重睹天日至此。"[1]真州,汉代名白沙洲,唐时名叫白沙,是历代繁华之地。文天祥自比逃亡吴国的伍子胥,苟全性命以图报国大业,道:"予犯死逃归,万一有及国事,志亦烈矣。"[2]

当时京城沦陷,公卿大臣皆对敌人俯首帖耳,不思自救,"诸宰执自京城陷后,无复远略,北人之驱去,皆俯首从之,莫有谋自拔者"[3]。文天祥入真州后欲纠合两淮兵士以图复兴,他在诗中满怀忧虑地问道:

> 公卿北去共低眉,世事兴亡付不知。
> 不是谋归全赵璧,东南那个是男儿。[4]

真州守将苗再成听闻京师陷落愤怒不已,文天祥以为用两淮兵力足以复兴,苗再成也认为:"以通泰军义打湾头,以高邮、淮安、宝应军义打扬子桥,以扬州大军向瓜洲……然后淮东军至京口,淮西军入金城,北在两浙无路得出,虏帅可生致也。"[5]但当时任两淮安抚制置大使兼知扬州的李庭芝怀疑文天祥已经降元,欲杀之,文天祥遂逃出真州。但文天祥并未因此消沉,他决意入扬

---

[1] 〔宋〕文天祥:《真州杂赋》,《全宋诗》第68册,北京大学出版社1998年版,第43002页。

[2] 〔宋〕文天祥:《真州杂赋》,《全宋诗》第68册,北京大学出版社1998年版,第43002页。

[3] 〔宋〕文天祥:《真州杂赋》,《全宋诗》第68册,北京大学出版社1998年版,第43002页。

[4] 〔宋〕文天祥:《真州杂赋》,《全宋诗》第68册,北京大学出版社1998年版,第43003页。

[5] 〔宋〕文天祥:《议纠合两淮复兴》,《全宋诗》第68册,北京大学出版社1998年版,第43003页。

州城见李庭芝当面释疑,在离开真州前往扬州的过程中写下《出真州》十三首。这十三首诗真切地表现出文天祥当时愤懑、屈辱、欲自证清白而不得的痛苦心情,其二云:

> 扬州昨夜有人来,误把忠良按剑猜。
>
> 怪道使君无见解,城门前日不应开。

其三:

> 琼花堂上意茫然,志士忠臣泪彻泉。
>
> 赖有使君知义者,人方欲杀我犹怜。[1]

文天祥在一个深夜来到扬州城下,时已三更,风寒露湿,凄苦不堪,正是"荒阶枕籍无人问,风露满堂清夜长"[2]。他欲入城,又恐李庭芝杀他,真是进退维谷。文天祥并不畏惧死亡,怕的是自己身死而大业不成。文天祥便欲往高邮,由高邮至通州,再经通州渡还南归。然同行者皆不识路,在扬州盘桓数日方得可以信任的樵夫送诸人前往高邮。

祥兴元年(1278)十二月,文天祥被元军所俘,次年,被元军押赴崖山,令其招降张世杰。文天祥拒之,并写下了千古名篇《过零丁洋》以明其志。后来文天祥又被押解至元大都,元世祖忽必烈亲自劝降,许以中书宰相之职。文天祥大义凛然,宁死不屈,并在狱中写下了不朽之作《正气歌》。

文天祥在狱中时,好友汪元量不顾个人安危,时常探望。汪元量是南宋宫廷琴师,宋亡后他以道士身份结交志士,试图恢复宋朝江山。汪元量曾到扬州,填《六州歌头》一阕,感叹兴亡:

> 绿芜城上,怀古恨依依。淮山碎。江波逝。昔人非。今人悲。惆怅隋天子。锦帆里。环朱履。丛香绮。展旌旗。荡涟漪。击鼓挝金,拥琼

---

[1]〔宋〕文天祥:《出真州》,《全宋诗》第 68 册,北京大学出版社 1998 年版,第 43004 页。
[2]〔宋〕文天祥:《至扬州》,《全宋诗》第 68 册,北京大学出版社 1998 年版,第 43007 页。

璬玉吹。姿意游嬉。斜日晖晖。乱莺啼。 销魂此际。君臣醉。貔貅弊。事如飞。山河坠。烟尘起。风凄凄。雨霏霏。草木皆垂泪。家国弃。竟忘归。笙歌地。欢娱地。尽荒畦。唯有当时皓月,依然挂,杨柳青枝。听堤边渔叟,一笛醉中吹。兴废谁知。[1]

　　宋代的扬州在唐末的战火中再次繁盛,这座城市在两宋历史中占有重要地位,无数文人到此行吟歌咏,留下了众多经典名作,文中所提,不过是千百分之一。和平时人们歌颂它的风雅繁华,战乱时人们又哀叹惋惜它的不幸。这座东南重镇见证了宋朝的成败兴亡,我们今天再来看扬州这座城市,许多古迹中,或许都藏着当时的故事。在扬州诗词的背后,都是一段或有为、或风流、或悲壮的人生经历。这一切成了扬州的人文基础与魅力所在。

　　两宋时期扬州籍的学者文人在学术研究与诗词古文、笔记小说等诸多方面取得了丰硕的成果,融合了雅、俗两个层面的文化特质,形成了别具一格的文化风貌。而文学世家的大量出现,则为宋代扬州文化的传衍提供了有利条件。宋代的扬州守臣有很多都是著名文学家,他们在扬州或离开以后所作的有关扬州的诗词,感情真挚,情韵俱佳,成为扬州文化史上的瑰宝。除了这些外来的守臣,还有很多文人骚客由于各种因缘来到扬州,他们见证了宋代扬州城的繁荣与衰落,记录了扬州城的荣光与血泪,在他们的诗词中,"扬州"成了一个独特的文化符号。这些学者文人用他们的学术著述与文学作品,共同创造了宋代扬州的灿烂文化。扬州能够成为海内外著名的文化名城,两宋是极为重要的建构阶段。

---

[1] 〔宋〕汪元量:《六州歌头》,《全宋词》第 5 册,中华书局 1965 年版,第 3340 页。

第十章　两宋扬州的风俗与信仰

古人认为,政之大端为"治民""事神",为政之要是"辨风正俗"。宋代扬州的社会风俗多姿多彩、城市风物意象丰富、宗教信仰形形色色,构成一幅生动鲜活、意境深远的人文画卷。从时代发展看,宋代扬州社会风俗上承隋唐、下启元明清,最终完成由"野"到"文"的转变,形成了"率渐于礼""好学而文""好谈儒学"等新风尚。从地域分布看,江都、广陵、真州、高邮、宝应等地风俗各有不同,伊斯兰教沿着大运河传播流布,使宋代扬州发展成为东南伊斯兰教重镇。从内容演变看,"文章太守"们对琼花、芍药等植物的人文解读,形成了"扬州风物"的概念;佛教、道教已经深深影响到人们的思想观念和日常言行,而随着南宋扬州军事政治形势的剧变,百姓更祈求于武功护佑,民间信仰以及社会心理都发生了明显变化。概言之,宋代扬州的风俗和信仰,是观察时代更迭变迁的独特视角,同时从中也可以窥见时代的发展特征以及地域的人文风貌。

第一节　两宋扬州的社会风俗与风物

在传统语境中,风俗既与自然密切相关,也与人文紧密相连,体现了"天人合一"的理念。《汉书·地理志》载:"凡民函五常之性,而其刚柔缓急,音声不同,系水土之风气,故谓之风;好恶取舍,动静亡常,随君上之情欲,故谓之俗。"[1]这表明,"风"偏向于自然风貌,"俗"侧重于人文风情,"风"能够影响"俗","俗"可以反映"风",由此引申,社会上层之雅习谓"风",民间

---

[1]〔汉〕班固:《汉书》卷二八《地理志第八下》,中华书局1964年版,第1640页。

遵循而习之为"俗"。中国地大物博、疆域辽阔，"百里不同风，千里不同俗"，这对大一统国家的形成和统治是不小的障碍，而要实现大一统，必须"六合同风，九州共贯"。[1]因此，历代统治者都非常重视风俗，"移风使之雅，易俗使之正"，以更好维护统治，其中之深意正如南宋楼钥所论"国家元气全在风俗"。[2]

一、两宋扬州社会风俗的演变及其地域差异

地名是一个地方地理风貌、人文风俗的综合体现。古代扬州的风俗，从"扬州"得名的四种解释可见一斑。其一，《释名》云："扬州，州界多水，水波扬也。"其二，《太康地记》载："以扬州渐太阳位，天气奋扬，履正含文明，故取名焉。"其三，东汉李巡认为："江南其气燥劲，厥性轻扬，故曰扬。扬，轻也。"其四，《建康实录》引《春秋元命苞》指出，扬州"厥土下湿而多生杨柳，以为名"。[3]这些解释既有"水波扬""天气奋扬""多生杨柳"的自然风貌，也有"厥性轻扬"的人文风情，都属于"风俗"的范畴。事实上，各类典籍对扬州风俗的描述，基本都在四种解释范围内，比如北宋王观在《扬州赋》中提到"扬扬水波，人实躁劲。或土多筱簜之本，或地宜杨柳之性，厥田惟下，天草惟盛"[4]，对扬州风俗进行了归纳总结。

扬州风俗由"野"入"文"，始于隋唐，成于宋代，这个转变过程看似繁杂，其实有一条比较清晰的线索。宋代文献关于扬州风俗的记载，大致可分为三大类别。第一类是对宋代以前扬州风俗的记载，比如"人性轻扬""厥性轻扬""土俗轻扬"等为隋代以前的旧风俗，"富庶甲天下""邈若仙境""东南

[1]〔汉〕班固：《汉书》卷七二《王吉传》，中华书局1964年版，第3063页。

[2]〔北齐〕刘昼，傅亚庶校释：《刘子校释》卷九《风俗章》，第443页。楼钥：《论风俗纪纲奏》，《全宋文》第263册，上海辞书出版社、安徽教育出版社2006年版，第234页。

[3]〔东汉〕刘熙：《释名》卷二《释州国第七》，中华书局1985年版，第21页。〔清〕邵晋涵：《尔雅正义》卷一〇《释地第九》引《太康地记》及李巡所云，《续修四库全书》第187册，上海古籍出版社2002年版，第185页。〔唐〕许嵩撰，张忱石点校：《建康实录》卷一《吴上》，中华书局1986年版，第1页。

[4]〔宋〕王观：《扬州赋》，《全宋文》第72册，上海辞书出版社、安徽教育出版社2006年版，第264页。

佳丽"为隋唐时期的风俗[1]，宋代《广陵志》对"邈若仙境""东南佳丽"予以浓墨重彩的描述，把隋唐扬州盛景视为地方荣耀。第二类是传承发展着的风俗，比如隋代以前的"信鬼神，好淫祀"一直延续下来，到宋代仍然"其俗轻扬淫泆"，北宋王嗣宗任淮南转运使时，得知当地百姓生病不服药，而是到窑家神庙中祈福，于是派人拆毁神庙，把实用的药方刻在城门的石头上，供州民使用，此后民风才为之一变；唐代的"俗好商贾，不事农桑"，到了宋代有更进一步的发展，即"善商贾，廛里饶富，多高赀之家"，商业氛围更为浓厚。[2]第三类是宋代扬州风俗的新特点，南宋《〔嘉泰〕广陵志》记载"俗从俭而易化，士循礼而多文"，尚勤俭、守礼法、好诵读的民风颇为盛行，其他文献亦有"好学工文。其民织纴稼穑""其俗朴而不争""有学而好文"等描述，由宋入元的学者马端临也提到扬州"今虽闾阎贱品，处力役之际，吟咏不辍"，[3]即使社会底层的苦力，休息时也喜欢诵诗学文，虽有夸张之嫌，却清晰地表明崇文尚学、重农务本的社会风俗已经非常浓厚。

宋代扬州风俗的转变，有着深刻的历史背景，与其城市发展状况密切相关。北宋嘉祐八年（1063），沈括在《扬州重修平山堂记》中写道，"扬州常节制淮南十一郡之地。自淮南之西，大江之东，南至五岭蜀汉，十一路百州之迁徙贸易之人，往还皆出其下。舟车南北，日夜灌输京师者，居天下十之七""扬为天下四方之冲，且至乎此者朝不知其往，朝至乎此者夕不知其往"[4]。扬州作为南北交通枢纽，"善商贾"蔚然成风，有着先天优势。另外，朝廷对"天下四

〔1〕参见〔元〕脱脱等：《宋史》卷八八《地理四》，中华书局1977年版，第2185页。〔宋〕乐史：《太平寰宇记》卷一二三《淮南道一·扬州》，中华书局2007年版，第2441页。〔宋〕王象之：《舆地纪胜》卷三七《淮南东路·扬州》，中华书局1992年版，第1561—1562页。〔宋〕祝穆，〔宋〕祝洙增订：《方舆胜览》卷四四《淮东路·扬州》，中华书局2003年版，第791页。

〔2〕〔元〕脱脱等：《宋史》卷八八《地理四》、卷二八七《王嗣宗传》，第2185、9648页。〔宋〕乐史：《太平寰宇记》卷一二三《淮南道一·扬州》，中华书局2007年版，第2443页。

〔3〕〔清〕阿克当阿修：《〔嘉庆〕重修扬州府志》卷六〇《风俗志》，广陵书社2014年版，第2051页。〔宋〕乐史：《太平寰宇记》卷一二三《淮南道一·扬州》，中华书局2007年版，第2443页。〔宋〕王象之：《舆地纪胜》卷三七《淮南东路·扬州》引《广陵志》，中华书局1992年版，第1561页。〔宋〕祝穆，〔宋〕祝洙增订：《方舆胜览》卷四四《淮东路·扬州》引《广陵志》，中华书局2003年版，第791页。〔元〕马端临：《文献通考》卷三一八《舆地四》，中华书局2011年版，第8655页。

〔4〕〔宋〕沈括：《扬州重修平山堂记》，《全宋文》第77册，上海辞书出版社、安徽教育出版社2006年版，第329—330页。

方之冲"的扬州,往往会委派重臣居守,王禹偁、宋庠、韩琦、欧阳修、刘敞、鲜于侁、吕公著、苏轼等名臣先后知扬州,他们"名德相望,风流蕴藉",在其精心治理下,扬州风俗"朴厚而不争,好学而文","实诸贤之遗化也"。及至南宋,扬州的风俗整体上沿着北宋的大趋势而发展演变,但也有史料显示两宋之间的差异,如洪迈笔下的扬州:"本朝承平百七十年,尚不能及唐之什一,今日真可酸鼻也。"即论扬州之繁盛,宋代不及唐代的十分之一。[1]这种鲜明反差,可以有两种理解,就微观上而言,沈括为扬州知州刁约幕僚,对刁约重修平山堂之事,多少有点歌功颂德,故文章气势恢宏、文采飞扬,而洪迈主要生活在南宋,南北战争频繁,少不了江河日下之伤感;从宏观上来说,宋代有南北宋之分,扬州在北宋为经济腹地,在南宋为对峙前沿,时代的起伏导致了城市的兴衰,风俗会随着朝代更迭、城市兴衰而变化。

扬州"常节制"之地的风俗,总体上也呈现出转向"文"的趋势。真州在汉代有"躁劲"之旧风,地方志中还记载"市井荒陋""民以鱼盐为业"等风俗,可宋代典籍中着墨更多的是"当运路之要""当东南之水会""东南水陆要冲""天下之冲"等,显示出其交通的便利发达,特别是"水行当荆湖闽粤江浙之咽,陆走泗上不三日又为四达之冲,为郡虽未远,邑星日增,尽移隋唐江都之旧",交通地理的改变使得北宋真州虽为新郡,但已有隋唐江都之气势,其风俗逐渐发生演变,南宋《〔嘉定〕真州志》记载"其民安土而乐业,其士好学而有文,无复躁劲如昔人所虑者",即"躁劲"之旧风荡然无存,取而代之的是"好学"之新风。[2]沈括指出,真州"居四方之会",南来北往的舟楫多、宾客多,州府迎来送往的任务很重,而且本地居民少,外来人口多,且大都以"操舟通贾卖为业",其中有不少奸邪之人,或抢劫货物于大江风涛之上,或坑蒙拐骗于市井间里间,后来知州刘黄中到任才革除这些弊病。南宋张榘提到一种

---

[1]〔清〕阿克当阿修:《〔嘉庆〕重修扬州府志》卷六〇《风俗志》,广陵书社 2014 年版,第 2051 页。〔宋〕洪迈:《容斋随笔》卷九《唐扬州之盛》,《全宋笔记》第 5 编第 5 册,大象出版社 2012 年版,第 126 页。

[2]　参见〔元〕脱脱等:《宋史》卷八八《地理四》,中华书局 1977 年版,第 2185 页。〔宋〕王象之:《舆地纪胜》卷三七《淮南东路·真州》"风俗形胜",中华书局 1992 年版,第 1614—1616 页。〔宋〕祝穆、〔宋〕祝洙增订:《方舆胜览》卷四五《淮东路·真州》"风俗""形胜",中华书局 2003 年版,第 806—807 页。〔清〕阿克当阿修:《〔嘉庆〕重修扬州府志》卷六〇《风俗志》,广陵书社 2014 年版,第 2052 页。

现象,真州风俗"惑于风水",常常把灵柩厝于寺中,"久不克葬",为人所诟病。南宋晚期的孙虎臣弱冠时曾游历真州,"乐其风土,为之留连",二十年后戍边来此,仍然感慨真州"多园池亭榭之胜"。[1]

高邮,自唐代永徽年间(650—655)以来,交通就非常发达,号称"舟车之会"。北宋开宝四年(971),宋太祖赵匡胤征伐李重进,诏令升高邮县为军,其文云:"惟彼高邮,古称大邑,舟车交会,水路要冲,宜建军名,以雄地望。"宋代高邮有"淮南齐鲁"之美誉,这种耕读之风是逐步形成的。从北宋初期开始,到元祐年间(1086—1094),高邮"文风渐振""人才林立""名德相望",尤其是孙觉、乔执中、秦观三巨贤"杰然其间,入而著论思之益,出而茂惠利之镇。文章术业,国史纪之,遗书粲然,足以师表天下,范模后世"。后人对三名乡贤非常敬重,设立三贤堂供奉其画像,后来增供朱寿昌,改匾额为"四贤堂"。孙觉、秦观还在家乡与苏轼、王巩载酒论文,后人建造文游台纪念四人。所以,自从孙觉、乔执中、秦观诸公以文章政事扬名后,高邮"俗皆喜儒,至今好谈儒学",好儒之风渐渐兴盛起来。这种文风的兴起,发轫于一个关键人物,即乔执中之父乔竦。乔竦,字立之,他以乡先生教授州里,跟从他学习的人,"多以文行知名一时",其中最有名的就是孙觉,在他的教化影响下,淮河以南的广袤区域,"高邮若齐鲁",成为文教重地。乔执中撰有《除西掖告词》,目前只残留下一句话,即"初以经术教授淮堧数十年,间出而唱道,名儒巨公,接武于朝,州闾化之,一变如此",这很可能就是叙述乔竦的行迹。乔竦一生教化乡邦,启好谈儒学之风气,育堪当重任之士子,其历史功绩值得充分肯定。除文风炽盛外,高邮还有其他的风俗。高邮向来"土高而广于水,俗厚而勤于稼",以务农为本,北宋时既耕且织,可到了南宋变为"耕而不蚕",民间都认为高邮土薄水浅,不可以种植桑树,导致市场上谷贱而帛贵。为劝课农桑,嘉定七年(1214)孙镛受郡守汪纲之命,重新刊刻秦观的《蚕书》,鼓励百姓养蚕艺桑。同时,高邮也有桀黠之民,非常好讼,往往喜欢挟法律来评议政事之是非,可

---

[1]〔宋〕沈括:《开封府推官金部员外郎刘君志铭》,《全宋文》第78册,上海辞书出版社、安徽教育出版社2006年版,第8页。〔宋〕张榘:《吊丛冢赋·序》,《全宋文》第346册,上海辞书出版社、安徽教育出版社2006年版,第78页。〔宋〕孙虎臣:《丽芳园记》,《全宋文》第355册,上海辞书出版社、安徽教育出版社2006年版,第17页。

也懂得把握限度，不敢冒犯县令，所以"易治而难服"。北宋高邮知军陈巩到任后，观风察俗、周知民情，发现该地民众"以争地争田而兴讼者十常八九"，于是大力加以厘定纠正，人们莫不感怀其恩德。南宋高邮人陈造写道"高邮俗淳朴，异他邑，自顷南北杂处，其习龙戾夸竞陵暴，尤嚣于田讼，不复承平之旧"，指出南来北往的人杂居于此，导致相互之间的矛盾渐多，"好讼"之风一直都比较兴盛。此外，北宋高邮人崔公度在《珠赋》中描绘了城西甓社湖（今高邮湖）中夜光珠出现的场景："其始也，天和景晴，湖波夜平。烟冉冉以四收，万籁息而无声。则是珠也，凛气将之，若海月之升，含彩吐耀，周隅皆明。"一派静谧神奇美好的景象，而时人及后人也对甓社湖夜光珠念念不忘，或记载于文章，或流变为习俗，成为当地独特的人文景观。南宋陈造撰有《激犒库上梁文》《临泽常住院上梁文》，提到上梁时有向主梁东、南、西、北、上、下六个方位致祝词的习俗。[1]

宝应，靠近楚州（今江苏淮安），楚州本有"人颇劲悍轻剽，其士子则挟任节气，好尚宾游"[2]的楚地旧俗，而南船北马的交汇融合、凭淮据守的军事对峙，更加强化了这种尚武的风俗，所以宋代宝应的风俗深受楚州的影响，表现为一种"劲悍轻剽"之风。

整体而言，宋代扬州风俗由"野"入"文"，呈现出"率渐于礼""好学而文""好谈儒学"等新变化新特点。具体论之，江都、广陵、真州、高邮、宝应都在运河沿线上，其风俗的变化深受交通之影响，并且各地也有比较明显的差异。江都为州治所在地，广陵为附郭县，有着重商逐利之传统，同时在重文太守的牧治之下，逐步兴起崇文尚学之新风。真州的交通最为优越，是南来北往重要的码头，各地人员来此谋生经商，作奸犯科之现象屡见不鲜，可总体上

[1]　以上两段的引文参见〔宋〕王象之：《舆地纪胜》卷四三《淮南东路·高邮军》"风俗形胜"，中华书局 1992 年版，第 1762—1763 页。〔宋〕祝穆，〔宋〕祝洙增订：《方舆胜览》卷四六《淮东路·高邮军》"风俗""形胜"，中华书局 2003 年版，第 827 页。〔宋〕孙铺：《蚕书跋》，《全宋文》第 304 册，上海辞书出版社、安徽教育出版社 2006 年版，第 292 页。〔宋〕崔公度：《珠赋》，《全宋文》第 76 册，上海辞书出版社、安徽教育出版社 2006 年版，第 15 页。〔宋〕陈造：《高邮军建贡院记》《四贤堂记》《孙宰轩亭记》《激犒库上梁文》《临泽常住院上梁文》，《全宋文》第 256 册，上海辞书出版社、安徽教育出版社 2006 年版，第 348—349、352—353、356—357、487—489 页。〔宋〕应武：《重修东岳庙记》《重修文游台记》，《全宋文》第 293 册，上海辞书出版社、安徽教育出版社 2006 年版，第 150—151 页。

[2]　〔唐〕魏徵等：《隋书》卷三一《地理志下》，中华书局 1973 年版，第 872 页。

算是安居乐业、好学有文。高邮向来重农务本,随着外地人迁居于此逐渐增多,人地矛盾比较突出,因田地纠纷而滋生出"好讼"之风,然而亦耕亦读是儒家的向往,在以乔竦为代表的乡贤的教化之下,高邮涌现出孙觉、乔执中、秦观等一大批官居高位的儒士,产生极为深远的示范效应,即使穷乡僻壤也有好儒之风,赢得了"淮南齐鲁"之美誉。楚州历来是军事重镇,盛行剽悍之风,由于地缘的影响,宝应深受楚州影响,其风俗也趋同。

二、丰富多彩的岁时节俗

宋代的节日主要有四大类:皇帝和太后的圣节、官定的重要节日、节气性和季节性的节日、宗教节日。比较重要的岁时节令有元旦(正月初一)、元夕(正月十五)、上巳节(三月初三)、寒食节(清明节前两日)、清明节(清明节气)、端午节(五月初五)、七夕(七月初七)、中元节(七月十五)、中秋(八月十五)、重阳节(九月初九)、除夕(十二月三十)等。[1]宋代扬州岁时节俗方面的材料比较少,特别是宋代扬州的地方志早已散佚,下文综合历代文献所载佚文,略做梳理。

元旦又称元日,是新的一年的开始,既是岁之元,也是月之元、时之元,所以元旦又称"三元"[2]。人们所悉知的王安石《元日》描述了一元复始、万象更新的景象:"爆竹声中一岁除,春风送暖入屠苏。千门万户曈曈日,争插新桃换旧符。"[3]人们在点燃爆竹、饮屠苏酒、贴春联的场景中迎来新年。

元夕又称上元节、元宵节。南宋赵师䢖有首诗描写扬州元夕盛景:"古来灯火盛维扬,今岁元宵乐未央。只欠明皇拥仙仗,彩云高处舞霓裳。"这首诗化用了一个典故。据唐代传奇《玄怪录》记载,唐开元十八年(730)元夕,玄宗问叶仙师元宵节天下何处最为繁丽,仙师答复说是广陵,于是用法术在殿前架起一座虹桥,玄宗偕同杨贵妃、高力士等人上桥,顷刻之间就抵达广陵上空,只见"月色如昼,街陌绳直,寺观陈设之盛,灯火之光照灼台殿",还命乐

---

[1] 朱瑞熙:《宋代的节日》,《上海师范大学学报(哲学社会科学版)》1987年第3期。下面关于重要节日的讨论,在文献资料征引方面对该文多有参考。本章中月份都指农历月,如是公历月将会标明。

[2] 中华民国成立后,采用格列历(公历),把夏历(农历)的元旦用于公历1月1日,农历正月初一前后恰是立春节气,故把正月初一改称为春节。

[3] 〔宋〕王安石:《元日》,《全宋诗》第10册,北京大学出版社1998年版,第6685页。

官奏《霓裳羽衣》，城内居民纷纷随曲舞蹈，玄宗大为欢喜。唐代扬州城非常繁华，"每重城向夕，倡楼之上，常有绛纱灯万数，辉罗耀烈空中；九里三十步街中，珠翠填咽，邈若仙境"，使得当时在扬州任职的大诗人杜牧经常流连忘返。唐代扬州元夕灯火之兴盛，给后人留下深刻印象，地方志常常不惜笔墨地予以记载，如"元夕，唐开元时，称天下元夕灯火，广陵为盛"，其影响非常深远。[1]

宋代扬州灯火仍有唐代之盛，南来北往的人们都想一睹这种盛况。南宋建炎元年（1127）十月至三年（1129）二月，高宗赵构南迁停留扬州，名相张浚随行。妙应大师为六合县人，相法极为神奇，深得张浚的信任。建炎三年初，妙应对张浚说，扬州城内有死气，估计是金兵将至，宜劝高宗早日渡江南下。张浚立即向高宗建言渡江，可高宗还想观赏完元夕灯火后再走。不久，金兵果然南侵，高宗才匆忙渡江到镇江。由此可见，即使在两宋之际的动荡时期，扬州元夕灯火仍然很兴盛，令高宗兴致盎然、念念不忘。南宋淳熙十六年（1189）十一月，杨万里迎接金使沿着大运河返回临安（今浙江杭州），途经扬州时已是夜晚，他写下"两岸红灯成白昼，杨州腊月看元宵"。尚在腊月，扬州的灯火就如同白昼一般，诗人也更加期待扬州元夕的辉煌灯火。扬州元夕是喧嚣热闹的，可心境不同对节日感知也不一样，如方岳"花正闹、灯火竞春宵"体现的是欢快，同样在真州度元夕，李壁看到"绛纱眩纨绮"、听到"箫鼓沸隔船"，孔平仲感到"灯光疏冷月光寒"、生怕"杖行犹恐人相识"。[2]无

[1]〔宋〕赵师睪：《元夕》，《全宋诗》第50册，北京大学出版社1998年版，第31154页。〔唐〕牛僧孺撰，穆公点校：《玄怪录》卷三《开元明皇幸广陵》，上海古籍出版社编：《唐五代笔记小说大观》，上海古籍出版社2000年版，第380页。〔宋〕李昉等编：《太平广记》卷二七三《杜牧》引《唐阙史》，中华书局1961年版，第2151页。〔清〕阿克当阿修：《〔嘉庆〕重修扬州府志》卷六〇《风俗志》，广陵书社2014年版，第2056页。

[2]佚名：《朝野遗记》"相者预见"条，《全宋笔记》第7编第2册，大象出版社2015年版，第269页。〔宋〕王象之：《舆地纪胜》卷三七《淮南东路·真州》"仙释"，中华书局1992年版，第1630页。〔元〕脱脱等：《宋史》卷二五《高宗二》，中华书局1977年版，第453、460页。〔宋〕杨万里撰，辛更儒笺校：《杨万里集笺校》卷二八《朝天续集·夜过扬州》，中华书局2007年版，第1426页。〔宋〕方岳：《风流子·和楚客维扬灯夕》，《全宋词》第4册，中华书局1965年版，第2845页。〔宋〕李壁：《真州元夕和韵二首》，《全宋诗》第52册，北京大学出版社1998年版，第32324页。〔宋〕孔平仲：《真州元夕》，《全宋诗》第16册，北京大学出版社1998年版，第10877页。

论哪种心境,恐怕都是被有"天下之盛"美誉的扬州元夕所触动的。

中和节在二月初一,始于唐代,因而唐人最为重视。南宋绍熙元年(1190),杨万里遣送完金使返回时,经过扬州扬子桥,初春的阵阵寒意让他感到"明朝却是中和节,野火谁怜寂寞人",可一听说到了扬子桥、江南山水在望时,马上"未到江南心已喜,隔江山色碧相招"。诗中虽然没有提到具体的习俗,可节日既然沿袭了下来,必定也有相关的节日活动。南宋周密提到,宋代中和节已不如唐代热闹,只剩下官员放假、皇帝换单罗服(单袍)、百官穿着单罗公裳等习俗。[1]

二月二日是个传统节日,唐人在这天去郊外采野菜。到了宋代,这种习俗为皇室贵族所喜爱。据《武林旧事》记载,每到二月二日,南宋宫中都要举办挑菜御宴,先准备朱绿花斛,斛内种上采来的生菜、荠花等野菜,用红笔和黑笔在罗帛上写出菜名,然后系于植物根部,每斛种10棵野菜。宴会开始后,从内宫嫔妃贵人开始,依次用金篦挑出野菜,内宫的后妃、皇子诸人都是有赏无罚,其他人若挖出5棵红字蔬菜就得赏,挖到5棵黑字蔬菜则受罚,赏赐分两个等次,主要有金银珠宝等物品,受罚则要唱歌、跳舞、吟诗、念佛、饮冷水、吃生姜等,气氛十分热烈。王公贵族,也纷纷跟风效仿。南宋建炎二年(1128),晁说之逃难到海陵(今江苏泰州),恰值二月二日,不由感慨"二年不识挑生菜,万国谁知有杀身",从挑生菜之风俗说起,抒发家破国亡之悲愤。[2]随着历史的发展,中和节与二月二逐渐融合在一起,并且新增了龙抬头、不动针线等习俗。

社日每年有两个,立春、立秋后第五个戊日分别为春社、秋社。这天,官府举行祭祀社稷的仪式,民间有做社糕、社饭的习俗;官员和学生都放假;小学生把葱缚在竹竿上,推窗触葱,称"开聪明",有的还加上大蒜,以求能计算;妇女暂停做针线活;人们争相拿取新及第进士衣裳,认为是吉兆。南宋建炎

---

[1]〔宋〕杨万里撰,辛更儒笺校:《杨万里集笺校》卷三〇《朝天续集·过杨子桥》,第1532—1533页。〔宋〕周密:《武林旧事》卷二《挑菜》,《全宋笔记》第8编第2册,大象出版社2017年版,第34页。

[2]〔宋〕周密:《武林旧事》卷二《挑菜》,第34—35页。〔宋〕晁说之:《二月二日》,《全宋诗》第21册,北京大学出版社1998年版,第13808页。

二年(1128),晁说之避难海陵期间写了首《海陵社日》,其中"异乡今日社,寂寞食无糕"就提到了社日食社糕的习俗。[1]

上巳节原本不固定,后来约定在三月第一个巳日,魏晋以后固定于三月初三。民间在水边洗濯,除去宿垢,故称为"祓禊"。北宋韩琦在扬州时,与同僚于上巳节晚上游览蜀冈上的九曲池,后来贺铸也提到"九曲池头三月三",则上巳日游九曲池是扬州的风俗。南宋德祐二年(1276),文天祥为元军所拘押,后从镇江逃往真州,又被扬州守将李庭芝所疑,并下令加害,真州州守苗再成于心不忍,把他送至真州城外,当日正值上巳日,文天祥进退维谷,非常狼狈,作诗有"记取小西门外事,年年上巳哭江头"之句。[2]这些文献记载都显示,上巳节与水的关系非常密切。

寒食节在冬至日后105天,又称"一百五日""百五节""禁烟节""熟食日""冷烟节",是与元旦、冬至并列的大节。清明节即清明节气,在寒食节后两日(王观国《学林》作"三日")。从寒食到清明,军队停止训练三天,官衙放假七天。百姓纷纷上坟扫墓,不燃烧香火,只把纸钱挂在坟茔旁的树上。客居外地者,登山望墓遥祭,撕碎纸钱,撒向空中,称"擘钱"。北宋乡贤徐铉沿着官道途经真州东北的陈公塘,天色渐晚,又逢寒食节,在此留宿了一晚。至道二年(996)寒食节,王禹偁在扬州任上,心情低落,给几位友人写了首赠诗,回想起去年在滁州、前年在京师过寒食节饮酒喝茶的情景;次年寒食节,他又写有"寒食江都郡,青旗卖楚醪",也提到了酒。寒食节饮酒是一种风俗,吕本中寒食节路过广陵时问及"何处青帘足沽酒",文人雅士还会边赏花边饮酒,如"傍花行酒发新唱,满座例举黄金瓢",还有对梨花小酌的"梨花饮"。除饮酒外,寒食、清明期间还有踢蹴鞠、荡秋千的习俗,梅尧臣在扬州时就写

[1]〔宋〕程大昌:《演繁露》卷一二,《全宋笔记》第4编第9册,大象出版社2008年版,第97页。〔宋〕陈元靓编:《岁时广记》卷一四《二社日》,商务印书馆1937年版,第141页。〔宋〕晁说之:《海陵社日》,《全宋诗》第21册,北京大学出版社1998年版,第13811页。

[2]〔宋〕王观国:《学林》卷五《节令》,《全宋笔记》第4编第1册,大象出版社2008年版,第197页。〔宋〕葛立方:《韵语阳秋》卷一九,〔清〕何文焕辑:《历代诗话》,中华书局2004年版,第637页。〔宋〕韩琦:《上巳晚游九曲池》,《全宋诗》第5册,北京大学出版社1998年版,第4054页。〔宋〕贺铸:《梦江南》,《全宋词》第1册,中华书局1965年版,第505页。〔宋〕文天祥:《出真州》,《全宋诗》第68册,北京大学出版社1998年版,第43005页。

道"蹴鞠渐知寒食近,秋千将立小鬟双"。[1]清明节后来逐步吸收融合了上巳节、寒食节的习俗,成为一个重要的节日。

　　端午在唐代时指每月的初五,宋代固定于五月初五。端午节物品有百索、艾花、银样鼓儿、花花巧画扇、香糖果子、粽子、白团、紫苏、菖蒲、木瓜等,和以香药,然后用梅红匣子装盛。从五月一日到四日,市场上出售桃、柳、葵花、蒲叶、佛道艾等,到端午节家家在门口摆上粽子、五色汤圆、茶酒等,还把艾做的人钉在门上,士庶相互宴赏。北宋元祐七年(1092)端午节,苏轼与晁补之等友人在石塔寺品茶。南宋戴复古在扬州与守帅赵葵共度端午节,赋诗有"榴花角黍斗时新,今日谁家不酒樽。堪笑江湖阻风客,却随蒿艾上朱门",反映扬州端午吃粽子、饮酒、在门上钉艾人等习俗。[2]

　　七夕在宋初以前是七月六日,主要受道教影响,即每月三、七日不食酒肉。北宋太平兴国三年(978),诏令改回七月七日。七夕节习俗非常丰富,如制作浮在水面的彩绘鸳鸯、龟、鱼等,称"水上浮";在木板上种粟,造小茅屋、假人等,称"谷板";在瓜面雕刻各种花案,称"花瓜";用油麦糖作成笑靥儿、门神,分别称"果食花样""果食将军";用彩色绳子捆住绿豆、小豆、小麦苗,称"种生"。此外,还摆出摩睺罗、酒果、花瓜、笔砚、针线等物,儿童们纷纷作诗,姑娘们个个呈巧,焚香列拜,称"乞巧"。妇女们对月穿针,或把蜘蛛放入

　　[1]〔宋〕蔡绦:《铁围山丛谈》卷二,《全宋笔记》第3编第9册,大象出版社2008年版,第181页。〔宋〕王观国:《学林》卷五《节令》,《全宋笔记》第4编第1册,大象出版社2008年版,第198页。〔宋〕陈元靓编:《岁时广记》卷一五《寒食上》,商务印书馆1937年版,第155页。〔宋〕庄绰:《鸡肋编》卷上,《全宋笔记》第4编第7册,大象出版社2008年版,第27页。〔宋〕徐铉:《寒食宿陈公塘上》,《全宋诗》第1册,北京大学出版社1998年版,第62—63页。〔宋〕王禹偁:《扬州寒食赠屯田张员外成均吴博士同年殿省柳丞》《寒食》,《全宋诗》第2册,北京大学出版社1998年版,第682、763页。〔宋〕吕本中:《广陵道中寒食日》,《全宋诗》第28册,北京大学出版社1998年版,第18050页。〔宋〕蔡襄:《寒食梨花小饮》,《全宋诗》第7册,北京大学出版社1998年版,第4772页。〔宋〕梅尧臣:《依韵和孙都官河上写望》,《全宋诗》第5册,北京大学出版社1998年版,第3167页。

　　[2]〔宋〕洪迈:《容斋随笔》卷一《八月端午》,《全宋笔记》第5编第5册,大象出版社2012年版,第14页。〔宋〕孟元老:《东京梦华录》卷八《端午》,《全宋笔记》第5编第1册,大象出版社2012年版,第170页。〔宋〕戴复古:《扬州端午呈赵帅》,《全宋诗》第54册,北京大学出版社1998年版,第33597页。

盒子内,次日观看网丝圆正,即为"得巧"。[1]北宋元祐七年(1092)七夕,苏轼与晁补之、晁端彦在大明寺饮茶斗水,其乐融融。

中元节以"中元"为名源自道教,有朝圣祖、设神位、献先祖、祭父母等习俗。官府放假三天,军队停止教阅一天。这天,寺院僧人作盂兰盆会,百姓用新米等祭祀祖先,不吃荤食,屠户也罢市一天。[2]

中秋节恰值三秋之半,金风送爽、玉露生凉、丹桂飘香,富家贵族摆设盛宴,临轩玩月,琴瑟铿锵,酌酒高歌,时常通宵达旦。普通百姓安排家宴,全家团聚,共度佳节。贫民也要想方设法解衣沽酒,不肯虚度此夜。市场买卖持续到五更,赏月游人络绎不绝,一直玩到天亮。北宋庆历八年(1048),梅尧臣从故乡宣城北返途经扬州,中秋节与欧阳修、许元、王淇等友人饮酒赏月,虽然下起小雨不见月亮,但大家兴致颇高,相互赋诗酬唱。[3]

重阳节有饮酒、登高、赏菊、吃重阳糕的习俗。人们饮酒时通常把菊花、茱萸放入酒中,取菊花为"延寿客"、茱萸为"辟邪翁"之含义,以达到祛病消灾之目的。民间用糖和面蒸成糕,镶嵌栗子、银杏、松子肉、猪羊肉等,糕上插小彩旗,称"重阳糕",用来互相馈赠;还有用五色米粉做成狮子蛮王形状,和以熟栗子肉、麝香糖蜜等,称"狮蛮栗糕",用来劝酒。这天,寺院都设斋会,有些寺院还设狮子会,僧人坐在狮子座上讲佛经、做法事。宋代余安行沿大运河泛舟而行,重阳节停留高邮,不由回忆起赏菊花、吃莼菜、品肥蟹、饮美酒等节日习俗。[4]

---

[1]〔宋〕王栐:《燕翼诒谋录》卷三,《全宋笔记》第7编第1册,大象出版社2015年版,第261—262页。〔宋〕孟元老:《东京梦华录》卷八《七夕》,《全宋笔记》第5编第1册,大象出版社2012年版,第172—173页。

[2]〔宋〕陈元靓编:《岁时广记》卷二九、三十《中元》,商务印书馆1937年版,第331、341、342页。〔宋〕周密:《武林旧事》卷三《中元》,《全宋笔记》第8编第2册,大象出版社2017年版,第44—45页。

[3]〔宋〕吴自牧:《梦粱录》卷四《中秋》,《全宋笔记》第8编第5册,大象出版社2017年版,第120页。〔宋〕梅尧臣:《中秋不见月答永叔》《和永叔中秋夜会不见月酬王舍人》《寄维扬许待制》,《全宋诗》第5册,北京大学出版社1998年版,第2956、3132页。

[4]〔宋〕孟元老:《东京梦华录》卷八《重阳》,《全宋笔记》第5编第1册,大象出版社2012年版,第175页。〔宋〕吴自牧:《梦粱录》卷五《九月》,《全宋笔记》第8编第5册,大象出版社2017年版,第124页。〔宋〕余安行:《重阳舟次高邮》,陈新等补正:《全宋诗订补》,大象出版社2005年版,第809页。

十月立冬，从宫廷到民间都在立冬前五日储藏蔬菜，以供冬天食用。十一月冬至，与元旦、寒食并称三大节日，有更易新衣、置办年货、享祀先祖等习俗，人们相互庆贺往来，到过年时则财力不及，谚语云"肥冬瘦年"。[1]

除夕也称"除夜"，家家户户都打扫门间、清洁庭户、去除尘秽，并换门神、挂钟馗、钉桃符、贴春牌、祭祀祖宗，夜里备好迎神的香花贡物，祈求新年平安。人们在爆竹声中围炉而坐，饮酒唱歌，通宵不寐，以等待春天的到来，是为"守岁"。民间有"守冬爷长命，守岁娘长命"的俗语。[2]

三、贡茶、饮茶之习俗

北宋元祐七年（1092）端午节，苏轼从颍州转任扬州未久，就与晁补之等友人集于石塔寺品茶，轻松愉悦的氛围，把旅途奔波劳累的疲态一扫而光，他兴致颇高地写下了"禅窗丽午景，蜀井出冰雪。坐客皆可人，鼎器手自洁"等诗句。是年七夕节，苏轼又与晁补之、晁端彦在大明寺饮茶斗水，把塔院西廊井水、下院蜀井水汲取上来泡茶，大家一致认为前者要比后者好。[3]文士饮茶，自然是常见的雅事，可在扬州品茶斗水，有着得天独厚的优势，即蜀冈的茶为贡茶，大明寺的水为天下第五的名水。

蜀冈之上产好茶。北宋《太平寰宇记》引《图经》记载，蜀冈上有茶园，"其茶甘香，味如蒙顶"。南宋《方舆胜览》有更详细的解释，蜀冈"旧传地脉通蜀。或曰蜀冈产茶味如蒙顶"，所以称蜀冈。[4]换言之，蜀冈之得名有两种解释，一种着眼于山川，即地脉与蜀地相通；一种着眼于物产，即蜀冈之茶与蜀地

---

[1]〔宋〕孟元老：《东京梦华录》卷九《立冬》、卷一○《冬至》，《全宋笔记》第5编第1册，大象出版社2012年版，第180—181页。〔宋〕陈元靓编：《岁时广记》卷三八《冬至》"为大节"，商务印书馆1937年版，第415页。

[2]〔宋〕吴自牧：《梦粱录》卷六《除夜》，《全宋笔记》第8编第5册，大象出版社2017年版，第146页。〔宋〕陈元靓编：《岁时广记》卷四○《岁除》"祝长命""守岁夜"，商务印书馆1937年版，第443页。

[3]〔宋〕苏轼：《到官病倦，未尝会客，毛正仲惠茶，乃以端午小集石塔，戏作一诗为谢》，张志烈等校注：《苏轼全集校注·诗集六》，河北人民出版社2010年版，第3967页。〔宋〕晁补之：《次韵苏翰林五日扬州石塔寺烹茶》，《全宋诗》第19册，北京大学出版社1998年版，第12776页。〔宋〕张邦基：《墨庄漫录》卷三，《全宋笔记》第3编第9册，大象出版社2008年版，第40页。

[4]〔宋〕乐史：《太平寰宇记》卷一二三《淮南道一·扬州·江都县》，中华书局2007年版，第2443页。〔宋〕祝穆，〔宋〕祝洙增订：《方舆胜览》卷四四《淮东路·扬州》，中华书局2003年版，第792页。

蒙顶山之茶口味相似，北宋刘敞就提到"州城北带广阜，古所谓昆仑冈也。其木宜茶，与蒙顶比，故或谓之蜀冈"[1]。两种解释本质上是一致的，即把蜀冈之"蜀"看作是巴蜀之"蜀"，两地虽相隔万里，却有着千丝万缕的联系。蜀冈茶园应该位于东部冈地一带，就在禅智寺北面，那里有个叫作"蒙谷"的山谷，穿过蒙谷可以到达茶圃，"蒙谷"之得名应该来自"蒙顶"，即指茶圃所在的山冈，如此，蜀冈茶亦如"蒙顶茶"。

北宋至道元年至三年（995—997）[2]，王禹偁出知扬州，写了首描述蜀冈贡茶的《茶园十二韵》：

> 勤王修岁贡，晚驾过郊原。蔽芾余千本，青葱共一园。芽新撑老叶，土软迸深根。舌小侔黄雀，毛狞摘绿猿。出蒸香更别，入焙火微温。采近桐华节，生无谷雨痕。缄縢防远道，进献趁头番。待破华胥梦，先经阊阖门。汲泉鸣玉瓮，开宴压瑶樽。茂育知天意，甄收荷主恩。沃心同直谏，苦口类嘉言。未复金銮召，年年奉至尊。[3]

这首诗记述了贡茶从蜀冈上种植、清明前采摘，到精心炮制、远道进献，最后到宫廷饮茶、帝王品茶的全过程。"勤王修岁贡""年年奉至尊"，是指蜀冈茶每年进贡一次。"蔽芾余千本，青葱共一园"，说明蜀冈茶园内的茶树多达上千棵。"舌小侔黄雀，毛狞摘绿猿""出蒸香更别，入焙火微温"，分别描写采茶与制茶的情景。"采近桐华节，生无谷雨痕"，蜀冈茶采摘于清明节之前，清明有"桐始华"之物候[4]，此处以"桐华节"代指清明节。"缄縢防远道，进献趁头番"，说的是蜀冈茶包装精细，进献时间为所有贡茶之先。"汲泉鸣玉瓮，开宴压瑶樽"，是宫廷内泡茶、饮茶的情形。

---

[1]　〔宋〕刘敞：《时会堂诗序》，《全宋文》第59册，上海辞书出版社、安徽教育出版社2006年版，第205页。

[2]　李之亮：《宋两淮大郡守臣易替考》，巴蜀书社2001年版，第6页。本章扬州知州在任时间，均参考过本书，下不赘引。

[3]　〔宋〕王禹偁：《茶园十二韵》，《全宋诗》第2册，北京大学出版社1998年版，第761页。

[4]　黄怀信、张懋镕、田旭东：《逸周书汇校集注》卷六《时训解》，上海古籍出版社1995年版，第628页。

　　把蜀冈贡茶进献宫廷,是北宋扬州知州的一大要务。五十多年后,欧阳修出守扬州时,每年都必须进献贡茶。[1]嘉祐元年(1056),刘敞知扬州,他对蜀冈贡茶更为重视,于次年主持修建了时会堂,专门用来制作贡茶,并撰写了两首诗和一篇诗序记述此事。刘敞在《时会堂诗序》中写道,扬州太守每年都要进贡蜀冈茶,"以火前采之,发轻使驰至京师,不过十日,为天下先"。寒食节禁火,节后两日的清明才能生火,"火前采之"就是指清明前采茶,蜀冈茶从扬州送到京师开封只需10天,是最早进献的贡茶。蜀冈茶还有特殊的功效,"宜久服,能轻身、除疾、却老",以此进献皇帝饮用,也是臣子之所愿。时会堂位于"蜀江之阳",估计在禅智寺、蒙谷一带,该地恰好在蜀冈之南、运河之北。[2]

　　刘敞除作有《时会堂二首》外,还写了《自东门泛舟至竹西亭登昆丘入蒙谷戏题二首》《昆丘台》诸诗,并寄给好友欧阳修、梅尧臣。两人都有和诗,欧阳修作《时会堂二首》《自东门泛舟至竹西亭登昆丘入蒙谷戏题春贡亭》《竹西亭》《昆丘台》《蒙谷》,梅尧臣作《时会堂二首》《竹西亭》《春贡亭》《蒙谷》《昆丘》。[3]这些诗分别提到了时会堂、竹西亭、春贡亭、蒙谷、昆丘台,揭示出从城内到蜀冈茶圃的线路,即从城东门沿运河泛舟向北,上岸至竹西亭,登昆丘台进入蒙谷,然后到达春贡亭。

　　晁补之在扬州任通判期间写了不少诗篇,其中有首诗提到"蜀冈茶味图经说,不贡春芽向十年",即蜀冈茶已经停贡多年。其具体时间为英宗时期,宋英宗专门有道诏令:"诸州贡物,有一郡而岁三四至,耗蠹民力,莫不由斯,令罢之。扬州岁贡新茶一银合、藏("糟"之讹误)姜五十罐,亦罢。"一合为十分之一升,刘敞更为明确地提到贡茶"不过三数斤",即蜀冈贡茶每年进献不

---

　　[1]〔宋〕欧阳修:《时会堂二首·其二》,《全宋诗》第6册,北京大学出版社1998年版,第3702页。

　　[2]〔宋〕刘敞:《时会堂诗序》,《全宋文》第59册,上海辞书出版社、安徽教育出版社2006年版,第206页。

　　[3]　刘敞诗见《全宋诗》第9册,北京大学出版社1998年版,第5920、5925页。欧阳修诗见《全宋诗》第6册,北京大学出版社1998年版,第3702—3703页。梅尧臣诗见《全宋诗》第5册,北京大学出版社1998年版,第3257—3258页。

过三斤左右,"贵精不贵衍也"。[1]

大明寺井也称蜀井,早在唐代就已经声名鹊起,唐人刘伯刍评点天下宜茶之水,把大明寺井水名列第五,陆羽则评定大明寺井水为第十二。宋人对蜀井更为喜爱,欧阳修专门写了篇《大明水记》,认为大明寺井水"为水之美者也"。秦观认为蜀井蓄积了蜀冈的"精气",直接饮用"乍饮肺肝俱澡雪",用来煮饭"炊成香稻流珠滑",烧水泡茶"煮出新茶泼乳鲜",赵鼎则径呼蜀井为"人间第一泉"。[2]好水与贡茶俱在扬州,知州高度重视,名士爱其风雅,僧人用以养身,普通百姓饮茶虽不见于文献记载,但由蜀冈茶园可推知社会上的饮茶之风较为盛行。

四、"天下无双"的琼花

北宋王禹偁在扬州任知州期间,写了两首《后土庙琼花诗》:

> 扬州后土庙有花一株,琼白可爱,且其树大而花繁,不知实何木也,俗谓之琼花云。因赋诗以状其态。
>
> 谁移琪树下仙乡,二月轻冰八月霜。
> 若使寿阳公主在,自当羞见落梅妆。
>
> 春冰薄薄压枝柯,分与清香是月娥。
> 忽似暑天深涧底,老松擎雪白娑婆。[3]

---

[1]〔宋〕晁补之:《扬州杂咏七首》,《全宋诗》第 19 册,北京大学出版社 1998 年版,第 12870 页。〔清〕阿克当阿修:《〔嘉庆〕重修扬州府志》卷六三《艺文志二》,广陵书社 2014 年版,第 2125 页。〔宋〕刘敞:《时会堂诗序》,《全宋文》第 59 册,上海辞书出版社、安徽教育出版社 2006 年版,第 206 页。按,北宋李及奏请罢扬州贡姜时提到"糟姜"(〔宋〕李及:《乞罢扬州贡姜等味奏》,《全宋文》第 8 册,上海辞书出版社、安徽教育出版社 2006 年版,第 340 页),"糟姜"是广受宋人喜爱的食品,故"藏姜"应为"糟姜"之误。

[2]〔唐〕张又新:《煎茶水记》,中华书局 1991 年版,第 1 页。〔宋〕欧阳修:《大明水记》,《全宋文》第 35 册,上海辞书出版社、安徽教育出版社 2006 年版,第 145 页。〔宋〕秦观:《广陵五题·次韵子由题蜀井》,《全宋诗》第 18 册,北京大学出版社 1998 年版,第 12100 页。〔宋〕赵鼎:《大明水》,《全宋诗》第 28 册,北京大学出版社 1998 年版,第 18423 页。

[3]〔宋〕王禹偁:《小畜集》卷一一《后土庙琼花诗》,《景印文渊阁四库全书》第 1086 册,台湾商务印书馆 1986 年版,第 111 页。按,诗序中的"琼白可爱",北京大学古文献研究所整理的《全宋诗》误作"洁白可爱"(见第 2 册,北京大学出版社 1998 年版,第 765 页)。

这是目前所见最早的确切可考的关于琼花的文献记载。序中"俗谓之琼花",即指当地人称之为琼花,说明琼花早有其名,王禹偁只不过是如实记录下来而已。琼花之得名竟来自"俗谓",似乎有些太过于平凡了,与人文极盛的宋代很不相符。王禹偁把琼花比喻为移自"仙乡",其清香来自嫦娥(月娥),可这些还远不能赋予琼花"仙客"[1]的人文意义。由此发端,宋人对琼花这个"新物种"表现出极大的兴趣,他们反复歌颂、层层演绎,构建出非常丰富的人文意义,为社会大众所悉知,此后随着时代的动荡和变迁,琼花更是被赋予了独特的人文色彩。

其一,宋人的诗文颂咏。宋代名臣出守扬州,以全新的视角对琼花进行人文解读,赋予了其"天下无双"的人文内涵。大约距王氏咏琼花50年后,右谏议大夫韩琦出守扬州,他对琼花早有所耳闻,到任后便急切到后土庙一睹琼花真面目,称赞"维扬一株花,四海无同类"。此外,胡宿"楚地五千里,扬州独一株"、刘敞"天下无双独此花"、沈继祖"天下花中独有琼"、崔与之"天上人间一树花"、方岳"共看扬州第一花"、贾似道"应知天下无他本"、向子谌"除却扬州是无处"、刘克庄"天上人间一本"、周密"天下无二本",[2]等等,从天文、地理、人文、风俗等诸多方面,歌颂琼花、赞美琼花,不仅促进了琼花向社会大众的传播普及,也进一步突出了琼花"地钟灵,天应瑞"[3]的神异特征。

其二,琼花的人文传播及其美好寓意。在琼花人文意义的传播过程中,呈现出具象化、人格化两大特征。所谓具象化就是出现了可观可感的物质载

[1] 〔宋〕姚宽:《西溪丛语》卷上,中华书局1997年版,第36页。

[2] 〔宋〕韩琦:《琼花》,《全宋诗》第6册,北京大学出版社1998年版,第3962页。〔宋〕胡宿:《后土观琼花》,《全宋诗》第4册,北京大学出版社1998年版,第2111页。〔宋〕刘敞:《无双亭观琼花赠圣民》,《全宋诗》第9册,北京大学出版社1998年版,第5869页。〔宋〕沈继祖:《上扬州钱帅》,《全宋诗》第48册,北京大学出版社1998年版,第29864页。〔宋〕崔与之:《扬州官满辞后土题玉立亭》,《全宋诗》第51册,北京大学出版社1998年版,第32244页。〔宋〕方岳:《约黄成之观琼花予不及从以诗代简》,《全宋诗》第61册,北京大学出版社1998年版,第38383页。〔宋〕贾似道:《琼花》,《全宋诗》第64册,北京大学出版1998年版,第39985页。〔宋〕向子谌:《丑奴儿》,《全宋词》第2册,中华书局1965年版,第975页。〔宋〕刘克庄:《昭君怨·琼花》,《全宋词》第4册,中华书局1965年版,第2612页。〔宋〕周密:《瑶花慢》,《全宋词》第5册,中华书局1965年版,第3269页。

[3] 〔宋〕俞紫芝:《古调歌》,《全宋词》第1册,中华书局1965年版,第210页。按,该词录自《扬州琼华集》,与马子严《苏幕遮》相同,马词见曹璿《琼花集》卷三,《全宋词》第3册有收录(中华书局1965年版,第2072页)。

体。随着琼花"天下无双"的特征逐渐广为人知,出现了诸多琼花图,更好满足人们无法亲见琼花的需求和好奇。北宋陈孚《琼花图》诗就反映了琼花图在社会上的流行。南宋之后琼花图更多地涌现出来,楼钥"曾有画图称小异",指图画上琼花与聚八仙的差异;崔与之在扬州时"尝绘琼花于屏,与幕僚刘后村等饮酒赋诗",是为雅事;元末明初刘因《琼花图》"画图今见之,依稀春带雨"[1],等等,都反映了琼花图的流行。庆历八年(1048)至皇祐元年(1049),一代文豪欧阳修出守扬州,他修建的"无双亭"把琼花"天下无双"特征具象化、鲜活化,并从士人阶层推向社会大众。王巩《闻见近录》载:"扬州后土庙有琼花一株,宋丞相构亭花侧,曰'无双',谓天下无别株也。"[2]除无双亭外,似乎还有一座玉立亭。南宋嘉定十一年(1218),崔与之在离任扬州知州之际,写了首《扬州官满辞后土题玉立亭》,同时代的高似孙也有一首同名诗,"临行更致平安祝,一炷清香十万家",祝福斯地斯民。[3]宋代扬州地方官上任及离任时特意到后土庙,一睹琼花之真容,或专程向琼花道别,说明琼花已融入百姓生活,并成为这座城市的符号。

其三,关于琼花的争辩。宋人好文深思,利用文献线索层层演绎,把郑花、山矾花、场花、楉花、玉蕊花、琼花混为一谈,最后竟然得出琼花是山矾花(场花)的结论,南宋郑域《玉蕊花》诗对这些争论有总结性的叙述[4]。关于琼花与玉蕊花的争论和附会,都是轻信文献、以讹传讹、层层因袭的结果,但是在琼花与玉蕊花的显著差异面前,各种论证、推演都显得十分牵强附会,于是有人不满足于文献记载,亲自到实地进行考察一探究竟。郑兴裔于绍熙元年(1190)写了篇《琼花辨》,判定"玉蕊花非一处有,其非琼花明矣",即玉蕊花不是琼花。他还到镇江招隐山实地观察玉蕊花,详细描述其特征,认为玉

[1]〔宋〕陈孚:《琼花图》,《全宋诗》第7册,北京大学出版社1998年版,第4942页。〔宋〕楼钥:《杨州琼花》,《全宋诗》第47册,北京大学出版社1998年版,第29482页。〔清〕朱显祖编,周熙订:《琼花志》,《扬州文库》第49册,第528页。〔明〕曹璿辑:《琼花集》,《扬州文库》第49册,第514页。按,姚伯声为姚宽长兄,而〔宝庆〕会稽续志·姚宽传》载其兄为姚宏,字令声(《西溪丛语》第146页),两者应是同一人。

[2]〔宋〕王巩:《闻见近录》,《全宋笔记》第2编第6册,大象出版社2006年版,第26页。

[3]　高似孙、崔与之各自同名诗《扬州官满辞后土题玉立亭》,《全宋诗》第51册,北京大学出版社1998年版,第32006、32244页。

[4]〔宋〕郑域:《玉蕊花》,《全宋诗》第51册,北京大学出版社1998年版,第32026页。

蕊树枝如荼蘼（蔷薇科，白花），其花蕊如同镌刻在玉盘上，故名玉蕊花。琼花之名，不应按照"琼，赤玉也"释义，而应当依照刘禹锡咏玉蕊花提到的"雪蕊琼丝"进行解释，花丝呈红色的白花也可以称作琼花。[1]其实早在北宋时期，就有人对琼花之名提出质疑，比如林旦认为"以琼赤玉，不当名花"，直接以写实办法改琼花之名为"瑶真"[2]，瑶为洁白无瑕的美玉，名副其实，不过"瑶真"之名太写实，少了几分灵气，未能得到后人之附和。周必大对玉蕊与琼花的争辩投入了更大的热情，于庆元二年（1196）撰成一卷《玉蕊辨证》，又于庆元四年（1198）作了增补，汇编了唐、宋人相关诗文笔记，他继承了郑兴裔的观点，还对认为玉蕊花是山矾花（玚花）的观点进行了批驳。[3]

其四，琼花的移植风波。琼花"天下无双"，激发时人移植的欲望，不少文献都记载了移植琼花成功的事例。北宋嘉祐三年（1058）刘敞从扬州徙知郓州（今山东东平），同时还把扬州琼花移植郓州，并取得成功，他特意作《琼花》诗记述其事："自淮南迁东平，移后土庙琼花，植于濯缨亭。此花天下独一株尔，永叔为扬州，作无双亭以赏之。"称赞"鲁人得此天中树，乞与春风赏物华"，为成功移植"天下独一株"的琼花而自喜。刘敞成功移植琼花，算不上是新闻，同龄的宋敏求记载"旧不可移徙，今京师亦有之"，京城也有琼花，可见"不可移徙"只是传闻而已。曾巩指出"近年琼花可接，遂散漫"，"可接"为嫁接成活之意，遂有"琼花散漫情终荡"句。洛阳李氏仁丰园也种有琼花，"又远方奇卉，如紫兰、茉莉、琼花、山茶之俦，号为难植，独植之洛阳，辄与其土产无异"，琼花等植物虽"号为难植"，却终究有技术移植分栽。北宋元祐元年（1086）林旦赴楚州任淮南路转运副使，"所居府有琼花一株，盖扬花别

　　[1]〔宋〕郑兴裔：《琼花辨》，《全宋文》第225册，上海辞书出版社、安徽教育出版社2006年版，第98页。

　　[2]〔明〕曹璿辑：《琼花集》，《扬州文库》第49册，第509页。

　　[3]〔宋〕周必大：《玉蕊辨证》，〔宋〕欧阳修等著，王云整理校点：《洛阳牡丹记（外十三种）》，上海书店出版社2017年版，第36—47页。

本也",认为楚州琼花是移自扬州后土庙琼花。[1]这些移植应当均是士人和民间所为,可是随后皇室移植琼花的失败,不仅湮没了移植成功的信息,而且更加凸显了琼花"天下无双"的神异。

其五,琼花兴衰与宋代国运。北宋刘敞记述"庙吏云今年开花绝少,比旧岁憔悴",尚是比较客观地描述琼花花况。南宋以后,琼花花况有了更多的寓意。比如南宋郑思肖指出:"扬州琼花,天下惟一,本后土夫人司之。花之盛衰,淮境丰歉系焉。"不知撰述时代的《广陵遗事》云:"琼花有三异。凡花皆落,琼花则随风而消,一异也;以水煎叶服之,可已疫疠,二异也;一岁花叶东西稀密,而境内稼事丰歉如之,三异也。"[2]琼花不仅有随风而消的神异之处,还有去病除疫的功效,更是象征江淮地区庄稼丰收的福瑞。琼花命运随着时代沉浮,在南宋这个风雨飘零的时代中,琼花终究伴随着大宋的谢幕而香消绝迹。宋元更迭之际,琼花枯死,时间如此之巧合,更加强化了琼花的神秘色彩,即琼花兴于北宋,起死复兴于两宋之交,最后亡于南宋,毫无疑问地成为宋代的祥瑞之花。琼花死亡之时间,赵文认为是元至元十三年(1276),其诗名开宗明义"扬州后土庙琼花,香如莲花,落不著地,丙子一夕大雷雨,失花所在,相传以为上天云"。郑思肖认为"南渡前经兵火,此花亦死。今遭大故,丙子岁维扬陷,丁丑岁此花又死,孰谓草木无知乎",[3]指出琼花死于至元十四年(1277)。比照二者,郑氏所述应为实录,赵氏所述仅言大概。在琼花死后20年,琼花观道士以聚八仙补种琼花故地。大概在元明之际,聚八仙毁了又重新补

　　[1]　分别参见刘敞:《琼花》,《全宋诗》第9册,北京大学出版社1998年版,第5932页。〔宋〕宋敏求:《春明退朝录》,《全宋笔记》第1编第6册,大象出版社2003年版,第285页。〔宋〕曾巩:《以白山茶寄吴仲庶见贶佳篇依韵和酬》,《全宋诗》第8册,北京大学出版社1998年版,第5597页。〔宋〕李格非:《洛阳名园记》,《全宋笔记》第3编第1册,大象出版社2008年版,第168页。〔明〕曹璿辑:《琼花集》,《扬州文库》第49册,广陵书社2015年版,第509页。刘敞知郓州时间参李之亮:《北宋京师及东西路大郡守臣考》,巴蜀书社2001年版,第403页;林旦赴楚州任官时间参《续资治通鉴长编》卷三八九,中华书局2004年版,第9449页。

　　[2]　〔宋〕刘敞:《后土庙琼花》,《全宋诗》第9册,北京大学出版社1998年版,第5932页。〔宋〕郑思肖:《吊扬州琼花》,《全宋诗》第69册,北京大学出版社1998年版,第43437页。〔清〕朱显祖编,周熙订:《琼花志》,《扬州文库》第49册,第527页。

　　[3]　〔宋〕赵文:《扬州后土庙琼花香如莲花落不著地丙子一夕大雷雨失花所在相传以为上天云》,《全宋诗》第68册,北京大学出版社1998年版,第43246—43247页。〔宋〕郑思肖:《吊扬州琼花》,《全宋诗》第69册,北京大学出版社1998年版,第43437页。

植。明万历中(1573—1620),"运使崔孔昕复拔去聚八仙,代之以桂",最终是桂花树生长在琼花故处,琼花成了广陵绝响。[1]

琼花虽然随着宋代的灭亡而绝迹,不过却对后世产生了广泛的影响,并随着时代的变迁而相互交织、彼此渗透,形成了既丰富多彩又光怪陆离的人文意义。特别是隋炀帝赏琼花亡国之事,孕育于晚唐,肇始于元代,成熟于明代,流行于清代,明清时期琼花作为"祥瑞之兆"的文化意象逐步湮没,反倒成了匪夷所思的"亡国之征",尤其在明清易代之际,史可法孤城抗清,"数点梅花亡国泪,二分明月故臣心",梅花取代琼花成为民族气节之花。

五、"维扬芍药甲天下"

宋人喜欢养花,正所谓"养生惟养花"[2],他们对扬州芍药的喜爱非同一般,各种夸奖和称赞从来都不吝啬,尤其是非常鲜明地指出"维扬芍药甲天下""扬之芍药甲天下"[3]。这个观点的形成,与仕宦于扬州的文士们密切相关,其产生、兴起、演变、流传,乃至最终成为扬州风物,是个饶有趣味的问题。

其一,民间"以治花相尚"的社会风俗。[4]"芍药之美,益专于扬州矣",芍药为什么唯独钟情于维扬大地,芍药与扬州有着怎样的特殊联系?宋人给出了许多富有人文意义的解释。首先提到的就是扬州"地气所宜",按照王观的看法,世间万物"其小大、短长、辛酸、甘苦与夫颜色之异",都是"受天地之气以生",刘攽指出正是得益于广陵的"地气",从外地移植过来的芍药,会长得更加茂盛,"至有十倍其初"。他还观察到一个独特的现象,"然芍药之盛,环广陵四五十里之间为然,外是则薄劣",扬州的"地气"就集中在以城区为

[1] 〔明〕卢昭:《琼华图叙》,《扬州文库》第49册,第435—436、548页。〔明〕曹璿辑:《琼花集》,《扬州文库》第49册,第509页。〔清〕阮元:《序》,〔清〕贵正辰纂辑:《琼花题咏全集》,《扬州文库》第49册,第532页。

[2] 〔宋〕李之仪:《子重相率游任园》,《全宋诗》第17册,北京大学出版社1998年版,第11254页。

[3] 〔宋〕蔡绦:《铁围山丛谈》卷六,《全宋笔记》第3编第9册,大象出版社2008年版,第258页。王观:《扬州芍药谱》,《扬州文库》第49册,第430页。

[4] 关于"种花"论述的引文源自〔宋〕刘攽:《芍药谱序》,《全宋文》第69册,上海辞书出版社、安徽教育出版社2006年版,第164—166页;〔宋〕王观:《扬州芍药谱》,《扬州文库》第49册,第427页(另见《全宋文》第72册,上海辞书出版社、安徽教育出版社2006年版,第268—270页);〔宋〕孔武仲:《扬州芍药谱》,《全宋文》第100册,上海辞书出版社、安徽教育出版社2006年版,第324—325页。引用这三篇内容将不再出注,以免累赘;引用其他文献当随文出注。

核心的地带,似乎有些迷信的成分,可是仔细分析这种现象背后隐藏的深意,则反映出种芍药属于城市商品经济,正是由于供应城市、服务市民,芍药种植范围才会分布在"环广陵四五十里"的范围,而超出这个区域也就没有相应的市场需求和社会氛围。

其二,围绕"花相"而产生的传奇故事。风成于上,俗化于下,古代地方官员向来把"辨风正俗"作为施政之要。北宋来扬州为官者多为名臣或朝官,他们社会地位较高、文化素养深厚,经常会带来新风尚。宋人喜欢养花、簪花,尤其以首都为盛。北宋时期,洛阳为西京,养花之风十分浓厚。名臣文士任官扬州,自然也会把都城流行的簪花、赏花等雅趣带过来,当地盛产的芍药恰可以用于赏心乐事,激发他们的创作灵感,并演绎发生诸多故事。其中,"四相簪花"的故事赋予芍药更为浓厚的传奇色彩,也给芍药增添了贵为"花相"的人文意义。[1]北宋庆历五年至七年(1045—1047),韩琦因推行新政被贬,以资政殿学士身份出任扬州知州,暮春初夏时节,府署后园的芍药全部盛开,其中有一株芍药与众不同,一干分成四枝,结出四朵,花瓣"上下红"与其他无异,奇特之处在于"中间黄蕊间之",即一圈黄色的花蕊绕在花瓣中间[2]。这个品种俗名"楼子芍药",乡人说要数十年才开出一二朵,十分稀见。不过,"楼子芍药"的名称过于土气,后来文士们另取了雅名"金缠腰""金带围""金腰带""重台紫花金束腰""腰金紫"等。韩琦见到"金缠腰",大为诧异,认为此花难得,决定邀请3人饮酒赏花。当时,王珪、王安石初入仕途,都以大理寺评事在扬州为官,前者为扬州通判,后者为淮南签判,韩琦都邀请了他们,可还差一人,于是就找了一名年长的州钤辖诸司使(武官)来凑数。次日集会时,

---

[1] 下面关于"四相簪花"的叙述,综合参考了〔宋〕沈括:《补笔谈》卷三《异事》(《全宋笔记》第2编第3册,大象出版社2006年版,第241页),〔宋〕陈师道:《后山谈丛》卷二(《全宋笔记》第2编第6册,大象出版社2006年版,第87页),〔宋〕彭□:《墨客挥犀》卷二(《全宋笔记》第3编第1册,大象出版社2008年版,第10页),〔宋〕苏象先:《丞相魏公谭训》卷一〇(《全宋笔记》第3编第3册,第102页),〔宋〕孙宗鑑:《西畲琐录》(《全宋笔记》第3编第4册,大象出版社2008年版,第10页),〔宋〕蔡绦:《铁围山丛谈》卷六(《全宋笔记》第3编第9册,大象出版社2008年版,第258页),文中引文均出自以上6种文献,为免烦琐,将不再出注。

[2] 《墨客挥犀》记载"黄缘棱者四朵"为"金腰带",蔡绦也认为"其间一花若紫袍而中有黄缘者,名'金腰带'",即有的红色花瓣边缘为黄色。这种说法不准确,"金腰带"应是黄蕊围绕其中,"黄缘""黄蕊"意思大相径庭,不可等而视之。

这名武官身体不适无法赴约。韩琦就从过客历中找一名朝官,然而当日过客中没有朝官,便请时任大理寺丞的陈升之参加宴会。四人饮酒到最尽兴时,把四朵"金缠腰"剪下来,各簪一枝,诗酒唱和,把文人雅事展现得淋漓尽致。故事的高潮还不止于此,而在此后的三十年间,四人分别官至宰相,嘉祐三年(1058)韩琦拜相,熙宁二年(1069)陈升之拜相,熙宁三年(1070)王安石拜相,熙宁九年(1076)王珪拜相。"金缠腰"与北宋宰辅重臣的官服非常相似,韩琦等四人簪花拜相后,让"花相"之称号从抽象变得具象,其含义更为丰富饱满,其名号更加名副其实。所以后人把"金缠腰"视为"花瑞""世瑞",一旦花开,"则城中当有宰相","簪是花者位必至宰相"。

其三,以"扬花"为城市符号的文化意象。宋人认为,扬州的芍药是天下最好的,那么它身上的品格自然也是好的,于是在"伤春"意象之外,扬州芍药更多的是展现出阳光硬朗的形象,比如谢尧仁就称赞"广陵精神全,免笑花无骨"[1]。韩琦对扬州芍药尤为偏爱,称赞"广陵之花性绝高",因此洛阳牡丹与之相比则有种种缺点,指出洛阳牡丹价格虚高,嫁接技术滥用,即使姚黄和魏花这两种绝品也显得艳俗,"以此扬花较洛花,自合扬花推定霸"[2],扬州芍药要比洛阳牡丹更胜一筹。韩琦所论,与当时被排挤出朝廷中枢的心境不无关系,非常巧妙地把所思所想体现于扬州芍药和洛阳牡丹的对比中,借花说事,以事喻花,芍药的高尚品格也逐渐深入人心。芍药因扬州而闻名,扬州因芍药而风雅,由于这种良好的互动关系,芍药从普通植物上升为扬州风物之代表。黄庭坚早春路过广陵时,特向守官吕公著询问芍药是否盛开,吕氏派人去土庙查看,芍药刚刚含苞待放,黄庭坚感叹"扬州风物鬓成丝",而在芍药盛开之后,晁补之则赞叹"扬州别是风光"。[3]洪咨夔给当时在扬州为官的赵师罩的回信中开头就提到"某坐想平山杨柳之盛,东

---

[1]〔宋〕谢尧仁:《咏芍药》,《全宋诗》第 50 册,北京大学出版社 1998 年版,第 31024 页。

[2]〔宋〕韩琦:《和袁陟节推龙兴寺芍药》,《全宋诗》第 6 册,北京大学出版社 1998 年版,第3967 页。

[3]〔宋〕黄庭坚:《跋自书扬州戏题诗》,《全宋文》第 107 册,上海辞书出版社、安徽教育出版社 2006 年版,第 62 页。〔宋〕黄庭坚:《往岁过广陵值早春尝作诗云春风十里珠帘卷仿佛三生杜牧之红药梢头初茧栗扬州风物鬓成丝今春有自淮南来者道扬州事戏以前韵寄王定国二首》,《全宋诗》第17 册,北京大学出版社 1998 年版,第 11368 页。

门芍药之芳"[1]，扬州风光跃然纸上。张栻从友人那里得到几株芍药，种在自家花园里，随即赋诗"扬州风物故依然"[2]。南宋晚期李思衍总结概括了"扬州风物最宜诗"[3]，其中就点到了芍药。人们把扬州芍药视作城市符号，简称为"扬花"，而"扬花"一旦盛开，就成为扬州的"二十五般风"，所以朱松、周必大等人很向往骑鹤上扬州、看芍药。[4]南宋章甫收到友人韩元吉赠送的芍药，不禁回忆起10年前与朋友一起从京口（今江苏镇江）渡江到广陵赏芍药的情景，当时诗酒酬唱、深夜归来，皓月当空、大江横流，而10年后广陵城破，再见"扬花"，感慨系之。[5]宋人忆扬州，自然想起扬州的芍药，孔武仲称扬州芍药为"淮南客"，到了南宋时期，随着扬州城市接连遭到战火摧毁，芍药的意象变得更加凄凉，正如姜夔在名篇《扬州慢》里所提到的，"念桥边红药，年年知为谁生"。[6]

除了琼花与芍药，宋代扬州风物中较为著名者尚有海仙与银杏。欧阳修出任扬州知州时，在蜀冈上修筑了平山堂，"壮丽为淮南第一"，"数百里真、润、金陵三州，隐隐若可见"，友朋之间常常吟诗饮酒，流连忘返于此。夏日里，欧公常常凌晨就携带客人上山，为助雅兴，他还把目光投向平山堂以北几十里外的邵伯湖，此地荷花"四望极目"，命人前去采摘千余朵，以画盆分插百许盆，摆放在席地而坐的客人之间。行酒令时，命歌女取一朵荷花给客人，每人依次摘下一片花瓣，谁最后摘完谁饮酒。众人谈笑风生，风流倜傥，"往往侵夜载月而归"。这种雅集，欧阳修在皇祐元年（1049）给好友吕公著的答诗中写道：

[1]〔宋〕洪咨夔：《答赵扬州书》，《全宋文》第307册，上海辞书出版社、安徽教育出版社2006年版，第37页。

[2]〔宋〕张栻：《从吕扬州觅芍药栽》，《全宋诗》第45册，北京大学出版社1998年版，第27922页。

[3]〔宋〕李思衍：《见维扬崔左丞》，《全宋诗》第69册，北京大学出版社1998年版，第43381页。〔宋〕晁补之：《望海潮》，《全宋词》第1册，中华书局1965年版，第560页。

[4]〔宋〕陆佃：《依韵和再开芍药十六首·其九》〔宋〕朱松：《芍药二首·其一》〔宋〕周必大：《陈诚之以长句送扬州花仍催践快阁之约戏答》，分别载《全宋诗》第16、33、43册，北京大学出版社1998年版，第10663、20742、26771页。

[5]〔宋〕章甫：《韩使君分送芍药索诗因忆旧游》，《全宋诗》第47册，北京大学出版社1998年版，第29045页。

[6]〔宋〕孔武仲：《芍药》，《全宋诗》第15册，北京大学出版社1998年版，第10323页。〔宋〕姜夔：《扬州慢》，《全宋词》第3册，中华书局1965年版，第2181页。

千顷芙蕖盖水平，扬州太守旧多情。

画盆围处花光合，红袖传来酒令行。

舞踏落晖留醉客，歌迟檀板换新声。

如今寂寞西湖上，雨后无人看落英。

四十多年后，刚刚及第的叶梦得在平山堂住了一个夏天，寺里有个八十多岁的老僧人，叶氏向他问及此事，老僧"犹能道公时事甚详"，"念之犹在目"。[1]

海仙花，原名锦带花，王禹偁到扬州为官时改的花名。为此，他还写了三首诗赞美海仙花，其诗前的序言记述了改名的缘由。这篇序言记载，维扬本来没有这类花，人们传言说是从海州（今江苏连云港）山谷间移植过来的，树枝纤长，花开后"繁丽袅袅如曳锦带"[2]，故名之锦带花。王禹偁仔细观察，发现这种植物没开花时像海棠，开花后像木瓜花，而且更加繁密娇艳，可惜此花不香，也不结果实，常用"钩压其条"来移植，即空中压条繁殖技术。他在《尔雅》的《释草》《释木》诸篇中，都没有找到此花的相关记载。有好事者作《花谱》，把海棠比作花中神仙。王禹偁认为此花不在海棠之下，"锦带"之名"俚孰甚焉"，"宜以仙为号"，又取始得之地海州，称之为"海仙"[3]。其三首《海仙花诗》题写在寺院的墙壁上，诗云：

一堆绛雪压春丛，袅袅长条弄晓风。

借问开时何所似，似将绣被覆薰笼。

春憎窈窕教无子，天为妖娆不与香。

尽日含毫难比兴，花中应是卫庄姜。

　　[1]　参见〔宋〕欧阳修：《答通判吕太博》，《全宋诗》第6册，北京大学出版社1998年版，第3689页。〔宋〕叶梦得：《避暑录话》卷上，《全宋笔记》第2编第10册，大象出版社2006年版，第225页。〔宋〕葛立方：《韵语阳秋》卷一六，〔清〕何文焕辑：《历代诗话》，中华书局2004年版，第615页。
　　[2]　〔宋〕王辟之：《渑水燕谈录》卷八，《全宋笔记》第2编第4册，大象出版社2006年版，第82页。
　　[3]　〔宋〕王禹偁：《海仙花诗》，《全宋诗》第2册，北京大学出版社1998年版，第764—765页。

何年移植在僧家，一簇柔条缀彩霞。

锦带为名卑且俗，为君呼作海仙花。[1]

第一首诗指出海仙花以红花居多，花开后在风中摇曳如同"似将绣被覆薰笼"，极为传神；第二首诗描述海仙花无香味、不结籽的特点，并喻其为春秋卫庄公夫人庄姜；第三首诗指出海仙花植于僧寺，以及改名的理由。

"海仙"之名，充满了浪漫色彩，可并没有为后人所认同，后世关于海仙花的记载也不多，种植、观赏海仙花的风气并未形成，这可能是与这种植物比较"小众"相关。如今，人们仍习惯称锦带花，此名虽"卑且俗"，却很有生命力。

银杏也是扬州风物的代表，在宋代诗人笔下，银杏有了个大俗大雅的别称"鸭脚"，其原因是银杏叶与鸭脚颇为相似，如欧阳修在收到好友梅尧臣寄赠的银杏果后，赋诗有"鸭脚虽百个，得之诚可珍"[2]之句。扬州龙兴寺内有两棵隋代的银杏树，这是诸多诗人关注的焦点，梅尧臣有过形象的描述：

百战蟠根地，双阴净梵居。

凌云枝已密，似蹼叶非疏。

影落邻僧院，风摇上客裾。

何当避烦暑，萧洒盖庭除。[3]

银杏叶"似蹼"即如同鸭脚，枝干"凌云枝已密"，到了晁补之的笔下成为"龙兴寺里青云干"，又以"青云干"代指银杏，并以"后土祠中白雪葩"相呼应。更进一步的是，晁氏作诗"扬州全盛吾能说，鸭脚琼花五百年""五百年间城郭改，空留鸭脚伴琼花"，则龙兴寺的银杏与后土祠的琼花一样，成了扬州的符号。[4]

---

[1]〔宋〕王禹偁：《海仙花诗》，《全宋诗》第2册，北京大学出版社1998年版，第765页。

[2]〔宋〕欧阳修：《梅圣俞寄银杏》，《全宋诗》第6册，北京大学出版社1998年版，第3630页。

[3]〔宋〕梅尧臣：《依韵和齐少卿龙兴寺鸭脚树》，《全宋诗》第5册，北京大学出版社1998年版，第3166页。

[4]〔宋〕晁补之：《陪关彦远曾彦和集龙兴寺咏隋时双鸭脚次关韵》《扬州杂咏七首·其六》《寄怀八弟三首·其三》，《全宋诗》第19册，北京大学出版社1998年版，第12850、12870、12855页。

第二节　两宋扬州的宗教信仰

宋代的思想文化昌盛,舆论氛围较为宽松。在宗教方面,不同的社会阶层有着不一样的信仰倾向。比如,佛教多为名臣文士所崇信,禅智寺、山光寺、龙兴寺等名噪一时;道教虽然没有佛教的势力强大,却是一些世家大族和广大普通民众的深层次信仰;在东西交流的大背景下,阿拉伯人漂洋过海来到扬州,也带来了伊斯兰教;各类祠庙五花八门,或是彰显教化,或是致敬祈福。同时,各种宗教可以和谐共生,人们的信仰也有多种多样,比如高邮名士秦观家族既"世崇佛氏",也谙习道术,信奉多种宗教并不矛盾。对统治者来说,只要有利于统治,各类宗教和祠庙都支持鼓励,因而宋朝在扬州赐建建隆寺,在真州兴建仪真观,地方官们也纷纷修建各类祠庙,因为在古人看来,"事神"与"治民"是同等重要的,两者合二为一,都是为政的大事。本节阐述宋代扬州的宗教景观和人们的信仰世界。

一、佛教

宋代佛教汲取了儒、道等中华本土思想,完成了中国化进程,全方位影响着人们的思想道德、行为习惯和日常生活。北宋扬州守官多为名臣文士,相互之间交往比较密切,扬州佛寺的僧人们经常邀请他们撰写碑文,这既对施政惠民颇有帮助,也对治学博闻大有裨益,是公私兼顾的好事情。比如,北宋古文运动先驱柳开出守扬州,见郡堂后菜圃雨后冒青烟,后来向高僧赞宁请教,赞宁说是磷火,因兵战血、牛羊血、马血凝结于地所致,柳开大为折服,说此前派人挖掘果然是古战场,并赠诗有"空门今日见张华"之句。建隆寺是宋太祖赵匡胤攻下扬州城后赐建的,对地方官来说,某种意义上"建隆"既是对当地"入宋"的纪念,更是宋朝隆兴的象征,因此王禹偁于至道三年(997)撰写的《扬州建隆寺碑记》自然就具有特殊的政治意义。苏轼与石塔寺戒公长老交往密切,戒公长老请辞归隐杭州时,他特意写了一篇极力挽留的疏文,其中有言:"大士未曾说法,谁作金毛之声;众生各自开堂,何关石塔之事。去无作相,住亦随缘。长老戒公,开不二门,施无尽藏。念西湖之久别,本是偶然;为东坡而少留,无不可者。一时作礼,重听白椎。渡口船回,依旧云山之色;秋来雨过，一新钟鼓之音。"这些激扬文字足见他的一片诚心。苏轼还在竹西寺壁的题诗，其中有"山寺归来闻好语，野花啼鸟亦欣然"之句，结果被人举报是影射宋神宗驾崩，险些引发一场文字狱。"苏门四学士"之一秦观与诸多僧人交好，从中可以窥见本地士人对佛教的态度。秦观自述"余家既世崇佛氏"，见吴地僧人法能作有《五百罗汉图》，于元丰二年（1079）仿韩愈《画记》撰写《五百罗汉图记》。他谦称"余未尝读佛书"，可对佛理十分精湛谙习，在元丰二年与好友参寥大师陪苏轼南游越地，次年（1080）给参寥大师写了封信专门详述近况。参寥大师即释道潜，号参寥子，本为浙人，寓居高邮，除秦观外还与孙觉交好。元丰四年（1081），秦观给老师苏轼的信中，提到读了老师写的成都大圣慈寺《圣相院藏经记》，仿佛看到其师超然于形骸尘埃之外的境界，"虽欲从之，不可得也"。[1]

宋代扬州还有一些高僧的行迹值得记述。宝月和尚为高邮乾明寺第十三代住持，俗姓颜，扬州天长铜城（今安徽天长铜城镇）人，其母许氏梦梵僧而孕，十九岁受具戒为僧，拜润州甘露寺应夫禅师为师，与法演、常总为友，又到真州长芦寺跟随法秀禅师问道。重元、宗本、法秀、应夫都是天衣义怀禅师的高徒，其悟道方法各不相同。重元、法秀由讲经而入禅，宗本、应夫由修禅而讲经，而世上习禅者往往偏入哑禅、魔禅、暗证禅等歪门邪道。宝月领悟到《楞伽经》宗通、说通（即内心自觉和启迪他人）是一致的，认为自己对南方禅法较为熟悉，对北方禅法相对生疏，于是前往洛阳研习《华严经》《金刚经》《圆觉经》，前后有五年时间。学成后，宝月隐居高邮乾明寺，深静寡言，不问名利，一次高座说法，竟然漫天雨花纷飞。道浃是宝月最器重的弟子，可惜早卒，宝月为此十分伤心。北宋政和七年（1117），宝月因疾病卒，时年61岁。[2]与宝月类似的，还有扬州僧正净慧大师，从维扬渡江前往金陵专门请教小参。

[1]〔宋〕王象之：《舆地纪胜》卷三七《淮南东路·扬州》，中华书局1992年版，第1589页。〔宋〕秦观著，徐培均笺注：《淮海集笺注》卷三八《五百罗汉图记》《芝室记》、卷三〇《与参寥大师简》《与苏公先生简·其四》，上海古籍出版社1994年版，第1217、1233、1010—1012、991页。〔清〕左辉春等纂修：《〔道光〕续增高邮州志·人物志·方外》，《中国地方志集成·江苏府县志辑》第46册，江苏古籍出版社1991年版，第689页。由于下文考述具体佛寺，相关引文都注明出处，重复之处本段不再出注。

[2]〔宋〕晁说之：《高邮月和尚塔铭》，《全宋文》第130册，上海辞书出版社、安徽教育出版社2006年版，第350—351页。

昭庆禅师,字显之,俗姓林,泉州晋江人,先后住持高邮乾明寺和扬州建隆寺,北宋熙宁中(1068—1077)游锡淮南,往来于广陵、天长、高邮等地,深受世人尊敬,许多公卿、大夫和文士或与他交游或受其亲炙,比较出名的就有孙觉、秦观、龚原、陆佃、俞紫芝,其法嗣为黄龙寺惠南禅师,其弟子德岑是常州承天寺的住持。宋高宗赵构为康王时,登平山堂游大明寺,见寺中有一盆白菖蒲,遂留题"惟不识泥土,堆根抱玉泉",寺僧智嵩受命马上联句"虽离岩谷伴,也则翠千年"。赵构问智嵩能否赋诗,当时恰好有彩虹出现,智嵩当即赋诗"水染青红带一条,和云和雨系天腰。玉皇为厌皇宫倦,故筑空中万丈桥",赵构大为称赞。[1]

据下文考证初步统计,宋代扬州寺院有 104 座之多,遍布城区乡村、山川河津、驿路要道。其中,有规模较大的寺院,如龙兴寺有山子、罗汉、观音、弥陀四院以及一个别院,而高邮天王禅寺为江北之巨刹;有名气颇响的寺院,如大明寺为"淮东第一观",禅智寺八景风光各异,山光寺见证着人们的迎来送往;有地位重要的寺院,如建隆寺为宋太祖行宫改建而成。初步分析各寺所在地,可以发现蜀冈一线有条十分明显的宗教景观带,从西向东大致有建隆寺、大明寺、惠照教寺、北兴教寺、北寿安寺、寿宁寺、铁佛寺、龙兴寺、开元寺、山光寺、禅智寺(竹西寺、上方寺)等 11 座寺院,尤其是后面 4 座寺院集中在蜀冈与大运河交汇的地方,并且是从唐代延续下来的布局,这不能不引人深思:运河是扬州城的交通要道,蜀冈是扬州城的高地,蜀冈东脉有谷地、山冈,既有险可守,也交通便捷,而且这一带的土质好,烧出来的砖既吸水也泡不坏,因此自古以来就有砖窑[2],种种因素综合起来,形成了寺院渐次排列、错落有致的景观,或许这就是唐人张祜"禅智山光好墓田"的正解吧。

---

[1]〔宋〕邹浩:《庆禅师语录叙》《承天寺大藏记》,《全宋文》第 131 册,上海辞书出版社、安徽教育出版社 2006 年版,第 260、344 页。〔宋〕释克勤:《示扬州僧正静慧大师》,《全宋文》第 134 册,上海辞书出版社、安徽教育出版社 2006 年版,第 301 页。马蓉等点校:《永乐大典方志辑佚》,中华书局 2004 年版,第 504 页。〔宋〕王象之:《舆地纪胜》卷四三《淮南东路·高邮军》,中华书局 1992 年版,第 1774 页。

[2] 耿鉴庭:《从扬州的南宋城砖砖窑谈到唐代大云寺的寺址》,《文物》1963 年第 9 期,第 12 页。

表 10-1 宋代扬州佛寺名录表

寺 院	今地	内 容
救生教寺	广陵	隋大业四年（608）建，北宋治平间（1064—1067）重建，明洪武十三年（1380）僧行心再次重建。在"县东五里第二港"。[1]寺有常住院、瑞像院、西方院、地藏院、罗汉院等五院。
山光寺	邗江	详下。
宝胜教寺	广陵	唐贞观年间（627—649）僧智端始建于杨子桥。明初扬州卫指挥李铠、僧太虚迁建于城东三里，[2]洪武五年（1372）僧妙敬重建，宣德五年（1430）僧源胜重修。
天王教寺	邗江	唐贞观年间僧淮海建；明洪武四年僧普富重建，景泰二年（1451）僧定海重修。在"杨子桥西"，今扬子津街道一带。
太平寺	邗江	唐贞观年间建，明嘉靖年间（1522—1566）僧圆早修，清康熙元年（1662）僧性亮重修。在"杨子桥"，今扬子津街道一带。
大圣寺		唐高宗时建，明天启年间（1621—1627）修，清康熙三十五年（1696）僧自侣、云岫重修。在"县东北三十里"。
开元寺	江都	相传唐时建，在县东五十里大桥镇。
白塔寺	江都	唐代顾况《酬扬州白塔寺永上人》诗，应建于唐代。在县东宜陵镇。
宝镇寺	江都	北宋时建，清雍正间（1723—1735）赐额，乾隆五十二年（1787）重建。在县东张纲镇。[3]
菩提寺	江都	唐代古刹，明万历间（1573—1620）开芒稻河水涨寺圮，清康熙三十六年（1697）重建。
清凉讲寺	邗江	唐大历年间（766—779）建，明洪武年间（1368—1398）僧良瑜重建，清康熙十三年（1674）如皋沈余光增葺。在"县南善应乡"。
静慧寺	广陵	宋初建。"在南门外"。本席氏园，改为寺，又名静慧园。
嵩山寺	邗江	南宋端平年间（1234—1236）建。在瓜洲镇"泗桥"下。
开福寺		南宋淳祐八年（1248）寺内大士殿基长出三颗灵芝[4]

---

　　［1］〔明〕朱怀幹修，〔明〕盛仪辑：《〔嘉靖〕惟扬志》卷三八，《扬州文库》第 1 辑第 1 册，广陵书社 2015 年版，第 261 页。

　　［2］〔明〕朱怀幹修，〔明〕盛仪辑：《〔嘉靖〕惟扬志》卷三八，《扬州文库》第 1 辑第 1 册，广陵书社 2015 年版，第 261 页。

　　［3］ 以上三座寺院参见〔清〕钱祥保等修，〔清〕桂邦杰等纂：《〔民国〕江都县续志》卷一二，《中国地方志集成·江苏府县志辑》第 67 册，江苏古籍出版社 1991 年版，第 556 页。〔唐〕顾况：《酬扬州白塔寺永上人》，《全唐诗》卷二六六，中华书局 1960 年版，第 2954 页。

　　［4］〔清〕徐成敷等修，〔清〕陈浩恩等纂：《〔光绪〕增修甘泉县志》卷九，《中国地方志集成·江苏府县志辑》第 43 册，江苏古籍出版社 1991 年版，第 412 页。

续表 10-1

寺　院	今地	内　容
杨子寺		据北宋苏颂《杨子寺聱隅先生祠堂记》，聱隅先生即黄晞，建州建安县（今福建建瓯）人，屡试不中，寄居京师汴梁（今河南开封），闭门读书，潜心问学，为丞相韩琦所重。他独好古学，著有《聱隅子歔欷琐微论》，聱隅就是"拂物"之义。后卒于京师，其子迁柩于江都，暂厝杨子寺。罗适出任江都县宰，敬仰黄晞为人，在杨子寺修建了聱隅先生祠堂。[1]位于清江都县城南杨子桥（参"聱隅先生祠"条）。
棘林寺	邗江	南宋咸淳年间（1265—1274）建，明嘉靖十六年僧明玺同郡人蒋瑾、卞昌重修。在瓜洲镇"新坝"。[2]
南来观音禅寺	广陵	北宋景德年间（1004—1007）建，明永乐三年（1405）僧深信重建。在小东门外旧城东南隅。[3]
石塔寺	广陵	详下。
镇国禅寺		唐咸通年间（860—874）建，北宋元丰（1078—1085）末发掘出舍利。在"太平仓基地"。
法云寺	广陵	详下。
梵行教寺	江都	东晋宁康三年（375）僧行密创建，而南宋《〔宝祐〕惟扬志》认为始建于唐，应可信据[4]；北宋苏轼有《梵行禅院山茶》诗；明洪武三年（1370）僧妙用迁建邵伯镇惠政桥西，正统年间（1436—1449）僧道遄重修，嘉靖八年（1529）赐今额。在邵伯镇。
旌忠寺	广陵	详下。
大明寺	邗江	详下。
法华寺	江都	详下。
禅智寺（竹西寺、上方寺）	邗江	详下。

［1］〔宋〕苏颂：《杨子寺聱隅先生祠堂记》，《全宋文》第 61 册，上海辞书出版社、安徽教育出版社 2006 年版，第 376—378 页。

［2］〔明〕朱怀幹修，〔明〕盛仪辑：《〔嘉靖〕惟扬志》卷三八，《扬州文库》第 1 辑第 1 册，广陵书社 2015 年版，第 261 页。

［3］〔明〕朱怀幹修，〔明〕盛仪辑：《〔嘉靖〕惟扬志》卷三八，《扬州文库》第 1 辑第 1 册，广陵书社 2015 年版，第 261 页。

［4］〔明〕徐成敟等修，〔清〕陈浩恩等纂：《〔光绪〕增修甘泉县志》卷九，《中国地方志集成·江苏府县志辑》第 43 册，第 392 页。

续表 10-1

寺　院	今地	内　　容
天宁禅寺	邗江	详下。
正胜寺	广陵	详下。
惠照教寺	邗江	唐景龙年间(707—710)建;明洪武年间僧如渊重建,正统年间僧福铭修;清康熙十七年(1678)僧东云重修。在"城北三里大仪乡"[1],大概今蜀冈上堡城村一带。
甘泉山寺	邗江	唐开成二年(837)创建,南宋淳熙四年(1177)重建,今尚存。在今甘泉街道甘泉山。一名慧照寺。
铁佛寺	邗江	详下。
龙兴寺	邗江	详下。
建隆寺	邗江	详下。
投子教寺	江都	北宋开宝年间(968—976)僧梦庵建,明洪武八年(1375)僧可臻重建,景泰四年(1453)僧景文重修。在"县北宜陵镇"。[2]
释迦教院	江都	北宋元祐五年(1090)僧惠朗建,明景泰二年(1451)僧文演重建[3],后水决寺圮,清康熙年间(1662—1722)僧了愚募修。在邵伯镇。又名宝公寺。
圆通寺	邗江	南宋乾道年间(1165—1173)僧道纪重建,明景泰三年(1452)受灾,四年僧昙谧重建,成化十一年僧惠体拓建。在"县东北二里,官河西岸"。又名北来寺。[4]

---

〔1〕 大仪乡与大仪镇别为一地,大仪镇在"县西七十里"(〔清〕阿克当阿修:《〔嘉庆〕重修扬州府志》卷一六,广陵书社 2014 年版,第 449 页),即今仪征大仪镇。

〔2〕〔清〕阿克当阿修:《〔嘉庆〕重修扬州府志》卷二八《寺观志一》把投子教寺系于甘泉县,故"县北宜陵镇"也应指在甘泉县,而据卷一六《都里志》,宜陵镇属江都县,在"府东北六十五里"。两处"宜陵镇"明显不同,待考。〔清〕徐成敏等修,〔清〕陈浩恩等纂:《〔光绪〕增修甘泉县志》卷九作"洪武三年僧真全重修",《中国地方志集成·江苏府县志辑》第 43 册,第 398 页。

〔3〕〔明〕朱怀幹修,〔明〕盛仪辑:《嘉靖》惟扬志》卷三八,《扬州文库》第 1 辑第 1 册,广陵书社 2015 年版,第 261 页。〔清〕徐成敏等修,〔清〕陈浩恩等纂:《〔光绪〕增修甘泉县志》卷九作"景泰三年僧文演重建",《中国地方志集成·江苏府县志辑》第 43 册,第 398 页。

〔4〕〔明〕朱怀幹修,〔明〕盛仪辑:《嘉靖》惟扬志》卷三八,《扬州文库》第 1 辑第 1 册,广陵书社 2015 年版,第 261 页。〔清〕徐成敏等修,〔清〕陈浩恩等纂:《〔光绪〕增修甘泉县志》卷九,《中国地方志集成·江苏府县志辑》第 43 册,第 398 页。

续表 10-1

寺 院	今地	内 容
北兴教寺	邗江	南宋宝祐年间（1253—1258）建；明洪武三年（1370）僧智宣重建；正统十二年（1447）僧景宏重修，归并于旌忠寺。在县城西北十五里大仪乡，寺内有唐景云三年（712）杜佑题名的八角石柱，今尚在唐城博物馆，其寺址也在这一带。[1]
兴教寺	广陵	北宋淳化年间（990—994）建，明洪武十三年（1380）僧云臻重建。在府城大东门外。[2]
泰安教寺	广陵	南宋景定年间（1260—1264）建，清康熙三年（1664）住持僧如著募化重建。在"旧马监巷"。
北寿安寺	邗江	南宋绍兴年间（1131—1162）建；明洪武十三年僧道智重建，正统十年僧智登修。在"大仪乡"，即今蜀冈上堡城村一带。[3]
寿安寺	广陵	南宋景定年间建，元至正七年（1347）僧德宁重建，明正统六年僧净广重修。在府城东南太平坊马监巷。[4]
寿宁寺		本徐知诰故第，其称帝后（937）以为孝先寺，北宋太平兴国年间（976—984）改为寿宁寺。寺内画壁尤为绝妙，周世宗柴荣进驻扬州时以之为行宫，壁画遭受污损，唯有经藏院画玄奘取经的墙壁完好无损。[5]南宋建炎二年（1128），高宗赵构在扬州，正月到寿宁寺祭拜祖宗神主。北宋赵湘、刘敞都曾拜访此寺，分别赋诗"木落吴山迥，天晴楚水遥""隋宫老荆棘，淮地阻山川"[6]，从寺内佛阁远眺，视野极为开阔，大致也在蜀冈上面。

　　[1]〔明〕朱怀幹修，〔明〕盛仪辑：《〔嘉靖〕惟扬志》卷三八，《扬州文库》第1辑第1册，广陵书社 2015 年版，第 261 页。唐景云年号只有两年（710—711），方志中提到景云三年，应该是地方接收中央信息滞后所致。〔清〕徐成敹等修，〔清〕陈浩恩等纂：《〔光绪〕增修甘泉县志》卷九，《中国地方志集成·江苏府县志辑》第 43 册，第 398 页。

　　[2]〔明〕朱怀幹修，〔明〕盛仪辑：《〔嘉靖〕惟扬志》卷三八，《扬州文库》第1辑第1册，广陵书社 2015 年版，第 261 页。

　　[3]〔明〕朱怀幹修，〔明〕盛仪辑：《〔嘉靖〕惟扬志》卷三八，《扬州文库》第1辑第1册，广陵书社 2015 年版，第 261 页。〔清〕徐成敹等修，〔清〕陈浩恩等纂：《〔光绪〕增修甘泉县志》卷九，《中国地方志集成·江苏府县志辑》第 43 册，第 399 页。

　　[4]〔明〕朱怀幹修，〔明〕盛仪辑：《〔嘉靖〕惟扬志》卷三八，《扬州文库》第1辑第1册，广陵书社 2015 年版，第 261 页。〔清〕徐成敹等修，〔清〕陈浩恩等纂：《〔光绪〕增修甘泉县志》卷九，《中国地方志集成·江苏府县志辑》第 43 册，第 399 页。

　　[5]〔清〕徐成敹等修，〔清〕陈浩恩等纂：《〔光绪〕增修甘泉县志》卷九，《中国地方志集成·江苏府县志辑》第 43 册，第 393—394 页。

　　[6]〔元〕脱脱等：《宋史》卷二五《高宗二》，中华书局 1977 年版，第 453 页。〔宋〕赵湘：《登扬州孝先寺佛阁》、〔宋〕刘敞：《行诣扬州寿宁寺》，分别载《全宋诗》第 2、9 册，北京大学出版社 1998 年版，第 868、5894 页。

续表 10-1

寺　院	今地	内　容
决定寺		广陵孔目吏欧阳氏居住在决定寺前[1]。
雍熙寺		见吕本中《扬州雍熙寺纳凉》[2]。
借山寺		见刘季孙《题子瞻扬州借山寺》[3]。
西方禅寺	广陵	隋代为避风庵,在宝祐城南,地滨大江。相传寺前岸畔夜放光明,掘之得到三尊石佛,唐太宗赐名西方禅寺;唐永贞元年(805)僧智完移建今四望亭北。明洪武五年(1372)僧普德重建,永乐十四年(1416)僧宗镡修,正统三年(1438)都纲自性重修。位于四望亭北。[4]
北大同寺	广陵	南宋淳熙二年(1175)建,明成化间住持僧守能奉诏进京,命建国斋,赐紫衣。在大桥镇袁家湾。[5]
禅惠寺	仪征	东汉广陵太守陈登浚塘时,因有白、黑二鼍,建鼍浟寺;北宋治平年间改名禅惠寺。在县北"二十里"。
梵天寺	仪征	梁天监三年(504)建,初名兴云寺;北宋治平中赐名梵天寺;明洪武五年僧道成重建[6];清朝多次修缮。在方山,亦名童山。

［1］〔宋〕徐铉:《稽神录》"欧阳氏"条,《全宋笔记》第 8 编第 7 册,大象出版社 2017 年版,第 12 页。

［2］〔宋〕吕本中:《扬州雍熙寺纳凉》,《全宋诗》第 28 册,北京大学出版社 1998 年版,第 18064 页。

［3］〔宋〕刘季孙:《题子瞻扬州借山寺》,《全宋诗》第 12 册,北京大学出版社 1998 年版,第 8368 页。

［4］〔明〕朱怀幹修,〔明〕盛仪辑:《〔嘉靖〕惟扬志》卷三八,《扬州文库》第 1 辑第 1 册,广陵书社 2015 年版,第 263 页。〔清〕徐成敟等修,〔清〕陈浩恩等纂:《〔光绪〕增修甘泉县志》卷九,《中国地方志集成·江苏府县志辑》第 43 册,第 402 页。〔清〕钱祥保等修,〔清〕桂邦杰等纂:《〔民国〕江都县续志》卷一二,《中国地方志集成·江苏府县志辑》第 67 册,江苏古籍出版社 1991 年版,第 553—554 页。

［5］〔清〕高士钤监修,〔清〕五格、黄湘纂辑:《〔乾隆〕江都县志》卷一七,《中国地方志集成·江苏府县志辑》第 66 册,江苏古籍出版社 1991 年版,第 236 页。

［6］〔明〕朱怀幹修,〔明〕盛仪辑:《〔嘉靖〕惟扬志》卷三八,《扬州文库》第 1 辑第 1 册,广陵书社 2015 年版,第 262 页。

续表 10-1

寺　院	今地	内　容
天宁万寿禅寺	仪征	唐景龙三年(709),泗州僧建佛塔七级以镇白沙(仪征在唐时为白沙镇,因长江上白沙洲而得名),创建永和庵于塔后。北宋崇宁年间(1102—1106)僧道坚复建,赐名报恩光孝禅寺,政和中(1111—1118)改名天宁禅院,寺内有楞伽庵,苏轼尝于此写经而得名,寺西还有慧日泉,晁说之有"若说真州水,时人不道甘"之句,寺后有广惠仓,仓内的大池塘能映浸塔影。南宋辛巳之变(绍兴三十一年,1161),仪征焚荡无余,而天宁寺独存,陆游乾道六年(1170)入蜀时曾游览过报恩光孝寺。明洪武五年(1372)僧法刚复建;永乐(1403—1424)初智韶继茸宝塔,道常增建殿堂、塔廊;嘉靖年间僧会、佛衡增饰重门,岿然丛林之胜,四十四年(1565)佛像受灾,僧法成法晟重造。清康熙二十三年(1684)塔焚,二十七年(1688)重修。在"县东南澄江桥西",即今仪征市区,今仍存。[1]
法云寺	仪征	唐景云间(710—711)建,初名庆云寺,开山祖师为山谷,第二任祖师为钟公禅师。北宋治平年间赐名法云寺,元丰中(1078—1085)僧秀重建,南宋绍兴中移建城西。[2]清康熙五年(1666)辟地重建。宋代寺址初在"县西十里"仪征观之西,即胥浦桥西一带,南宋建炎间(1127—1130)遭战火,绍兴中于城西重建;清代寺址又变。南宋龚槐撰有《移建法云寺记》。
乾明寺	仪征	唐初名大云请雨寺,有星居院十所,有石浮图像[3];北宋宣和年间(1119—1125)更名为神霄宫,后移寺于城北隅,南宋乾道年间守官张郊奏,赐名乾明寺。

[1] 〔宋〕晁说之:《赠仪真天宁讷老》,《全宋诗》第21册,北京大学出版社1998年版,第13805—13806页。〔宋〕刘宰:《题真州广惠仓仓即故船场居南楼及天宁寺后中有大池塔影浸其中》,《全宋诗》第53册,北京大学出版社1998年版,第33371页。〔宋〕陆游:《入蜀记》卷二,《全宋笔记》第5编第8册,大象出版社2012年版,第168页。〔明〕朱怀幹修,〔明〕盛仪辑:《嘉靖〕惟扬志》卷三八,《扬州文库》第1辑第1册,广陵书社2015年版,第262页。〔明〕申嘉瑞等重修:《〔隆庆〕仪真县志》卷一二,《扬州文库》第1辑第16册,广陵书社2015年版,第636页。

[2] 〔宋〕王象之:《舆地纪胜》卷三八《淮南东路·真州》,中华书局1992年版,第1630页。〔清〕王检心修,〔清〕刘文淇、张安保纂:《〔道光〕重修仪征县志》卷二〇《祠祀志》作"元元贞间移建州城",《中国地方志集成·江苏府县志辑》第45册,江苏古籍出版社1991年版,第263页。

[3] 〔明〕申嘉瑞等重修:《〔隆庆〕仪真县志》卷一二,《扬州文库》第1辑第16册,广陵书社2015年版,第635页。

续表 10-1

寺　院	今地	内　容
资福寺	仪征	北宋大中祥符元年(1008)位于南岳庙右,政和年间僧洲泽重建,南宋嘉定年间(1208—1224)修葺寻圮,东园就在都台资福寺前;明洪武元年(1368)僧道彝重建,嘉靖四十二年(1563)重修,[1]万历年间把寺与县学地址互易;清乾隆二十四年(1759)僧成楷增修知止轩。在"梓潼墩西"。又名资福万寿禅寺。
崇因永庆寺	仪征	北宋靖康元年(1126),丞相吴敏创建于北山,后因金兵压境,徒于州之翼城内;元大德年间(1297—1307),徒寺还故址;明洪武十年(1377)重建,明代更名北山寺。[2]宋钦宗初年,吴敏每晚在寺内祈祷"愿兴复政事,褒进贤良,以匡救天下"。
地藏寺	仪征	南宋建炎年间僧肇淮海建,明洪武年间大龙兴寺僧善世、文彬令其徒重建。在新城镇汊河北。[3]
广化寺	仪征	南宋建炎初僧妙通建,后废于兵火;明洪武初僧德云、道宁重建。在"县东南四十五里"。
义安寺	仪征	北宋嘉定中,郡守潘友文因僧慧日请而移建。在"朝崇门外"。
西方寺	仪征	南宋淳祐(1241—1252)初僧祖义建,兵乱而废;明洪武初僧玄茂复建,不久与山光寺一同并入地藏寺,永乐初恢复[4],后来没于江中。原在县东二十里,崇祯年间(1628—1644)邑人于汪钺于新城镇东二里重建。
隆觉寺	仪征	南宋淳祐中僧大惠建,元末废,明洪武中僧德全重建,景泰(1450—1457)初增修。在县东三十里朴树湾运河北。[5]

---

[1]〔宋〕张榘:《东园记》,《全宋文》第 346 册,上海辞书出版社、安徽教育出版社 2006 年版,第 81 页。〔明〕朱怀幹修,〔明〕盛仪辑:《〔嘉靖〕惟扬志》卷三八,《扬州文库》第 1 辑第 1 册,广陵书社 2015 年版,第 262 页。〔明〕申嘉瑞等重修:《〔隆庆〕仪真县志》卷一二,《扬州文库》第 1 辑第 16 册,广陵书社 2015 年版,第 635 页。

[2]〔明〕朱怀幹修,〔明〕盛仪辑:《〔嘉靖〕惟扬志》卷三八,《扬州文库》第 1 辑第 1 册,广陵书社 2015 年版,第 262 页。〔明〕申嘉瑞等重修:《〔隆庆〕仪真县志》卷一二,《扬州文库》第 1 辑第 16 册,广陵书社 2015 年版,第 635 页。

[3]〔明〕申嘉瑞等重修:《〔隆庆〕仪真县志》卷一二,《扬州文库》第 1 辑第 16 册,广陵书社 2015 年版,第 635 页。

[4]〔明〕申嘉瑞等重修:《〔隆庆〕仪真县志》卷一二,《扬州文库》第 1 辑第 16 册,广陵书社 2015 年版,第 635 页。

[5]〔明〕申嘉瑞等重修:《〔隆庆〕仪真县志》卷一二,《扬州文库》第 1 辑第 16 册,广陵书社 2015 年版,第 635 页。

续表 10-1

寺　院	今地	内　容
山光寺	仪征	南宋淳祐年间僧祖穹建,后毁于兵火;明洪武年间僧善应重建,后废,永乐初复兴。在县"东南十五里"。[1]
弥陀院、观音院、清修院、释迦院	仪征	四院都为唐善惠公主清修之所;南宋绍兴年间复建,后废;明洪武中相继修复。弥陀院在县治东南,观音院在鼓楼西街,清修院在小市街,释迦院在大市街。[2]
治平院	仪征	旧名义井寺,北宋治平中改为治平院。在"东岳宫东"。
报恩寺	仪征	北宋苏轼尝于此写经。在城南。
戒香尼寺	仪征	南宋淳熙年间(1174—1189)建。在"道堂桥东"。
长芦寺		北宋真宗章献皇后刘娥年少时随父到玉泉寺拜访长老,长老鼓励她入宫。后来,章献皇后垂帘听政,为报答长老,于天圣(1023—1032)初,诏令州守陈呆与发运使张纶、方仲旬在真州长芦镇江口建寺,天圣五年(1027)建成,名长芦崇福禅院,迎请长老住寺。建造时,章献皇后捐献各种金器七千件,资助兵粮四万、缗钱三十万,建成后命龙图学士李淑撰碑文。此外,章献皇后还每年度僧7人,令寺僧在江中置小舟以为救生之备。元祐年间(1086—1094),莲社五祖宗颐住长芦寺,建立莲华胜会。维扬僧了因寓住长芦寺。旧在长芦镇,南宋淳熙十二年(1185)徙于滁河入江口附近山丘之东。[3]

[1]〔明〕申嘉瑞等重修:《〔隆庆〕仪真县志》卷一二,《扬州文库》第1辑第16册,广陵书社2015年版,第635页。

[2]〔清〕王检心修,〔清〕刘文淇、张安保纂:《〔道光〕重修仪征县志》卷二○,《中国地方志集成·江苏府县志辑》第45册,江苏古籍出版社1991年版,第263页。

[3]〔宋〕王象之:《舆地纪胜》卷三八《淮南东路·真州》,中华书局1992年版,第1619—1620页。〔宋〕释宗晓:《莲社继祖五大法师传》,《全宋文》第285册,上海辞书出版社、安徽教育出版社2006年版,第34页。〔宋〕方勺:《泊宅编》卷九,《全宋笔记》第2编第8册,大象出版社2006年版,第211页。〔明〕申嘉瑞等重修:《〔隆庆〕仪真县志》卷一二,《扬州文库》第1辑第16册,广陵书社2015年版,第635页。

续表 10-1

寺　院	今地	内　容
灵岩寺		唐代僧神建受法于四祖道信,有"逢岩即止"之语,遂建道场于此,叔孙矩撰有碑文。神建圆寂后以肉身塑像,会昌法难时藏于石窟,后来肉身像归灵岩寺,宋初号称惠应大圣禅师。南宋时期,破庵祖先禅师曾住锡真州灵岩寺。唐大历年间中称灵岩寺,北宋治平年间更名法义院,南宋绍兴初称法义禅院。[1]在今南京六合区灵岩山。
证圣寺	仪征	梁天监(502—520)中建,称太子寺,世传梁昭明太子在此修善业,有梁太子读书堂。唐咸通年间,僧神坚以此为太子院。明代称禅证寺,后废。在杨子县横山南。[2]
法义禅院	仪征	在灵岩山,寺内曾放有梁孝敬寺刹下铭并发愿文。[3]
光孝禅寺	高邮	唐时建。南宋陈造撰有《光孝寺建佛殿疏》。[4]在州旧城西南隅,即今镇国寺。寺旧有浮图九级,相传唐代举直禅师所造,后仅存六级,成为断塔,州人增修至七级。
醴泉寺	高邮	北宋秦观撰《醴泉寺开堂疏》。志书记载"或云即光孝寺,因有醴泉井,故名",指出醴泉寺与光孝寺同为一寺,应当有误,今不取。在"州旧城西南"。
神居山寺	高邮	宋初重建,南宋陈造撰有《神居实师退院作偈留之》《神居山寺兴三门厨堂疏》,指出神居山"为邮郡之主山,昔有神居之佛屋"。[5]后来更名为悟空寺。今尚存。
张墩寺	高邮	北宋大观年间(1107—1110)僧月潭建。在"州西四十里塘下村"。
九曜寺	高邮	南宋绍兴年间建。在"州东南公田村"。
安乐教寺	高邮	南宋乾道年间僧广宁建。在"州东九十里临泽镇"。

[1]〔宋〕王象之:《舆地纪胜》卷三八《淮南东路·真州》,中华书局1992年版,第1629—1630页。〔宋〕释宗性:《破庵祖先禅师行状》,《全宋文》第306册,上海辞书出版社、安徽教育出版社2006年版,第55页。〔明〕申嘉瑞等重修:《〔隆庆〕仪真县志》卷一二,《扬州文库》第1辑第16册,广陵书社2015年版,第635页。

[2]〔宋〕王象之:《舆地纪胜》卷三八《淮南东路·真州》,中华书局1992年版,第1621页。〔明〕申嘉瑞等重修:《〔隆庆〕仪真县志》卷一二,《扬州文库》第1辑第16册,广陵书社2015年版,第635页。

[3]〔宋〕王象之:《舆地纪胜》卷三八《淮南东路·真州》,中华书局1992年版,第1630页。

[4]〔宋〕陈造:《光孝寺建佛殿疏》,《全宋文》第256册,上海辞书出版社、安徽教育出版社2006年版,第451页。

[5]〔宋〕陈造:《神居实师退院作偈留之》《神居山寺兴三门厨堂疏》,《全宋文》第256册,上海辞书出版社、安徽教育出版社2006年版,第384—385、451页。

续表 10-1

寺　院	今地	内　容
乾明寺	高邮	北宋熙宁六年（1073）至元祐四年（1089），昭庆禅师住持高邮乾明寺和扬州建隆寺；宝月禅师为乾明禅院第十三代师，于政和七年（1117）病卒，靖康二年（1127）其弟子为他在城北金塘乡建塔，[1]推测该寺可追溯至唐代。南宋淳熙年间僧圆悟重建，晁说之撰写铭文，南宋陈造还有《游乾明寺》诗。吴元年（1367）僧宏行重建，洪武十五年（1382）在寺内开设僧正司；清乾隆十六年（1751）僧行源同里人吴永仁重建，四十六年（1781）知州杨宜嵛倡捐，立同善会，每年仲冬月赈粥于此。在"州中市桥西北"。[2]
天王禅寺	高邮	南宋淳熙年间义禅师建，其正殿高十余丈，木料都是异材，覆盖琉璃瓦，结构精巧，长江以北无与为比，诚然一方之巨刹；明洪武元年僧诸全重建[3]，嘉靖三十六年（1557）倭寇焚毁，火三日不灭，香闻数十里；清乾隆（1736—1795）初僧性朗重建。在州北新城遥观桥东。寺有吴道子画观音像，为盗贼窃去，渡江时病大作又夜梦大士痛斥，于是又送还寺里。
光福教寺	高邮	南宋淳熙中僧海云建。在"州东三垛镇"。
华严寺	高邮	南宋淳熙中僧诸千建；清康熙初邑人孙宗彝、黄阁等增建，并入寺南的甘露庵，成为十方丛林，乾隆四十五年（1780）焚毁，知州杨宜嵛重建。在"州南三里焦里村"。
永兴禅寺	高邮	南宋淳熙间僧如海建，明正统十二年（1447）重建。在"州北六十里界首镇"。[4]
东地藏院、西地藏院	高邮	南宋淳熙中盛化主建。在临泽镇。
常住院	高邮	南宋淳熙中僧文觉建，南宋陈造撰《常住院上梁文》。在临泽镇。
延寿院	高邮	南宋庆元中（1195—1200）僧湛公建。在"州西杭家嘴东"。
五百罗汉院	高邮	北宋僧诸千建。在"焦里村"。又名村居寺、华龙寺。秦观撰《五百罗汉图记》，描述了五百罗汉的千姿百态。
东延寿院	高邮	宋僧行公建。在"州东南六十里义兴村"。

[1]〔宋〕邹浩：《庆禅师语录叙》，《全宋文》第 131 册，上海辞书出版社、安徽教育出版社 2006年版，第 260 页。〔宋〕晁说之：《高邮月和尚塔铭》，《全宋文》第 130 册，上海辞书出版社、安徽教育出版社 2006 年版，第 350—351 页。

[2]〔明〕朱怀幹修，〔明〕盛仪辑：《〔嘉靖〕惟扬志》卷三八，《扬州文库》第 1 辑第 1 册，广陵书社 2015 年版，第 262 页。

[3]〔明〕朱怀幹修，〔明〕盛仪辑：《〔嘉靖〕惟扬志》卷三八，《扬州文库》第 1 辑第 1 册，广陵书社 2015 年版，第 262 页。

[4]〔明〕朱怀幹修，〔明〕盛仪辑：《〔嘉靖〕惟扬志》卷三八，《扬州文库》第 1 辑第 1 册，广陵书社 2015 年版，第 262 页。

续表 10-1

寺　院	今地	内　　容
禅居寺	高邮	北宋末年,晁说之避难时曾寓居高邮禅居寺,有五百罗汉殿,其《记》为米芾于绍兴四年(1134)所书[1]。
竹林寺	高邮	在高邮东岳庙之北(参见东岳庙)[2]。
宁国寺	宝应	唐贞观十一年(637)僧无尘建;明洪武年间分为三宗,改名宁国教寺,万历中建通慧门、迎仙桥。在"县东"。旧名宁国禅寺。
真如寺	宝应	唐上元年间(674—676),尼真如李氏得宝于此,因建寺。在"县南百步"。
齐兴寺	宝应	南唐保大四年(946)建;北宋乾德四年(966)赐额。在"县西磨旗墩"。相传寺内有梁武帝读书台。
护国寺	宝应	南唐保大十二年(954)建。在"县西南侯村乡"。
天宫寺	宝应	北宋政和八年(1118)僧普潮建。在"县东南三阿乡鹤儿湾"。
灵芝寺	宝应	南宋绍定年间(1228—1233)其地产灵芝,因此建寺。在"县西南孝义乡"。
兰亭院	宝应	北宋元祐年间建。在"县东南王野乡"。
天宫慈院	宝应	北宋政和八年僧普潮建。在"三阿乡"。
崇胜院	宝应	相传吴赤乌年间(238—251)始建;南宋隆兴年间(1163—1164)改额为崇胜院。在"县北百步"。又名崇圣院。
北寿安院	宝应	唐贞观二年(628)建,名护国天王院;北宋治平年间改为圣寿寺。在"县北二十里"。
西寿安院	宝应	北宋太平兴国年间赐额寿安院。在县西南"侯村乡"。
东寿安院	宝应	唐天复二年(902)僧祖英建,初名观音院;北宋治平三年(1066)改名圣寿院。在"县东南曹村乡"。
兴福罗汉院	宝应	北宋政和八年建。在"王野乡"。
福圣院	宝应	北宋政和六年僧惠彻建。在"县西南北马乡"。
唐兴寺	宝应	唐元和年间(806—820)建,明洪武十一年(1378)重建。在县城东。[3]

　　说明:(1)文献资料主要依据《〔嘉庆〕重修扬州府志》卷二八、二九《寺观志》,引用这两卷概不出注,引用其他史料随文出注;(2)"寺院"栏中,有明确提到宋代的予以收录,未提宋代但提到其前后朝代的(如提到唐代创建、明代重建)酌情予以收

　　[1]〔宋〕晁说之:《寓高邮禅居寺》,《全宋诗》第21册,北京大学出版社1998年版,第13792页。〔宋〕王象之:《舆地纪胜》卷四三《淮南东路·高邮军》,中华书局1992年版,第1775页。

　　[2]〔宋〕应武:《重修东岳庙记》,《全宋文》第293册,上海辞书出版社、安徽教育出版社2006年版,第150页。

　　[3]〔明〕朱怀幹修,〔明〕盛仪辑:《〔嘉靖〕惟扬志》卷三八,《扬州文库》第1辑第1册,广陵书社2015年版,第262页。

录,只提到宋代以前或以后的不予以收录,并尽量用寺院在宋代时的名称;(3)"今地"栏中依照今扬州市下辖的三区两市一县,功能区不予统计,位置不明的空缺,超出今扬州辖区、但与宋代扬州有关联的寺院酌情予以收录;(4)"内容"栏中先后记述时间、地点、相关情况,其中地点引用关键史料,以示慎重,如旧志提到的"县东",具体指哪个朝代的县城较难断定。(5)一些名气较大、史料较多的寺院放在后面详述。

山光寺,本为隋炀帝北宫,建于隋大业年间(605—618)。隋炀帝筮得"山火贲",十分厌恶,便以宫为"山火寺",后更名为"山光寺"。明洪武三年(1370),僧智达重建。[1]地方志认为山光寺在今湾头镇,并成为后世的通行看法。1978年,在扬州市区东北四里城北公社新民生产队砖瓦厂取土时,发掘出一座元代墓葬,据墓志所述"葬于山光佛刹之西",即在山光寺西侧,据此可推测山光寺就在元代墓东80米左右的"城北沈山生产队电灌站的山顶上",而湾头山光寺应该是明代僧智达易地重建的。[2]《〔嘉庆〕重修扬州府志》认为,北宋天禧四年(1020)山光寺更名为胜果寺,并把山光寺旧额迁至新建于"县东南第三港沙河岸侧"的寺院,即今广陵区霍桥一带。这种观点尚需商榷,宋人往往只提及山光寺,更名为胜果寺应该是宋代以后之事。

唐宋时期,山光寺处在城区入运河通向北方的交通要道上,人们迎来送往大都在这里,到郊外游览也往往选择这里,因此提到山光寺的诗文相当多,某种意义上,山光寺就是进出扬州城的重要地理坐标。沈括《补笔谈》提到唐代扬州城二十四桥,其中"东北有山光桥",并自注"见在今山光寺前"[3],即山光寺位于河道北面的坡地上,而这条河道是沟通运河与城池水系的重要通道。在宋人的诗文中,有着更为详细的描述,从中可以探寻宋代山光寺的具体情况。宋庠云"旦夕人语喧,泛舟北城曲。十里望禅刹,飘若尘外躅",是从运河的船上远望山光寺的场景。梅尧臣的"昨日山光寺前雨,今朝邵伯堰头风""鸡鸣各自便分散,山光寺侧停画舟",贺铸的"维舟山光步,却顾广

---

[1]〔明〕朱怀幹修,〔明〕盛仪辑:《〔嘉靖〕惟扬志》卷三八,《扬州文库》第1辑第1册,广陵书社2015年版,第261页。

[2]张南:《扬州发现涉及山光寺位置的墓志》,《文物》1980年第5期,第94—95页。

[3]〔宋〕沈括:《补笔谈》卷三《杂志》,《全宋笔记》第2编第3册,大象出版社2006年版,第247页。

陵城。十里春风外,夹津芳草生。渔篷衔尾来,愧尔故人情",[1]都提到了在山光寺分别或途经山光寺的情形。山光寺是城市与郊区的地理分界标识,也是人们送别的重要码头,不少文人墨客在寺内题诗留念,比如沈遘"高台已倾池已平,隋家宫殿春草生。千年前事何足叹,淮南非复旧时城",卢秉"马蹄轻蹵柳花浮,醉入淮南第一州。不是青楼羞薄幸,自缘无锦作缠头"。[2]苏轼与友人晁无咎、昙秀(芝上人)送客至山光寺后返回相互酬唱,昙秀作诗:"扁舟乘兴到山光,古寺临流胜概藏。惭愧南风知我意,吹将草木作天香。"苏轼和诗:"闹里清游借隙光,醉时真境发天藏。梦回拾得吹来句,十里南风草木香。"[3]东坡这首诗广为人知,与山光寺有着密切关系。

石塔寺,旧传刘宋元嘉十七年(440)为慧照寺,又名高公寺。唐先天元年(712)为安国寺;乾元中(758—760)更名为慧照寺,因寺有木兰院,亦称木兰院;开成三年(838)建石塔瘗古佛舍利,遂改为石塔寺。[4]南宋绍定中(1228—1233)塔圮,后僧人在西门原址上重建;嘉熙中(1237—1240)移建于"城内浮山观之西";宝祐中(1253—1258)贾似道重修。明崇祯中(1627—1644),僧人三昧重修,建九佛楼。

石塔寺的故事比较多。唐代,王播少年时寄食于木兰院,后来有"饭后钟""碧笼纱"的典故。宋代,苏轼与石塔寺戒公长老交往甚好,戒公长老法名释法言,亦名无择长老。元丰八年(1085)苏轼从常州到登州(治今山东蓬莱)赴任,途经广陵,石塔寺无择长老前来拜谒,东坡以没见到石塔为憾,无

[1]〔宋〕宋庠:《季秋晓出题山光寺》,《全宋诗》第4册,北京大学出版社1998年版,第2304页。〔宋〕梅尧臣:《寄许主客》《寄维阳许待制》,《全宋诗》第5册,北京大学出版社1998年版,第2958、3132页。〔宋〕贺铸:《广陵山光寺夜集留别黄材昆仲》,《全宋诗》第19册,北京大学出版社1998年版,第12535页。

[2]〔宋〕沈遘:《题扬州山光寺》,《全宋诗》第11册,北京大学出版社1998年版,第7518页。〔宋〕卢秉:《题扬州山光寺》,《全宋诗》第12册,北京大学出版社1998年版,第8330页。〔宋〕赵令畤:《侯鲭录》卷八,《全宋笔记》第2编第6册,大象出版社2006年版,第263页。

[3]〔宋〕苏轼:《山光寺送客回次芝上人韵》,《全宋诗》第14册,北京大学出版社1998年版,第9470—9471页。〔宋〕胡仔纂集,廖德明校点:《苕溪渔隐丛话·前集》卷三九,人民文学出版社1962年版,第264页。

[4]〔清〕徐成敩等修,〔清〕陈浩恩等纂:《〔光绪〕增修甘泉县志》卷九,《中国地方志集成·江苏府县志辑》第43册,第392页。〔清〕钱祥保等修,〔清〕桂邦杰等纂:《〔民国〕江都县续志》卷一二,《中国地方志集成·江苏府县志辑》第67册,江苏古籍出版社1991年版,第553页。

择长老说只是个砖浮图而已,东坡再问"有缝",无择长老回答说"若无缝,何以容得世间蝼蚁",东坡对这个回答十分满意。元祐七年(1092)端午节,苏轼与晁补之等友人在石塔寺品茶。东坡镇维扬期间,戒公向他请辞归隐杭州,东坡特意写了一篇疏文,率领僚佐前往石塔寺,命晁无咎诵读,文辞甚佳,极力挽留戒公长老。[1]苏轼心心念念于石塔,自是因为"塔之制作精妙",北宋末年龙德韦皇后到维扬特意前往观看,并叹赏"京师无此制作",有一寺僧厉声说"何不取充花石纲?"韦皇后闻之遂作罢而归。[2]北宋张康伯殡其母于石塔寺佛舍,并与其弟张节孙、张康道在殡侧结庐守丧,数月后有芝生于庐中,请秦观撰写《芝室记》。张康伯之侄张邦基记载了石塔寺高僧研制魏公香的具体方法,该香之名称因韩魏公韩琦而得名。[3]

法云寺,旧传,东晋宁康三年(375)谢安领扬州刺史,建宅于此,后移居新城,其姑谢氏即于本宅为尼,建法云寺。《增修甘泉县志》认为广陵谢氏宅本为谢安从兄谢尚所置,谢安出镇广陵遂把该宅系于其身。这两种说法都缺少较早的文献史料验证,但把法云寺与谢氏宅第联系起来,早在唐代就出现了,比如张祜在《扬州法云寺双桧》中就提到,法云寺双桧为谢安所植,到唐时仍存。唐光启三年(887),杨行密在法云寺设计诛杀高霸、余绕山、丁从实等人。《〔宝祐〕惟扬志》记载,法云寺后来废弃,成为吕惠卿的宅第;建隆元年(960),更建为尼寺,有藏经院、释迦院。徐铉记载了一则法云寺僧珉楚遇到鬼怪的故事,王珪在给友人信中提到法云寺有种膏药"傅疮肿无不愈"。元丰七年(1084),大长老圆通禅师法秀受诏住法云寺,驸马张敦礼与冀国大长公主等人资助浇铸寺钟,元祐元年(1086)四月钟成,重达万斤,苏轼专门为此

[1]〔宋〕张邦基:《墨庄漫录》卷四,《全宋笔记》第3编第9册,大象出版社2008年版,第51页。〔宋〕惠洪:《冷斋夜话》卷七,《全宋笔记》第2编第9册,大象出版社2006年版,第63—64页。

[2]曾敏行:《独醒杂志》卷一〇,《全宋笔记》第4编第5册,大象出版社2008年版,第201页。佚名:《东南纪闻》卷三,《全宋笔记》第8编第6册,大象出版社2017年版,第300页。

[3]〔宋〕秦观著,徐培均笺注:《淮海集笺注》卷三八《芝室记》,上海古籍出版社1994年版,第1232—1233页。〔宋〕张邦基:《墨庄漫录》卷一、二,《全宋笔记》第3编第9册,大象出版社2008年版,第13、30页。

写下《法云寺钟铭》。[1]清代,法云寺与谢太傅祠在同一故宅内,后于祠侧新建法云寺。谢太傅祠、法云寺在两淮运司治之南,另一种说法是两者位于府城大东门外、两淮运司治之西。[2]

旌忠寺,旧传旌忠寺为萧梁昭明太子萧统文选楼遗址,六朝时期旌忠寺一带为郊野,故此说很可能是附会。陈太建中(569—582),天台大师智颛在此建寂照禅院。隋大业年间(605—618),隋炀帝亲临寂照禅院听璪公说法。唐颜真卿为该院题额"大雄宝殿"。南宋隆兴二年(1164),改为功德院,崇祀忠武王岳飞;咸淳中(1265—1274),附祀宋左军统制魏俊、后军统制王方二将军,更名旌忠寺。元至治中(1321—1323),僧千峰建殿。明太祖朱元璋尝梦魏俊、王方助国,诏立庙。清代多次重修,康熙年间朱彝尊撰《重修江都县旌忠庙碑》,乾隆时期扬州人桑豸撰《重修记》,嘉庆年间阮元重修并撰有《重修旌忠庙记》。[3]旌忠寺今仍存。

大明寺,在城西北蜀冈上,"辟堂高爽,趣广而意庞"。旧传大明寺始建于刘宋时期,因宋孝武帝时有"大明"年号,此说乃是附会。大明寺始建于隋代,隋仁寿元年(601),隋文帝以诞辰诏令天下立塔三十所,栖灵塔为其一,寺名栖灵寺。隋炀帝时,栖灵寺在隋宫之西,亦名西寺。唐代,栖灵寺又称大明寺,比如唐人刘伯刍、李秀卿在论天下宜茶之水时分别把扬州大明寺井水名列第五、第十二。此后栖灵塔毁。北宋景德元年(1004),僧人可政募修七级塔,称为多宝塔,后来朝廷赐名"晋惠塔"。元祐七年(1092)七夕,苏轼与晁端彦、

[1]〔唐〕张祜:《扬州法云寺双桧》,《全唐诗》卷五一一,中华书局1960年版,第5827页。〔清〕徐成敱等修,〔清〕陈浩恩等纂:《〔光绪〕增修甘泉县志》卷九,《中国地方志集成·江苏府县志辑》第43册,第389页。〔宋〕徐铉:《稽神录》卷三《僧珉楚》,《全宋笔记》第8编第7册,大象出版社2017年版,第43—44页。〔宋〕王珪:《易漕帖》,《全宋文》第53册,上海辞书出版社、安徽教育出版社2006年版,第189页。〔宋〕苏轼:《法云寺钟铭》,《全宋文》第91册,上海辞书出版社、安徽教育出版社2006年版,第273页。

[2]〔清〕阿克当阿修:《〔嘉庆〕重修扬州府志》卷二五,广陵书社2014年版,第694—695页。〔清〕徐成敱等修,〔清〕陈浩恩等纂:《〔光绪〕增修甘泉县志》卷八,《中国地方志集成·江苏府县志辑》第43册,第361页。

[3]〔明〕朱怀幹修,〔明〕盛仪辑:《〔嘉靖〕惟扬志》卷三八,《扬州文库》第1辑第1册,广陵书社2015年版,第261页。〔清〕徐成敱等修,〔清〕陈浩恩等纂:《〔光绪〕增修甘泉县志》卷九,《中国地方志集成·江苏府县志辑》第43册,第416页。〔清〕阿克当阿修:《〔嘉庆〕重修扬州府志》卷二五,广陵书社2014年版,第705—707页。

晁无咎在大明寺饮茶斗水,认为塔院西廊井水要比蜀井水好。秦观在与苏辙的和诗中称赞大明寺"游人若论登临美,须作淮东第一观"。[1]宋代之后,兴替不常。到明初,仅存寺基,天顺年间重建,后来圮毁,崇祯时重建。清代更名法净寺,雍正年间增造云盖堂、洛春堂、万松亭、山亭、水池,并在寺前后种植松树十万株。

法华寺,隋大业三年僧普辉建。后周显德五年(958)周世宗柴荣征淮南,驻跸于此,因置法华禅院。北宋开宝中(968—976),赐名法华寺。北宋时期,寺僧子康募资浇铸千斤铜钟,苏轼为此专门撰写铭文:"无量智慧火,烧此无明铜。戒定以为模,铸成无漏钟。以汝平等手,执彼慈非撞。声从无有出,遍满无边空。"[2]法华寺还置有江都知县罗适的生祠,罗适任官江都时,访问民间疾苦,为民纾难解困,修复大石湖,改名为元丰湖,筑堤造坝,疏水入江,先后兴修水利55处,灌溉田亩6000顷,围塘扩种85万余顷,深受江都百姓的敬仰,秦观撰有《罗君生祠堂记》。[3]明代,郡人彭汝寔少年贫困时在寺中读书,后任官吏科给事中出资重建,开工时有双鹤绕梁,因而改名来鹤寺。清乾隆三十八年(1773),僧悟德重建。法华寺位于邵伯镇邵伯埭之东。

禅智寺(竹西寺、上方寺),地方志上常见说法是禅智寺本为隋炀帝故宫,炀帝夜梦游兜率天宫,听阿弥陀佛说法,醒悟后便以离宫为寺。据南宋《〔绍熙〕广陵志》记载,禅智寺旧传有东西南北四座寺院,禅智寺即是北方寺,隋炀帝巡幸江都时将四座寺院合为一寺,更名为上方禅智寺。据此,推测东西南北四寺应该为一寺之四院,隋炀帝曾把该寺作为行宫的一部分。禅智寺内有上方院,故又称上方寺;因唐人杜牧名句"谁知竹西路,歌吹是扬州",亦名竹西寺。禅智寺背枕蜀冈、面朝官河,位于山光寺之东,处于交通要道上,

---

[1]〔宋〕梅尧臣:《平山堂杂言》,《全宋诗》第5册,北京大学出版社1998年版,第3167页。〔宋〕欧阳修:《大明水记》,《全宋文》第35册,上海辞书出版社、安徽教育出版社2006年版,第144—145页。〔宋〕张邦基:《墨庄漫录》卷三,《全宋笔记》第3编第9册,大象出版社2008年版,第40页。〔宋〕秦观:《广陵五题·次韵子由题平山堂》,《全宋诗》第18册,北京大学出版社1998年版,第12100页。

[2]〔宋〕苏轼:《邵伯埭钟铭》,《全宋文》第91册,上海辞书出版社、安徽教育出版社2006年版,第273页。

[3]〔宋〕秦观:《罗君生祠堂记》,《全宋文》第120册,上海辞书出版社、安徽教育出版社2006年版,第133—134页。

其具体位置大概在今竹西公园一带。禅智寺周边的地理环境,可从唐宋诗词中窥见一斑,如唐人张祜"十里长街市井连,月明桥上看神仙。人生只合扬州死,禅智山光好墓田"。明月桥是禅智寺前横跨官河上的桥,从月明桥上可以看见禅智寺和山光寺,说明官河以北的蜀冈呈现迤逦而下的垂直景观,两座寺院随着地势延缓而错落有致。《〔万历〕江都志》中还提到天气清朗时,从寺门可以远眺镇江的青山翠峦。[1]入宋以后,由于战火等原因,禅智寺荒废了许多,如韩琦提到"荒祠枕大道""萧疏禅智寺,坏址不甚完",可因其特殊的地理位置,人们迎来送往多到此地,刘敞就有诗作《竹西亭送二十六弟赴定州去年三月亦于此相别即昆冈蒙谷之阳》。刘敞提到的"昆冈"即指蜀冈,"蒙谷"是指禅智寺北面的山谷,穿过蒙谷可以到达山冈上的茶圃。这种地势环境,在宋诗中多有反映,如韩琦游完禅智寺后"乘兴诣茶圃,百步登平峦",刘敞"谷深春先觉,地爽景后颓""重冈斗上半浮云,行绕芳丛日已曛。蒙顶川原眼中见,扬州歌吹竹西闻",刘攽"谷深莺徐啭,川迥雁仍哀",描述的都是禅智寺周边的自然环境。其中,刘敞还提到"万竿苍翠隔晴川",即禅智寺附近有竹林,"竹西"本义似乎可按通名释为"竹林之西",后来逐渐成了专名,演变为竹西寺乃至扬州的雅称。刘敞有诗作《自东门泛舟至竹西亭登昆丘入蒙谷戏题二首》,很清晰地表明从扬州城东门到禅智寺,再登昆冈、入蒙谷的交通线路。[2]

北宋元丰八年(1085),苏轼祈求去常州居住的请示得到批准,他从汝州(今属河南)前往常州,是年五月一日经过扬州时在竹西寺壁题写了三首诗:

[1]〔唐〕杜牧:《题扬州禅智寺》、〔唐〕张祜《纵游淮南》,《全唐诗》卷五二二、卷五一一,中华书局1960年版,第5964、5846页。《资治通鉴》卷二七〇胡三省注引宋白"禅智寺在扬州城东,寺前有桥,跨旧官河",中华书局2013年版,第9063页。〔清〕徐成敤等修,〔清〕陈浩恩等纂:《〔光绪〕增修甘泉县志》卷九,《中国地方志集成·江苏府县志辑》第43册,第390—391页。

[2]〔宋〕韩琦:《答袁陟节推游禅智寺》,《全宋诗》第6册,北京大学出版社1998年版,第3966—3967页。〔宋〕刘敞:《登禅智寺上方赠同游诸公》《竹西亭送二十六弟赴定州去年三月亦于此相别即昆冈蒙谷之阳》《和贡甫游禅智寺》《自东门泛舟至竹西亭登昆丘入蒙谷戏题二首·其二》,《全宋诗》第9册,北京大学出版社1998年版,第5647、5830、5887、5920页。〔宋〕刘攽:《次韵和原甫登禅智寺上方院二首·其二》,《全宋诗》第11册,北京大学出版社1998年版,第7094页。

其一

十年归梦寄西风,此去真为田舍翁。

剩觅蜀冈新井水,要携乡味过江东。

其二

道人劝饮鸡苏水,童子能煎莺粟汤。

暂借藤床与瓦枕,莫教辜负竹风凉。

其三

此生已觉都无事,今岁仍逢大有年。

山寺归来闻好语,野花啼鸟亦欣然。[1]

谁料这三首诗竟险些引发一场文字狱。元丰八年三月初五,宋神宗驾崩,次日苏轼在南京商丘(今属河南)得知消息后"举哀挂服",继续前往常州。五月初到达扬州,前往竹西寺,见路边百姓父老十数人欢声笑语,其中一人称赞继位的宋哲宗"见说好个少年官家",同时当年淮浙一带丰稔,归耕常州之请也获准,因而兴致颇高地写下"山寺归来闻好语,野花啼鸟亦欣然"诸句。可是,御史中丞赵君锡、侍御史贾易以此为把柄,诬蔑苏轼"山寺归来闻好语"所闻之"好语"是指神宗驾崩,有诽怨先帝之大逆,害得苏轼及其弟苏辙费了好大工夫才把事情解释清楚。[2]

　　禅智寺的八景颇有名气,在寺外的有明月桥、竹西亭、昆丘台,在寺内的是三绝碑、苏诗、照面池、蜀井、芍药圃。比如芍药圃,后梁贞明四年(918)徐知训强邀杨隆演到禅智寺赏花,应该就是观赏芍药,北宋韩琦游禅智寺有"丛花乱芍药,篱竹摧琅轩"诗句,[3]都反映出禅智寺芍药较为出名;三绝碑,吴道子画宝志公像,李白作赞,颜真卿书,后来元代赵孟頫作跋,岁久石泐,明代僧

---

[1] 〔宋〕苏轼:《归宜兴留题竹西寺三首》,《苏轼全集校注·诗集四》,河北人民出版社 2010 年版,第 2832—2834 页。

[2] 〔宋〕苏轼:《辨题诗札子》《奏题诗状》,《全宋文》第 87 册,上海辞书出版社、安徽教育出版社 2006 年版,第 78—79、79—80 页。〔宋〕苏辙:《辨兄轼竹西寺题诗札子》,《全宋文》第 95 册,上海辞书出版社、安徽教育出版社 2006 年版,第 178—179 页。

[3] 〔宋〕司马光编:《资治通鉴》卷二七〇,中华书局 2013 年版,第 9063 页。〔宋〕韩琦:《答袁陟节推游禅智寺》,《全宋诗》第 6 册,北京大学出版社 1998 年版,第 3966 页。

本初重刻;苏诗指苏轼《次韵苏伯固游蜀冈送李孝博奉使岭表》诗石刻;照面池为吕祖照面池;蜀井,被誉为第一泉。[1]

　　天宁禅寺,周武则天证圣元年(695)始建,名为证圣寺;唐广明二年(881)改名正胜寺。北宋大中祥符五年(1012)更名兴教院;政和二年(1112),从蔡卞之请,以院为天宁万寿寺。南宋绍兴十三年(1143),朝廷诏令天下州军立报恩光孝寺,以奉宋徽宗香火,故更名报恩光孝寺;后来多有圮毁,郑兴裔、赵师罴、贾似道先后进行了修葺。明洪武中(1368—1398),都纲道彝重建,正统、天顺、成化、嘉靖间相继修葺。宋孚禅师讲《涅槃经》而游锡至天宁寺,有天傍晚听闻鼓角声,顿时悟道,遂焚烧经文抄疏,对此有颂曰:“三十年前未遇时,一声昼角一声悲。如今枕低无闲梦,大小梅花一任吹。”清康熙每次南巡都驻跸于此,乾隆南巡于寺西建造行宫,为江淮之冠,后兴建文汇阁并颁贮《四库全书》一部,咸丰三年(1853)焚毁于太平天国战乱。天宁寺位于新城拱宸门外,今仍存。[2]

　　天宁寺旧传为唐代柳毅舍宅,寺内还有柳长者像。又传寺在东晋时为谢安别墅,东晋义熙十四年(418)梵僧佛驮跋陀罗于此译《华严经》,后以其墅建寺,号广陵福地。天宁寺源自东晋谢安别墅之说,完全是附会。佛驮跋陀罗在“扬州司空谢石所立道场寺”[3]翻译《华严经》,此处扬州是指州治建康(今江苏南京),与广陵(今江苏扬州)并无关系。

　　正胜寺,唐广明二年(881),始建于扬州郡城北厢南进贤坊,朝廷赐额为兴教禅寺。五代时期,毁于兵燹。北宋建隆二年(961),僧德钦重建;大中祥符五年(1012),赐额改为正胜寺,不久又湮废。南宋乾道间(1165—1173),天竺教院僧如祖发愿重兴其教,评事董谅舍宅,如祖增加营葺,遂为大隐庵,

　　[1]〔清〕李斗:《扬州画舫录》卷一《草河录上》,中华书局 1960 年版,第 3—5 页。王振世:《扬州览胜录》卷四《东郊录》,广陵书社 2002 年版,第 95—96 页。

　　[2]〔清〕尹会一、程梦星等纂修:《〔雍正〕扬州府志》卷二五,成文出版社 1975 年版,第 402 页。〔清〕徐成敷等修,〔清〕陈浩恩等纂:《〔光绪〕增修甘泉县志》卷八、九,《中国地方志集成·江苏府县志辑》第 43 册,第 388、416 页。〔明〕朱怀干修,〔明〕盛仪辑:《〔嘉靖〕惟扬志》卷三八,《扬州文库》第 1 辑第 1 册,广陵书社 2015 年版,第 261 页。

　　[3]〔梁〕释慧皎撰,汤用彤校注:《高僧传》卷二《晋京师道场寺佛驮跋陀罗》,中华书局 1992 年版,第 73 页。〔梁〕释僧祐:《出三藏记集》卷九《华严经记》,中华书局 1995 年版,第 326 页。

在北进贤坊念佛巷,面积五亩百六十步;淳熙十四年(1187),寺僧向州官申请移正胜寺为寺名,获得批准。如祖圆寂后,楚州净慧院普明大师师谦前来主持寺院,共收了17名弟子,其中善妙、善亿、善倚、善德、善相相继主持。景定二年(1261)夏,寺复毁,德善募资重建,此后其徒子徒孙宗祐、了忠、了恭、了真、了靖、了荣、了泰、了明、道元、道寿、道茂等修殿宇、广塔基、置田产,规模逐步完备。元至正十二年(1352),主持道秀请危素撰写《扬州正胜寺记》。清康熙四十四年(1705),赐名梵觉禅寺,寺址位于蕃釐观之南。

铁佛寺,唐光化年间(898—901)始建,寺内有六面碑刻。相传原为杨行密故居,光孝年间舍宅为寺,名光孝院。北宋建隆中(960—963),在寺铸铁佛,因名铁佛寺;天圣中(1023—1032),复为光化寺;崇宁中(1102—1106),改称崇宁寺;政和二年(1112)改名天宁万寿寺,三年(1113)改为兴教院,山光寺西方院借用"光化院"之额;此后,又改西方院为兴教院,寺复名铁佛寺。北宋时,铁佛寺为蜀冈上重要的游览景点,韩琦重阳节与同僚来此登高望远,秦观陪同苏辙在扬州游玩,都把铁佛寺作为吟咏对象。南宋端平中(1234—1236),寺废;淳熙九年(疑为淳祐或咸淳九年,1249或1273),在威烈王庙东重建。僧伽常现于此,僧人称为显化第二处,并于寺内修建僧伽塔,亦名光化塔,北宋元祐七年(1092)三月十二日,因天气干旱,苏轼新知扬州就到僧伽塔祈雨。[1]殿后有双桧,为宋元时代所植。寺位于堡城东史老门,在今蜀冈上汉陵苑与世界动物之窗间一带。铁佛红枫是一大名景。

龙兴寺,是唐宋时期扬州的名刹,寺内有四绝碑《扬州龙兴寺经律院和尚碑》,为唐代李华撰文,张从申书写,李阳冰篆额,至于"第四绝"史志中没有明载。该碑记述法慎和尚之行状,法慎为太原郭氏,其先祖迁于江都,少年北游跟随瑶台成律师受具戒、解律文,学成回扬州后主持锡龙兴寺,天宝

[1]〔宋〕韩琦:《重九会光化二阙》,《全宋诗》第6册,北京大学出版社1998年版,第4001页。〔宋〕苏辙:《扬州五咏·僧伽塔》,《全宋诗》第15册,北京大学出版社1998年版,第9943页。〔宋〕秦观:《广陵五题·次韵子由题光化塔》,《全宋诗》第18册,北京大学出版社1998年版,第12100页。〔宋〕苏轼:《祈雨僧伽塔祝文》,《全宋文》第92册,上海辞书出版社、安徽教育出版社2006年版,第244页。〔明〕朱怀幹修,〔明〕盛仪辑:《〔嘉靖〕惟扬志》卷三八,《扬州文库》第1辑第1册,广陵书社2015年版,第261页。

十年(751)圆寂于龙兴寺别院,时年83岁。大历八年(773),弟子明幽为他建塔于蜀冈之南,"建塔之地,广袤如素,高卑得中。周临四衢,平视千里",后来毁于唐武宗灭佛。[1]寺内墙壁上还刻有符载撰写的《淮南节度使杜佑写真赞》。前文提到,龙兴寺的芍药颇负盛名,其山子、罗汉、观音、弥陀四院遍植芍药,很可能是扬州芍药的源头;韩琦每年春天必到龙兴寺赏芍药,还留下了与友人袁陟的唱和诗文。龙兴寺内还有两株隋代的银杏树,梅尧臣有过详细描述,欧阳修生动地形容"蔽日雪云犹暖韡,欲晴花气渐氛氲",[2]成了一道独特的风景。北宋扬州知州杨景略于元祐元年(1086)卒于任上,扬州百姓感念不已,举州为他设浮屠斋,并在龙兴寺建祠堂祭祀。[3]

据现有研究成果,龙兴寺源自隋代长乐寺,杨广更名为长乐道场,武则天称帝(690)诏令改名为大云寺,鉴真大和尚即于大云寺出家,唐中宗复位改称中兴寺,神龙三年(707)复为龙兴寺,开元年间(713—741)一度改称开元寺,诏由大书法家李邕题额,可由于"大云、龙兴两名,已流传普遍,深入人心,所以,三个名称便先后并存,并非各有一寺"。大云寺、龙兴寺、开元寺三位一体,位于唐城之外,其具体地点在"上方寺西南黄金坝之北",而在唐城内还有一别院,如上面提到法慎就卒于别院,其位置"推测大致是在唐城城内,约在罗城的东北角、参佐桥之北、参佐门之南、参佐衙门附近"。龙兴寺址在蜀冈之南,也处于城区与运河的交通要道上,从西向东与山光寺、禅智寺渐次排列,形成了城区东北、蜀冈东脉重要的宗教区域。宋代,扬州城址南移,龙兴寺本院和别院都位于城外,并且分为两座寺院,即本院专名龙兴寺,别院专名开元

[1]〔宋〕赞宁:《宋高僧传》卷一四《唐杨州龙兴寺法慎传》,中华书局1987年版,第348页。〔宋〕李昉等编:《文苑英华》卷八六二《扬州龙兴寺经律院和尚碑》,中华书局1982年版,第4548—4550页。〔宋〕王象之:《舆地纪胜》卷三七《淮南东路·扬州》,中华书局1992年版,第1589页。按《宋高僧传》载法慎圆寂于天宝七载(748)。

[2]〔宋〕梅尧臣:《依韵和齐少卿龙兴寺鸭脚树》,《全宋诗》第5册,北京大学出版社1998年版,第3165—3167页。〔宋〕欧阳修:《龙兴寺小饮呈表臣元珍》,《全宋诗》第6册,北京大学出版社1998年版,第3680页。

[3]〔宋〕苏颂:《龙图阁待制知扬州杨公墓志铭》,《全宋文》第62册,上海辞书出版社、安徽教育出版社2006年版,第84、86页。

寺，[1]两宋之际焚毁于战火，故到南宋很少有人提及这两座寺院，而地方志据王安石《扬州龙兴讲院记》误认为龙兴寺始建于北宋。1974年，在原扬州师范学院内发现了一处寺庙遗址，并于1975、1977年进行了两次发掘，"应是唐代扬州一处比较重要的佛寺"，并推测与龙兴寺有关。其实，从遗址建筑材料和三间侧殿推测"此区佛寺建筑之等级及规制皆未可列上乘"[2]，该佛寺遗址应与龙兴寺无关。

建隆寺，建隆元年（960）正月，赵匡胤代周称帝，建立宋朝；九月，李重进据江都反叛，赵匡胤命中书令石守信率军讨伐；十月，赵匡胤率军亲征；十一月十一日，赵匡胤到达距扬州城六十里的大仪驿，石守信遣使驰奏扬州即将攻破，请赵匡胤亲临城下视察，当晚赵匡胤驻跸在蜀冈上临时修建好的行宫，进攻队伍士气高涨，一举攻破扬州城，李重进举家自焚。[3]为超度战死之亡灵，赵匡胤诏令以行宫为寺，宣徽北院使李处耘推荐孝先寺道晖为寺主，改法名为道坚，以纪年名为建隆寺，并划拨田产四顷，并省一个村庄为寺户。赵匡胤把御榻留予寺院，寺僧专门建造彰武殿供奉，后来还向朝廷请求赏赐宋太祖图像，宋真宗命翰林画工图写，于景德二年（1005）八月派人送至寺内供奉。每逢朔望日，州郡官僚都前往朝礼，宋庠、梅尧臣等都有拜谒建隆寺后的诗作[4]。城内居民也请建隆寺长老到家里做法事[5]。首任寺主道坚圆寂后，智速、义幽、义隆、显仁先后嗣之，至道三年（997）义隆请知州王禹偁撰写《扬州建隆寺碑》[6]。建隆寺内有九曲池，其得名源自隋炀帝，他曾建木

---

[1] 耿鉴庭：《从扬州的南宋城砖砖窑谈到唐代大云寺的寺址》，《文物》1963年第9期，第16、19、20页。

[2] 南京博物院：《扬州唐代寺庙遗址的发现和发掘》，《文物》1980年第3期，第33页。刘叙杰：《扬州师范学院唐代佛寺遗址初探》，《东南文化》1986年第1期，第42页。

[3] 〔宋〕李焘：《续资治通鉴长编》卷一"建隆元年十一月"，中华书局2004年版，第28页。

[4] 〔宋〕宋庠：《朝谒建隆寺》，《全宋诗》第4册，北京大学出版社1998年版，第2168页。〔宋〕梅尧臣：《和张民朝谒建隆寺二次用写望试笔韵》，《全宋诗》第5册，北京大学出版社1998年版，第3168页。

[5] 〔宋〕王明清：《投辖录》"尼法悟"条，《全宋笔记》第6编第2册，大象出版社2013年版，第86—87页。

[6] 〔宋〕王禹偁：《扬州建隆寺碑》，《全宋文》第8册，上海辞书出版社、安徽教育出版社2006年版，第128—130页。另见〔清〕阿克当阿修：《〔嘉庆〕重修扬州府志》卷二八《寺观志一》"建隆寺"条。

兰亭于池上,作水调九曲,每当游幸时演奏,故称为九曲池。北宋治平二年（1065）,知州刁约修建九曲亭,幕下参军沈括撰写了《九曲池新亭记》。元丰六年（1083）,张舜民贬谪郴州途经扬州,与友人徐瓘等游览建隆寺九曲池,登大明寺摘星楼故基,望见江南山水烟雨隐显如图画。沈括晚年撰写的《补笔谈》记载了扬州二十四桥,其中"最西浊河茶园桥,次东大明桥（今大明寺前）,入西水门有九曲桥（今建隆寺前）",说明建隆寺相距大明寺不远,而且都在蜀冈上面,《〔宝祐〕惟扬志》明载建隆寺在"城西二十里西华台",西华台应该是蜀冈一线上的小山丘。[1]南宋建炎初年（1127）,寺废;嘉熙二年（1238）在城内寿宁街即今天宁寺后重建;宝祐中（1253—1258）,贾似道在原址重修彰武殿,修葺建隆寺。明洪武年间重建,此后多有修缮。世传建隆寺在今仪征市大仪镇,主要是误解了两则关键史料,其一是王禹偁《扬州建隆寺碑》记载"惟李重进作帅江都,婴城构逆,时建隆元年九月也。乃命故中书令石公,统王师以讨之。十有二月,傅于城下,于是建行宫,迎法驾。是月十一日,太祖至大仪驿,距广陵六十里。夜半而城陷,诏宣徽北院使李公知军府事。寻以行在立为梵宫,取僧之有德行者处焉",其实参照《续资治通鉴长编》的时间顺序就可以断定"建行宫,迎法驾"是在扬州城附近,而不是大仪驿;其二是《〔嘉庆〕重修扬州府志》卷八《山川》记载九曲池"在城西北七里大仪乡",此处大仪乡在蜀冈上今堡城村一带,与今大仪镇不是同一个地方。

二、道教

作为本土宗教,与佛教相比,道教显得更为"草根",虽然宋代扬州道观数量不及佛教,典籍中的记载也相对较少,可道教对人们的影响不容小觑,有的家族甚至以道教为根本信仰。比如,元丰四年（1081）,秦观在给苏轼的信中提到"前得所赐书,承用道家方士之言,自冬至后,屏去人事,室居四十九日乃出",高邮秦氏世代崇佛,可在涉及养身性命方面,仍是袭用道

[1]〔清〕阿克当阿修:《〔嘉庆〕重修扬州府志》卷八《山川志》、卷三一《古迹志二》,广陵书社2014年版,第200、927页。〔宋〕张舜民:《郴行录》卷上,《全宋笔记》第8编第10册,大象出版社2017年版,第273页。〔宋〕沈括:《补笔谈》卷三《杂志》,《全宋笔记》第2编第3册,大象出版社2006年版,第247页。

家方术。同时,僧人与文士交往大多是阳春白雪式的雅事,正所谓高僧与名士,反观道士与文士的交往多为下里巴人式的俗事,有的还当作戏谑或诡异之事来记载。比如,苏轼出守扬州时,做梦行走山林间遇到一只老虎,正心惊胆战时,恰好有紫衣道士使用障眼法救了他。次日,有道士投帖说,夜晚出来就不用害怕了吧。苏轼怒斥道,不要以为我不知道你用的是子夜术,鼠辈才会这样,你胆敢来见我的话,我就要狠狠地打你几大板。道士惶骇而走。[1]综合分析这个故事和秦观提到苏轼给他的信,可以推测苏轼也深谙道术,所以才会认为子夜术只是雕虫小技,把道士赶走。地方志中还记载了不少的神仙故事,比如魏景为钟离权的五世弟子,记述其师元翁之言为书;颜笔子在南宋建炎初学得仙术,每次只售笔十支,笔中载有买者的姓名及人生福祸;北宋宣和间郑摇铃死而羽化;等等。[2]这些故事多少反映了道教的传播流布。

　　下文考述胪列了 13 座道观,其中值得注意者有两点。其一,蕃釐观本为后土庙,专门祭祀主宰大地山川的神灵,后土庙各地都有,而扬州后土庙之所以与众不同就在于庙内有一株天下无双的琼花,这株琼花屡毁屡兴,时人自然认为有后土的护佑,很大程度上把后土庙的人文意义融入琼花当中。其二,仪征道观多达 4 座,仪真观因有大宋王气的祥瑞而建,"仪真"之地名也由此而来,其背后一个重要的因素就是宋代运河入江水道以及陆路的变迁,促使真州成为交通枢纽,即"仪真为江淮要冲,萃四方之人","当东南舟车之会,国家全盛时为江淮两浙荆湖发运使之治所,岁漕米六百万石供亿京师"。具体来说就是"淮东陆程自滁州取六合,自盱眙取天长,两路会于真州,两昼夜可到。既到真州,四十里可渡镇江,六十里可渡建康,实为陆路要冲","盖江浙馈运之所必经,通、泰盐利之所必出,民物之盛,为淮南一都会",因

　　[1]〔宋〕秦观著,徐培均笺注:《淮海集笺注》卷三〇《与苏公先生简·其四》,上海古籍出版社 1994 年版,第 991 页。马蓉等点校:《永乐大典方志辑佚》,中华书局 2004 年版,第 496 页。

　　[2]〔清〕杨宜仑修,〔清〕夏之蓉、沈之本纂:《〔嘉庆〕高邮州志》卷一〇,《中国地方志集成·江苏府县志辑》第 46 册,第 457—478 页。〔清〕高士钤监修,〔清〕五格、黄湘纂辑:《〔乾隆〕江都县志》卷二八,《中国地方志集成·江苏府县志辑》第 66 册,江苏古籍出版社 1991 年版,第 324 页。

此才会有"淮南风物第一州"之美誉。[1]随着仪征地望变得重要,其行政区划级别也逐步提高,从北宋乾德二年(964)由迎銮镇升为建安军,到大中祥符六年(1013)再升为真州,最后政和七年(1117)赐号"仪真郡"。由此而言,交通线路的变迁,促进了北宋仪征物阜民丰、人文昌盛,那么道教兴盛也是自然而然的结果了。

表 10-2　　　　　　　　　**宋代扬州道观名录表**

道 观	今地	内　容
玄真观	邗江	宋咸淳中道士龚秋岩建。在瓜洲便益门内。相传洲旧多火灾,供奉北帝以镇之。
白鹤宫		《〔嘉庆〕重修扬州府志》引北宋陈师道《后山诗话》:"广陵有戏马台,其下有路,号玉钩斜。唐高宗东封,有一鹤翔焉。因诏诸州为老氏筑宫,名曰白鹤。"即唐高宗李治诏令各州修建白鹤观,到宋代仍存。
崇道宫		北宋太平兴国六年(981),扬州知州孙迈、潘若冲修建,"相爽垲之地,即清旷之墟,创朝修之宫,奉玄元之御",朝廷赐名"崇道宫"[2]。
紫极宫		宫内有唐玄宗画像,杨行密每当要祭天、封赏,都要拜于像前,草拟诏书,毕后再拜,然后下发。[3]

[1]〔宋〕范钟:《天庆观吕真人像记》,《全宋文》第 318 册,上海辞书出版社、安徽教育出版社 2006 年版,第 365 页。〔宋〕陈琪:《建安驿记》,《全宋文》第 284 册,上海辞书出版社、安徽教育出版社 2006 年版,第 396 页。〔宋〕李道传:《请筑真州翼城申状》,《全宋文》第 304 册,上海辞书出版社、安徽教育出版社 2006 年版,第 42 页。〔宋〕刘宰:《真州新翼城记》,《全宋文》第 300 册,上海辞书出版社、安徽教育出版社 2006 年版,第 127 页。〔宋〕刘宰:《送邵监酒兼東仪真赵法曹呈潘使君二首·其一》,《全宋诗》第 53 册,北京大学出版社 1998 年版,第 33375 页。

[2]〔宋〕徐铉:《扬州新建崇道宫碑铭》,《全宋文》第 2 册,上海辞书出版社、安徽教育出版社 2006 年版,第 345—346 页。

[3]〔清〕高士铨监修,〔清〕五格、黄湘纂辑:《〔乾隆〕江都县志》卷一七,《中国地方志集成·江苏府县志辑》第 66 册,江苏古籍出版社 1991 年版,第 242—243 页。

续表 10-2

道　观	今地	内容
蕃釐观	广陵	旧传西汉元延二年(前 11)建,初名后土祠。唐中和二年(882)高骈扩建。唐人小说有后土夫人嫁予韦安道之故事[1],有人塑绿衣少年于后土神旁,北宋程颐以其亵渎神灵,把绿衣少年撤掉。土地庙各地都有,这是地方志记述后土庙的普遍情况。北宋政和年间(1111—1118),宋徽宗赐名"蕃禧观",也称"蕃釐观",取"花木蕃纷"之意[2],由于后土庙的琼花"天下无双",民间更习惯于直接称琼花观。明宣德年间(1426—1435)增修,吏部尚书魏骥撰《记》。清乾隆间新建文昌祠,郡守高士钥撰《记》,认为蕃釐观文昌祠为"此邦正祀",国子监博士蒋衡书。今仍存。
浮山观		北宋嘉泰年间建。明洪武元年(1368)道士张道弼在禹王庙的基础上重修,嘉靖十年(1531)重修。在明代江都县西。[3]
玄妙观		元至大年间(1308—1311)重建,疑可追溯到宋代。
三清观	广陵	宋张蕴有诗提到扬州三清观。在刘家巷。[4]
仪真观	仪征	详下。
天庆观	仪征	北宋政和年间由天庆仪真观分出;南宋开禧年间(1205—1207)被毁,后数十年间又被毁坏三次,独存吕真人像,范钟撰《天庆观吕真人像记》,奚士达书。[5]明洪武十五年(1382)更名玄妙观,[6]嘉靖初巡按御史李东毁之,归其地于学宫。在"旧儒学西"。观内藏有《道藏》,设有吕真人祠堂。
通真观	仪征	详下。
神霄宫	仪征	北宋宣和年间(1119—1125)在乾明寺址上改建,南宋乾道年间(1165—1173)复为乾明寺。

---

[1]〔宋〕李昉等编:《太平广记》卷二九九《神九·韦安道》,中华书局 1961 年版,第 2375—2379 页。

[2]〔宋〕祝穆,〔宋〕祝洙增订:《方舆胜览》卷四四《淮东路·扬州》,中华书局 2003 年版,第 797 页。〔清〕阮元:《琼花集序》,〔清〕贵正辰纂辑:《琼花题咏全集》,《扬州文库》第 49 册,广陵书社 2015 年版,第 531 页。

[3]〔明〕朱怀幹修,〔明〕盛仪辑:《〔嘉靖〕惟扬志》卷三八,《扬州文库》第 1 辑第 1 册,广陵书社 2015 年版,第 261 页。

[4]〔清〕钱祥保等修,〔清〕桂邦杰等纂:《〔民国〕江都县续志》卷一二,《中国地方志集成·江苏府县志辑》第 67 册,第 565 页。

[5]〔宋〕范钟:《天庆观吕真人像记》,《全宋文》第 318 册,上海辞书出版社、安徽教育出版社 2006 年版,第 365 页。

[6]〔明〕朱怀幹修,〔明〕盛仪辑:《〔嘉靖〕惟扬志》卷三八,《扬州文库》第 1 辑第 1 册,广陵书社 2015 年版,第 262 页。

续表 10-2

道　观	今地	内　　容
玄妙观	高邮	南宋淳熙间（1174—1189）道士高南山建,明永乐间重建,清康熙二年（1663）道士周仲行募修。在"州南市桥东",也称玄妙庵。[1]

仪真观,北宋大中祥符六年（1013）,汴京（开封）建玉清昭应宫,司天台言"建安军西小山有旺气,诏即其地铸圣像",于是在建安军（今江苏仪征）西北十里小山之麓铸玉皇大帝、宋圣祖赵玄朗、宋太祖赵匡胤、宋太宗赵光义铜像,送往汴京。铸像时有青鸾、白鹤、景云盘绕在火炉冶炼之处,于是诏建仪真观,立青鸾白鹤亭[2],不久赐名天庆仪真观、赐号"瑞应福地"。政和中（1111—1118）诏分为天庆观、仪真观,另于城内建天庆观,仪真观又名西宫观。乾道六年（1170）,陆游西上入蜀途经真州寻访过仪真观,当时仪真观在城内,陆游怀疑与史载不相符,询问观内老道士得知原址在城西北山麓,指出"今所谓仪真观者,昔黄冠入城休憩道院耳",即大中祥符六年汴京道士来迎请铜像休憩之地。据上述政和分观之史实,陆游所见,可能是城内的天庆观。南宋庆元中（1195—1200）郡守吴洪重建;开禧年间（1205—1207）兵毁;嘉定中（1208—1224）郡守吴机复建。铸像之事也成为今仪征市得名之缘由,大中祥符六年在下诏建仪真观的同时,也把建安军升为真州;政和七年（1117）,宋徽宗为纪念昔年铸像之事,赐真州以郡名"仪真"。

通真观,从元至元二十一年（1284）至大德元年（1297）,五峰老人雷希复在真州入江口耗费14年建成,初名通真万寿观。据由宋入元的程钜夫（1249—1318）所撰之《记》,通真观所在地原为雷希复师父孚惠先生故祠。孚惠先生为楚地之人,得其师真牧先生之学,真牧先生即九宫道祖张道清（1136—1207）,修行于九宫山（今湖北咸宁通山县一带）兴建瑞庆院,生前被南宋宁宗赵扩封为"太平护国真牧真人"。孚惠先生在浔阳（今江西九江）振兴寿圣观,随后东游真州,寓居新城镇,元至大初年（按,"至大初年〔1308〕"可能是

---

［1］〔明〕朱怀幹修,〔明〕盛仪辑:《〔嘉靖〕惟扬志》卷三八,《扬州文库》第1辑第1册,广陵书社2015年版,第262页。

［2］〔宋〕祝穆,〔宋〕祝洙增订:《方舆胜览》卷四五《淮东路·真州》,中华书局2003年版,第808页。

"至元初年〔1264〕"之误）真州大疫，"以神符秘渫饮之，疫皆勿药而愈"[1]，州人大为感念其德，创建道宫于新城镇之南，"民德而祠之且百年"。程钜夫与张道清都是古郢地（治今湖北江陵一带）人，他的记述是根据家乡故老所传而来的，可信度较高。雷希复就是在孚惠祠的基础上扩建通真万寿观的。雷希复为通真观第一代祖师，此时之通真观与九宫山瑞庆院、浔阳寿圣观三足鼎立，名噪一时。明弘治年间坍塌没入长江，后来多次重建。清代陶鉴在乾隆三十九年（1774）撰写的《记》也指出通真观"昉自汉唐，由来久矣"，显示出元代建观时是有渊源的。其实，某种意义上其前身应该是都天司疫神祠，始建年代在元代之前（见《〔嘉庆〕重修扬州府志》仪征县都天庙）。通真观今已不存，观址大致在仪征市新城镇越江村常庄组一带。

三、伊斯兰教

伊斯兰教早在唐代就传入扬州，因为唐代扬州近海靠江枕运，是海上丝绸之路与陆上丝绸之路的交会之地，"商胡离别下扬州"，许多阿拉伯人、波斯人泛海抵达扬州，在经商谋生的同时也带来了宗教信仰。这得到出土文物的有力佐证，1980年发掘的一座唐代木棺残墓中出土了一件青釉绿彩背水扁瓷壶，正面就有一组阿拉伯文"真主最伟大"（旧译"大哉真主"），显示出阿拉伯人在扬州已经有了相当深厚的根基。[2]

宋代扬州伊斯兰教进入新的发展阶段，最为重要的事件是普哈丁来扬传教，创建寺院，并最终卒葬于此，普哈丁墓和仙鹤寺至今仍保存较为完好。普哈丁，又称补好丁、补哈丁、巴哈丁，都为阿拉伯文的同名异译，"普哈"为"光辉"之意，"丁"为"宗教"之意，连贯起来意思是"宗教之光辉"[3]，相传为穆罕默德圣人十六世裔孙。普哈丁来扬州传教的时间，有几种不同的记载，并且越往后越详细。明代《〔嘉靖〕惟扬志》只提到普哈丁于南宋德祐元年（1275）

---

[1]〔清〕阿克当阿修：《〔嘉庆〕重修扬州府志》卷二五《祠祀志一》仪征县都天庙载明李文《都天庙记》，广陵书社2014年版，第710页。

[2]〔唐〕杜甫：《解闷十二首·其二》，《全唐诗》卷二三〇，中华书局1960年版，第2517页。〔宋〕李昉等编：《太平广记》卷四〇三《玉清三宝》引《宣室志》，中华书局1961年版，第3250页。印志华、徐良玉：《扬州东风砖瓦厂八、九号汉墓清理简报》，《考古》1982年第3期，第236页。朱江：《扬州出土的唐代阿拉伯文背水瓷壶》，《文物》1983年第2期，第95页。

[3]　努尔：《扬州伊斯兰教碑文新证》，《海交史研究》1983年第5期，第108页。

创建礼拜寺,清光绪三十四年(1908)《先贤历史记略》碑文详载普哈丁于南宋咸淳年间(1265—1274)抵达扬州,德祐元年逝世。1936年,杨健美在《扬州先贤墓考略》中提到,清顺治十五年(1658)重建普哈丁墓清真寺觉斯楼时发掘出一块元至正四年(1344)的断碣,他去寻访时已找不到,只能通过采访记述其大意,其中有"开庆元年(1259)先贤补哈丁,兹驾临吴,寄居本寺,大阐真宗,致称西来祖师"。[1]杨氏记述元代断碣之内容,为苏州崇真寺从唐代至元代之沿革,并且没有实物及拓本,故只能当作参考。目前,普哈丁来扬州传教的时间,以《先贤历史记略》所述的南宋咸淳年间为通行说法。如果从更为宏观的视野考察上述三种材料,看似矛盾的记载似乎也有条合理的时间线索,即普哈丁于南宋末年来华传教,沿着运河从南至北再返南传布,所以到扬州之前也有先在苏州传教的可能。

伊斯兰教徒传教,向来秉持着"谁死于异乡,即死得壮烈""异乡之死,即是殉教"[2]的信念,因此不畏艰险、远渡重洋,来到中国传教。南宋咸淳年间,普哈丁沿着运河来到扬州传教,当时扬州城东有座龙王庙,庙里的老僧华仙擅长法术,在本地颇有名誉。华仙见到普哈丁从西域而来,便与他斗法较量,结果败下阵来,折服而退。杨健美进一步认为,普哈丁"获得寺址甚广",占据了龙王庙。在宗教传播的过程中,类似的故事屡见不鲜。这个故事清晰地反映出,外来宗教与本地民间信仰的冲突斗争,而普哈丁最终胜出,很可能是带来了阿拉伯地区的先进医术、技术等。这些看似雕虫小技的东西,会更容易收买人心、发展信徒。普哈丁在扬州传教布道,还修建了仙鹤寺,使得扬州成为东南地区的伊斯兰教重镇之一。随后,普哈丁沿着运河向北传教,一直到了现在的天津等地。估计是年老体衰或长期漂泊勾起的强烈思乡之情,他决定返回西域,船只一夜即达扬州,清晨舟人呼叫时无人应答,进入船舱一看,发现普哈丁早已溘然而逝,时为德祐元年七月二十三日。郡守元广恩为

[1]〔明〕朱怀幹修,〔明〕盛仪辑:《〔嘉靖〕惟扬志》卷三八,《扬州文库》第1辑第1册,广陵书社2015年版,第261页。清光绪三十四年《先贤历史记略》见载江苏省政协文史资料委员会等编:《扬州宗教》,1999年,第394—395页。杨健美:《扬州先贤墓考略》,李兴华、冯今源编:《中国伊斯兰教史参考资料选编(1911—1949)》,宁夏人民出版社1985年版,第526页。

[2]努尔:《扬州伊斯兰教碑文新证》,《海交史研究》1983年第5期,第106页。

回教徒,得知此事后,知其为异人,于是为他在扬州修建了坟墓。另一种说法是,舟人在普哈丁身上检得遗书一封,是写给老朋友转运使某公的,某公见信后依照其择定好葬地而葬之。普哈丁传教之事在回民中代代相传,"筛海巴巴坐船,一夜下扬州"的故事一直流传至今。[1]

宋代来扬州传播伊斯兰教的是一个群体,而留下姓名的为极少数,除普哈丁外,历史资料还记载了其他两名传教士。一名是古都白丁,此名为伊斯兰教最尊敬之称呼,南宋来扬传教,死后葬于扬州,其墓地在普哈丁墓之北,旧有石坊碑记,清代嘉庆年间(1796—1820)历次修筑运河堤坝都在其墓地附近取土,毁坏墓地,裔孙古耀廷呈诉都察院,官府勒石永禁取土。这表明,古都白丁后代在扬州繁衍生息,并且还编撰《古氏家谱》,古都白丁墓地一带成为其家族墓地,民间对此称为古家大坟,嘉庆石碑在1958年拓宽道路时不知去向。另一名是撒敢达。普哈丁墓园内法纳墓亭门额上有块石碑,碑文为"宋德祐元年(1275)西域至圣一十六世后裔、大先贤补哈丁;宋景延(炎)三年(1278)西域先贤撒敢达;明成化元年(1465)西域先贤马哈谟德;明成化五年(1469)西域先贤展马陆丁;明弘治十一年(1498)西域先贤法纳。乾隆丙申(1776)桂月重建",《〔民国〕江都县续志》也提到附葬于普哈丁墓的撒敢达,两人逝世时间仅相隔三年,这表明撒敢达与普哈丁是一同来扬传教的。[2]

普哈丁墓位于运河东岸,穆斯林尊称为"筛海坟""先贤墓""巴巴窑",民间俗称"回回坟""回回堂"。"筛海""巴巴"都是对有德望的穆斯林的尊称。该地原为龙王庙,后改为清真寺,地势高垾,为沙龙之首,原名沙龙岗,民间认

［1］ 江苏省政协文史资料委员会等编:《扬州宗教》,1999年,第394—395页。〔清〕钱祥保等修,〔清〕桂邦杰等纂:《〔民国〕江都县续志》卷一三,《中国地方志集成·江苏府县志辑》第67册,江苏古籍出版社1991年版,第570页。杨健美:《扬州先贤墓考略》,李兴华、冯今源编:《中国伊斯兰教史参考资料选编(1911—1949)》,宁夏人民出版社1985年版,第527页。郭承真:《京杭大运河与普哈丁园》,《中国穆斯林》2014年第6期,第39页。

［2］ 〔清〕钱祥保等修,〔清〕桂邦杰等纂:《〔民国〕江都县续志》卷一三,《中国地方志集成·江苏府县志辑》第67册,第570页。李兴华:《扬州伊斯兰教研究》,《回族研究》2005年第1期,第82、84页。乾隆丙申石碑见陈从周:《扬州伊斯兰教建筑》,《文物》1973年第4期,第67页。按,古都白丁、普哈丁疑为同名异译,其阿拉伯文原名乃通名,是对伊斯兰教长老的尊称。

为是吉兆之地,岗下还有一眼清泉,隋代开凿运河时淹没水中。[1]穆斯林都以死后葬于普哈丁墓附近为荣,如上面提到的乾隆碑文就有附葬的4人。考虑到普哈丁墓与古都白丁墓南北相连,并且还埋葬了撒敢达,可推知普哈丁等三人去世后,仍有不少伊斯兰教徒生活在扬州。

除改龙王庙为清真寺外,普哈丁还于德祐元年(1275)创建了一座礼拜寺,也称清真寺,明洪武二十三年(1390)哈三重建,嘉靖二年(1523)商人马宗道同住持哈铭重修,清乾隆五十六年大修,后多次重修,即今仙鹤寺。[2]扬州仙鹤寺与广州狮子寺(怀圣寺)、泉州麒麟寺(清净寺)、杭州凤凰寺并称为东南四大知名清真寺,仙鹤寺以瑞禽命名,按照仙鹤的形体布局建造:大门对面照壁墙为鹤嘴,大门堂为鹤首,南北两口水井为鹤眼,寺门至大殿的甬道为鹤颈,大殿为鹤身,南北两厅房为鹤翅,南北两棵柏树为鹤腿,大殿后临河的一片竹林为鹤尾。从空中俯瞰,酷似仙鹤,因此而著称。目前,"鹤嘴"照壁墙被拆除,一只"鹤眼"北井被填平,一只"鹤翅"北厅房已圮毁,"鹤尾"竹林不存在。

《〔民国〕江都县续志》还记载了一座始建于宋代的清真寺,位于"安江门外忠善乡"。1924年至1925年,在扬州南门外挡军楼中拆出四通元代伊斯兰教徒墓碑,用中文、波斯文与阿拉伯文刻成,以阿拉伯文为主体,墓主逝世时间为公元1302年至1324年之间。1927年至1929年又在清理挡军楼墙基时发现一批石刻,其中有一方雕刻阿拉伯文和几何图案的石崤(正式称呼应为"伊斯兰教徒塔式墓盖顶石"),推测极可能是宋元时期。安江门外的清真寺距南门不远,通常情况下,有清真寺的地方,其附近往往有伊斯兰教徒的丛葬地,如普哈丁墓就是这样,因此上述四通墓碑和墓盖顶石,"必然是在这所礼拜寺附近墓域拆去筑城的",具体时间是元末明初张德林改筑扬州城,在增

---

[1]〔清〕阿克当阿修:《〔嘉庆〕重修扬州府志》卷二七,广陵书社2014年版,第766页。〔清〕钱祥保等修,〔清〕桂邦杰等纂:《〔民国〕江都县续志》卷一三,《中国地方志集成·江苏府县志辑》第67册,第570页。杨健美:《扬州先贤墓考略》,李兴华、冯今源编:《中国伊斯兰教史参考资料选编(1911—1949)》,宁夏人民出版社1985年版,第527页。朱江:《伊斯兰教在扬州》,韦培春主编:《伊斯兰教在扬州》,南京大学出版社1991年版,第3页。

[2]〔明〕朱怀幹修,〔明〕盛仪辑:《〔嘉靖〕惟扬志》卷三八,《扬州文库》第1辑第1册,广陵书社2015年版,第261页。〔清〕钱祥保等修,〔清〕桂邦杰等纂:《〔民国〕江都县续志》卷一二,《中国地方志集成·江苏府县志辑》第67册,江苏古籍出版社1991年版,第565页。

筑挡军楼时，"取许多元代色目人的墓石砌入城基之中"。[1]这表明，安江门外的清真寺到元代仍很兴盛，宋元迭代并没有影响伊斯兰教的传播，反而有更多的伊斯兰教徒集聚生活在扬州。

四、其他信仰

《礼记·祭法》曰："夫圣王之制祭祀也，法施于民则祀之，以死勤事则祀之，以劳定国则祀之，能御大菑则祀之，能捍大患则祀之。"也就是说，凡是有功德于民者，都要祭祀。古人认为："政之大端二，曰治民，曰事神。自天子达于郡邑，外此无大务。然肃于神亦急于民而已，其事虽二，其本一也。""事神"与"治民"同等重要，分别占据了为政之要的"半壁江山"。"神"不仅是佛道领域的神仙，还包括星宿山川神祇，通过敬畏神灵达到天人合一、和谐自然、物丰民饶的太平之世。所以，"国家丕昭祀典，尊礼百神，凡天下名山大川有益于民者，莫不崇饰庙貌，以享以祀"。[2]凡是"有益于民者"的神祇，都要修建规模宏大的庙宇予以祭祀，这看似着眼于"神"，其实还是落脚在"人"，即"神"是为"人"服务的，人们祈求神祇保佑是为了现世的平安幸福。

扬州自古为吴楚之地，其风俗向来在正祀之外还"好淫祀"，"后世淫祠杂立，事多不经"，人们的信仰纷纭复杂。据初步统计，宋代扬州祠庙共有94座，人们的信仰状况从中可以窥见一斑。需要说明的是，宋代扬州祠庙是从明清地方志中梳理出来的，很多祠庙虽然没有提到，但从明清的情况可以上推宋代的情况，比如明清时期"采录祠祀，先各坛，次天神，次地示，凡水土诸神以类附之"[3]，坛、天神、地示诸神各个朝代差别不大，宋代也应该有。

从类别上而言，神灵类祠庙17座，山川类祠庙6座，人物类祠庙71座，

[1] 努尔：《扬州伊斯兰教碑文新证》，《海交史研究》1983年第5期，第107页。耿鉴庭：《扬州出土的阿拉伯文石崤》，《文物》1978年第3期，第88页。刘彬如、陈达祚：《扬州"回回堂"和元代阿拉伯文的墓碑》，《江海学刊》1962年第2期。朱江：《扬州仙鹤寺阿拉伯人墓碑记》，《文物参考资料》1957年第9期。朱江：《伊斯兰教文化东渐扬州始末（下）》，《海交史研究》1980年第2期，第43、44页。

[2] 〔清〕孙希旦：《礼记集解》卷四五《祭法》，中华书局1989年版，第1204页。〔宋〕陈造：《高邮社坛记》，《全宋文》第256册，上海辞书出版社、安徽教育出版社2006年版，第347页。〔宋〕应武：《重修东岳庙记》，《全宋文》第293册，上海辞书出版社、安徽教育出版社2006年版，第150页。按，凡下表中注有出处的引文，分析综述段落引用时不再出注。

[3] 〔清〕阿克当阿修：《〔嘉庆〕重修扬州府志》卷二五《祠祀志一》，广陵书社2014年版，第670页。

神灵、山川类祠庙体现的是一种深层次的信仰,数量不多可以理解,而人物类祠庙更多的是反映施政者的教化举措,其数量居多自有现实意义。从地域上来说,仪征地区的祠庙数量较多,这个现象与上述分析佛道寺观一致,都反映了宋代真州地望的上升。

具体分析,在17座神灵类祠庙中,与水相关的有7座,分别是:昭佑龙王庙、五龙庙、惠泽龙王庙、白龙庙、五龙王庙、龙女庙、禹王庙,龙王庙用于祈雨,禹王庙用于治涝,都反映出农耕时代人们企望风调雨顺。比如,昭佑龙王庙在雷塘,唐宋时期雷塘为大湖,是运河的重要补给水源,因而建有龙王庙,元代雷塘变化不大,明代之后逐渐成为阡陌,清代阮元发掘出元代庙碑,才使得龙王庙的历史清晰可循。五龙庙之得名,乃宋太祖赵匡胤讨伐李重进时见有龙斗于九曲池,暗含了皇位之争、真龙天子得胜的意思,宋代郡守多次修建,除祈雨之外,更有守护太祖遗泽之深意。五龙王庙位于清水潭,此处为运河险要河段,经常决堤,摧毁家园,因而人们在此立庙,祈祷龙王镇水护堤。涉及土地神的有6座,分别是:社稷坛(2座)、城隍庙(2座)、白沙庙、左安城王庙,社稷坛祭祀司掌土地的社神和司掌五谷的稷神,城隍庙所祀之城隍神为地方守护神,白沙庙、左安城王庙可视为城隍庙的初始形态。

6座山川类祠庙中,祭祀江神的有2座,分别是江水祠、南渎大江,其中江水祠早在西汉以前就有,并且是朝廷祭祀四渎中江水的正祀,当时江面宽广,号为南北分界之天险,而"江都"即指一江之都会,其得名来源于这种自然环境。东岳庙有3座,尤其是高邮东岳庙规模壮观、气势恢宏,"殿宇重复,门阿严峻,翼以回廊,绕以周墙,檐楹翚飞,榱题霞灿,数以千计,凡岳下百神之位,肖像设饰一一备具",富丽堂皇的庙宇中供奉着"百神之位",凡是来祭拜的人,莫不"凛凛肃肃,起敬起畏,若亲至于泰山之巅,再睹升平之旧观",使信徒们身临其境。[1]正是如此,东岳庙的影响区域北至淮河、南到钱塘江,其盛况在同类祠庙中可谓"甲于天下"。

71座人物类祠庙中,从时代上看,宋代以前的人物有27人,宋代人物有52人(类);从类别上看,王侯7人(类)、守臣及文士36人、武将19人(类)、

---

[1]〔宋〕应武:《重修东岳庙记》,《全宋文》第293册,上海辞书出版社、安徽教育出版社2006年版,第150页。

其他 17 人。可列表如下：

表 10-3　　　　　　　宋代扬州人物类祠庙所祀人物表

朝代	王侯/宫女	守臣及文士	武　将	其他人物
宋前	吴王、曹丕、拓跋焘、萧梁公主、杨佺、萧统	康氏县令、董仲舒、谢安、陈登、张万福		蒋子文，康紫霞，伍子胥，亘公，东陵圣母，露筋娘娘，孝妇，华佗，茅、许、祝、蒋、吴五仙，耿七公，三十郎，浣纱女冯氏
宋代	宫女	韩琦、欧阳修、黄晞、彭思永、郑兴裔、崔与之、丘岳、文天祥、胡瑗、王居正、李衡、周敦颐、程颢、程颐、朱熹、范仲淹、苏轼、罗适、吴洪、潘友文、丰有俊、吴机、林伯成、陈损之、叶秀发、应武、孙觉、秦观、王巩、乔执中、朱寿昌	曹彬、吴从龙、梁渊、元宗、张昭、魏俊、王方、赵善湘、赵范、赵葵、南宋战死将士、赵文义、赵文亮、毕再遇、邵宏渊、唐璟、张浚、韩世忠、岳飞	毛惜惜

说明：名字有下划线的表示立生祠。

　　在王侯类祠庙中，吴王庙所祀之神很可能就是西汉吴王刘濞，刘濞发动了叛乱，其形象在正史中不算光彩，可州民通过立庙祭祀的方式，在主流舆论之外仍保留自己的看法，这也算是后人对西汉广陵高光时刻的缅怀。魏文帝庙祀曹丕，魏黄初六年（225）曹丕率军南征孙吴，饮马长江，给包括广陵在内的江淮地区带来破坏，并且当时广陵属孙吴，后人为曹丕立庙显得不太合理，比较牵强的理由当是曹魏在三国时期为正统。与之相类似，刘宋元嘉二十七年（450）底至二十八年初，北魏太武帝拓跋焘率军南伐，登瓜步山遥望建康，导致江淮地区萧条凋敝、哀鸿遍野。拓跋焘既不是正统之君，也给当地带来极大的灾难，后人还立佛狸祠祭祀拓跋焘，体现了吴楚地区"好淫祀"的特点。所以，南宋嘉定七年（1214），真州知州李道传在离任之际，命人把瓜步山上的拓跋焘像撤下投入江中，另祀瓜步山之山神。

　　在守臣及文士类祠庙中，后人专门立庙祭祀董仲舒、陈登、谢安、韩琦、欧阳修、苏轼、郑兴裔等名臣，缅怀他们的政绩，其中陈登疏浚的陈公塘、谢安修筑的邵伯埭、欧阳修兴建的平山堂,既是基础设施,也演变为文化地标。有的地方官勤政爱民贤廉,为人们所尊敬。比如北宋江都县令罗适,疏湖浚河、筑堤造坝,境内稼穑丰稔,县民为他在法华寺设立生祠,名士秦观专门撰文。南宋高邮军学教授应武教化有方,刊布典籍,培养了一批读书人。北宋孙觉、秦观、乔执中都为高邮名士,"师表天下,范模后世";朱寿昌乃天长县人,后寓居高邮,他3岁时母亲外嫁,母子分别50年,熙宁初弃官千里寻母,王安石赋诗后,"一时名士播之声诗,以美其事",苏东坡就有"今无古或闻"之语,孝为德之本,因此得以与三贤并列。南宋庆元五年(1199)至嘉泰元年(1201),陈巩任高邮知军,寻访4人图像,依照绘制于堂上,名其堂为"四贤堂"。[1]

在武将类祠庙中,反映了南北交战的情况。南宋绍兴三十一年(1161),金主完颜亮南攻宋朝,占领扬州,进驻瓜洲,准备渡江。在这场战争中,南宋左军统制魏俊、后军统制王方在从润州支援瓜洲时阵亡,邵宏渊镇守真州,命令其偏将梁渊、元宗、张昭在真州胥浦桥力敌金兵,先后阵亡,为淮民渡江、主力部队回援赢得了宝贵时间,后人设旌忠庙、邵节使祠、邵宏渊庙、三将军庙祀之。南宋绍定(1230—1231)兵变,李全重兵围困扬州,江淮制置使赵善湘、淮南安抚使赵范、淮东提刑使赵葵联手平叛兵变,百姓为三人立生祠。更为有趣的是,蒋忠烈王庙、司徒庙都纷纷显灵,帮助宋军击败李全。

其他人物类祠庙所祀之神比较杂,既有本地的乡民烈女,也有途经扬州的各类人物。春秋时期,伍子胥从楚国逃往吴国,渡江之地在真州的传说广为流传,留下了胥浦河之地名,后人修建子胥庙以示纪念。蒋子文为东汉末年广陵人,其秣陵尉之官职虽不大,可蒋王崇拜演变成为中古以降十分重要的地方信仰,扬州作为蒋王故里,是蒋王崇拜流布的核心区,现在仍有蒋王街道等地名。东陵圣母的故事早在西晋时期就形成流布,后人立庙祭祀,唐代东陵圣母庙女道士康紫霞梦中成仙,人们立仙女庙祀之,北宋知州韩琦还专门到东陵圣母庙祈雨,而仙女庙也成为今仙女镇得名之源头。司徒庙之传闻,可能在隋代之前就已经形成,隋炀帝赐封"司徒",唐代加封爵位,南宋因解

---

[1]〔宋〕陈造:《四贤堂记》,《全宋文》第256册,上海辞书出版社、安徽教育出版社2006年版,第352—353页。〔宋〕王象之:《舆地纪胜》卷四三《淮南东路·高邮军》"朱寿昌"条,中华书局1992年版,第1772页。

扬州之围有功被朝廷赐额"英显",并加封到多达八个字称谓的侯爵,后来贾似道出守扬州,奏请给五司徒分别加封了王号。六朝时期就出现了露筋娘娘传说的原始形态,即鹿为蚊子咬啮见筋而死,此后到唐代演变为醉人夜宿为白鸟咕嗛而死,到宋代故事最终成熟定型,也就是人们悉知的姑嫂二人夜宿民居,姑女为守贞节而露宿于户外,为蚊子咬死。露筋娘娘传说随着运河而传播流布。耿七公是沿着运河传播进来的故事人物,客死高邮后化身为运河即高邮湖航运的守护神,有点类似南洋的妈祖崇拜。

表 10-4 **宋代扬州祠庙名录表**

（一）神灵类

名 称	今地	内 容
昭佑龙王庙	邗江	元大德五年（1301），昭毅大将军、扬州路总管府达鲁花赤兼管内劝农事孛兰奚重建，撰有碑记。明代王氏以庙基为墓，把元碑迁于东边土神小庙后。清代阮元家族墓地在雷塘，因村名而向村民问及龙王庙，得知王氏择墓址于庙基之事，阮元发掘出元碑，并以墓庐三楹，立座设龙王像，撰《雷塘龙王庙废碑记》，树元碑于庭，刻所撰《废碑记》于碑阴。据阮元《废碑记》所述，元碑原文有"龙有降雨之灵，宋封昭佑王"，阮元检宋人文集，"亦有祷雨雷塘龙王庙文"。据此可证，昭佑龙王庙始建于宋代。在雷塘龙王庙村。
五龙庙	邗江	据南宋陈造《维扬龙庙记》，宋太祖赵匡胤讨伐李重进，驻跸九曲池，见有龙斗于池，于是立庙祀之，后来庙废，又绘像于建隆寺。南宋庆元五年（1199），扬州守帅郭氏在九曲池西建立小屋；嘉泰元年（1201），知州赵师篝重建，并书写庙额。在城北九曲池，毗邻建隆寺。[1]
城隍庙		北宋刘敞出守扬州期间，由于冬月无雪，担心来年有灾害，特意到城隍庙祭祀祈雪。地方志中记载蜀冈堡城一带有座都城隍庙，相传始建于隋代，清顺治元年（1644）、康熙十五年（1676）及四十七年（1708）、乾隆元年（1736）相继重修。[2]

---

[1] 〔宋〕陈造：《维扬龙庙记》，《全宋文》第256册，上海辞书出版社、安徽教育出版社2006年版，第350—351页。

[2] 〔宋〕刘敞：《扬州赛庙文》，《全宋文》第60册，上海辞书出版社、安徽教育出版社2006年版，第33页。〔清〕徐成敥等修，〔清〕陈浩恩等纂：《〔光绪〕增修甘泉县志》卷八《祠祀志上》，《中国地方志集成·江苏府县志辑》第43册，第354—355页。

续表 10-4

名 称	今地	内 容
显济庙	邗江	南宋绍兴十二年（1142），"绍兴和议"后南宋迎还宋徽宗梓宫，经瓜洲渡江时得到瓜洲镇显济庙神灵的护佑。事后，南宋特意赐封显济庙神灵为"灵信昭应侯"。[1]
禹王庙	邗江	唐代狄仁杰毁坏吴楚淫祠，唯独保留了禹王庙。南宋嘉泰年间（1201—1204）重建。在清江都县治西浮山后。
盘古庙		在宋扬州城西西兴乡，有盘古冢，冢上有盘古庙，也称盘古祠。[2]
社稷坛	仪征	北宋政和初知州陈珣修葺，不久毁于兵火；南宋淳熙十五年（1188）知州赵师龙修建，嘉定十四年（1221）知州吴机重修，后来岁久颓废。明洪武十四年（1381）知县谢文隆、隆庆元年（1567）知县申嘉瑞，清康熙五十七年（1718）知县李昭治先后重建。明代时祭器什物共有 118 件。在县城西门外。[3]
都天庙	仪征	初为都天司疫神祠，后并入通真观（参通真观）。明洪武初，元雷希复的徒弟当中，有人得学孚惠先生之学问，就在新城镇北创建都天庙，祀司疫之神。在仪征新城镇。
城隍庙	仪征	南宋绍兴三十二年（1162）知州员琦建；开禧年间毁于兵火；嘉定三年（1210）知州潘友文重建，十四年（1221）运判兼任知州吴机捐钱增修。元末颓圮。明洪武初知县贾彦良、嘉靖十四年（1535）知县杨孙仲先后重修，国子监祭酒陈敬宗撰《记》，嘉靖十四年正殿遭火灾，又重建如新。旧在县城东北，明代迁至县东。[4]
白沙庙	仪征	南宋嘉泰中建，祀土神，全名为"白沙土主庙"，仪征旧名白沙镇；开禧间焚毁，运判费培重建。明洪武中千户张馨再建；宣德中（1426—1435）指挥张胜修葺，教谕王麟有《记》。在清仪征县东门内八字桥北。
左安城王庙	仪征	北宋治平四年（1067）建，非常灵验。在清仪征县西二十里左安城侧。

［1］〔宋〕刘才邵：《显济庙加封灵信昭应侯制》，《全宋文》第 175 册，上海辞书出版社、安徽教育出版社 2006 年版，第 334 页。

［2］〔宋〕王象之：《舆地纪胜》卷三七《淮南东路·扬州》，中华书局 1992 年版，第 1578 页。

［3］〔明〕申嘉瑞等重修：《〔隆庆〕仪真县志》卷一二，《扬州文库》第 1 辑第 16 册，广陵书社 2015 年版，第 633 页。

［4］〔明〕申嘉瑞等重修：《〔隆庆〕仪真县志》卷一二，《扬州文库》第 1 辑第 16 册，广陵书社 2015 年版，第 633 页。

续表 10-4

名　　称	今地	内　　容
惠泽龙王庙	仪征	北宋熙宁年间（1068—1077），彭蠡小龙显灵，护军有功，因而立庙，诏封神为"顺济王"。宋代卢襄《西征记》载，仪征江岸上"有巍然古寺，长廊翠壁，有所谓小龙祠"，应该就是惠泽龙王庙。旧在潮闸，明代迁至四堰街。
白龙庙	仪征	宋王大昌有《白龙庙祈雨》诗。旧在腊山，后移白洋山。
清元真君庙	仪征	南宋嘉定年间（1208—1224）运判费培建，明洪武间指挥凌实修葺，祀二郎神。在清仪征县东十里。[1]
社稷坛	高邮	南宋绍熙二年至三年（1191—1192）高邮军知军张颀于任上修建，邑人陈造撰《高邮社坛记》；咸淳四年（1268）年知军钱真孙重修，宣教郎黄震撰《高邮军社坛记》。明洪武三年（1370）知州赵原在宋址上新建，三十年（1397）知州仪智重建，在清高邮州治西北；嘉靖四十四年（1565）知州严杰重修，后废移祀多宝楼桥西。清乾隆二年（1737）知州傅椿捐资重建。[2]
五龙王庙	高邮	五龙王庙早已有之，北宋每年都以牲祭祀，祈祷神灵镇水护堤，非常敬重，后逐渐废弃。南宋嘉泰三年（1203），吴铸出守高邮，冬十月大雨堤溃潭决，于是广筑堤坝，并在旧址上重建五龙王庙，比旧庙更为宏大，于嘉泰四年二月建成。[3]
龙女庙	宝应	北宋政和六年（1116）建，元末兵毁（参见《〔嘉庆〕重修扬州府志》卷二六宝应县龙神庙条）。在清宝应县西南氾水乡。

---

[1]〔明〕申嘉瑞等重修：《〔隆庆〕仪真县志》卷一二，《扬州文库》第 1 辑第 16 册，广陵书社 2015 年版，第 636 页。

[2]〔宋〕陈造：《高邮社坛记》，《全宋文》第 256 册，上海辞书出版社、安徽教育出版社 2006 年版，第 347—348 页。〔宋〕黄震：《高邮军社坛记》，《全宋文》第 348 册，上海辞书出版社、安徽教育出版社 2006 年版，第 282—283 页。〔清〕杨宜仑修，〔清〕夏之蓉、沈之本纂：《〔嘉庆〕高邮州志》卷一《舆地志·建置·坛祠》，《中国地方志集成·江苏府县志辑》第 46 册，江苏古籍出版社 1991 年版，第 78 页。李之亮：《宋两淮大郡守臣易替考》，巴蜀书社 2001 年版，第 287 页。按，钱真孙李著未收。

[3]〔宋〕曹叔远：《五龙王庙记》，《全宋文》第 294 册，上海辞书出版社、安徽教育出版社 2006 年版，第 307—308 页。

（二）山川类

名　称	今地	内　容
江水祠		《江祀志》云："岁三祀之，以伍员为配。"阮昇之《南兖州记》云："其神复号江都王，或易王庙。"《南兖州记》认为江祀所祀之神为江都王，并进一步坐实为西汉江都易王刘非，这是附会。江祀即江水祠，西汉以前就有，应如《舆地广记》所述"有江水祠，俗谓之伍相庙，盖本祭江神，而子胥配食耳"。[1]
南渎大江	仪征	唐开元年间（713—741）礼法，每岁夏季祭祀，祝文云："惟神总合，大川朝宗巨海，功昭润化德表，灵长敬用。夏首备其常典。"后周显德五年（958）敕祭于扬子江口。明景泰六年（1455）江溢，朝廷差遣官员赍香帛祝文，派遣巡抚都御史王竑致祭。后改祀于瓜洲，每年八月十八日举行，而仪征之祭就裁省了。[2]
九江王庙	仪征	在神山，宋初建。明洪武间知县贾彦良重建，永乐间千户严杰增修。[3]
东岳庙	仪征	南宋嘉定八年（1215），丰有俊守真州时上书请求扩建真州翼城，其中提到的"岳庙"[4]，应为东岳庙。
东岳庙	高邮	北宋太平兴国中（976—984）赐建，历经建炎、绍兴兵燹而仍存，高邮知军陈巩住持勒石刻碑以明其庙界；明洪武三十年（1397）重建。东岳庙影响很大，"盖自浙江以西、淮堰以东，来者肩摩袂接，旁午道途，而此邦岳庙之盛甲于天下"，即从淮河以南到钱塘江之北，信徒们纷纷前来祭拜，其盛况可谓"甲于天下"，为"东淮祠庙之冠"。在高邮城东北新城，也称东岳行宫。[5]

[1]〔宋〕乐史：《太平寰宇记》卷一二三《淮南道一·扬州·江都县》，中华书局 2007 年版，第 2445 页。〔汉〕班固：《汉书》卷二八《地理志下》，第 1638 页。〔宋〕欧阳忞：《舆地广记》卷二〇《淮南东路》，四川大学出版社 2003 年版，第 574 页。

[2]〔明〕申嘉瑞等重修：《〔隆庆〕仪真县志》卷一二，《扬州文库》第 1 辑第 16 册，广陵书社 2015 年版，第 633 页。〔清〕王检心修，〔清〕刘文淇、张安保纂：《〔道光〕重修仪征县志》卷一九，《中国地方志集成·江苏府县志辑》第 45 册，江苏古籍出版社 1991 年版，第 239 页。

[3]〔明〕申嘉瑞等重修：《〔隆庆〕仪真县志》卷一二，《扬州文库》第 1 辑第 16 册，广陵书社 2015 年版，第 636 页。

[4]〔宋〕丰有俊：《请修真州城札子》，《全宋文》第 294 册，上海辞书出版社、安徽教育出版社 2006 年版，第 412 页。

[5]〔宋〕应武：《重修东岳庙记》，《全宋文》第 293 册，上海辞书出版社、安徽教育出版社 2006 年版，第 150 页。〔宋〕王象之：《舆地纪胜》卷四三《淮南东路·高邮军》"东岳庙"条，中华书局 1992 年版，第 1769 页。〔明〕朱怀幹修，〔明〕盛仪辑：《〔嘉靖〕惟扬志》卷三八，《扬州文库》第 1 辑第 1 册，广陵书社 2015 年版，第 262 页。

续表 10-4

名　称	今地	内　容
东岳庙	宝应	南宋绍熙元年（1190）建，明洪武五年（1372）知县王骥重建。在忠祐桥南。[1]

（三）人物类

名　称	今地	内　容
东陵圣母庙	江都	详下。
吴王庙		北宋广陵县南桃花基上有废吴王庙基，隋朝修置[2]。
蒋忠烈王庙		蒋子文，东汉广陵人，为秣陵尉，追击贼寇时死于钟山，后为神，时人于钟山立庙祭祀。[3]广陵为其故里，也立庙祀之。南宋开禧二年（1206），金兵犯境，蒋王显灵如有援军而至；绍定三年（1230），扬州守帅赵范祈祷蒋王神，在与李全的战争中屡次获胜，特为修葺蒋王庙。明朝初年，蒋王被加封为"忠烈武顺昭灵景祐王"；嘉靖年间（1522—1566），浙江海防兵备副使刘景韶抗倭得到蒋王神帮助，为蒋王庙修缮一新，便立碑记其事。在清江都县南门外广陵驿之南。[4]
魏文帝庙	江都	祀魏文帝曹丕，土人误为曹彬。明万历年间已废。在清江都县城东蔡家庄，即今宜陵镇一带，亦名曹公庙。
佛狸祠	仪征	刘宋元嘉二十七年（450）十二月，北魏太武帝拓跋焘率军至瓜步山，声称要渡江，次年正月退兵。此次战争，给江淮地区造成了极为惨重的破坏。佛狸为拓跋焘小字，后人在瓜步山建立佛狸祠。南宋嘉定七年（1214），真州知州李道传在离任之际，派人把瓜步山上的拓跋焘像撤下投入江中，以其地祀山川之神，因为拓跋焘未入主中国，中国人不可祀夷人之鬼。[5]在仪征瓜步山。
萧梁公主祠	邗江	俗称"眼香庙"，有眼疾祈祷特别灵验。在瓜洲镇。

---

[1]〔明〕朱怀幹修，〔明〕盛仪辑：《〔嘉靖〕惟扬志》卷三八，《扬州文库》第 1 辑第 1 册，广陵书社 2015 年版，第 262 页。

[2]〔宋〕乐史：《太平寰宇记》卷一二三《淮南道一·扬州·江都县》，中华书局 2007 年版，第2447 页。

[3]〔晋〕干宝撰，汪绍楹校注：《搜神记》卷五，中华书局 1979 年版，第 57 页。

[4]〔清〕高士轮监修，〔清〕五格、黄湘纂辑：《〔乾隆〕江都县志》卷八，《中国地方志集成·江苏府县志辑》第 66 册，江苏古籍出版社 1991 年版，第 100—101 页。

[5]〔宋〕李道传：《告瓜步山神撤拓跋焘像文》，《全宋文》第 304 册，上海辞书出版社、安徽教育出版社 2006 年版，第 46—47 页。

续表 10-4

名　称	今地	内　容
隋燕王庙		唐太和二年(828),诏立庙江都,祀隋燕王杨倓。
康令祠		唐咸通中,江阳(一说"六合")康县令因祈雨赴水而死,邑人立庙祀之。
仙女庙	江都	《〔乾隆〕江都县志》引唐段成式《酉阳杂俎》云:"东陵圣母庙女道士康紫霞,自言少时梦中被人录于一处,言天符摄将军巡南岳,遂擐以金甲,令骑道从千余人马,磔虚南去,须臾至岳,神拜迎马前,梦中如有处分,岳中峰岭溪谷无不历也。恍惚而返,闻鸡惊觉,自是生须数十茎,人谓之仙女。后因立庙祀之。"[1]庙始建于唐代,位于清江都县东北三十里,今仍存。
曹王庙	江都	祀北宋武惠王曹彬。在大桥镇西。
韩忠献公祠		北宋时期,韩琦的门生孙贲在扬州雍熙院内置祠,以所藏的韩琦图像而祀之。
聱隅先生祠		北宋江都县令罗适建,祀聱隅先生黄晞。在城南杨子桥杨子寺内(参见杨子寺条)。
彭守祠		旧传祀北宋扬州知府彭思永,并为彭公生祠。按《宋史》卷三二〇《彭思永传》,彭氏并未任官扬州。
绣女祠	广陵	相传宋高宗南渡,有宫女留扬州,修道得仙,居民立祠祀之。明代改为东岳庙。在四望亭附近。
郑忠肃祠		祀南宋扬州知州郑兴裔。
崔守祠		祀南宋扬州守官崔与之。
丘公祠		祀南宋扬州守官丘岳。
显勇庙	广陵	祀南宋死节臣吴从龙。吴氏为李全所擒,诱降不屈而死,绍定间(1228—1233)诏立庙于扬泰二州,赐额"显勇"以褒其忠。[2]在旧城内。

---

[1]〔清〕高士轮监修,〔清〕五格、黄湘纂辑:《〔乾隆〕江都县志》卷八,《中国地方志集成·江苏府县志辑》第66册,江苏古籍出版社1991年版,第101页。

[2]〔清〕高士轮监修,〔清〕五格、黄湘纂辑:《〔乾隆〕江都县志》卷八,《中国地方志集成·江苏府县志辑》第66册,江苏古籍出版社1991年版,第102页。

续表 10-4

名 称	今地	内 容
文丞相祠		祀南宋信国公文天祥,全称宋大忠节信国公文山文丞相祠。旧附祭于城西三义庙。明正德年间(1506—1521),巡盐御史刘澄甫新建专祠于城南,每年以三月上巳日、腊月九日祭祀;嘉靖五年(1526)巡盐御史戴金、嘉靖二十一年(1542)巡盐御史胡植、万历三年(1575)巡盐御史许三省、万历二十四年(1596)巡盐御史杨光训、崇祯十六年(1643)巡盐御史杨仁愿相继修葺。清康熙五十九年(1720),江都知县项维聪重修。
五贤祠	邗江	祀西汉董仲舒、宋胡瑗、王居正、李衡、文天祥,后增祀明史可法。在瓜洲镇泗桥东。
六贤祠	广陵	祀宋范仲淹、胡瑗、程颢、程颐、朱熹,附祀明王艮。在清江都县西门内维扬书院后。
三将军祠		祀南宋将军梁渊、元宗、张昭。在清江都县城西。
旌忠庙	邗江	祀南宋死节臣魏俊、王方。在瓜洲镇。
三赵公祠		南宋绍定兵变,李全围扬州,江淮制置使赵善湘、淮南安抚使赵范、淮东提刑使赵葵共同围剿平叛兵变,百姓为三人立生祠。在清江都县城北。
纪忠庙	广陵	祀南宋绍定、淳祐年间淮南北战死的 4526 名将士。在雍熙院西。
传忠祠		南宋咸淳十年(1274),于扬州立庙祀赵文义及其兄赵文亮,赐额"传忠"。
露筋祠	江都	详下。
范文正公祠	邗江	祀北宋参知政事范仲淹,以其四子纯祐、纯仁、纯礼、纯粹配,清代增祀其后裔范文程、范承谟。在平山堂东。
欧阳文忠公祠	邗江	北宋始建,坍塌后迁移至平山堂后楼,以苏轼配。清代以苏轼为主祀、欧阳修为配祀[1],康熙四十四年(1705),御书"贤守清风"额悬于祠内;乾隆五十八年(1793)两淮盐运使曾燠恭临摹内府庋藏的御题欧阳修像,挂于平山堂侧壁间。在平山堂。
罗令祠	江都	北宋罗适为江都知县时,颇有政声,为百姓所缅怀,遂于法华寺为其设立生祠(见法华寺条)。明嘉靖四十一年知县赵讷重修。亦名明王庙。[2]

　　[1]〔清〕徐成敉等修,〔清〕陈浩恩等纂:《〔光绪〕增修甘泉县志》卷八,《中国地方志集成·江苏府县志辑》第 43 册,江苏古籍出版社 1991 年版,第 365 页。

　　[2]〔清〕徐成敉等修,〔清〕陈浩恩等纂:《〔光绪〕增修甘泉县志》卷九,《中国地方志集成·江苏府县志辑》第 43 册,江苏古籍出版社 1991 年版,第 373 页。

续表 10-4

名　称	今地	内　容
谢安庙（甘棠庙）	江都	即东晋太傅谢安庙,亦名甘棠庙。谢安出镇广陵,有善政而为人所怀念。北宋黄庭坚在给翟汝文所藏石刻作的跋中提到"《蔡明远帖》是鲁公晚年书,与邵伯埭谢安石庙中题碑傍字相类",即邵伯谢安庙中的题碑也是颜体字。[1]在邵伯镇。
毕招抚祠	邗江	南宋开禧年间,名将毕再遇抗金,郡人立祠。在宋夹城。
司徒庙	邗江	详下。
旌忠庙	广陵	即旌忠寺。
威烈王庙	邗江	在城北铁佛寺西,见载《〔宝祐〕惟扬志》（见铁佛寺条）。所祀不详。
华佗庙		在宋代江都县昇平坊,祀华佗及其徒扬州人吴普。明代称神医庙,俗名华大王庙,在府城南太平桥下。[2]
孝妇祠		《太平寰宇记》列为江都县之下,"祭之即雨",也称正女庙。[3]
邵宏渊庙		南宋隆兴二年(1164)周操上奏建议:邵宏渊既有大功,也有大过,扬州、真州两地都为他立庙,有人主张要通过拆毁邵宏渊庙,来为战死的王方、魏俊两将军立庙旌表,这是很不妥当的,包括邵宏渊庙在内的所有旧庙都应当保留,而另择新址新建祠庙。[4]
三十郎庙	邗江	南宋德祐二年(1276),文天祥逃亡扬州期间,曾藏身于三十郎庙,并作诗述其事,当时仅存墙阶。[5]

---

[1]〔宋〕黄庭坚:《跋翟公巽所藏石刻》,《全宋文》第 106 册,上海辞书出版社、安徽教育出版社 2006 年版,第 284 页。〔宋〕王象之:《舆地纪胜》卷三七《淮南东路·扬州》"甘棠庙""甘罗庙"条,中华书局 1992 年版,第 1571、1578 页。按,甘罗庙应为甘棠庙之讹误。

[2]〔宋〕王象之:《舆地纪胜》卷三七《淮南东路·扬州·江都县》,中华书局 1992 年版,第 1578 页。〔明〕朱怀幹修,〔明〕盛仪辑:《〔嘉靖〕惟扬志》卷三八,《扬州文库》第 1 辑第 1 册,广陵书社 2015 年版,第 262 页。

[3]〔宋〕乐史:《太平寰宇记》卷一二三《淮南道一·扬州·江都县》,中华书局 2007 年版,第 2446 页。〔宋〕王象之:《舆地纪胜》卷三七《淮南东路·扬州》,中华书局 1992 年版,第 1578 页。

[4]〔宋〕周操:《论毁邵宏渊庙奏》,《全宋文》第 198 册,上海辞书出版社、安徽教育出版社 2006 年版,第 165—166 页。

[5]〔宋〕文天祥:《至扬州·其一》,《全宋诗》第 68 册,北京大学出版社 1998 年版,第 43007 页。

续表 10-4

名　称	今地	内　容
伍子胥庙	仪征	祀春秋伍子胥,亦名清忠英烈王庙,在胥浦桥。北宋张舜民元丰六年(1083)贬谪郴州途经扬州时,提到当地人认为胥浦河为伍子胥渡江解剑之地,河岸上有子胥庙。宋代始加王封。苏轼祭文有"报楚为孝,徇吴为忠;忠孝之至,实与天通"之句。据明代李文《祠记》,"唐、宋间,尝建清忠英烈祠于甘露乡,盖伍子胥解剑处也",即伍子胥祠可追溯至唐代。明隆庆元年(1567),知县申嘉瑞移建城西门外,增祀渔丈人。清雍正元年(1723),知县李昭治移还胥浦桥旧处。[1]
陈公庙	仪征	祀东汉广陵太守陈登,亦名恭爱王庙。据北宋孙侔《重修恭爱庙王记》所述,恭爱王庙大概在汉代就有,北宋熙宁五年(1072),江淮发运使罗拯、皮公弼重建。南宋绍兴中重修。明代庙犹存,然久已不祀,与塘一同湮没。[2]在清甘泉县、仪征县交界的陈公塘上。
惠爱王庙	仪征	始建于唐代,祀唐工部尚书张万福。北宋宣和六年(1124)运判向子谭上奏此庙灵验之事,朝廷赐额"惠爱王庙";靖康元年(1126)郡人把感应事刊刻于石碑。明隆庆间(1567—1572)废。[3]清嘉庆三年(1798),邑人黄涛移建于猪市街西、菩提园右。在甘露乡三城村。
康公庙	仪征	唐咸通中岁旱,六合康县令以身入江祷雨而死,雨遂纷纷,岁大稔,邑人为之立庙。南宋开禧间毁于兵燹,旧在仪征义城村,嘉定间州守丰有俊移建于城西。明代废。又称古镇明王庙。[4]
邵节使祠	仪征	南宋大将邵宏渊与金帅萧琦战于胥浦桥,州人得以渡江幸免于难,为邵宏渊立生祠。

[1]〔宋〕张舜民:《郴行录》卷上,《全宋笔记》第 8 编第 10 册,大象出版社 2017 年版,第 274 页。〔明〕申嘉瑞等重修:《〔隆庆〕仪真县志》卷一二,《扬州文库》第 1 辑第 16 册,广陵书社 2015 年版,第 634 页。

[2]〔明〕申嘉瑞等重修:《〔隆庆〕仪真县志》卷一二,《扬州文库》第 1 辑第 16 册,广陵书社 2015 年版,第 634 页。

[3]〔明〕申嘉瑞等重修:《〔隆庆〕仪真县志》卷一二,《扬州文库》第 1 辑第 16 册,广陵书社 2015 年版,第 634 页。

[4]〔明〕申嘉瑞等重修:《〔隆庆〕仪真县志》卷一二,《扬州文库》第 1 辑第 16 册,广陵书社 2015 年版,第 636 页。

续表 10-4

名　称	今地	内　容
吴知郡祠	仪征	南宋嘉定十五年(1222)州守吴机建,祀庆元年间(1195—1200)州守吴洪,吴洪为其叔,吴机撰有祠堂壁记。旧在资福寺西。[1]
唐总辖庙	仪征	南宋嘉定十二年运判兼州守方信孺建,祀义武民兵总辖唐璟。[2] 开禧年间,金人进犯真州,唐璟决陈公塘却敌有功。旧在陈公塘侧。
潘使君祠	仪征	南宋嘉定五年建,为州守潘友文生祠。明代废。旧在天庆观。[3]
丰知郡祠	仪征	南宋嘉定八年建,丰有俊知真州,是年蝗灾、旱灾并发,丰有俊"务穑劝分,捐逋已责,通商惠工,平籴均食,本末具举,规模悉定","号令严、赏罚明",有效防止灾害发生,来年大稔,邦人相庆,集议为丰有俊立生祠,于嘉定九年建成,州学教授张翼撰《丰知郡祠堂记》。[4] 旧在仪征县北山上。
吴知州祠	仪征	祀宋州守吴机,旧在学宫之东。南宋嘉定十二年,吴机出守仪真,当时与金兵对峙形势严峻,他在任期间,筑牢城池,核备军需,修建营寨,补齐兵卒,而没有给州民增加负担,诸生为他立生祠,丁宗魏撰《吴知州生祠记》。[5]
张康二侯庙	仪征	宋时建,旧在团窝,后移建石人头镇。
灵顺五侯庙	仪征	始建于宋,所祀之神不详,共有三处,分别位于宁江门内万金坊、清水闸南、翼城大义井坊,大义井祈祷而汲,可以愈疾,十分灵验。宋林可《大义井坊五侯庙壁》诗有"寄汲传驱恙,祈灵厄挈罂"句。[6] 后世在其他地方增建了 5 处同名庙观。

———————————

[1]〔明〕申嘉瑞等重修:《〔隆庆〕仪真县志》卷一二,《扬州文库》第 1 辑第 16 册,广陵书社 2015 年版,第 634 页。

[2]〔明〕申嘉瑞等重修:《〔隆庆〕仪真县志》卷一二,《扬州文库》第 1 辑第 16 册,广陵书社 2015 年版,第 634 页。

[3]〔明〕申嘉瑞等重修:《〔隆庆〕仪真县志》卷一二,《扬州文库》第 1 辑第 16 册,广陵书社 2015 年版,第 635 页。

[4]〔宋〕张翼:《丰知郡祠堂记》,《全宋文》第 308 册,上海辞书出版社、安徽教育出版社 2006 年版,第 307—308 页。

[5]〔宋〕丁宗魏:《吴知州生祠记》,《全宋文》第 319 册,上海辞书出版社、安徽教育出版社 2006 年版,第 220—221 页。

[6]〔清〕王检心修,〔清〕刘文淇、张安保纂:《〔道光〕重修仪征县志》卷一九,《中国地方志集成·江苏府县志辑》第 45 册,江苏古籍出版社 1991 年版,第 249 页。

续表 10-4

名　称	今地	内　容
三将军庙（两座）	仪征邗江	据南宋刘宰《庙记》，南宋绍兴三十一年（1161），金兵南侵，邵宏渊偏将梁渊、元宗、张昭在胥浦桥力敌金兵，先后阵亡，为淮民渡江、楚州主力部队入援维扬赢得宝贵时间。为表彰其忠勇，州人为三将军立庙。知州韩楶提议扩建，嘉泰元年（1201）建成。旧在胥浦桥东，明代迁建城东焦家山，奉祀道士，妄说特别灵验，于是人们大多前去祭祀祈福，旌忠之义逐渐被淡忘了。在今新城镇三将村焦家山。古江都县也有三将军庙，在县城西。[1]
落帆将军庙	仪征	南宋嘉定间州守吴机建，明洪武间千户张馨重建，旧在县西六十里江岸，嘉靖间守备汤庆移建于帆山上。[2]
女仙祠	仪征	宋时建，旧在城南仓巷，后更名三圣大仙庙。
广惠庙	仪征	亦称正顺忠祐灵济昭烈王祠，旧在治平院东，南宋绍熙四年（1193）郡守韩楶改建于仪真观西，在仪真县西三里胥浦桥，明洪武十三年（1380）指挥凌实重修。[3]
四贤祠	仪征	南宋嘉定九年（1216）郡守李道传建，祀周敦颐、程颢、程颐、朱熹。明废。在州学东。[4]
浣纱女庙	仪征	伍子胥逃往吴国，过仪征时见有浣纱女冯氏，叮嘱她不能说出其行踪，冯氏遂投水而死。伍子胥感其忠义，后返回其地，以鸡为祀，即后来的鸡留山。州人慕其义立庙祀之，岁久寝废。旧在县西四十里，明代移建于城西二里外河畔，俗称娘娘庙。明隆庆元年（1567）知县申嘉瑞增修。[5]

〔1〕〔明〕申嘉瑞等重修：《〔隆庆〕仪真县志》卷一二，《扬州文库》第 1 辑第 16 册，广陵书社 2015 年版，第 634 页。〔清〕高士钤监修，〔清〕五格、黄湘纂辑：《〔乾隆〕江都县志》卷八，《中国地方志集成·江苏府县志辑》第 66 册，江苏古籍出版社 1991 年版，第 102 页。

〔2〕〔明〕申嘉瑞等重修：《〔隆庆〕仪真县志》卷一二，《扬州文库》第 1 辑第 16 册，广陵书社 2015 年版，第 636 页。

〔3〕〔明〕朱怀幹修，〔明〕盛仪纂：《〔嘉靖〕惟扬志》卷三八，《扬州文库》第 1 辑第 1 册，广陵书社 2015 年版，第 262 页。〔清〕王检心修，〔清〕刘文淇、张安保纂：《〔道光〕重修仪征县志》卷一九，《中国地方志集成·江苏府县志辑》第 45 册，江苏古籍出版社 1991 年版，第 248—249 页。

〔4〕〔明〕申嘉瑞等重修：《〔隆庆〕仪真县志》卷八、卷一二，《扬州文库》第 1 辑第 16 册，广陵书社 2015 年版，第 607—608、633 页。

〔5〕〔明〕申嘉瑞等重修：《〔隆庆〕仪真县志》卷一二，《扬州文库》第 1 辑第 16 册，广陵书社 2015 年版，第 634 页。

续表 10-4

名　称	今地	内　容
梁文孝皇帝庙	仪征	南宋开禧间毁于战乱,嘉定中通判王大昌重建,又称昭明祠,祀萧统。[1]
康泽侯庙	高邮	详下。
齐亘公庙	高邮	传闻南齐时期,有亘姓者在此山结庵,炼丹种药,后来升仙而去,人们立庙祀之。在高邮神居山。
林太守祠	高邮	祀南宋高邮知军林伯成。
陈提举祠	高邮	在清高邮州儒学讲堂西,祀南宋绍熙年间提举陈损之。
叶太守祠	高邮	在清高邮州北樊良溪上,祀南宋高邮知军叶秀发,俗称樊良庙。
应教授祠	高邮	南宋嘉泰年间建,祀应武。据南宋陈造《记》,应武任职高邮军学教授期间,"课试有程,启迪有方",士子们无论早晚还是寒暑,都纷纷前来听讲,"粹于经、丽于词",蔚为大观,同时搜罗典籍,考证研核,刊刻勒石,使得"奸猾息心",极大地方便士子们传阅。
英烈夫人祠	高邮	南宋理宗朝敕建,祀毛惜惜,原为义娼庙。在高邮南门月城内英烈夫人死节处。[2]
四贤祠	高邮	祀北宋苏轼、孙觉、秦观、王巩。在文游台。
四贤堂	高邮	南宋庆元五年(1199)至嘉泰元年(1201)陈巩任高邮知军期间于文游台上新建,祀北宋孙觉、秦观、乔执中、朱寿昌,陈造撰《四贤堂记》。[3]
绍兴三巨公祠	高邮	南宋宝庆元年(1225)知军戴桷为缅怀三公之壮志未酬提议修建并撰写了《记》,祀南宋张浚、韩世忠、岳飞。在州廨西。
炳灵公庙	宝应	南宋宝庆(原作"皇庆",疑误)二年(1226)建,元末兵毁,明洪武九年(1376)邑人王均政重建。在清宝应县治南孝义乡。
甘罗庙	宝应	宋代宝应县有甘罗庙[4]。

说明:该表文献资料主要依据《〔嘉庆〕重修扬州府志》卷二五、二六《祠祀志》,引用这两卷概不出注,引用其他史料随文出注。其余体例参照表一。

[1]〔明〕申嘉瑞等重修:《〔隆庆〕仪真县志》卷一二,《扬州文库》第1辑第16册,广陵书社2015年版,第636页。

[2]〔清〕杨宜仑修,〔清〕夏之蓉、沈之本纂:《〔嘉庆〕高邮州志》卷一,《中国地方志集成·江苏府县志辑》第46册,江苏古籍出版社1991年版,第79页。

[3]〔宋〕陈造:《四贤堂记》,《全宋文》第256册,上海辞书出版社、安徽教育出版社2006年版,第352—353页。

[4]〔宋〕王象之:《舆地纪胜》卷三七《淮南东路·楚州》,中华书局1992年版,第1654页。

东陵圣母庙,《续汉书·郡国志》引《博物记》载,东汉广陵县东陵亭有"女子杜姜,左道通神,县以为妖,闭狱桎梏,卒变形莫知所极。以状上,因以其处为庙祠,号曰东陵圣母"。《太平寰宇记》记载东陵圣母庙在北宋江都县南三十里,并引《神仙传》:东陵圣母为海陵人,嫁给杜氏,拜刘纲为师学习仙术,学成后,其夫不相信,告官拘押于囹圄。圣母轻而易举从狱中飞走,众人望见她升入云中,于是立庙祭祀,特别灵验。有一只青鸟常在庙内,如有人丢失东西来庙祈祷,青鸟就飞到失物之上,于是路不拾遗。亦名圣母庙。北宋庆历六年(1046)夏季长久未雨,知州韩琦专门撰文向圣母庙祈雨。《〔万历〕江都县志》记载,元大德五年(1301)在城东蔡家庄(今扬州宜陵镇)重建。[1]

露筋祠,在邵伯镇北三十里与高邮分界处,今仍存。露筋祠的传说自六朝以来就开始流传,到唐代逐渐演变,至宋代定型,元明清更为兴盛,文人墨客吟咏歌颂连篇累牍。陈天嘉四年(563),江德藻与刘师知出使北齐,江氏撰《北征道里记》三卷记述此次行迹,其中记载"自邵伯埭三十六里至鹿筋,此处多白鸟,故老云:有鹿过此,一夕为蚊所唑,见筋而死,因以为名",该地名因鹿死于蚊虫咬唑见筋而死,既是当地故老所述,也符合情理,应该是实录。唐代段成式《酉阳杂俎续集》认为"相传江淮间有驿,俗呼露筋。尝有人醉止其处,一夕,白鸟咕嘬,血滴筋露而死",原来的白鸟、鹿、蚊三要素只留下了白鸟,把鹿换为醉人,蚊虫咬唑变为白鸟咕嘬,故事演变的痕迹十分明显,但醉人夜宿而为白鸟咕嘬而死,还是可以理解的[2]。王象之《舆地纪胜》记载了今天人们所熟知的露筋祠传说,即"有女夜过此,天阴蚊盛。有耕夫田舍在焉,其嫂止宿。姑曰:'吾宁处死,不可失节。'遂以蚊死,其筋见焉"[3],在唐代故

　　[1]〔晋〕司马彪:《续汉书·郡国志三》"徐州广陵郡",中华书局1965年版,第3461页。〔宋〕乐史:《太平寰宇记》卷一二三《淮南道一·扬州·江都县》,中华书局2007年版,第2445页。〔宋〕韩琦:《扬州祭圣母祠祈雨文》,《全宋文》第40册,上海辞书出版社、安徽教育出版社2006年版,第147—148页。〔清〕高士铨监修,〔清〕五格、黄湘纂辑:《〔乾隆〕江都县志》卷八,《中国地方志集成·江苏府县志辑》第66册,江苏古籍出版社1991年版,第101页。

　　[2]据南朝梁元帝萧绎《金楼子·立言上》记载,白鸟即蚊子,"白鸟,蚊也。齐桓公卧于柏寝,谓仲父曰:'吾国富民殷,无余忧矣。一物失所,寡人犹为之悒悒,今白鸟营营,饥而未饱,寡人忧之。'因开翠纱之帱,进蚊子焉"。《景印文渊阁四库全书》第848册,台湾商务印书馆1986年版,第843页。

　　[3]〔宋〕王象之:《舆地纪胜》卷四三《淮南东路·高邮军》,中华书局1992年版,第1769—1770页。

事的基础上把醉人换为姑嫂二人,删去白鸟,保留蚊子,并且把姑嫂二人作为对比,更加显现姑女为守节而死的忠贞。故事的说教味太浓就容易失真,宋代的故事便是如此,刻意符合礼法却违背必要的常识。这种演变反映了唐宋之间社会道德理念的转变,是社会思潮嬗变使然。《〔嘉庆〕重修扬州府志》认为汪氏、段氏、祝氏三种说法互异,"然考米芾碑文,当以祝说为是",即米芾碑文与祝穆之说相近而肯定祝说,自是没有考虑故事随着时代演绎变迁的情况。北宋欧阳修赋诗"尝闻高邮间,猛虎死凌辱。哀哉露筋女,万古仇不复。水乡自宜尔,可怪穷边俗",虽然没有歌颂露筋女,认为露筋女之哀是穷乡僻壤的恶俗所致,可对露筋祠故事深信不疑。绍圣元年(1094),大书法家米芾撰《露筋庙碑》称赞露筋女之贞节。正如清代《露筋庙神弦曲》所说的,"欧公倡其始,海岳实继之",即欧阳修首先赋之,米芾(号海岳山人)继其后应之,此后文士们纷纷颂之,简直是"后起腾万纸"了。[1]

司徒庙,隋代以前始建,在江都县东兴乡金匮山之东、平山堂之西。据《增补搜神记》记载,并参考《〔嘉庆〕重修扬州府志》所述,有茅、许、祝、蒋、吴五位神仙居住在扬州,五神结为兄弟,喜欢外出畋猎。当时扬州有许多虎狼,人们深受其害。有次五神狩猎时在山溪畔遇到一老妇,询问后得知她孑然无亲,餐风饮露,遂把她接到家中,当作自己的母亲侍奉。一天,五神狩猎回来不见其母,推测定是被老虎吃了,便到山间找到老虎奋力杀之。从此以后,虎患才逐渐平息。后人缅怀他们的恩德,就立庙祀之,但凡有所祈祷,有求必应。隋炀帝时因护驾有功被封为"司徒",唐代加封侯爵。南宋绍定四年(1231),逆贼李全围困扬州,祷神不吉,怒而劈裂神像。两日后,李全败走新塘,为追兵所杀,其惨状就如同他劈神像那样,人们以为是五神的报应。扬州守帅赵范率僚属以享祀之,扩建其庙,奏请朝廷赐额"英显",加封的侯爵多达八个字。贾似道出守扬州,祈雨晴特别灵验,奏请加封王号,分别为:灵威忠惠翊顺王、灵应忠利辅顺王、灵助忠卫佐顺王、灵佑忠济助顺王、灵勇忠烈楚项王。南宋德祐二年(1276),文天祥逃亡扬州时作有"司徒庙下贾家庄"之句。明嘉靖六年,巡盐御史雷应龙毁之,立胡安定先生祠,祀胡瑗。明嘉靖六年(1527),

[1]〔唐〕姚思廉:《陈书》卷三四《江德藻传》,中华书局 1972 年版,第 457 页。〔宋〕欧阳修:《憎蚊》,《全宋诗》第 6 册,北京大学出版社 1998 年版,第 3605 页。

当地百姓就在祠东立庙。清雍正十一年，知府尹会一祈祷雨晴都如愿，以牲昭报，令每年春秋祭祀。《南史·王琳传》载，王琳守寿阳（今安徽寿县）城破身死，有扬州人茅智胜等五人密送丧柩至邺（今河北临漳县邺镇）。[1]人们据此认为，茅智胜等五人就是茅、许、祝、蒋、吴五神。

康泽侯庙，在清高邮州西北十里湖中洲上，俗称耿七公庙。相传耿七公名裕德，东平（今属山东）梁山泊人，有的说他女儿嫁高邮茆氏，或是他为高邮茆氏之甥，后来客死高邮。还有种说法，他在北宋宝元年间（1038—1040）为判官，后来弃官隐居于高邮江静村，突然顿悟，遂在东岳庙吃斋念佛，资助贫贱孤寡，还经常以蒲席为舟，泛于甓社湖（今高邮湖）上。人们生病上门求治，他拿香炉里的灰作药予人，服之即愈，被称作神人。耿七公生而神异，死后显灵，他年八十一去世，北宋哲宗时人们在他经常游憩的甓社湖畔建祠祀之。[2]到南宋乾道、淳熙、景定年间，但凡遇到旱潦、瘟疫、虫蝗，祈祷无不灵验，功勋累累，被赐封为康泽侯。大运河漕运，从扬州到淮河，必经过高邮西边的湖泊，"湖寰匝百，亦水漫淡汹涌，烈风怒涛，覆舟决堤"，人们视路过此处为危途。耿七公庙修建后，舟民常常能在"虚空水波之间"看见灯光，从而能够平安地经过这里。明宣德七年（1432），平江伯陈瑄奏请春秋二仲，以猪羊祀之；嘉靖二十二年（1543）邵南重修，后坍塌入湖中。

一方水土养一方人、育一方文化。在历史发展进程中，宋代扬州社会风俗和宗教信仰上承唐代、下启元明清，同时在区域内部也有明显的分化与差异，总体上呈现出继承创新、转型演进的态势。

以社会风俗论之，宋代扬州完成了由"野"到"文"的转变，这个过程始于隋唐，最终成于宋代，于是"率渐于礼""好学而文""好谈儒学"等新风，取代了原有的"人性轻扬""厥性轻扬""土俗轻扬"等旧俗。同时，各地风俗的发展变化有着明显的差异与特点。江都、广陵乃州治所在地，既有重商

---

[1]〔晋〕干宝集：《新刻出像增补搜神记》卷四《扬州五司徒》，《续修四库全书》第1264册，上海古籍出版社2002年版，第345页。〔唐〕李延寿：《南史》卷六四《王琳传》，中华书局1975年版，第1564页。〔明〕朱怀幹修，〔明〕盛仪辑：《〔嘉靖〕惟扬志》卷三八，《扬州文库》第1辑第1册，广陵书社2015年版，第262页。文天祥：《至扬州》，《全宋诗》第68册，北京大学出版社1998年版，第43010页。

[2]〔清〕杨宜仑修，〔清〕夏之蓉、沈之本纂：《〔嘉庆〕高邮州志》卷一〇，《中国地方志集成·江苏府县志辑》第46册，江苏古籍出版社1991年版，第457页。

逐利之传统，也有崇文尚学之新风，体现了城市风俗的包容性和多面性。真州、高邮、宝应代表三种不同类型的风俗，真州得运河之便利而成为商业都会，人们多往来于此经商谋生，其风俗虽好学有文，可重商的氛围显得更为浓厚，市侩狡黠的现象较为常见；高邮地处交通要道，吸引不少外地人来此落籍，土客矛盾较多，人地关系较为紧张，"好讼"渐成风气，然而人们重农务本、耕读传家，产生乔氏、秦氏、孙氏等名门望族，好文习儒之风十分兴盛，赢得"淮南齐鲁"之美誉；宝应是军事重镇，隶属于楚州，驻军较多，盛行剽悍好斗之风。此外，宋代的岁时节令趋于定型，比如端午、七夕时间的固定，元旦、寒食、冬至三大节日的成熟，时令习俗较为丰富，既有元宵节"天下之盛"的灯火，也有中秋节的饮酒赏月、重阳节的食莼品蟹，既有作为贡物的好茶、名闻天下的好水，也有仕宦显贵痴迷、普罗大众喜欢的品茗之风，其风俗可谓五彩斑斓、多姿多彩。

在城市风物方面，宋代扬州在继承前朝社会风俗的基础上，集大成地凝练形成"城市风物"的概念，奠定了当今扬州风物的人文基础。"城市风物"之概念，简言之就是以实物代指城市，既是城市的具象化，也是实物的人文化。琼花、芍药、荷花、海仙花、银杏都是普通植物，可琼花、芍药尤为宋人喜爱，被亲切称为"扬花"，进而以扬州的人文符号化身为城市风物。从普通植物到城市风物，是一个逐渐演变的过程。王禹偁把锦带花改为海仙花，欧阳修传荷飞觞、坐花载月，诗人们称银杏为"鸭脚"，这些都是文人雅士的风流言行，可视为植物人文化的初始形态。扬州芍药"甲天下"，既有民间、佛寺"以治花相尚"的社会风俗，也有市民"以治花为业"的经济形态，还有"四相簪花"的传奇故事，形成"花相"的人文内涵，并以"扬花"化身为城市风物。琼花神似唐代玉蕊花、形同聚八仙，加上"号为难植""不可移徙"的特征，激发宋人的极大热情，形成"天下无双"的人文意义，同时，琼花的枯荣史与宋朝的兴衰密切相连，因而被宋人赋予了更多的情感寄托，最终成为赵宋的"祥瑞之花"。然而，历史的诡异在于，宋人把亡国之恨寄托于琼花，后人又借琼花作政治文章，宋亡后隋炀帝赏琼花亡国之事逐渐流行，琼花逐渐成为匪夷所思的"亡国之征"。总之，无论从城市风物具象化还是植物人文化的角度看，琼花的人文意象都是别具一格、极为深远的。

就宗教信仰而言,"祠祀之立,省会繁于府治,府治繁于县治,其地崇者,其礼备也"[1],这虽然是清代地方志中的记载,可揭示的是普遍规律,即越是繁华的都市,寺庙祠堂越多,宗教也更为兴盛,如从宋代江都、广陵到真州、高邮,再到宝应,其数量依次减少,体现的就是这种规律特征。人们对宗教的信仰多种多样,各种宗教传播流布也有着不同的特点。比如佛教,主要流布态势是从社会上层到底层,到宋代完成中国化进程,在此大背景下,扬州知州王禹偁、韩琦、苏轼以及本地名士孙觉、秦观等名流,或与僧人切磋学问、交游结好,或资助寺院、撰文褒扬,皇室也赐建了建隆寺等佛寺,据初步考证梳理,宋代扬州佛寺就多达104座,遍布城乡各地、通途要津,深深地融入世俗生活中。又如道教,相关文献资料虽然相对较少,理论构建也不如佛教成熟,可道教更多是依赖道术流布,人们对它的崇信似乎更为虔诚,北宋以仪征有旺气在此铸像并兴建仪真观,为赵宋王朝政权的正统性、合法性进行舆论造势,高邮秦氏等望族还世代传习道家方术,那么社会中下层民众对道教的信奉程度就可想而知了。又如伊斯兰教,宋代扬州得运河之便成为中西方文化交流融合的前沿地,是东南沿海伊斯兰教的重镇。虽然文献中仅记载3座清真寺以及3名伊斯兰教传教士,但可推测有较多的穆斯林群体生活于扬州,并沿着运河传播伊斯兰教,这种态势始于唐代,到宋代进入高潮,入元后仍然活跃兴盛,体现出历史发展的惯性。再如民间信仰,扬州向来有"好淫祀"的传统,民间信仰较为繁杂,按地方志中的说法,"是故勾龙后弃,粒我蒸民,社稷之谓也,则祀之;吹嘘润泽,鼓舞翕张,风云雷雨,其神矣,则祀之;定民依表,州镇名山大川,其功矣,则祀之;光灵肸响,古昔圣贤,其烈矣,则祀之"[2],其实除神灵、山川、圣贤外,还有对负面人物的祭祀,如佛狸祠祀拓跋焘,因此宋代扬州有名录可考的祠庙多达94座,其中神灵类17座、山川类6座、人物类71座,展示了丰富多彩、五花八门的信仰世界。

需要指出的是,蜀冈既是扬州城的地理高峰,也是扬州城的人文高地。

[1] 〔清〕谢延庚等修,〔清〕刘寿曾等纂:《〔光绪〕江都县续志》卷一八,《中国地方志集成·江苏府县志辑》第67册,江苏古籍出版社1991年版,第231页。

[2] 〔明〕申嘉瑞等重修:《〔隆庆〕仪真县志》卷一二,《扬州文库》第1辑第16册,广陵书社2015年版,第636页。

蜀冈盛产贡茶,又有"天下第五泉"蜀井,诸多名臣、文士、高僧等到此郊游品茶,推动形成饮茶之风。同时,蜀冈沿线寺院林立,初步统计便有 11 座之多,形成一条独特的宗教景观带。尤其是蜀冈东脉一带,既有蒙谷、昆冈以及制贡茶的时会堂,也濒临大运河这条交通要道,集聚了龙兴寺、开元寺、山光寺、禅智寺(竹西寺、上方寺)等 4 座寺院,其中山光寺还是人们迎来送往的重要码头,成为扬州城区与郊野的地理分界标识。

表象的背后是深层次的规律,只有从时代大背景考察,才能更好了解历史发展的"所以然"。宋代扬州社会风俗、城市风物和宗教信仰的发展变迁,受到诸多方面的影响,其中主要体现在三个方面。

第一,文章太守的教化影响。文章太守出自欧阳修的《朝中措》,在这首词中,他以"文章太守,挥毫万字,一饮千钟"[1]赠别即将出守扬州的好友刘敞。欧阳修以"文章太守"赠予刘敞,后人又称欧阳修为文章太守。其实,"文章太守"是一个群体,北宋时期扬州为国家经济腹地,地位十分重要,朝廷往往委派重臣出守,王禹偁、韩琦、欧阳修、刘敞、苏轼等名臣先后为扬州知州,他们以全新的人文眼光解读扬州风物,大力推进文治教化、正风敦俗,给扬州带来了新气象。王禹偁以诗人的敏锐,对扬州的琼花、芍药、海仙花分别赋诗称颂,然其结果却大相径庭,海仙花湮没无闻,芍药贵为"花相",琼花化身为"仙客"。从韩琦举行簪花会、首倡风雅,到蔡京举办万花会、劳民伤财,再到苏轼蠲除万花会、还花于民,文章太守们的善政之举让扬州百姓感念至深。在文章太守的教化下,扬州的"轻扬""躁劲"旧俗逐渐转变为"朴厚而不争,好学而文"的新风,时人称颂为"诸贤之遗化"。同时,文章太守在宋代扬州宗教史上也留下浓厚一笔,比如苏轼在扬期间,与无择长老交好,到石塔寺、大明寺品茶,对紫衣道士呵斥,途经扬州时又在竹西寺题诗,他们类似的言行对地区宗教发展产生较大影响。

第二,大运河的便利交通。由于运河之便利,扬州为"天下四方之冲",在京师开封与各地的舟车交通中"居天下十之七",东南十一路贸易也由此经传,俨然是一个舟楫云集、繁荣富庶的大都会。文化的传播往往依赖交通

---

[1]〔宋〕欧阳修:《朝中措》,《全宋词》第 1 册,中华书局 1965 年版,第 122 页。

路线,伊斯兰教伴随着阿拉伯人经商,从海上丝绸之路传入东南沿海,再沿着大运河往北传播,使得扬州成为东南地区伊斯兰教重镇之一,也是大运河沿线伊斯兰教的重要基地。佛教、道教以及其他民间信仰也基本上沿着大运河流布,比如宝月、昭庆等高僧沿着运河游锡布道,露筋祠、康泽侯庙反映了民间信仰沿着大运河传播流布。大运河对社会风俗的影响更为明显,蜀冈贡茶在进贡时间上拔得头筹,主要是得益于便利的运河交通;芍药贸易南到苏州、北抵宝应、东至南通、西达滁州,反映出芍药种植风尚以扬州为中心、沿着运河等水路传播流布的特点;高邮的重农务本、耕读之风,真州的经商逐利、安居乐业,也是交通条件不同所致,尤其是大运河从真州入江,使得真州江河交汇、四通八达,行政地位随之逐步上升,赢得了"淮南风物第一州"之美誉。

第三,军事政治的形势变化。扬州在北宋时期为经济腹地,到了南宋变成军事前沿,从要郡到边郡,对扬州各方面都产生了极为深远的影响。比如,"扬州风物"概念的形成、发展及流传,主要是由于北宋的繁富与南宋的动荡形成鲜明对比,反映到文学中,则南宋的作品更为沧桑,逐渐演化成充满诸多情感色彩的人文意象。再如,两宋之间的民间信仰也是对比鲜明,时人的祭祀对象,北宋多为文臣,而南宋基本上是武将,这说明人们在和平时期依赖文治教化,而战争年代则希望武功护佑,时代变化对社会心理的影响由此可见一斑。

主要参考文献

一、史料

彭定求.全唐诗[M].北京:中华书局,1960.

李昉,等.太平广记[M].北京:中华书局,1961.

叶适.叶适集[M].北京:中华书局,1961.

胡仔.苕溪渔隐丛话[M].北京:人民文学出版社,1962.

许慎.说文解字[M].北京:中华书局,1963.

李延寿.北史[M].北京:中华书局,1974.

刘昫,等.旧唐书[M].北京:中华书局,1975.

欧阳修,宋祁.新唐书[M].北京:中华书局,1975.

脱脱,等.金史[M].北京:中华书局,1975.

尹会一,程梦星,等.雍正扬州府志[M].香港:成文出版社,1975.

脱脱,等.宋史[M].北京:中华书局,1977.

王令.王令集[M].沈文倬,校点.上海:上海古籍出版社,1980.

欧阳修.归田录[M].北京:中华书局,1981.

邵博温.邵氏闻见后录[M].北京:中华书局,1983.

王存.元丰九域志[M].北京:中华书局,1984.

曾巩.曾巩集[M].北京:中华书局,1984.

汪元量.增订湖山类稿[M].孔凡礼,辑校.北京:中华书局,1984.

陈鳣.续唐书[M].北京:中华书局,1985.

王恽.秋涧集[M]//景印文渊阁四库全书.台北:台湾商务印书馆,1986.

李吕.澹轩集[M]//景印文渊阁四库全书.台北:台湾商务印书馆,

1986.

楼钥.攻媿集[M]//景印文渊阁四库全书.台北:台湾商务印书馆,
1986.

叶适.水心集[M]//景印文渊阁四库全书.台北:台湾商务印书馆,
1986.

邹浩.道乡集[M]//景印文渊阁四库全书.台北:台湾商务印书馆,
1986.

谢逸.溪堂集[M]//景印文渊阁四库全书.台北:台湾商务印书馆,
1986.

罗愿.尔雅翼[M]//景印文渊阁四库全书.台北:台湾商务印书馆,
1986.

周必大.文忠集[M]//景印文渊阁四库全书.台北:台湾商务印书馆,
1986.

虞俦.尊白堂集[M]//景印文渊阁四库全书.台北:台湾商务印书馆,
1986.

王禹偁.小畜集[M]//景印文渊阁四库全书.台北:台湾商务印书馆,
1986.

张海鹏.咸淳遗事[M]//景印文渊阁四库全书.台北:台湾商务印书馆,
1986.

王奕.玉斗山人集[M]//景印文渊阁四库全书.台北:台湾商务印书馆,
1986.

陈思.两宋名贤小集[M]//景印文渊阁四库全书.台北:台湾商务印书
馆,1986.

方回.古今考·续考[M]//景印文渊阁四库全书.台北:台湾商务印书馆,
1986.

陈造.江湖长翁文集[M]//景印文渊阁四库全书.台北:台湾商务印书
馆,1986.

徐梦莘.三朝北盟会编[M].上海:上海古籍出版社,1987.

苏颂.苏魏公文集[M].北京:中华书局,1988.

苏辙.苏辙集［M］.北京：中华书局,1990.

周应合.景定建康志［M］//宋元方志丛刊.北京：中华书局,1990.

张淏.宝庆会稽续志［M］//宋元方志丛刊.北京：中华书局,1990.

梁克家.淳熙三山志［M］//宋元方志丛刊.北京：中华书局,1990.

左辉春,等.道光续增高邮州志［M］//中国地方志集成：江苏府县志辑.南京：江苏古籍出版社,1991.

高士.乾隆江都县志［M］.五格,黄湘,纂辑//中国地方志集成：江苏府县志辑.南京：江苏古籍出版社,1991.

王检心.道光重修仪征县志［M］.刘文淇,张安保,纂//中国地方志集成：江苏府县志辑.南京：江苏古籍出版社,1991.

徐成敉,等.光绪增修甘泉县志［M］.陈浩恩,等,纂//中国地方志集成：江苏府县志辑.南京：江苏古籍出版社,1991.

钱祥保,等.民国江都县续志［M］.桂邦杰,等,纂//中国地方志集成：江苏府县志辑.南京：江苏古籍出版社,1991.

杨宜仑.嘉庆高邮州志［M］.夏之蓉,沈之本,纂//中国地方志集成：江苏府县志辑.南京：江苏古籍出版社,1991.

王象之.舆地纪胜［M］.北京：中华书局,1992.

晁补之.晁补之词编年笺注［M］.乔力,校注.济南：齐鲁书社,1992.

秦观.淮海集笺注［M］.徐培均,笺注.上海：上海古籍出版社,1994.

佚名.续编两朝纲目备要［M］.北京：中华书局,1995.

张元忭.万历绍兴府志［M］//四库全书存目.济南：齐鲁书社,1996.

姚宽.西溪丛语［M］.北京：中华书局,1997.

焦循,江藩.扬州图经［M］.南京：江苏古籍出版社,1998.

北京大学文献研究所.全宋诗［M］.北京：北京大学出版社,1998.

欧阳修.欧阳修全集［M］.北京：中华书局,2001.

沈括.沈括全集［M］.杨渭生,新编.杭州：浙江大学出版社,2001.

苏轼.苏轼诗集合注［M］.冯应榴,辑注.上海：上海古籍出版社,2001.

徐象梅.两浙名贤录［M］//续修四库全书.上海：上海古籍出版社,2002.

谢深甫.庆元条法事类[M]//续修四库全书.上海：上海古籍出版社，2002.

王应麟.玉海[M].扬州：广陵书社，2003.

龙衮.江南野史[M]//全宋笔记：第一编.郑州：大象出版社，2003.

陶穀.清异录[M]//全宋笔记：第一编.郑州：大象出版社，2003.

莫君陈.月河所闻集[M]//全宋笔记：第一编.郑州：大象出版社，2003.

欧阳忞.舆地广记[M].李勇先，王小红，校注.成都：四川大学出版社，2003.

祝穆.方舆胜览[M].祝洙增订，施和金，点校.北京：中华书局，2003.

黄庭坚.黄庭坚诗集注[M].任渊，等注.北京：中华书局，2003.

缪荃孙.江阴县续志[M].国家图书馆善本金石组，编//宋代石刻文献全编.北京：北京图书馆出版社，2003.

陆耀遹.金石续编[M]//宋代石刻文献全编.北京：北京图书馆出版社，2003.

李焘.续资治通鉴长编[M].北京：中华书局，2004.

马蓉，陈抗，钟文，栾贵明，张忱石.永乐大典方志辑佚[M].北京：中华书局，2004.

李纲.李纲全集[M].长沙：岳麓书社，2004.

顾祖禹.读史方舆纪要[M].贺次君，施和金，点校.北京：中华书局，2005.

陈新，等.全宋诗订补[M].郑州：大象出版社，2005.

陆游.剑南诗稿校注[M].钱仲联，校注.上海：上海古籍出版社，2005.

王之道.相山集[M].北京：北京图书馆出版社，2006.

曾枣庄，刘琳.全宋文[M].上海：上海辞书出版社，合肥：安徽教育出版社，2006.

梅尧臣.梅尧臣集编年校注[M].朱东润，编年校注.上海：上海古籍出版社，2006.

郝经.陵川集[M].太原：山西古籍出版社，2006.

王溥.唐会要[M].上海：上海古籍出版社，2006.

沈括.梦溪笔谈·补笔谈［M］// 全宋笔记:第二编.郑州:大象出版社,2006.

魏泰.东轩笔录［M］// 全宋笔记:第二编.郑州:大象出版社,2006.

崔致远.桂苑笔耕集校注［M］.党银平,校注.北京:中华书局,2007.

杨万里.杨万里集笺校［M］.辛更儒,笺校.北京:中华书局,2007.

乐史.太平寰宇记［M］.王文楚,点校.北京:中华书局,2007.

崔与之.宋丞相崔清献公全录［M］.张其凡,孙志章,整理.广州:广东人民出版社,2008.

张邦基.墨庄漫录［M］// 全宋笔记:第三编.郑州:大象出版社,2008.

朱翌.猗觉寮杂记［M］// 全宋笔记:第三编.郑州:大象出版社,2008.

蔡绦.铁围山丛谈［M］// 全宋笔记:第三编.郑州:大象出版社,2008.

沈作喆.寓简［M］// 全宋笔记:第四编.郑州:大象出版社,2008.

庄绰.鸡肋编［M］// 全宋笔记:第四编.郑州:大象出版社,2008.

欧阳修.欧阳修诗文集校笺［M］.洪本健,校笺.上海:上海古籍出版社,2009.

欧阳修.欧阳修词集［M］.张璟,导读.上海:上海古籍出版社,2010.

王安石.王荆文公诗笺注［M］.李壁,笺注,高克勤点校.上海:上海古籍出版社,2010.

苏轼.苏轼全集校注［M］.张志烈,等,校注.石家庄:河北人民出版社,2010.

朱熹.晦庵先生朱文公文集［M］// 朱子全书.上海:上海古籍出版社,合肥:安徽教育出版社,2010.

刘克庄.刘克庄集笺校［M］.辛更儒,校注.北京:中华书局,2011.

刘文淇.扬州水道记［M］.扬州:广陵书社,2011.

马端临.文献通考［M］.北京:中华书局,2011.

戴复古.戴复古集［M］.吴茂云,郑伟荣,校点.杭州:浙江大学出版社,2012.

佚名.中兴御侮录［M］// 全宋笔记:第五编.郑州:大象出版社,2012.

洪迈.容斋随笔［M］// 全宋笔记:第五编.郑州:大象出版社,2012.

陆游．家世旧闻［M］// 全宋笔记：第五编．郑州：大象出版社，2012.

周辉．清波杂志［M］// 全宋笔记：第五编．郑州：大象出版社，2012.

楼钥．北行日录［M］// 全宋笔记：第六编．郑州：大象出版社，2013.

王楙．野客丛书［M］// 全宋笔记：第六编．郑州：大象出版社，2013.

王明清．挥麈后录［M］// 全宋笔记：第六编．郑州：大象出版社，2013.

李心传．建炎以来朝野杂记［M］// 全宋笔记：第六编．郑州：大象出版社，2013.

司马光．资治通鉴［M］．北京：中华书局，2013.

李心传．建炎以来系年要录［M］．北京：中华书局，2013.

王夫之．读通鉴论［M］．舒士彦，点校．北京：中华书局，2013.

刘时举．续宋中兴编年资治通鉴［M］．王瑞来，点校．北京：中华书局，2014.

徐松．宋会要辑稿［M］．刘琳，刁忠民，舒大刚，等，校点．上海：上海古籍出版社，2014.

阿克当阿．嘉庆重修扬州府志［M］．扬州：广陵书社，2014.

朱怀幹．嘉靖惟扬志［M］．盛仪，辑．// 扬州文库．扬州：广陵书社，2015.

申嘉瑞，等．隆庆仪真县志［M］// 扬州文库．扬州：广陵书社，2015.

杨洵，等．万历扬州府志［M］// 扬州文库．扬州：广陵书社，2015.

曹璿．琼花集［M］// 扬州文库．扬州：广陵书社，2015.

贵正辰．琼花题咏全集［M］// 扬州文库．扬州：广陵书社，2015.

陈邦瞻．宋史纪事本末［M］．北京：中华书局，2015.

陈振孙．直斋书录解题［M］．徐小蛮，顾美华，点校．上海：上海古籍出版社，2015.

王栐．燕翼诒谋录［M］// 全宋笔记：第七编．郑州：大象出版社，2015.

薛居正．旧五代史［M］．北京：中华书局，2016.

洪迈．夷坚志［M］// 全宋笔记：第九编．郑州：大象出版社，2018.

佚名．皇宋中兴两朝圣政辑校［M］．孔学，辑校．北京：中华书局，2019.

二、专著

谭其骧.中国历史地图集:宋辽金时期[M].北京:中国地图出版社,1982.

唐圭璋.词话丛编[M].北京:中华书局,1986.

漆侠.宋代经济史[M].上海:上海人民出版社,1987.

吴家兴.扬州古港史[M].北京:人民交通出版社,1988.

王兆鹏.两宋词人年谱[M].台北:文津出版社有限公司,1994.

汪圣铎.两宋财政史[M].北京:中华书局,1995.

黄怀信,张懋镕,田旭东.逸周书汇校集注[M].上海:上海古籍出版社,1995.

吴松弟.中国移民史:隋唐五代时期[M].福州:福建人民出版社,1997.

邓小南.课绩·资格·考察:唐宋文官考核制度侧谈[M].郑州:大象出版社,1997.

何忠礼.南宋史稿[M].杭州:杭州大学出版社,1999.

周绍良.全唐文新编[M].长春:吉林文史出版社,2000.

吴松弟.中国人口史[M].上海:复旦大学出版社,2000.

包伟民.宋代地方财政史研究[M].上海:上海古籍出版社,2001.

李之亮.宋两淮大郡守臣易替考[M].成都:巴蜀书社,2001.

上海古籍出版社.宋元笔记小说大观[M].上海:上海古籍出版社,2001.

曾枣庄,舒大刚.三苏全书[M].北京:语文出版社,2001.

朱正海.竹西佳处[M].扬州:广陵书社,2002.

黄纯艳.宋代茶法研究[M].昆明:云南大学出版社,2002.

吴子辉.扬州建置笔谈[M].南京:江苏古籍出版社,2002.

葛金芳.中国经济通史[M].长沙:湖南人民出版社,2002.

国家图书馆善本金石组.宋代石刻文献全编[M].北京:北京图书馆出版社,2003.

王澄.扬州刻书考[M].扬州:广陵书社,2003.

余英时.朱熹的历史世界:宋代士大夫政治文化的研究[M].北京:生

活·读书·新知三联书店,2004.

贾志扬.天潢贵胄:宋代宗室史[M].赵冬梅,译.南京:江苏人民出版社,2005.

张美林,韩月波.扬州民歌史略[M].北京:社会科学文献出版社,2006.

周义敢,周雷.秦观资料汇编[M].北京:中华书局,2006.

李昌宪.中国行政区划通史:宋西夏卷[M].上海:复旦大学出版社,2007.

汪圣铎.宋代社会生活研究[M].北京:人民出版社,2007.

彭信威.中国货币史[M].上海:上海人民出版社,2007.

刘尊明.秦观集[M].南京:凤凰出版社,2007.

王毅.宋代文学家庭[M].长沙:湖南师范大学出版社,2008.

梁方仲.中国历代户口、田地、田赋统计[M].北京:中华书局,2008.

邓广铭,漆侠.宋史专题课[M].北京:北京大学出版社,2008.

周振鹤.中国行政区划通史:总论[M].上海:复旦大学出版社,2009.

吉成名.宋代食盐产地研究[M].成都:巴蜀书社,2009.

中国社会科学院考古研究所,南京博物院,扬州市文物考古研究所.扬州城:1987—1998年考古发掘报告[M].北京:文物出版社,2010.

邓广铭.邓广铭治史丛稿[M].北京:北京大学出版社,2010.

徐炳顺.扬州运河[M].扬州:广陵书社,2011.

斯波义信.宋代江南经济史研究[M].方健,何忠礼,译.南京:江苏人民出版社,2011.

郭声波.中国行政区划通史:唐代卷[M].上海:复旦大学出版社,2012.

葛金芳.南宋全史[M].上海:上海古籍出版社,2012.

加藤繁.中国经济史考证[M].吴杰,译.北京:中华书局,2012.

全汉昇.中国经济史论丛[M].北京:中华书局,2012.

黄纯艳.宋代财政史[M].昆明:云南大学出版社,2013.

李晓杰.中国行政区划通史:五代十国卷[M].上海:复旦大学出版社,2014.

周振鹤.中国地方行政制度史[M].上海:上海人民出版社,2014.

李华瑞.宋代救荒史稿[M].天津:天津古籍出版社,2014.

中国社会科学院考古研究所,南京博物院,扬州市文物考古研究所,洛阳市文物钻探管理办公室.扬州蜀冈古代城址考古勘探报告[M].北京:科学出版社,2014.

包伟民.宋代城市研究[M].北京:中华书局,2014.

中国社会科学院考古研究所,南京博物院,扬州市文物考古研究所.扬州城遗址考古发掘报告:1999—2013[M].北京:科学出版社,2015.

李孝聪.中国城市的历史空间[M].北京:北京大学出版社,2015.

寺地遵.南宋初期政治史研究[M].刘静贞,李今芸,译.上海:复旦大学出版社,2016.

何适.从内地到边郡:宋代扬州城市与经济研究[M].台湾:花木兰文化出版社,2019.

三、论文与简报

全汉昇.唐宋时代扬州经济景况的繁荣与衰落[G]//历史语言研究所.历史语言研究所集刊:第11本.南京:江苏古籍出版社,1943.

杨健美.扬州先贤墓考略[G]//李兴华,冯今源.中国伊斯兰教史参考资料选编:1911—1949.银川:宁夏人民出版社,1985.

谢元鲁.论"扬一益二"[G]//史念海.唐史论丛:第三辑.西安:陕西人民出版社,1987.

刘子健.背海立国与半壁山河的长期稳定[G]//刘子健.两宋史研究汇编.台北:联经出版事业有限公司,1987.

柳立言.南宋政治初探:高宗阴影下的孝宗[G]//历史语言研究所集刊:1986年第57本.台北:编译馆,1989.

王曾瑜.南宋后期扬州屯驻大军番号和今存南宋扬州城砖文考释[G]//文东.日本刘子健博士颂寿纪念宋史研究论集.京都:同朋社,1989.

朱江.伊斯兰教在扬州[G]//韦培春.伊斯兰教在扬州.南京:南京大学出版社,1991.

靳生禾,师道刚.中国古地理文献中地方等第刍议[G]//中国地理学会历史地理专业委员会,历史地理编辑委员会.历史地理:第十辑.上海:上海人民出版社,1992.

蒋忠义.隋唐宋明扬州城的复原与研究[G]//中国社会科学院考古研究所.中国考古学论丛.北京:科学出版社,1993.

章生道.城治的形态与结构研究[G]//施坚雅.中华帝国晚期的城市.北京:中华书局,2000.

安藤更生.唐宋时期扬州城之研究[G].汪勃,刘妍,译//董学芳.扬州唐城考古与研究资料选编,2009.

中国社会科学院考古研究所,南京博物院,扬州市博物馆.江苏扬州城南门遗址发掘报告[G]//刘庆柱.考古学集刊.北京:科学出版社,2013.

中国社会科学院考古研究所,南京博物院,扬州市文物考古研究所,扬州唐城考古工作队.扬州唐宋城东门遗址的发掘[G]//刘庆柱.考古学集刊.北京:科学出版社,2013.

汪勃.扬州城遗址唐宋城时期用砖规格之研究[G]//扬州博物馆.江淮文化论丛:第二辑.北京:文物出版社,2013.

汪勃.扬州城遗址蜀冈上城垣城濠蠡测[G]//扬州博物馆.江淮文化论丛:第二辑.北京:文物出版社,2013.

成一农.宋元以及明代前中期城市城墙政策的演变及其原因[G]//中村圭尔,辛德勇.中日古代城市研究.北京:中国社会科学出版社,2004.

朱江.扬州仙鹤寺阿拉伯人墓碑记[J].文物参考资料,1957(09).

刘彬如,陈达祚.扬州"回回堂"和元代阿拉伯文的墓碑[J].江海学刊,1962(02).

耿鉴庭.从扬州的南宋城砖砖窑谈到唐代大云寺的寺址[J].文物,1963(09).

陈从周.扬州伊斯兰教建筑[J].文物,1973(04).

马正林.中国运河变迁的基本特点[J].陕西师范大学学报:哲学社会科学版,1978(02).

耿鉴庭.扬州出土的阿拉伯文石碑[J].文物,1978(03).

纪仲庆.扬州古城址变迁初探[J].文物,1979(09).

尤振尧.扬州古城1978年调查发掘简报[J].文物,1979（09）.

张南.扬州发现涉及山光寺位置的墓志[J].文物,1980（05）.

朱江.伊斯兰教文化东渐扬州始末：下[J].海交史研究,1980（02）.

南京博物院.扬州唐代寺庙遗址的发现和发掘[J].文物,1980（03）.

扬州博物馆.扬州东风砖瓦厂八、九号汉墓清理简报[J].考古,1982(03).

朱江.扬州出土的唐代阿拉伯文背水瓷壶[J].文物,1983（02）.

努尔.扬州伊斯兰教碑文新证[J].海交史研究,1983（05）.

刘叙杰.扬州师范学院唐代佛寺遗址初探[J].东南文化,1986（01）.

林承坤.长江和大运河的演变与扬州港的兴衰[J].海交史研究,1986（01）.

王勤金.扬州古城南门遗址的发现和发掘述要[J].扬州师院学报：社会科学版,1986（02）.

韩茂莉.唐宋之际扬州经济兴衰的地理背景[J].中国历史地理论丛,1987（01）.

朱瑞熙.宋代的节日[J].上海师范大学学报：哲学社会科学版,1987(03).

周建明.论北宋漕运转般法[J].史学月刊,1988（06）.

汪圣铎.南宋江北铁钱若干问题[J].中国钱币,1989（02）.

何炳棣.中国历史上的早熟稻[J].谢天祯译.农业考古,1990（01）.

中国社会科学院考古研究所,南京博物院,扬州市文化局扬州城考古队.扬州城考古工作简报[J].考古,1990（01）.

黄宽重.宋代城郭的防御设施及材料[J].大陆杂志,1990（02）.

中国社会科学院考古研究所,南京博物院,扬州市文化局,扬州城考古队.江苏扬州宋三城的勘探与试掘[J].考古,1990（07）.

严耕望.唐代扬州南通大江三渠道[J].新亚学报,1994（17）.

王勤金.唐代扬州二十四桥桥址考古勘探调查与研究[J].南方文物,1995（03）.

吴炜.介绍扬州发现的两合宋墓志[J].文物.1995（04）.

西冈弘晃.宋代扬州的城市水利[J].吕娟,译.城市发展研究,1996(01).

中国社会科学院考古研究所,南京博物院,扬州市文化局,扬州城考古队.扬州宋大城西门发掘报告[J].考古学报,1999（04）.

李久海.论扬州宋三城的布局和防御设施[J].东南文化,2000（11）.

曲英杰.扬州古城考[J].中国史研究,2003（02）.

李裕群.隋唐时代的扬州城[J].考古,2003（03）.

李兴华.扬州伊斯兰教研究[J].回族研究,2005（01）.

陈双印.五代时期的扬州城考[J].中国历史地理论丛,2005（03）.

吴松弟,王列辉.唐朝至近代长江三角洲港口体系的变迁轨迹[J].复旦学报:社会科学版,2007（02）.

周运中.港口体系变迁与唐宋扬州盛衰[J].中国社会经济史研究,2010（01）.

陈晓燕.宋诗所见扬州经济现象及其成因探析[J].中国城市经济,2011（27）.

李华瑞.酒与宋代社会[J].酒史与酒文化研究,2012（01）.

中国社会科学院考古研究所,南京博物院,扬州市文物考古研究所,扬州唐城考古工作队.江苏扬州市宋大城北门遗址的发掘[J].考古,2012（10）.

梁庚尧.从南北到东西:宋代真州转运地位的转变[J].台大历史学报,2013（52）.

刘勇刚.论秦观的策论[J].北京大学学报:哲学社会科学版,2013（06）.

中国社会科学院考古研究所,南京博物院,扬州市文物考古研究所,洛阳市文物钻探管理办公室.江苏扬州蜀冈古代城址的考古勘探及其初步认识[J].东南文化,2014（05）.

郭承真.京杭大运河与普哈丁园[J].中国穆斯林,2014（06）.

中国社会科学院考古研究所,南京博物院,扬州市文物考古研究所,扬州唐城考古工作队.江苏扬州市蜀冈古代城址西城壕2013年发掘简报[J].考古,2015（09）.

汪勃,王小迎.扬州南宋堡城和宝祐城的发掘与研究[J].中国国家博物馆馆刊,2015（09）.

陈雪飞.宋代扬州行政区划的沿革[J].文化学刊,2017（04）.

陈雪飞.北宋扬州芍药三谱之比较及其史料价值[J].扬州职业大学学

报,2018（01）.

陈雪飞.晁说之靖康事变后诗作所见两宋之交的淮东形势［J］.扬州教育学院学报,2018（03）.

陈雪飞.唐末至北宋扬州经济发展历程［J］.镇江高专学报,2018（02）.

朱超龙."长围"与羊马城、一字城、护门墙：南宋时期扬州蜀冈城池的攻防体系［J］.中国历史地理论丛,2019（02）.

王旭,陈航杰.水情、工程与市镇：论唐宋时代的邵伯［J］.浙江师范大学学报：社会科学版,2020（01）.

黄思逾.戴复古及其诗歌研究［D］.四川师范大学,2013.

刘冰莉.唐宋义兴蒋氏家族及其文学研究［D］.山东大学,2016.

后　记

　　翻开《〈扬州通史·宋代卷〉撰写小组研讨会会议纪要》（第一号），本卷相关工作正式启动于 2017 年 9 月 9 日，倏忽之间，已逾四年。在这四年之中，虽然本卷撰写小组的主要成员无不肩负着繁重的教学科研任务，但本着对扬州历史的深情厚谊和至诚敬意，都能竭尽全力克服各种困难，排除种种干扰，从繁富的历史文献中将瑰丽多彩的宋代扬州图景努力复原出来，呈现在读者面前。这一过程，概括来说，主要经历了三个阶段：资料收集、初稿撰写、修订完善。

　　从 2017 年 9 月开始，撰写小组的主要工作是搜集宋代扬州史料，具体分工是：孔祥军确定文献收集步骤和范围，何适负责收集现存宋代基本史料及《全宋笔记》中的扬州史料，陈雪飞负责收集《宋会要辑稿》《全宋诗》《全宋词》中的扬州史料，蒋荣飚负责两宋时期扬州考古资料、金石墓志资料的收集和整理。所有辑出史料再由撰写小组考订编年，至 2018 年年底，编成《宋代扬州史料长编》，这为本卷相关内容的撰写奠定了坚实的史料基础。与此同时，陈雪飞整理了《扬州周边城市通史编纂调查报告》，并收集了相关书籍，蒋荣飚负责收集所有新中国成立以后有关两宋扬州的学术研究成果，并撰写了研究综述。这两项收集工作，为本卷的撰写，提供了最新最全的学术参考。

　　在收集资料的同时，撰写小组根据前期调研的情况，由孔祥军、何适共同拟定了本卷目录纲要，并提交了样章初稿。此后又根据《扬州通史》总主编王永平教授以及扬州历史研究权威赵昌智先生等学者的意见修订了拟目。不仅如此，撰写小组成员还亲自登门拜访了扬州地方文史学者，征求意见，搜寻线索。2019 年伊始，撰写小组依据《宋代扬州史料长编》，正式进入撰写阶段，至 2021 年 2 月底，初稿完成。章节具体分工是：第一章，何适、陈雪飞；第二、三章,孔祥军、张剑;第四、五章,孔祥军、陈雪飞;第六、七章,何适、陈雪飞;第八章,孔祥军、张剑;第九章,曹明升、才峻、马佳雯;第十章,蒋少华。

2021年3月后,进入统稿修订阶段,由孔祥军负责对初稿全文进行了系统的文字梳理、体例统一和内容修改,何适加以完善,并厘正了大量错讹,曹明升通读全稿,提出了修改意见,进行了第一次全面修订;随后,撰写小组邀请相关领域学者审阅修订稿,并根据修订意见对初稿进行了第二次全面修订;5月底,二次修订稿交由总主编王永平教授审阅,撰写小组根据总主编的反馈意见进行了第三次全面修订;9月底,撰写小组又根据特邀审稿专家对第三次修订稿的审阅意见进行了第四次全面修订。至此,本卷定稿。

本卷撰写过程中,一直得到总主编王永平教授以及扬州地方文史学者、前辈师友的大力支持和帮助。特邀外审专家,以及扬州大学社会发展学院王旭博士,对本卷相关内容提出了宝贵中肯的修订意见,对完善本卷相关内容,起到了非常重要的作用。杨昌猛、肖新星、严雨晨、陈家豪四位同学,不辞辛劳、不厌其烦,先后四次通核了本卷全部引文。本卷责编孙语婧女士,审阅通核全书,指出大量问题,为本卷修订完善起到了重要作用。扬州博物馆、仪征博物馆为本卷提供了部分卷首图片。在此,对他们表示衷心的感谢!

囿于学识等诸多方面的不足,本卷内容或有疏误,敬祈读者多加批评,感谢为荷!

本卷撰写小组
2021年9月初撰
2022年10月修订

跋

　　扬州已有 2500 多年的建城史，以其积淀深厚、光彩夺目的历史文化传统闻名于世，是国家首批公布的历史文化名城，近年来又获得联合国教科文组织等国际机构颁发的"'联合国人居奖' 城市""世界美食之都"与中日韩三国文化部长会议共同命名的"东亚文化之都"等荣誉称号，成为世人向往的"淮左名都""竹西佳处"。

　　扬州市委、市政府高度重视扬州历史文化的深度挖掘和系统研究，2017年 9 月，正式启动《扬州通史》编纂工作，将其纳入市校合作的总体框架，委托扬州大学中国史学科开展研究与著述。同时组建了以市委、市政府、学校主要领导牵头的编纂委员会，聘任本人担任主编，明确市委宣传部负责项目的实施与管理，设立通史编纂工作办公室，以协调、处理相关具体事务。

　　项目启动后，我们拟定了《扬州通史》的基本构架与著述体例。在编纂起止时间上，明确自先秦至中华人民共和国成立前；各分卷的时段安排，主要根据各阶段地域社会历史演进的实际状况，确定全书分为六卷、共八册，即《先秦秦汉魏晋南北朝卷》《隋唐五代卷（两册）》《宋代卷》《元明卷》《清代卷（两册）》和《中华民国卷》。按照编委会有关编撰工作"专业化""规范化"的要求，我们组建了编纂团队，聘请了扬州大学中国史学科相应专业方向的诸位教授主持各分卷编著，其成员则以本学科专任教师为主体，他们在相关专业方向或领域浸淫多年，具有较为丰厚、扎实的专业素养与学识。

　　编委会对通史编纂质量与进度有明确的预期与要求。为确保编纂工作的规范化及其质量要求，通史编纂工作办公室确定了主编负责、统筹的审理、鉴定等管理程序与把关环节：一是对各卷所拟纲目与各位作者提供的章节样稿进行审查；对整体语言表述、引文注释、各卷内部及各卷之间衔接的相关内容归属，作出明确指导与规范要求；对相关争议性、敏感性问题的表述，提出原则性指导意见。为此，市、校领导多次召集编纂工作推进会与交流会，进行专题研讨，解决编纂过程中的各类疑难问题。二是各分卷统稿和主编审稿，这是编纂团队内部的质量把关程序，经过这两个层次的审理与修改，基本达到规范与合格的要求。三是聘请校外具有地方通史编纂经历的著名学者进行审阅鉴定。

在编纂时间与出版方面，编委会明确《扬州通史》的编纂为期四年，2021 年交稿，以整体出版方式刊布。我们深知时间紧迫，压力甚大。就研究内容而言，通史编纂与个人的专题研究不同，它既是历时性的贯通研究，又是整体性的全面著述，不论编纂者的个人学术兴趣如何，也不论不同时段传世文献的留存多寡，必须遵循通史的体例要求，尽可能挖掘相关资料，撰述相关内容，揭示相关历史信息。几年来，有赖编纂团队齐心协力，克服困难，如期完成了编纂工作。

《扬州通史》作为市、校合作的重大学术文化工程，得到了扬州市委、市政府与扬州大学的高度重视和大力支持，历任扬州市委、市政府、扬州大学党政领导，对编纂工作给予关心、指导和帮助；扬州市委宣传部、扬州大学人文社科处，对项目的具体实施与推进付出了诸多辛劳。在此，我代表编纂团队，表示由衷的敬意与诚挚的感谢！

作为主编，我要真诚地感谢编纂团队的全体成员，尤其是一些青年后进，他们是生力军，承担了各卷相当篇幅的撰著任务，表现出乐于奉献的精神——他们教学、研究的压力非常大，要接受学校、学院的各种量化考核，评职晋级需要主持省部级以上项目和发表权威期刊论文，而参与通史编纂对此并无直接帮助。几年间，每次见面，我必催促他们加快撰写进度，保证编纂质量，感谢诸位的理解与支持。

我要真诚地感谢参与各审核鉴定环节并给予我们指导的市内外诸位方家学者。学术顾问赵昌智先生携同扬州文化研究会的田汉云、顾风、徐向明、朱福烓、王虎华、韦明铧、张连生、曹永森、吴献中、强学民、华德荣、束家平、薛炳宽、方晓伟、曾学文、孙叶锋、王冰、王争琪、王章涛、王资鑫、李保华、魏怡勤、伍野春、陈文和、顾寅森、蒋少华等诸位先生，参与各卷纲目与样稿的审阅与研讨。扬州市考古文博、档案、党史办、图书馆等部门，给我们提供了诸多帮助，特别是广陵书社承担该书出版，申请获得国家出版项目，配备专业精干的编辑队伍，细心审校，颇多助益！

编纂过程中，我们邀请了一些著名学者担任学术指导，中国社会科学院历史研究院的卜宪群，南京大学的陈谦平、范金民、李良玉、张学锋，南京师范大学的李天石、张进，苏州大学的王国平、臧知非等，他们或为编纂团队作辅导报告，或参与各卷的纲目审查与终审鉴定，或推荐申请国家出版项目。诸位先生有的担任国务院学位委员会历史学科评议组成员，有的担任全国性学会的领导，皆以学识渊博著称，且多有主持全国与地方通史编纂的经历，他们严谨的学风与热诚的情谊，给编撰者以极大的鞭策与激励。

就扬州学术史而言，这部地方通史的编纂与出版，是对既往扬州历史文化研究的阶段性总结，期望由此不断推动相关研究的深化与拓展，但愿我们的努力及其成果不负领导的要求与社会的期望。然而兹事体大，在这部多卷本通史即将出版之际，作为主编，我内心里虽曾有过"交卷"后片刻的轻松愉悦，但更多的则是忐忑不安。由于各种主客观因素的限制，其中一定存在着诸多不足甚至讹误。客观上，由于时间相对较紧，我们的撰述与审查难免有所疏忽；主观上，由于水平所限，在资料挖掘利用、论点阐述等方面，都可能存在遗漏与错讹。因此，我们真诚地希望得到方家同仁的批评指正，以利于今后不断修订完善。

孔子登高临河有浩叹，"逝者如斯夫，不舍昼夜"，这既有对人生的感悟，也有对社会历史的沉思。扬州的文明历史，生生不息，已历数千年，古代史上曾有过三个高峰期，或称之为"辉煌时代"，即汉代的"初盛期"、隋唐时代的"鼎盛期"和清代的"繁盛期"。当今的扬州，正处于现代化建设的快速发展时期，取得了诸多前所未有的业绩与成就；未来的扬州，必将在中华民族伟大复兴的历史征程中谱写出独具特色的扬州篇章！

王永平

2023 年 3 月